imaginist

想象另一种可能

理想
想
国
imaginist

The
Secret Lives
of
Somerset
Maugham

Selina Hastings

毛 姆 传

[英] 赛琳娜·黑斯廷斯 著

姜昊骞 译

北京日报出版社

≈

"阅读这部卓越传记的一大乐趣，是看黑斯廷斯揭开毛姆的神秘面纱，显露其生平交往的复杂真相……作为传记作家，黑斯廷斯的长处在于她不仅学术根基扎实，做了充分的研究功课，而且对书中人物和地点的描述生动而自信……［她］以非凡的见识和犀利的洞察讲述了传主的大量生平细节和文学作品。这是一部令人兴致盎然的传记。"

——威廉·博依德，《观察家》

"［赛琳娜·黑斯廷斯］讲述了一段炽热的情感史……末章笔力强健，某些地方给读者的震动如此强烈，连身体都会起反应。黑斯廷斯这本书好得不能再好了。"

——理查德·达文波特-欣斯，《星期日电讯报》

"黑斯廷斯是第一流的传记家。"

——大卫·黑尔，《卫报》

"［黑斯廷斯］为这位极其敏感、时而心怀怨念的作家描绘了一幅敏锐、犀利又富于同情心的肖像。这是一部难以超越的文学传记。"

——菲利普·齐格勒，《观察家》

"[黑斯廷斯] 在传记作家中首屈一指……［这个故事］是以清醒的眼光和敏锐的头脑讲述的。但读者请注意：这本书拿起来就会放不下的。"

——特雷弗·罗伊尔，《先驱报》

"赛琳娜·黑斯廷斯的毛姆传记堪称完美：自然流畅，信手拈来，颇有毛姆这位讲故事大师的超然犀利之风和讨人喜欢的毒舌。"

——尼古拉斯·莎士比亚，《每日电讯报》

"时不时就会出现一部兼具权威性和文字力量的文学传记，它不只是记述一个人的生平，其本身更是一件艺术佳作……凭借高超的手法，赛琳娜·黑斯廷斯将毛姆的坎坷人生讲述得令人享受。"

——A. N. 威尔逊，《读者文摘》

谨以此书献给尼尔·杰曼和雷丁·杰曼

怀着感激与爱

目　录

第一章

黑马厩镇的童年

A Blackstable Boyhood

1955 年，一家报纸正在采访时年八十一岁的萨默塞特·毛姆，问他喜不喜欢别人为他作传。不，他不喜欢。在他看来，这是一种无意义的做法。他不屑一顾地说："现代作家的生活本身都是无趣的，我自己的生活必然是乏味的……［而］我不喜欢跟乏味搭上关系。"事实上，他根本不必有这种顾虑。就像采访里的这句话一样，不真诚或许是有一点；乏味可完全没有。萨默塞特·毛姆活了九十多岁，他在漫长一生中的大部分时间里都是享誉全球的大作家，那些出色的短篇和长篇小说在世界各地受人推崇，其中最有名的长篇《人生的枷锁》早已成为二十世纪读者最多的文学作品之一。他的书被翻译成了世界上几乎每一种已知的语言，销量数以亿计，为他带来了盛名与巨大的财富。在将近四十年的时间里，毛姆在他位于法国南部的豪华别墅里被摄影、录像和书写，对于这位传奇人物，公众似乎已经了如指掌。然而，从少年时代起，毛姆总有另一些涉及个人生活及其事业的隐私秘事，是他不愿对外透露的。毛姆确实过着多重的隐秘生活：在同性恋是违法行为的年代，他是一名同性恋；在两次世界大战中，他都曾为英国情报机关效力，有时要冒很大的人身风险；作为一名小说家，他的许多私人时间是在想象的世界里度过的，对他来说，那里的人物往往比外部世界中的男男女女还要真切。儿时患上的口吃更加让他疏离、痛苦而敏感。口吃也给他的生活造成了妨碍；成年后，他习惯身边带个擅长交际、性格开朗的小伙子（通常是他的情人，与人交往时居间往来，先期接洽，他自己则可以待在幕后）。然而，尽管有种种复杂的防御机制，毛姆的内心仍然非常脆弱；他脾气冲，不好相处，既能表现得富于仁慈和魅力，也可以残酷无情。纵然取得了无数世俗成功，他从没有找到自己真正想要的东西。一段不幸的婚姻毁掉了他多年的生活，而他的一生挚爱始终没有回应他的感情。

他的许多读者会将他与大英帝国和远东画上等号，把他本人当成英国绅士、纯正老爷 * 的象征，出身古老的贵族名门。然而，毛姆的父母是新兴的中产阶级专业人士，而且生活在法国，而不是英国。毛姆这一生，源出于法国，终归于法国。他的父亲名叫罗伯特·奥尔蒙·毛姆（1823—1884），律师，祖上是英格兰威斯特摩兰郡的农民和小商人，投身法律界已有三代。最早是他的祖父来到伦敦，最高做到律师手下的办事员。他的父亲更进一步，不仅律师干得风生水起，更是英格兰与威尔士律师协会的创始会员之一。罗伯特本人把家传产业经营得有声有色，十九世纪四十年代前往巴黎开设分所，留下合伙人威廉·迪克森打理伦敦业务。巴黎分行名叫"英国律师行"（juriconsultes anglais），地址是圣奥诺雷西路 54 号，正对面就是英国大使馆所在的沙霍府邸。分行办得很红火，特别是成为英国大

---

* Pukka sahib，流行于英属印度的用语，源自旁遮普语，本意为"第一等的主人"，引申义为居住在印度的欧洲人，尤其是英国官员。——译者注（本书脚注若非另行说明，均为译者注）

使馆的半官方法务顾问机构之后。

到了三十五岁左右，罗伯特·毛姆过上了好日子。当时正是路易-拿破仑*和第二帝国的经济繁荣时代，似乎巴黎的每一个人都有钱赚——人人高呼"发财吧"！每天都有新店铺、新公司开张。豪斯曼†在巴黎市中心大兴土木，宏伟的新建筑很快就在瓦砾堆上盖了起来。法国首都的人口急剧膨胀，英国人也越来越多，自然给毛姆和迪克森贡献了不少生意。1863年10月1日，时年三十九岁的罗伯特·毛姆觉得事业既然有成，到成家的时候了。于是，他迎娶了年轻貌美，比自己小十六岁的伊迪斯·玛丽·斯内尔。婚礼在英国大使馆举行，由罗伯特之弟亨利·毛姆牧师主持。夫妇婚后搬进了两旁种满栗子树的安坦大道（今富兰克林·D.罗斯福大道）25号的一间寓所，香榭丽舍圆形广场近在眼前，从家去办公室很方便，步行只需五分钟。毛姆一家住在这个新建小区的一座楼的三层，面积很大，自然采光良好。宽敞的客厅墙壁上挂着古斯塔夫·多雷的版画，还有罗伯特年轻时游历国外带回来的希腊塔纳格拉陶像、罗德岛陶罐，还有华丽的土耳其短刀。书房里有两个黑胡桃木书橱，摆满了沃尔特·斯科特、狄更斯、查尔斯·金斯利、马里雅特海军上校的书，还有伊迪斯喜欢的陶赫尼茨出版社出版的小说。

与丈夫相比，年轻的毛姆夫人出身可要富有异国情调得多。尽管她大半生都在法国生活，但她的出生地是印度。她的父亲查尔斯·斯内尔是马德拉斯本土步兵团的一名上尉，去世时只有五十岁，那时她才刚满周岁不到一个月。过了几年，她的母亲安妮·阿莱西

---

* 夏尔-路易-拿破仑·波拿巴，即拿破仑三世（Napoléon Ⅲ，1808—1873），拿破仑一世的侄子和继承人，法兰西第二共和国总统，法兰西第二帝国皇帝，1870年因在普法战争中战败而退位。

† Georges Eugene Haussmann（1809—1891），法国第二帝国时代的塞纳省省长。1852年，新即位的拿破仑三世委任豪斯曼男爵负责大规模的巴黎改建工程，改造工程让巴黎从一个中世纪小城成为工业革命时代的现代都市。

亚离开印度，回到了英格兰，身边还有一名负责照顾伊迪斯的保姆，以及查尔斯去世后才出生的罗斯。没过多久，安妮又带着两个女儿移居法国，安排她们上了一所教会学校，自己则靠撰写法文小说和童书，给当时上流阶级客厅里演奏的情歌作曲补贴家用。安妮·阿莱西亚是一位有教养，有个性，有才智的女性。她年纪不仅比丈夫小得多，出身地位也比他高。查尔斯·斯内尔的父亲是法尔茅斯的一位修帆工，安妮·阿莱西亚（本姓托德）的父亲本是约克郡富裕乡绅，不过搬到康沃尔居住后投资锡矿失败，失去了大部分财产。她的母亲是柴郡贵族世家布里尔顿家的小姐，世系可以追溯到十二世纪。她有一位名叫亨利·萨默塞特·布里尔顿的舅舅，中间名"萨默塞特"来自他大名鼎鼎的亨利·萨默塞特将军，后来又传给了同样鼎鼎大名的甥孙，只是这位甥孙从来没当回事。伊迪斯婚后定居巴黎，安妮·阿莱西亚带着罗斯搬去了圣马洛；六年后，年仅二十七岁的罗斯患肺结核去世。肺结核是整个十九世纪的法国第一大致死原因，之后又害死了她的姐姐伊迪斯，连她的外甥威廉·萨默塞特也险些死于这种病。安妮·阿莱西亚·斯内尔之后又活了三十五年，1904年于勒芒逝世，享年八十九岁。

毛姆夫妇在法国首都度过了将近七年的惬意生活。罗伯特"精力充沛，性格外向"，工作勤奋。伊迪斯料理家务，监督三个接连生下的儿子的抚养情况。她有两个最好的女性朋友，一个是玛丽·沃德豪斯（昵称"米妮"），美国人，活泼好动；另一个是伊莎贝拉·威廉姆斯-弗里曼，英国人。两人的丈夫都是英国使馆的二等秘书。三人经常结伴逛新建的百货大楼，乘马车去布洛涅森林游玩，拜访伊迪斯的朋友们；英式下午茶，法语里面叫"le five-o'clock"（直译为"五点钟"），刚刚在当时的法国风靡起来。那段日子里，罗伯特赚了很多钱，也愿意让妻子随意挥霍。夫妇二人过着奢华的生活：养着私家马车，经常看歌剧和话剧，大宴宾朋。伊迪斯衣着入时，家里总是布满了鲜花，餐桌上摆着最上等的温室水果，反季节的葡萄和桃子。毛姆夫妇有不少社交活动是围绕英国使馆进行的，这是自然。不过，伊迪斯也有不少作家和画家朋友，包括普罗斯佩·梅里美和古斯塔夫·多雷。毛姆夫人被尊为英国侨民圈的第一美女，以其同情心和魅力而广受赞誉。巴黎当时有一份《上流社会年鉴》，毛姆夫人是极少数名列其中的外国人之一。她死后被描述为高雅沙龙的常客，"魅力非凡，巴黎上流社会地位最高的人物之一，拥有无数上流社会的朋友"。这份颂词不免恭维多于写实。就算伊迪斯再有魅力，再有教养，盖尔芒特公爵夫人*一流的人物总不会接见一位英国律师的妻子吧。但是，伊迪斯·毛姆显然是一位特别有吸引力的女性。

毛姆夫妇都不高大。罗伯特长得圆滚滚的，面色蜡黄，眼白也发黄，下巴活像个洋葱，上面是小胡子，下面是浓密的络腮胡，形容近乎粗野。伊迪斯却长相甜美，像洋娃娃似的，一头鲜亮棕发，肤如凝脂，毫无瑕疵。大大的眼睛分得很开，眼球是暗褐色。十九世纪六十年代大部分时间里依然流行的紧身收腰钟形裙将她的娇小身材衬托得更加优美。她有一件带蕾丝边的华丽黑色钟形裙，穿上时真是令人惊艳。她或许请不起法国皇后和大部分宫廷贵妇的御用服装设计师沃兹，不过，她确实总能打扮得优雅别致，这大概主要是长期的法国生活经历的缘故，而不是因为她的英国血统。毛姆夫妇放在一起的反差实在太大，简直到了可笑的程度，于是被人们善意地叫作"美女与野兽"。米妮·沃德豪斯有一次问伊迪斯，她怎么会爱上这么一个又矮又丑的男人呢？伊迪斯的回答是，"因为他不会伤我的心"。

1865 年 10 月，两人生下了第一个孩子，是个男孩，取名为查尔斯·奥尔蒙。一年后，弗雷德里克·赫伯特出生了。1868 年 6 月，第

---

* 《追忆逝水年华》中的沙龙女主人。

三个孩子亨利·内维尔降生；他的两岁生日刚过，普法战争就爆发了，紧接着就是 1870 年 9 月拿破仑三世在色当可耻的投降。随着普军向巴黎逼近，毛姆夫妇与大部分旅居巴黎的英国人一样选择回国，只留下两个仆人看管安坦大道的公寓，还在阳台上绑了一面英国国旗。他们把年纪尚幼的孩子们放在伦敦的奶奶家，夫妇二人则去了意大利。罗伯特被工作压得筋疲力尽，伊迪斯不到三年生了三个孩子，确实需要好好休息一下了。这时，惨烈的巴黎围城战已经开始了，市民饥饿不堪，沦落到以老鼠和动物园里的动物为食。没有人能突破德国人的封锁，所以安坦大道公寓的仆人只能通过信鸽与主人联络，有一条信息是问毛姆夫人要不要把客厅的家具用布盖上，以免夏日阳光暴晒。围城战打了五个月，紧接着是一场血腥的内战，也就是巴黎公社运动，导致大片城区被毁，两万多人被杀。不过，到了 1871 年 5 月底，政府军已经重新控制了局势，毛姆夫妇于 8 月回城。忠诚的男仆弗朗索瓦到巴黎北站接他们，说德国人基本没有动两人在安坦大道的公寓，主要原因是那面显眼的英国国旗。

尽管毛姆寓所安然无恙，巴黎市中心大部分却是一片狼藉。杜伊勒里宫成了发黑的废墟，市政厅变为瓦砾，旺多姆圆柱 * 也倒了。重建工作立即开展起来，推进速度也很快，但完全恢复元气尚需时日。有许多英国人一去不返，罗伯特·毛姆发现自己入不敷出，境况堪忧，几乎得重新白手起家。

同时，伊迪斯回归家庭，满怀爱意地照料三个调皮的儿子，儿子们也很喜欢妈妈。1873 年，她发现自己又怀孕了，而且政府出于加强军事力量的考虑——这也是可以理解的——宣布要强制外国父母在法国生下的男孩加入法国籍。这样一来，法国政府自然就可以

---

* 位于巴黎旺多姆广场中心的纪念铜柱，亦称凯旋柱，1810 年用法国军队在历次战役中缴获的上千门大炮为原料，模仿罗马的图拉真纪功柱修建。

征召其入伍了。为了绕开该政策，英国驻法大使莱昂斯勋爵同意在使馆二层设立产房。于是，在大使馆有门路的妈妈们就可以把孩子安全地生在英国领土了。1874年1月25日，伊迪斯便在这间产房里生下了第四个孩子。这次又是一个男孩，取名为威廉·萨默塞特·毛姆。

幼年时代几乎可以肯定是萨默塞特·毛姆一生中最幸福的日子。毛姆长到懂事的年纪时，他的三个哥哥查理、弗雷迪、哈利（查尔斯、弗雷德里克、亨利的爱称）已经送去英国的学校读书了，只有假期才回家，小威廉遂得独宠。他的爸爸整天都在外面工作，回家时他已经上床了，所以最爱的妈妈只属于他一个人。乳母走后，照顾威利*的是一位法国女佣，威利叫她"努努"（nounou），他们睡在一间房里，早晨努努会带他去找洗完澡后正在休息的妈妈。这段充满爱意和亲昵的私密插曲一直萦绕在他的脑海里。将近四十年过去了，他的记忆依然鲜活：

[女佣]来到下面一层楼，推开一间屋子的房门，将小孩抱在床前。床上躺着一名妇人，是孩子的母亲。她张开双臂，让孩子依偎在自己的身边。孩子没问为什么要这时候将他唤醒。妇人吻吻孩子的眼睛，并用那双纤弱的小手，隔着孩子的白法兰绒睡衣，抚摩他温暖的身子。她让孩子贴近自己的身子。

"还困吗，宝贝？"她说。

……

孩子没有应声，只是惬意地微微一笑，躺在这张暖和的大床上，又被温柔的双臂搂着，感到有种说不出的快意。孩子紧偎着母亲，蜷起身子，想让自己缩得更小些；他睡意蒙眬地吻着母亲。不一会，他阖上眼皮，酣然入梦了。

---

* 威廉的爱称。

......

　　她又一次亲亲孩子；她抚摸着孩子的身体，手指轻轻下持，最后触到孩子的下肢；她把右脚捏在手里，抚弄着那五个小脚趾。接着又慢慢地把手伸到左脚上。[*]

　　见过妈妈以后，威廉就会被带出去玩，通常是在香榭丽舍大道。当年，宽阔的大道两旁都是独栋住宅和高档公寓。他会和保姆一起穿过来来往往的马车和衣着入时的行人，向靠近协和广场的花园走去。这里有旋转木马，有《潘趣和朱迪》木偶戏，有卖姜饼和麦芽糖的小摊。中央的圆形广场附近还有一处栩栩如生、令人毛骨悚然的巴黎围城全景图，有大炮，还有身着真实法军军装的"尸体"。花园里总有其他小孩子，等威利长大一点，保姆就让他去找小朋友玩了，玩的都是激烈的打仗游戏"小心塔楼"（La tour prend garde）和"敌人的子弹"（Balle à l'ennemi），在树丛中间横冲直撞。威廉肤色白皙，长着金色的鬈发和棕色的大眼睛，系着一条黑腰带，看起来跟那些穿着短裤和系带靴、跟他一块儿玩的法国小男孩没什么区别。实际上，他讲法语要比英语流利得多，有时还会把两门语言混在一块儿。有一次，威廉看到窗外的有轨马车，于是大喊道"Regardez, Maman, volià un'orse"[†]，把伊迪斯都逗乐了。毛姆现存的第一封信是他六岁时写给父母的，用的是法语："cher papa, chere maman, votre petit willie est heureux au jour de noel de vous exprimer ses meilleurs souhaits, et sa reconaissante affection. croyze-moi, cher papa, chere

---

* 引文摘自《人生的枷锁》，上海译文出版社 2011 年版，张柏然、张增健、倪俊译。如无特殊说明，本书《人生的枷锁》皆采用此版译文。

† 这句话意为"妈妈，快看，这有一匹马"，整体上是法语，只有最后一个词 orse 是从英语的 horse（马）来的。由于法语里的 h 通常不发音，所以小威廉也省略了 horse 这个词开头的 h，尽管 h 在英语里是发音的。

maman, votre fils respectueux, willie maugham."（亲爱的爸爸，亲爱的妈妈，今天是圣诞节，你们的小威利很开心，给你们送上祝福与感谢。爸爸，妈妈，你们是我最亲爱、最尊重的人。威利·毛姆。）下午，威利要么是跟妈妈或保姆一起喝茶，要么被带到客厅展示才艺，有一次，后来当上法国总理的克莱蒙梭也在场。有的时候，客人会叫他背诵一段拉封丹寓言，运气好的话还会有先生给他小费。七岁生日时，威利从母亲的一位朋友那里拿到了 20 法郎，他决定用来买人生中的第一张戏票。他是和大哥查理一起去的，剧目是萨尔杜＊创作的一出"恐怖"音乐剧，剧中的女演员萨拉·伯恩哈特吓得他心惊肉跳。到了星期天，威利会和母亲一起去位于英国大使馆对面阿格索路的英国教堂；每次还没等布道开始，母亲就会带他走。

对威利来说，母亲就是整个世界的中心。他毫无保留地爱着她，也完全地相信她会一直爱自己。父亲的形象像影子一样，对他几乎没有多大影响；但是，他知道永远会有母亲爱自己。除了甜蜜亲近的母子关系，他什么都不在意。

威利受教育的起点是一家不大的法国走读学校，而不像三位哥哥那样请了英国女家庭教师。哥哥们放假回巴黎的时候，威利规律的生活中才会有一些令人激动的波澜。伊迪斯是一位有才华的业余女演员，经常会邀请成年观众来看自己排练的节目，孩子们也可以围观。一位外交官评论道，伊迪斯的节目"水平远超普通业余演员"。与她相好的威廉姆斯-弗里曼夫妇也很喜欢业余演戏。星期天下午，威利经常和妈妈一起去位于阿尔玛大道（今乔治五世大道）的威廉姆斯-弗里曼家做客，那时伊莎贝拉·威廉姆斯-弗里曼"在家"。威廉姆斯-弗里曼家的千金维奥莉特和威利同岁，同样出生于英国大使

＊　维克托里恩·萨尔杜（Victorien Sardou, 1831—1908），法国剧作家，原学医，曾任哲学、数学、历史教师。师承"佳构剧"传统，剧本情节紧凑、对话生动，注重剧场效果，卖座率高，因此当时在各剧院竞相演出。

馆。她和她的兄弟姐妹们觉得这个小男孩开朗自信，有胆色，也很有想象力，自愿让他当他们这个小团体的头头。他讲的故事让他们陶醉，而且很会发明新游戏。有一次，查理带他们去马戏团。平常威利和小伙伴都是在香榭丽舍大街玩耍，一边吃糖霜夹心薄饼，一边看吉尼奥尔木偶剧。不过，威利有一次竟然装出一脸无辜的样子，想拿假币糊弄卖气球的小贩，好逗小伙伴们开心。

维奥莉特有时会一个人去安坦大道喝下午茶，因为伊迪斯是她的教母。这位小女孩很崇拜自己的教母，不喜欢看到她脆弱、往往还病恹恹的样子。伊迪斯美丽的棕色眼睛常含悲戚，周身似乎笼罩着哀伤的气息。维奥莉特不明白这是为什么，后来就猜测伊迪斯结婚前可能有一段不幸的情事。实际上，她抑郁的样子很可能只是因为生病。与妹妹罗斯一样，伊迪斯也得了肺结核，而这种病的一种常见并发症就是抑郁。

伊迪斯病得很重，医生建议她避开极端的温度。夏天的巴黎可能会热得让人难受，令人窒息的空气也被认为不利于健康，于是她夏天会带着孩子去海边租房住三个月。有身份、赶时髦的巴黎人青睐图维尔，但毛姆一家去的是相对实惠的杜维尔。从图维尔出发，沿着诺曼底海岸线走几英里就能来到这个既是小渔村，又是度假村，既有繁忙的渔港，也有小赌场、赛马场和亲子海滩的地方。威利由保姆照顾，哥哥们在广阔沙滩上奔驰，在海边戏水，而他们的母亲则坐在折叠椅上绣花，跟其他来度假的人谈天。到了周六，罗伯特·毛姆会从巴黎坐火车来，跟妻子和孩子们度过两天时光。有一次，他坐着一辆能把人震散架的铁轮汽车过来了，还带着孩子们到海边兜了一圈风。

威利五岁时，伊迪斯再次怀孕。当时有一种理论认为，生孩子对妈妈的身体有好处；伊迪斯之所以在哈利（威利三个哥哥里最小的一个）降生五年半之后，也就是 1874 年生下威利，很有可能就是这个原因。这一次，伊迪斯怀的又是男孩，可惜是死产儿。产后恢复的地点选在南边比利牛斯山下的波城，威利也一起去。波城气候温和，山风纯净，是英国人中间流行的疗养胜地。但是，不管波城有多少好处，都没有持续多久。伊迪斯回到巴黎后，病情很快就恶化了。母亲身体日渐虚弱，威利与她相处的时间也少了；部分原因显然是不想让他看到肺结核病那些可怕的症状：咳血痰、胸口剧痛、发高烧、汗如雨下。通常来说，倦怠之间会有短暂的亢奋期，这时看起来好像就恢复了正常。但是，安坦寓所每天的生活越来越以看病治病为中心，医生们身穿大褂，拿着不祥的黑色工作箱，里面装着当时流行的笨重医疗器械。当时，被认为有排毒功效的拔罐已经基本上取代了放血疗法。另外，人们相信奶也很重要，牛奶和羊奶都可以，不过最好的当属驴奶。于是，每天早晨毛姆家门口都会牵来好几头驴给伊迪斯补养身体。

　　1881 年春，从波城回来后不久的伊迪斯发现自己又怀孕了。不过，她已经沉疴不起，生孩子估计也是于事无补。到了年底，她意识到自己大限将至，儿子们很快就要没有妈妈了。尽管她当时病入膏肓，更有八个月身孕，伊迪斯还是用尽最后的力气换上最喜欢的白缎晚礼服，内搭黑裙，悄悄走出家门，到照相馆拍了一张照，想让儿子们永远记住妈妈的模样。1882 年 1 月 24 日，伊迪斯生下一名男婴，马上举行洗礼，命名为爱德华·艾伦。孩子次日下午就离世了。又过了不到一周，伊迪斯本人逝世，享年四十一岁，威利的八岁生日刚过去六天。

　　随着母亲的离世，威利曾经生活于其中的那个安心、快乐的世界突然消失了，永远消失了。母亲临死前，他的三名兄长曾被叫到病榻前，但没过多久便返回英国，留下威利一个人应对可怕的丧母之痛。威利对母亲的爱是热忱的，不假思索的。对于母亲的死，他从来没有释怀。终其一生，母亲的照片都摆在他的床边，还有母亲的一缕长发，这是他最珍视的两样东西。直到垂垂老矣，他依然会承认自己从没有真正从母亲的死中走出来。三十多年后，他在自传体小说《人生的枷锁》中描绘了母亲离世后，小男孩刚走进房间时的反应：

> ［他］打开大衣柜，里面挂满了衣服，他一脚踏进柜子，张开手臂尽可能多地抱了一抱衣服，将脸埋在衣服里。衣服上温馨犹存，那是母亲生前所用香水散发出的香味。然后，他拉开抽屉，里面放满了母亲的衣饰用品。他细加端详：内衣里夹着几只薰衣草袋，散发着沁人心脾的阵阵清香。屋子里那种陌生气氛顿时消失了，他恍惚觉得母亲只是刚刚外出散步，待会儿就要回来的，而且还要到楼上幼儿室来同他一起用茶点。

深受丧偶打击的父亲尽其所能想要安慰小儿子。但是，父子之前很少见面，相对比较陌生。与以前一样，罗伯特·毛姆一周工作六天，将威利交给妻子喜欢的法国女佣照顾，现在她要当起全职保姆了。威利从走读学校退学，改由使馆附属教堂的英国神父教导。新老师发现威利的英语水平实在差劲，就要他大声朗读报纸上的警署报告和新闻报道，其中有些恐怖案件曾萦绕他的脑海多年。毛姆后来写道："我曾读到巴黎到加来的火车上发生了一起可怕的命案，当时感到的恐惧至今记忆犹新。"

罗伯特只有到周日才有时间陪威利。他在位于巴黎市中心以西几英里，靠近塞纳河与布洛涅森林的叙雷讷盖了一座避暑别墅。每到周日，同病相怜的父子二人便会乘"苍蝇船"（bâteau-mouche）顺河而下，检查工程进度。别墅的风格颇为怪异，既有日本风情，又有瑞士山间农舍的感觉。墙是白的，百叶窗是红的，透过窗户可以俯瞰塞纳河、朗乡赛马场直到远处的整个巴黎，可谓美不胜收。用他小儿子的话说，罗伯特·毛姆是一个有"浪漫情怀"的人，从来没有忘掉年轻时去摩洛哥、希腊和小亚细亚游历的旅程。他把塞纳河畔的叙雷讷郊区小屋想象为博斯普鲁斯海峡旁的一座别墅。为了突出异域风情，他把摩尔人的邪眼护身符刻在窗户上，威廉后来成为作家后便以它为著名的个人徽章。毛姆后来写道："父亲活着的时候，我与他形同路人。但不知怎的，他死了以后，邪眼护身符反而将我们永远连在了一起。"

别墅不久便告竣工，园圃布置好了，家具也已送到，但罗伯特享受它的时间却不多了。妻子去世后，他日渐虚弱，面色比以前更黄了，总是恶心、无力、疼痛，这些都是胃癌的症状，过不了多久，他便会因此而死。由于无力承受繁重的工作压力，罗伯特请原合伙人的兄弟阿尔伯特·迪克森帮他找一位会说法语的律师。阿尔伯特选中的人是年轻的约翰·希维尔，从伦敦赶来后，他很快就证明了自己是一名称职的合伙人。

1884 年 6 月 24 日，妻子过世两年半之后，罗伯特·毛姆也去世了，享年六十岁。尽管勤奋工作多年，他留给四个儿子的遗产连 5000 英镑都不到。弗雷迪·毛姆后来悲伤地回忆道："一个家就这么没了。没过多久，我和兄弟们因为种种事情而不得不分开，之后就很少见面。"四兄弟的监护权交给了阿尔伯特·迪克森和亨利·麦克唐纳·毛姆。前者是一位好心肠的老律师，毛姆律师行伦敦分行的负责人；后者是罗伯特·毛姆唯一的兄弟，时任肯特郡白马厩镇教区牧师。两人短暂地来到巴黎料理后事，花了三天时间拍卖家具，私人物品标记好装箱，遣散仆人，还办妥了四兄弟居住地从法国转到英国的各项手续。对三位已经熟悉了海峡对面生活的大孩子来说，变化没有多大。查理回剑桥读书，弗雷迪和哈利同样是继续上学。但是，对年仅十岁的威利来说，一切都是陌生和不熟悉的。他即将要去一个未知的国度与叔叔婶婶生活，完全想象不到自己会遇到什么事。

在忠诚的保姆陪同下，威利踏上了前往英国的九个小时旅程。与任何小男孩一样，他感到很兴奋。但是，他又对前路深怀恐惧。横渡海峡的汽船在多佛尔港停靠后，乘客纷纷下船，一片喧嚣。威利出于习惯用法语大叫："Porteur! Cabriolet!"（车！敞篷的！）他和保姆看到亨利·毛姆牧师正在码头等待，只见他一袭黑衣，留着长须，面色凝重。一行人走了二十英里左右才来到白马厩镇，途中威利一直紧紧依偎着慈祥的法国女人，她是"我与安坦大道的种种幸福欢乐的唯一纽带……是我与母亲，与过去母亲对我的一切意义的最后一条纽带"。抵达牧师住所时天色已晚，大家都累坏了。不过，威利上床之前，叔叔还有话嘱咐他：他告诉威利自己肯定花不起请保姆的钱，她要尽快回法国。第二天，保姆就不见了。

回顾英国的童年岁月，毛姆在余下的人生中一直觉得那是一段极其凄凉的日子。他常说一句话："我永远忘不了那几年的悲惨经历。"步入暮年时，这段痛苦的回忆仍然会让他"打寒战"。实际上，只要想一想当时的环境，小毛姆会感到不幸就没什么好奇怪的：年仅十岁，父母双亡，丧母之痛尚在，便来到一个基本上陌生的国家，与陌生的人共同生活。没有了宠爱与放纵，没有了与父母生活时的温暖、欢乐与奢华，没有了舒适的公寓和高雅的社交，威利现在来到一个萧索陌生的环境，成了一个没有人爱、没有人重视的人。二十岁出头的时候，毛姆写过一部从未发表的自传体小说，情真意切地描绘了一位平生少有欢乐、面对他人的友善会手足无措的年轻人形象。四十年后，他的笔记本里有一段生动的话："他在儿时得到的爱太少了，以至于后来得到爱时竟会觉得尴尬……人们赞美他时，他不知道该说什么；他表露情感时，又觉得自己像个傻瓜。"

他的叔叔和婶婶并不是故意苛待他，但是两人呆板木讷，膝下无子，没有养育子女的经验。一名小男孩打破了两人规律的生活，他可能会吵闹、无礼或者粗野，他们会感到紧张或许也情有可原。

威利的叔叔尤其自私，一意孤行。他的侄子弗雷迪后来说道："他是一位思维狭隘，远称不上智慧的教士，我实在不能说他适合做小男孩的监护人。"与哥哥罗伯特一样，亨利·麦克唐纳·毛姆个子不高，身材偏胖，长相却比哥哥好得多。他当时年近六十，担任白马厩镇教区牧师已有十三年，这种生活方式很适合他。他生性懒散，幸好有副手埃尔曼先生主持大部分事务。他还有一件幸事，那就是妻子苏菲性格温顺，把丈夫的舒适便利理所当然地当成自己的头等大事，从来没有异议。苏菲是一名德裔女子，父亲是纽伦堡商人，本名芭芭拉·索菲亚·冯·沙德林；不过，1858年结婚时，她正生活在斯塔福德郡，时年三十，丈夫比她小一岁。她体态丰满，长得几乎算得上漂亮，金色的头发编成粗粗的辫子盘在头顶，是一位沉静谦逊、拘谨传统的女人。尽管循规蹈矩，不习惯表露情感，但她本性善良，只要侄子不影响丈夫的舒适，不干扰家庭秩序，她就愿意尽量善待他。

牧师官邸位于坎特伯雷路旁，距离白马厩镇有两英里远，气氛阴郁，是一座刚建成几年的仿哥特式黄砖房。毛姆令人难忘地描绘了这座有意营造出宗教氛围的房屋内景："门厅铺着红色和黄色的地砖，有两种图案交替分布，一种是希腊十字，一种是神的羔羊。门厅的楼梯很壮观……栏杆上的图案分别象征着四位福音书作者。"餐厅在楼下，大部分家庭活动也在这里进行。客厅很朴素，还有一间书房，牧师就在里面准备每周的布道词。威利的小卧室在楼上，下面就是车道。房子没有做煤气改造，照明用油灯，卧室里点蜡烛。屋外有一座大园圃，屋后是半圆形的草坪，面对放羊的牧场；透过树丛正好可以瞥见一英里外诸圣堂的方形石塔，那是一座中世纪的教区教堂。

刚来到牧师官邸的苦闷回忆成了压在威利心上多年的一块大石，也是他最著名的小说的灵感来源。他写道："《人生的枷锁》不是自传，而是一部自传体小说……感情是真实的……情节则是虚中有实，实中有虚。"1915 年，《人生的枷锁》出版，毛姆已经年近四十，直到这时才终于"从那些折磨着我的痛苦感受和悲惨回忆中走出来"。来自毛姆自述或其他方面的诸多证据表明，讲述主人公菲利普·凯里童年岁月的部分是基于作者真实生活创作的。牧师夫妇的形象清晰可辨，丧母男孩的不幸生活也必然有一大部分要归咎于他们。亨利·毛姆牧师在教区人望不高；他心胸狭隘，势利眼，极其以自我为中心，人们对他既无爱戴，又无敬重；他的妻子性格懦弱，对丈夫的自视过高全盘接受。然而，他们本性并不坏；牧师不是默德斯通 *，他从不会觉得自己没有令人满意地履行对哥哥幼子的义务。但是，毛姆对牧师和牧师官邸生活经历的感受与丧母之痛、孤儿之怨紧紧纠缠在一起。伊迪斯·毛姆是无人可取代的，亨利牧师夫妇这样拘谨死板的人就更别提了。

　　不过，在自己的狭隘范围内，牧师显然是努力要对他好的。《人生的枷锁》中菲利普抵达牧师官邸的情节虽然表现了叔叔的吝啬，但也能看出他与男孩建立关系的真诚努力：

> 　　牧师做完了谢恩祈祷，动手把鸡蛋的尖头切下来。
> 　　"哎，"他说着，把切下的鸡蛋尖递给菲利普，"你喜欢的话，可以把这块蛋尖吃了。"
> 　　菲利普希望自己能享用一整个鸡蛋，可现在既然没这福分，只能给多少吃多少了。
> 　　……
> 　　"那块鸡蛋尖的味儿怎么样，菲利普？"他大伯问。
> 　　"很好，谢谢您。"
> 　　"星期天下午你还可以吃上这么一块。"

---

* 《大卫·科波菲尔》中主角的继父，以冷酷麻木闻名。

凯里先生星期天用茶点时总要吃个煮鸡蛋，这样才有精力应付晚上的礼拜仪式。

当他给侄子解释餐厅壁炉旁的两根拨火棒时，他同样在努力："[凯里先生]随手指给侄子看两根拨火棒。其中一根又粗又亮，表面很光滑，未曾使用过，他管这根叫'牧师'；另一根要细得多，显然经常是用它来拨弄炉火的，他管这根叫'副牧师'。"这是一段小孩子可能会喜欢的玩笑话，也能看到凯里先生在努力与侄子搞好关系。

据亨利·毛姆的一位邻居说，他的问题在于"喜欢小孩子，却不懂小孩子"。对自己的侄子，他自然从来没有懂过。毛姆也是后来才意识到，叔叔其实并不是他以为的那么苛刻严肃。比方说，亨利牧师有两句话常挂在嘴边，一句是"牧师的薪水是给发言的，不是给干活的"，另一句是"己所不欲，勿施于人；说得真好——对别人真好"。威利是把这些话当真的，回过头才发现是俏皮话。

不管怎么说，就算亨利·毛姆不是有意残酷，他的迟钝也跟残酷相差无几了。毛姆在短篇回忆录《回顾》中描述了来到牧师官邸的第一个星期天。上午从教堂回来，叔叔让他坐在餐桌旁学习当天的祈祷文。

"下午茶的时候我来检查，"他说道，"说对了就给你点心吃。"接着，他就去书房休息了，婶婶到客厅躺着，餐厅只剩我一个人。大概一个小时后，婶婶要去花园散步，透过餐厅的窗户看我学习得如何。我当时正趴在桌子上哭，哭得很厉害。婶婶赶忙进来问我怎么了，结果我哭得更厉害了，抽抽搭搭地说："我看不懂啊。这些话我都不知道是什么意思。"她说："威利，叔叔可不是专门想让你哭呀。让你学习祈祷文是为了你好。好了，别哭啦。"她把祈祷书拿到一边，留我一个人哭得撕心裂肺。

桌上摆好茶的时候，叔叔一句话都不跟我说。他发火了，我看得出来。我觉得肯定是婶婶说服了丈夫，说威利还太小，别让他背诵祈祷文了。不管怎么说，叔叔以后再也没让我背过祈祷文。

苏菲显然被威利的不幸触动，于是尽己所能对他好一些。但是，她和威利相处时一直羞涩不自在。当然，威利的脾气也不好；他在巴黎时被宠爱他的女人小圈子惯坏了，一不如意便大发雷霆。他不愿意跟婶婶来往，而是喜欢把玩具拿到厨房一个人玩，这样其实对大家都方便。"婶婶并不介意。她喜欢整洁，不过她也明白小男孩做不到。如果非要乱的话，那还是乱在厨房更好。要是他有一点不安分，叔叔动辄便会觉得烦躁，说这孩子是时候上学了。"

牧师一家每年的生活费是 300 英镑，包括 20 英亩教产的收入。说不上富裕，却也足够牧师夫妇过上体面舒适的生活。亨利·毛姆生性简朴；为了省钱，他连《泰晤士报》都是与两家邻居合订。他唯一允许自己享受的放纵，就是偶尔去欧洲大陆疗养，找一家德国温泉，泡在水里，洗去打理教区事务的疲惫。他很少带妻子同去，而是留她管理家务，手下有一名兼职喂鸡和照看火炉的园丁、两名女佣、一名兼管杂事的厨娘、一名专门收拾家务的女仆。女佣们带给了威利当年在安坦公寓中的那种幸福温暖。有意思的是，在毛姆最贴近个人经历的两部小说《人生的枷锁》和《寻欢作乐》中，善良的女性角色都是厨娘玛丽-安；人物原型名叫玛丽-安妮·蒂利，威利来到英国时，她年近三十。在两部作品中，照顾小男孩的人都是她，他后来也喜欢上了这位女佣；生病的时候照顾他的人是她，帮他洗澡，送他上床，给他讲故事的人也是她，而不是他的婶婶。讲故事特别重要，因为威利听的时候总是全神贯注，暂时忘掉自己的不幸和对母亲的思念。关于这段日子，他后来写道，自己在不快乐的时候最渴望故事。这种故事瘾伴随了他的一生。玛丽-安这个角色三十五岁上下，娃娃脸上长了个塌鼻子，是土生土长的白马厩镇（小说中叫作"黑马厩镇"）人。"她从来不生病，从来不放假，年薪12英镑。她每周会有一天晚上去镇上看望给牧师洗衣服的母亲，星期天晚上去教堂。不过，黑马厩镇发生的事情没有玛丽-安不知道的。"

随着时间的推移，陌生感逐渐消退。到了1884年的晚秋，毛姆已经基本适应了新的生活。新生活是孤独的，因为叔叔自认为比白马厩镇的大部分人都要高一个层次，对当地的乡绅谭克顿堡主西德尼·格雷斯通无耻奉承，却拒绝与商贩渔夫及其家人往来；身为英国国教会的柱石，他从不与去小堂的人说话，不与浸礼宗牧师劳伦斯或卫理公会牧师沃尔特为伍，各走一边。诸圣堂会众数目从来都不多。白马厩镇分为两大教派，一类信奉英国国教，一类不信奉，大多数镇民属于后者。亨利·毛姆属于英国国教高教会派，公然倾心于罗马大公教会——"他内心里是渴望游行仪式和燃烛活动的"——于是，不信奉国教、去小堂礼拜的镇民当然不会尊重他。1880年大选期间，有人在牧师官邸的栏杆上写了一句不敬的标语，每个字都很大："你怎么不去罗马。"这句戏谑之语让他大发雷霆。有人私底下说"老毛姆就是个势利眼"，觉得没有几个小孩配得上跟侄子一起玩。当时有一位上寄宿学校的白马厩镇男孩回忆说，小威利当时显得很孤立。"他的两个监护人把他看得很严，不许他跟普通人交往，"他说，"他与我们的生活方式距离太远了，实在亲近不起来。"这种疏离感反映在了《人生的枷锁》的一个场景里，其中一名富裕的银行家搬到牧师官邸附近的一栋房子里消夏：

> 银行家有个和我一样大的儿子……我问叔叔婶婶能不能带他到家里玩，之后发生的对话我到现在还记得。虽然他们不情愿地答应了我，但不许我去他家玩。婶婶说，你下次该去找卖

煤家的人了吧。叔叔则说："近墨者黑。"

由于强制隔离和缺少关爱，毛姆从一个活泼外向的男孩变得孤僻谨慎。他有的时候会特别悲伤和思念母亲，但很快就学会了隐藏情绪，特别是受伤或不悦的时候。而且，他完全受不了别人看到自己哭的样子。他会独自在花园里度过几个小时，在池塘里钓齿斜鳊鱼，或者漫无目的地走到车道尽头，在用五条横木条钉成的大门上晃来荡去。镇上医生的女儿夏洛特·埃瑟里奇回忆，她看到小威利穿着与环境不相称的法式天鹅绒蕾丝领外衣，形单影只，茫然地站在房子外面，浑身散发着孤寂的味道，让她吃了一惊。

毛姆离群索居还有另一个原因：口吃。这一点让他特别敏感。他在法国生活时毫无口吃的迹象。然而，他自从来到英国就明显变得口吃了，给他带来了痛楚和羞辱；这种状况延续了他的大半生。他原本就害羞而缺乏自信，如今又要应付口吃。他完全知道口吃让自己与众不同，还引来了其他孩子的嘲笑。对于一名生活在陌生环境的孩子来说，如此残酷的境遇无疑尤其可怕。说话是他最主要的交流手段，而他从来不知道自己的话何时会被恶意歪曲，让自己显得像个可笑的低能儿。他不可避免地感到愤怒和挫败。他还会有深深的——如果说是不理性的话——自我厌恶感。在过去晴空万里的生活中，他从来不知自我厌恶为何物；从今往后，它却会常伴毛姆身边。有一件事特别令他伤心，他从不曾忘怀。那一天，叔叔白天带他坐火车去伦敦，然后让他自己坐火车回去：

　　三等座售票厅外等着的人很多，于是我也开始排队。但是，轮到我的时候，我说不出"白马厩镇"这个词。我站在那里结结巴巴地说，后面的人开始不耐烦了，不过我还是讲不出来。突然，两个人从队里冲出来，把我推到一边说："我们可没空跟你耗一晚上，别浪费我们的时间。"于是，我只好回到队尾，从头再来。我永远忘不了那一刻的屈辱——每个人都在盯着我看。

毛姆在肯特郡生活期间最奇怪的方面之一，就是他与哥哥们几乎完全没有交流的痕迹。当然，他在巴黎是家里唯一的孩子，与三位兄长感情不深。他的哥哥都被送到刚刚成立的多佛尔学院，主要是因为方便回法国。从多佛尔学院毕业后，小时候带幼弟逛马戏团、上剧院的大哥查理进入剑桥大学修习法科；弗雷迪和哈利还在多佛尔学院上学。尽管多佛尔距离白马厩镇只有二十英里多一点，但他们似乎与牧师家联络很少。毛姆的侄子罗宾称："三位兄长一心扑在自己的前途上，没时间管幼弟的悲伤。"牧师可能不愿意让威利的哥哥来，威利大概也没想过诉苦。弗雷迪跟教士亲戚住在一起，那人是彼得伯勒附近的帕斯顿教区长，娶了罗伯特·毛姆的一位姐妹，但姑父姑母都是热情活泼的人，弗雷迪的日子很快活，可能直到后来才发现弟弟当初过得那样悲惨。

牧师官邸白天的生活严谨而单调，时间表完全是围绕牧师一成不变的习惯制定的，开销精打细算，私人生活厉行节约：饭菜极其简单，家里没有马车，需要时就从熊家旅店租一辆用。威利每年的抚养金是150英镑，上学生活勉强够用。每天就是四顿饭：祈祷后吃早饭，一点吃午饭，五点下午茶，八点吃晚饭。晚餐没有热菜（面包、黄油和少许蜜饯），餐前也要祈祷。到了冬天晚上，晚餐后有时会打惠斯特牌，威利也可以参加。"打牌的时候，总是我跟婶婶一组，叔叔跟虚拟搭档一组。*我们当然是打着玩的，不过我打输了还是会躲到餐桌底下哭。"周一到周六都是如此。星期天是牧师布道的大日子，之前有许多准备。叔叔在书房写稿的时候家里不许说话，周日

---

* 正常的惠斯特桥牌需要四人，如果只有三人的话，就需要带一个"虚拟搭档"。

早上喝一杯打了生鸡蛋的雪莉酒，下午茶时再吃一个鸡蛋，给接下来的晚祷补充体力。威利周日不许吵闹玩耍，跟叔叔婶婶一起坐着租来的马车去教堂，车里一股浓浓的发霉稻草味。婶婶永远身穿黑丝斗篷，头戴羽饰波奈特帽；法衣加身的叔叔神气极了，金链绕颈，金十字架垂在胸前。到了晚上，威利还要跟叔叔去教堂，这一次是徒步。"在乡间走夜路给他留下了奇特的印象……起初，他跟叔叔在一起很害羞，但慢慢还是习惯了，开始拉起叔叔的手，因为有了安全感，走路也更自在了。"

除了上教堂以外，毛姆出门的机会只有偶尔陪婶婶去镇里。他其实也没什么事好干，要么是婶婶买东西，他在后面跟着，要么是她到银行办业务，他坐立不安地等着。不过，有意思的东西倒是有不少。白马厩镇面朝北海，位于海风凛冽的肯特郡北部海岸，十九世纪八十年代的时候只有五千多人，主要产业为渔业，以牡蛎养殖场闻名。港口熙熙攘攘，船只往来不断，有渔船牡蛎船，有从纽卡斯尔来的破旧小型运煤船，也有沿泰晤士河将干草和小麦送到伦敦塔桥的货船。海滩上常有成群摆摊卖牡蛎的小贩，卸煤的运煤船，还有面色红润、戴着金耳环、身穿蓝毛衫的渔民。从港口往上是纵横交错的窄巷子，布满了渔民住的木屋。赶上天气好，渔民就会走在屋外抽烟或者补网。有时，渔民会让毛姆进自己家。低矮的屋子里乱糟糟地放着船帆和索具，主人会请他欣赏来自世界另一边的宝贝，比如日本漆盒或者伊斯坦布尔集市上买来的华丽匕首；主人也愿意讲讲年轻时远航的经历。镇子长街两侧店铺的名字都是传承数个世纪的传统肯特郡名字，比如甘恩、坎普、科布、德里菲尔德。街上还有一家银行、两三家运煤船老板家的黄砖房、一家小博物馆、一家流动图书馆，还有三家旅店：熊家旅店、坎伯兰公爵旅店、铁轨旅店。除了车站外的一列马车外，镇上基本就没有别的车了。苏菲婶婶在街上跟熟人聊天时，只是偶尔需要给医生或面包师的轻便

毛姆传

马车让路而已。冬天的白马厩镇严寒刺骨，冰冷的东风让大家都躲在室内。不过，小镇夏天风和日丽，游客纷纷从伦敦驱车来海滩休闲，一派假日景象。海滩上有出租更衣室，有摇摆船＊，还有六便士一杯的虾茶。

随着威利逐渐习惯新环境，他喜欢上了青翠和缓的肯特乡间。白马厩镇到泰晤士河口的岸线是一片荒地，萧索的沼泽看起来灰蒙蒙的。不过，只要向内陆走半英里就变了。这里是一片欣欣向荣的乡村风景，绵羊遍布草场，地块之间种着成排的山楂树，古橡丛丛，路有林荫，山有翠木。农舍与道路留出了一段距离，宽敞的谷仓和烘干室建在山上，山下是蛇麻田。农舍之间是一片片农场工人宿舍，小花园里盛开着桂竹香、蜀葵和小百合。附近有几家墙面刷成白色的小旅馆，门口垂下金银花，名字分别叫：快活水手、欢乐农夫、皇冠锚。冬天的时候，北海刮来寒风，有时会连续下好几天雨。即便如此，毛姆还是能在荒凉的海滨生活中找到感动自己的事物。"冬天，海雾与天雾融为一体，大海显得厚重而静谧，孤鸥尖叫着从灰蒙蒙的海面掠过……这时，整个海岸好像披上一块神秘的裹尸布，又好像有孤魂降临。"男孩的目光越过冰冷的北海，他依然能想象对岸的景象，哪怕他已经被困在了英国，再也没有远航的机会。

来到白马厩镇的头一年，毛姆被安排在青藤府上课。这里是查尔斯·埃瑟里奇医生的家，他是毛姆的邻居，也是镇上的两名外科医生之一。威利之前主要是用法语上课，因此除了 3R† 以外，他还要重点提高英语水平。新添的口吃毛病可没有减轻他的学习难度。但事实上，他进步主要是靠自学。叔叔给他规定了几种消遣方式，其中一项就是在叔叔的图书室里看书，大人们也很喜欢，因为这样他

＊ 类似海盗船，只不过是用手拉绳子。

† 儿童教育的三门基础课，分别是阅读（reading）、写字（writing）和算术（arithmetic），得名于读音的前面都有一个 R 的音。

就不会吵闹打扰了。小毛姆一读就是几个小时，潜移默化地熟悉了英语。独处的时间长了，他无意之间养成了"世界上最快乐的习惯，阅读的习惯……老派小说夹在布道集、游记、圣徒传、教父传、教会史中间；这些书……〔他〕到最后才发现。他是按照书名选的，第一本是《兰开夏女巫》，然后是《令人钦佩的克里奇顿》，之后还有许多。每次他读到两名孤独的旅人沿着荒凉山谷的边缘走，他就知道自己安全了"。他如饥似渴地阅读着叔叔的藏书，从游记到散发着异国芬芳的《一千零一夜》，他什么都读，从中发现了人生中的一项挚爱。这份感情带给他快乐与灵感，一方面促进了他非凡的叙事才华，让他对自己有了更清醒的认识，另一方面也让他愈发孤独。晚年的毛姆发现，他跟其他人待在一起几个小时，便会渴望回到书的身旁。对他来说，书籍是安慰，是宝库，也是最可靠的休息处。不过，毛姆起初并没有意识到这一点。"他不知道，他为自己提供了一处摆脱一切生活困苦的避难所；他也不知道，他为自己创造了一个虚幻的世界，而这个世界将让日常的现实世界变成失望的来源。"

牧师官邸的图书室提供了一个令人愉悦的避风港，但如果毛姆相信他的人生从此就安定下来了，那他就错了。1885 年 5 月，刚来英国不到九个月的毛姆被送到外地去上学，他的世界再次天翻地覆。

坎特伯雷国王学院位于坎特伯雷大教堂的管辖区内，是英国最古老的学校之一，1541 年由亨利八世建立，前身是圣奥古斯丁于六世纪建立的一所修道院学堂。到了十九世纪中叶，坎特伯雷已经没落。随着铁路的修建，肯特郡的上等人家纷纷把儿子送到伊顿、哈罗、西敏公学读书，国王学院的主要生源成了本地教士、驿站官吏、家境较好的工商业人士的子弟。不过，即便国王学院算不上顶尖公学，在郡内依然颇有声誉，出过克里斯托弗·马洛、瓦尔特·佩特等著名校友；狄更斯将大卫·科波菲尔母校的荣誉给了它。学校的英国国教会色彩浓重，教师全由教士担任，课业繁重，课程传统，偏重古典学问。

在叔叔陪同下，毛姆乘火车从白马厩镇前往坎特伯雷，路程不长。除了巴黎的幼儿园以外，十一岁的毛姆从来没上过学，不认识其他同学，而且满脑子都是《汤姆求学记》里描绘的惊悚场景，简直怕得要死。他最害怕的是口吃被人家笑话。叔侄两人乘马车穿过建于中世纪的城墙和城门，顺着狭窄的街道来到校门前。高墙内矗立着乔治王时代*修建的红砖低年级部教学楼。工作人员将他们领到接待室，趁校长还没过来，毛姆惶恐地脱口而出："叔叔，跟他讲我口吃。"

低年级部主任名叫 R. G. 霍奇森，身长六英尺有余，红色的络腮胡子很是茂密，一副快活的样子，跟两位新来的客人热情地打了招呼。牧师很快就走了，抛下侄子一个人。毛姆的行李箱和玩具箱被送到楼上，本人被带到睡觉的地方。宿舍里划成一个个狭长的隔间，外面用绿色帘子遮住，里面有一张床、一个盥洗台、一把椅子。早晨起床铃响后，学生们要到楼下的教室去。教室狭长空旷，两边各有一条长桌和若干没有靠背的长椅。早餐有茶和黄油面包，饭前要祈祷。当天，男生们已经在集合了。他们彼此都认识，推推搡搡、吵吵闹闹地冲进学校，兴奋地炫耀假期生活，很少有人注意到新来的同学。但是，第一天上午的课结束时，正如他之前害怕的那样，他成了嘲笑的对象。口吃的毛病马上就显露了出来，更因为焦虑而加重，结果被同学当成了大笑料。下课后来到有墙围住的大操场玩耍时，同学竞相模仿毛姆结巴的样子，笑得前仰后合；在他们眼里，自己的戏仿好像比毛姆本人还要搞笑。毛姆绝望地强忍住泪水。"他的心脏激烈跳动，几乎无法呼吸。他比之前的任何时候都要害怕。"

即便他不口吃，毛姆依然特别不适合学校生活。他在同龄人中

---

* 指英国乔治一世至乔治四世在位期间，即 1714 年至 1830 年。

体格偏小，更称不上结实，心肺功能不好，第一学期就请了许多次病假。毛姆渴望融入集体，但他与其他孩子太不一样了：既无父母，又无好友，不懂学校里流行做什么事，说什么话，没打过板球，没踢过足球，还没有完全适应英语。他写道："上低年级部的时候，我有一次念到'unstable as water'这个短语，结果把unstable读得好像跟Dunstable押韵似的，结果全班爆笑，把我羞得脸都红了。这件事我永远忘不了。"他的哥哥们也遇到过同样的问题，因法国口音受到嘲笑，被同学们叫作"青蛙仔"（froggy）。不过，他们的日子要好过一些：他们不仅可以相互做伴，而且比幼弟壮实得多，个个是体育健将。就读于多佛尔学院期间，查理和弗雷迪先后担任领袖生长，查理拿过运动会奖杯，弗雷迪打橄榄球和板球，哈利是橄榄球校队成员。与哥哥相比，毛姆不擅长任何英国公学男校中不可或缺的体育。而且，他起初因为口吃而显得愚钝，被大家当成白痴。毛姆在回忆录《回顾》中这样描述许多次羞辱事件中的一次：

> 老师是苏格兰人，名叫戈登。*他把我安排在教室最后排，开学第一天就叫我解释一段拉丁文。文字很简单，我完全知道怎么用英语讲。但是，我害羞而且紧张，说得结结巴巴的。开始有一个同学偷着乐，接二连三，还不到一分钟，全班就哄堂大笑起来，喧闹不已。我假装不在意，可还是口吃。最后，老师坐在椅子上，攥紧拳头砸了一下桌子，大声咆哮："坐下吧，蠢蛋。我真不明白你是怎么混到这个班的。"

来到坎特伯雷之前，毛姆已经习惯了独来独往。他对集体生活

---

* 原注：实际应为 E. J. 坎贝尔牧师。戈登是《人生的枷锁》中以坎贝尔为原型塑造的人物。

没有任何准备，讨厌没有隐私的环境，也不适应同学之间的恶作剧、开玩笑和粗话。口吃带来的痛苦与奚落更让他缩回到自己的世界。尽管他渴望受到大家欢迎，却没有讨人喜欢和"跟人一见面就熟络起来的魅力"。虽然有这些阻碍，毛姆的功课还是不错的。在霍奇森手下的三年结束时，他获得了奖学金和穿黑袍的殊荣。

进入高年级部后，毛姆的生活质量有了显著提高。方正的中庭周围的校舍风格各异，从中世纪到现代风格都有，古怪地混在一起，校舍旁是宽阔的草坪，两旁种着优雅的古树。邻近是灰色的哥特式大教堂，尖肋拱顶与扶壁冲天而立，中央高耸的哈利大钟楼"仿佛是人类对神的礼赞"。毛姆之前已与不少男孩子结下了同志情谊，他们已经不把口吃的毛病当回事了。尽管他没有亲密的朋友，但也算是默认为集体的一员。大家普遍觉得毛姆不是个软柿子。他有敏锐的观察力和讽刺的才智，除了被他讽刺的对象，别人都觉得很受用。与此相伴的是一种恶毒的本能：放大别人的缺点。他不时会妙语讥诮，引起一阵哄笑，却不明白他的一针见血会让别人长存怨恨。他养成了语带讥讽的习惯，只因为"讽刺本身有趣，却不明白这些话有多伤人；而且，讽刺的对象对他表现出厌恶时，他又会觉得受到了冒犯"。毛姆渴望受欢迎，又知道自己其实并不受欢迎，于是形成了一个怪癖，尽管当时没有显露出来，却在后来的文学创作中淋漓发挥。他会找一名自己崇拜的男孩为榜样，想象自己就是他，模仿他的腔调、笑声与行为举止。他在头脑中的扮演过程惟妙惟肖，以至于会"一时间似乎不再是自己了。就这样，他享受了许多虚幻的快乐时间"。

按学生的标准看，毛姆是聪明的——他记忆力超群，音乐课、教理课、历史课、法语课都得过奖——所以基本不怕老师，只有坏脾气的坎贝尔先生除外。此人绰号"拧脖子"，因为他经常揪住学生的脖子狠狠地拧。坎贝尔生就一副牛体格，性子也是牛脾气。他最喜欢的教学方法之一就是让学生上黑板做题，谁做错了就拿鼻子把错的地方擦掉。坎贝尔之前在丹佛郡的韦斯特沃德霍!* 任教，鲁德亚德·吉卜林小时候就是他的学生，后来在《思多奇公司》中以其为原型塑造了暴躁易怒、令人讨厌的金老师。他在毛姆笔下还要更加不堪。菲利普·凯里眼中的坎贝尔可以用恐怖来形容：

> 既无耐心，肝火又旺。再加上长期以来无人过问他的教学，接触的又尽是些年幼学生，他可以为所欲为，自制力早已丧失殆尽。他上起课来，往往以大发雷霆开始，以暴跳如雷结束……此公其貌不扬，大脸盘上长着一对小小的蓝眼睛，脸色红扑扑的，可脾气一发作立时转成猪肝色，而他这个人又是动辄发火的。

毛姆对其他固守旧习的老师们半是忍耐，半是轻蔑。他觉得大部分课都没有意思，课程安排很久都没有变过，特别强调拉丁语和希腊语，不重视现代语言。读者们或许也能猜到，毛姆最看不上的就是法语老师。这些人虽然精通语法，却从不试图掌握在他们眼中毫无用处的语音语调。在毛姆看来，他们中没有一个能在"布伦的餐厅里点一杯咖啡"。

1886 年，国王学院迎来了新校长，对毛姆乃至全校都是一件幸事。新校长是托马斯·菲尔德牧师，父亲是坎特伯雷的一名麻布商，早在牛津大学读书时就出类拔萃，后来到哈罗公学教书，成绩斐然。如今，年仅三十二岁的他来到了国王学院，年富力强，思路开阔。他身材瘦高，胡子是黑的，头发也是黑的，披散在额上。不管是老师还是学生，遇见他都会马上受到感召。他性格平易近人，谈话时天南海北，引经据典。他是一位令人着迷的老师，有时会未经事先

---

* Westward Ho!，位于英国英格兰德文郡比迪福德的海滨小镇，该地名本身含有感叹号。

通知就来到教室讲课，不谈贺拉斯和荷马，而是讲法国小说和德国哲学，比较迪斯雷利*与亚西比德[†]，热情洋溢地讨论现任首相格莱斯顿[‡]和地方自治的优劣利弊，让听众大吃一惊。作为一名优等生，毛姆很快就得到了菲尔德校长的注意。校长对他很友善，交谈时把他当作成年人，鼓励他追求自己的兴趣。渴望认可与关注的毛姆热切地予以回应，特别钦佩他。他后来说过："我当时崇拜他。"菲尔德成了少年毛姆生活中最重要的人物。一段时间里，他对学校的厌恶有所减退。他觉得，只要能让这位有想象力和同情心的校长先生高兴，他什么都愿意做。

毛姆的视觉审美特别发达，平生最喜绘画，其次是建筑，而他第一次受到美的触动正是在坎特伯雷。随着他心情放松下来，不必对生活的方方面面心怀恐惧，毛姆开始有意识地对身边的美做出反应。"这里有一种美妙的、令人沉醉的古雅之感……整体是一种清新明快的感觉，哈利大钟楼周围回荡着钟声和寒鸦的鸣叫……"他喜欢宽阔的草坪，爬满紫藤的围墙，栖息在榆树上的白嘴鸦哀鸣，而他最喜欢学校的一点，就是能看见威严矗立的中世纪大教堂。毛姆笔下的菲利普·凯里买下一张大教堂的照片，准备钉在书房里，教堂之美唤起的情感让他惊讶不已。看着这张照片，他发现"心里产生了一种说不清是痛苦还是喜悦的奇特感受"。成年之后，身处世界的遥远地域，当他想起坎特伯雷大教堂，当俄国、中国或马来亚的某

---

* 本杰明·迪斯雷利（Benjamin Disraeli，1804—1881），犹太人，第一代比肯斯菲尔德伯爵，英国保守党领袖，在把托利党改造为保守党的过程中发挥了重大作用；曾两度出任英国首相，其间大力推行殖民扩张政策。

† 亚西比德（Alcibiades），雅典城邦的政治家，苏格拉底的生死之交，以在伯罗奔尼撒战争中反复于雅典、斯巴达和波斯之间左右局势而闻名。

‡ 威廉·尤尔特·格莱斯顿（William Ewart Gladstone，1809—1898），英国政治家，曾作为自由党人四次出任英国首相，被认为是史上最伟大的英国首相之一。十九世纪下半叶，格莱斯顿与保守党领袖迪斯雷利在政坛斗争中针锋相对。

些宏伟建筑的景象突然让他动情地回忆起早年生活，毛姆有时会被乡愁压倒。

　　学校的生活有了起色，家里的情况也变好了。毛姆每逢放假还是会回到牧师官邸，不过他年纪渐长，不愿意完全屈服于叔叔的勒令。毛姆知道自己比叔叔聪明得多，丝毫不惧怕他，必要的时候会坚持自己的看法。至于苏菲婶婶，他已经真正喜欢上了她。她是个和蔼可亲的人，毛姆总能说服她满足自己的要求，特别是叔叔不在场的时候。亨利·毛姆如今常年不在家。由于身体越来越坏，他不得不长期赴欧陆疗养，有时还会带上同样身体渐衰的妻子一起去。自私自利的牧师出门时，家里的氛围一下子轻松下来，毛姆总算有享受自由的大把机会了。十九世纪八十年代，自行车运动风行于英国青年之间。毛姆说服叔叔给自己买了一辆新式的安全自行车，骑着它探索乡间小径。天气暖和的时候，他还会带上浴巾和泳裤去海滩游泳。*十五岁的毛姆尽管个子不高，却长成了一名漂亮的少年，长着一头浓密的黑发，一双棕色的眼睛，面色苍白。他已经学会了精心打扮，对衣着颇为挑剔，下身是别致的白色法兰绒裤，上身是蓝色运动衣，头戴一顶黑白相间的硬草帽。他迫切地想要被当成大人对待。为了长胡子，他往上唇抹凡士林，而且特别讨厌别人还是叫他"威利少爷"。"实际上，我对自己的姓氏和名字都不喜欢，于是花了许多时间编更适合自己的名字。我最喜欢罗德里克·雷文斯沃斯（Roderic Ravensworth），在好多页纸上用恰如其分的花式字体写满了这个名字。路德维克·蒙哥马利（Ludovic Montgomery）也不错。"毛姆步叔叔婶婶的后尘，"将自己所属阶层的习俗当成了自然法则"。他自认为比其他年轻人优越，变得势利起来，对商人一副屈尊下就

---

*　原注：将近五十年后，毛姆在《寻欢作乐》中生动地描绘了少年骑自行车的场景，这是作品的一处关键情节。

的样子，还埋怨夏天来白马厩镇度假的伦敦人。"要我们看，伦敦人都是低俗的家伙。要我们说，每年这群下等人成群结队地跑来我们这里，这真是可怕极了。"

牧师官邸和学校都很重视宗教，毛姆不禁要受到影响。他的叔叔言谈间时常引用《圣经》，所有老师都是神职人员。不管在白马厩镇还是坎特伯雷，上教堂都是频繁和强制的。沉浸在宗教氛围当中，毛姆与很多孩子一样经历了一段虔信宗教的时期。他翻来覆去地阅读《旧约》和《新约》，为祷告投入了大量的时间和精力。《人生的枷锁》中有一段几乎可以肯定是基于真实事件的情节，讲菲利普向神祈祷治好自己的畸形足。别人教导他说，真正的信仰有移山之力，所以男孩从没想过神可能不会满足他的恳求。"他用尽灵魂的全部力量去祈祷，心中没有一丝怀疑，坚信神的真言。"菲利普激动地等待着奇迹发生，但奇迹并没有发生。于是，他产生了巨大而痛苦的失落感。他幻灭了，感觉自己被叔叔和叔叔的神背叛了。这件事标志着毛姆失去信仰的开端。然而，终其漫长的一生，毛姆都对宗教——所有宗教——保持着强烈的兴趣。情感让他亲近宗教，理性又让他拒斥宗教，两者争斗不休，寻求精神的和解而终不可得。离开学校不久，他便最终放弃了少年时代那种天真而强烈的宗教情感。他感觉到了解放，也感觉到了失落。当时最难接受的一点是，他知道自己再也不能期盼死后与母亲重逢了。

国王学院或许以与英国国教会关系密切而自傲，但是与任何其他一群连续几周与世隔绝、见不到异性的男孩子相比，这里的学生并不见得思想更高尚。在寄宿制男校里，情欲挑逗、纯肉体性的性实验是常事，投入感情的爱恋也不新鲜。国王学校有两百名学生，若说全无此类事件，那是不可想象的，毛姆当然也有参与。（多年后，毛姆与情人在加里克俱乐部用餐，指着另一名正在体面用餐的老绅士说："我以前在国王学院跟他睡过觉。"）他本性多情。在白马厩镇，他与镇上一名男孩产生了感情。按照他哥哥哈利的说法，这名男孩是"自母亲去世以来，你唯一能够爱上的人"。但是，他与同学的一段深沉的情感依恋无疑要重要得多。在毛姆从未发表的《史蒂芬·凯里的艺术气质》和《人生的枷锁》这两部写作时间相隔二十多年的自传体小说中，都有一节讲述主人公对一名同学的迷恋。在前一本小说中，读者丝毫不会怀疑这段感情涉及肉体层面，虽然后一本小说对菲利普·凯里的性感受写得就比较隐晦；但无论从哪一本看，他对爱的迫切需求都是主宰一切的。在《人生的枷锁》中，他的爱恋对象是相貌俊朗的罗斯 *。罗斯善良，平易近人，很受同学欢迎，恰好是孤僻的菲利普的反面。他善待菲利普本属无心，菲利普却既惊讶又感激，而感激又转化为嫉妒的爱意。罗斯当然是完全无所谓的态度。罗斯的原型可能是威利·毛姆的同班同学莱纳德·阿申登。毛姆将大量取材于自身经历的小说《寻欢作乐》的叙述者取名为阿申登；还写过一部以"一战"为背景，同样带有自传性质的间谍故事集，主角也叫阿申登。同学之间管莱纳德·阿申登叫"艾什"（Ash），与"罗斯"（Rose）一样都是单音节词。现实中的阿申登去世后，他的遗孀给毛姆寄去了一封质询信。毛姆的回信写于1954年，其中写道："我之所以选择阿申登这个名字，是因为它与甘恩、德里菲尔德一样都是坎特伯雷一带常见的姓氏，而且我觉得它的第一个音节 † 对我有特殊的含义。"

1888年的米迦勒学期 ‡，十四岁的毛姆患上了严重的肋膜炎，不得不回家休养直到学期末。等到圣诞节的时候，他的身体已经好些了，不过考虑到他的病史，学校认为他应该天气转暖之后再回校上

---

* 原注："罗斯"这个名字显然是有寓意的，因为毛姆既将它给了史蒂芬·凯里的爱慕对象，又给了《寻欢作乐》中魅力无边的女主人公。

† 即"艾什"（Ash）。

‡ 从圣米迦勒节到圣诞节为止，通常为9月或10月到12月。

课。就这样，他被送到位于土伦附近的南法小镇耶城。他住在当地一名英国人的家里，此人的谋生手段就是给养病的男孩子上课。对毛姆来说，回到四年前离开的法国是一段奇特的经历。在这四年里，他几乎没有正经讲过法语。与母亲当年带他去的波城一样，耶城同样是以气候温和著称，是很受欢迎的疗养胜地。温和的空气里带着松树的香味，集市色彩缤纷，沙滩，棕榈树，味道浓烈、富有乡土气息的普罗旺斯菜肴，这些都与白马厩镇和坎特伯雷构成了鲜明的对比，挑动起心酸的回忆。

次年，也就是1889年复活节之后，毛姆回到了学校，发现自己已经跟不上节奏了。对校园生活来说，几个月就是很长的一段时间了。他以前的朋友都结交了新朋友，他则被分到另一个班级。在新的班级，功课是陌生的，火暴脾气的坎贝尔欺压学生似乎也更厉害了。毛姆对他的仇恨成了一种执念。"我在当时当地就下定决心，一个学期也不跟这个畜生老师学了。"他本来打算转学去哥哥们的母校，剑桥大学。菲尔德校长也很支持，他对自己学生的能力有信心，只要毛姆报名，肯定能拿到奖学金。不过，由于深深厌恶国王学院，他已经没有朝那个方向努力的雄心了。他只想逃离国王学院，越快越好；哪怕这意味着上不了剑桥，他也愿意做出牺牲。"我完全知道要做什么。我在同龄人里确实个子小，身体弱，但我脑子灵。我跟叔叔讲，我身体不好，坎特伯雷的冬天又潮又冷，恐怕对健康不利，不如明年也去耶城的老师家过冬，他轻而易举就被说服了。结果让我开心，等到那个苦涩的学期结束，我便永远离开了国王学院。"

毛姆成功离开了国王学院，但种种迹象表明，他并没有迎来期盼中的快乐人生。不顾一切想要离开学校的菲利普·凯里同时放弃了进入著名学府的机会。离校的那一天，他原本以为会兴奋不已，结果却被悔恨折磨。

霎时间，他眼前闪现出一幕幕大学的生活场景。这些情况有的是听回校打比赛的校友谈话中了解到的，有的是从同学们在书室里朗读的校友来信里听到的……他的中学生涯就此结束了。他自由了。可是以前一直翘首期待的那种欣喜若狂的激动，这时却不知了去向。他在校园里踟蹰逡巡，心头沉甸甸的，感到无限压抑……他拿不准自己做得究竟对不对。他对自己，对自己周围的一切都感到愤愤不满。

第二章

圣托马斯医院

At St. Thomas's Hospital

在耶城度过了第二个冬天之后，毛姆迷茫地回到了牧师官邸。除了再次尽早离开白马厩镇以外，十六岁的他完全不知道要做什么。苏菲婶婶同情他的境遇，建议他去德国学习德语，还给亲戚写信，请他们推荐适合小侄子的寄宿家庭。牧师表示同意。毫无疑问，他觉得把这孩子送走是松了一口气。毛姆写道："他不是很喜欢我，这也无可厚非，因为我并不觉得自己是个讨喜的孩子。而且，我求学都是花自己的钱，他当然乐得让我去做我选的事。"于是，毛姆被安排去海德堡留学，与一对开设留学生宿舍的教授夫妇共同居住。

1890 年 5 月，毛姆在一个晴朗的上午来到海德堡，他被眼前的景象迷住了。他的行李放在独轮车里，搬运工推着车，他跟在后面从车站出来，走过狭窄的中世纪街道，最后沿着一条林荫大道走进一栋白色大宅。在接下来的一年里，这里就是他的家。教授先生是一位高挑的中年男子，金色的头发有些斑白。他彬彬有礼，举止得体，用一种特别正式、略有古风的英语跟毛姆交谈。教授夫人则是身材矮胖，脸色红扑扑的，双眼明亮，忙里忙外，德语里面夹杂着蹩脚的英语。第一天吃晚餐时，毛姆见到了其他借住教授家的人：两名美国神学专业的学生，一名法国人和一名中国人，都在海德堡大学读书；还有哈佛大学希腊语讲师詹姆斯·牛顿，这位新英格兰人瘦得跟麻秆似的，来德国是为了开阔视野。毛姆的首要任务是学习德语，按日给教授交学费。他是个很好的老师，要毛姆将自己在学校学过的一篇莎士比亚戏剧翻译成德语。这项安排很巧妙。毛姆过目不忘，听课效率也高，所以学得很快。达到一定的水平后，他立即开始研究歌德，因为教授特别喜欢歌德。毛姆还选了大学里的课，有幸聆听著名哲学家库诺·费舍尔讲解叔本华思想的课程，听众无不振奋。叔本华的悲观主义哲学提出，人类存在的理由是未知的，自由意志只是幻象，来生并不存在——这让毛姆茅塞顿开。

毛姆学习很用功。他住在塔楼的小房间，比树冠还要高，在里面花了许多时间读书写作。他不仅读刚刚了解到的德国著作，也读法国作家的书，比如拉罗什富科、拉辛、司汤达、巴尔扎克、福楼拜、莫泊桑、阿纳托尔·法朗士。这些作家在白马厩镇无人知晓，当年却摆满安坦公寓的书架。他开始动笔写作，一上来就雄心不小，要为横跨世纪的作曲家贾科莫·梅耶贝尔作传。不过，在他送去的第一家出版社退稿之后，他就毁掉了手稿。毛姆过得非常快乐。学校和牧师官邸的沉闷拘束总算过去，他尽情地享受着自由，热切地回应着新环境带来的种种刺激。其他青年住客都比毛姆大几岁，他们的出众才智与精妙思想给他留下了深刻的印象。他们对毛姆很友善，讨论艺术、文学、神学话题时也会带上毛姆，往来激烈，常至深夜。宗教信仰是一个热门辩题，毛姆对它也特别着迷。起初，有些人提出的激进观点令他震惊而兴奋，直到他有一天突然发现，自己已经不再信仰宗教了。他感觉如释重负，一下子轻松了。偏见，报应，无聊到令人窒息的礼拜仪式，背诵祈祷文，每天生活在对永罚的恐惧中，这些统统不见了。全新的自由观念让毛姆振奋不已，"这座以害怕地狱而不是亲爱上帝为基础的大厦整个倒掉了，就像一座纸牌屋，"被全新的自由观念所振奋的毛姆写道，"他只对自己的所作所为负责……他终于成为自己的主人。"

美国人詹姆斯·牛顿对毛姆尤为关注，友好地提出带他徒步去海德堡周边的好地方。两人几乎每天都会去探索著名的废弃城堡，或者漫步于王座山，欣赏内卡河谷，城内高耸的屋顶和教堂的塔尖，远处曼海姆和沃姆斯在雾中的轮廓，还有更远处波光粼粼的莱茵河。有时，他们会在绿意盎然的啤酒花园喝茶，晚上一边绕着城市花园散步，一边听乐队演奏。比他年长的牛顿计划去瑞士度假两周时邀请毛姆同去，费用全包，毛姆取得叔叔同意后就答应了。这似乎是一段田园牧歌式的友谊。但毛姆后来宣称，自己回过头看才意识到，这位导师对他的兴趣主要是在性的方面，他之所以关照自己，主要是出于肉体吸引，而不是慷慨大方。

回到海德堡不久，牛顿便前往柏林，他的房间转给了英国人约翰·艾灵汉姆·布鲁克斯。布鲁克斯刚刚从剑桥大学来，本来想在伦敦研究法学，蹉跎一年不成，便来到德国追求文化事业。他长着一双蓝眼睛，性感肥厚的嘴唇，一头金色鬈发，多愁善感，英俊而富有魅力，心地善良又虚荣。他对文学富有激情，陶醉热烈地谈论自己最喜欢的作家，包括乔治·梅瑞狄斯、斯温伯恩、沃尔特·佩特、奥玛·海亚姆，这些作家都是毛姆之前从没听说过的。只要稍加鼓励，他就会大段朗诵《多洛莉丝》和《鲁拜集》里面的诗句。他自己也写诗，大多悲观厌世。朗读自己的诗时，他会把金发往后一甩，凝视着不远不近的地方，一双蓝眼睛仿佛在诉说着未来。他经常宣称要投身文学，一一列举自己想要写的书。毛姆入迷了。布鲁克斯大谈意大利与希腊的荣光，谈雪莱、柏拉图和王尔德，谈纽曼主教和马修·阿诺德。毛姆静坐倾听，仿佛中了魔咒。布鲁克斯叫他读什么，他就如饥似渴地去读。布鲁克斯发表平凡无奇的看法，他也全盘接纳。这个充满魅力的人物唯独对他青眼有加，在其他人嘲弄他的观点时也会站出来维护他，令毛姆觉得受宠若惊。

没过多久，与之前的牛顿一样，布鲁克斯也开始邀请毛姆一同散步，途中吹嘘自己对美的感受力，对世俗成功的漠视，以及对同时代的人过的那种鄙俗生活的不屑。布鲁克斯对自己有一番远大的设想。他表示，自己还没有写出一部巨著只是因为时间不够，一旦写出来必然会让他名列万神殿。毛姆是一位聪慧而孤独的男孩，很容易被这种大话煽动起来。当布鲁克斯讲明自己想要的不只是一个崇拜自己的小跟班时，毛姆顺从了。多年以后，毛姆向一位朋友私下透露说，自己把第一次献给了布鲁克斯。不过，这似乎算不了什么，只是比男校里常发生的同类活动稍进一步而已。实际上，十六岁的毛姆正处在性欲旺盛又容易受人影响的年纪，能成为一位看起来才华横溢、特立独行的男青年的情人是一件特别刺激的事。后来，他慢慢看穿了布鲁克斯的真面目，将他斥为装腔作势，百无一用。毛姆觉得受他哄骗这件事特别难堪，于是在生活和文字里都对他很刻薄。《人生的枷锁》中有一个以布鲁克斯为原型的角色，毛姆给他的描述是："他真诚地错把自己的肉欲当作浪漫的恋爱，错把自己的优柔寡断视为艺术家的气质，还错把自己的无所事事看成哲人的超然物外……他的头脑虽然庸俗，却竭力追求高雅，从他眼睛里望出去，所有事物都蒙上了一层感伤的金色雾纱。他在撒谎，却从不知道自己在撒谎；当别人点破他时，他却说谎言是美的。"但是，两人最初在海德堡的交往曾带给毛姆很大的激励，让他更加强烈地感觉自己终于获得解放，来到了现实世界的大门前。

布鲁克斯的一项爱好是看戏。到了冬天的常备剧目演出季，他和毛姆两人每周会光顾小小的海德堡市剧院两三次，看完之后就在酒馆里热烈讨论剧目。他们看过赫尔曼·苏德尔曼的《荣誉》（*Die*

Ehre），当时的苏德尔曼还是一位年轻的先锋现实主义剧作家；还看过易卜生的几部话剧。知识界对易卜生推崇备至，但大部分体面市民都觉得他的作品低俗下流。在海德堡，易卜生得到的叫好声和嘘声旗鼓相当。对毛姆来说，易卜生的话剧颇有启发。留德期间，毛姆多次前往慕尼黑。他有可能观看了 1891 年 1 月《海达·高布乐》的首场演出，以及 6 月《海尔格伦的海盗》的新版演出，后一场演出有易卜生本人在场。在慕尼黑的一家酒馆，毛姆有一次，也是唯一一次见到了这位挪威大文豪，易卜生当时正在静静地边喝啤酒，边读报纸。除了七岁时在巴黎看过的由伯恩哈特演的那一场以外，毛姆来德国之前没有看过别的话剧。白马厩镇礼堂偶尔会有小的巡回剧团来演出，不过叔叔认为看戏是不体面的消遣方式——现在，毛姆完全被舞台迷住了。走进剧院的一刹那，他就兴奋了起来，被其吸引住。看过的剧越多，他就越觉得编剧手法真是太巧妙了，开始积极地撰写剧情大纲和对白片段。在易卜生的强烈影响下，毛姆开始将易卜生的剧目从德文转译为英文，从中汲取作者的写作技巧，他首先从毫不妥协地坚持现实主义原则，以羞于启齿的隐秘和花柳病为主题的独幕剧入手。

圣诞节前夕，布鲁克斯离开德国，动身前往佛罗伦萨，打算沉浸到但丁和薄伽丘生活的环境中。毛姆终于可以不受打扰地继续学习了。但是，布鲁克斯的影响让他不安分起来。"舒适、单调、令人激动的海德堡生活带来的愉悦"也开始褪色。现在，他迫不及待地想要回国，宣告独立，开始赚钱工作。

1891 年 7 月，离家一年的毛姆回到白马厩镇，发现叔叔和婶婶明显不如以往了。两人年事已高。叔叔的头发更少了，身量也更宽了。婶婶精神委顿，身体一看就不好。毛姆当时不知道要做什么——职业作家根本不在考虑范围内——于是向叔叔征求意见。老牧师当然希望侄子进教会，不过连他也明白，口吃的侄子大概吃不了这碗饭。哥哥们步父亲的后尘进入法律界。查理加入了自家律所，打理巴黎分行，有哈利做他的副手。弗雷迪不久前进入了林肯法律协会。不过，法律工作同样需要口齿伶俐。他还咨询过亨利·毛姆的一位老朋友，问公务员前景如何，但对方劝毛姆不要去，理由是做公务员现在要通过竞争性的考试，已经不适合绅士去干了。毛姆又去伦敦找父亲当年的合伙人阿尔伯特·迪克森，后者安排他到法院巷的一间会计师事务所实习了几周。但是，这项工作无聊得要死，毛姆很快就回白马厩镇了。最后还多亏镇上的埃瑟里奇医生给他指了一条明路：学医，就在自己的母校圣托马斯医院。当时，毛姆已经到了只要能离开白马厩镇，任何工作都愿意考虑的程度。于是，经过几周的死记硬背，十八岁的毛姆于1892年10月3日进入了圣托马斯医院医学院。

毛姆早就想要到伦敦生活了。从海德堡回来以后，他比过去任何时候都要厌倦白马厩镇的单调乏味。1892年8月底，苏菲婶婶去世，牧师官邸里的氛围愈加阴郁。去世前，她的身体不好已经有一段时间了。她去了德国的巴德埃姆斯，希望当地的温泉水能让她恢复健康，结果在那里去世。毛姆很喜欢婶婶，但他已经离家太久，对她的离去只有少许的悲伤。对一位十八岁的少年来说，丧期中的屋子不是理想的居所，彷徨的鳏夫更非理想的同伴。另外，毛姆也不想被勾起幼年丧母的哀绪，他迫切地想要逃离。从中学时代开始，他便向往着伦敦。在他的想象里，伦敦是一座有无限希望的城市。毛姆上学时有几个伦敦同学，他们吹嘘自己有多么熟悉伦敦的阴暗角落，毛姆听得津津有味。"他们讲起了伦敦街头入夜后的故事……聚在剧院大门口的人们，廉价餐厅灯火通明，酒吧里喝得半醉的男人坐在高脚凳上跟女招待攀谈，还有路灯下黑漆漆地看不清、一味找乐子的人群。"

这样的喧嚣场景在文森特广场11号——毛姆今后五年居住的地

方——少有痕迹。文森特广场面积很大，建于乔治王时期，有一点破败，一侧面向遍布典当行，电车叮当响的繁华街道沃克斯豪尔桥路，紧邻西敏寺的泰晤士大堤，离国会大厦也不远。毛姆住在11号一楼，一室一厅，周租一英镑。卧室朝内，有一张窄窄的铁床、洗脸台和衣柜。客厅有一扇凸窗，前面是一排高大的法桐和广场围起来的西敏公学绿茵操场。毛姆的日常起居由房东伊莉莎·福尔曼太太照顾，福尔曼先生帮着擦鞋和保洁，还有一位年纪不大的女佣福洛瑞·约翰斯顿。福尔曼太太活力充沛，和善乐天，黄面皮，大大的黑眼睛，做得一手好菜，每日供应两餐，早餐很丰盛，晚餐比较朴素，以把房客照料好为荣。毛姆花了力气让小小的起居室舒适一些。他把壁炉蒙上摩尔毛毯，挂起厚厚的绿色窗帘，墙上还有一幅印刷出来的画，内容是一名含情脉脉的农家女孩怀抱曼陀铃花，是《伦敦新闻画报》圣诞特刊里宣传的特价商品。后来，随着品位的提高，他把这张低俗的画换成了苏荷广场买来的佩鲁吉诺、霍贝玛、凡·戴克画作复制品，是用美柔汀法制作的，每幅售价几先令。

医学院九点开始上课。每天早晨叫醒毛姆的都是房东太太在客厅生火时的吆喝声——"再不起来就没空吃饭啦，我做的饭可好吃啦"，隔着门都能听见。从床底下把铁皮浴盆拖出来洗个快澡，吃完早饭后，毛姆就要快步往大堤走。伴着马车往来的喧闹，他穿过兰贝斯桥上的早高峰人群，下桥后拐进兰贝斯宫路，这才来到圣托马斯医学院。放学回文森特广场的路上，他会买一份晚报，读到六点半开饭为止。晚饭吃完后，他就在餐桌上研读课本，写自己的东西，再到扶手椅上看一会儿书，最后上床睡觉。从周一到周五都很忙，不过，刚开学的几个周末比较空闲，孤身一人的毛姆就去逛国家美术馆，到伦敦西区溜达，饿了就在 ABC[*] 吃顿简餐。大多数周六晚上，

---

* 原注：充气面包公司（Aerated Bread Company）旗下的连锁茶餐厅，风行一时。

他都会去看戏。在美术馆排队时，旁边的人有时会找他搭话。不过，按照毛姆公开发表的早年生活记录，他总是以一种"拒人于千里之外"的方式回应对方。到了周一上午，他就会觉得松了一口气：总算可以回到规律的学习生活了。

圣托马斯医院是伦敦著名的教学型医院，始建于十二世纪，最初是救助生病穷人的一家慈善机构，七百年后仍然以公益为主。原址位于南华克区，拥有八座庄严的大型哥特式建筑，规模堪比一座小镇。后来由于铁路扩张而被迫迁往泰晤士河南岸的兰贝斯一带。1871 年，宏大的新楼投入运营，维多利亚女王亲赴开幕式。弗洛伦斯·南丁格尔大名鼎鼎的护士学校就设于院内。南丁格尔的影响从护士学校延伸到了整个医院，确保了严格的医疗教学标准。医学院的大部分学生是五年的内外科联合专业，每年学费 300 英镑出头，冬季学期从 10 月到 3 月，夏季学期从 5 月到 7 月底。

头几个月上解剖学、生物学、物理学和化学课，毛姆觉得大部分都很枯燥。他老老实实地上课，用心记住了成千上万条知识点，购置了显微镜、桃花心木工具箱和一套希斯编的解剖学教材，还到散发着消毒水味道、墙面涂成不祥的红色的解剖室做实验。一年级新生往往会觉得这些内容难以消化，但毛姆从来不觉得恶心，拿起手术刀也很灵巧。解剖用的尸体是医院从本地加工厂里买来的，单价 5 英镑，用朱砂和砒霜处理过（朱砂的功能是突出动脉血管，砒霜是防腐剂）。学生们两人一组，合买尸体器官：四肢售价 12 先令6 便士 *，腹部 7 先令 6 便士，头颈 15 先令。为防止学生反胃，解剖室里鼓励大家抽烟，自然形成了社交氛围。于是，"学生们经常一边解剖'部件'，一边说闲话"。上午的课上完后，示范老师走了，尸体也送回学生的锁柜里，这时的解剖室简直就像家里一样舒适放松。

---

* 先令和便士为英国旧制辅币单位，1 英镑折合 20 先令，1 先令折合 12 便士。

趁着这几分钟的时间，换上衬衫的小伙子们得以享受短暂的闲暇时光，快速抽着烟说闲话。

上午结束后，毛姆会到地下食堂吃一份四便士的黄油司康饼，喝点热可可，然后到学生休息室翻阅日报。天气好的时候，他会拿着课本到外面的台阶上，不时远眺河对岸的国会大厦，真是赏心乐事。与国王学院的时候一样，毛姆渴望受到欢迎和接纳。但是，他还是太害羞了，口吃也是一大阻碍。尽管他很想跟同龄人搞好关系，却始终跟他们找不到多少共同点。上过大学的人往往不好接近，这也可能只是毛姆自己的感觉。他仍然对失之交臂的剑桥耿耿于怀。他对板球和足球这两种看似大众的运动兴致寥寥，也不想参加放学后的同学小酌。他有过喝了一点点酒就浑身难受的不悦经历。他暗恋过一两位俊朗的同学，艳羡他们的风度翩翩和勃勃兴致。不过，他现在已经能够更好地掩盖自己的感受，为自己披上保护色了。他的拘谨断绝了任何亲密关系的可能性，同学们都觉得他冷漠乃至令人生畏。

圣托马斯的学子们讲起性事来巨细靡遗，大谈自己的情场斩获，与任何地方的小伙子无异。毛姆对这个话题有着浓厚的兴趣。他之前只与男性有过肉体接触，从未与女性有过性关系，对此颇以为耻。一个周六的晚上，他来到河岸街，挑了一名妓女，对方同意以一英镑的价格陪他过夜。这名女子长相年轻，几乎带着乡土气，让毛姆觉得很安心。两人来到沙夫茨伯里大道旁的一家小旅馆，她把毛姆领进了一间朴素的小客房。房里弥漫着发霉烟草的味道，墙面污渍斑斑，只有一把椅子、一个洗手台、一张床单脏兮兮的大木床。完事之后，毛姆不出意料地染上了花柳病，只得偷偷跑到医生家里诊疗。但他一点都不觉得尴尬，反而很得意：总算能跟兄弟们一块吹牛了。私底下，他可能还因为自己功能"正常"而松了一口气。

终其一生，维持正常的表象都是毛姆心头的一件大事。在他生活的大部分社会环境中，他都必须对自己的双性恋严格保密，而且他很早就认识到了保密的必要性。从小在法国长大和说话结巴这两件事已经让他与同学疏远了，要是再被打成"倒错"（invert）——当时就是这么叫的——成为另一个不受欢迎的少数群体成员，他实在是难以接受。与老师一起做人体解剖实验时的一件事给他留下了深刻印象。当时，他找不到某处神经，老师把位置指出来时，他硬说神经的位置不对。毛姆后来写道："我埋怨位置不正常，结果他［老师］笑着说：在解剖学里，正常才是稀罕事呢……我一直记着这句话。从那以后，我就明白解剖学是这样，人也是如此。"

毛姆从小就学会了隐秘之道。除了最亲近的人以外，他极少表露感受。二十岁那年，他就意识到了自己的性取向，发现自己喜欢男人。不过，多年以来，他一直试图要自己相信，这不过是一个小怪癖。晚年的毛姆说过："我试图说服自己，我是四分之三的正常加上四分之一的不正常——其实恰恰相反。"过了许多年后，毛姆就读圣托马斯时期的日记发表了，其中描述了他有时会受到其他男性纯肉体性的吸引；不过，为了照顾大众，他通常会小心翼翼地否认存在赤裸裸的性的成分。"基于动物性吸引力的友谊……是不假思索，也是不可思索的。讽刺的是，吸引你的人往往配不上你的吸引。这种友谊——尽管没有积极的性爱成分——其实很接近热恋；以相同的方式产生，往往也以相同的方式破灭。"回首过去时，他写道："我记不清是谁引起了这些令我困惑的念头，但是……我猜想我曾被某个人吸引过，而且没有得到回应。"

"我没有融入医院的生活，在那里交的朋友很少，"他回忆道，"因为我忙着做别的事。"毛姆对医学显然没多大兴趣：他知道自己需要拿到行医执照，一旦其他事情都失败了，总有一条后路。不过，他已经决心以笔为生，一门心思投入了进去，任何人、任何事都不能阻挡。他是自学成才，不仅有热情，而且特别自律刻苦。他不仅阅读了大量英国作品——小说、戏剧和诗歌——还涉猎法国、德国、俄国和意大利文学。短短两个月，他就读完了三部莎士比亚戏剧、蒙森的两卷本《罗马史》、居斯塔夫·朗松的《法国文学史》大部、几部英语和法语小说、两篇科幻小说、一部易卜生戏剧。他抄录了斯威夫特、德莱顿、杰里米·泰勒的作品，还把部分段落背了下来。他的脑子里充满了各种想法，小说大纲、剧本梗概、对话片段、观察随想写满了一页又一页纸。他说："我写作是因为忍不住。"他最早想写一部戏剧，坚持定期上剧院，身边常有翩翩少年青年沃尔特·阿德涅·佩恩相随，两人是在海德堡初次遇见的。

佩恩之父乔治·佩恩是伦敦乐厅界首屈一指的人物，身兼蒂沃里（位于河岸街）、新牛津（位于牛津街）、伦敦大歌台（位于皮卡迪利街）三大音乐厅经理之职，在西区基本占据了垄断地位。毛姆学医，小佩恩要当注册会计师，手头长期不宽裕，而老佩恩是他们宝贵的免费戏票来源，让两人几乎每逢周六下午都能去音乐厅看玛丽·罗伊德、丹·莱诺、维斯塔·蒂利、阿尔伯特·谢瓦利埃等人演出，晚上买剧院池座区的廉价票，看过王尔德的《无足轻重的女人》、帕特里克·坎贝尔夫人版的《谭格瑞的续弦夫人》、乔治·亚历山大版的《不可儿戏》等令人难忘的剧目。1895 年 1 月 5 日是亨利·詹姆斯创作的《盖伊·多姆威尔》（*Guy Domwell*）在圣詹姆斯剧院首演的日子。这位名作家鞠躬致敬，却迎来一片令人蒙羞的嘘声。此事堪称一场灾难，而佩恩和毛姆当时正在观众中间。毛姆从未忘掉这出惨剧。"［詹姆斯］遭受的嘘声和倒彩声浪是当时的我从未在剧院里见到过的，"他在多年后写道，"面对不友好的观众，他惊得下巴都掉了下来，微张的嘴巴合都合不上，满脸困惑不解，整个人都呆住了。我也不知道幕布为什么没有赶紧拉上。"

毛姆的另一个爱好是绘画。他的美术导师是古怪的温特沃斯·胡舍。此人年纪比毛姆整整大一代，身材瘦小，留着伊丽莎白女王时代流行的胡子，瞳仁是浅蓝色，曾是一名著名的战地记者，供职于《纽约先驱报》和《泰晤士报》。他先后在伦敦、巴黎、纽约生活工作，有过两任妻子，第一任是美国人，第二任是一位没受过教育的农场劳工的女儿。他与后一任妻子生了九个孩子，住在埃塞克斯郡哈洛附近的乡间，过着波希米亚风的生活，兴趣广泛多样，包括纹章学、古代服饰（他曾与奥斯卡·王尔德通信探讨过这一话题）、文学、音乐和绘画。他先前是哈利·毛姆的朋友，为后者的一首诗谱过曲。后来，年近五旬的胡舍又看到了毛姆身上的巨大潜力，激励他坚持写作，带他去音乐会、美术馆和博物馆，教他画作鉴赏，了解美术的各个门类。毛姆曾与胡舍一家同住"扫帚村舍"（Besom Cottage），早晨起来就坐在桌前写作，丝毫不顾小孩子们的吵闹，写完了就拿给主人看。胡舍则会惊呼道："哎呀，写得真是太美了，太好了！"几年后，毛姆的第一部小说出版后，他给温特沃斯·胡舍寄了一本样书，另附感谢信一封。信中写道："我永远忘不了懵懂少年时，是您领我四处游历，开阔眼界，启发新知，给予我极大的帮助。如今，我的处女作终于问世，谨赠书册，聊表寸心。"

同时，他在医学院里开始上实用药学和药物学。毛姆觉得这两门课比解剖学略有趣一些，很喜欢揉制药丸、混合药剂、研磨药粉的过程。但是，直到轮岗门诊部的时候，他才一下子开始全身心投入。他第一次发现自己的工作这么有趣。引起他兴致的不是林林总总的病症，而是每天来到医院就诊的男男女女。

十九世纪九十年代的兰贝斯是伦敦最贫困、最拥挤的地方之一。这里的家庭通常人口很多。尽管夭折率相当高（五岁以下夭折人数占死亡总数的近一半），但很多夫妇仍然有十个、十一个乃至十二个孩子。一家人要么住在阴暗破败的小房子里，背后是肮脏的院落，排水管也是露天的；要么挤在狭小的出租屋里，条件恶劣到了极点。许多有幸找到工作的人在血汗工厂里出力。有的时候，一处狭小的顶楼车间里塞着十七八名男女工人，照明和取暖都欠佳，厕所里没有水，唯一的通风设施就是拿帆布当玻璃、封得死死的破窗户。疫病横行，相对便宜也容易获取的酒被当成了万灵药。于是，家庭暴力成了家常便饭。老人和失业者活活饿死不是什么新鲜事。这些人都仰赖圣托马斯医院提供的免费医疗，毛姆每天接触的正是这些人。

中午刚过，医院等候室里就挤满了男人、女人和孩子，有的衣着还算体面，有的褴褛邋遢。尽管消毒水的气味很浓，一天下来，没洗过澡的身体散发出的恶臭还是往鼻子里窜。医生首先接待男患者。他们大多患有慢性支气管炎（当时常形容为"讨厌的咳疼病"）、性病和各种酗酒相关疾病。女性因频繁生育而早衰，主要问题是营养不良，以及丈夫醉酒殴打造成的口部流血、眼部乌青和肋骨断裂。毛姆是内科住院部医师的助手，简单的问题就交给他自己处理，正是在这些时候，他听到了来自那些悲惨人生的故事。医护人员通常忙忙碌碌，难得有人关心患者的个人问题。年轻的毛姆医生富有同情心，举止温和，还长着一双传神的黑色眼睛，患者们都对他心怀感激。与同事们不同，毛姆没有对病人摆出屈尊下就的派头。他们需要的是理解，而不是怜悯。他对患者怀有真切的兴趣。与许多医术精湛，却只把病人视为医学样本的医生相比，毛姆对患者的生活经历和悲惨境遇的了解要多得多。正如他在《人生的枷锁》中的化身菲利普·凯里一样，毛姆逐渐明白穷人——

> 并不需要空气流通的大房间；他们觉得冷，是因为食物没有营养，血液循环太缓慢。房间一大，他们反而会觉得冷，想要弄些煤来烤火了。几个人挤在一个房间里并无害处，他们宁愿这样住着；他们从生到死从来没有单独生活过，然而孤独感却始终压得他们受不了；他们还喜欢居住在混乱不堪的环境里，四周不断传来喧闹声，然而他们充耳不闻。他们觉得并无经常洗

澡的必要，而菲利普还经常听到他们谈起住医院时一定要洗澡的规定，说话的语气还颇有些不满⋯⋯

毛姆之前从未直面如此形形色色的性格与人。日复一日，患者的诉说环绕着他，有着无法定义的潜能，让他兴奋。他对管窥未经加工的生活素材、放下一切戒备的人性表露沉醉不已。有一次，他给一具严重腐败的尸体做尸检，结果患上了脓毒症性扁桃体炎。尽管他被安排在私人病房里，"享受着国王一般的待遇"，但他依然等不及重返工作岗位。

尽管医院的工作很忙，而且毛姆把业余时间都投入到了阅读和写作中，但他仍然与亲友保持着联络，其中就包括回到英国的约翰·艾灵汉姆·布鲁克斯。两人上次见面还是在海德堡。布鲁克斯回国前曾环游欧陆，写下了许多文采斐然的信，主题包括爱情、艺术与意大利的光彩，尤其是透过约翰·罗斯金和沃尔特·佩特的眼睛看到的意大利。与当年在德国一样，布鲁克斯的陪伴依然令毛姆感到兴奋。1894年春，在布鲁克斯的影响下，他利用复活节的六周假期去意大利旅游。由于布鲁克斯的鼓励，他早在前一年就开始学习意大利语，如今兜里揣着20英镑就动身了。途中，毛姆在巴黎逗留了几日，一是看望哥哥查理和哈利，二是参观卢浮宫。他之前读佩特的《蒙娜丽莎》艺评时热血沸腾，满怀激动地来观赏这幅达·芬奇的名画。但是，"我失望极了。佩特那些华章流彩的雄文描写的就是这幅画吗"？接下来是热那亚和比萨。然后，他在佛罗伦萨停留了两个多星期，住在一处能俯瞰主教宗座教堂的房子里，同住的是一位和善的寡妇，她尚未出嫁的女儿给毛姆上了几节意大利语课。毛姆求学若渴，充分地利用了自己的时间。"我每天都很忙。"他回忆道。每天早晨，他会花两个小时研究但丁，然后揣着罗斯金的书去参观景点。"凡是罗斯金推荐的地方，我都去看了，"他写道，"凡是他说不好的地方，我都怀着厌恶走开。他肯定找不到比我更虔诚的门徒了。"只有到了晚上，他才允许自己消遣片刻。吃罢晚餐，他会出去散步，想找点刺激。不过，根据他多年后撰写的记录，"我那时真是太天真了——至少是羞涩吧——每次回家都跟出门时同样纯洁"。

回到伦敦后，布鲁克斯将毛姆介绍给了自己的朋友们，这是一群倾心艺美的青年，其狂热性和创造力让毛姆大开眼界。他们身上似乎迸发着想象力和原创思想，相形之下，毛姆就显得无趣而普通。"他们的写作、绘画、作曲才华让我艳羡，"毛姆写道，"他们的艺术鉴赏力和判断直觉也是我所渴望的。"大概是这群青年才俊中的一位告诉他，卢浮宫里只有夏尔丹的一幅画值得一看。"对一位二十岁出头的青年来说，这实在是一块难咽的肉。我当时太害羞了，所以没有对他说：我觉得提香的《拿手套的男人》是一幅很美的肖像画，他的《耶稣下葬》深深地触动了我。"毛姆后来才发现，这群人的涌动奔溢主要是因为年少气盛，而非真正的天才；而他们的导师布鲁克斯有性情上的缺陷，永远无法实现他早年夸口的那种美好前途。

从意大利归国后不久，毛姆就有两场家里的婚礼要参加。第一场也是远为出人意料的一场，新郎官是亨利·毛姆牧师，丧偶还不到两年，他就向时年五十岁的老姑娘爱伦·马修求婚，女方的父亲是巴斯人亨利·马修将军。婚礼于1894年6月6日举行，新任毛姆夫人随即入住白马厩镇。人们很快就发现她是个活泼开朗的人，与前任截然相反。只要爱伦婶婶在家，去牧师官邸做客就比以前快乐得多。而且，她显然让牧师先生非常开心。

两周后的6月21日，毛姆四兄弟中的老大查理在伦敦与动物画家海伍德·哈代之女，梅宝·哈代结婚。之前五年里，查理一直在家族律所（现名"塞维尔与毛姆律师事务所"）的巴黎分行担任初级合伙人，在巴黎他结识了未来的妻子，她当时正在读音乐学院。婚礼结束后，两人回到巴黎，过上了老毛姆夫妇那样社交活动丰富的殷实生活。与父亲一样，查理聪明善良，而梅宝（昵称"蓓蒂"）是一位出色的业余艺术家，活跃风趣。夫妇都是巴黎英国人圈子里的红人。查理之弟哈利也在塞维尔与毛姆律所做过一段时间，不过这个安排没有成功。哈利为人离经叛道，对法律毫无兴趣。他真正的志向与四弟一样：当作家。哈利性格和善，瘦得皮包骨，还有些神经质。他把几乎全部业余时间都投入到创作长篇诗剧，或者在咖啡馆里和志趣相投的年轻诗人、艺术家交往。没过多久，他便把投身法律界的表象全部抛弃，离开巴黎，先在伦敦停留了一段时间，然后去了意大利。就审美和思想而言，他与毛姆有许多共同点：两人都羞涩，缺乏安全感，不善交际，都是性少数，都有志写作；但是，由于空间上的距离，而且真正的兄弟情谊从来没有机会在毛姆和他的哥哥之间形成，他们两从来不是很亲近。

查理和哈利都在欧洲大陆生活，只有加入林肯律师协会的二哥弗雷迪留在伦敦，毛姆和他见面也最多。讽刺的是，两人的关系也是最紧张的。弗雷迪为人极其保守，与幼弟相处时总像是审查官似的，毛姆对此深恶痛绝。其实，毛姆内心里也有一部分希望成为二哥那样的钢铁正派人。但是，这种相互的敌意在两人年轻时只是间或表露，也比较温和。他们有不少共同的经历和兴趣——看戏，打高尔夫球，欣赏画作——相伴颇为快活，最起码共处少的情况下是这样。弗雷迪（成人后通称 F.H.）健壮潇洒，不苟言笑。冷若冰霜的外表下隐藏着一颗敏感脆弱的心，他绝少示人，哪怕是对家人。1896 年 12 月，弗雷迪与英国最高法院法官，不久会出任常任上诉法官的罗伯特·罗默之女海伦·罗默（昵称"奈莉"）结婚。弗雷迪看起来沉闷无趣，奈莉却开朗活泼，富有魅力和幽默感，爱搞恶作剧，喜欢开些愚蠢的玩笑。尽管弗雷迪有时嫌妻子太闹腾，但他很依赖妻子的体贴呵护，他渴望这种体贴呵护，只是不能表露出来。奈莉和毛姆一见如故，很快就成了好朋友，她会邀请小叔子参加家庭活动和业余剧团，还经常单独请他来家里喝下午茶，八卦闲聊，其乐融融，直到弗雷迪先生阴着脸下班回家。这段时间里，弗雷迪事业不顺，接的案子很少，手头吃紧，志气难伸。巨大的压力让他比平常还要冷漠疏远。"等活儿干的经历对年轻律师来说太难熬了，"他在五十年后写道，"常常让整个生活变得苦涩。我永远都忘不掉那段痛苦的日子。"

1894 年夏，毛姆回校之后从门诊部转到了住院部，负责陪同医生查床、做化验和写病历。圣托马斯医院的病房足够宽敞，照明良好，两边排开的白色病床纤尘不染，大量鲜花盆栽缓和了医院的氛围。与以前一样，毛姆喜欢与病人接触，但住院部不像之前的岗位那样有故事，有刺激。转到手术助理员的岗位让他很高兴，他的工作是站在主刀医师旁边递送手术器械。如果有一台不常见的手术，手术室外的走廊会挤满人。不过，大多数情况下只有几名医学生在看，毛姆很喜欢这种惬意的感觉。

不过，他偶尔也会失去冷静，比如一台令他想起丧母之痛的手术。"那天，我走进手术室观摩一台剖宫产手术，"他在 1897 年的日记本里写道，

> 手术开始前，C 医生简短地讲了一番话……他告诉我们，这位孕妇不能顺产，之前已经流产过两次；但是，她决心要产下子女，于是再次怀孕。尽管他向孕妇解释了手术的危险性，母亲的生还率只有一半，但她还是对医生说自己愿意冒这个风险……手术似乎非常成功。C 医生将婴儿取出时满脸笑容。当天上午我在病房值班，就问一位护士她的情况。护士告诉我，母亲夜里死了。我不知道原因，这件事给了我极大震动。我害怕哭出来，只好紧紧蹙额。这真是太傻了，我根本不认识她，只是在手术台上见过而已。她只是医院里一名普通的患者，我想，她

感动我的地方是那股子一定要把孩子生下来，连生命危险也愿意承担的劲头。她竟然一定要死去，实在是难过，难过得可怕。

1895 年，毛姆分别于复活节假期和暑假重返意大利，在约翰·艾灵汉姆·布鲁克斯的陪同下游览卡普里岛。当时的卡普里还是农村，外人很少，只有少数前来度假的游人。它富有浪漫情怀的美景让毛姆看得入了魔，温和的气候、空气里的芬芳、梦幻般宁静的氛围更令他沉醉，以至于他将其形容为"我所见过的最迷人的地方"。两人先从那不勒斯乘坐小汽轮抵达岛外，然后换小船划上岸。到港之后，两名健硕的女搬运工帮他们把行李沿着陡峭的道路拿上去，到大广场放下后就离开了。第一次上岛时，毛姆和布鲁克斯住在一间朴素的家庭式旅馆（pensione）里，每日房费 4 先令，窗外就能看到维苏威火山。两人沿着布满散发着香甜气息的灌木丛的陡峭山坡散步，途中有葡萄园和柠檬果园，还有装饰着玫瑰、丁香和九重葛的白色小屋，良久方归。爬到山顶，两人俯瞰身下的大海和海中的奇岩*。奇岩是两块巨大的灰色礁石，好似从清澈碧绿的海水中升起的大教堂。上午是学习的时间。午后，两人会到奇岩外的一处地方游泳，晒日光浴，然后沿着蜿蜒的山路慢悠悠地上山，到葡萄架下吃午餐。每天吃完晚饭，他们会来到大广场旁的莫甘诺酒吧。这里是卡普里的外地人聚集点，互通消息，闲聊八卦。布鲁克斯与新认识的作家、画家和雕塑家畅谈艺术、哲学与文学，毛姆就全神贯注地听着。毛姆不像他们懂得多，嘴皮子利索，自觉低人一等，只是坐着抽烟，很少说话，闭口不谈自己的写作经历。

我觉得一切都好伟大。艺术，只为艺术本身的艺术，是全

---

* Faraglioni，意大利卡普里岛东南方那不勒斯湾中闻名于世的岩石山峰。

毛姆传

世界唯一的要紧事……他们全都认同这一点，身上有一股炽烈的、如宝石般闪耀的火焰。我太害羞了，没有讲我写过一部小说，还有一部写了一半。他们把我当成一个只关心解剖尸体，抽空就琢磨着给最好的朋友做灌肠术的大俗人。我真是羞愧难当，浑身也像燃起了炽烈的、如宝石般闪耀的火焰。

毛姆在言谈中或许拘谨，但他开玩笑地提到给最好的朋友做灌肠术，表明了他在其他方面的自信。二十一岁的毛姆相当注重外表，而且已经开始在微薄收入允许的范围内打扮出某种高雅气质了；再加上身材纤瘦，面孔富有表现力，他是一位富有魅力和性吸引力的英俊青年，而且对自己吸引的目光心知肚明。他有一种强大的创作冲动，激发出无数新想法，推动着他每晚连续写作好几个小时。同时，它也呈现为性能量，哪怕他坐在莫甘诺酒吧里一动不动，一言不发，这股能量依然存在。他和布鲁克斯的情侣关系在卡普里岛少有人说三道四，这里的人们对非常规关系习以为常。长年以来，卡普里岛以宽容外人著称。许多人前来不仅是为了美景，也是为了当地的美少年。后来上岛的康普顿·麦肯齐写道："卡普里特别能腐化人的性情。"岛民对许多拥有独特癖好的外来者睁一只眼闭一只眼，比如臭名昭著的恋童癖和大烟鬼，与老家的唱诗班少年发生关系后，仓皇逃难于此的前桑德林汉姆教区牧师菲尔逊伯爵；又比如每到一处就犯下罪孽，而且被人看见在自家游艇上公然猥亵英俊少年的阿尔弗雷德·道格拉斯勋爵。只有个别做得太过火的人，比如与男童的不正当行为引发岛民警惕的军火大亨弗雷德里希·克虏伯，最后才被驱逐出岛。不管怎么说，卡普里岛的道德风气异常宽松，对于那些觉得欧洲北部的风俗法律过于苛刻，妨碍自己过上想要的生活的人来说，卡普里岛是一处温暖的避风港。约翰·艾灵汉姆·布鲁克斯就是其中之一。在岛上住了几周之后，他觉得特别舒畅，遂决定长期住在卡普里岛，不回英格兰了。

布鲁克斯的这个决定可谓恰逢其时。就在他和毛姆动身前往卡普里的当月，即 1895 年 4 月，奥斯卡·王尔德在伦敦受审。自十年前英国刑法修正案*颁布以来，王尔德案并非唯一一宗，事实上也并非第一宗获得详尽报道的同性恋案件。但是，由于被告鼎鼎大名，原告——昆斯伯里侯爵——地位显赫，再加上王尔德在法庭上要命地表现出了报纸头条争相报道的机智、浮夸和神奇，此案影响之深广，远甚以往。于是，一个由男妓和倒错性行为组成的世界，一个大多数人梦里都没见过的世界，呈现于全英国的报纸读者面前。王尔德之后被判服两年劳役，更让许多人大惊失色；他们原本以为只要稍加谨慎就能避免麻烦。不少人当场决定逃往欧洲大陆。据说，通常情况下，每天只有六十人左右乘坐海峡渡轮从英国去法国；而在王尔德被捕当晚，乘客竟激增到六百人。奥斯卡·王尔德案投下了一道长长的阴影。在七十年的时间里，毛姆这一代人都不得不在敲诈、揭发、丑闻和被捕的真切恐惧中生活。毛姆当年只有二十一岁，还不太可能充分明白这些事件对自己的人生会有哪些影响。但是，王尔德案确实让他更加坚定地隐藏私人生活，也鼓励他养成隐匿的习惯。

在伦敦，有同学看到毛姆到了校外总是和同一名男青年在一起。我们几乎可以肯定，那人就是毛姆的戏友，被他称为"孤独青年时代的亲密伴侣"的沃尔特·阿德涅·佩恩。终其一生，毛姆与许多男性发生过深深依赖的亲密关系，而佩恩正是其中的第一位。这些关系的模式很明显：起于性事，随后发展为亲密的友谊，于是，一夜情对象成了毛姆的秘书、伴侣和帮手。尽管两人通信皆已不存（佩恩去世后，两人的信件在毛姆的要求下尽数销毁），他们的亲密关系

---

* 原注：1885 年刑法修正案规定，一切男性之间的性行为均为犯罪。

却延续了二十多年。佩恩是毛姆的第一位秘书兼伴侣；之后，这个职位将先后传给杰拉德·哈克斯顿（他是最有名的一位）和阿伦·塞尔。与哈克斯顿和塞尔一样，佩恩最初与毛姆交往时很可能存在性的成分——即便这个阶段很短——然后才发展为更稳定持久的感情关系。与之后的几个人一样，佩恩最初对毛姆有一项至关重要的用处：与陌生人接洽。公共场合难免要与陌生人交流，但口吃的毛姆几乎不可能主动发起对话。口吃的毛病苦不堪言，有时还会让他敏感抑郁，他本人痛苦地描述过这种状态：

> 极少有人明白，说话会消耗他多少精力。对大多数人来说像呼吸一样轻松的事，于他却是永恒的张力，将他的神经撕扯成碎片。极少有人懂得口吃带给他的羞辱。许多人因此嘲笑他，对他不耐烦。他感觉别人会讨厌他的口吃，于是自己觉得别扭。他明明想到了好笑的、恰当的、绝妙的话语，却因为害怕口吃搅局而不敢说出口，于是心生愠怒。极少有人知道那种不能跟其他人说完话的痛苦感受。

毛姆知道，自己一开口就有出洋相的风险，因此乐得有人代他发起对话。就此而论，英俊和善的佩恩正是他的理想伴侣。

两人经常一同去剧院和音乐厅，有无数艳遇的机会。河岸街一线、皮卡迪利地区、沙夫茨伯里大道新建剧院周围有几十家营业到凌晨的店铺、咖啡馆和酒吧，吸引着男男女女前来，其中并非每个人都是来做体面事的。入夜后，这些街道人流拥挤，迸发着各种机会，毛姆很喜欢回忆这段往事。"[伦敦西区]北面有一部分人称'前街'，从沙夫茨伯里大道到查令十字街为止，十一二个人挨得紧紧的，就在前街来回晃悠……空气里弥漫着一股冒险的味道。看对眼了，然后就……"论室内的话，标准酒吧和伦敦大歌台的前廊酒吧也是偶合的热门地点。河岸街的蒂沃里、莱切斯特广场的帝国和阿罕布拉这几家音乐厅的工作人员早就学会了对阴暗的上层座席发生的男同性恋行为视而不见。两大同性恋经常出没的室外场所是泰晤士河畔的大堤花园，以及海德公园里的阿喀琉斯雕像 *。（王尔德《理想丈夫》一剧中的梅宝·奇尔顿说过："说真的，那件艺术品底下发生的事情真是骇人听闻，警察应该管一管呀。"）

　　地下性爱世界对毛姆有着不可抗拒的吸引力。他很快发现，有意找乐子的男人从来不在九点之前去音乐厅，因为男女娼妓九点才会过来招揽生意，挑逗勾引，混迹于前廊酒吧里喝酒吸烟的男士之间。早年间，毛姆想勾搭一个警惕镇定的姑娘，结结巴巴地说要给她买酒喝，结果对方轻蔑地转身离去，真是丢人。河岸街外的行情比较便宜，要价较高的男妓和"欢女"集中在繁华的皮卡迪利大街一带。瘦削的毛姆身穿黑色外套，头上戴着帽子，饶有兴致地看着他们在街上游荡，寻找目标，而度过了欢乐而无可指摘的一晚，正要乘公交或地铁回家的普通情侣或家庭却好像看不见他们。毛姆1896 年的日记里有一段显然带有调情意味的对话片段，对话者可能是毛姆和一位比他年纪大的男性。

> "［年纪小的一方说］唉，我真不想变老，乐子都没了。"
> "不过，别的乐子会出现。"
> "什么乐子？"
> "比方说，凝视年轻人。要是我跟你一般年纪，没准会觉得你是个自吹自擂、自命不凡的男人；而我现在却觉得，你是一个可爱有趣的男孩子。"

---

* 原注：近四十年后，毛姆的短篇小说《创作冲动》中埋了一个彩蛋，将一位体面的女作家创作的惊悚小说取名为《阿喀琉斯雕像》。

半个世纪后，毛姆准备公布这段对话时还添了一句戏谑的话，说他"记不清这话是谁说的了……"

1896 年 10 月，毛姆在圣托马斯医院的学业进入了最后阶段：产科和妇科。第一天上午的课就让他难忘。老师开口便道："先生们，女人是每天排尿一次，每周排便一次，每月排卵一次，每年分娩一次，有机会就交媾的动物。"学校最近开了一门新课：助产实习。在三周的时间里，学生们要随时待命，在学校方圆一英里的范围内接生至少二十次。毛姆总共被叫去六十三次。他临时住在校门对面的一间房里，方便门房叫他。他很少有连续睡两个小时以上的机会，却全神贯注地观察孕妇的生活状态，全然没注意到自己已筋疲力尽。这是他第一次到院区外工作。直到这时，他才目睹了许多挣扎在生存线上的穷人，他们可怕的现实状况，近距离地感受到无望逃脱者所处的嘈杂、恶臭、拥挤、污秽的生活环境。如果一家之主有活儿干，日子还能凑合过，否则就真是毫无希望了。"意外"并不罕见：母亲睡觉时能把婴儿压死，婴儿吃错了东西也不总是因为粗心。

毛姆在一篇五十年后的文章中回顾了进入兰贝斯贫民窟的经历。通常是产妇的丈夫或孩子领着他穿过静悄悄的阴暗街道——

> 拐进散发着臭气的小巷，再进到气氛险恶的院子。连警察进去之前都要犹豫一番，不过，医生的黑包就是你的护身符。你被带到每层住着两家人的阴冷房子里，然后进了一间通气不畅的屋子，屋里点着煤油灯，不是很亮，除了躺在床上的产妇以外还有两三个女人，产婆、孕妇的母亲、"住我们楼下的太太"。有的时候，你要在屋里等上两三个小时，跟产婆喝茶拉话，不时到街上透透气。产妇的老公就坐在台阶上，你就坐在他边上聊聊天。

如遇意外，毛姆可以叫资深产科医师来帮忙。不过，资深医师来的时候往往已经太迟：要么是婴儿停止了呼吸，要么是母亲大出血致死，早已无力回天。经历了这样的一晚，毛姆总算松了一口气。他在破晓时分走出房子，呼吸呼吸新鲜空气，沿着泰晤士河畔走走，看着天边染上粉红色，观察晨雾在水面逐渐消散的过程。

正是在接受产科训练期间，毛姆才萌生了写小说的想法。之前几年里，他有过多部试作，以剧本为主，可惜均遭退稿。于是，他准备完成两三部小说，希望有作品发表后，剧院经理就能高看他的剧本一眼。

当时的出版界风起云涌。十九世纪九十年代，一批活跃的新兴出版社建立：海涅曼、哈钦森、麦修恩、鲍立海。三卷本大部头和流动图书馆统治的时代刚刚结束，为年轻作家们尝试篇幅较短的新式文体扫清了道路。之前逛书店的时候，毛姆曾被"笔名文库"（Pseudonym Library）所吸引，这一廉价平装书系是由雄心勃勃的托马斯·费舍尔·昂温推出的。昂温高挑俊朗，蓝眼睛，黑胡子，他的花领带和暴脾气几乎同样出名。他于七十年代创业，素有敢冒风险、谈判条件苛刻的名声。用福特·马多克斯·福特的话说，昂温有一支简直是"天赐"的审读团队，其中包括影响力巨大的爱德华·加涅特，G. K. 切斯特顿也曾短暂加盟；在该团队的支持下，他发掘了许多名作家，包括叶芝、高尔斯华绥、H. G. 威尔斯、乔治·摩尔和约瑟夫·康拉德。毛姆给他送去了两个短篇小说，其中一篇是《坏榜样》（"A Bad Example"），讲的是一个好人因为性格善良而被自私的家人当成精神病[*]。加涅特审读后不建议发表。"故事表现出了几分能力，但不过几分而已。毛姆先生有想象力，文笔也不错，但社会讽刺的深刻或诙谐程度不足以吸引读者。建议他先给层次略低的杂志

---

[*] 原注：近四十年后，毛姆在封笔剧作《谢佩》中回到了这个主题。

撰稿，若有更严肃的作品，不妨再寄给我们。"由于加涅特的意见，昂温以篇幅太短、无法出单行本为由，将两篇小说都拒了，不过他还加了一句，说毛姆今后若有长篇小说写成，他很愿意拜读。小小的鼓励给了毛姆巨大的动力，他立即投入到《兰贝斯的丽莎》的写作当中。

这部小说原题为《兰贝斯田园诗》，以兰贝斯贫民窟为背景，通过最近的实习，他对这里已经很熟悉了。丽莎·坎普是一名十八岁的女工，与酗酒的母亲生活在狭小的单间里。她人长得漂亮，性格又活泼，爱找乐子，邻居们都挺喜欢她。汤姆是她的忠实追求者，想要跟她结婚，但她自己还没打算成家，从此每天打理家务，年复一年地生孩子；她自己就是父母的十三个孩子中的一个，这在威利街都算正常。她对爱情有着模糊的向往，更渴望突破自己的狭小天地。当她与吉姆·布莱克斯顿相遇时，回应就积极多了。吉姆年纪比她大，刚刚带着妻子和五个孩子搬进威利街。他引诱了丽莎，两人开始了一段热恋。他们在巴特西公园和泰晤士河大堤幽会，到滑铁卢车站避雨，抓住一切能避开窥探眼光的机会相聚。但是，地下恋情不可避免地曝光了。丽莎怀上了孩子，名誉扫地，饱受嘲笑和轻视。吉姆的妻子动手打了丽莎，自己又被醉酒暴怒的丈夫打得半死。受此打击，心烦意乱的丽莎在喝醉酒的情况下分娩了，结果难产而死，身旁有酗酒的母亲照看，还有一名多嘴多舌、见多了同样场面的产婆帮衬。

之前几年里，毛姆的文学品位受约翰·艾灵汉姆·布鲁克斯的影响很大。因此，他完全有可能以布鲁克斯最喜欢的佩特，或者于斯曼、王尔德等世纪末的颓废主义作家为榜样。但是，毛姆当时选择的效仿对象是法国现实主义作家，如左拉和莫泊桑，特别是后者。莫泊桑的口语化叙事风格正贴合绝无浪漫可言的故事主题。后来有一版《丽莎》，毛姆在导言中写道："我当时特别崇拜莫泊桑……

钦佩他清晰、直白、有力的叙事才能。"这三个形容词同样可以送给《丽莎》。无论以任何标准衡量，这都是一部优秀的文学作品，一部了不起的处女作。毛姆这样描述《丽莎》的创作过程："我只是陈述了我在门诊部轮班，以及做产科护理员时下街区的见闻，没有添油加醋或夸大其词……我是个没有想象力的人……只好原原本本地记录下我亲眼见到、亲耳听到的事情。"后来，毛姆宣称《丽莎》"首次以写实的笔触向英国公众描绘了伦敦贫民窟的状况"。但事实上，《丽莎》只是当时一批城市贫民生活纪实作品中的一部，之前就有乔治·吉辛的《地府》（*The Nether World*，1889）、吉卜林的恐怖小说《巴达利亚·西罗德斯福特的记录》（*The Record of Badalia Herodsfoot*，1890）、乔治·摩尔读来令人害怕的小说《埃丝特水域》（*Esther Waters*，1894）等同类作品。

不难想见，小说中对兰贝斯的场景做了生动的描绘，其破败肮脏与朝气蓬勃的女工形成了鲜明的对比。她们顶着大波浪发型和插着羽毛的大帽子，跟姐妹和年轻男友畅聊八卦。人物对话传神而自然；在之前无数次失败的剧本创作中，他已经练习过许多对白写作了。他说得没错，"我有写好对话的本能"。书中有些地方令人捧腹，特别是去剧院看三流情节剧的段落；不过，银行假日*野餐会一节写得不太好，主要是因为作者想要戏仿田园诗却把握不当。然而，小说整体上秉承写实风格，对悲惨环境的描绘里完全没有煽情元素。作者对人物是有同情心的，却采取几乎医学式的抽离态度，对人物的行为没有做道德判断。他完全明白这些女孩子必须趁着还有机会尽情享乐，因为她们的未来里只有艰辛二字，酗酒和家暴都是常态。比方说，丽莎的朋友萨莉原本对婚礼充满憧憬，但她很快就明白，经常被打是婚姻生活的公认常态。萨莉边哭边说："不是他的错，他

---

* Bank Holiday，即英国的公假，以银行在这些日子不营业得名。

毛姆传

就是喝多了点，没醉那会儿还成。"毛姆成熟地意识到了贫穷会让人变得野蛮，以及年轻人那股不可战胜的昂扬精神，哪怕持续不了多久。他还对人类对爱情的渴望，以及性爱具有的强大吸引力表现出了深刻的理解。读者能明白无误地体会到丽莎对吉姆·布莱克斯顿的热恋属于何种性质。

> 他们在那里坐了很久，一言不发。啤酒开始上头了，夜里的空气暖洋洋的，令丽莎愈发沉醉。她感觉他的胳膊搂着自己的腰，他沉重庞大的身躯紧贴在自己身旁。那奇特的感觉又来了，她的心脏好像要爆炸了，她好像都不能呼吸了——压迫感里带着痛觉，让她不自在。她的双手开始颤抖，呼吸也变快了，仿佛窒息一般。她几乎要晕倒在男人怀里，这时，一股寒战从脚趾直蹿到头顶。吉姆靠向她，用双手把她抱住，贴紧她的双唇，给了她一个激情的长吻。最后，她气喘吁吁地转过头去，低声呻吟。

《兰贝斯的丽莎》的手稿写在三册法国作业本上，总共用了六个月时间，于 1897 年 1 月 14 日寄给昂温，附有一段如通常一样悲观的内容简介："这是一出发生于兰贝斯贫民窟的九日奇遇……它让我明白，这个世界上少有意义存在，在兰贝斯的威利街更是全无意义。"稿子有三名审读老师看，其中沃恩·纳什不喜欢——因为它太粗俗，直白得令人反胃，全无浪漫情怀——但其他两人特别看好，其中之一就是爱德华·加涅特。加涅特写道："这是一部描绘女工和底层商贩生活的优秀现实主义作品。如果费舍尔·昂温不出版《兰贝斯田园诗》，肯定会有别家接手……毛姆先生有幽默感，有直觉洞察力，我们以后很可能还会再次听到他的名字……人物对话写得尤其出色，特请留意。"由于审读老师大力推荐，昂温 4 月份就与圣托马斯医院在读生威廉·萨默塞特·毛姆签了合同，内容上只有一处修改：把"肚子"（belly）改成了"腹部"（stomach）。按照原先的打算，《兰贝斯的丽莎》不归到"笔名文库"系列下，而是直接推出毛姆本人。首印2000册，单价3先令6便士，头750册不计版税，之后的1250册计10%版税。这个条件称不上慷慨，却也并非不寻常。毛姆初出茅庐，昂温出版他的作品是要担风险的。按照当时的惯例，出版社要先给他少量预付款，等回本之后再付版税。假如昂温能把这本书卖到美国去的话，毛姆还能快点拿到钱，可惜事不如人意。美国出版商查尔斯·斯克里伯纳在发回纽约的报告里写道："昂温这个人真是难缠，幸好离开伦敦前的最后一天总算把他摆脱了。他给我们看了一些书，我亲自把那本讲贫民窟的小说回绝了……"

1897年9月，《丽莎》出版，正赶上维多利亚女王加冕六十周年。同期问世的其他小说新作包括：吉卜林的《怒海余生》、布莱姆·斯托克的《德古拉》、H. G. 威尔斯的《隐形人》、亨利·詹姆斯的《梅西的世界》）。但是，尽管竞争对手如此强大，籍籍无名的W. 萨默塞特·毛姆依然吸引到了大量关注，评论界纷纷赞扬作者的才华，同时为故事讲述的惊人题材而神伤。《每日邮报》发表书评："全书弥漫着小酒馆的刺鼻气味，压抑至极。但是，作者以富有力量，甚至不乏精巧的笔触描绘了一幅深切而生动的贫民窟画卷，这是我们必须认可的。"《雅典娜神殿》杂志也表达了类似的观点："请读者注意：如果你不愿意看到英语里面某些最丑陋的语言，那么，毛姆先生的这本书并不适合你。如果你希望通过阅读了解真实的、没有夸张或修改的生活纪实，那么，你轻易便会发现这本书的优越性。"《圣托马斯医院院刊》的学生教工作品栏目中热情洋溢地祝贺了《丽莎》的出版（前面一篇是对安德森医生《手指与脚趾畸形》的评论）："《兰贝斯的丽莎》一书取得了应得的巨大成功……文质俱佳，必将受到喜爱现实主义作品的读者的热烈欢迎。"

昂温经营手法老道，深知舆论的重要性，于是将书稿送给了几位名流，希望借此引发更大的关注。一位是日后成为西敏寺副主教的巴希尔·威尔伯福斯，他将一次周日布道的题目就定为这部小说。另一位是约瑟夫·康拉德，他的《水仙号上的黑家伙》恰于同年由昂温出版。康拉德在给昂温的信里写道，"我已经读完了《兰贝斯的丽莎》。好的点有很多，但没有突出的点。我相信这本书会大获成功，因为它是一幅没有个人气质的'类型'小说……他只是旁观，而这正是大众读者喜欢的。这本书让我不禁想起杜穆里埃的画作——完全是一类东西，只是领域不同罢了。"作品获得的关注令毛姆欣喜，但更令他欣喜的是，书出来刚刚两星期之后，他去帕特诺斯特广场找出版社，结果对方告诉他首印已经售罄，正在加印。

与此同时，《丽莎》也遭到了抨击。文学期刊《学院》发表了一篇匿名文章，指责毛姆抄袭，指出了《丽莎》与前一年年底出版的另一本"贫民窟"小说《贾戈子弟》（*A Child of the Jago*，亚瑟·莫里森著）之间的相似之处。"面对人们对《兰贝斯的丽莎》一书的衷心称赞，亚瑟·莫里森先生或许会发出冷笑。《丽莎》一书的抄袭实为无耻的蓄意行径……不幸的是，莫里森作品中表现出的种种接近于天才的品质却恰恰被忽略了。"毛姆很快发起了反击，致信《学院》称："我从未读过亚瑟·莫里森先生的大作，因此无法分辨我的作品与他的作品有何相似之处……我的书明明早在《贾戈子弟》面世前三个月便已完稿，如今却蒙受谴责和指控，这就有些头疼了。"毛姆向来以时间观念模糊著称，他的上述声明也并不准确：《贾戈子弟》出版于1896年底，当时毛姆尚未完成《丽莎》。不过，他在写完《丽莎》之前不太可能读过莫里森的小说。另外，尽管《贾戈子弟》同样以伦敦贫民窟为背景，但两者没有多少真正的相似点，因为《贾戈子弟》的主角是一名少年悲剧英雄，其压抑、绝望、暴烈程度要远远超过毛姆的书。不过，毛姆很有可能受到了1894年出版的莫里森前作《穷街陋巷故事集》（*Tales of Mean Streets*）的巨大影响。这部短篇小说集的第一篇就是《丽莎伦》（"Lizerunt"）*，与后来的《丽莎》显然有相似之处，尽管《丽莎伦》的风格同样要阴郁得多。毛姆笔下的丽莎难产死去，脱离苦海；莫里森笔下的丽莎不仅饱受殴打分娩之苦，还被丈夫逼迫去卖淫，作为抵抗饿死命运的最后尝试。†

作者的六套样书分送亲友。第一位是沃尔特·阿德涅·佩恩，书上写着"阿德涅，带着作者的爱"。第二本送给毛姆的导师温特沃斯·胡舍。接着是毛姆的三位兄长。他们对这份礼物都没有表现出喜爱之情。哈利对弟弟的文学才华不以为然，查理更对故事内容表示出反感。弗雷迪之妻奈莉与查理有同感，她在日记里写道："《兰贝斯的丽莎》是一本最令人不快的书。"最后一本送给亨利牧师家，题记为"致牧师先生与艾伦婶婶，带着作者的爱"。但是，亨利牧师已经无暇拜读，因为他之前身体就不好，收到书后没过几天就去世了，享年六十九岁。9月21日，毛姆和哈利去白马厩镇参加葬礼。葬礼来了不少人，牧师在小镇干了这么多年，大家就算不喜欢他，敬意总是有的。而毛姆既不喜欢他，也不尊敬他。与菲利普·凯里一样，"对这个老东西毫无感情，从来就不喜欢他。他大伯一辈子都很自私，甚至对敬慕他的妻子也同样如此，对托他抚养的孩子漠不关心；他这个人虽然说不上残酷无情，但是愚昧无知，心如铁石，又有点耽于享乐"。

1897年10月，毛姆从圣托马斯学院毕业，正式成为英国皇家内科协会与外科协会会员。出乎意料的是，资深产科医师给他提供了

---

* 《丽莎伦》的女主人公全名为"伊丽莎白·亨特"（Elizabeth Hunt），而"丽莎"（Lisa）是伊丽莎白的昵称，跟"亨特"（Hunt）连起来读就是 Lizerunt。因此，两部小说的女主人公是同名关系。

† 原注：毛姆并不是同类小说作者中唯一一位被指控抄袭的人；《贾戈子弟》出版后不久，莫里森本人就被指控抄袭亚瑟·杰伊的《伦敦最阴暗的地方》（*Life in Darkest London*）；亚瑟·杰伊又被乔治·吉辛指控抄袭《地府》一书的片段。

一个职位，但是毛姆以文学为志，于是拒绝了。他已经证明自己有能力做一名医生，之后更是常说起医学教育带给自己的好处。毛姆在晚年写道："我觉得，通过圣托马斯医院的五年学习经历，我对人类的本质有了一个全面的认识。"毛姆本来的打算是，假如《丽莎》没有成功，他就去做随船医生，这样至少有旅行的机会。结果这部小说取得了成功，于是他彻底离开了医疗行业。日后回想起来，他感到有些后悔。他写道："我从医院走得太早了。愚蠢，十足的愚蠢。我完全可以白天工作，晚上写书的，这样就不用为钱的问题挣扎了。"

毛姆去见费舍尔·昂温，昂温问他今后有什么打算。

> 我说准备弃医从文。他把胳膊搭在我的肩膀上。
>
> "靠写字吃饭可不易啊，"他说，"写作是非常好的事业，却是非常糟糕的营生。"
>
> 我不屑地耸了耸肩。我的第一本书就成功了，正满怀自信。

昂温当时处于最友善的状态，鼓动毛姆再写一部篇幅更长的贫民窟小说。他已经打出了名号，新作肯定会比《丽莎》还要成功。毛姆却兴致不大，轻蔑地说："我已经写完一本关于贫民窟的小说了，不想再写了。"他还告诉了出版商一个令人吃惊的消息：他已经完成了下一部作品，《一个圣徒发迹的奥秘》。这是一部历史小说，创作于前一年夏季卡普里岛度假期间。

毛姆把手稿留在昂温那里，随即启程前往西班牙，之后在那里停留了将近一年。他本来以为，如果一切顺利的话，第二本书在他回去的时候应该已经付梓出版了，一举奠定他职业作家的地位。可惜，他的希望终将落空。

第三章

本能作家

A Writer by Instinct

早在童年阅读叔叔的藏书时，毛姆就发现异域风情的故事或游记特别能激发他的想象力。《一千零一夜》和几部黎凡特游记（牧师收藏这些书是因为里面的插图）令他着迷。他渴望探索未知陌生的领域，而在白马厩镇生活的时候，他无法实现这个愿望，只能远眺冰冷的北海，幻想着逃离。但是，他现在已经完全独立，再也没有人或事物来约束他，拴住他。"人生的道路还长着呢，时间充裕得很。只要高兴，他可以花几年时间在人迹罕见的地方，在陌生的人群中到处漫游……他不知道他要追求什么，也不知道旅行会给他带来什么，但他感到，通过旅行他将会了解到生活中许多新鲜事，并为自己刚揭开的奥秘找到些线索。"他沉迷于陌生的解放之感。起初，他规划了两年的行程，先去西班牙住十二个月，然后去意大利和希腊，最后去埃及，还准备在埃及学一口流利的阿拉伯语。这些想法的诱惑虽大，但理智让他明白，伦敦才有职业作家的市场。他不能回伦敦太晚，免得他的名字被人们忘掉。于是，他决定只执行计划的前半部分，去塞维利亚住八个月。

学医期间，毛姆就读过不少西班牙文学作品，深深爱上了这个在他眼中最能代表浪漫的国家。在这里，现实又一次超出了预期。西班牙南部充沛的阳光和温和的气候为他带来了强烈的幸福感。1897年12月7日，毛姆带着少数几本书——斯坦利·莱恩-波尔的《西班牙摩尔人》(*The Moors in Spain*)、乔治·博罗的《西班牙圣经》(*The Bible in Spain*)、泰奥菲尔·戈蒂耶的《西班牙游记》(*Voyages en Espagne*)、理查德·福特的《西班牙旅游手册》(*Handbook for Travellers in Spain*)——抵达塞维利亚。他立即就喜欢上了这座城、城里的人和西班牙特有的"甜蜜生活"(dulcera de vivir)，欢欣鼓舞于从未体验过的自由。他写道："来西班牙之前，我在伦敦疲惫地生活了许多年，因过高的期望而沮丧，因繁重的工作而迟钝。现在，我发现这里简直是一片自由的乐土。我终于意识到了自己的青春。"

毛姆寄宿于英国副领事爱德华·约翰斯顿家中（地址为圣克鲁兹区善人古斯曼街2号），很可能是通过在巴黎开律所的哥哥查理与外交界的关系安排的。这是一处时尚社区，狭窄的街道两旁是隐藏在铸铁大门后的白色大宅，透过大门能看到绿意盎然的庭院。盛夏时节，住宅之间的街道都会支起遮阳伞，直到傍晚天凉才收起来。毛姆很喜欢这处适合写作的清静所在，白天动静很小，只有喷泉叮咚作响、偶尔传来的乞丐呼声和驴蹄踏在卵石路上的轻响。完成上午的工作后，毛姆便会开启城市探索之旅。他喜欢的路线是穿过美轮美奂的阿尔卡萨宫里的花园和柑橘园，再来到新广场，广场棕榈树下的斗牛信息栏前总有老者围观，最后进入宏伟的哥特式大教堂，站在牟利罗和苏尔瓦兰的画作前一动不动地欣赏。有时，他还会去一趟国营卷烟厂（《卡门》的故事就发生在这里），看着一群群吵闹的吉卜赛女郎（俗称"卷烟姑娘"）从大门里涌出来。黄昏时分是当地人"漫步"(paseo)的钟点，毛姆会加入散步的人群，穿过瓜达尔基维尔河畔的"欢乐花园"（Delicias），或者去全市最大的商业步行街蛇街（Calle de las Sierpes），欣赏四轮马车上的时髦女士和琳琅满目的商店。不少商店临街的一面是开放的，神似东方国家的巴扎集市。

随着西班牙语水平的提高，毛姆逐渐融入了当地生活。他留起了八字胡，抽菲律宾雪茄，学会了弹吉他，还买了一顶平顶宽檐帽。他看上了一件用红色和绿色天鹅绒做衬里的披肩，可惜价钱太高，只好买了一件南美式披风替代。他上剧院，看斗牛，还在挂着一串串香肠火腿的昏暗小店里喝雪莉酒。别人请他赴家宴，他就听着人们围绕当时正在古巴进行的美西战争展开激辩。他也参加过乡间野餐，很喜欢看姑娘和小伙子跳弗拉明戈舞。他甚至想办法来了次监狱一日游，陪同狱医查房。毛姆借了一匹名叫"运水工"（Aguador）的马，骑着它到周边游览，越过宽阔的瓜达尔基维尔河，穿行于城墙周边平坦的玉米地。开春后，他跑得就更远了。腰上别着一支转轮手枪，两个挂包里装着剃须用品和一套换洗衣物，他便能去朗达、艾希卡、格拉纳达那么远的地方。骑行于开阔荒原时，他通常会借宿农舍或牧民小屋，但主人未必总是欢迎他，其冷淡举止与塞维利亚人的热情好客判若两样。不过，城里人表现出的潇洒随和也未必是真心。毛姆的结论是，安达卢西亚人"不像法国人和意大利人那样开放……相反，一种东方式的矜持总是令我困惑不已……我总有一种感觉，表面的优雅大方底下是本能的、原始的仇外情绪"。

尽管不无困惑，但西班牙和西班牙人还是很快将毛姆俘获。他满眼尽是色彩与浪漫。住在塞维利亚的几个月里，毛姆热切地回应着情色的氛围、轻易可得的机会，还有在某些地方的性交往。与法国和意大利一样，西班牙的反教权情绪将天主教会的权威和古老的反鸡奸教会法涤荡一空，造成了信仰新教的欧洲北部所没有的自由空气。安达卢西亚更是如此。这里曾被摩尔人占据八百年，留下的遗产不只有阿拉伯建筑，更有阿拉伯人对同性恋的宽容态度。繁文缛节的表象之下，男女之间的求爱仪式同样放荡得不同寻常。夜晚徜徉于静悄悄的街道，毛姆嫉妒地看着身披斗篷的小伙子贴在用铁条封住的窗户上，对屋内的女友低声说着勾引的情话。这种交往常以悲剧告终。

> 西班牙年轻人的血是炽热的……西班牙男人找到机会就引诱女孩，实在无情……女孩哭哭啼啼地被赶出家门，正好落到老鸨的手里。马德里或塞维利亚的妓院里至少有房住，有面包吃。薄情郎则接着逍遥快活。

毛姆描述了一次去这种妓院的经历。他点了一位面色苍白的姑娘，脱衣时才发现这竟是一个瘦弱的小孩子。

> "你多大？"
> "十三岁。"
> "你为什么来这里？"
> "Hambre，"她答道，"饿。"

在安达卢西亚见闻录《圣洁处女之地》（*The Land of the Blessed Virgin*）一书中，毛姆说自己之前从未陷入爱河，却在这里被一位叫作罗萨里托的人迷住了。毛姆对罗萨里托的描述有些文胜于质："但是，当我要写西班牙女人的时候，我想到的却是你……你的黑色眼睛散发着光彩，像天鹅绒一样温柔，时而像是爱抚，时而喷射着怒火。（唉！你的双眼动人心魄，我却只能找到这样蹩脚的词汇来形容。）"罗萨里托的真名可能是罗萨里奥，甚至可能只是文学虚构。毛姆后来的说法要可信得多。他讲自己有过无数次不当真的情事，还曾倾心于一位"绿色眼眸，笑容里带着欢乐的年轻尤物"。他小心地没有说明这位尤物的性别；不过，此人必定有足够的魅力让毛姆于次年重返塞维利亚。

讲到塞维利亚的这段日子，毛姆写道："日子过得太惬意，创作不免分心。"不过，他如往常一样笔耕不辍，八个月的时间里写完了一本游记、四部短篇小说和一部长篇小说。1898 年秋，他带着行李和写作成果回到了伦敦。

回归英国正常生活的毛姆已经二十四岁，不是一年前启程前往西班牙的那个刚毕业的毛头小子了。他的自信心有了相当大的提升。旅居塞维利亚期间，他的日子逍遥自在，风度翩翩，对男人和女人都富有吸引力，既有巨大的创造力，又肯下苦功夫。现在，他一心要追求事业发展，靠写作赚大钱。吉辛《新寒士街》中的一位角色说道："成功的作家就是精明的商人，脑子里的头等大事就是市场销路。"毛姆也将成为判断市场的行家。十九世纪九十年代是文学市场蓬勃发展的时期，主打受过教育的广大中产阶级。仅伦敦一地，每年就有几十份新期刊创办，全市共有四百多家出版社。但是，毛姆一上来就被泼了冷水。他本来指望《兰贝斯的丽莎》能带来丰厚的版税，结果却发现连 20 英镑都不到。事实上，昂温自己赚到的钱也只有这么多，但作者可不管这一套，一直坚信出版商占了便宜。他气愤地评论道，在《丽莎》这本书上，"[昂温] 彻底欺骗了我"。还好，他以后不会有这种机会了。出国前，毛姆给自己选了一位文学代理人，名叫 W. M. 克勒斯；昂温以后就要找克勒斯接洽了。事实上，克勒斯已经为毛姆前一年夏天在卡普里岛写成的《一个圣徒发迹的奥秘》拿到了 50 英镑的预付款。

莫里斯·克勒斯高大魁梧，形似福斯塔夫。文学代理人是一个刚刚出现的新职业。不难想象，出版社很讨厌这批人（威廉·海尼曼用"寄生虫"来形容他们）。出版社过去都是直接跟作者打交道，而很多作者恰好不善理财。A. P. 瓦特是文学代理人的先驱，曾独领风骚多年。不过，到了世纪之交，克勒斯几乎已经与瓦特齐名，为哈代、梅瑞狄斯、阿诺德·本涅特等一批名作家服务。克勒斯接受过律师训练，1890 年接管了作家与剧作家服务机构"作者联盟"，该组织由致力于作者维权事业的瓦尔特·贝赞特创办；同时担任作家协会的法律顾问。联盟与协会的办公室设在葡萄牙街的同一栋楼里，离奥德维奇 * 不远。克勒斯正直和善，富有幽默感，好说话。他的大部分服务对象——包括毛姆在内——都是过了一阵子才发现他的无能。

《一个圣徒发迹的秘密》于 1898 年夏季面世，当时毛姆还没回国。英版由费舍尔·昂温出版，6 月上市；美版早一个月，出版商是 L. C. 佩奇。毛姆之前读过高产作家安德鲁·朗的一篇文章，提出历史小说是青年作家的理想体裁，因为情节和人物都是现成的，不需要真实生活的阅历；于是，毛姆就萌生了写历史小说的念头。"在这条糟糕建议的引诱下"——这是毛姆的原话——他以马基雅维利《佛罗伦萨史》（在圣托马斯医院读书时，毛姆利用课余时间去大英博物馆阅览室时偶遇此书）的一处情节为基础投入了创作。故事围绕弗利围城战期间，凯瑟琳娜·斯福尔扎被俘后勇敢地抵抗俘虏她的人一事展开。叙事主线是年轻雇佣兵菲利波·布兰多利尼的命运浮沉；弗利市民不堪领主压迫，于是揭竿而起，布兰多利尼就此卷入风波。小说的节奏很快，充斥着险恶阴谋、战场交锋、暗杀比剑和血腥的处决，还有布兰多利尼与美丽却放荡的茱莉娅夫人的一场热恋。故事临近尾声时，茱莉娅终于同意嫁给布兰多利尼，让他狂喜不已。可惜，他后来看到不忠的妻子挽着情人的胳膊，盛怒之下将两人杀死，追悔莫及之下，决意出家悔罪，成了一名修士。

后来，毛姆对《一个圣徒发迹的奥秘》表示了赤裸裸的不屑。他没有将该作品收入自己的作品集，花了大力气掩盖这本书，还

---

* Aldwych，伦敦街区，位于西敏市查令十字东北，附近原有地铁奥德维奇站，后关闭。

在送给侄子罗宾的书中写道："一本极差的小说；作者：W.萨默塞特·毛姆。"不过，《一个圣徒发迹的奥秘》就是一部以快节奏和情节取胜的冒险故事，毛姆小时候很喜欢看这种类型的书。按照作品本身来公允评判的话，此书不无优点，是亨蒂和哈里森·艾因沃斯作品的合格继承者，还加入了带有情色的恋爱故事。作者对此书的回忆愁云惨淡，说评论界和公众都不买账。不过，现实中的反响远非消极。昂温的审读者爱德华·加涅特热情洋溢地写道："看得出来，毛姆先生笔力越发强劲……这部小说蕴含着不同寻常的强劲力量，充满了生命力……"评论家们则注意到了此书的节奏、可读性和"了不起的强度和力度"。与《兰贝斯的丽莎》一样，少数书评人自称被露骨的性爱描写恶心到了，但《一个圣徒发迹的奥秘》整体上得到的评价是高度正面的。《观察家》撰文称："[毛姆先生]写了一部优秀的小说，今后必有好得多的作品面世。"

动身去塞维利亚的时候，毛姆就退掉了文森特广场的住处。现在，他搬进了西敏区阿尔巴尼大楼里的小公寓，离圣詹姆斯公园不远，室友是老朋友沃尔特·佩恩。不久，两人又迁往维多利亚火车站后身的公寓楼卡尔丽斯大厦，还雇了一名保姆负责做饭和家务。毛姆当时正在创作剧本《一个体面的男人》，其中有一段描绘了单身公寓的常态，没准写的就是他和佩恩的公寓。

> 一张到处是纸张和书本的写字台……两侧各有一个壁炉和一个扶手椅；壁炉架上摆着各式吸烟用品……好多摆满书的书架；墙面悬挂着一两只代尔夫特瓷盘、仿罗塞蒂风格的版画、安吉利科和波提切利画作的复制品。家具朴素廉价……一个读书多、喜欢欣赏美的事物的人住的地方。

与剧中的主角巴希尔·肯特一样，毛姆"喜欢烟味，喜欢把书乱摆，喜欢无事一身轻"。实际上，两人合住的好处不止一种。毛姆对佩恩有很深的感情和信任。佩恩的随和冷静恰好能中和毛姆的喜怒无常。他们都是戏迷，仍然经常一同去看剧。佩恩是一位合格的注册会计师，富有商业头脑，如今同意帮毛姆打理财务，并处理莫里斯·克勒斯不管的出版社、代理人、杂志编辑通信工作。与佩恩合住还有别的好处。佩恩白天都在外面——他不久前决定退出会计行业，攻读法学——家里只有毛姆一个人，他可以专心写作；晚上佩恩从外面回来，又能给他带来美好的陪伴。晚年回顾这段往事，毛姆显得冷酷而愤世嫉俗：

> 他［佩恩］长得很好看，轻易就能找到姑娘上床……小演员、售货员、小白领之类的。沃尔特通常每周有一天在外面过夜，当时跟我好的姑娘就会过来陪我吃饭，然后做爱。看时间晚了，我俩就穿好衣服，一起下楼。我叫一辆马车，付钱后把她送进去，约定下一周的日子。没有浪漫，没有爱情，只有性欲。回过头看，我的这些经历简直太龌龊了。不过，我当时不过二十出头，性欲需要宣泄。

毛姆决心尽快发迹，于是勤奋地投入工作中，全没有预想到自己整整九年后才会取得重大成功，这真是幸运。在那段日子里，"我天生富有洞察力，擅长写流畅的对白……对我来说，写作是一种类似于呼吸的本能。我不会停下来思考自己写得好还是差"。他眼前的首要任务是给自己在西班牙写成的作品找到买家。第一篇面世的似乎是短篇小说《拘谨的塞巴斯蒂安先生》（"The Punctiliousness of Don Sebastian"），发表于《国际都市》1898 年 10 月号。这份期刊同时有三门语言，英语、法语、德语内容各占三分之一。不出意料，杂志销路欠佳，毛姆的小说登出一个月后就关张了，没有给作者付稿费。毛姆给克勒斯写了一封信，表现得很坚强："没拿到钱，我当然觉得失望，不过我并不感到惊讶，因为负责这件案子的巴黎律师正好是我哥哥，他跟我讲，那个奥特曼主编的性格极其阴暗。"由于合约条款的规定，毛姆只能把自己的作品送给费舍尔·昂温，但他却接连拒绝了毛姆的两本书。《圣洁处女之地》是一部关于安达卢西亚的随笔，昂温对它毫无兴趣；《史蒂芬·凯里的艺术气质》是一部长篇小说，毛姆要价 100 英镑，他也不给。不过，昂温愿意把他的短篇小说结集出版。毛姆对这个决定很满意，因为他迫切地希望短篇小说集能赶在长篇小说之前出来。他在给克勒斯的信里写道："《史蒂芬·凯里》确实已经完稿，不过这部作品有点硬。我特别希望能先出一本柔一点的书，免得让大家以为我是乔治·摩尔一类的作家。"*

这部短篇小说集名为《导向》，由六篇作品组成，其中四篇写于西班牙，其余两篇《坏榜样》和《黛西》（"Daisy"）是早年作品的重写版。爱德华·加涅特之前读过《坏榜样》的初版，不以为意；如今对《导向》也评价不高，只有一篇除外。他写道，这些故事"都有一点平淡，有一点沉闷……我们一致认为，如果按照目前的样子发表，毛姆先生的名声不免会受损"。例外的一篇是《黛西》，加涅特对它大加赞赏，称其"出色……现代，富有洞见与活力"，他还说，假如毛姆能再写出五篇同等水准的作品，"那就大不一样了"。

《黛西》以黑马厩镇（即白马厩镇的虚构翻版）为背景，主角是一名出身木匠家庭的年轻女性，热心肠又讨人喜欢。她与已婚男性相恋后遭到家人的无情排斥。被遗弃后的黛西几乎要饿死，哀求家人的原谅和接纳，但他们拒绝了。时光如梭，黛西在演艺界闯出了名气，终于以喜剧主角的身份来到黑马厩镇附近的特坎伯雷（即坎特伯雷）表演，令家人大惊失色。

---

* 原注：摩尔当时以读来令人不安的社会现实主义小说知名。

黛西站在舞台上，饰演迪克·维汀顿。只见她腿上是肉色紧身袜，下身是暴露的短裤，上身穿紧身胸衣——开口可真是低啊，牧师的侄子不禁窃笑起来……

黛西开口了，听——

"小伙子我乐呵呵，

别人怎么看，我才不去管……"

……随着剧情的推进，迪克·维汀顿换过许多身衣服，唱过许多支歌，踢过不少人的屁股，最后当上了市长大人——腿上还是紧身袜。哈哈，今晚真是羞煞人也……

没过多久，黛西嫁给了一位年轻多金的准男爵，二人随后搬到黑马厩镇附近居住。她的父母之前日子不好过，势利贪婪的母亲如今想来攀附成了准男爵夫人的女儿，劝她帮帮家里人。黛西看清了他们的动机，但慷慨宽容的她还是同意给父母一笔收入，免得结下仇怨。

参加亨利·毛姆牧师的葬礼时，毛姆儿时的记忆再次鲜活起来，不久后《黛西》就定稿了。这一点很重要。毛姆对白马厩镇的描写带有复仇的性质，镇上的人个个刻薄虚伪。不过，文字里也隐含着失去心爱之物的哀伤。从父母家出来后，黛西独自穿过小镇走到海边，感怀之情涌上心头，感怀之物却是她自以为早就忘掉的事情。

黛西缓缓走在大街上，看着这些记忆中的房子，双唇打了个寒战……最后，她来到海滩。时值 11 月，天色渐沉，她看着自己再熟悉不过的摊位，还有冬天停靠在岸边的小船。她知道这些船都叫什么，更与船主自幼相识……她看着灰色的大海，发出一声呜咽。但她是个坚强的女人，立即镇定下来。她转过身来，缓缓沿着大街往车站走……她心里有无限的悲伤——为过去感到的可怕的悲伤。

1899 年 6 月，《导向》出版，题词中写道：献给爱德华·约翰斯顿夫人。她是英国驻塞维利亚副领事的妻子，毛姆当时跟他们住在一起。小说集的书名是作者的异想天开。他想要玩点花样，而他准确地发现，orientations 这个词"当时还不为大众所熟悉"。他翻了好几本法国警句大师的作品，找不到一句恰当的话可以引用，于是他决定自己编一句：C'est surtour, par des nouvelles d'un jenue écrivain qu'on peut se rendre compte du tour de son esprit. Il y cherche la voie qui lui est propre dans une série d'essais de genre et de style différents, qui sont comme des orientations, pour trouver son moi littéraire.[*]

《伦敦书迷》对《导向》的评价不温不火，称其为"一本平庸的书，可读性尚可，但意义不大，也看不出潜力"。不过，评论界整体是赞扬态度。《雅典娜神殿》撰文称："这是 W. S. 毛姆先生目前最优秀的作品。"就连之前大肆抨击《丽莎》、对《一个圣徒发迹的奥秘》亦颇为冷淡的《学院》期刊此时也承认《导向》令其感到惊艳。"毛姆先生总算有点意思了。《导向》远胜歇斯底里的惊悚故事《兰贝斯的丽莎》和成色相当一般的《一个圣徒发迹的奥秘》……清晰，真诚，坦率，幽默，机智，俏皮……毛姆先生……富有生命力，而这或许正是现代文学最稀缺的资源。"

充沛的生命力正是青年毛姆的独特魅力。黑色头发，八字胡，苍白的肤色，个子虽然不高，却特别吸引人。与他相识的作家路易斯·马洛[†]写道，毛姆的脸几乎带有东方式的美丽，"深褐色的眼睛与富有光泽的黑发相得益彰……（让我想起）某幅肖像画里的眼眸。给人一种洁白的皮肤涂上深色颜料的感觉"。随着收入的增加，毛姆

---

[*] 原注：这句话的意思是：通过这部青年作家的新作，我们才能认识到他的才具。他在多方探索适合自己的体裁和文风，引导他找到通往文学本我的方向。

[†] 原注：笔名，真名路易斯·威金森。

能花更多钱买衣服了，很快就形成了高雅的鉴赏品味。回顾这段时期，他总是把自己描绘成一个不善社交的羞涩青年。确实，他对身高问题总是很敏感。"五英尺七的人和六英尺二的人的世界是完全不同的。"他在日志里写道。不过，从西班牙回国的时候，尽管依然有口吃的毛病，但社交往来已无大碍，求爱之旅更是畅通无阻。他写道："我觉得感官需求并不比精神魅力更低级。美酒，佳肴，情欲，我决心抓住一切机会，从社交与交往中获取满足。"毛姆的性欲旺盛而迫切，随时在留意渔色的契机。然而，他在情感上又是脆弱的，渴望爱与关怀。诚如他的自述，"从十五岁到五十岁，我几乎是不间断地恋爱"。毛姆或许喜欢将青年时代的自己看成一个冷酷的薄情郎，但事实并非如此：无论对象是男人还是女人，他几乎总是过于敏感，因此往往蒙受巨大的痛苦。一位他在二十多岁时短暂交往过的女性说："他情绪化得让人害怕，在性的方面。"

尽管没有明显的证据留存下来，但毛姆显然在二十岁前后经历过感情和性方面的巨大波折。在《兰贝斯的丽莎》《一个圣徒发迹的奥秘》《英雄》《克雷杜克夫人》和《旋转木马》等毛姆的早期小说中，性冲动总是一大主题。同期创作的长篇小说《史蒂芬·凯里的艺术气质》表现得特别明显。《史蒂芬·凯里》从未发表，毛姆晚年将其捐献给华盛顿国会图书馆时附加了一个严格的条件：不得引用，不得复制。实际上，《史蒂芬·凯里》是一部粗糙而富有揭示性的作品。该作中首次呈现了毛姆自传体作品的多个重要主题，这些主题后来在《人生的枷锁》中占到了更重的分量，也经过了许多润色加工。《史蒂芬·凯里》写于1898年毛姆从圣托马斯医院毕业后旅居西班牙期间。毛姆曾写信告诫自己的代理人，说这本书的题材"有点硬"。它确实有点硬，即便做了许多和谐处理，依然被认为"有失体面，不宜发表"。初稿改写完成后，毛姆对克勒斯说："我总算删完了，连最正经的记者读完也不会脸红心跳。"即便如此，评论界的格伦迪夫人*们还是不满足。不过，毛姆后来还是很感激《史蒂芬·凯里》没有出版，否则他就不可能写出比它好得无以复加的《人生的枷锁》了。毛姆后来解释道："我当时年纪太轻，不能恰当地运用这个题材，没发表也好。文中的叙述与现实中的蓝本距离太近，我还不能用理性去审视。同时，许多事情我还没有经历，这些事情都被我充实到了最终写成的作品中。"

晚年毛姆将自己的第三部长篇小说贬低为"没有分量的游戏之作"。这个评语不免过于苛刻。《史蒂芬·凯里》稚嫩却引人入胜，预示着无量的前途。《史蒂芬·凯里》讲述了同名主角的青少年生活，与作者本人的经历有着紧密的联系，但并非完全符合。史蒂芬是一个孤儿，少学时郁郁寡欢，青年时代在伦敦的一家律所工作，也觉得很没劲。实习期间，他遇上了年轻的女服务员罗斯并疯狂地爱上了她。她身材纤瘦，相貌平平，心肠好，私生活放荡。由于对罗斯的欲念，史蒂芬陷入了可怕的堕落，几乎被毁掉，最后与天真漂亮的表妹结婚才脱离苦海。《史蒂芬·凯里》是一份极其有趣的自传性文本。前面几节平淡无奇，罗斯登场后马上生动起来。故事的主旨是史蒂芬对罗斯的迷恋，肯定与毛姆学医期间的经历存在对应关系。毛姆笔下的罗斯浅薄而粗俗，却有某种吸引人的地方：她性情平和，容易取悦。罗斯相当于《人生的枷锁》中的米尔德里德，但她们是完全不同的两类人。后一部作品描写的是一段留下伤痕的虐待狂—被虐狂性质的关系。而毛姆写前一部作品时只有二十四岁，还没有做好和盘托出的准备，对情节做了柔化和模糊化处理，于是不可避免地将事件呈现出了另外的形象。

尽管他没能赢得事业更上层楼所需的评论界关注，但萨默塞特·毛姆这个名号还是渐渐为人所知。他很快就发现，自己的社交圈

---

* 出自十九世纪剧作家托马斯·默顿笔下的人物，是假道学形象的代名词。

子比以前广阔了。《兰贝斯的丽莎》出版后，他接到了几家文学沙龙的邀请，主要是在诺丁山和肯辛顿一带。他还获得了文坛大佬艾德蒙·戈斯[*]的关注，后者请他到摄政公园附近的家中参加著名的周日聚会。戈斯是知名的评论家与文学家，影响力举足轻重，与许多成名作家是朋友，还喜欢结交文坛新星。来自戈斯的邀请就是进入文坛核心圈子的入场券。戈斯的一名仰慕者如是说："年轻作家不只是引见给他而已，而是会被隆重推出。他们活动前一般都会觉得紧张；就算之前不紧张，之后他肯定会让他们紧张。"戈斯虚荣，易怒，但富有幽默感，还有点毒舌。他和丁尼生、勃朗宁、斯温伯恩、吉辛等维多利亚时代的文坛名流有过私交，是当下与过去之间的一道桥梁。他的阅读量大得惊人，毛姆说他是"我所知道的人里面最风趣、最能带给人持久愉悦的谈话者"。戈斯家的聚会上有时连亨利·詹姆斯和托马斯·哈代都能碰见。不过，房间通常拥挤得让人不舒服，很难一边喝茶，吃黄瓜三明治，一边认真聆听文坛名流谈出版商和代理人，贬损没来的其他作家。在这样的文学沙龙上，毛姆对女性特别感兴趣。她们有的穿着花哨浮夸的衣服，戴着大号项链，也有怯生生的小个子姑娘，说话声比耳语大不了多少。"她们非要戴着手套吃抹了黄油的面包片，真是有趣。等她们以为没人注意的时候又在椅子上偷偷擦手，实在好玩。"

除了文学圈子以外，毛姆新结识的人中影响力最大的之一是怪人奥古斯都·黑尔[†]。《兰贝斯的丽莎》给黑尔留下了深刻印象，于是他通过一名认识毛姆的教士朋友，邀请这位青年作家一起吃晚饭。这次会面很成功，没过多久，黑尔就请毛姆到自己家里度周末。黑尔宅邸位于苏赛克斯郡的霍姆赫斯特，离圣伦纳兹不远。

---

[*] 艾德蒙·戈斯（Edmund Gosse，1849—1928），英国诗人、作家、批评家、文学史家。
[†] 奥古斯都·黑尔（Augustus Hare，1834—1903），英国作家，以擅长说故事著称。

奥古斯都·黑尔一部分是学究，一部分是势利眼，一部分是挑剔的单身汉。十九世纪七八十年代是他最辉煌的时期。当时，他别具一格的导游手册（特别是《行走罗马》《巴黎周边的日子》和《西班牙漫步》）深受广大读者喜爱。霍姆赫斯特的黑尔家里满是旅行的纪念品：鸟类标本、相片、华丽的罐子、石膏胸像——每一样都承载着一段历史或动情的记忆，都是主人的珍宝。凡是奥古斯都选择去了解的领域，他都有精深的知识。终其一生，他都倾心于贵族制度。放眼全英格兰，几乎没有一处有地位的乡间府邸是他不曾带着欣赏的眼光去过的。他对主人的宏伟宅院和家族成员总是表现出热烈的兴趣，令主人受宠若惊。他写过两部广受赞誉的贵族传记，一部是《弗朗西斯男爵夫人：生平与著述》，另一部是讲述坎宁伯爵夫人和沃特福德侯爵夫人路易莎的《两位高贵女性的人生》。现在，黑尔已经年逾花甲，一头华发，留着海象胡子，看起来比实际年龄大得多。他过着两地辗转的生活，在伦敦夜夜豪宴，在乡间则过着"平静的家庭生活，主要是跟男孩子交朋友"。毛姆这样评论自己的新朋友，"他不是那种只跟男人来往的男人"，消遣时更喜欢与中年女士做伴，贵族女性尤佳。"我觉得他不是很有激情，"毛姆继续写道，

> 他有一次告诉我，自己三十五岁之前从未性交。他会在日记本上用黑色的 X 标记性交的日子，大概是三个月一次。不过，大多数男人在这件事上都会夸大。我敢说，为了让我觉得他厉害，他肯定是把破戒的频率往高了说的。

毛姆逐渐喜欢上了奥古斯都，觉得他有着"内在的、强烈的浮躁之气……却也和善、好客而慷慨"。两人的一个共同点是童年不幸——奥古斯都的童年更堪称凄惨——毛姆颇为老人的好心帮助触动，真心享受起苏塞克斯共度的周末时光。霍姆赫斯特的黑尔宅邸

建于十九世纪初，未必美观，却很结实，未必宏大，却是一栋合格的乡绅府邸。房屋由灰石建造，隐约有哥特式的味道，周围是一片秀美的花园，还有一处天台和几处大草坪，越过树林和农田能看到大海。奥古斯都颇以私宅自诩，喜欢邀请友人从周五住到周一，享受宁静的乡间时光。客人通常是两位出身高贵的女士，或者两三位有修养的老绅士。房里的仆人清一色是女性，打理得相当舒适。早晨起床后，客人先在卧室壁炉前沐浴，九点下楼享用丰盛的现做早餐。吃饭前，黑尔会对着一本皮面《圣经》诵读两三段祷文。书上到处有划掉的段落，黑尔会这样解释原因："神是一位绅士，肯定会觉得颂扬太过就是品位败坏。"早餐过后，一天里还有三顿正餐。主人会领着客人欣赏花园，有时还会画几幅素描。晚间活动是听音乐、谈话和下"无聊到难以忍受的"正方跳棋。活动的结尾通常是黑尔朗诵一段他著名的鬼故事，把客人吓得紧张兮兮，免得他们忘记拿放在床头的蜡烛。

毛姆喜欢倾听多过发言，所以与这些有些古板的同伴相处得很好。黑尔宅邸比他以前知道的任何地方都要华贵，而且不管奥古斯都教他什么，他都能很快学会。奥古斯都觉得毛姆太老实了，告诉他：光是坐着听是不够的，他必须要加入对话，锻炼闲聊的本领，一些口头俗语也必须戒掉。毛姆说起自己坐'公交'（omnibus）出门，奥古斯都就不高兴了，纠正道："我建议你不要说'公交'，应该说'交通工具'（conveyance）"。奥古斯都还有一次批评毛姆说话不合语法："昨日散步回来，你说你渴了，要喝的（a drink）……绅士不应该说'喝的'，而应该说'饮品'（something to drink）。"黑尔喜欢《兰贝斯的丽莎》这本书，但迫切地希望毛姆不要再写底层生活了，而应该去了解贵族名流的礼仪规范。于是，他去拜访相识的贵族时开始带上毛姆，鼓动主人办聚会时邀请这位有前途的小友。

黑尔为毛姆引荐的一位沙龙女主人是布兰奇·克拉肯索普女士，

她的丈夫是著名律师，儿子是作家赫伯特·克拉肯索普。她的沙龙地点在拉特兰门一带，专门延请文学名家，介绍毛姆这样的新秀与哈代、高尔斯华绥、亨利·詹姆斯等成名人物相互认识。还有社交地位更高一筹的圣赫利尔夫人，热衷于攀高枝，她在波特兰坊的家中举办沙龙，喜欢在贵族与律师、医生等专业技术人员之间搭线，也会请作家和艺术家。当时是维多利亚时代晚期，正如圣赫利尔夫人在回忆录里所描述的，"规矩藩篱一概打破……来宾不乏文学界、艺术界、政界的领军人物，如约翰·米利亚斯爵士、弗雷德里克·莱顿爵士……托马斯·哈代先生、伊德斯雷伯爵夫妇、威廉爵士、哈考特夫人、布雷登小姐等等。我发现，大家普遍相互欣赏，享受相聚的过程，真是不可思议。"威廉·萨默塞特·毛姆这样有前途的青年作家是她的宝贵资源，而毛姆也很高兴有机会在上流阶级自己的地盘观察他们。一次波特兰坊的盛大晚宴快结束的时候，毛姆发现身边坐着阿波考恩老公爵。公爵问他："你喜欢抽雪茄吗？"说着从口袋里掏出大大的雪茄盒。平常买不起雪茄的毛姆答道："非常喜欢。"公爵一边选了根雪茄，认真检查，一边继续说道："我也是。"点烟的时候，公爵又说："我赴宴时总会把自己的雪茄带上。"接着，他把雪茄盒盖上，放回口袋里，最后说了句："我建议你也这么做。"

另一位关照毛姆的人是巴希尔·威尔伯福斯的妻子。威尔伯福斯是西敏寺副主教，之前曾在布道中谈过《兰贝斯的丽莎》。自那以后，威尔伯福斯夫人一直在留心毛姆，邀请他参加自己在西敏寺外院举办的气氛活跃的聚会，还把他引荐给了几位上流沙龙女主人，她们遂欣然邀请这位聪颖迷人的未婚男士来自己的冷餐会、晚宴和舞会。毛姆对新展开的上流社交生活颇感喜悦，但也要付出代价：招待他的人都是富豪，他可不是，只好能省则省。出门赴宴就要白领结、燕尾服、羔羊皮手套和丝礼帽。叫车太贵，来回只能坐双层敞篷公交。要是别人邀请他去乡间度周末，开销就更大了：打点管家要给一枚半英镑的金币，送早茶的仆人要给一枚，通常还有一名帮着打开行李和整理衣物的仆人，又是一枚。如果是大宅里举办的聚会，年轻的单身汉有时要拼床睡，发生性关系也是常事。毛姆回忆道："[性关系]通常是很惬意的。"

多年后，毛姆想知道这些有钱的世俗成功人士看中了他的什么，就去问少年时招待自己的一位女主人。"你和其他男青年不一样，"她说，"尽管你说话不多……却有一种躁动的活力，很迷人。"

毛姆在社交场上取得了成功，作家事业的成功却依然没有到来。两本书都没能出版，毛姆颇感灰心。另外，他也不愿意在英国过冬，于是 1898 年底再次出国，先到罗马，再去塞维利亚。他心里还装着那位"绿色眼眸，笑容里带着欢乐的年轻尤物"。在安达卢西亚住了两个月，毛姆又去了摩洛哥——沉浸于西班牙南部的摩尔文化之后再去那里是自然的一步——最后于 1899 年 4 月回到伦敦。刚从地中海的感官诱惑中回来，伦敦就显得特别沉闷：煤烟，雾气，散发着粪便气味的泥泞街道，拥挤的人群，还有叮叮当当、摇摇晃晃的电车。更令他气馁的是，克勒斯没能为《史蒂芬·凯里》和《圣洁处女之地》这两部昂温拒绝出版的作品找到新的出版社。除此之外，毛姆对罗马期间动笔的独幕剧《儿子与继承人》（*Son & Heir*，从未上演或发表，今已不存）也失去了兴趣，不想写了。这件事特别令他失望，因为他依然有剧作家的理想。实际上，1901 年 7 月第三部长篇小说问世之前，除了讽刺杂志《笨拙》上发表的两个短篇小说以外，萨默塞特·毛姆足足销声匿迹了两年多。

《英雄》的灵感来源是布尔战争。毛姆后来认为，"布尔战争是大英帝国的第一个裂痕"。战争爆发于 1899 年。1900 年，随着马弗京和莱迪史密斯两场围城战的展开，报道也多了起来。故事的主角是一名刚刚从开普敦回国的英勇青年士兵，名叫詹姆斯·帕森斯。由于顶着枪林弹雨挽救了一名友军军官，他荣获维多利亚十字勋章。

不过，他对这场战争的态度远不像老家小普林普顿镇的居民那样黑白分明。小说的主题不是战争，而是一个令人煎熬的私人名誉问题。五年前，即将奔赴海外的詹姆斯向邻家的女儿玛丽·克里伯恩求婚。他从来没有爱过她，但玛丽为人正派，他的父母也支持，这门亲事在当时看来是很不错的。然而，离家期间，詹姆斯迷恋上了一名本团战友的妻子。他现在满脑子都是无比诱人的普理查德-华莱士夫人，觉得与其跟无聊又一本正经的玛丽结婚，他还不如死了好。正当他挣扎于自己的良知和令人窒息的乡规村俗时，詹姆斯听说华莱士夫人抵达的消息，而且她现在成了寡妇。于是，他前往探视，发现她的魅力一如往昔。美人在侧，"他回想起玛丽的样子：头戴草帽，粗布长裙上沾着泥巴……华莱士夫人躺在长条沙发上，像蛇一样蜷起身子，那是她的典型姿势；只要她动一下，香水味便会扑鼻而来；微笑的双唇，眼中的柔情简直要让他发疯"。尽管他知道自己高攀不起华莱士夫人，但他也知道自己不能再回到玛丽身边了。"对詹姆斯来说……起初对她产生生理抗拒时还会感到害怕，现在他对她已经是无法控扼的仇恨了……他在心里对自己说：'不！与其跟你结婚，我还不如把自己一枪打死！'"他确实把自己打死了。在詹姆斯令人震惊的自杀中，全书戛然而止，之后只有一段交代玛丽结局的简短尾声：她成了本地副牧师的妻子，两人很般配。

肉体欲望依然是本书的一大主题。性格专横、笃信宗教、穿平底鞋的村姑玛丽·克里伯恩完美地衬托出了华莱士夫人的放荡纵欲。书中并不讳言，华莱士对詹姆斯的吸引力完全是性方面的。"每当她用手指触碰他时，他的血流就会疯狂加速；她对此心知肚明，以触碰他取乐，看着欲火焚身的他浑身微微颤抖的样子……"詹姆斯的观点是：没有激情的婚姻是"丑陋和兽性的"，是一个要不惜一切代价逃避的陷阱。显然，他的创造者与他所见略同。

凭借后见之明，毛姆给《英雄》的评语是"一部诚实的作品"

（从篇幅来看，应该算短篇），这话很容易得到认同。这部表现社会风貌的喜剧作品总体上很好看，特别是讲詹姆斯的父母与邻居们来往，讲他们如何喜爱双陆棋、牛奶冻和玛丽·科雷利小说的桥段。但是，对那些不喜欢中短篇作品的简洁文风的读者来说，《英雄》里有太多对话和人物需要充实丰满了。回顾这本小说时，毛姆依然有后悔的地方。他觉得自己当时受沃尔特·佩特影响太大，过分追求辞藻华丽，比如"吐绿的橡树披上青翠的新衣，仿佛年轻的春之神的新娘"。他的记事本里还有一些这样的练笔习作，此处举一个比较夸张的例子："日落时分的西风就像巨大的天使羽翼，正要穿越虚空去办复仇的差事。"但是，这些习作真正有趣的地方不是偶尔的用力过猛，就像上面的例子中那样，而是毛姆在本子上的许多对话和描写段落是何其高妙，以及他练笔是何其勤奋。

这部小说得到了评论界不温不火的认可，由哈钦森出版。毛姆之前签的头三本书要交给昂温出版的合同总算期满，让他松了一口气。毛姆从《英雄》拿到了75英镑的预付款，而且首次在封面印上了邪眼徽章。这是他的父亲罗伯特·毛姆在近东旅行后采用的个人徽章，之后会以萨默塞特·毛姆的徽章而闻名全球——不幸的是，这本书上的邪眼印反了。

动笔写《英雄》之前，毛姆已经完成了另一部小说，不过再次遇到找不到出版社接手的麻烦。问题还是老问题。毛姆的作品有不体面的名声，性爱描写过于露骨。结果，出版商开始觉得毛姆的书风险大。他的新作《克雷杜克夫人》走的是老路。小说的题材就很火爆：女性的性欲；语言也被认为过于直白，让人觉得冒犯。连续多家出版社拒绝了书稿，包括享有盛名的威廉·海涅曼。不过，幸好有著名评论家、霍德尔与斯托顿出版社合伙人罗伯逊·尼克尔慧眼识珠。尽管罗伯逊承认这本书不适合在他那里出，但还是说服了更具冒险精神的海涅曼重新考虑一下。这一次是出版社老板亲自审读，最后同意出版，条件是某些特别敏感的段落要删掉。[*]

《克雷杜克夫人》是一部迷人的小说，是毛姆到当时为止最成熟、最精致的一部作品。故事开场是伯莎·雷伊，一名有文化、读过不少书、长相漂亮、父母双亡的十八岁少女，刚刚结束了在欧洲大陆的三年游历，回到肯特郡的祖宅。有一天外出散步时，伯莎的目光落在了爱德华·克雷杜克身上。他是雷伊家的一名年轻佃农，身材健壮，相貌英俊，她一下子就感觉到了澎湃的激情。尽管势利眼的当地各大家族都反对，伯莎还是嫁给了这位真诚的庄稼汉。起初，她过得特别快乐，丈夫的单纯、好心肠和粗犷的男子汉气魄都让她陶醉。但是，她渐渐开始发现自己嫁的男人尽管品德好，靠得住，却是个胸无大志、愚钝冷漠的家伙。她是一位富有激情的女性，可丈夫很少跟她做爱，做的时候也很机械，这让伯莎很痛苦。有一阵子，她把希望寄托于生下孩子，生下来却是死婴。于是，她陷入了绝望，起初对爱德华的狂热爱恋终于变成了厌恶和轻蔑。

有一次，伯莎决定离家出走，一走就是几个月。住在伦敦的婶婶家时，她遇到了年方十九、风流浪荡、俊美不似人间物的表弟杰拉德·瓦杜雷。尽管年龄有差距（伯莎当时已经三十岁了），两人还是坠入了迷乱的欲海。几周之后，杰拉德要坐船前往美国。伯莎以为已经跟他是情侣了，于是不顾他人告诫，决定跟他私奔去佛罗里达。但是，当她来到检票口时，过去如此热烈的杰拉德却做了一件事，让她一下子停住了。

> 伯莎看着他。她想说自己好爱他，愿意陪他去世界的尽头，可话到嘴边却噎住了。一名工作人员过来检票。

---

[*] 原注：即便新作被认为敏感危险，毛姆却毫无收敛。过了将近三十年，法国评论家保罗·多汀写道："毫无疑问，毛姆迟早会得到一项荣誉：为'不体面'（improper）这个词退出英语文学语言做出最大贡献的小说家之一。"

他问："这位女士上船吗？"

杰拉德的回答是："不上。"

心碎的伯莎回了家，爱德华看见是她，那高兴劲真叫人感动。但是，对他的妻子来说，他的感觉已经无所谓了；同样无所谓的还有他不久后的去世，死因是打猎意外。故事接近尾声时，伯莎在哀悼。不过，她哀悼的对象不是死去的丈夫，而是对丈夫的爱的消逝。她明白了这点，解脱感油然而生。全书的最后一个场景是伯莎静静坐在火边读书，平和地接受生命接下来为她准备的一切。

毛姆以高超的手法塑造了伯莎的形象。她富有生命激情和魅力，性格丰满多面，既有苛刻骄纵的一面，又有同情心强、惹人怜爱的一面。毛姆完全吃透了这个人物。他明白她的每一次微妙的自我欺骗和踏入爱河时的偏激。他看穿了她的小花招，对她的感情略有嘲讽之意，同时又能精准地把握生性激动的她内心里的每一次涌动和湍流，仿佛他就是她的化身。双性恋让毛姆具有双重的视角，对女性心理有着更深刻的洞见。字里行间明显能看到福楼拜的痕迹，而伯莎·克雷杜克与艾玛·包法利也有着密切的关联。与法国的包法利夫人一样，伯莎感性、固执而坚定，同样因厌倦了丈夫的陪伴而倍感痛苦。但是，伯莎已经有了世俗的地位，她不追求阶层提升，而只追求浪漫。起初，她以为克雷杜克是一位浪漫主义作品里的主角。她一方面性欲旺盛，另一方面又错误地认为这个木讷的庄稼汉是高贵的野蛮人，他内心里的感性情怀只待她用自己的爱情去释放。可悲的是，实情并非如此。爱德华自我感觉良好，神经大条，忽视了妻子对关注的需求。她因挫败愤怒而爆发时，他的回应却是开玩笑，只会更令她恼怒。他常说一句话："女人就像母鸡，随她扑腾翅膀咯咯叫，坐好别管她就行。"

毛姆对伯莎心理的描绘极其精准，他日后也会以此闻名，尤其是对女性心理的把握；不过，他笔下的爱德华同样入木三分：尽管爱德华不像伯莎那样值得同情，但却是完全可信的，作者以公允的态度将爱德华视角下的事件经过呈现给了读者。爱德华是个令人讨厌的笨蛋，但心地并不坏，他是个迟钝、正派、平凡的小伙子，而且顽固地坚信自己的庸俗想法是正确的。"有的时候，他在谈给地里除草的事，她却笑得特别幸福，让他一头雾水"——不过，在自己的狭隘范围内，他还是爱着妻子的，而且想对她好。伯莎移情别恋的对象杰拉德·瓦杜雷同样很立体。他性感潇洒，很会逗人发笑，不仅伯莎喜欢，作者也喜欢这种类型的人。（毛姆在二十年后的一次访谈中承认，在他笔下的所有虚构人物中，"我最喜爱的，久久不能忘怀的就是《克雷杜克夫人》里一位名叫杰拉德·瓦杜雷的小伙子"。）"[杰拉德]当然毫无羞涩之相，尽管他看起来甚至连十九岁都不到。他身材瘦弱，稚气未脱……脸不大，有点像小女孩……他特意把黑色鬈发留长，显然是知道长头发好看。一双迷人传情的眼睛。他的嘴很性感，总是咧着笑。"如果说伯莎不知道这种小伙子有多危险的话，毛姆可是知道的。这部小说是毛姆二访塞维利亚归来后不久写成的，两件事未必全无联系。毛姆说过，他那次去塞维利亚就是为了与绿色眼眸的情郎再续前缘。

《克雷杜克夫人》写于1900年，也就是维多利亚女王在位的最后一年；英版面世时已经是爱德华七世初年了（1902年11月）；在美国更是直到1920年才出版。这部小说得到了广泛关注和普遍赞扬，虽然也有几位评论家感觉有责任提醒读者注意内容的敏感性质。《读书人》刊载了约翰·爱德考克爵士的一篇文章："[如果]你害怕直面生活，最好不要去碰毛姆的书。"实际上，尽管海涅曼坚持要删减内容，对伯莎情欲的直白描写却并未因此变得模糊。考虑到当时的拘谨氛围，只有这么少的内容被删掉实在令人惊讶。即使按照毛姆的悲观标准，他的第四部小说也取得了"实质性的成功"。不过，毛姆仍然不无挫败感：他的志向是剧作家，当时写小说的主要目的仍然是打出名气，以便取得剧院经理的青睐。到目前为止，他还没有一部剧本被接受。现在，《克雷杜克夫人》进入了公众视线，他准备推出寄予厚望的第一部长篇剧作，检验"以文促剧"的设想能否成功。

第四章

白猫餐厅

Le Chat Blanc

毛姆在自传《总结》中以惯常的自谦口气写道，他之所以开始写剧本，只是因为"把对话写到纸上似乎比编故事要简单些"。当然，实际情况不止如此。不过，他的耳朵确实很灵，能迅速把握人们交谈中的韵律。另外，作为一名倾听者，话语的内容和表达的方式同样令他着迷。从十六岁开始，毛姆就是热情的戏迷，能多看戏就多去。他读过不少剧作家的作品，不光有英文的，也有西班牙文、德文原著的英译本。他还注意到，成功剧作来钱多，来钱快，这是写小说不能比拟的。毛姆日后会成为一名现象级的流行剧作家，剧本创作延续三十余年，为他带来了荣誉、人气和巨大的财富。他写过三十部长篇剧本，作品在全球各地上演，被翻拍成电影，不断重演，还被翻译为众多语言。然而，回到毛姆初入戏剧界时，他实在表现平平，预料不到日后的成就。他早年寄给剧院经理的剧本无一受到青睐。他经历了长达十年的挫折与失望，只是凭借着钢铁般的决心才没有放弃。毛姆第一部搬上舞台的剧作是 1898 年写成的独幕剧

《婚姻是在天堂缔结的》（*Marriages Are Made in Heaven*），主题颇为通俗，讲的是一名拥有羞耻过往的上流阶级妇女。该剧在伦敦没能上演，于是毛姆将它翻译成德语，剧名改为《海难》（*Schiffbruchig*），1902 年 1 月由马克斯·莱茵哈德剧团在柏林沙尔与劳赫剧场演出，这是一家很小的卡巴莱歌厅，总共只演了八场。

同年（1898 年），毛姆完成了第一部长篇剧作《一个体面的男人》。该剧深受毛姆心目中最伟大的现代剧作家——易卜生的影响。第一次去意大利时，毛姆身上就带了《群鬼》的德文版，准备将其翻译成英文，以便熟悉剧本。《一个体面的男人》的创作思路明显是易卜生式的，探讨上流社会的压力、追求个人正直的挣扎、盲目遵循规范而忽视本能带来的灾难性后果。但是，伦敦西区之前就不欢迎易卜生，如今也没有接纳毛姆。这部剧先后遭到著名剧院经理约翰斯顿·福布斯·罗伯逊和新近接手约克公爵剧院（位于圣马丁巷）的美国戏剧主办人查尔斯·弗拉曼拒绝。第二次被拒后，毛姆对剧本进行了大幅修改，转换思路把本子提交给舞台协会。协会同意于 1903 年 2 月演出两场，令毛姆颇为高兴。

舞台协会成立于 1899 年，前身是由先锋人物 J. T. 格伦（J. T. Grein）创办的短命的独立剧院协会。格伦身兼编剧、剧评人、剧院经理三职，以推出具有艺术价值但难以获得主流观众欢迎的剧目为己任。在十九世纪九十年代，伦敦西区的剧院几乎是社交场戏剧的天下，全是描绘上层阶级和富裕中产阶级的生活，情节偏爱暴发户和难以启齿的秘密——通常是关于有故事的女士。当时戏剧的典型标题是"亨茨沃斯夫人的试探""格林奇太太的项链""艾平夫人案""阿尔杰勋爵夫妇"。奥斯卡·王尔德的作品就是绝佳的范例，从《温夫人的扇子》到此类作品的巅峰之作《不可儿戏》。除了戏剧事业戛然而止的王尔德以外，当时最红的剧作家还有 R. C. 卡尔顿、哈顿·钱伯斯、亨利·亚瑟·琼斯和亚瑟·温·皮奈罗。皮奈罗是大红大紫的《谭格瑞的续弦夫人》一剧的作者。杰克·格伦感兴趣的是另一类戏剧。1892 年，萧伯纳第一部成功上演的剧作《鳏夫的房产》就是在格伦这里；前一年，格伦还安排易卜生的《群鬼》演出了一场，结果招来一片骂声。《群鬼》英文版译者威廉·阿奇写道，"各大日报纷纷厉声痛斥这部剧，在整个剧评史上都是罕见的"。

格伦接了《一个体面的男人》，毛姆就感觉自己总算摸到了近十年来都没有成功的事业目标的门道。剧院协会是一个内部会员制俱乐部，观众数量不大。但它是唯一一个推出实验话剧的组织，因此，协会剧目总能引发不小的关注。令毛姆倍感鼓舞的是，知名学者兼记者，剧院协会管理委员会委员 W. L. 考特尼（W. L. Courtney）正好是声名卓著的《双周评论》（*Fortnightly Review*）的主编，他提出要在 1903 年 3 月号发表《一个体面的男人》的剧本。这可是了不起的荣耀：考特尼素以新人伯乐著称，《双周评论》在他任主编期间是首屈一指的文学期刊，囊括了梅瑞狄斯、吉卜林、H. G. 威尔斯、乔治·摩尔和亨利·詹姆斯等一批作者。

毛姆称《一个体面的男人》是一出悲剧，该剧讲述了一位体面的男青年坚守道德义务，娶了一位地位低于自己的姑娘，从而引发了悲惨的结果。男主角名叫巴希尔·肯特，是布尔战争的立功军人，他向舰队街金皇冠酒吧的女服务员珍妮·布什求婚，因为她怀了他的孩子。巴希尔的朋友约翰·哈利威尔试图劝阻，但他还是坚持要做这件必将带来不幸的事，尽管他和珍妮毫无共同点，而且他当时正与哈利威尔兄弟的妻子，孀居的希尔达·穆瑞恋爱。两人的婚姻极其不幸：孩子刚出生就死了；妻子心地虽好，却没受过教育，令巴希尔既厌烦又恼火；珍妮家人的索取无度更让他深恶痛绝。由于最后这一项，巴希尔最终决定离开珍妮，与希尔达结婚，这时传来了珍妮投河自尽的消息。巴希尔起初追悔莫及，之后却渐渐明白自己总算解脱了，能够按照自己的意愿生活了。他对已逃脱之物的恐惧以一种极其深切、令人震惊的方式宣泄了出来。他对哈利威尔狂喜地高呼："你不会懂牢门被打开的感觉的！"

毛姆参加了排演，发现由哈雷·格兰威尔-巴克（Harley Granville Barker）领导的剧组人员水平很高，颇感喜悦。格兰威尔-巴克相貌英俊，做事认真，才华横溢，是现代派话剧的首倡者之一。不久之后，他便会凭借与萧伯纳的合作成为名演员和名导演。他在剧中饰演的巴希尔·肯特完全达到了毛姆预期的效果。不过，这位年轻演员在后台的表现就不那么好了，他不仅傲慢，而且"满嘴都是别人的点子"。在毛姆看来，"[格兰威尔-巴克]是一个不好相处的人"。他向自己的代理人抱怨说，巴克"极其虚荣自大"。

1903 年 2 月 22 日，《一个体面的男人》的首场演出在托希尔街的帝国剧院举行，毛姆的亲朋好友都来捧场。现场的整体反响是正面的，不过，毛姆自始至终神经紧绷。他的嫂子奈莉在日记中写道："参加威利话剧首演……观众非常热情，演出效果很好。威利害怕得脸都白了！"后来，大家到附近的西敏寺酒店聚会。哈利·毛姆姗姗来迟，衣衫不整的样子很扎眼。别人都穿着晚礼服，唯独他穿着皱巴巴的蓝外套，明显有破旧的痕迹。"我这个弟弟总算搞出点名堂了，我为他高兴。"他用响亮到难堪的音量说道。这出剧引起了令人满意的大量关注，但褒贬不一。大部分老牌剧评人认为该剧的题材过于压抑（《雅典娜神殿》将其比作"斯堪的纳维亚的长夜"），不过，毛姆总体被认为有做编剧的前途，其中赞扬最热烈的是 J. T. 格伦本人。他为《星期日时报》写的剧评中将毛姆与皮奈罗相提并论，并表达了对作者语言风格的赏识。"我已经很久没有听到过如此精致而敏感的英文了，"他写道，"简洁是贯穿于毛姆剧作的主旋律……他的剧作是真实的。"继萧伯纳担任《星期六评论》特邀剧评人的马克斯·比尔博姆的观点则介于上述两个极端之间。在题为《混沌的话剧》的文章中，比尔博姆写道，该剧的"第二幕构思和文笔俱佳，第三幕是不错的煽情戏码。其余的部分则支离破碎，毛姆先生变得过于尖刻……"

通过观看排演，毛姆学到了不少舞台艺术的知识：如何塑造对白，调整节奏的重要性，如何恰当地安排笑点和停顿。他对观众的积极回应也比较满意。然而，两场演出结束后，他还是觉得有些挫败，这段经历似乎对他的事业助益不大。舞台协会自身的道路值得钦佩，但毛姆却志在一片广大得多的舞台：伦敦西区的商业剧场。他写道："一个知识分子小圈子的赞赏不能让我满足。我心目中的观众群体不是他们，而是大众市场。"

毛姆朝这个方向迈进的第一步是将《一个体面的男人》寄给查令十字街大道剧院（今戏厅剧院）经理穆丽尔·魏福德。魏福德小姐同意于1904年2月连续上演四周，并亲自饰演珍妮·布什一角，开场短剧为毛姆之前完成的闹剧《赞巴小姐》（*Mademoiselle Zampa*）[*]。《赞巴小姐》彻底失败，之后被迫撤下，但《一个体面的男人》收获了一定的人气。《伦敦新闻画报》称："作者对原本过于愤世嫉俗的结尾做了柔化处理之后，[这部剧]成了许多日子以来最有趣味、最富洞察力的剧作。"马克斯·比尔博姆也观看了新版演出，并撰写了长篇剧评，认为该剧虽然有一些缺陷，而且明显不如毛姆的小说，却一针见血，富有洞见。"我们没有理由认为，"他总结道，"剧作家毛姆在不久的将来不会达到与小说家毛姆同等的成就。"首场演出结束后，观众席为作者爆发出雷鸣般的掌声和欢呼声。一名演员正好站在上台的通道边上，看到了毛姆的反应：他简直不敢相信自己的耳朵。"年轻的作者怪害羞的，我见他都被欢呼声和长时间的掌声惊呆了。他虽然走上了舞台，却不愿意当众谢幕。"

在毛姆的三位兄长中，哈利对毛姆的剧本最感兴趣，因为他的

---

[*] 原注：剧本从未发表，手稿亦不存。

志向也是剧作家，之前还出版过一本诗剧集。可惜的是，诗剧文体不时兴，哈利的剧本集和其他的文学创作（诗歌、意大利游记、没写多久的《黑与白》杂志专栏"一个自我主义的好人"）都没有取得成功。1902 年，他曾与毛姆合写了《财富猎人》（*The Fortune Hunters*）。但是，克勒斯没找到接手的剧院，这部剧也从未上演。哈利为人严肃，知识分子习气很重，觉得弟弟有些肤浅，颇感担忧，便警告毛姆说社交场上的雄心壮志对创作有害无益。"哈利对我说，我的剧……结构和构思都很好，只是太肤浅，因为我的生活就是肤浅的。"哈利英俊壮硕，不修边幅，在人世间从来都觉得不自在。他敏感羞涩，酗酒抑郁，越来越自闭，交不到朋友。毛姆觉得他有些令人厌倦。查理的妻子蓓蒂说："他特别需要别人的理解，但很少有人能理解他。"自从离开巴黎的家族律所之后，哈利一直住在意大利。1899 年，他回到了英国，住在切尔西的卡多根街，过着离群索居的生活。按照当时一个人的说法，哈利"大体是个同性恋"，女人让他感到紧张，他更喜欢与男性做伴。他的极少数朋友都是作家和画家，他们组成了一个以毛姆的前导师温特沃斯·胡舍为中心的波希米亚圈子。多年之后，哈利的侄女奥娜说，有一位著名作家（没有具名）告诉她，他当过哈利的情人。

哈利心地太善良了，不至于妒忌弟弟的成功，但他的自卑感无疑是加重了。不管是因为恐惧失败，情事不顺，丑闻威胁，还是单纯的长期抑郁症表现，哈利于 1904 年 7 月自杀。弗雷迪·毛姆（即 F. H.）在事件簿中简短地记下了事件经过：7 月 20 日，他接到一封电报要他去卡多根街，去了之后发现哈利表情痛苦，面色发蓝——他三天前吞下了硝酸。弗雷迪把哈利带到圣托马斯医院，救治了近一周时间，最后于 27 日晚 7 时 45 分去世；45 分钟前，查理和蓓蒂刚刚从巴黎赶来。验尸报告写道，哈利是在"神志不清的状态下"自杀的。去世两天后，他便被匆匆葬于兰贝斯公墓。F. H. 的记述中从头到尾没有说毛姆在场。不过，毛姆多年之后自述，当初是他接到电报去卡多根街，发现哈利的状况后带他去医院的。最可能的实际情况是：两兄弟都参与了这件事，最早来到现场的人是乔治·巴洛，他给两兄弟都发了电报。当时，企图自杀是一项犯罪，叫医生来会有风险，因此毛姆的医学技能就很关键了。另外，毛姆与圣托马斯医院有关系，也许能够说服院方不要声张。葬礼后又过了几周，毛姆去凡尔赛附近的默东与查尔斯、蓓蒂住了一段时间，夫妇二人在当地有一处避暑别墅。兄弟俩一直在聊哈利的事，揣测他轻生的缘由。毛姆有力地总结道："我敢肯定，他不只是因为失败而自杀的，而是因为他的整个人生。"

哈利自杀是令人震恐的，尽管与往常一样，此事在家庭内部绝少提及。罗伯特·毛姆的四个儿子都饱受抑郁折磨：查尔斯被家人描述为"郁郁寡欢……阴沉……一个悲伤的男人"；F. H. 在事件簿的心情一栏中经常写着"抑郁"和"悲伤"；毛姆从一个不幸的孩子长成了一个忧郁的男人，自称"极度悲观"。他和 F. H. 晚年都经常做噩梦。毛姆的一个侄女推断，毛姆四兄弟小时候"肯定遭受过虐待，或许是某位法国保姆干的"。她的妹妹则写道，自己的父亲和威利叔叔"看话剧、读小说的时候很容易落泪……但生活里遇到悲惨的事情，眼眶又总是干的。或许，他们是要尽可能让自己与不可忍受的悲痛隔离开吧。有时，这种冷若冰霜的态度会将人与人的关系冻结乃至毁灭"。毛姆是幸运的，他有充沛的活力、雄心壮志和永无止境的好奇心，因此他的大部分人生看起来还是值得一过的。哈利就不一样了。尽管毛姆绝少提起哥哥的事，但哈利悲惨的自我毁灭将会萦绕毛姆多年。

离开剧院协会之后，毛姆觉得自己摸清了商业剧院经理的要求。之前的十二个月里，毛姆已经完成了三部自认为理想的西区作品：《探险家》《饼与鱼》以及与哈利合写的《财富猎人》。不过，三部剧都没有剧院接受。本来还有一部闹剧《下周周中》(*The Middle of Next Week*)是毛姆为演员兼剧院经理查尔斯·霍特里写的。不过，霍特里要求做的改动太多，毛姆盛怒之下将剧本撕毁了。无论从打出名气还是赚钱的角度看，这些事件都让毛姆特别失望，因为除了微薄的遗产外，他在当时的唯一收入来源就是偶尔给杂志写写短文。毛姆与沃尔特·佩恩合租一间公寓，生活上倒是过得去，但不管是对社交场还是事业，维持门面都很重要。他交了新朋友，被捧为文坛新星，而且逐渐成为知识分子圈子里炙手可热的人物。他喜欢穿好衣服，喜欢偶尔请人吃饭，最近还加入了多佛尔街的巴斯俱乐部。这家绅士俱乐部为会员提供游泳池、壁球场、土耳其浴等服务，牌室更是闻名于高级桥牌玩家之间。上述活动的开销都不小，财务方面的不安全感愈发让毛姆觉得难受。他给温特沃斯·胡舍写信说道："日子不好过，出版社手里都没钱，我也说不好阴云何时才会散去！"

毛姆不停地打扰好脾气的克勒斯，要他把剧本推销给剧院经理，找杂志拉活儿，再版旧作，发掘新客户，催促拖欠稿费的编辑打钱——总之，一切能来钱的事。一封典型的恳求信是："如果你听说有把剧本从法文、德文、意大利文或西班牙文翻译成英语，或者改编剧本的需求，我都愿意做的。"另一封写道："我特别希望你能出《兰贝斯的丽莎》的六便士平价版……另外，不知能否帮我联系《阿罗史密斯杂志》的编辑呢？我最近写了一篇爱伦坡风格的短篇凶杀小说（很正经的！）的大纲……"1904年7月，他写了一封商业函件样式的信，开头是这样的："看看这三部短篇小说。《犯罪》，2300单词，比其他两篇写得好一些，适合《劳埃德杂志》；《调情》，300单词，或许适合《D邮报》；《彩排》，3000单词，写得不好，哪里都不适合。"

毛姆的财务状况或许堪忧，但他毕竟被视为一名有前途的文坛新星，他本人说过："这是一份殊荣。多年后，我成了一名畅销轻喜剧写手，也失去了这份殊荣。"尽管工作负担已经很重，毛姆还是应邀共同编辑一份志在成为《黄皮书》(The Yellow Book)继承者的刊物，为此与诗人 A. E. 霍斯曼的弟弟，插画家兼作家劳伦斯·霍斯曼展开了合作。《探险》(Venture)杂志副标题为"文学与艺术年鉴"，制作精良，配有大量插图，采用优雅的黑体字和米色厚纸。为刊物供稿的作者名单显赫出众，包括约翰·梅斯菲尔德、G. K. 切斯特顿、詹姆斯·乔伊斯、霭理士、托马斯·哈代、E. F. 本森，插画师是戈登·克雷格、T. 斯托基·摩尔和查尔斯·里克特。毛姆在创刊号中收录了他本人的剧作，《婚姻是在天堂缔结的》的英文原版，这出戏前一年曾在柏林作为开场剧演出。参与人员的报酬以利润分成的形式发放，不过这份期刊从来没有盈利。1903 年秋，《探险》创刊号姗姗来迟；1905 年出了第二期，之后再没有人看到或听说了。劳伦斯高傲地总结道："当然，这是曲高和寡的问题。5 先令的价钱可能太低了，或许定在 1 畿尼*会好一些。"

《探险》收录的女性作品很少，其中之一是薇奥莱特·亨特(Violet Hunt)，她与毛姆初次相遇是在 1902 年。薇奥莱特当时年逾不惑，以混乱的感情生活出名，爱她的人是深爱，恨她的人则是痛恨。她身材瘦高，黑发浓密，大眼睛，尖下巴，鼻子形似鸟嘴。薇奥莱特生于 1862 年，从小在艺术家和诗人的氛围中长大。父亲阿尔弗雷德·亨特是一名风景画家，与罗斯金、伯恩-琼斯、米利亚斯、罗伯特·勃朗宁相识。她以伯恩-琼斯和斯科特为榜样，从小别人就说她具有"前拉斐尔式的美"。十八岁那年，她得到了年轻的奥斯卡·王尔德的青睐，被其称为"英格兰最甜美的紫罗兰†"。二十到三十岁之间，薇奥莱特与多位年纪比她大的人恋爱，包括让她染

---

* 英国旧制金币，价值 21 先令。
† 薇奥莱特 (Violet) 又有"紫罗兰"的意思。

上梅毒的外交官、出版人奥斯瓦尔德·克劳福德。后来，她成了 H. G. 威尔斯的众多情人之一，还与年纪比她小十一岁的福特·马多克斯·福特有过一段十年苦恋。作为"新女性"小说家，她经常给杂志投稿，在书迷圈子里如鱼得水。她还是有名的文学聚会组织者，每两周在诺福克街作家俱乐部举办冷餐会，还在南苑酒店和坎普登山（荷兰公园附近）的家里开花园派对。亨利·詹姆斯、埃兹拉·庞德、约瑟夫·康拉德、温德姆·路易斯、H. G. 威尔斯、阿诺德·本涅特、D. H. 劳伦斯等名流都是她的常客。宾客们品着冰咖啡，在草坪上漫步，鼓动毒舌的女主人发话。劳伦斯说："我很喜欢她。她是个真正的杀手。"小说家休·沃波尔记得在一次薇奥莱特办的夏日聚会上见过毛姆：他头戴灰色大礼帽，衣着雅致，徜徉于树木之间。实际上，薇奥莱特身上最吸引毛姆的地方就是对八卦的热衷。毛姆欣赏她的昂扬精神和毒舌，如狼似虎的薇奥莱特也受到了他的强烈吸引，很快就把他引诱上床了。说毛姆"情绪化得让人害怕，在性的方面"的人就是薇奥莱特。

她和毛姆的肉体关系并不令人满意，幸好也没持续多久——薇奥莱特还没有从与克劳福德的关系里走出来。不过，两人一直相互欣赏。毛姆给薇奥莱特写过多封长篇情书，甚至曾向她透露自己的感情经历。在当时的一封信的附言中，毛姆写道："这档子'事'总算结束了，谢天谢地！"这件"事"可能指的是他与沃尔特·佩恩带回家的一位迷人对象之间的纠葛。

两人通信的一大话题是各自的文学事业，毛姆会详细讲述自己写的东西，并对薇奥莱特的作品给出深思熟虑的评价。《克雷杜克夫人》写完之后，他坦承道："我真希望这辈子都不用再写小说了。不过，我估计还是会写的——我有一个隐秘的愿望：为英国写一部小小的《人间喜剧》。"1904 年，薇奥莱特发表了一篇基于自己与克劳福德恋情撰写的虚构作品，毛姆对她说："我认为你写得非常好。要我说的话，再'低俗'一点会更好，因为爱普顿的魅力显然是性方面的。不过，我也承认这是不可能的。"1908年，她在小说《枯叶的白玫瑰》（*White Rose of Weary Leaf*）的致谢中提到了毛姆，对毛姆于1905年总算出版的安达卢西亚游记中的致谢中提到自己表示了感谢。不幸的是，毛姆并未事先取得薇奥莱特的同意，让她觉得受到了冒犯。毛姆后来开玩笑说："我觉得主要是因为游记的题目叫作《圣洁处女之地》，而她不知道自己怎么会跟这片地方搭上关系。"不过，薇奥莱特很快恢复了心情，两人和好如初。过了将近二十年，毛姆在《月亮与六便士》中以她为原型塑造了罗斯·沃特福德这个人物，在他笔下，她"被两端撕扯，一端是身着灰绿色衣服、拈着水仙花参加派对的文艺女青年，一端是足蹬高跟鞋、身着巴黎连衣裙的欲望熟女……没有人比罗斯·沃特福德对我更友善。她既有男性的智慧，又有女人的任性……没有人说话能比她更刻薄，也没有人说话能比她更迷人"。年岁渐长，薇奥莱特愈发敏感而令人厌倦，但毛姆总是温柔地对待她。就算她常有出格的举动，他也不像薇奥莱特的许多熟人那样冷淡她。

毛姆将《旋转木马》送给出版社之前先请薇奥莱特审读书稿，而且根据她的建议删掉了好几个整章，又做了一些小的修改。这表明毛姆相信她的鉴赏判断力。海涅曼不情愿地以60英镑版税的价格签下了《旋转木马》，并与《圣洁处女之地》结集出版。《旋转木马》中收录了《一个体面的男人》的改写版，充实了巴希尔·肯特及其与酒吧服务员珍妮的悲惨婚姻故事，还添加了两条支线剧情。一条是贝拉线。她出身教士家庭，相貌平平，将一生都奉献给了自私暴躁的父亲。人到中年时，她爱上了性情平和的赫伯特。他雅好诗歌，不仅年纪比贝拉小得多，社会地位也要低得多。尽管贝拉的父亲暴跳如雷，但两人还是过上了甜美幸福的婚姻生活，直到赫伯特患上结核病死去。另一条支线要有意思得多，讲的是一名家境优渥的已婚妇人无望地迷恋上一个比她年轻几岁、卑鄙贪婪、一心谋财的小伙子。

就文风而言，这条支线比主线和另一条支线都要活泼得多。与《克雷杜克夫人》里的杰拉德·瓦杜雷一样，雷吉·巴洛-巴塞特风流倜傥，令格蕾丝·卡斯蒂里昂沦陷其中。两人初次在晚宴相遇时，格蕾丝如遭雷击。雷吉坐在她旁边，"看似礼貌地低声给她讲荤段子，同时无耻而放肆地与她四目对视；他对自己的魅力心知肚明"。很快，意乱情迷的妇人便把大笔的钱财和奢侈品扔到自己卑鄙的情人身上，哪怕她明知雷吉根本不在乎自己，只想从自己身上捞好处，她依然不顾一切地试图取悦他，婚姻与社会地位告急也在所不惜。与克雷杜克夫人对丈夫的爱，以及珍妮对巴希尔·肯特的爱一样，卡斯蒂里昂夫人对雷吉的爱也是一场孽缘：格蕾丝·卡斯蒂里昂"受尽大辱"，对雷吉的迷恋让她"毫不在意地踏入羞耻与灾难的深渊"，最后，多亏心直口快的老处女雷伊小姐坚持要干涉，格蕾丝才悬崖勒马，回到丈夫身边。雷伊小姐初次登场是在《克雷杜克夫人》，在伯莎结婚前曾像父母一样劝阻她。

《旋转木马》自有其优点，但不能代表毛姆的最高水平。不幸婚姻的那段情节是从《一个体面的男人》里搬过来的，虽略有添改，却能看出作者对第二次涉足同一题材的厌倦。幸福婚姻的情节，即贝拉与赫伯特的结合，则坏在煽情过度，到处是佩特式的华丽句子。毛姆曾在本子上刻苦练习这种句子，后来又对其嗤之以鼻。用毛姆自己的话说，这本书受到了审美主义的"有害影响"："我写得很造作……我不敢由着自己来。"不过，他在卡斯蒂里昂夫人与小人雷吉的情节里确实由着自己来了，文字去除了人为雕饰的痕迹，极其现代。（一名女性角色对另一名女性角色说："我为了一个基佬要死要活。"）整体来看，这本书的问题在于作者对这种迷恋的描写过于绘声绘色，以至于掩盖和损害了其余部分。

小说中设置了两名超然的角色，主要是作为旁观者，对串联起三个独立的故事线颇有用处。他们分别是老处女雷伊小姐和她的年轻闺蜜弗兰克·胡瑞医生。作者告诉我们，雷伊小姐养成了"循规蹈矩的习惯，让她时常对朋友们做出的大胆批评相当有力"。她的原型是个有意思的女人，乔治·史蒂文斯太太，她的丈夫是《每日邮报》的通讯员，在报道布尔战争期间死去。她相貌平平但衣着雅致——总是一身素净的黑白——毛姆结识她时，她已经步入老年，目光有神，充满魅力和活力，心直口快，唐突起不悦之人简直令人咋舌。克里斯蒂娜·史蒂文斯身边总是笼罩着不祥的氛围：在她的第一段婚姻期间（她当时还是罗格森夫人），由于卷入了自由党议员查尔斯·迪尔科爵士的离婚案（此案毁掉了他的政治前途），她遭到了上流社会的封杀。有一次，她私下向亨利·詹姆斯说她毒杀了自己的第一任丈夫，把他吓了一跳。詹姆斯总结道："假如她漂亮又理智的话，她肯定会成为全世界最了不起的毒妇之一。"史蒂文斯夫人家住萨里郡的默顿坊，此宅曾属于纳尔逊海军上将。尽管囊中羞涩，她还是经常接待各路好友。默顿距离温布尔登不远，从伦敦过去很方便。每逢周日，一连串访客就会乘着轻便马车来用午餐或下午茶；天气好的时候，他们还会在花园与河边散步。访客中有演员、作家、画家和拍马屁的家伙，毛姆将其称为"奇特的一伙"；其中有薇奥莱特·亨特，也有其他日后对毛姆起到重要作用的人：马克斯·比尔博姆、奥斯卡·王尔德的弟子雷吉·特纳，和广受欢迎的剧作家亨利·亚瑟·琼斯。

琼斯告诉毛姆，他在读《兰贝斯的丽莎》时，马上就发现作者有写剧本的潜质，这句恭维话与史蒂文斯夫人另一位客人的看法截然相反。一天下午，毛姆在默顿坊的草坪上一边散步，一边与性情平和、富有魅力的马克斯·比尔博姆长谈。那段时间里，马克斯极尽华丽的文风尚未纯熟。在毛姆看来，马克斯的浮华之气"不曾脱落。

他的衬衫袖口特别窄，足足从燕尾服的袖子里面伸出来两英寸，整体来看邋里邋遢。外套需要刷，裤子也需要熨了……他给你的印象就好比一个小地方剧团的小角色，却偏要撑场面"。尽管他是一名剧评人，还是伦敦首屈一指的演员兼剧院经理赫伯特·比尔博姆·特里同父异母的弟弟，但马克斯早年对话剧的热爱已经消散大半。当他尽职尽责地从头到尾看完一出糟糕的演出时，他会提醒自己："[最起码]我没去地铁当乘务员。"现在，他真诚地恳求毛姆不要为舞台写作。马克斯认为毛姆的主要才华在于写小说，他有探幽入微的本领，对他来说，话剧这个媒介实在太粗糙了。马克斯接着说，有些人靠写剧本当然赚了大钱，但是"你，小伙子，你不属于这种人"。毛姆礼貌地点了点头，而马克斯"虽然为他感到难过，却也意识到大半个下午已经过去了，于是马上转换了话题"。如果马克斯以为自己的话对毛姆发挥了影响，那就错了，毛姆说："他不了解状况。我年轻，贫穷，而且有决心。"

尽管马克斯的建议令人泄气，但自默顿相识以来，毛姆与机智而挑剔的马克斯的友谊却延续一生。实际上，史蒂文斯太太的招待令毛姆受益良多，她受不了虚伪和心直口快的秉性也令毛姆钦佩，而他将这两个品质都赋予了以她为原型塑造的人物雷伊小姐。《旋转木马》中雷伊小姐与弗兰克·胡瑞医生的关系相当于史蒂文斯太太与毛姆本人的关系。弗兰克的外貌与个性都肖似作者。文中写道，弗兰克——

> 是一个脾气不太好的壮汉，自制力绝佳。在陌生人面前，他一语不发，冷若冰霜的样子让对方觉得不自在……极其内敛，极少有人知道弗兰克·胡瑞专门呈现的淡漠之下掩藏着涌动的情绪。他将情绪化视为一个弱点，于是用心地自我规训，不使其流露出来。但是，情绪仍然在那里，强大而狂暴……他一刻不

停地监视着自己，好像心里住着一名总是想要挣脱锁链的危险囚徒。

《旋转木马》不在毛姆最出名的小说之列，但就自传性而言，它无疑是一部重要的作品。不光是弗兰克·胡瑞的形象大量取材于作者本人，更重要的是，书中颇有启发地揭示了毛姆的心理状态。在描绘格蕾丝·卡斯蒂里昂对雷吉·巴洛-巴赛特的激情时，毛姆强有力地表现了本人对年纪远小于自己的男性的迷恋。写完这部小说后不久，毛姆致信薇奥莱特·亨特："一个人写下的大部分文字都或多或少具有自传的性质，未必总是记录事实，却永远是对情绪的书写……当一个人受了很大的苦，诉诸文字以求纾解是合情合理的反应。"多年之后，谈起这段日子，他说自己当时的迫切愿望是写一部来钱的小说，"因为我当时正与一位性好奢华的年轻人交往……我决心写一本能赚三四百英镑的书，以便与对手竞争。那个年轻人真的很迷人"。

毛姆掩盖痕迹总是小心翼翼，没有道明这个年轻人的身份，不过，有证据指出此人名叫哈利·菲利普斯，是一名英俊少年，与毛姆首次相遇时正在牛津大学读书。他的全名是亨利·沃甘·菲利普斯（"哈利"是"亨利"的爱称），父亲是霍灵顿教区牧师爱德华·菲利普斯之子；霍灵顿位于斯塔福德郡的特伦特河畔斯托克附近。老菲利普斯一共有五个儿子，本来要安排哈利进教会，第一步就是进入牛津大学基布尔学院学习三年。这是一个相对年轻的学院，创办宗旨是贯彻牛津运动的目标，为英国国教会培养教士。基布尔学院并不适合哈利。他的一名本科同学将他形容为"以魅力、外貌、机智而论，他是我平生所见最耀眼的一个人"。他让父亲深深失望，对教会毫无兴趣。他将求学牛津的日子视为寻欢作乐的大好机会，但凡有可能就做出出格的举动，让笃信宗教的学院师生大惊失色。哈利没有完成第一学年的期末论文，于是，这位花花公子离开了基布尔。

他的导师说过："小伙子人不错，可惜才智有限，却有点过分爱美，太多愁善感。"接着，他转到了马尔孔学堂，牛津大学的一间颇有声望的附属绅士学堂。哈利只要死记硬背就能拿到学位。但他终究没有拿到学位证。他乐呵呵地承认："我考试老是不及格。"

十年前，奥斯卡·王尔德曾追求莫德林学院的阿尔弗雷德·道格拉斯勋爵，在牛津留下了自己的足迹。如今，毛姆也经常现身牛津，要么与哈利沿着高街漫步，要么坐在他的宿舍里抽烟。哈利说："我们都很喜欢对方。我请他去斯塔福德，就住在我父母家。我父亲觉得他很聪明，但不喜欢他的宗教观。"毛姆持不可知论立场，而且支持哈利不进教会的决心，哈利的父亲有这样的感觉就不奇怪了。"我不禁在想，强迫一个人去做一项他厌恶的工作是极其残酷的事；如果这项工作需要信仰、自我牺牲和'感召'，而这个人又不能让自己相信信众视为不言自明的教义，那这就是加倍的残酷。"毛姆如是说道，无疑是想起了白马厩镇的牧师叔叔强加给自己的压力。不过，尽管存在意见分歧，哈利的父母并未反对两人的交往，他们依然经常见面。

《旋转木马》中的格蕾丝·卡斯蒂里昂迷恋雷吉不能自拔，总是要花钱才能买到他的善待。"由于雷吉雅好声色，格蕾丝对他还有一些掌控力。他发脾气的时候，只要带他去剧院就没事了；他很想进入上流圈子，一封来自豪门世家的请帖就能换来一个礼拜的情意绵绵。"雷吉如此，哈利亦然。但是，让这个小伙子愉悦可不便宜，毛姆只得开足马力工作，拼命赚钱。他写道，"钱就好比第六种感官，没有它的话，其他五种感官就不能充分发挥"。每一个便士都是要紧事，他会详细审阅克勒斯寄来的账单，不放过任何一个细节。1904年8月，他向克勒斯提出不满："我发现你收了我15便士左右的邮费，你之前没有收过，我也不知道你为什么突然要开始收。"他指望着小说新作来拯救自己的财务状况，对克勒斯强调这本书一定要好好出版和宣传。他写道："我希望你能说动海涅曼，让他明白宣传《旋转木马》的必要性。"1904年9月19日，《旋转木马》面世，形势颇为惨淡，尽管有几条正面评论，销量却很可怜。毛姆将这一结果归咎于出版社和代理人。该书出版三个月后，毛姆讽刺克勒斯说："你好好看看，海涅曼可是花了大力气让大家知道《旋转木马》这本好书。"次年年初（1905年1月）出版的《圣洁处女之地》表现同样欠佳。尽管有几篇表示欣赏的文章，书却没有卖出多少册。《泰晤士报文学增刊》发表了一篇未署名的书评（作者为年轻女作家弗吉尼亚·史蒂芬，即后来的伍尔夫），文中写道："[毛姆先生]对文字的掌控力很好，而且他在真诚地寻找恰切的词汇来描述他真诚地喜爱的美。"

　　随着毛姆继续追求令他心驰荡漾的哈利，他对钱的需求越发急迫，把自己压得也越来越紧。用他自己的话说："我一边写作，嫉妒心一边啃啮我的心弦。"炫目迷人的哈利有许多追求者。看着比他有钱的人请哈利去萨伏伊酒店共进晚餐，到梅登海德河滨享用午餐，毛姆心里难过极了。哈利"轻浮的灵魂"很享受这样的宠爱。他不觉得有必要委屈自己，对情人的痛苦则是不以为意，几乎让毛姆精神失常。1904年夏天，哈利从牛津肄业，只有一个模糊的文艺理想。毛姆看机会来了，便鼓动他去巴黎接受严格的艺术训练；而他本人也会离开伦敦，到左岸租一间公寓和哈利同住。作为一名乡村牧师，老菲利普斯觉得这个提议并无不妥：毛姆看上去通情达理，还是一名用功的成名作家，或许会对无法无天的儿子起到好的影响。毛姆马上行动起来，干劲十足，一方面是想到自己能独占心爱的小伙子，另一方面也觉得是个开拓新领域的机会。六年多来，他在伦敦苦苦追求成功。现在，过去的努力似乎都失去了意义，之后也不会有变化。他说道："以前那样倒也不错，就是看不到前途。我已经三十岁了……陷入了窠白，我感觉必须要从中脱出。我去跟沃尔特·佩恩谈了这件事，决定退掉合租的公寓，把本来也没多少的家具贱卖掉。

于是，我怀着激动的心情向巴黎而去。"

二十到三十岁期间，毛姆隔段时间就去一趟巴黎，有时跟长兄查理和他年轻的一家人同住，有时住酒店，他都不完全满意。毛姆对薇奥莱特·亨特解释说："跟哥哥住在一起时，居家生活让我有点不自在；住酒店又太荒废。"现在，毛姆联系一位新朋友杰拉德·凯利帮忙找住处。凯利是一名生活在法国的年轻画家，他与毛姆相识是在1903年的一个星期天，当时毛姆正与查尔斯、蓓蒂夫妇在默东租住的别墅避暑。

杰拉德·凯利比毛姆年轻五岁，与鼎鼎大名的《凯利企业名录》的经营者来自同一个家族。杰拉德的父亲是坎伯韦尔区圣吉尔斯教区牧师，家境优渥。他生得短小精悍，五官端正，又大又圆的眼镜片背后是一双机警的眼睛，浓密的黑发一丝不乱，性格好激动，有爱尔兰人的火气和魅力。他小时候爱生病，受到家人宠爱，在伊顿公学和剑桥大学受的教育。不过，早年真正塑造他的地方是德威美术馆，他在这里爱上了绘画。1901年，从未接受过正规美术教育的杰拉德去了巴黎，在蒙帕纳斯的第一田园大道买下一间大画室。在画商保罗·杜兰德-鲁尔的帮助下，他经常去莫奈、德加、塞尚的画室，甚至说服雕塑家罗丹收了自己做助手。凯利以肖像画为主，辅以风景画，很快开始出名。1903年，法国政府买下了他的一幅画作；次年，年仅二十五岁的凯利就参加了秋季艺术沙龙。

毛姆与凯利在默东马上就喜欢上了对方。凯利的流利口才、对艺术和思想的热情让毛姆着迷，而毛姆的聪颖、冷幽默和广泛的兴趣面也给凯利留下了深刻印象。凯利对毛姆的长相也很感兴趣，想为他画一幅像："他的整张脸只有一种颜色——苍白……他的眼睛像是棕色的天鹅绒，又像猴子的眼睛。"两人的举止差别很大。凯利写道："我依靠他的智慧和耐心，不过他经常被我的滔滔不绝惹恼。"尽管如此，他们还是有许多共同点：两人都宽容大度，处变不惊；

都是脑筋灵活的急性子，不过毛姆的自制力要强一些；都是旅行爱好者；都以思想的诚实而自豪。凯利说："只要是我们确实看不上的东西，我们就坚决不去说它的好话——哪怕别人告诉我们应该欣赏它。威利敢说梅瑞狄斯和佩特被过誉了。我也敢说自己喜欢安格尔和马奈。回到本世纪初，我们的这些看法可不时兴。"

毛姆正式开始学习美术是在巴黎与哈利同居的这段时间，凯利在其中起了很大作用。凯利借给毛姆书看，教他鉴赏画作，与他一起浏览古典大师的作品，又为他介绍近现代杰作。凯利本人特别喜欢委拉斯凯兹，也鼓励毛姆去了解，而毛姆的反响也很热烈，对这位西班牙大师笔下的西班牙、坚定的写实主义、深刻的人文精神神往不已。凯利还带毛姆去卢森堡宫看画，这是毛姆第一次接触莫奈、雷诺阿、马奈、塞尚等人的印象派作品。尽管凯利倾心推荐，当时的毛姆依然对印象派兴致不高。他后来写道："说来惭愧，我也说不清它们是好是坏。"两人分别后依然互写长信，讨论艺术话题。毛姆出名之后，凯利成了他的头号肖像画家，总共创作了十八幅。虽然凯利对艺术了解更深，但毛姆指教他起来一点也不含糊，他会直率地批评凯利的作品，指出画得不对的地方，还仗着比对方大五岁，腔调活像个疼爱弟弟却指手画脚的大哥哥。1905 年 7 月，他在一封信里写道：

> 亲爱的杰拉德，
>
> 　　听说你再次病倒，我虽不感到意外，却非常难过。正所谓忠言逆耳，如果你还像当初在巴黎那样生活，身体肯定会抱恙……我迫不及待地给你写这封信，是要告诉你，你这么不关心自己真是太愚蠢了（我敢说，你内心深处还觉得将事实抛在一边，让自己陷入癫狂是一件特别浪漫、特别生动的事情吧）。你这副样子，怎么能成为一名比汤姆、迪克、哈利更好的画家呢？身体不好，事业也会垮掉……

在凯利身上，毛姆体会到了与自家人从未有过的兄弟情谊。他对凯利几乎无话不谈，尽管也有个别禁区，比如自己悲惨的童年和哥哥的自杀。凯利对毛姆也是如此，有好几次情场失意时还找他商量。两人情深意笃，终生不易。毛姆死后，《泰晤士报》报道了凯利的评论："威利是个好人，绝对的好人。"

按照毛姆的要求，凯利帮他在维克多·孔西德朗路3号找了一间五楼的小公寓，离凯利自己在蒙帕纳斯的画室和贝尔福雄狮铜像不远，能俯瞰到埋葬莫泊桑的公墓。公寓有两间卧室和一间厨房，年租金700法郎（合28英镑），购置了二手家具和基本用品，早上有仆人来做饭、洗衣服和收拾房间。凯利还帮哈利·菲利普斯推荐了美术班。毛姆之前从伦敦写信说，哈利"对通俗美术很有想法，比如服装、海报、插画等等……他很有魅力……我想你肯定会喜欢上他的"。两人同居时，对外称哈利是毛姆的秘书。不过，哈利坦承："写归写，但我不能说自己真是他的秘书。我是他的同伴，顺便帮他写点东西，应酬，还有别的。"

哈利每年只能从家里拿到120英镑，毛姆一年的收入也差不多是这个数字，因此两人只能过着朴素的生活，能省则省，吃饭就在附近的餐厅和咖啡馆凑合。毛姆虽然不宽裕，却想宠溺自己年轻的伴侣，不顾一切地想让他开心。"他对我关怀备至，"哈利回忆起两人在剧院度过的无数夜晚、泡在卢浮宫和卢森堡宫的午后时光、凡尔赛的郊游时说道，"[威利]对绘画特别感兴趣……他当时最喜欢的画家是委拉斯凯兹，看不上他后来买回家的现代作品。"尽管哈利自己不太读书，却很佩服毛姆的文学知识，更佩服他通晓法语、德语、西班牙语、意大利语的语言天赋。哈利通情达理——也可能只是不敏感——对毛姆的沉默寡言表示尊重：他模糊地感觉到毛姆早年生活不幸，悲痛于兄长之死，但从来不去探问，而是鼓励毛姆发挥天性里轻松的一面。"毛姆喜欢哈哈大笑，"哈利回忆道，"而且很有幽默感。"

刚进入二十世纪的巴黎依然是"美好时代"（Belle Epoque）的巴黎。从街道狭窄、肮脏不堪的伦敦离开后，毛姆觉得优雅而宽广的巴黎尤其宜人。现在的巴黎已经不是二十年前毛姆与父母生活的巴黎了：那时没有地铁，没有穿行于大型的公共马车和小型的黄色出租马车之间的汽车，没有直插云霄的埃菲尔铁塔，文艺生活也不像现在这样百花齐放。全城有四十多家剧场，萨拉·伯恩哈特是剧界的女皇；各家新美术馆中，印象派正是热门话题。蒙帕纳斯一直是艺术家聚集的地方，不过，生活成本更低且保留了一定村庄氛围的蒙马特正成为新晋画家和雕塑家的青睐之地。世纪之交的蒙帕纳斯一派平静乡镇风情，建了地铁站，周边有多家剧院、舞厅和音乐餐厅，在饭馆里点一份两道菜正餐配半瓶葡萄酒还不到 2 法郎。夜生活丰富多彩，布列舞厅便宜又热闹，阿罕布拉舞厅有魔术师胡迪尼表演，塔巴亨舞厅能欣赏到拉古留的康康舞。要是不嫌座位硬和人多拥挤，只要花 75 生丁就能到提特布路的红音乐厅听古典音乐会。

巴黎的娱乐业或许比伦敦便宜一些，但也是要花钱的。毛姆把工作安排得特别严格，整个上午都是写作时间，十二点半和"镀金少年"——他有时会这样揶揄哈利——出去吃一顿便饭；周日吃午餐前还会先到和平饭店犒劳自己一份餐前酒。下午通常是参观卢浮宫等美术馆或博物馆。到了晚上，哈利喜欢探索各类娱乐活动。有一次，毛姆短暂地去了趟英国，回巴黎后给杰拉德·凯利写信道："这封信是三天前动笔的，不过金少（即镀金少年）领着我四处跑，结果耽搁到今天。我去了塔巴亨舞厅和其他几处背德之所。我去伦敦就几天时间，没有好好盯着他，结果他现在对巴黎的了解比你我多十倍不止，我真是惊讶极了。"

在大部分晚上，两人都去白猫餐厅（Le Chat Blanc），这是一家杰拉德·凯利推荐的小饭店，位于敫德萨路。他们在这里结识了一批画家、作家和雕塑家，其中也有几个法国人，但大部分来自英美。众人围着楼上的大桌子吃饭，点几道实惠的菜品和足量的葡萄酒，边吃边喝边大声地争论文艺界当红大腕的优劣利弊。这些聚会是毛姆一生中最接近波希米亚生活的场合了，而他之后总是小心翼翼地摆出规矩体面的样子。谈话经常变成激烈辩论，雪茄烟气中混杂着英语和法语。毛姆从来不喜欢吵闹。当声音变得太大、气氛过于喧嚣时，他常会偷偷溜到阴暗的街道上独自散步。聚会的常客有：杰拉德·凯利，他经常把留着大胡子、脾气尖刻的老师罗丹也叫来；伊沃尔·拜克，实习外科医生，凯利的朋友；彭林·斯坦劳斯，美国"美女"画家；詹姆斯·威尔逊·莫里斯，加拿大印象派画家，与博纳尔、马蒂斯、维亚尔、罗特列克相识，因此很受大家尊重；罗德里克·奥康纳，爱尔兰画家，皮肤黝黑的大个子，性格愤世嫉俗，看了叫人害怕。克莱夫·贝尔是这位坏脾气的爱尔兰人的极少数朋友之一，他写道："我觉得他是一个悲剧性的人物，尽管他只将悲剧留给自己。"

这些人里面，毛姆最感兴趣的是奥康纳，主要是因为奥康纳与高更交好。1903 年，凯利带毛姆去参加沃拉尔画廊举办的著名高更画展，两人都被画家和他的画作迷住了。毛姆得知奥康纳曾与高更在布列塔尼住过几个月，便急切地向他询问。"可惜，他立即毫不掩饰地表露出厌恶之情。只要我在餐桌上，他就觉得生气。我随便说句话就会招来他的攻击。"一天晚上，两人就诗人埃雷迪亚的优劣发生了激烈争执，爱尔兰画家一直"冷酷刻薄"。但是毛姆并没有被吓倒，而且他真心欣赏奥康纳的作品，于是过了几天去他的画室拜访，求购两张小幅静物画。奥康纳大吃一惊，"犹豫一阵后，他阴着脸报了一个很便宜的价钱，我从兜里掏出钱，双手抱着画离开了"。但是，这一举动并未改善两人的关系。据说，奥康纳曾将毛姆比作"臭虫，一个敏感的人不愿意踩它，只是因为它又臭又脏"。

这句不客气的评价被小圈子里的另一个人传扬了出去。此人名叫阿莱斯特·克劳利，壮硕如牛，面相凶恶，衣着浮夸，身上是一件珠光宝气的红色背心，脖子围着一条大丝巾，白胖的大手上还戴着一枚大戒指。他是凯利的剑桥同学，1903年娶了凯利的姐姐罗斯，罗斯又恰好是查尔斯·毛姆之妻蓓蒂的闺蜜。克劳利自称神秘学大师，不久前自封"东方可汗"，是个带有强迫症性质的大话王，公然吹嘘自己有不可思议的生理和心理力量，尤其是超自然力量。他显出一副转生过无数次的样子，现在这一世的力量堪比《启示录》里描绘的巨兽。他喜欢别人叫他珀杜拉伯修士，顶着这个名字搞恶魔崇拜。他还深度参与到看秘密教派"黄金黎明隐修会"的活动中。他进行过大量毒品试验，而且不知疲倦地探索着自己复杂的性世界，男女通吃，尤好性虐与血腥。不难想见，这样一个妄人令毛姆兴致勃勃。"我马上对他心生厌恶，"他写道，"却也颇有兴趣。"当然，毛姆不想跟珀杜拉伯修士交朋友，但他令人沉醉的表演和不可否认的邪魅光环抓住了毛姆的想象力。不久之后，《魔法师》一书中臭名昭著的人物奥利弗·哈多便是以克劳利为原型。

在克劳利身上看到优点的人不多，其中之一是笔名"芭芭拉"和"塞西尔"的《妇女》杂志前主编，偶尔来白猫餐厅的埃诺克·阿诺德·本涅特。小说处女作收获一定成功之后，他便从杂志社辞职，接着又出版了两部小说，《巴比伦大酒店》(The Grand Babylon Hotel)和《五镇的安娜》(Anna of the Five Towns)。1902年，本涅特移居巴黎，与一条名叫"飞翔"的猎狐犬住在蒙马特的一间朴素公寓。与毛姆一样，本涅特知道白猫饭店也是通过杰拉德·凯利，已经形成了每周来这里吃一次饭的习惯。毛姆和杰拉德·凯利私下里管本涅特叫"埃诺克·阿诺德"，常常接济他。他的下巴往里收，鼻子像狮子，门牙像兔子，胡子又短又硬，毛姆和凯利都觉得他看起来很俗气；毛姆不屑地说本涅特"活像个市政府里的小官"。两人在背后笑话他的衣着和米德兰郡口音，觉得他举止不雅，还将取得成功的《巴比伦大酒店》贬低为鼓吹民粹的荒唐言。本涅特的法语说得不好，而毛姆的法语是母语水平。但是，两人初次见面时，反倒是本涅特指摘起毛姆的法语，令毛姆耿耿于怀。据凯利回忆，那是一次晚餐结束时——

> 威利用法语——口音无可挑剔——对女服务员说："Vous me donnerez un anneau"；意思是"请给他拿一个套餐巾的小环"……本涅特严肃地说道："毛姆啊，我跟你说，法国人不说 anno*，叫 rong（其实应该是 rond）。"威利气得脸都白了。他竟然犯了这么愚蠢的错误，让一个只有初级法语水平，连话都说不利索的人给自己挑毛病！

两人疏远还有一个令人尴尬的原因：本涅特与毛姆一样患有严重的口吃，而毛姆明白，两个说话同样困难的人同桌吃饭很可能出洋相。毛姆本人也承认："我特别害怕出洋相。"

幸好本涅特性格温和，要么没注意到毛姆"居高临下"（de haut en bas）的样子，要么不以为意，喜欢跟这位年轻人做伴，也欣赏他的个人风格。本涅特在日记里这样讲述一天下午毛姆来到他的加来街公寓做客的情形：

> ［毛姆］面色沉静，几近于无精打采。他愉快地喝了两杯茶，第三杯就拒绝了；从他的语调马上就能听出来，他是无论如何不会喝第三杯的。他很快吃了几块饼干和夹心薄饼，一块接一块，嘴都不带停的，简直是狼吞虎咽；然后，他突然就不吃了。

---

* Anneau 的单数形式。

他抽烟的架势很猛，他抽完两根的时间，我连一根都抽不完……我挺喜欢他。

毛姆对本涅特的看法就不一样了。他写道："我不是很喜欢他……自命不凡，自以为是……[不过]跟他共度夜晚总是挺开心的。"用过晚餐后，毛姆和凯利有时会陪本涅特回家，到家后，本涅特会在一架立式钢琴上给两人弹奏贝多芬的曲子。有一次，本涅特在家里向毛姆提出了一个令他吃惊的建议：与他共享情妇。她每周陪本涅特两晚，陪另一位先生两晚，周日休息，所以还剩下两晚，正在寻找主顾。本涅特说："我跟她说到你了。她喜欢作家，我也想帮她拉点活儿。"毛姆拒绝了。

尽管两人的关系起初似乎没有什么前景，但毛姆最后确实喜欢上了本涅特，称他为"一个可爱的男人"。他还很欣赏本涅特后来的杰作《老妇谭》（The Old Wives' Tale），认为这本书本应得到批评家的赞赏，但终作者一生都未能如愿。薇奥莱特·亨特当时也在巴黎，是毛姆介绍给埃诺克·阿诺德的圈子中的一位。毛姆有事的时候，薇奥莱特就把本涅特拔擢为最佳陪伴。与当初在伦敦时一样，薇奥莱特与毛姆经常见面，许多时间都花在了毒舌褒贬巴黎的其他英国人。除了杰拉德·凯利的艺术家圈子以外，当时还有一小批英国女作家在巴黎，包括写过《谁都没有错》（Nobody's Fault）和《罗珊娜》（Roseanne）的奈塔·赛雷特和艾拉·德奇，后者曾有多部短篇小说登载于《黄皮书》。她们或许才具有限，文学情怀却是真诚的。她们很喜欢与毛姆来往，招待他喝下午茶，有他作陪去剧院就很开心，也感激他离开巴黎的时候把公寓借给她们。

但是，只有在薇奥莱特面前他才会放下戒备，谈论自己的私人生活和感情。这段时间里，他因哈利·菲利普斯的关系平添不少烦恼；而薇奥莱特的情事从来都不缺少激情和不幸，成了毛姆知心的倾诉对象。她在日记里写道："我从没见过毛姆动情的样子，除了……在巴黎的那一次。"此处显然指的是毛姆向她吐露哈利的事情。毛姆与哈利之间肯定出了一些事，很可能是哈利不忠。这件事伤透了毛姆的心，之后也成为《人生的枷锁》里的素材。回首往事，哈利对自己的行为表示了后悔。"当我意识到自己对他的伤害比我原以为的要大时，"他说，"我感到了某种羞耻。"1905 年 5 月，哈利决定回英国一段时间，毛姆不禁怅然若失。在一封写给暂别巴黎的凯利的诉苦信中，毛姆说起自己情绪低落。他对杰拉德说："我想你，想到悲伤。我不知道镀金少年抛弃我的时候，我该怎么办……我对这部作品厌烦得要死，我脑子里有一种挥之不去的恐慌：有的时候，我害怕自己再也写不出好东西了。我感觉自己就像一口干涸的井。"

这部难产之作是长篇小说《主教的围裙》（The Bishop's Apron），改写自《饼与鱼》；后者是毛姆在《一个体面的男人》之后创作的三部当时还没有登上舞台的剧本之一。原剧本讲述了一个拥有世俗欲望的势利眼教士的喜剧故事，从戏剧形式来看相当程式化，而《主教的围裙》比原作丰满和复杂得多，品质大大提升。西奥多·斯普拉特是南肯辛顿圣格里高利教区的牧师，相貌英俊，自负而虚荣（毛姆对英国国教会的神职人员很少有好话）。他的妻子已经去世，与妹妹和两名成年子女生活在一起，将大量精力投入到了提升个人和家族地位上：他对哥哥是斯普莱特勋爵这件事颇感自豪；他的父亲尽管出身平民，却当上了大法官，荣升贵族。按照他的盘算，他的儿子和女儿会找有钱有势的人结婚，而他本人会当上巴切斯特主教，书名里的"围裙"指的就是主教法衣。一开始，他的雄心壮志似乎没有一件能达成。他的女儿温妮爱上了一个下层阶级的年轻人；他的儿子胆子太小，不敢向出身富豪的女友求婚；主教的位子也花落别家。不过，毛姆接下来依据常见的套路让剧情发生了大逆转。到了全书的最后一章，西奥多·斯普拉特牧师不仅得到了想要的一切，甚至还超出了自己的预期：他拿到了一个更大、更好的主教区；温妮嫁给了一个有钱的上院议员；他还抢了儿子不敢争取的漂亮富家小姐。他哥哥笑着对他说："西奥多，你这只老鸟也长出新绒毛啦。"

尽管《主教的围裙》读起来有点死板机械，却仍然是一部有力的作品。西奥多·斯普拉特的世界是毛姆再熟悉不过的，其中又加入了伦敦上层教会人士的元素，如威尔伯福斯。书中有多处漂亮的情节转折，有一些对话段落颇有喜剧色彩，特别是一心想当主教的斯普拉特牧师和狡猾的老首相，坚决不让他当主教的斯通亨治勋爵两人交锋的桥段。书中人物的刻画都做到了"总体大于部分之和"。比方说，西奥多尽管自大到荒谬的程度，他的魅力却不容否认。他的昂扬向上、他的享受生活都很吸引人，还有他泄气的样子，特别是他向一名有钱的寡妇求婚，结果对方知道他在打什么算盘，坚决不让他得逞的场景，真是好看极了（这一段大部分是从毛姆之前写的短篇小说《丘比特与斯维尔牧师》搬运来的，一字不动）。

《主教的围裙》和《饼与鱼》对准的市场是上层资产阶级。西奥多·斯普拉特的装腔作势，再加上斯普拉特家刚刚荣升上院的烘托，都不禁让人开怀大笑；温妮出身平民的男友和家人来牧师家喝下午茶的场景也是如此。一切都是西奥多的算计，只为了让温妮彻底打消下嫁的念头。这条计谋成功了：来自佩克汉姆区的瑞林一家教育程度低下，常把 H 的音吞掉，还有多嘴多舌、嗜好琴酒的瑞林太太，这些都让温妮大惊失色。她后来毫不犹豫地取消了与伯纳德的婚约。（在话剧版中，温妮是在发现伯纳德竟然穿那种袖口可以脱下来的衬衫时如梦初醒的。）与《一个体面的男人》中巴希尔·肯特娶了酒吧服务员当太太一样，该剧强调了阶级、教育程度不匹配的婚姻可能带来的不幸。

小说完成后，毛姆急于尽快将其出版。不过，毛姆将《旋转木马》的推广不利归咎于海涅曼不重视，这次就没有找他。他对莫里斯·克勒斯也很是埋怨。克勒斯虽然脾气好，做起事来却懒散，毛姆已经很恼火了。他决心要找一个更认真、更专业的人来做自己的代理人，于是找到另一个对克勒斯心怀不满的客户阿诺德·本涅特商量。本涅特现在的代理人是 J. B. 平克，觉得满意多了。他催促毛姆也像自己那样干，主动提出帮忙搭线，给平克去信说："我给你找了一位新客户，W·萨默塞特·毛姆。我觉得他以后会有一番成就。"

詹姆斯·布兰德·平克（James Brand Pinker），由于他的考克尼口音而被昵称为"Jy Bee"，1896 年创办事务所，地址是河岸街外的奥伦戴尔街。他曾在报社、杂志社干过一些年，这段经历既积累了人脉，也让他对英国文学界有了近距离的认识。他是个红脸膛，胡须剃得很干净，为威尔斯、高尔斯华绥、康拉德、吉辛、乔伊斯、杰克·伦敦、福特·马多克斯·福特等名作家处理维权与合同事务，客户数量越来越多。他与 A. P. 瓦特、柯蒂斯·布朗并列为业界领军人物，以精明的商业头脑深受作者和出版社双方的尊敬，连一向对文学代理人深恶痛绝的威廉·海涅曼也喜欢与他建立真诚的关系。实际上，亨利·詹姆斯成为平克的客户正是通过海涅曼的推荐。虽然也有人说他不好，包括 D. H. 劳伦斯和奥斯卡·王尔德——平克没能帮后者的《雷丁监狱之歌》联系到美国出版商——但是，他的大部分客户都很喜欢他。

通过与平克的合作，毛姆的职业生涯将迎来重大转机，他很快就开始欣赏新代理人的投入精神和专业素养。然而，一个任务马上摆到了他的面前：与以前的代理人莫里斯·克勒斯取消合作关系。毛姆提出要找别人，还怪罪他没有做好《旋转木马》这本书，这些都让克勒斯感到震惊和受伤。"我们还是各自保留意见吧，"他坚决地告诉克勒斯，"我不想与你争执。但是，我不禁想到一件事，我现在觉得这件事是显而易见的，你当时可能也凭借经验领悟到了这件事，那就是：要是出版社不喜欢一本书，坚定地认为书不会好卖，那么与其硬着头皮出版，还不如把书稿扔到泰晤士河里面。"切断原来的合作关系后，毛姆接着给新代理人写了一封信：他完全知道自己想要什么，于是努力说明了自己对平克的期望，表示打算把除剧本外的全部作品交给对方；剧本由专门的话剧代理人雷金纳德·戈丁·布莱特负责。关于《主教的围裙》，毛姆建议去找查普曼与豪尔出版社，"因为他们还没有重量级的作者，捧红我对他们应该是值得的。我受够了，再也不想给豪尔·凯恩*当第三小提琴手了"。另外，查普曼与豪尔已经表示有意出版毛姆的书。毛姆还说："我设想预付款会有 150 英镑，版税条件也会很优厚。"不过，毛姆的设想没有实现。出版社负责人亚瑟·沃跟平克讲，他们最多能开到毛姆设想的一半，也就是 75 英镑，而毛姆也只能接受。《主教的围裙：豪门源起始末》——毛姆选择将该书献给哈利·菲利普斯——于 1906 年 2 月出版小开本，封面没有印毛姆的邪眼标志，宣传也少。相关书评写得妙趣横生，数量却不多，情况跟《旋转木马》基本一个样。

　　毛姆写给克勒斯、平克的不少信件都是从卡普里岛发出的。他当时已经与哈利重归于好，1905 年 7 月便一同去那里度长假。两人住在一间名叫瓦伦蒂诺别墅的小房子里。地中海的温暖慵懒和重回身边的哈利都让毛姆感到愉悦。"我们来这里快一周了，"毛姆在 7 月初给杰拉德·凯利写了一封得意的信，

> 从早到晚无所事事……镀金少年有点受不了炎热的天气，小声埋怨说我们走得太急了，来这里都没事情可做……第一天来的时候，我们全裸地躺在海滩上晒太阳，结果没把握好时间，后背和腿都晒伤了，疼痛难当。金少的雪白肌肤伤得尤

---

* 原注：Hall Caine（1853—1931），浪漫主义小说家，风行一时。

其厉害……洗海澡当然很舒服；海水很暖和，整个上午都可以戏水。

环境如此恬静，毛姆发现自己很难投入到工作中。"我现在脑袋空空，"他对凯利说，

除了害怕以后再也没有这样的好时光，我现在特别满足。不过，我本就是个不知满足的人，如今是费了一番力气才让自己不去计划未来。我觉得，享受当下是这世界上最难办到的事情之一：我总是有一种无视当下的冲动，总是想着之后的三个月里我会做什么，看到什么，感受到什么。

毛姆原本对与海德堡的旧相识约翰·艾灵汉姆·布鲁克斯的重逢很期待。但是，他失望地发现，布鲁克斯已经不是那个能激励自己的伴侣了。过去的他英俊潇洒，富有活力、思想和热情，现在却成了一个无聊的家伙。如今看来，他的创见已经陈旧过时。头发少了，体重大了，蓝眼睛也显得有点无力。多亏有钱的美国女画家罗曼·戈达德出手相助，布鲁克斯才走出了穷困潦倒的境遇。罗曼是一名女同性恋，看布鲁克斯可怜就同意与他形婚。她的设想是：她来卡普里的时候，布鲁克斯能陪她开心；她去伦敦或其他地方逍遥自在的时候，他也不会干涉。然而，两人的婚姻后来证明是一场灾难。布鲁克斯对金钱索取无度，而且坚持要组成"三角家庭"：罗曼、布鲁克斯和他阴魂不散的乡下小男友。这些都让罗曼大开眼界。两人于1903年6月结婚，一年后便正式分居，她同意出一笔每年300英镑的分手费。这笔钱足够布鲁克斯在卡普里岛过着以莲花为食的生活了。用他的朋友E. F. 本森的话说，"在成为一事无成的废物的过程中，他度过了许多年的快活时光"。

毛姆给身在巴黎的杰拉德·凯利写信描述自己的夏日时光，而凯利给他讲的是自己的一件风流韵事。他之前与一名年轻舞蹈演员好上了，正准备跟她提议同居。不过，他希望先了解一下毛姆的看法。毛姆的回答是不太赞成。他在信里给出的理由显然与他本人的惨痛经历有关。毛姆详尽地阐述了他对这种思想水平、社会地位严重不匹配的恋情——他在《一个体面的男人》和《主教的围裙》都曾描绘过这种关系——所怀有的忧虑之心。"我敢确定，许多人都会觉得你运气好到家了，"毛姆对凯利写道，

［但是］如果我并不为你感到庆幸，却为我自己感到庆幸的话，请你万勿介怀……我没有落到你今天的处境，不禁想要搓着双手，幸灾乐祸地看着你……我还记得女人的苛求是多么可怕。只要能让她们放我走，我愿意在圣徒面前的架子上摆满祈福的蜡烛。老弟，你等着吧：每次出门都要问你什么时候回来，每次进门都要问你去了哪里；只要你不同意她们最无理的要求，她们就闷闷不乐；你们还会因为鸡毛蒜皮的小事争吵……哎呀！一想到这些，我就冷汗直流。女人绝不会给男人自由，她们会用你能想象到的一切手段给你安上枷锁，直到你的手脚都被紧紧捆住，一动都不能动的时候才罢休……在你准备和舞蹈演员小女友建立家庭之前，先要想清楚该怎么分手。分手可是最可怕的事，只要你有一件事做得不妥当，你就会觉得自己是个没心没肺、狼心狗肺的东西……你会发现每一个便士都是要紧的。带女人出去可是要花钱的：公交不能坐，一定要打车；她们还有各种一时兴起的欲望要满足。你还需要更多的钱，因为你们会经常去剧院，晚上出去玩。当你跟一个没受过多少教育的人生活在一起，你会发现时间过得特别慢；你会搜肠刮肚地找话题，最后也只能没话找话。好了，不管你做什么，没有钱都是

万万不能的……我言尽于此，祝你们幸福安康……至于我，我只盼望不要再成为激情的奴隶。

夏天还没结束，卡普里岛的恬静生活便走向了终点。8月初，哈利在岛上已经待够了，决定回一趟斯塔福德郡的老家。哈利回忆道："在那里，我终于明白自己在浪费生命。如果他厌倦了我，我就是个废物。他的愤世嫉俗让我难过，而且……我发现，自己很难与一个相信凡事一定要有动机的人共同生活。"对喜好交际、热衷于寻欢作乐的哈利来说，毛姆不时的闷闷不乐和自我封闭是不可理解的。两人之间的沟通越来越少，毛姆也痛苦地认识到了这一点。他在记事本里写道：

> 一个人把自己全部的爱、全部的能量倾注到另一个人身上，为了将两个人的灵魂合二而不遗余力……但是，这个人渐渐发现这是不可能的，不论他多么狂热地爱恋对方，不管两个人有多么亲密，他总归是一个陌生人……接着，这个人回到一个人，默默地建造属于自己的世界，排除每一个人的眼光，甚至包括那个他最爱的人。这个人明白那个人是不会懂的。

不过，两个人是和平分手的。没过多久，哈利参军了；又没过多久，他娶了一个有钱的女人，从此悠游一生。

哈利离开后，毛姆本来以为自己会心碎，但是他很快就恢复过来了。查普曼与豪尔出版社给他汇来了小说的第一笔稿酬，他高兴地发现自己拿到了整整150英镑，可以自由支配。"拿到这笔钱的时候，我原本以为永远不会结束的感情已经消散了。我对这笔钱的原计划用途已经完全失去了兴趣。"于是，他出门旅游了。他先去托斯卡纳找值得信赖的老朋友沃尔特·佩恩，接着去瑞士滑雪。从次年1

月开始，他在埃及游历了两个月。1906年春，毛姆回到伦敦，中间在巴黎短暂停留处理一些事情。当时的毛姆手头很紧，进军名利场的意志却无比坚定。出国期间，他写过几篇游记和短篇小说，而且像当初对待克勒斯那样要平克赶紧去催账。7月，毛姆焦急地问道："《淑女天地》结没结账？别的单位呢？裁缝和帽匠该给我寄账单了。"幸好，毛姆的生活开销很小。佩恩还是给毛姆管账，住在蓓尔美尔街56号；和当年一样，毛姆只要租下隔壁的一个单间就能利用这些便利。他开始写一部以怪人阿莱斯特·克劳利为灵感来源的新小说。《魔法师》于当年年底完成，但是内容过于惊悚，吓坏了审阅的出版商们，平克到最后也没找到买家。

　　毛姆有一点心急了，于是想了个取巧的办法：旧稿新用。他之前就曾把被拒的剧本《探险家》翻出来，抽出一条支线写成短篇小说《调情》。现在，就像什么都不舍得浪费的节俭主妇一样，他要把《探险家》整体改写成一部长篇小说。过程很枯燥，成品也让毛姆觉得羞耻，"仿佛对一件不名誉之事的回忆，刺痛着我的良知"。小说的灵感来源是"发现"了利文斯顿的伟大非洲探险家H. M. 斯坦利。主角阿列柯·麦肯齐是那些强壮而沉默的帝国开拓者的一员。小说情节围绕他拒绝背弃对一名恶棍的诺言，洗清自身名誉的高尚之举展开。麦肯齐与年轻纯洁的露西·阿勒顿相恋，许诺带上她可恶的兄弟乔治去东非探险，希望能让乔治洗心革面。乔治虽然行迹可鄙，但阿列柯给了他一次救赎的机会，自己不顾危险，带头向一群凶恶的奴隶贩子发起冲锋。乔治被杀了，阿列柯回到英国后流言四起，说他为了救自己的命让乔治去送死。阿列柯不能出面辟谣，因为他向乔治许诺永远不会透露乔治的可耻行为。到了最后一章，露西对阿列柯的爱情与信念取得了胜利。小说以阿列柯再次启程，前往白人的坟墓结束，但暗含着阿列柯终会回返的意思。"不要怕，我会回来的。我过去的旅程之所以危险，只是因为我那时想要去死。现在，我想要活下来，我也会活下来。""啊，阿列柯，阿列柯，有你爱我真好。"

《探险家》的致词写道："献给亲爱的 W. G. 史蒂文斯夫人"。这本书读起来像是死板的习作，毛姆本人也有同感。"我不喜欢它，"他对薇奥莱特·亨特说，"对我来说，书里的人物都太高尚了，他们的高尚情操让我无聊得要死。"他在寄给杰拉德·凯利的样书上写了一句话："赠杰拉德·凯利：W. S. 毛姆最糟糕的一本书。"随书附送的信中写道："书里的角色太崇高了，我受不了……他们嘴里流淌出来的高尚情操让我每天都想吐，他们的幽默感中的文雅让我头发根根竖立。"

时至1907年夏末，毛姆已经累垮了，奋笔疾书也没看到多少回报。海涅曼同意出版《探险家》，但要到下一年才能上市；《魔法师》依然没有找到出版商；尽管他的剧场经纪人戈丁·布莱特努力不懈，将毛姆的剧本给伦敦剧院经理送了个遍，但没有一部被接受。不过，当时尚有一线曙光。毛姆在巴黎创作了喜剧《弗雷德里克夫人》，本意是让一名当红女演员提供演喜剧的机会。起初，这部剧反响平平，与毛姆之前的几部差不多，后来却突然迎来转机：美国话剧制作人乔治·泰勒当时在巴黎寻找素材，读过《弗雷德里克夫人》后觉得很好，就提出用1000美元的价钱预购下来。泰勒请毛姆到自己的宾馆磋商，跟他说剧里的包袱特别好，就是还需要多加点俏皮话（毛姆两个钟头就加了二十四句）。他破天荒地为客人点了两杯鸡尾酒。"毛姆后来告诉我，"泰勒说，"当天下午，他兜里揣着一千美元的支票出门时右脚后跟都能踢到左耳朵了……我觉得小伙子人不错，前途可期。"坚信自己挖到宝的泰勒回到伦敦，却发现没有一个女演员愿意出演，用看过剧本的一位女士的话说，她拿着十英尺长的杆子都不碰这个角色。问题出在同名女主人公弗雷德里克夫人身上。青春已逝的她富有魅力和冒险精神，在一场关键的戏里要素颜出场，字面意义上的素颜，可谓惊世骇俗：打灯光，不化妆，也不戴时髦女性大量使用的假发。如果不是这个条件，大牌女星可能会抢着要这个角色；现在却看都不看一眼。艾莉丝·杰弗瑞斯，一位经验老到的高雅喜剧演员，被素颜的想法吓坏了；帕特·坎贝尔夫人宣称自己从没受过这样的侮辱；美国女星薇奥莱特·艾伦说，她连一分钟都不会考虑。泰勒还去找了查尔斯·弗罗曼（Charles Frohman），可惜对方看不上剧本。最后，泰勒只好不情愿地放弃了，"为毛姆的钱包感到惋惜，也为自己的钱包感到难过"。

毛姆虽然失望，却没有动摇，立即开始撰写新作《朵特夫人》。这部剧依然有一位强势的女主角，但作者小心翼翼地避免对任何人造成冒犯。结果还是吃了闭门羹，理由是过于平淡。"我开始觉得，我大概是写不出能让大牌女演员喜欢的剧了，"毛姆失意地写道，"那我就试试男演员吧……《杰克·斯特洛》。"当这出剧也失败了的时候，毛姆几乎要放弃文学事业。他似乎只剩下回头从医这一条路了：回圣托马斯医院复习一年，找个随船医师的活干，这样最起码还有机会旅行。

恰在此时，突然又有人对《弗雷德里克夫人》产生了兴趣。奥托·斯图亚特是斯隆广场王宫剧院的经理，先前排好的一台剧因意外无法上演，而下一场要等到六周之后。毛姆的这部喜剧不是他最中意的类型，但拿来填空是绰绰有余。毛姆听到消息时正在旅行。他从西西里给戈丁·布莱特激动地写道："你的信让我欣喜万分。旧作终于有机会上演，我总算明白这个世界并不是虚伪而愚蠢的。"勇敢的女演员艾瑟尔·厄文愿意出演主角，排演几天后就会开始，毛姆迫不及待地赶去参加。

布莱特的信寄到基尔真蒂，让毛姆知道峰回路转的消息时是星期天，信里要求他下周四就到伦敦，时间很紧。毛姆几乎身无分文，手里的钱只够买去巴勒莫的火车票，再搭傍晚的邮轮去那不勒斯。

周一上午，他从那不勒斯启程回国。

> 我在库克公司发现有艘船下午去马赛，想拿支票付钱，结果售票员说只收现金……我软磨硬泡，大发脾气（我这个剧作家不是白当的），最后被赶了出去……我又去找汽轮公司，说要买去马赛的一等舱船票……我二话不说，直接写了一张相应金额的支票。售票员是个怯生生的小伙子，看起来有点犹豫。我跟他信誓旦旦地保证，谅他也没有胆量拒绝。不到一分钟，我就揣着去马赛的船票走了出来。不过，我接下来还要去伦敦……这家公司也是开银行的，银行位于巴勒莫的另一个地方。我大大方方地走进去，把支票簿和刚买到的船票给了柜台。
>
> "我下午要坐你们家的船去马赛。给我兑五英镑？"我谄媚地笑着说道……
>
> 拿到钱以后，我马上就离开了银行……我当时很兴奋，因为这些钱足够我去巴黎，从巴黎之后便会畅通无阻了……我坐在甲板上读书，海面平静，天空蔚蓝……
>
> 到伦敦的时候，我还剩下一先令，正好叫了个车。周四上午十一点，我走进王宫大剧院，感觉自己就像八十天环游世界后，在八点的钟声敲响时走进改良俱乐部的斐利亚·福克。

曾被十七名经理拒绝的《弗雷德里克夫人》是毛姆迈向名声和财富的第一步。这部剧本最初写在废打字稿的背面，据作者说，原因是"[我]当时特别缺钱……浪费不起干净的好纸"。首演日期是1907年10月26日。该剧极其成功，让毛姆几乎一夜成名，被媒体奉为"英伦剧匠"。《弗雷德里克夫人》上演了一年多。次年，毛姆共有四部剧作登上西区舞台，创下在世剧作家的纪录；这个纪录保持了整整一代人的时间。

第五章

英伦剧匠

England's Dramatist

著名剧评人詹姆斯·埃格特（James Agate）说过："从世纪初到战争爆发［1914 年］是我国自伊丽莎白时代以来戏剧最活跃的年代。"毛姆首次取得巨大成功恰好是在 1907 年，也就是这段时期的中点，从此奠定了"一个时代最炙手可热的剧作家之一"的声名。那是萧伯纳执牛耳的时代，最有名的严肃剧作家是高尔斯华绥和格兰威尔-巴克 *，但以大众知名度而论，萨默塞特·毛姆和詹姆斯·巴里长期在西区喜剧界首屈一指；不过，尽管巴里的《小飞侠》每年都会重演，人气和吸金能力却远不及毛姆。社交场话剧已进入尾声，这种文雅机智的剧种是毛姆擅长的：他拥有敏锐的头脑，能找准观众想要看的东西，然后以娴熟的技艺呈现出来。《弗雷德里克夫人》能在王宫大剧院上演这件事有不少运气的成分，但它之后取得的成功则主要

---

* 哈利·格兰威尔-巴克（Harley Granville-Barker，1877—1946），英国演员、导演、剧作家、剧院经理、批评家和理论家。早年出演萧伯纳的剧作获得成功，后转向戏剧导演，并在爱德华七世时期和两次世界大战期间成为英国戏剧界重要人物。

是作者精心把握衡量的结果。据毛姆解释，动笔写《弗雷德里克夫人》之前，"我思考过剧院经理对话剧的各种要求：一定要是喜剧，因为观众喜欢开怀大笑；戏剧冲突一定要足，因为观众喜欢刺激；要有一点点感伤，因为那会让观众自我感觉良好；最后是大团圆结局"。还有一点同等重要：什么样的角色最能吸引大牌女演员？答案是显然的：美丽容颜，贵族头衔，冒险精神，加上一颗金子般的心。"琢磨好这些，接下来就容易了。"

虽然没有永恒的价值，但《弗雷德里克夫人》是一部成熟的社交场喜剧，轻松而不失雅致，完全遵循既有的套路。故事背景设定于 1890 年，地点是蒙特卡洛的巴黎大酒店，弗雷德里克·柏柔思夫人是一位年近四十却风韵犹存的寡妇，已经落到了破产的边缘。她喜爱寻欢作乐，生活奢侈；尽管外表看起来不像，而且有一些蜚语流言，但她其实是一位很讲名誉的女士。开场情节是梅瑞诗顿夫人为儿子的婚事忧心忡忡，他疯狂地爱上了弗雷德里克夫人，非她不娶，哪怕她的年纪都快能给他当妈了。查理·梅瑞诗顿侯爵每年有 50000 英镑的收入，只要嫁给他，弗雷德里克夫人的一切问题便会迎刃而解。小伙子催得也很急。但是，即便生活窘迫，弗雷德里克夫人依然不愿只为钱而结婚。她做出了一个大胆的决定：向查理展示自然状态下的自己，给年轻的情人浇一盆冷水。第三幕的开场曾让许多女演员望而却步。场景位于弗雷德里克夫人的更衣室，百叶窗拉了起来，强烈的阳光射入室内。台本上写着："[弗雷德里克夫人]身穿晨衣，披头散发，没有化妆，样子憔悴，面色发黄，显出皱纹。梅瑞诗顿看见她时略微吃了一惊。"接着，她在观众面前面不改色地开始了华丽变身：戴假发，上油彩，涂胭脂，画眼线，擦粉底。从头到尾，她一步一步地、无情地解释给惊呆了的查理·梅瑞诗顿听。弗雷德里克夫人一边拿起胭脂盒，一边开心地说："你知道吗？难点就是两边脸颊要颜色相同。"

这招奏效了。梅瑞诗顿知难而退，最后皆大欢喜。女主人公嫁给了仰慕自己的老富翁帕勒汀·福德斯。他挽着弗雷德里克夫人的胳膊，动情地说道："你以为我不知道，这虚伪的妆容之下，是一个名叫贝斯蒂、心地纯良的可爱小女人吗？"

毛姆一直为女性气质而着迷，女性与化妆题材及其道德寓意显然令他兴致勃勃。爱德华七世时期，体面人家的年轻淑女绝不会有化妆的念头；哪怕在最高雅的圈子里，被别人知道涂脂抹粉的大龄女性也会染上一层可疑的色彩。毛姆首次涉足这一主题是1900年发表于《笨拙》杂志的短篇小说《霍巴特夫人》。弗雷德里克夫人与霍巴特夫人同样招蜂引蝶，但前者在心底里是高尚无私的，而后者品德败坏，喜欢耍诡计，每次耍阴谋害人时，便会把手伸向粉扑。这个主题在《旋转木马》里表现得更为突出。卡斯蒂里昂夫人与雷吉鬼混时总是化浓妆；随着两人感情逐渐淡漠，她更是忙不迭地加大粉底和胭脂的用量。心直口快的雷伊小姐点评道：

> "我猜你是遇上事了吧，"雷伊小姐嘟囔道，"我觉得你拍粉有点过了——术语是这么叫吧？"
>
> 卡斯蒂里昂夫人把两只手贴在面颊上……她本能地从口袋里掏出粉扑，把粉拍到脸上，然后转向雷伊小姐。
>
> "你从来不化妆吗？"她问道。
>
> "从不。我怕出洋相。"

《弗雷德里克夫人》最后一幕的效果是毛姆精心算计好的，而观众看着饰演女主角的艾瑟尔·厄文在台上化妆成小女孩的情景时既震惊又激动，不亚于六十年后《长发》里正面全裸的女演员。

首演当晚的观众振奋不已，大部分剧评同样激情澎湃。《泰晤士报》称其为"激荡人心的剧目"。雷金纳德·特纳则在《学院》大加称赞："从头到尾充满欢乐，多么美妙的一晚……［作者］圆满成功。"反响如此，毛姆自然是长舒了一口气。他说，当晚走进剧场时，他不知道自己离场时会是一位"成功的剧作家，还是新入行的银行职员"。演出期间，他身着燕尾服，颈佩白领结，面色苍白，一言不发地坐在包厢后侧，敏感地听着自己写下的台词被当众念出，如往常一样感到煎熬。他对杰拉德·凯利解释道："我当时不是很希望有人陪。"不过，第一幕结束时，他显然已经感觉胜券在握。后来，他在巴斯俱乐部办了一次晚餐会，席间兴致很高，热情地感谢各位演员，特别是获得一致好评的艾瑟尔·厄文和饰演帕勒汀·福德斯的查尔斯·罗恩。毛姆对他说："你真是把帕勒汀·福德斯演活了，很自然。这出戏能成功，你功不可没。"在毛姆的记忆中，《弗雷德里克夫人》的首演之夜是他整个剧作家生涯中最兴奋的时刻。

《弗雷德里克夫人》很快成了街谈巷议的主题，先后在王宫剧院、加里克剧院、标准剧院、新剧院和秣市剧院上演，共 422 场。这是了不起的成绩。美国制作人查尔斯·弗罗曼之前没看好这出剧，现在"吃了乌鸦"*，用当初两倍的价格买下在美国上演的版权，次年于纽约登上舞台（女主角为艾瑟尔·巴里摩尔），广受好评。

毛姆一下子成了抢手的剧作家。过去将毛姆的剧本毫不犹豫拒掉的剧院经理们纷纷向毛姆的剧院代理人戈丁·布莱特求稿。幸运的是，布莱特恰好有能力充分利用这大好的局面。他出身剧院家庭，入行很早，与著名剧院代理人爱迪生·布莱特是亲兄弟，妻子是剧作家乔治·艾格顿（真名玛丽·查维莉塔·邓恩）。1906 年爱迪生去世后，戈丁·布莱特将包括巴里在内的多名客户接了过来，也给萧伯纳干了一段时间。之前两年里，这位热忱而勤奋的小伙子不知疲倦地推广毛姆的作品，多次被拒也不气馁，如今他对主顾的信心终于得

---

* Eat crow，英谚，意为被迫收回自己说过的话。

到回报，这让他很高兴。突如其来的转机让毛姆激动万分，他相信自己终于实现了自己的梦想：成为一名剧作家，而不是小说家。他是在一天傍晚茅塞顿开的。当时，他正从潘顿街的喜剧剧院旁走过：

> 我抬起头，正好看到落日照亮云彩。我停下脚步，一边观赏美景，一边心想：谢天谢地，我总算能单纯地看着太阳下山，而不用琢磨如何描摹了。我当时的想法是，以后再也不写书了，专心当一名剧作家。

为此，他写信给文学代理人 J. B. 平克要解约，说请他写剧本的人太多，无暇再写小说。平克明智地选择无视这封信。

现在的毛姆只要有钱赚，什么活儿都愿意试一试，于是接下了音乐喜剧界的王者乔治·爱德华兹的一项任务。爱德华兹是戴利剧院和欢乐剧场（著名的"欢乐女孩"合唱团便是从这里走出来的）的老板，前一年刚靠弗朗兹·莱哈尔的轻歌剧《风流寡妇》（The Merry Widow）大赚一笔。他希望能重现盛况，于是盯上了《华尔兹之梦》（Ein Walzertraum）。这部以华丽轻佻著称的轻歌剧出自莱哈尔的主要竞争者奥斯卡·施特劳斯之手。1908 年 1 月，毛姆受命前往维也纳考察该剧。他对杰拉德·凯利说，这部剧的音乐很动听，但词句"蠢得离谱"；毫无疑问，如果允许发挥的话，毛姆有能力做成一部精品。但是，爱德华兹很清楚自己的需求，而毛姆的版本远远达不到。几周后，凯利收到了一封信："《华尔兹之梦》跟爱德华兹的合同都告吹了。他不喜欢我做的活儿，抱怨说我把他想保留的内容都去掉了，云云。我也不希望我的名字与他想要的东西搭上关系。于是，我让他跟我一次性结清款项，把我的名字拿掉，然后我的本子就随他处置。"

爱德华兹的《华尔兹之梦》上演时（"我高兴地发现……效果不算成功"），毛姆的下一部话剧《杰克·斯特洛》已经进入了彩排，并于 3 月 26 日在河岸街沃德威尔剧院首演。紧接着，《朵特夫人》于 4 月 27 日在喜剧剧院登场。最后是 6 月 13 日于音乐剧剧场上演的《探险家》。一人四剧在西区同时演出的奇景就这样发生了。除了《探险家》不太理想外（只演出了 48 场），其他三部的场次都相当多：《弗雷德里克夫人》422 场，《杰克·斯特洛》321 场，《朵特夫人》272 场。回想起这段时光，毛姆颇为得意："那真是意料之外的巨大成功。"他的名字和剧名——人称"毛姆四剧"——无处不在。沃尔特·佩恩翻阅体育报纸时竟然看到有两匹叫作"弗雷德里克夫人"和"朵特夫人"的赛马。毛姆说"当时联系我拍摄和访谈的人很多，名流纷纷来跟我结交"，还说"我快乐得不得了"。

不难想见，名噪一时的毛姆成了沙龙女主人的宠儿，其中就有茱莉娅·弗兰考。她也写小说，笔名"弗兰克·丹比"。弗兰考夫人是一位聪明、迷人、活泼的寡妇，严肃的戏迷，还是 J. T. 格伦独立剧院的委员会成员。她的宅邸位于梅费尔*一带，有话剧首演后她会在家里举办盛大的庆祝宴会，也邀请交情不错的毛姆参加。她还鼓动毛姆来参加每周举办的著名沙龙活动，沙龙面向演员和作家，亨利·厄文爵士以前是常客，乔治·摩尔、马克斯·比尔博姆和阿诺德·本涅特现在常来。作为回报，毛姆会陪她去剧院，有时看完剧还会一同去格拉夫顿美术馆的晚餐俱乐部吃饭跳舞。

另一位盛情的沙龙女主人是圣赫利尔夫人。十九世纪九十年代，她曾因为奥古斯都·黑尔的要求而邀请过毛姆；如今更是主动热情起来。毛姆有一个愤世嫉俗的观点："今日的高贵女士栽培艺术家，就好比当年蓄养弄臣。"在位于波特兰坊的圣赫利尔夫人家中，毛姆唯一一次遇到了伊迪丝·华顿和托马斯·哈代这两位文学巨擘。那是一次为华顿夫人举办的冷餐会，毛姆被带到楼上见她。她盛装华服，

---

* Mayfair，伦敦上流住宅区。

盛气凌人，给毛姆上了二十分钟言辞精致的大课，都是文雅的主题。毛姆被她压得喘不过气来，最后蹦出一个关于惊悚小说家埃德加·华莱士的问题。华顿夫人一脸嫌恶地看着他。

"埃德加·华莱士是什么人？"她答道。

"你从没读过惊悚小说吗？"

"没。"

没有一个单音节词能包含更多的冷淡和不悦……她移开了视线，强挤出的笑容让双唇微微扭曲。

"现在天色不早了。"华顿夫人说道。

托马斯·哈代要随和得多。那是一次盛大的正式宴会，政界与文艺界名流云集。

女士们退回客厅后，我发现身边的人正是托马斯·哈代。我记得他个子不高，有一张质朴的脸。尽管身穿晚礼服，衬衫和高领也都浆洗过，但他仍然有一种奇特的乡土气。他和蔼可亲，性情温和，我感觉他身上有一种混杂着羞涩与自信的不寻常气质。谈话的内容我记不清了，只记得我们谈了三刻钟。末了，他问我是做什么职业的（他当时还不知道我的名字），这可真是天大的称赞。

华顿夫人当时住在巴黎，可能还不知道毛姆的名气；不过，毛姆这个名字在伦敦可谓无人不晓。J. T. 格伦在《星期日时报》中写道，"上一次类似的爆红剧目大概要追溯到萨尔杜的年代"[*]；《笨拙》

---

[*] 原注：维克托里·萨尔杜（1831—1908），名噪一时的法国剧作家。

刊载了伯纳德·帕特里奇的一幅漫画，画着莎士比亚的鬼魂艳羡地看着贴满了毛姆四剧海报的墙面；马克斯·比尔博姆更是在《星期六评论》中将萨默塞特·毛姆奉为"年度人物……他的名字家喻户晓，甚至包括那些将戏剧视为不洁的家庭中"。马克斯还大胆设想：既然有了四部，为什么不能有第五部呢？他的原话是："五剧同演！太震撼了！……然而，剧院那么多，五家又算得了什么呢？为何就不能全伦敦每一家剧院都演毛姆呢？"

自从《一个体面的男人》在戏剧协会首演以来，格伦一直是毛姆的热情支持者。毛姆下一部上演的话剧是《杰克·斯特洛》，该剧最热情洋溢的剧评之一便出自格伦：格伦将其形容为"轻盈如羽毛，活泼如麻雀"。《杰克·斯特洛》富有生气，情节曲折，是毛姆1905年小住巴黎期间用两周时间匆匆写就的。故事源于哈利·菲利普斯讲述的斯塔福德郡老家的一个人。洁具厂老板托马斯·特怀福德搬进了一所漂亮的乡间大宅，与哈利家（菲利普斯家族）居住的霍灵顿只有几英里远。新搬来时，他们受到了冷遇，周边的势利乡绅都不愿意前去拜访；后来，喜好打猎、热心公益的特怀福德总算来了一位访客：租住在附近的俄国米哈伊尔大公。按照哈利的说法，从此以后，特怀福德家"突然间门庭若市"。《杰克·斯特洛》中的暴发户角色是来自布列克斯顿的帕克-詹宁斯一家（连字符是不久前加上的）。他们眼下的住址虽然不是斯塔福德郡，而是旁边的柴郡，但与特怀福德家族一样，也因为靠工商业发家而遭到歧视。托马斯·特怀福德初次结识大公是在汉堡，而帕克-詹宁斯家族遇到波美拉尼亚的塞巴斯蒂安大公是在"欧洲最好的酒店"——巴比伦大酒店。大公来到柴郡的帕克-詹宁斯家之后，主人马上就被社交圈接纳了。相似之处一目了然。该剧开演后，哈利发现自己的日子很不好过，当地有好几家人都对他下了逐客令。毛姆的这段早年经历后来将演变成一个常见的套路：从别人那里获得故事素材，然后包装成虚构作品。但是，他很少花心思去掩盖素材的来源，结果经常被人认出来，震惊之余还有损感情。哈利·菲利普斯或许是第一个毛姆作品面世后遭到伤害的素材提供者，但绝不是最后一个；奇怪的是，毛姆本人通常却会安然无恙。

《杰克·斯特洛》令人不可抗拒的戏剧性张力源于主角的三重身份：一名装作是装作大公的服务员的大公。杰克·斯特洛首次登场是在巴比伦大酒店做餐厅服务员（酒店的名字是致敬阿诺德·本涅特于1902年出版的小说《巴比伦大酒店》），席间宾客有新贵帕克-詹宁斯夫妇及其子女、波美拉尼亚大使布莱默伯爵、年纪三十五岁上下的乡绅安布罗斯·霍兰德，最后还有一位不知道多大年龄的迷人寡妇温累夫人；毛姆早期作品中充斥着这种拨弄人心的寡妇形象。霍兰德与温累夫人被帕克-詹宁斯夫妇的粗鄙举动冒犯，于是决定耍弄他们一下，将服务员打扮成波美拉尼亚大公。杰克·斯特洛表示同意，因为他早就爱上了帕克-詹宁斯家的小姐艾瑟尔；她与父母不同，是一位漂亮、优雅、谦逊的女孩子。帕克-詹宁斯夫妇迫不及待地上钩了，当场邀请刚认识的杰克小住，好向他炫耀一番本郡的景色，招为女婿。一行人回到柴郡的家里，当地的头面人物都来迎接这位帕克-詹宁斯家的贵客。结果，大家很快看出来杰克出身低贱，愤怒地要把他赶出门去。恰在此刻，波美拉尼亚大使——他与观众一样，从头到尾都知道杰克确实是大公——及时赶到，手里挥舞着德国皇帝发来的电报，内容是准允儿子与艾瑟尔结婚。

《杰克·斯特洛》节奏把握得极其精准，诙谐风趣，次要情节很好地起到了承上启下的作用，充分表明了作者对半闹剧的成竹在胸。十九世纪八十年代，英国的皮涅罗（Arthur Pinero）写过多部优秀的该体裁作品，包括常年为观众带来欢笑的《治安官》（*The Magistrate*）和《花花公子迪克》（*Dandy Dick*）；法国则有无与伦比的乔治·费多（Georges Feydeau），他的《耳朵里的小飞虫》（*Une* puce à l'oreille）前一年刚在巴黎上演，毛姆肯定是看过的。《杰克·斯特洛》的主演是两名老戏骨：洛蒂·维恩饰演帕克-詹宁斯太太，查尔斯·霍特里饰演杰克·斯特洛。霍特里被誉为"同时代最成熟的喜剧演员"，兼任该剧导演。该剧让霍特里取得了巨大的成功，若非他因健康问题于 12 月退出剧组，导致停演，《杰克·斯特洛》也会成为《弗雷德里克夫人》那样的常青树。

在事业发展的这个阶段，作者毛姆对选角还没有多少话语权，他曾想帮朋友安排一个角色，结果也没有成功。1908 年 2 月，他在一封给凯利的信中写道，在《杰克·斯特洛》中，"我试着给苏安排一个配角，但没有做到"。

埃塞尔文·西尔维娅·琼斯（Ethelwyn Sylvia Jones），通常被称作"苏"，是个年轻女演员，剧作家亨利·亚瑟·琼斯的女儿。与毛姆一样，她也常去默顿坊的史蒂文斯夫人家做客。亨利·琼斯年近六旬，为人幽默，富有活力，他出身农家，凭借坚定的决心在戏剧界取得了一席之地，九十年代曾相当成功，但如今事业已经在走下坡路了。琼斯很喜欢《兰贝斯的丽莎》，因此迅速与毛姆成了朋友，他谈起戏来滔滔不绝，说起建立国家剧院的愿景更是激情四射，还急切地邀请毛姆加入废除宫务大臣审查惩罚制度的运动。

1906 年的一天下午，琼斯携女来到默顿坊，苏当时是一位二十三岁的迷人女士，皮肤透着淡金黄的色泽，一头金发高高盘起，蓝眼睛，体态丰腴性感。她首次登台是十四岁，扮演父亲剧作中的一个角色，之后辗转外地做实习演员，一直没有出名。她婚姻不幸，丈夫是加里克剧院亚瑟·鲍彻剧团的经理蒙塔古·勒沃，当时两人已经分居，苏正想到西区找一份活儿干。甜美动人的苏一下子就让毛姆着迷了。他写道："在我见过的人里，她的微笑是最美丽的。"她的幽默感和直率谈吐同样令毛姆喜爱。她为人大度，心地柔软，咯咯笑的样子更是秀色可餐，性感得让人无力抗拒。调情交谈之间，苏同意和毛姆一起吃饭；这次约会很顺利，之后他们又在平价饭馆吃过几顿晚餐，接着毛姆就把她带回了蓓尔美尔街的单间公寓做爱。完事之后，毛姆叫了一辆马车陪她回家，途中苏问他觉得这段韵事会持续多久，他不无挑逗地答道："六个礼拜吧。"实际上，毛姆已经深深爱上了苏，这段关系持续了将近八年。

　　毛姆在默顿坊遇到苏·琼斯的那天下午，他与哈利·菲利普斯的关系刚刚结束。矜持的举止和表面的冷漠之下，毛姆正在努力地掩盖着一个事实：他有着强烈的，常常是动荡的感情。缺爱的童年让他学会了伪装术。

　　　　他举止镇定，大多数情况下外表波澜不惊……别人说他没有感情，但他知道自己很容易受到感情的影响：不经意的善意之举便能将他深深触动，有时连话都不敢说一句，以免声音里流露出波动。

　　毛姆性欲旺盛，对爱情也同样渴望，直到中年为止，他曾多次陷入迷恋。他的不幸在于感情得不到同等的回馈：毛姆年轻时对男性和女性都有磁铁般的魅力，追求他的人有许多——他承认，"我经常要装出热情的样子"——他常常需要从感到厌倦的情感纠葛中抽身，"尽可能好好说话，实在不行，只好发火"。讽刺的是，他从没有体验过自己笔下"两情相悦的幸福"。毛姆很擅长掩盖踪迹，没有留下关于情事的具体文字证据。尽管如此，众多迹象——信件中不经意提及、不难找到原型的虚构情节——都能看出他的情感经历和情感需求，虽有矜持，掩饰得却并不彻底。晚年回顾往事的毛姆宣称，自己从来没有完全放下心防，从未全身心地爱一个人；然而，有迹象表明他的话并非完全属实，有一段时间，苏·琼斯曾将他精心树立的防御工事一扫而空。

除了性以外，苏的许多其他品质同样对内心敏感纤弱的毛姆有着无穷的魅力。毛姆跟她在一起特别自在，她平和善良，镇定沉着，能够彻底地接纳毛姆，抚慰他的心灵。她还很有幽默感，不时搞一些孩子气的恶作剧。她有时喜欢开怀大笑，有时只是静静坐着，无须搭话，也无须逗她开心。尽管婚姻不幸，事业不顺，她对生命依然满怀热情，她的乐观和生命力恰好能够平衡情人时常陷入的忧郁和阴晴不定。最重要的是，她富有令毛姆欲罢不能的母性温暖。

可惜，两人的往来书信从未公布。但是，《寻欢作乐》中温柔可人的罗茜——毛姆的全部小说中最讨人喜欢的女主角——身上有着不可磨灭的苏的影子。毛姆曾多次提到，罗茜的原型是一位"我曾深爱多年的女人"，这里显然指的是苏，杰拉德·凯利也确认了这一点；毛姆曾将自己和苏的关系向凯利和盘托出。凯利说，苏"出身于一个平凡的家庭——她的母亲更是平庸——十九岁便嫁人……她的生活很痛苦……后来，她遇上了威利，她唯一真正爱过的男人"。他又说，自己感觉威利和苏"两人在一起过得很幸福……她是我见过的最可爱的女人之一，我认为她漂亮极了"。他还给毛姆写信说，苏是一个"可人"，而以她为原型创作的罗茜是"你写过的书里最美好的女性角色"。

当然，《寻欢作乐》中对毛姆和苏在恋情中的位置做了对调，但本质是很明显的。下面的选段描述的是两人共度的第一晚，当时还很年轻的无名叙述者将罗茜带回了维多利亚街区的住所。

> 我打开门，点亮蜡烛后举在手里，好让她进来时能看见路。她整理头发的时候，我就在镜子里看着她。她取下两三根簪子，咬在嘴里，又拿起我的一把梳子，从脖子后面往上梳。接着，她把头发盘起来，再用簪子固定住。这时，她从镜子里看到了

我，便冲我笑了笑。最后一根簪子也插回去时，她转过身面对着我，什么都没有说，只是静静看着我，蓝眼晴里依然带着浅浅的笑意。我把蜡烛放下。房间特别小，梳妆台就靠在床边。她抬起手，轻轻打了一下我的脸颊……

……我紧绷的喉头发出一声呜咽。不知道是因为害羞和孤单……还是因为欲望过于强烈，但我哭了起来。我觉得这样很丢人，想要控制自己，却做不到。泪如泉涌，沿着面颊淌下。罗茜看到后倒吸了一口气。

"哎呀，亲爱的，怎么了？出什么事了？你别哭呀！"

她用双臂环住我的脖颈，也哭了起来，亲吻我的嘴唇、双眼和湿漉漉的面颊。她把胸衣解开，让我的头靠在她的胸脯上。她拍打着我润湿的脸庞，来回摇晃着我，好像我是个小孩子似的。我亲吻着她的乳房和玉颈。她脱下胸衣、外裙和衬裙，我在她扎着束腹的腰间靠了一会。接着，她吸了一口气，把束腹脱了下去，只穿着内衣站在我面前。我把手放在她的腰间，感觉到她的皮肤都被束腹压出了一条条的印子。

"吹灯吧。"她轻声说道。

微弱的晨光透过窗帘，夜色尚未散尽，勉强能看清床和衣柜的轮廓而已。这时，她亲吻我的双唇，将我唤醒。长发落在脸上怪痒的。

她说："我得起了，我可不想让房东太太看见我……"

她靠在我身旁时，乳房沉甸甸地压在我的胸膛上。没过一会儿，她就下床了……她的身体是用爱做成的。天色渐明，她在烛光下忙着收拾，银白色的身体上洒满了金色的阳光，只有挺立的乳头是不一样的颜色：玫瑰般的粉红。

我们静静地穿好衣服。她没有穿上束腹，只是卷起来，我找了一张报纸裹住。我们踮着脚尖出去，沿着走廊到大门口。

> 我把门打开，两人走到街上，清晨扑面而来……
>
> 吻别后，我目送她离开。

沉醉于新恋情的毛姆前往巴黎找杰拉德·凯利，跟他说自己"不可救药地恋爱了"，想请他给苏画一幅像，成果就是1907年的全身像《穿白裙的勒沃夫人》。图中站立的苏丰腴动人，身着低胸晚礼服，嘴唇微启，慵懒的目光投向中景。凯利的另一幅画同样令人震撼，情欲色彩更加直白。苏坐在沙发上，仍然穿着低胸露肩的晚礼服，双目直视前方，可爱的脸蛋上挑逗勾引的意味呼之欲出。"为了这幅画，她特意摆出迷人的姿势，而且很有耐心，"凯利后来说，"我和她都尽力了，我觉得威利喜欢这幅画。"

《杰克·斯特洛》刚刚上演不到一个月，《朵特夫人》的首演便在喜剧剧院举行了。《朵特夫人》由美国人查尔斯·弗罗曼制作。弗罗曼的事业正在伦敦戏剧界迅速扩张，迄今为止，他最成功的一部戏是1904年首演、年年重演、让巴里成为百万富翁的《小飞侠》。当初拒绝《弗雷德里克夫人》的十七名剧院经理中就有弗罗曼，如今他不想重蹈覆辙，很快就找毛姆签下合同，请玛丽·坦佩斯特（Marie Tempest）出演同名女主角，著名制作人迪翁·布希高勒（Dion Boucicault）执导。毛姆简直不敢相信这出戏能有两位大腕加盟，"我第一次参加排演的时候……心情是忐忑的"，他回忆道。玛丽·坦佩斯特是"英国舞台上最优秀的喜剧女演员。我本来以为她是个任性、苛刻、暴躁、讨人厌的家伙……令我惊讶的是，她从没表现出一丝不耐烦……她专心地听布希高勒说戏，然后毫无异议地照办……看到她对台词的演绎，我这个作者心里热乎乎的……"

《朵特夫人》改编自1903年毛姆与哈利合写的《财富猎人》，情节围绕富有的年轻寡妇朵特·沃斯雷夫人的计谋展开。她想要让自己的爱人，杰拉德·哈尔斯坦从一桩不幸的婚约中解脱出来，好让他和自己结婚。经过一番曲折反转，人人各得其所：朵特夫人与杰拉德携手今生，而杰拉德被遗弃的未婚妻则幸福地嫁给了朵特夫人的侄子弗雷迪。与《杰克·斯特洛》一样，该剧的手法受法国闹剧的影响很大，不过也有本国影响的痕迹。第三幕有一处不长的情节，人物是朵特夫人和侄子兼秘书弗雷迪。寡居的朵特夫人素有善名，求助信纷至沓来，弗雷迪的任务就是替她写回信。

> ［朵特夫人朗读一封弗雷迪起草的信］："火车事故没了一条腿是不幸，煤矿爆炸没了另一条就是不上心了。"弗雷迪，你这不是原创啊。
> 弗雷迪：我都忙死了，不抄别人的段子怎么办。[*]

这部诙谐而时髦的剧首演于 1908 年 4 月 27 日，评论界反响积极，几乎众口一词地点名表扬了玛丽·坦佩斯特。

凡是对戏剧感兴趣的人，现在都不可能不晓得毛姆的名气，而他的名气不可避免地招来了妒忌。4 月 29 日，同年早些时候有剧目在戏剧协会上演的阿诺德·本涅特在自己主编的期刊中写道："昨天和今天都读到萨默塞特·毛姆又有一出戏大获成功——他现在有三台戏在同时上演——我注意到自己明显在嫉妒他了。"一天晚上，毛姆独自在俱乐部里吃饭，偶然听见邻桌的两个人在议论自己，一人说道："你认识他吗？我觉得他肯定是个大脑袋。"另一人说："是呀，头胖得找不着帽子戴。"实际上，成名之后的毛姆没有什么变化，这是了不起的，尽管他的冷淡举止让有些人觉得他摆架子。当然，他听到赞誉会感到高兴，但如今的成就是整整十年努力的结果，这种

---

[*] 原注：化用自王尔德《不可儿戏》第一幕中布拉克内尔夫人的台词："沃辛先生，父母中失去一人或许可以认为是不幸，但父母双亡似乎就是不上心了吧。"

成就的本质他看得一清二楚：他确实摸到了写轻喜剧、逗观众发笑的窍门，但他对这种本领是看不上的，也不想长期写这种作品。但是，趁着需求还在，自己也还算乐在其中，毛姆打算充分利用机会：毕竟，不到一个月就能交稿的东西用不了多少心力。他回忆道："我通常用五天写成第一幕，周末放两天假；然后按照同样的节奏写第二幕和第三幕；到了第四周，我再用五天时间修订润色。"

对毛姆来说，成功带来的最大变化在经济方面：这是他人生中第一次不用为钱而担忧，让他松了一大口气。他还没有靠写剧本赚到大钱——他很快就会了——但广受欢迎的《弗雷德里克夫人》标志着他总算告别了贫穷。"我痛恨贫穷，"他在1908年的记事本中写道，"我痛恨省吃俭用维持生计。"他喜欢声色享乐，斑斓却困窘的波希米亚式生活从来没有吸引过他，欠债总是让他困扰。金钱对毛姆有着多个层面的重要意义，在他看来，极少有人能充分理解"金钱在生活中巨大的、深入的……不可抵挡的重要性"。钱能让他的艺术创作保持独立，不必受杂务纷扰，想去哪里旅行就去哪里，想何时去就何时去，还能让他过上自己选择的奢华生活；更重要的是，对一名自幼便缺乏安全感的人来说，经济保障是至关重要的替代品。毛姆的作品、信件和谈话中经常涉及钱的问题，由此可见他对这个主题的兴趣。"跟威利共进晚餐后，"作家贝弗利·尼克尔斯说，"你有时会觉得他跟个股票经纪人似的。"1908年，新取得的富裕地位带来的一个直接后果就是，他搬出了蓓尔美尔街的单间，与忠诚的老友沃尔特·佩恩一同入住位于梅费尔的一间别致小公寓，地址是蒙特街23号，离公园巷不远。

毛姆明白自己必须趁热打铁，于是赶忙对还在手里的剧本进行最后的改定。1908年6月13日，萨默塞特的第四部剧《探险家》拉开了大幕，不久之后又出了小说版。《探险家》被拒过很多次，最后总算找到刘易斯·沃勒接手。此人是当时风头最盛的演员兼剧院经理之一，生就一副日场明星的好长相，戏迷众多（以女性为主），比较狂热的戏迷还会戴上写着"K.O.W."字样的徽章，K.O.W. 是 Keen on Waller 的缩写，意思是"热爱沃勒"。沃勒扮演心高气傲的男主角阿列柯·麦肯齐，将浮夸张扬的演技发挥得淋漓尽致。马克斯·比尔博姆将他形容为天神一般，语气里带着些微妙的调侃："只见他站在客厅中央，双脚并拢，肩头水平，紧紧攥着拳头，咬着嘴唇……这才是在伦敦的客厅里。不妨做一个离谱的设想：假如他站在非洲中部的腹心，又当如何？"

毛姆早就期盼沃勒加盟了。前一年，薇奥莱特·亨特在日记中酸溜溜地写道："身为戏剧天才的萨默塞特·毛姆竟然向南肯辛顿的一名平庸艺术生比阿特丽丝·沃勒暗送秋波，只因为她恰巧是刘易斯·沃勒的妹妹。"说服沃勒看到《探险家》的潜力很不容易，毛姆前后大改四次，最后才被认可。1903 年，莫里斯·克勒斯做过该剧初版的代理，没找到买家。毛姆后来与他解约，自然以为剧本跟克勒斯没有任何瓜葛了。但是，克勒斯现在又来讨要佣金，他的前客户觉得简直莫名其妙。"现在的剧本与你当初经手的那一版几乎没有一个字是一样的，"毛姆告诉他，"你知道作者协会是帮助作者摆脱无理要求的吧，如果你觉得自己的要求不是无理要求的话，那我真是要对负实际责任的代理行业失去信心了。"但克勒斯确实认为自己的要求不是无理要求，而且无意退让，于是将毛姆告上法庭。克勒斯诉毛姆案由英国高等法院王座法庭审理，原告胜诉，获赔 21 英镑 10 先令。

《探险家》一波未平，新出版的小说一波又起，尽管这一次没有对簿公堂。《魔法师》以怪人阿莱斯特·克劳利为原型，写于 1906 年，由梅休因出版。该社与毛姆签了三部小说的合同，每一本的预付款都是 75 英镑。《魔法师》下印前夕，社长才亲自读了读，结果震惊不已，当即叫停，做退稿处理。毛姆忿忿不平地评论道："我一直觉得出版商不认字才好。"这本书的手稿本来写着"献给杰拉德·凯利",后来为了保护朋友而删掉了,免得他与这本低俗的作品发生瓜葛;他这样做的时候就已经受过一次打击了。《魔法师》被转手卖给了威廉·海涅曼。这件事有着深远的意义:毛姆的书之后全都是海涅曼出的。毛姆与海涅曼敲定合同的时候,他的名字正风靡伦敦的大街小巷。于是,梅休因的老大觉得现在该提醒一下作者:他还欠着自己三本小说。毛姆怒不可遏。"你知道,我这个人特别讲究文雅,"他告诉杰拉德·凯利,"于是,我用几个令人感动的词对他表达了'你下地狱去吧'的意思。"

梅休因会将《魔法师》退稿并不完全出乎毛姆的意料,他自己担心这个故事能否被接受也有一段时间了。早在1906年10月,他就给平克写信说:"我想跟你商量一下要不要删掉疯人院那一章。我无意不必要地惊吓读者。"《魔法师》是一部彻头彻尾的恐怖小说,毛姆丝毫没有收敛的迹象,反而乐于将恐怖氛围和风格推升到极致。十九、二十世纪之交的巴黎正流行神秘学,颓废派作家于斯曼的小说起了很大的推动作用,特别是他1891年的小说《在那儿》(*Là-Bas*)。毛姆说,《在那儿》"有一种令人心跳加速的恐怖感,许多人都会觉得怪怪的,却又欲罢不能……如果不是为了向若利斯-卡尔·于斯曼致敬,我绝不会动笔写[《魔法师》]"。这部作品也让人想到玛丽·雪莱和埃德加·爱伦坡的恐怖小说,以及稍晚一点的H. G. 威尔斯那本野蛮而带有虐待狂色彩的《莫罗博士的岛》。

《魔法师》的主角"魔法师"奥利弗·哈多以阿莱斯特·克劳利为原型,两人同样虚荣心强,爱吹牛。故事开场于巴黎,成婚在即的英国医生亚瑟·波顿正要去看望未婚妻玛格丽特,她当时与朋友苏茜住在一起。两位女士带亚瑟去附近餐厅吃饭,陪同者还有法国学者泡忽哀博士。哈多刚走进来,原本活跃的作家和艺术家们突然就不说话了。他戏剧化的仪态和浮夸的举止马上就吸引了房间里每一个人的注意，不过，亚瑟对他自诩的魔法大师身份并不以为然。哈多对亚瑟一行人报上名号：阴影的兄弟。亚瑟见他腰围广大，还揶揄了一句。

这是一个致命的错误。哈多被这句玩笑话激怒，遂决定实施可怕的报复。他给玛格丽特下了迷魂咒，让她产生了不可抑止的性冲动。"玛格丽特……内心极度排斥，却沉迷不能自拔……她多么渴望哈多再次拥她入怀，将他那鲜红肥厚的大口压在她的双唇上……强烈的欲望让她浑身颤抖。"陷于无助境地的玛格丽特离开了心碎的亚瑟，嫁给了哈多，不时有人看到哈多夫妇出没于欧洲大陆的豪华宾馆。后来，苏茜和亚瑟在伦敦的一次晚宴上发现，玛格丽特处境危急，亟待救援。最后，在泡忽哀博士的帮助下，苏茜和亚瑟一路追踪到了斯塔福德郡斯基恩的哈多家。这里偏远荒凉，关于宅内发生的事情还有着可怕的流言——很符合套路。邪恶势力最终被击败，只是玛格丽特也香消玉殒，而斯基恩府邸、它的邪恶魔法师主人、它包含的可怖事物都付之一炬。

了解内情的人一眼就能看出毛姆的灵感来源，白猫餐厅（小说里叫作"黑狗餐厅"）的常客们没做多少掩饰就搬到了故事里。画家罗德里克·奥康纳（小说里叫作"奥布莱恩"）在一封给克莱夫·贝尔的信里不悦地写道："我听说毛姆又写了一部讽刺小说编排我们这些白猫的人。"不过，最夸张的反应不出意外地来自魔法师本人，阿莱斯特·克劳利。毛姆将他夸张成了十恶不赦的恶棍，既让克劳利火冒三丈（也有可能是装的），又让他产生了一种受到恭维的倒错感觉。克劳利这样形容《魔法师》："我做梦也没想到自己的本领能激发出这样的欣赏之情。"他说自己是偶然间看到这本书的："《魔法师》，这个书名就很吸引我，再一看作者，我的天呀！这不是我珍贵的老朋友萨默塞特·毛姆嘛，我还记得当年在白猫餐厅的时候，他还是个年轻的医生呢。他真的写了一本书——太难以置信了！"后来，克劳利在一篇投给《名利场》杂志的书评和后来的回忆录中向毛姆发起抨击，指责他抄袭，罪名不只是借用了克劳利的生平，还有未经许可便大段化用他在克劳利内弟杰拉德·凯利家的书房里找到的神秘学著作。"毛姆摘取了我的一些最私密的事件，从本人的生活、我的婚姻……我的魔法观，我的理想，我取得的成功，等等。他还添加了许多以我为主角的不经之谈。他从我让杰拉德买的书里摘出了无数张小纸条，把这一切拼在了一起。我从没想过抄袭可以这么花样繁多，这么全面彻底，这么厚颜无耻。"

克劳利的话不无道理。哈多的形象取材于生活，这一点不容否认。尽管此人令人厌恶，但正是他为小说提供了强大的联结。在其他方面，这篇冒险故事还是不错的，而且正如预料，性堕落的主题得到了引人入胜的写实处理。但是，从艺术角度来看，《魔法师》的不足之处正在于克劳利提出异议的地方：毛姆连篇累牍地引述了卡巴拉思想、地狱七魔王、《所罗门王的钥匙》和"无数用科学无法解释的东方事物"。他对这一切并无真正的兴趣——他认为这些都是"虚妄"。事实表明，这些偷懒的引文让包含它们的段落变得沉闷无趣。毛姆将手稿拿给薇奥莱特·亨特看的时候，她就指出了这个问题。他在回信中尽管对她的保留意见表示认可，但还是写道："你说神灯的试炼那一段用力过猛，我觉得很有道理。不过，这是我有意为之。我之所以给出了很多具体日期和文献来源……正是为了给读者造成一种印象：那时的人对这些事情深信不疑。我不希望大家只把这本书当成耸人听闻的故事。"克劳利详细列出《魔法师》中涉嫌抄袭段落的行为可没有让作者对他产生好看法：杰拉德·凯利之前为克劳利画过一幅像，现在毛姆建议他将这幅画捐给英国皇家艺术学院，题目为"婊子养的"，还要用绿色和黑色相间的字体。

1908年11月，《魔法师》出版，评论意见不一，有的痛斥作者低俗，有的称赞他奉献了一本"真正的恐怖小说"。毛姆当时名声很响，与十二个月前大不相同，他与巴里、皮涅罗、阿尔弗雷德·苏特罗等著名剧作家联合成立了戏剧家俱乐部；加入了位于柯芬园的文艺界老牌俱乐部，加里克俱乐部；还参加了在《泰晤士报》联名发表公开信、反对戏剧审查制度的运动，签名者共有七十人，皆为名流，除毛姆以外还有萧伯纳、巴里、高尔斯华绥、皮涅罗、叶芝和H. G. 威尔斯等。同年 12 月 1 日，毛姆参加了丽兹酒店举行的共有180 人参加的晚宴，由头是向奥斯卡·王尔德的挚友兼遗嘱执行人罗比·罗斯致敬，同时也是间接为八年前逝世的王尔德恢复名誉。H. G. 威尔斯发表了一番动情到有些尴尬的致辞，并提议大家举杯祝罗斯身体健康。毛姆当时正好坐在王尔德的儿子维维安·霍兰德身边，听见他小声说，"这话都是别人不愿意提的"。

毛姆出席 12 月的丽兹晚宴这件事意义重大，这是他在向一个对自己的人生和写作产生了巨大影响的人致敬——尽管他很少表露这种影响。毛姆从没写过关于王尔德的文字——这个主题太危险了——然而，王尔德对他起到了相当的塑造作用：早在就读圣托马斯医学院期间，毛姆就读过《莎乐美》和《道林·格雷的画像》，看过《不可儿戏》。他的早期剧作中明显有王尔德的影子；而《魔法师》这部显然有王尔德趣味的小说中，还引用了莎乐美的名句（尽管没有注明出处）："我爱上了你的身体，伊奥迦南！"王尔德曾宣称："任何人都无权谴责另一个人的作为，每个人都应该走自己的路，去他选择的任何地方，按照他选择的方式生活。"毛姆强烈地认同这句话，在作品中反复回到这个主题，尽管他在生活中不能完全遵循它。王尔德同性恋倾向的曝光，以及无家可归、流离失所、声名狼藉这些可怕的后果都给毛姆留下了深刻的印象，他不可避免地看到了自己和王尔德处境的相似之处。王尔德的悲剧令他困扰，王尔德的为人令他着迷，王尔德的社交和文学圈子也对他富有吸引力。丽兹酒店的晚宴有许多王尔德圈子里的人在场，其中有几位后来成了毛姆的重要友人。

其中的关键人物是当晚的嘉宾罗比·罗斯本人，以及他的老朋友雷金纳德·特纳，王尔德刑满释放后，特纳曾陪他去了法国。罗斯个子不高，胡子修得整齐，看起来很利落。他是隐秘的同性恋，当年是王尔德的第一位男性恋人，有一种粗犷的幽默感，大笑起来很有感染力。身为《晨邮报》美术评论员和一家小美术馆的馆长，罗斯和蔼可亲，对画作深有研究，尤其是法国印象派。由于印象派的缘故，毛姆当然会觉得这位刚结识的朋友很吸引人。晚宴次日，毛姆写信给罗斯说："你真是个可爱的人，很高兴能认识你。"雷吉·特纳（雷金纳德·特纳的昵称）之前写过一篇赞扬《弗雷德里克夫人》的剧评，毛姆亲自致信感谢，两人从此成了朋友。雷吉颇有老处女的气质，有女士在场时端庄得体，但如果身边全是男性，他的劲头就上来了。王尔德曾将其戏称为"专门拐骗男孩子的克莱门特公会律师*"。他貌不惊人，嘴唇肥厚，鼻子像猪鼻子似的，眼睛老是在眨巴，性格宽宏，富有魅力和机智，还很健谈，毛姆说他是"我见过的最搞笑的家伙之一"。马克斯·比尔博姆形容雷吉的机智时说，他对别人的幽默不是很敏感，这句评语让雷吉颇为忧心，就去找毛姆，问他觉得这话对是不对。"我不想伤害他的感情，于是说：'这个嘛，雷吉啊，我讲的笑话确实从没把你逗笑过。'"他眨了眨眼……丑陋的小脸盘皱了起来，咧着嘴笑道："但我觉得都不好笑啊。"雷吉有一笔丰厚的私人收入，坚持要走文学道路，结果写出来的小说都业余得令人沮丧，本本销量惨淡。有一次，毛姆在炫耀自己的书的第一版是多么珍贵，雷吉来了一句："哎呀，我的书的第二版才难得。"雷吉曾鼓动比尔博姆加入王尔德的圈子，不过，马克斯虽然对王尔

---

* 克莱门特公会是一个现已解散的英国律师公会，其成员以放荡宴饮著称。

毛姆传

德很敬仰，却没想过与他建立私交：与雷吉·特纳和罗斯不同，他不是同性恋，也不想朝那个方向走。尽管如此，他还是乐于宏观地谈一些相关话题，比如将直男称为"恋女癖"*，将男人对男人的爱称为"不敢言名之爱"。马克斯初识雷吉的时候，曾希望将他从这条放荡的道路上拯救回来，可惜只是徒劳。"我觉得雷吉正处于事业的关键期，"马克斯曾写信给罗比·罗斯说，"[我]不愿意看见他完全陷入不敢言明之爱。"

马克斯和雷吉·特纳从牛津读本科时便形影不离。对毛姆来说，能加入他们的小圈子是一项殊荣。雷吉住在伯克利广场旁边的一间公寓，离毛姆的蒙特街寓所，以及马克斯与母亲、姐妹同住的上伯克利街寓所都很近，只要几分钟就能走到。有一次，毛姆应邀到马克斯家喝下午茶，结果遇到了一件难忘的尴尬事件。

> 我记得屋子里颇为昏暗，比尔博姆老夫人身穿黑衣，很羞涩的样子。两个同样身穿黑衣的年轻女士正与几位宾客低声交谈。我有种不安的感觉，好像旁边房间里就会摆着一个敞开的棺材，棺材里还有一具尸体。我在茶会的表现肯定是不太好，因为我之后再也没收到过邀请。

雷吉家的氛围就随意多了，毛姆从蒙特街出去或回来的途中经常顺便去串门，他第一次碰见 H. G. 威尔斯就是在这里。当时，威尔斯跟雷吉一起吃了午饭，正要回雷吉家接着聊天。威尔斯被认为是英国知识界泰斗，当时的名声如日中天；而毛姆为自己的微末名声觉得不自在，不知所措，还从细微处觉得威尔斯对自己摆出了纡尊降贵的样子。"威尔斯给我的印象是：他在饶有兴趣地看着我，就

---

* Mulierast，王尔德根据 pederast（好男色者）生造的一个词，字面意为"爱女人的人"。

像看待［歌舞厅喜剧演员］亚瑟·罗伯茨或丹·莱诺似的，根本没当回事。"毛姆与古怪的史蒂文斯夫人度过了许多欢乐的夜晚。三名小伙子经常去史蒂文斯夫人在默顿府的宅邸，她不久前搬到了肯辛顿，慷慨宴饮之风却丝毫没有停息——虽然场面会有些混乱。"我相信，像史蒂文斯夫人这样可爱的老妇人还有不少，"史蒂文斯夫人去世后，马克斯给毛姆的一封信里写道，"但是，在那些民主的日子里，我觉得可能没有几个老妇人能像她一样古怪，放肆，满不在乎，对自己这个人、自己的行为、自己的言谈如此笃定。"毛姆对史蒂文斯夫人的周二晚宴记忆犹新：

> 去的人有马克斯、雷吉·特纳、乔治·司垂特［作家 G. S. 司垂特］，一个名叫西普雷的古罗马道路专家，还有我。聚会很开心，主要是因为雷吉一直讲笑话，把我们脑袋都快笑掉了。马克斯话不多，但每一句都能让人记住，要么风趣，要么刻薄。聚会结束后，我们就坐双层公交车回家，专门要坐在二层。

毛姆在"奥斯卡之友"中间结下的另一段重要友谊是艾达·利弗森，她也参加了那次为罗斯举办的宴会。利弗森是王尔德的挚友，被王尔德称为他的"斯芬克斯"。丑闻曝光时，她站在王尔德一边；王尔德获释时，她是少数几个清早去迎接他的人之一。她年逾四十，轻声细语，五官精致，身材苗条，头发染成金黄色，像云彩一样蓬松，洁白小巧的脸庞，下巴很尖。她与丈夫已经分居，是一个主要由同性恋组成的小团体的厄格里亚[*]，成员包括罗比·罗斯、雷吉·特纳、马克斯·比尔博姆和阿尔弗雷德·道格拉斯勋爵。气质偏阴柔的

---

* 厄格里亚（Egeria），古罗马神话中的女神，辅助和指导罗马国王制定法律，是女顾问、女智囊的代名词。

小伙子喜欢她，而她也喜欢这种男孩子——她勾引过奥伯利·比亚兹莱，但没有成功——别人都喜欢跟她吐露秘密，她守口如瓶，而且不会大惊小怪；她招待客人的水平也很高，尽管不无怪癖。她的一名崇拜者说："她说话刻意，模糊，混沌，却往往有一种迷人的荒谬。"她住在拉德诺坊的一座小屋里，离海德公园不远。这位斯芬克斯远称不上富裕，但傍晚在家中欢宴时总会身着华服，佩戴精巧的首饰，偏爱暗色系、切割技巧精湛、质地优良的宝石。为了贴补家用，她写过几本小说，还给《黑与白》和《笨拙》杂志投过稿。《安拉的花园》（*The Garden of Allah*）的作者罗伯特·希金斯是她的密友，鼓励她创作剧本。"赶快写一部轻喜剧，"1908 年，他写信给利弗森说，"我希望你写，我命令你写。把萨默塞特·毛姆比下去。"

把毛姆比下去的希望很渺茫，但艾达·利弗森和毛姆的友谊很快便升温了。与薇奥莱特·亨特一样，"斯芬克斯"同样对毛姆产生了强烈的感情。她发现这个俊朗聪颖的年轻男子极富魅力，令她心动：她经常写信给他，他生病时给他送花，还给了他一个护身符。毛姆给她的信里写道："亲爱的斯芬克斯，可爱的马蹄铁已收到，你对我真是太好了。我要把它挂在表链上呀表链上，我要把你送的花插在头上啊插头上。你看，你对我这么好，我都乐得唱起小曲了……"（毛姆惯常将"斯芬克斯"拼写为 Sphynx，而不是普通的 Sphinx，此处也是如此。）她请他吃饭看戏；凡是毛姆写的剧，她一部都不落下；她还特别看中毛姆对自己作品的意见。1908 年，她把小说《爱的阴影》（*Love's Shadow*）题献给毛姆，毛姆本人也承认，这是"一项莫大的荣耀"。"她特别盼着［毛姆］来，"利弗森的女儿回忆道，"一张他的大幅照片是她私人生活环境的一部分。"至于毛姆，他欣赏斯芬克斯，了解她的感情，在这段关系中游刃有余，沉醉于暧昧调情，却又懂得悬崖勒马。毛姆允许利弗森叫自己"比利"，这是他最亲近的朋友才能做的事。两人有许多交集，包括文学（斯芬克斯也是 J.

B. 平克的客户）和剧作（她是乔治·亚历山大、查尔斯·霍特里、比尔博姆·特里的朋友，与杰克·格伦和独立戏剧协会交情很深）。她与王尔德的亲密关系尤其让毛姆感兴趣。她还做了一件让毛姆感动不已的事：将珍藏的王尔德长诗《没有秘密的斯芬克斯》初版赠予毛姆，题词的第一句是："啊，阴暗的、折磨人的美丽容颜，爱你的……"十三年前，毛姆在卡普里岛与阿尔弗雷德·道格拉斯勋爵有过一次难忘的偶遇，对此人颇为好奇，便希望艾达引见。1908年12月，他写信给她说："希望有朝一日你能请我见一见波西。"艾达当然乐意满足他的要求。

没过多久，毛姆的下一部剧于1901年1月开演。斯芬克斯急于帮衬朋友的事业，于是写了一封信给时任《学院》期刊主编的阿尔弗雷德勋爵，询问可否登载自己为毛姆新剧写的评论。阿尔弗雷德同意了，但条件是不能"吹捧"，不能"仅仅因为作者恰好是自己的朋友……便'说好话'"。可惜，艾达的剧评恰恰就是一篇捧文，道格拉斯退了稿，并给予尖锐的批评。开头是这样写的：

> 亲爱的斯芬克斯，此文恕不能刊载。你是在"吹捧"自己的私友，实在太明显了……毛姆的这部剧也许确实很有趣，值得一看，如此等等。但是，一部真正伟大的喜剧才配得上你在这篇文章里给出的评论，比如王尔德的喜剧，那种二十年才能出一部的杰作……当初你邀请我跟他吃饭的时候，我心里就有疑虑。我在伦敦生活也有十年了，如果毛姆——我记得多年前在卡普里岛见过他——果真迫切想跟我见面，那么，他没有在我当上主编之前，对他有大用处之前与我结交，这真是太可惜了。

这里说的剧是《佩涅罗珀》，1909年1月9日于喜剧剧院开演，仍然由玛丽·坦佩斯特担纲主角。该剧以机智文雅的笔调讲述了女主人公佩涅罗珀，一名成功的伦敦医生的妻子，用尽手段将丈夫从令人厌倦、死缠烂打的情妇身边夺回来的故事。正房夺夫的主题并非毛姆别出心裁，前一年有巴里的《每个女人都知道的事》（*What Every Woman Knows*），早在 1883 年还有风行一时的萨尔杜闹剧《去离婚！》（*Divorçons!*）；将近二十年之后，毛姆本人也在《忠诚的妻子》（*The Constant Wife*）中回到了这个主题。但据毛姆说，该剧的主要灵感来源是"当时与我相恋的……年轻女子"。我们不禁会遐想：面对爱人的出轨行为，苏·琼斯或许就是以类似的方式应对。无论现实是怎样的情况，《佩涅罗珀》都是一部时代主题的精彩剧作，很能引起观众的共鸣。《佩涅罗珀》和接下来的《史密斯》是毛姆初次尝试处理当代社会中的女性主题，放下《弗雷德里克夫人》和《杰克·斯特洛》中的富丽堂皇与维多利亚时代价值观，换上了桥牌聚会、电话、公寓楼、用印花棉布装饰的轻快敞亮的客厅。

　　《佩涅罗珀》又一次取得了成功。该剧是查尔斯·弗罗曼约的稿，他对推广剧作也起到了重要作用。弗罗曼是个秃头的胖子，曾多年占据纽约戏剧制作人头把交椅，也是伦敦剧院界首屈一指的人物。他秉性谦和，头脑灵活，富有冷幽默，能量惊人；巴里说过，他的精力"如同自然界的伟力……能够将一座城市点亮"。对弗罗曼来说，剧院就是他的生命，他深受业内人士的尊敬与爱戴，一字千金。很大程度上由于他的努力，伦敦、巴黎、纽约之间形成了成功剧目的流动渠道，而关键又在于伦敦，那里是一切最优秀当代剧目的发源地；弗罗曼常说一句话：他宁愿在伦敦赚 15 英镑，也不在纽约赚15000 美元。他并不在乎个人得失，如萧伯纳所说，"［查尔斯·弗罗曼］是我认识的人里面最有冒险精神、最浪漫主义的一个。当年的查理十二之所以成为一名卓越的军人，是因为他将自己投入通往死亡之路的激情；如今的查尔斯·弗罗曼之所以成为一位著名的剧院经理，则是因为他将自己投入通往毁灭之路的激情"。弗罗曼与纽约的杜克剧院签了长期合同，由此与一票优秀剧院经理建立了良好的业务往来。在他创纪录的1901年，弗罗曼制作的戏剧一年内走进了五家伦敦剧院。他签下了伦敦西区最优秀的导演之一，迪翁·布希高勒；而且效仿之前的格伦，设立了实验剧场。弗罗曼在萨伏伊酒店有长租套间，穿上皮大衣从这里出发，沿着河岸街就能去观看排演，浑身笼罩在雪茄的烟雾中。有一次，他藏在舞台前方的乐池里指挥排演，一会儿悄悄地跟旁边的导演说话，一会儿朝演员点头，示意之后要给他递条子做指示。他像小孩子一样特别喜欢甜食，随身带着一个黏糊糊的小盒子，专门用来装糕点糖果。从剧院出来以后，他最爱的消遣活动就是去摄政公园里的动物园。

二十世纪的最初几年，弗罗曼基本上垄断了英国话剧进入美国的途径，将巴里、皮涅罗、奥斯卡·王尔德的作品带到了美国。因此，他对萨默塞特·毛姆作品的热情是毛姆将名声扩展到大西洋对岸的关键。两人的合作关系起初不错。《弗雷德里克夫人》的纽约版、《朵特夫人》的伦敦版都由弗罗曼担任制作人，《佩涅罗珀》也是应他之邀创作的。"我想要告诉你《佩涅罗珀》取得成功是多么让我高兴，"《佩涅罗珀》演出到第三周的时候，毛姆给他写信说，"接受委托总是令我很紧张。"

与小说一样，毛姆对剧本的营销工作同样是公事公办，对戈丁·布莱特盯得很紧，不停地给他发出建议和指示。"我有几件事想要了解，"1908年9月的一封信开头是这样写的，

你能不能在美国推动一下《探险家》？能否安排一次外地巡演？

伍德里奇夫人给我寄来了《弗雷德里克夫人》和《朵特夫人》外地巡演的收入；不过，我完全不了解详情，每一部的反响是好还是坏。哪一部……？

不知能否安排将《杰克·斯特洛》翻译成法语？如果不能安排的话，现在已经有不少人主动提出要翻译该剧了，从中选择一人如何？……

几周之后，毛姆又写信给布莱特：

听说弗罗曼喜欢新剧［《佩涅罗珀》］，我既高兴，又松了一口气……我觉得一定要争取优厚的待遇，免得他看低我们……

……听说你已经将我全部剧目的法文版工作安排妥当，近期将于巴黎上演，我很高兴……

此时的毛姆尽管从未亲自登台，但很享受参与戏剧制作的过程。他乐于参加排演，每次都穿戴整齐。剧组人员欢迎他到场，这可是极少有作者能享受的待遇，因为他只是安静地坐在观众席上，不会横加干涉，看到需要修改的地方就用铅笔记下来。毛姆与导演迪翁·布希高勒（昵称"多特"）合作得很好；不过，迪翁的妻子、女演员艾琳·范布伦说："看到他和多特合作无间，我还有一点吃惊。我确信他们对彼此的成就是钦佩的，不过，我觉得他们除了共同参与一部剧的制作以外，未必真心理解或喜欢对方。"毛姆喜欢极简的工作环境：观众席不开灯，舞台不要摆道具；他还喜欢单纯的同事情谊，喜欢点着煤油灯的拥挤的更衣室里发生的聊天嬉笑，喜欢"与一名剧组人员到旁边的饭店匆匆吃完午饭，四点钟再由女佣端来一杯苦涩的浓茶，配上厚切面包和黄油"。毛姆唯一觉得害怕的时刻就是首演当晚，总是紧张焦虑。"我做过一种尝试，假装台上演的是另一个人的剧，"他写道，"但即便如此，我还是觉得不自在……实话说，要不是为了掌握观众的反响，提高写作水平，我根本不会去看自己写的剧，首演不看，不是首演也不看。"《佩涅罗珀》首演是毛姆最后一次面对高呼"作者！"（Author！）的观众鞠躬致意，因为不久前有一篇报纸文章抱怨说毛姆推销自己过于卖力，这刺痛了他。"文章里写我既不严肃，又不体面……我于是下定决心，首演再也不上台了。"

毛姆的朋友里有不少剧作家，包括亨利·亚瑟·琼斯、圣约翰·厄文、阿尔弗雷德·苏特罗，还有起初看不上他的哈雷·格兰威尔-巴克。他喜欢与同行交流经验，切磋技艺。比方说，他和苏特罗经常阅读对方的剧本并给出意见。苏特罗对《史密斯》的创作有很大的帮助，而毛姆对苏特罗的喜剧《困惑的丈夫》（*The Perplexed Husband*）也给出了有益的建议。看过这部剧之后，毛姆写道："我要斗胆提一个建议：你会发现，在喜剧倒数第二幕的末尾安排一个有力度的情节——当然，我指的是喜剧效果——通常是比较好的。你不必担心这样做是不是近乎闹剧。我的感觉是，从头到尾给观众挠痒痒固然可以，但最好还是在我刚才说的位置让他们捧腹大笑一次。"至于演员，出了剧院以后，毛姆对他们就没多大兴趣了。实际上，即使在气氛比较随意的后台，毛姆的举止也会让人觉得有点高不可攀。"毛姆总是让我神经紧张，"艾琳·范布伦说，"听到他表扬会让我感到惊喜。"尽管他钦佩演员们的才华和勇气，而且经常被他们说俏皮话和戏仿的天赋逗乐，但毛姆在私生活中并不喜欢与演员做伴。

当然，美丽的苏·琼斯是一个例外，毛姆对她一直有着强烈的感情。苏一向迷人可爱，但她有一个地方让毛姆迷惑沮丧又无能为力：苏对毛姆甜美大方，对其他每个人似乎也是同样甜美大方。毛姆向杰拉德·凯利寻求帮助，写信给他说"勇者还没有赢得美人；实话说，美人都快被勇者烦死了。我现在唯一的指望就是你了"，还恳求他从巴黎过来一趟，帮帮自己。与此同时，毛姆尽其所能让苏开心：之前没能帮她安排《杰克·斯特洛》里的角色，现在就利用自己的影响力，为她争取到了《佩涅罗珀》中的女仆佩顿一角。毛姆对苏的才能并没有幻想。"苏作为演员说不上杰出，"他说，"不过，我认为帮她安排一些替角或配角还是可以的。"她演佩顿时身穿女仆制服的样子很可爱，甚至赢得了《星期日时报》的一句小小鼓励，文中将她称为"饰演严谨、一丝不苟的女仆的埃塞尔文·亚瑟·琼斯小姐"。苏的情人给她带来的转机超乎他自己的设想：由于这次小小的成功，苏被邀请参加比尔博姆·特里组织的英皇剧院莎士比亚演出季，演出季期间，她很快被色眯眯的特里盯上了。有一天晚上，特里和苏在萨伏伊酒店用餐，为了贬损自己的情敌，特里说她跟毛姆在一起纯属浪费时间，因为"他是个怪胎"，苏听了竟然不觉得气恼。

杰拉德·凯利在毛姆与苏的恋情中起到了关键的作用，他对苏的爱慕不亚于毛姆，同时又比任何人都更亲近毛姆。然而，毛姆尽管依赖这位友人丰富的情场经验，但在其他方面，他仍然把凯利当成一个可爱的、惹人发火的小弟弟，指导他的职业规划，还责备他没有充分抓住机遇。毛姆鼓励凯利出去旅行。"我认为，要想摆脱惠斯勒大叔的影响，你需要去意大利或西班牙长住一段时间，也可以两个地方都去，"在一封1908年3月寄给他的信中，毛姆写道，"你既然已经走出了情感纠葛，我希望你能去阳光明媚的地方转一转，阳光对你会有好处的。"凯利把这条建议放在了心上。当他打定主意，觉得阳光最好的地方是缅甸时，毛姆还借给他路费。凯利希望成为一名肖像画家，毛姆就跟他讲认识名流要人的重要性，还让他明白了体察大众需求的意义；就后一方面来说，身为剧作家的毛姆是再知道不过了。"我恳求你抓住机会，最近来英国找一位美丽淑女画像吧。如果别人问你要代表作，你却只能拿出风尘女子的卓越画像，试问，你怎么可能指望拿到活儿？"最重要的是，凯利一定要明白：他的时间已经耽误不起了。"目前，我认为奥本和尼克森是你最大的竞争对手，这两个人都有近作面世，你却一幅也拿不出来……我对你缺席夏季画展一事感到非常失望。希望你不要因为我的这些建议生气，它们完全是出于真正的怜爱与欣赏。"

即便毛姆后来发现凯利跟苏睡过觉，而且在一封信中有意用开玩笑的语调将此事称为"令人作呕的背叛"，他对凯利仍然是"真正的怜爱"。毛姆愈发明白苏是一个水性杨花的女人，经常跟她睡觉的人不止毛姆，还有他的不少熟人，令他很难过：除了凯利以外，还有沃尔特·佩恩和凯利在白猫餐厅的好朋友伊沃尔·拜克。"我的每一个朋友都跟她上过床，"毛姆写过这样一段有所夸大，但也情有可原的文字，"乍听起来，她好像是个不要脸的荡妇。其实不是的。这并非败德……这不是不守妇道，只是她的天性而已。"她只是单纯地喜欢性，而且不受道德禁忌的约束，觉得男人请她吃饭、她跟男人上床是理所当然的事。用凯利的话说，威利是"她唯一真心爱过的男人……不过，她并没有因此而不再水性杨花"。但是，毛姆——他承认自己也是放荡之人——现在开始相信，他或许真的想要娶苏为妻。他曾对她疯狂迷恋，至今依然喜欢她：她不属于毛姆一个人，这真的重要吗？既然这段感情的肉体层面已经不再突出，性方面的妒忌心真的还是一个问题吗？他盘算道："她是我最喜欢的人，我为什么要管她……跟我的许多朋友上过床的事呢？……尽管她道德感不强，但还是个非常善良、非常甜美的女子。"他已经三十五岁上下了，想要成家的话就要抓紧。苏刚刚跟丈夫离婚，而且毛姆感觉她并不排斥再婚，尽管她没有明确提出来；所以，时机也很好。

这是一个勇敢的决定。与同时代、同阶层的大部分在性方面拥有非传统品位的男人一样，他很看重传统的表象。尽管他完全无意压抑自己的同性恋倾向，可他也会受到女人的吸引，于是就误以为——用他自己的话说——他是四分之三的"正常"加上四分之一的"不正常"。结婚或许会让他朝着有利的方向发展，至少能让他在社交场以异性恋的形象示人。正如《一个体面的男人》里的角色约翰·哈利威尔所说："抵抗俗见需要极大的力量和自信。如果没有的话，最好不要去冒险，随大流，走老路即可。这样做不刺激，不勇敢，而且相当无聊，但这条路很安全。"开放的秉性是苏之所以迷人的重要一环，她的戏剧世家出身同样如此；戏剧圈子素有包容奇人异士的传统，而毛姆很明白，他在亲人中间很难获得这样的宽容。他在世的两个哥哥，查尔斯和 F. H.，都是恪守成规的丈夫和父亲，勤奋工作的律师，资产阶级体面的柱石。哈利令人震惊的自杀之后，家族里再也没有"狐朋狗友"的迹象显露了；显然，家人绝不会允许类似的事件再次浮出水面。毛姆从来都是边缘人，丝毫不想过哥哥们的生活：每周工作六天，每年去海滩休一次长假。然而，他内心里的某个部分仍然有着服从的强烈冲动，扮演一名英国绅士的角色，娶一名料理家务、招待朋友、生儿育女的妻子。

而且，只要遵守表面的礼节，结婚未必意味着彻底改变生活轨迹。首都伦敦有许多同性恋人士、活跃的亚文化、秘密的联络网，男妓服务也五花八门，上至梅费尔妓院的职业男妓，下到皮卡迪利大街的"出租男孩"，既有身穿红色制服、看起来颇有男子气概、游荡于各大音乐厅赚外快的禁卫军士兵，也有混迹于公园和街角、想要在晚上来一发俚语说的"下面"（tante）、为周薪添上几先令的各色人等，有做服务员的，有做店员的，也有做仆人的。杰里米街的土耳其浴池在全欧洲都有名：从客人到经理、按摩师、修脚师等全部员工都是同性恋。浴池的运营很正规，因此即使警察完全知道里面在干什么，还是视而不见；社会地位比较高的主顾们更是喜欢这种环境。毛姆性欲旺盛却戒备心极强，特别怕曝光，与"出租男孩"打交道的话风险实在太大（王尔德曾对雷吉·特纳说，当他在皮卡迪利大街的斯万与埃德加百货商店外面一边陪妻子逛街、一边朝店外的出租男孩看的时候，他便在劫难逃了）；杰里米街的土耳其浴池倒是安全一些，可他偏偏生性挑剔，受不了里面跟菜市场里一样明目张胆的行为。他偏爱心怀同情的女主人——以艾达·利弗森为首——提供的"安全空间",让单身或已婚的同性恋男士有一个无须担心丑闻发生的约会场所。

在通常的社交场合,没有人怀疑他是"两面人",他的姣好面容、日盛的声望、谦逊的举止都让许多人喜欢上了他。男人和女人都觉得他长相迷人。"我久久不能忘怀他那张写着戒备与怀疑的脸,"小说家刘易斯·马洛说道,"它看上去那么美丽,那么柔滑,轮廓分明,仿佛是一座象牙雕。那是古典文明的风采,又带有东方的雍容智慧。"女人尤其对他着迷,他看起来丝毫不分心,仿佛专心致志地听着她们说的每一个字。另外,毛姆这个人、他的性格、他的专注都笼罩在一层薄薄的神秘氛围之下,无疑又为他平添了魅力。艾达·利弗森在小说《极限》(*The Limit*)里描绘了这一时期的毛姆形象,观察极其敏锐。该书中吉尔伯特·黑尔福德·沃甘的原型就是毛姆,朋友们都叫他"吉利"。吉尔伯特是一名"白肤黑发、英俊潇洒的年轻人",三十四岁,当红剧作家,社交聚会争相邀请的对象。

> 他举止与常人无异,只是或许比普通人略微沉静一些。除非是很有眼力的人……不然一上来不会看出他惊人的聪慧。他有一两个性格特点不时引起误会。其中之一是:不论他看什么东西,或者看什么人,那双半透明的黑色眼睛总是特别有神,经常让女士以为他喜欢自己,其实他只是在观察而已。

这位"斯芬克斯"准确地领会到了成名之后的毛姆应对外界反应的手法,他是如何转移他人对他的嫉妒,还有指责他虚荣的声音。

> 哈利明白,希望捞到一个角色的勒斯科姆小姐肯定会对沃甘特别"友善",便出于好心将两人尽可能安排得远一些。尽管

如此，她还是从桌子另一边探过身来跟沃甘说：

"沃甘先生，这么巧妙的东西，你都是怎么想出来的？我实在想不出你是怎么做到的！"

"没错，我们也想知道。"福斯特船长说。

"其实很简单，真的，"沃甘说道，"只是一点窍门。"

"就这样？"

"就这样。"

"你是怎么掌握窍门的？"

"哎呀，纯属侥幸——一点运气罢了。"沃甘说道……

面对别人的嫉妒，沃甘总是穿上过分自谦的甲胄……他保持着安静与克制，看起来和平常一样谦逊。

这段话暗指毛姆私人生活的隐秘，许多对他并无感情的年轻女子都对他的性格有着浓厚兴趣，希望让他落入自己的罗网，而斯芬克斯通过塑造一名旅馆老板的女儿出言纠缠的情节，巧妙地触及了这个必须避开公共视线的话题。该情节出现在"平凡而粗鄙的"格拉蒂丝故事线中，这一点或许揭示了艾达对苏的感觉：艾达认为年轻漂亮的苏成了毛姆倾注感情的对象，于是对她心怀怨恨。

与《佩涅罗珀》一样，毛姆的下一部话剧《史密斯》同样与巴里的一部作品有着类似的主题，即1902年的《可敬的克里奇顿》(*The Admirable Crichton*)，讲述了一位远远比主人优越的仆人的故事。《史密斯》的女主人公是一位年轻漂亮、出身农家的客厅女佣，她的正直与雇主一家的卑劣自私形成了如此鲜明的对比，以至于赢得了男主人公——主人家的公子——的心。《史密斯》由弗罗曼制作，场地是喜剧剧场，1909年9月30日首演，是该年度搬上舞台的第三部毛姆剧作：1月有《佩涅罗珀》，3月有《高尚的西班牙人》，改编自1902年埃内斯特·格勒内-当古的闹剧《寡妇的欢悦》。史密斯的饰演者是销魂动人的十九岁女演员玛丽·勒尔，这个角色正是为她量身打造的。玛丽·勒尔年少成名，在前一年的萧伯纳话剧《结婚》中取得了相当的成功；有流言传出，说她与伦敦首屈一指的剧作家发生了关系，这也没什么奇怪的。F. H. 的妻子奈莉·毛姆热衷于保媒拉纤，一度兴致勃勃地给内弟介绍合适的姑娘，玛丽·勒尔就是其中一位，应邀到肯辛顿公园的花园里跟毛姆见面。她身材苗条，发色浅黄，披着粉色薄纱，头上还插着一枝玫瑰，看上去浪漫极了。毛姆带她去跳了一支舞，接下来，她又跟毛姆去乡下住了几天，他正要对《史密斯》做最后的调整。没过多久，毛姆就叫杰拉德·凯利来给她画像；不过，与苏的画像不同，毛姆这一次没提要自己买单。然而，要是奈莉以为毛姆和勒尔会有进一步的发展，那她就要失望了：两人一直没有迈出朋友的界限。"我很喜欢他，"勒尔小姐说，"和他在一起很开心。"

　　毛姆在伦敦琐事缠身，越发觉得有必要出城写作。有的时候，他会跑到布莱顿的大都会酒店住几天；白金汉郡塔普洛有一处高尔夫球场附近的旅店也会去，因为高尔夫球已经成了他的一大爱好。写作是一种不需要活动的职业，而毛姆深知锻炼的重要性：他对身材一直自负，更重要的是，他从小身体就弱，特别容易得肺炎和呼吸道感染，因此需要强健体魄以驱病。于是，他每周一次到巴斯俱乐部骑马、散步、打壁球。不过，他最喜欢的消遣方式还是高尔夫。1908 年创作《佩涅罗珀》期间，他在恬静美好的科莫湖畔瓦伦纳发现了一间旅馆，次年又回到此地疗养——他之前得了急症，很可能是肋膜炎——并撰写《史密斯》。瓦伦纳风景秀丽，清爽的山间空气正适合困居病院几周的毛姆，这里的高尔夫球场也很好。写作接近尾声时，他邀请凯利和几位亲友同来，包括沃尔特·佩恩、史蒂文斯夫人、从巴黎相识后一直交好的奈塔·赛雷特，还有同样喜欢打高尔夫的哥哥 F. H.。F. H. 在日记里满意地写道："天气很好。下午打了高尔夫……晚餐后打桥牌赢了 12 法郎。"

　　寻找英国以外的僻静写作地点与毛姆的漫游癖毫无关系。日后，漫游癖将成为毛姆生活中的一个重要推动力；在给凯利的信中，他将其形容为"我再了解不过的，想要走出家门、走出国门的瘙痒感"。他还说："在伦敦的时候，旅行对我来说不开心，不愉快，又不舒适。然而，我就是克服不了这股催着我向前的躁动。"正是这股躁动驱使着毛姆频繁出行，凡是工作空闲的时候便出门旅行，直到他垂垂老矣。1908 年，他不仅去了瓦伦纳，还去了马德里、君士坦丁堡、布尔萨、卡普里岛和科孚岛；1909 年，他去了巴黎、安特卫普和布鲁塞尔，还到伯罗奔尼撒半岛来了一次徒步游；1910 年，他第一次去了美国，还了法国南部、米兰、雅典和威尼斯。"我花了很大力气才克制住炫耀文采的冲动，"他从希腊给凯利写信说，"鸟儿在我身边鸣叫，下面就是一片树林，橄榄树、柏树和杨树都在发新芽，还有无花果树；再往下是高低起伏的山丘，远处还能看见高山的雪顶；落日将一切都染上了玫瑰色……一切都那么美。"

　　沃尔特·佩恩有时会陪他去，不过，毛姆更多是独自旅行。在城市里，他喜欢去剧院，喜欢在画廊里泡上几个小时，然后通过长信与凯利交流。当然，旅行还有其他方面的好处。以各自不同的方式，毛姆和凯利都很享受从紧张的英国社交场中解脱出来的自由时光。巴黎让凯利逃离了他所说的"围绕着伦敦人性体验的莫名其妙的规矩和偏见"，欣然沉醉于自由之中；就这一点来说，毛姆比凯利更甚，原因是显而易见的。他从小在法国长大，经常被英国人的拘谨惹得不痛快。"对我来说，英国是一个有着让我不想履行的义务，以及让我生气的责任的国家，"他观察道，"我和我的祖国*之间隔着一道海

---

*　原注：从法理上看，毛姆出生于英国领土，即英国驻法大使馆。不过，毛姆是在法国长大的，法国本应是他的祖国，可他骨子里还是认同自己是英国人。

峡，我从不曾感觉自在。"只要有机会，他就会出国。1907年，他给凯利写了一封喜气洋洋的信，觉得自己的朋友肯定能听懂弦外之音："一个好心人提出要开车带我横穿法国。"1907年，正坐船前往那不勒斯的毛姆写道："我遇到了一位为我的魅力倾倒的埃及帕夏，他的用意一目了然……尽管我高傲地拒绝了，不过，听到赞美怎么能无动于衷呢。"1909年，他与雷吉·特纳一同前往佛罗伦萨；与卡普里岛一样，这里也住着不少外国的同性恋人士。两人下榻隆嘉诺酒店，刘易斯·马洛和他的一名年轻朋友也来了。同行四人的主角是雷吉，为大家讲述故去的伟人王尔德的故事。马洛将雷吉称为"奥斯卡和所有那些古代鸡奸者与当下的纽带"。雷吉欣赏爱慕毛姆。"是啊，是啊，我知道。他是个很好的人，我知道，和他在一起挺好。但没有奥斯卡那么好。赶不上奥斯卡。不，他永远都赶不上奥斯卡！"

正是在1909年10月的瓦伦那，毛姆写完了下一部话剧《第十个男人》的大部分内容。该剧不太符合他通常的套路。除了《一个体面的男人》和《探险家》以外，毛姆迄今为止的所有剧本都是描绘社交场的轻松喜剧。从《弗雷德里克夫人》到《史密斯》，毛姆的每一部剧都很有人气，给作者带来了丰厚的收入；只有《比米什夫人》(Mrs Beamish)*没有找到制作人接手。毛姆直率地承认——或许有点太直率了——他对这种题材驾轻就熟，构思起来毫不费力，动起笔来又快又轻松。"我认为写剧本的难度被大大高估了，"他得意地写道，"我脑子里随时都装着五六部戏。一个主题浮现出来，它自己就会分出幕和场，每一张'幕布'都紧紧盯着我。于是，我刚完成一部，第二天马上就能写新剧本，这没什么难的。"

他还在一次报纸访谈中轻率地表达了对悲剧和承载沉重思想的

---

* 原注：该剧的情节是，一对体面的中年夫妇被迫承认一件令人震惊的事：两人从来没有结婚，因此，他们趾高气扬的儿子其实是私生子。《比米什夫人》没有搬上舞台，剧本也没有发表，只有手稿收藏于华盛顿特区的美国国会图书馆。

戏剧的不耐烦，漫不经心地论证道，剧作家以严肃作家自况是极其不明智的行为，因为剧作家的首要——或许也是唯一——目的就是娱乐大众。毛姆本意是自谦嘲讽，却遭到了评论家的批判和普遍误解。马克斯·比尔博姆是发起抨击的人之一："如果他现在只愿意写轻喜剧的话，那就让他写去吧，爱怎么写怎么写。不过，他对那些呕心沥血、不图回报地走在他自己的初心之路上的人出言嘲讽，这就有失风度了。"威廉·阿奇曾批评《佩涅罗珀》是不用心的匠气之作，如今则谴责毛姆忽视了"品位的多样性，以及许多人……喜爱拥有'宏大中心思想'的剧目至少不亚于空洞的鸡毛蒜皮"。圣约翰·汉金是一名无情揭露现实的剧作家，据说，与他相比，易卜生的戏剧简直是喜气洋洋。汉金的角度与其他人略有不同，他在一篇题为《毛姆戏剧成就之悲剧》的文章中提出，毛姆当年写有内涵、有水平的剧时总是被拒绝，如今专门写无足轻重的逗乐剧，伦敦戏剧界却拜服于他的脚下，这实在是辛辣的讽刺。

但是，毛姆知道自己在做什么：他懂自己的观众，也知道满足他们的需求。评论家戴斯蒙德·麦卡锡对毛姆的戏剧有这样的评点："它们愤世嫉俗的程度刚好足以令多愁善感的俗人既能乐在其中，又能感觉自己有一颗坚强的心；精巧程度又刚好能满足思想水平远称不上精深的伦敦观众。"但是，作品的火爆并不意味着毛姆对负面批评无动于衷，多年来，他曾反复为自己的立场辩护。"评论家们谴责我写低层次的大众剧目，"他在自传《总结》中写道，"我并没有这样做……[但我]写喜剧时只选择符合目标的层面。喜剧就是为了逗人发笑，我的喜剧达到了这个目的。"毛姆相信，知识界排斥他的起点就是自己以剧作成名之时。他终其一生对此耿耿于怀，尽管他经常否认这一点。"我曾经是知识界平凡的、受尊敬的一员。如今，他们不仅对我冷眼相待……更将我抛入无底深渊，好像我是路西法一样。我感到震惊，还有一点受伤。"为平衡起见，他在接下来的两部剧本《第十个男人》和《格蕾丝》中有意改弦更张，回归较严肃的手法和主题。不幸的是，两部剧都没有取得成功；又过了两年多，毛姆才重新开始写剧本。1909年底，他给戈丁·布莱特写信说："我又累又乏。我接下来要告别戏剧一段时间了。两年写了四部剧，上演八部！我觉得自己有权利放松几个月。"

《第十个男人》的制作人是弗罗曼和布希高勒，主题是贪欲、腐败和婚姻不幸。可怜的妻子想要离婚，却被驳回，还毁掉了两名国会议员的前途，一个是她痛恨的丈夫，另一个是她心爱的男人。一位机敏的英格兰北方政客发出了振聋发聩的谴责。"你知道十个男人里有九个是无赖，便以此为行事的圭臬，"他对那位无耻的丈夫说道，"但是，你忘了一点：你最终总会遇上那第十个男人。"1910年2月24日，该剧首演于环球剧院，被媒体形容为"无聊"和"陈腐"，上演六周便草草收场。毛姆对艾达·利弗森说："首演当晚的反响很平淡。评论界过于苛刻。但我不在乎，我不在乎，我不在乎……*"

《格蕾丝》（后更名为《地主老爷》）是从《旋转木马》中选取了一个主题进行的再创作，即格蕾丝·卡斯蒂里昂（剧中名为茵索莉）和她卑鄙的情人雷吉这条线。剧中的雷吉是一位和善的年轻人，形象比原作里正面得多，而且主题也不是他与格蕾丝的恋情——两人在开场前基本就分手了——而是格蕾丝的良知危机：她不禁要把自己与一位出身猎场看守人家庭、产下私生子后自杀的女人放在同一架道德的天平上。1910年10月15日，这部由弗罗曼制作的话剧于约克公爵剧院上演，演出的时间比《第十个男人》长不了多少，却有两名女演员引发了评论界的热烈反响，一个是饰演同名女主角的艾琳·范布伦，另一个是饰演格蕾丝的恶婆婆的特里夫人，即赫伯特·比尔博姆·特里爵士之妻。指摘该剧的评论有不少，其中骂得最

---

166   毛姆传

狠的一篇来自《星期六评论》（作者不是马克斯·比尔博姆，他刚刚从该刊离职），结论是"毛姆提线操纵的时间已经太久……不会塑造有血有肉的人物了"。作者本人以哲学家的态度看待这两次失败，承认它们"在写实和戏剧效果两方面都缺乏诚意"。

当然，两次小小挫折不会让他一蹶不振。三十六岁的毛姆意气风发，尽情享受着生活。他自己说，"我是快乐的，我是富裕的，我是忙碌的"。另外，他还很有名，人人争相结识。在平静的表象之下，这位大红大紫的剧作家精力充沛，兴致高昂，他的浮华表现没有引起人们的疑虑，反而平添了魅力。他被描述为"全伦敦最机智的单身汉和最不知疲倦的舞者之一"，邀请函纷至沓来，他也四处抛头露面：一身燕尾服配白领结现身首演剧场；身穿西班牙风格的绚丽服装来到切尔西舞厅跳两步舞；参加柯芬园举办的慈善晚宴，与大家一起跳动感十足的谷仓舞。前一晚受到梅费尔和肯辛顿的女主人招待之后，毛姆第二天下午会遵照礼节回访对方府邸，身穿一尘不染的双排扣长礼服，戴着大礼帽参加冷餐会和晚宴。

> 如果她不在家——上天保佑，最好别在家——那就写两张便条……不过，如果她在家……她就会把你带到楼上的客厅。你尽可能跟她聊十分钟，然后戴上放在脚边的帽子，起身离开。大门在你身后关上的时候，那可真是如释重负。

杰拉德·凯利的画作《弄臣》出色地描绘了这一时期的毛姆。不久前，凯利回到伦敦，画室设在骑士桥一带。有一天，毛姆穿着常礼服，戴着灰色礼帽过来找他。"[他] 一副衣冠楚楚的样子，"凯利回忆道，"还高兴地给我看他的灰帽子。"剧作家坐在一扇华丽的乌木屏风前，机警的双眼炯炯有神，一条腿随意地搭在另一条腿上，帽子略微倾斜，皮鞋锃亮，手套纤尘不染，一只手放在细长的金头手杖上，好一个爱德华七世时代的标准绅士，社交场上的潇洒男儿。

毛姆现在手头宽裕，用 8000 英镑租下了位于梅费尔中心的切斯菲尔德街 6 号，租期为 800 年。这是一座建于乔治王时期的五层别致住宅，被戏称为"弗罗曼盖的房子"。他准备与沃尔特·佩恩一同搬进去，不过，乔迁之前有不少事情要做，又要添置家具。他对弗罗曼说："我家正在彻底重装，下次来切斯菲尔德街 6 号的时候，你肯定都认不出来了。"最让毛姆开心的是买画。他买了一幅奥本的画，两张菲利普·威尔逊·斯蒂尔的风景画——他对斯蒂尔略有了解——还根据都柏林市立现代美术馆创始人休·雷恩的建议买了一幅萨缪尔·德·王尔德的作品，图中有两名男演员，场景出自戏剧《西尔维斯特·达格伍德》。接下来，他又花 22 英镑从亨利·厄文爵士手里买了两幅画，一幅的作者是约翰·佐法尼，画中人物是悲剧《守护威尼斯》里的大卫·加里克和西柏夫人，另一幅是约书亚·雷纳德画的《喜剧与悲剧之间的加里克》。这是毛姆最早收藏的两幅展现戏剧场景的画作，之后总共达到了四十余幅，其中有一些是从旧货商店淘回来的，价格只有几英镑，最后遗赠给了英国国家剧院。

紧张专注的工作之余，毛姆的社交生活忙碌而丰富多彩。他一向喜欢观察上流圈子的伦理与风俗，这些有益的素材都融入了他的文学创作。正如评论家戴斯蒙德·麦卡锡所说，毛姆行走于伦敦社交圈时，"怀着专业作家的克制与抽离"。比方说，毛姆发现"上层阶级谈论统治大英帝国时仍然如同打理私产"时就觉得很兴奋。"大选将近的时候，我听他们谈论应不应该让汤姆做内政部大臣，迪克会不会对爱尔兰事务大臣的职位满意，我真是诧异极了。"他最近结识了一位富有政治野心的女主人：圣赫利尔夫人之女，她的丈夫是一名富有的国会议员。毛姆与多萝西·阿尔修森建立起了带有调情性质的亲切关系，一如艾达·利弗森、薇奥莱特·亨特等其他年纪较大的女性朋友。（"亲爱的阿尔修森夫人，你真是不讲信用。你曾信誓旦旦地说要写信给我，结果却只寄来一张全是图的明信片……我很想念你。"）阿尔修森夫妇住在白金汉郡斯托克伯吉斯村的一座大宅里，周末聚会的来宾中兼有政客、文人、军界高层，很有意思，毛姆是聚会的常客。一次宴会之后，毛姆给女主人写信说："感谢你让我度过了一个愉快的周末。我正喜欢这种休息。我想你肯定累得要在床上躺一个礼拜了吧。"

毛姆初识温斯顿·丘吉尔就是在斯托克伯吉斯，丘吉尔当时是阿斯奎斯政府的一名大臣，刚刚迎娶了多萝西·阿尔修森的表妹克莱门蒂娜·霍齐尔。毛姆和丘吉尔经常下午结伴去附近的高尔夫球场打球，然后回府享用丰盛的下午茶，接着是华丽的正式晚宴。一天夜里，女士已经就寝，男人们则换上便服，一边抽着雪茄，喝着白兰地，一边交谈。青年丘吉尔自信满怀，滔滔不绝，但毛姆却觉得他满嘴废话，便插了一句嘴，让丘吉尔惊愕不已。毛姆的诙谐之语富有杀伤力，一下子就让丘吉尔哑巴了，众人哄堂大笑。到了第二天早晨，丘吉尔却主动来找毛姆，当时毛姆正在平静地阅读周日的报纸。"我想跟你立一个约定，"他说，"如果你承诺不嘲笑我的话，我也保证不会嘲笑你。"

尽管毛姆很高兴受大家欢迎，也喜欢社交生活，但他绝非有求必应。1910 年 2 月，艾达·利弗森犯了高估自己与毛姆亲近程度的错误，想介绍自己的一个朋友——毛姆并不认识此人——与他见面；毛姆觉得自己有必要回绝。"亲爱的斯芬克斯，请替我感谢你朋友的好意，"他在信的开头写道，"但我不能答应。邀请一个与你素不相识的人用餐，这是很唐突的做法。结识新人自有成法，我不知道为何只因为我是一名作家，便要无视这些规矩……"

1910 年 5 月 6 日，伦敦演出季刚刚开始的时候，爱德华七世驾崩的消息传来。爱德华七世的统治就此结束，不过，"爱德华七世时代"这个名词的时间范围通常要延伸到 1914 年。这个月的大部分时间里，毛姆都在意大利。他给薇奥莱特·亨特写信说，自己很高兴"沉闷的国丧期间"恰好不在英国国内；此时剧院基本关门，社交活动也停了下来。当时，毛姆正在准备第一次前往大西洋彼岸的旅行。弗罗曼催促他去美国已经有一段时间了。《朵特夫人》《史密斯》《佩涅罗珀》已经在纽约上演；毛姆还自豪地告诉平克，《弗雷德里克夫人》"是美国近年来最成功的话剧之一"。毛姆原本前一年就要去，结果因为生病而推迟。不过，他现在已经做好了准备。他兴致勃勃地给弗罗曼写信说："我 10 月 22 日乘坐'喀罗尼亚'号出发。"他在给布莱特的信中还说，自己的出海"正如踏上征服美洲航程的克里斯托弗·哥伦布"。

第六章

西莉

Syrie

1910 年 10 月 22 日，毛姆从利物浦乘坐"喀罗尼亚"号启航，它是丘纳德公司最大、最高级的游轮之一。乘坐廉价航班的日子已经过去了。在接下来的半个世纪里，毛姆但凡有机会，总是要选择王侯般的出行待遇，享受北大西洋航线上最豪华的欧洲游轮。现在，日后还要无数次奔赴美国的毛姆正要第一次横跨大西洋，他发现"喀罗尼亚"号的头等舱富有低调的奢华——虽然与不久后问世的"阿基塔尼亚"号、"毛里塔尼亚"号和悲剧的"泰坦尼克"号那歌剧院级别的富丽堂皇还不能相提并论。比方说，"喀罗尼亚"号几乎不设独立卫生间，连头等舱的乘客也只能要么到走廊尽头的公共卫生间，要么用床边的便桶。航行全程共六天。刚到纽约，毛姆就穿过熙熙攘攘的码头，直奔位于曼哈顿中城核心地带第五大道的瑞吉酒店，酒店建于 1903 年，共十七层，采用"布杂派"（Beaux Arts）风格，看起来如同要塞一般。作为高层酒店的开辟之作，它被认为是古典与现代结合的最新典范，配备电梯和床头电话，甚至安装了一种原始的空调机。旧秩序的代表——阿斯特酒店与范德比尔特酒店——依然雄立于第五大道不远处，但周围全都是新秩序的表现：一座座拔地而起的摩天大楼、霓虹灯、发出喇叭声的机动车流、地铁、电车、高架铁道。

毛姆的名字在百老汇并不陌生：之前的《弗雷德里克夫人》（艾瑟尔·巴里摩尔主演）、《朵特夫人》（碧丽·伯克主演）、《佩涅罗珀》（玛丽·坦佩斯特主演）广受好评，9 月于帝国剧院上演的《史密斯》（玛丽·鲍兰饰演同名主角）同样叫座。查尔斯·弗罗曼举办了热情的接风会，还给毛姆引见了多位要人，这让毛姆感觉自己很受欢迎，总有人请他到最高档的餐厅吃饭。来到纽约后不久，毛姆写道："下一周每天的午餐和晚餐都有人请客……开心得不得了。"彬彬有礼，身着精心定制的服饰，带着"英国式"内敛的毛姆很快就成了大名人。《纽约时报》注意到"为毛姆先生［举办］的社交活动有很多"，于是评论道："毛姆先生［是］多年来造访美国的英国剧作家中最受社交界欢迎的一位。"

毛姆给众多纽约人留下了难忘的印象，其中之一就是他的"朵特夫人"：碧丽·伯克。她是一位活泼的红发女郎，父亲曾作为 P. T. 巴奴姆马戏团的一名小丑周游欧美。她十四岁入行，当时在一家英国歌舞厅里做歌手，现在是热门喜剧演员，正在向严肃演员转型，而参演毛姆话剧取得的成功为她起了很大的作用。在她眼中，优雅的毛姆更具有巴黎气质，而不是伦敦庞德街的味道，"燕尾服，条纹裤，绲边外套，时髦手套配手杖，鞋子做工精美，黑边灰帽，胡子修剪得干净利落"。喜欢美女作陪的毛姆既为她的兴致勃勃而高兴，又为她明显的仰慕之心而得意。演出结束后，两人会一起去跳舞，参加戏剧界的聚会；漂亮女明星玛科欣·艾略特和同样来自英国的约翰斯顿·福布斯·罗伯逊也经常同往，罗伯逊的妻子正好跟玛科欣是姐妹。有一次晚宴结束后，他们决定去阿斯托酒店的一间夜总会。

"我们不是会员，当时也很晚了，大约凌晨两点钟，"碧丽·伯克回忆道，"[但]我们还是过去了……沿着阿斯托酒店舞厅铺着红毯的大楼梯[往下]走……请允许我用'亮相'这个词形容当时的自己。挽着萨默塞特·毛姆的胳膊走下大楼梯——任何一位精神正常的女演员都会觉得受宠若惊。"她在回忆录里写道"他那双大大的、藏着火焰的棕色眼眸"；又恋恋不舍地补充了一句，"是啊，毛姆先生，你就是这样的人物。我有一点点爱上您了呢，先生"。

为毛姆神魂颠倒的人可不止伯克小姐一个。许多女士都将毛姆视为理想丈夫。毕竟，这个人相貌英俊，有名又有钱，专门写婚姻，自己还没结婚。只有少数人知晓他和苏·琼斯的长期恋情，而他的同性恋偏好更是隐秘。毛姆常被忙着给他牵线搭桥的女士挑逗，其中一位是现居英国的美国寡妇玛利亚·弗莱明。毛姆诙谐地回信道："我发现你已经为我找好了妻子，我想跟她见一面……[我预想]她是身材瘦弱，胸小驼背吧。"

在纽约期间，毛姆特别希望与二十四岁、同为剧作家、绰号"百老汇神童"的爱德华·谢尔顿（昵称"奈德"）重续友情。谢尔顿有一名富有的芝加哥房地产商父亲，已经写了两部轰动一时的话剧，其中一部是在哈佛读书时完成的。他是个黑头发的高个子，聪明敏感，富有魅力，温文尔雅，从小就迷上了戏剧。他不缺钱，长相特别俊秀，曾痴恋女演员朵丽丝·基恩，最后却没有开花结果。谢尔顿与毛姆一样有双性恋倾向。1909年，他去了一趟欧洲，很可能在这段时间初次结识毛姆；1910年夏天回国途中，又到伦敦看望他。毛姆觉得他极富吸引力，希望与他发生肉体关系，不过谢尔顿对此躲躲闪闪，结果就是"两人在性方面并未坦诚相见"。尽管如此，有许多共同点的两个人还是成了挚友。在纽约期间，毛姆经常到谢尔顿的公寓住。这间异域风情的公寓位于格拉默顿公园一带，里面有法国家具、威尼斯玻璃、黄铜镜子、黑色的厚地毯，架子上还有好几只活的金刚鹦鹉。

毛姆从纽约出发去了波士顿几天，与亨利·詹姆斯吃了顿饭；当时，后者正住在剑桥，和新寡的嫂子在一起。随着时间的推移，毛姆对詹姆斯作品的态度越发矛盾，一方面不认同他缺乏小说家的一项关键素质，即同理心，另一方面又钦佩他的高超手法。"卓越的小说家即使离群索居，生活也是澎湃的，"毛姆写道，"亨利·詹姆斯却隔着窗户观望就满足了……他幽默，有洞见和微妙的体察力，也具备戏剧感；但是，他的灵魂是渺小的，让他不能理解……人类最基本的情感。"毛姆在伦敦与詹姆斯见过几次面，觉得他很有意思，但对他那股子想要别人顶礼膜拜的"大师习气"颇生反感。尽管如此，毛姆仍然认为跟他交往挺好的，他兴致好的时候是个风趣的人。毛姆很高兴能与他重逢，享受只有三个人的惬意夜晚。不过，当时的詹姆斯精神紧张，沉浸在悲伤中。他在哀悼亡兄威廉，身处自己出生的国度让他浑身不自在，只想赶快回英国。毛姆要离开时，詹姆斯执意要送他到街角，陪他一起等回波士顿的电车。

> 我跟他说不用，我完全能自己找到地方，但他根本不听。除了他生性和善有礼以外，另一个原因在于，他眼中的美国是一个诡异可怕的迷宫，要是没有他引路，我肯定会迷路……看到电车驶来，亨利·詹姆斯便焦躁不已。车离我们还有四分之一英里，他就开始疯狂招手。他生怕车不停，还催我赶快跳上车……我也被他焦虑的样子所感染，蹦上减速靠站的电车时几乎有一种逃出生天的神奇感受。我看见小短腿的詹姆斯站在大路中央，目送电车远去，好像还在为我的侥幸脱困而颤抖。

回纽约之前，毛姆先在华盛顿特区停留了几日，并于此处收到了自己在美国的同族约瑟夫·贝尔蒙特·毛姆的来信，邀请他去新泽西州的特纳弗莱见一见族长拉尔夫·S.毛姆，一名在当地有名望的教师。等到见面才发现，约瑟夫·贝尔蒙特（通常被称作"蒙蒂"）竟然是一位看起来很敏感的十八岁少年，黑头发，黑眼睛。毛姆对彼此的相似之处感到震惊。他回忆道："家族外貌特征的相似实属惊人，但最奇特的一件事是，这位小伙子也是口吃。"按照路线说明，毛姆乘电车来到曼哈顿以北几英里，濒临哈德逊河的特纳弗莱。他在村子里与同族进行了长谈：拉尔夫·毛姆的父亲于十九世纪五十年代从伦敦移居康涅狄格。尽管没有确切证据表明特纳弗莱的毛姆一族与威利·毛姆之父，罗伯特·奥尔蒙·毛姆这一支有亲属关系，但两者似乎同样出身平民，籍贯也是英格兰北部的同一个地方。

　　1910 年 12 月返英之后，两件相互矛盾的事立即摆在了毛姆面前：文学创作和切斯菲尔德街的装修工作。最紧迫的一项任务就是《饼与鱼》的润色完稿，这部以不达目的誓不罢休的斯普拉特牧师为主角的喜剧预计于圣诞节后开始排演。该剧早在 1903 年就写成了，可惜当时没有引起任何兴趣，之后改写为小说《主教的围裙》。现在，《饼与鱼》回到了本应登上的舞台。2 月 24 日，该剧于约克公爵剧院上演。可惜，尽管弗罗曼与布希高勒制作精良，首场引发热烈反响，但它还是只演了几周时间。同行们纷纷对毛姆表示祝贺："巴里认为它是我最好的作品，比其他的剧本都要好得多；苏特罗也很激动；还有其他人，比如诺布鲁克[*]，给我写来了满怀感情的长信。"毛姆对此感到很高兴，因此被观众的反应搞糊涂了："观众确实笑了，却也表达了不满——这都是教士的问题。"他给出的解释是："人们看到教会人员在舞台上受到嘲讽都觉得震惊，于是就不来了。"经过进一步的思考，他又得出了一个结论——在工作方面，他总是很有自知

＊　原注：爱德华·诺布鲁克（1874—1915），剧作家，出生于美国，职业生涯大多数时间都在英国。

之明。"我觉得人们可能只是厌烦我了，"他对杰拉德·凯利说，

> 我一直知道会有这么一天，所以内心很平静。我可以让他们歇
> 个一两年，等他们把我忘掉，然后就又会兴致勃勃地来看我的
> 剧了。大部分剧作家要花十年写的东西，我三年半就写完了。
> 因此，人们开始觉得我无趣也没什么奇怪的。

幸好，毛姆有反躬自省所需的财力。自《兰贝斯的丽莎》以来
的十五年间，他马不停蹄地写作，完成了数量惊人的作品；现在，
他每周都能从大西洋两岸收到大笔款项，再加上沃尔特·佩恩的审
慎投资，他可以享受些许闲暇了。对这样一位多产的成功作家来说，
一部作品受挫固然可惜，却无大碍。弗罗曼不以为意。实际上，他
开出 10000 英镑的天价请毛姆写一部捧碧丽·伯克的戏，但毛姆不感
兴趣，就回绝了。纽约演出成功后，碧丽·伯克要去加州演《朵特夫
人》。"伯克此行能给我带来两三千英镑的收入，"毛姆对凯利说，"约
翰·德鲁*的《史密斯》要演到 6 月份，所以我还付得起房租，无须动
用老本。"

　　装修工人终于要走了，毛姆迫不及待地把全部注意力投入到了
房子上。他与沃尔特·佩恩又搬到了一起，和睦地共同生活。佩恩
已经离开了法律界，接手先父的音乐厅和剧院生意。在室内设计师
霍华德先生的协助下，两人开始打造一座优美的联排别墅：挑家具，
买地毯，精心考虑装饰画。"霍华德对我们一直很友善，"毛姆对凯
利说，"他的建议非常有帮助，品位似乎也很好……不过，他喜欢厚
重和镀金的物件，我实在欣赏不来；我唯一喜欢的镀金之物就是原

---

* 原注：约翰·德鲁（1853—1927），美国演员，以轻喜剧闻名；妹妹乔治娜是著名
的巴里摩尔三兄妹（艾瑟尔、莱昂纳尔、约翰）的母亲。

罪。"凯利之前听从毛姆的建议去西班牙住几个月，现在收到了一连串要他找东西的信件：陶器、玻璃制品、图画、织物。客厅火炉对面挂着凯利的《弄臣》，毛姆对这幅画感到很骄傲，他对凯利说，它是"你最优秀的作品之一"。他还洋洋得意地写道："你简直想不到我的肖像换上新画框有多漂亮，太别致了。一幅了不起的装饰画。每一个来我家的人都赞不绝口……我自己的房间在楼上，长条格局，特别成功。"毛姆讲的是自己的书房，与楼下的房间相比显得宽敞空旷，家具很少，两扇上下推拉窗面朝街道，中间有一张朴素的牌桌作书桌用。乔迁新居前的最后一项工作就是雇人：厨师、女佣和兼任周末外出随从的管家克劳福特。成果令毛姆非常满意。"我一辈子从未这样舒适过。"他宣称。小说家休·沃波尔是最早拜访切斯菲尔德街6号的人之一，将其形容为"一座占地面积不大、不起眼的房子，对我们许多人来说，它是伦敦最欢乐、最惬意、最有趣的场所之一"。沃波尔永远忘不了主人带他参观的情形。"我记得，楼下社交区域和顶层工作区域的奇特对照从一开始就让我震惊。这么多年过去了，毛姆家的顶层仍然是我所见过的最理想的作家工作室。"

　　房屋大致完工后，毛姆又感到了熟悉的躁动。复活节期间，他在巴黎住了几日。"我今天早晨沿着大道散步，"给凯利写信道，"再次感受到了第一天来巴黎的人总会有的奇妙振奋。我的头脑极其活跃，仿佛行走在空中：我抓住了一样最宝贵的东西（还把它拿在手里细细查看），那就是纯粹的、完全的快乐时刻。"

　　在空气热得让人窒息的6月，为了躲开乔治五世加冕前后的各项活动，毛姆和佩恩一起前往勒图凯，接着去爱尔兰度假打高尔夫，然后又到巴利阿里群岛小住数日，最后回伦敦筹备秋季赴美事宜。不过，他现在渴望去更远的地方，满脑子都是远东的形象："曼谷和上海的市容，日本的港口……棕榈树，蓝天，深色皮肤的热带居民，佛塔，还有东方的芬芳。"另外，还有一段尚未决定的行程与凯利有关；凯利正准备长住缅甸。"我有点想到缅甸跟你住一阵子，"毛姆告诉他，"然后试着劝你和我一块儿去中国。"但是，事实证明，逃离现状并没有他想象中那么简单。

过去五年里，毛姆全身心投入到了戏剧事业中，但现在他的兴致已经消退了。他确实还有一些小稿子要交：预计9月由海涅曼出版的剧本集要他写前言；还有两部法国作品要改编，分别是故事大纲来自阿贝尔·塔里德的《布莱顿之行》，以及为比尔博姆·特里爵士写的《布尔乔亚绅士》。不过，毛姆写小说的愿望越发迫切了。"我花了几年时间写求快的话剧，现在只想到宽广的小说天地里自由发挥，"他写道，"我知道我设想中的作品是一部大部头，创作期间不想被打扰，于是拒绝了剧院经理们急匆匆递过来的合同，暂时告别舞台。我当时三十七岁。"与二十四岁的试作《史蒂芬·凯里的艺术气质》一样，这部作品仍然是一部自传体小说，讲述童年至青年时期的经历，以及丢脸的性欲。但是，如今的毛姆要成熟自信得多，没有遮遮掩掩，他要绝对诚实地描述心路历程。这个主题越发吸引着他，他感到了一股冲动，要写一部不同于自己以往任何作品的书。种种回忆真是压在他的身上："我感觉那一切都让我窒息，白天占据着我的思绪，夜晚占据着我的梦境，我想要将它摆脱。"

为了不受干扰地动笔，他搬到了伯克郡的萨宁戴尔高尔夫俱乐部。他自称在那里进展顺利：

> 我现在非常幸福。每天早晨坐下来，踏踏实实地写作，无须担心是不是太长了，或者太乏味了，不用管一部戏能不能火，或者女演员愿不愿意演，这种生活真是满足。这本书恐怕要比我希望的篇幅大得多，但我只能如此：我有太多要说的话了……

毛姆8月在爱尔兰开车兜风，接着打高尔夫。"我把书稿带在身

边，"他给多萝西·阿尔修森写信说，

> 但一个字都没动；然而，它整日整夜都占据着我的思想……我
> 太想把它写好了。现在的小说太多了，要是做不到出类拔萃，
> 那简直没必要再写一本——除非写作能带给作者自己快乐。谢
> 天谢地，作者的快乐与结果没有关系。

之后的两年半里，毛姆经常说书快写完了——不过，小说完稿
似乎总是遥不可及。对于通常几周搞定一部剧本的毛姆来说，这可
是不寻常的经历。该书于1911年秋季动笔，预付款达到了前所未有
的500英镑。次年春季，小说似乎即将完成之际，毛姆给凯利写信
说，自己之前都在集中精力写作，现在准备去巴黎住几天，"换换脑
子，休息一下。书还有一个月的工作量，不过我实在太累了，如果
接着写的话，恐怕会仓促收尾，或者文字变得机械枯燥。另外，我
要写的东西都在脑子里，清楚得很，暂时放下来也不会有什么损害"。
但是，到了7月中旬，威廉·海涅曼收到了毛姆的一份情况说明：
"该书尚未完成，恐怕赶不上秋季出版。"毛姆下一次提到这本书是
在给凯利的一封信里，日期是1914年5月："我正在努力写小说，你
回来的时候应该就有不少内容可以读了"；然而到了当年秋天，情况
已经很明显了：书稿次年8月才到海涅曼手里并准备出版。

作品难产不只是因为篇幅浩大，也是因为毛姆每次最多只能闭
关写作几天：分心的事情太多了。新王加冕后的第一个冬季演出季
（1911年）异彩纷呈：巴甫洛娃和尼金斯基所在的俄罗斯芭蕾舞团来
到了伦敦；苏特罗、萧伯纳、阿诺德·本涅特都推出了新戏，毛姆一
部都没有错过。毛姆给凯利写了一封幸灾乐祸的信，说本涅特的《蜜
月》"彻底砸了……冗长啰唆。我后来在玛丽·坦佩斯特家吃晚饭的
时候遇上他［本涅特］了"。接下来，毛姆开始了嘲讽，他和凯利在

巴黎的时候就经常这样消遣埃诺克·阿诺德：

> 他很擅长充大腕……他问起你的事，托我给你带几句奖掖的话。过去两三年里，他的妻子苍老了不少，瘦骨嶙峋，不好看……庸俗土气……她给我一种不爱出风头的感觉。阿诺德·本涅特是不是用《五镇》里面的铁棍子教训过她？

另一件分心的事是一段短暂的恋情，对象是俄国女人亚历珊德拉·克鲁泡特金公主（昵称"萨莎"），当时在伦敦做寓公的无政府主义知识分子彼得·克鲁泡特金亲王之女。萨莎·克鲁泡特金身材高大丰满，高颧骨，大嘴巴，黑色的眼睛略向外凸出。她聪明又热情，与威廉·莫里斯、萧伯纳等社会主义者交好，活跃于俄国艺术家和革命者的圈子里。当时，欧洲人对俄国的一切都很着迷。在萨莎组织的活动上，毛姆能够与俄国的历史和文学近距离接触，面见佳吉列夫和巴甫洛娃，喝伏特加酒，激烈地探讨托尔斯泰和陀思妥耶夫斯基，这些都让他兴奋不已。毛姆和萨莎同去巴黎数日，住在左岸的一家小旅馆里，参观卢浮宫，去法兰西喜剧院看戏，还去一家俄国夜总会跳舞。萨莎胃口很好，吃了好多顿大餐，让她的情人大开眼界。[*]毛姆将她介绍给了哥哥查尔斯，后者见威利与一位真正的公主亲密相伴时，震惊之情溢于言表。毛姆直率地写道："他就是不相信我能搞上这么高贵的人。"两人的恋情是一段愉快的插曲，几周之后分手时"双方皆无怨恨"。于是，毛姆又可以自由旅行了，他从来不能长期抵抗旅行的诱惑。1912年3月，他前往西班牙，住了六周；8月，与沃尔特·佩恩、哥哥F. H.、嫂子奈莉到巴黎、布拉格、马

---

[*] 原注：毛姆在短篇小说《爱情与俄国文学》中描述了这段经历，收录于《英国特工阿申登》。

里昂巴德和慕尼黑转了一圈；9月，同行者各自返回，他独自去了罗马。毛姆于11月回到伦敦，但下个月又启程前往纽约，目的是做一次不同寻常的调研，但不是为他的小说，而是为一部新剧本，《应许之地》。该剧于1913年11月登上纽约舞台，次年2月于伦敦上演，在约克公爵剧院大获成功，却因大战爆发戛然而止。到了这个时候，毛姆才开始将小说收尾。

《人生的枷锁》是一部不无瑕疵的巨著，集毛姆作为小说家的全部长处和弱点于一身。全书共三十万单词，手稿写满了十六本中等大小的记事本，是毛姆最长的一部小说，也是个人色彩最浓重的一部，笔端饱含活力与动力。主要情节是萦绕作者脑海的童年至青年时代的"生动记忆"，毛姆刻意选择了朴实无华的线性叙事风格：完全没有《史蒂芬·凯里的艺术气质》中的曲笔和美化。作品主题是主人公的自我发现之旅，围绕着带有受虐和性爱性质的痴恋经历展开。他相信自己是在寻找生命的意义，寻找地毯上的图案，结果却与亨利·詹姆斯著名的同名小说*一样捉摸不定；不过，在《人生的枷锁》中，"没有意义"这一启示带来的是巨大的解脱。"他的无足轻重变成了力量……因为，如果生命是无意义的，那么世界便不再残酷。"

主人公菲利普·凯里是一个小男孩，开场就是母亲难产而死的可怕场景，而当时他父亲已经去世了。男孩被交给叔叔抚养。叔叔是肯特郡黑马厩镇的教区牧师，自私而冷酷；婶婶是德国人，名叫路易莎。菲利普刚到学龄，便被送到位于特坎伯雷的寄宿制学校国王学院。他在学校过得很凄惨：跛足本就行走不便，他痛苦地时时意识到这一缺陷，而且还受到无情的嘲弄，过着没有朋友的郁闷生活，直到后来迷恋上十六岁的男孩罗斯才稍解愁绪。十六岁时，菲利普

---

* 　即亨利·詹姆斯1896年发表的短篇小说《地毯上的图案》（"The Figure in the Carpet"），习语"地毯上的图案"由此而来，指理解一个作家作品的"关键"。

去海德堡住了一年，在那里受到一名浅薄文人的影响；此人在各个方面都与约翰·艾灵汉姆·布鲁克斯如出一辙。回到英国后，菲利普在伦敦的一家注册会计师事务所做职员，却因为受不了无聊的工作而跑去巴黎学习艺术。

在这里，故事情节第一次与真实生活轨迹发生了偏差，尽管还保留了毛姆在巴黎的生活背景：蒙帕纳斯的小公寓、与杰拉德·凯利（小说里叫劳森）交游、外国艺术家圈子、白猫餐厅（这里更名为格雷维亚餐馆）里那些道长争短的晚餐。毛姆本人明确表示："书中情节与现实原型未必完全相同，有些情节是从我亲近的人身上移植到了小说主人公身上。"比如，菲利普有一个平凡又没有才华的女同学不可救药地爱上了他，最后自杀，此事对菲利普震动极大。没过多久，菲利普就发现自己不可能成为一流的画家，于是回到伦敦，进入圣路加医学院就读。

菲利普和一名同学惯常去附近的一家茶餐厅，并在这里第一次遇见了自己的克星。米尔德丽德是店里的年轻女服务员，面容俊秀却苍白，举止漫不经心到了冒犯人的程度。"她又高又瘦，薄嘴唇，胸脯和男孩子似的……精致的肌肤透着淡淡的绿色，给人一种不健康的印象。"菲利普觉得她太傲慢，不亲切，后来却逐渐反常地被她迷住。她写在明面上的轻蔑让他兴奋不已："在意一个没精打采的小服务员说的话确实荒唐；但是，他奇怪地感觉受到了羞辱。"于是，一段虐恋开始了。他大肆追求米尔德丽德，恳求她注意自己，尽己所能给她贵重的礼物和奢侈的款待。奇怪的是，她对菲利普越是不屑，他就越是低声下气地回去找她。她只有很少几次跟他做爱，而且都是漫不经心，可他的欲望却并未熄灭，反而更加炽烈。他明知道米尔德丽德愚蠢、粗俗、狡诈又毫无幽默感；他因为自己的激情而看不起自己，但却无可救药地陷入罗网。米尔德丽德奚落他，让他厌倦，让他发怒；他们吵得很凶；菲利普有时都想杀了她；但是，

一离开她的身边，他就只想着再次见到她，恳求她原谅自己，然后
懦弱地接受她加于自己的羞辱。

她两次为其他男人离开菲利普，第一次回来的时候身无分文，
肚里还有孩子，请求菲利普收留，菲利普欣然同意。第二次是与菲
利普在医院里的同事格里菲斯出走，这一次菲利普更是自轻自贱，
竟然给两人提供远走高飞的路费，而且惊讶地发现，连嫉妒也会让
自己兴奋。"[菲利普]苦恼成疾，但煎熬的感觉却让他产生了诡异
的、微妙的激动……他被一种欲望紧紧抓住，要他去做下贱的、可
怕的事情……他的整个人都在渴望兽性。"菲利普与米尔德丽德就
此断了联系，直到在沙夫茨伯里大道又见到了她，看样子是在招揽
生意。惊骇之下，他又一次接纳了她，但他意识到激情已经逝去
了。米尔德丽德对此困惑不已，不明白自己为什么失去了对菲利普
的掌控力。菲利普拒绝与她同床时，她还不高兴。风水轮流转，菲
利普的冷淡如今激起了她的欲望。"他现在从来不亲吻她，而她却想
要……经常盯着他的嘴看。"两人的关系以丑恶告终。米尔德丽德诱
惑菲利普未果，他表现出了明显的反感，这激怒了米尔德丽德。于
是，他第二天晚上下班回到出租屋时发现她已经走了，两个房间被
洗劫一空，衣服和少数财物都变成了碎片。

现在，菲利普跌到了人生的最低点，他不明智地将微薄的遗产
拿去投资，结果全打了水漂，如今身无分文。不仅学上不成，房租
交不起，而且兜里的几个先令花掉后，他连饭都吃不上了。"尽管他
一直没多少钱，但从没想过自己会有吃不上饭的一天。这种事情通
常不会发生在他生活的圈子里……"他找不到工作，饿肚子，觉也
睡不好，幸亏有一位好心的怪人搭救：索普·阿瑟尔尼。此人以前
找菲利普看过病，由此结交。阿瑟尔尼生性热情，是个米考伯*式的

---

* 《大卫·科波菲尔》中的人物，代表不筹划未来，幻想充沛的乐天派。

人物和九个孩子的父亲，收留菲利普住进了自己朴素却欢乐的家里，还帮他在牛津街的一家大型织品店谋了份工作。对菲利普来说，这是一个陌生的世界，他一整天都站着引导顾客，夜里跟其他男员工住在肮脏的宿舍里。在这个薪酬很低的岗位干了几个月之后，菲利普又收到了米尔德丽德的求救信。他不情愿地去了她的住处，发现她患上了花柳病，于是给她开了药，要她答应找一份正经工作。对了，她的孩子没能活下来，她只需要养活自己。几周后的一天晚上，他又在托特纳姆市场大街看到了她，只见她浓妆艳抹，头上插着羽毛，搔首弄姿的样子，显然是把对他的承诺抛诸脑后，重操旧业了。"他转过身，沿着牛津街缓缓地走着。他心里想，'我什么也做不了了'。于是，一切都结束了。他再也没有见到她。"

没过多久，菲利普就转运了。他叔叔死了，遗产刚好够他完成学业，最后让他当上了一名船医，随船环游世界；这是他从小就有的梦想。夏天，索普·阿瑟尔尼请他到肯特郡采啤酒花。他从小生活在葱翠的乡间，如今回到同样的环境，发现自己受到了阿瑟尔尼家大女儿——甜美谦逊的萨莉——的吸引。"他失去了理智，感官诱惑压倒了他……他将她拉到树丛的暗处。"几周后，萨莉告诉他自己怀孕了，他闷闷不乐地同意——尽管他并不爱她——自己必须娶她，从此抛弃一切自由和冒险的希望。不久，故事迎来了出人意料的结局：萨莉发现自己弄错了，愿意放菲利普离开；但是，菲利普突然意识到他一直在自欺欺人："他产生结婚的念头并不是出于自我牺牲，而是成家娶妻、拥有爱情的欲望……他还在乎什么……是缅甸的佛塔，还是南海岛屿的潟湖呢？"

这个突兀的结尾是全书唯一难以令人信服的部分，否则《人生的枷锁》本会是一部卓绝的小说。对于这个不寻常的结局，毛姆给出的解释是，他当时特别想要结婚。他写道："我既追求自由，又觉得能在婚姻里找到自由。我在写《人生的枷锁》的过程中萌生了这种想法，并将愿望写成故事——作家常会如此——描绘了我自己想要的婚姻状态。"不过，除了最后几页，这是一部极其优秀的作品，堪与同时代最优秀的作品，与本涅特、吉辛、乔治·摩尔的长篇小说，与之前萨缪尔·巴特勒的《众生之路》比肩。毛姆对《众生之路》推崇备至，深受其影响，巴特勒的痕迹在作品中清晰可见，特别是开头讲述菲利普在主教府的儿时生活与国王学院期间的经历的部分——风趣敏锐，观察入微。

纵观全书，毛姆显然从个人经历中汲取了大量素材：除了童年经历、菲利普与米尔德丽德的感情纠葛这一主题以外，书中还有无数地点、情境、次要人物能找到生活中的影子。比方说，在巴黎学美术的劳森，以及与米尔德丽德私奔，背叛朋友的格里菲斯两人都以杰拉德·凯利为本；萨莉·阿瑟尔尼则既有苏·琼斯的美丽，又有她的性吸引力和母性关怀；萨莉之父，索普·阿瑟尔尼则是温特沃斯·胡舍的一幅生动画像——胡舍以前是毛姆的老师，妻子出身劳工阶级，也有九个孩子，毛姆经常去位于埃塞克斯郡的胡舍家宅"扫帚村舍"。有意思的是，讲述菲利普店员经历的几章生动文字几乎都是二手资料。毛姆本人没有这种工作经历，于是就找吉尔伯特·克拉克帮自己写一段。克拉克是一名年轻演员，不演戏的时候就到皮卡迪利大街的斯万与埃德加百货商店打工。应毛姆之邀，他写了一段6000单词的自述，报酬为30畿尼。毛姆曾对他说："你写的东西太好了，我真是说不出来地高兴。"克拉克证实了毛姆的话的真实性，他说："威利几乎一字不动地用了我的稿子。"

不过，小说的核心主题无须他人襄助，也就是菲利普的枷锁，他对可怕的米尔德丽德的受虐狂式的迷恋。米尔德丽德的原型可谓雌雄莫辨，身份成谜：有人说是兰贝斯的妓女，有人说是茶餐厅的女服务员，而曾与毛姆相恋、或许了解内情的哈利·菲利普斯则坚称"她"其实是个男孩子。不管米尔德丽德是"他"，是"她"，还是糅合的产物，我们可以肯定的是，米尔德丽德确有其人，而且是毛姆的早年相识：早在1898年，《史蒂芬·凯里》里的罗斯就是她的雏形。在创作《人生的枷锁》的过程中，毛姆有可能在罗斯的基础上加入了后来的某些经历。读到这部小说时，哈利·菲利普斯认出了这样的一次经历："毫无疑问，毛姆把我们交往过程的一段我做得不是很体面的事放到了她［米尔德丽德］的身上。当然，实情和故事有一些区别。"米尔德丽德的部分形象还来自一位年轻女子；在一封1905年写给杰拉德·凯利的信中，毛姆表达了对此人的热烈感情：

> 老弟啊，你等着吧：每次出门都要问你什么时候回来，每次进门都要问你去了哪里；只要你不同意她们的无理要求，她们就闷闷不乐；你们还会因为鸡毛蒜皮的小事争吵；你必须要忍受自己和他人的嫉妒心……当你跟一个没受过多少教育的人生活在一起，你会发现时间过得特别慢；你会搜肠刮肚地找话题，最后也只能没话找话。

菲利普所受奴役的每一个细节都给人真实的感觉。他的淫欲、卑躬屈膝、连脸面都不要的迷恋、折磨人的自我厌恶都被无情地写了下来。米尔德丽德是一个魔鬼，但读者又不免觉得她也是个可怜人。作为小说家，毛姆最大的强项之一就是塑造形象立体、彼此互动的男女人物。米尔德丽德对菲利普是何其冷漠，可她爱上格里菲斯时又是何其可悲，被随意遗弃时又是何其痛苦。同理，毛姆对菲利普的塑造也是诚实到残忍。他既热血、脆弱、心软，又自命不凡，自怨自艾，而且不着痕迹便能伤人。当他想要伤害米尔德丽德时，"他有一项特殊的本领，那就是说一些他知道会让她受伤的不起眼的话。这些话讲得很模糊，却绵里藏针，让她有苦说不出"。

尽管有缺陷，但《人生的枷锁》仍然是不小的成就。毛姆向来树立一种难以取悦的疏离形象，这部小说中却表现出了不同寻常的个人感情，用澎湃激情将读者席卷。它之所以难入一流小说之列，部分原因是视野狭隘，部分原因是有时近于单调的平实文风，还有一部分原因是作者不愿舍弃不相干的材料，以至于更接近庞杂的 H. G. 威尔斯——阐发自己的宗教观、哲学观和艺术观——而非取舍有道的亨利·詹姆斯。

毛姆对自己的作品一向有着敏锐的判断。他明白《人生的枷锁》与之前的作品都不同；他也明白，当前的地位让他可以自由地写作自娱。他对海涅曼解释道：

> 我意识到，自己过去为大众品位做出了太多妥协……许多作家为贫困所迫，不得不考虑这个或那个会不会有损销量……但是，如果我允许自己受这样的念头左右，我认为这是可耻的。流动图书馆为当代英文小说套上了枷锁（因此，它在欧洲大陆颇受鄙夷），这个枷锁理应被打破，但极少有作家能做到。

书名不太好选，毛姆先后想了好几个："上山的路""经历""大道""冬日的一天""白日前行"，但都感觉不太准确。海涅曼喜欢"生活的大街"，但毛姆觉得太平庸了。"我要对自己的挑剔抱歉，"他写道，"但这本书是我最珍爱的东西，我想要它出类拔萃。"最后，毛姆选定了"华冠灰尘"，化用自《以赛亚书》第 61 章（"赐华冠与锡安悲伤的人，代替灰尘"）。不过，他发现最近有人用了这个书名，便决定改用斯宾诺莎《伦理学》中一卷的标题。1915 年 8 月 12 日，《人生的枷锁》美版由杜兰出版社推出，英版于前一日由海涅曼出版。乔治·杜兰刚刚与毛姆和海涅曼两人建立了合作关系，正要大肆宣扬，对《人生的枷锁》给予了缺少分寸的吹捧。他在回忆录中写道："假如我有自由选择的机会和足够的聪明才智，我要写的第一本书肯定是《人生的枷锁》。"

　　起初，该书引起的媒体评论不多。欧战正酣之际，读者并没有看长篇严肃小说的心情。大西洋两侧的书评表达了敬意，却没有兴奋之情。有些书评将毛姆归入近代现实主义文学一脉，与阿诺德·本涅特和康普顿·麦肯齐相比要等而下之；也有人说自己觉得书很好，只是有些困惑，用难以分类来形容这本书。"这是一部鸿篇巨制，也有一些优点，"杰拉德·古尔德在《新国务家》撰文称，"[但]整体上极其怪异。"直到当年年底，著名小说家西奥多·德莱塞在《新共和》发表的文章才发出了完全不同的声音。"这是一部……极其重要的小说，"德莱赛写道，"不拘于道德——这种作品必然要如此……精彩巧妙，从头到尾既有趣味，又有价值。"他总结道，萨默塞特·毛姆确实是"一名了不起的艺术家"。自此之后，《人生的枷锁》的风评持续走高。但是，直到二十年代《月亮与六便士》取得巨大成功之后，《人生的枷锁》才被重新发现并奉为经典。1934年，该书翻拍为电影，由莱斯利·霍华德和贝蒂·戴维斯主演。在近半个世纪的时期内，它一直是公认的经典著作。

　　不过，这些都是后来事。毛姆1911年动笔写《人生的枷锁》时，他主要以成功剧作家闻名，小说则只占次要地位。尽管如此，海涅曼和杜兰两位出版商仍然对他尊重有加，为毛姆的加盟而颇感荣幸。乔治·杜兰是爱尔兰裔加拿大人，高大迷人，风度翩翩。他每年来伦敦一次买版权，出版过休·沃波尔、阿诺德·本涅特等人的作品，《老妇谭》美版更是销量破十万册，以此闻名；他认为，与毛姆、海涅曼两人的合作是"我的出版生涯中最得意、最值得一提的两份契约"。杜兰与毛姆只是公事公办，与共同点更多的海涅曼则比较亲近。与毛姆一样，海涅曼是个小个子，轻微口吃，语言天赋很高，读过不少法文、德文、意大利文著作。他富有魅力与活力，热爱音乐、绘画与戏剧（他出版过易卜生和皮涅罗的剧本）。常有人说，海涅曼交朋友的本领不亚于做出版；这一点从他囊括的大批作者就能看出来：康拉德、吉卜林、罗伯特·路易斯·史蒂文森、高尔斯华绥、比尔博姆、亨利·詹姆斯、H. G. 威尔斯。

回到 1915 年，没有人能预见到萨默塞特·毛姆的书会比上述作家卖得都好，尽管他在伦敦西区和百老汇都是确定无疑的摇钱树。查尔斯·弗罗曼对毛姆不再写剧本的想法自然不太高兴。有一次，毛姆给弗罗曼写信，客套地问对方身体如何，弗罗曼回信说身体不好，"天气是一部分，但主要是你不写东西了"。最后，弗罗曼决定直面问题，跟毛姆讲："我要你给我写一部新戏。""那好吧。""为什么不换个背景改写《驯悍记》呢？""那好吧。"毛姆越想越觉得这个想法不错。构思期间，一段记忆浮上毛姆心头。那是他的一个婶婶，家在唐桥井，毛姆跟她住过一段时间。茱莉娅婶婶曾花钱请一名姑娘来做伴，后来姑娘搬去加拿大跟当地务农的兄弟同住了。"年迈的婶婶收到这位跟她做伴的人（'她是很有些人脉的，我的宝贝'）写来的信，说自己嫁给了一个做工的，她的震惊之情我现在还记得。"这段回忆是毛姆剧本的缘起，他寄宿的人家可能就是茱莉亚婶婶当年的女伴介绍的，甚至可能在她那阴暗的草原农场招待过他。为了深入了解，毛姆决定亲自去看看那种生活状态。1912 年底，毛姆经纽约、多伦多来到了严冬中的加拿大中西部，要在这里生活一个月。

从舒适的现代都市曼哈顿来到原始的马尼托巴，对比之下，尽显后者艰苦，然而，蛮荒的环境不禁令毛姆激动不已。他写道，"枯燥是枯燥，不舒服是不舒服"，但他觉得"那种稀奇、紧张的生活……再有趣不过"。12 月底回到纽约后，他给女演员梅宝·比尔兹利（奥布里·比尔兹利之姐）写信描述了这段经历：

我的天，他们过的是怎样的生活啊……周围都是白雪覆盖的草原，与邻居断了联系，终日为三餐忙碌，无暇他顾。丈夫和妻子闹别扭，竟能几周不说一句话。我住过一家，妻子之前自杀了；还有一家弥漫着诡异阴郁的氛围，几近于疯狂。我真庆幸自己离开了。不过，那是一段有趣的经历。哪怕埋在雪的底下，草原仍然有其别样的魅力，让我久久不能忘怀。

这部剧特别有话题度，题目"应许之地"是有意呼应当时加拿大招徕英国移民的广告。剧中的"悍妇"名叫诺拉，二十八岁，端庄的外表下是冲动的暴脾气。整整十年里，她都在跟唐桥井的一位不好相处的老太太做伴，换取报酬，日子过得很难受。故事开始的时候，她的雇主刚刚去世，身无分文的诺拉决定去找在加拿大务农的兄弟。在这里，淑女诺拉过着悲惨绝望的生活，最后决定嫁给一位雇农。弗兰克相当于《驯悍记》里的彼特鲁乔，力气大，大男子主义，有一种讽刺的幽默感。他同意娶诺拉，但开出了几个条件。"我给她地方住，给她东西吃，带她进我的社交圈，"他说，"作为回报，她要洗衣做饭，清洁打扫，保持这个破屋子的干净整洁。"不难预料，两人结婚当晚就是狂风暴雨：诺拉高傲地拒绝服从丈夫的要求，而弗兰克非要她屈服。"你算什么？就是个没见识的娘们。我是你的主人。我想对你做什么，我就要做什么。我向天起誓，你要是不听话，以前猎户家的土著女人*就是你的榜样！"最后，他打开卧室的门，承认失败的诺拉慢慢走了过去。（在 1917 年的电影版中，该情节被处理成了弗兰克在新婚之夜睡地板。）到了最后一幕，弗兰克和诺拉结婚已经六周，原先的陋室来了个大变样：窗前挂着平纹布窗帘，桌子上摆着花，两人显然很和睦。这时，诺拉的兄弟来信说，英国的一位老妇人想请她去做伴；他的语气很急切，"看在老天

---

* Squaw，加拿大移民抢来的印第安女人，带有贬义。

毛姆传

的分上，接受吧"。但是，诺拉已经变了：荒凉的应许之地既有艰苦的条件，也有美好未来的希望。更重要的是，她发现自己已经爱上了丈夫。

《应许之地》是一部很有力的话剧，勇敢地探讨性支配和性服从的主题，特别是在女性选举权和女性解放经常上新闻的时代。毛姆明白，作品思想能不能有效传达，很大程度上要看如何诠释两位主角。诺拉虽然富有勇气和激情，内心深处却隐藏着悲哀，其根源在于害怕孤贫终老。弗兰克尽管粗鲁，骨子里却是个正派的好人，表现出这一点也很重要。通过两人初见的场景，我们就知道他们都被对方强烈地吸引；再加上弗兰克是个刀子嘴豆腐心，第三幕才没有显得残酷和令人不适。在弗兰克呵斥诺拉（之后发生的事情相当于婚内强奸）的场景中，毛姆必须传达出这样的潜台词：诺拉之所以生气，不仅是因为她表面上看不起的弗兰克，也是因为她渴望他的肉体。如果他不能明确表达上述诸点，这出戏必将失败。

1913 年 11 月，《应许之地》于华盛顿首演，接着去了康涅狄格州纽黑文，12 月 25 日登陆纽约。饰演诺拉的碧丽·伯克确保了票房号召力。毛姆对杰拉德·凯利说："观众当然对戏本身一无所知，他们只是来看女主角的。"不幸的是，伯克小姐没有领会诺拉形象中的问题性与复杂性，而是单纯当成爱情喜剧来理解，觉得诺拉就是个不安分、好争吵的小女人，靠着闹腾和撒娇噘嘴拿下了自己的男人。不消说，这样一来，诺拉就成了一个不可理喻的角色。毛姆抱怨道："女主角被演成了无邪少女，大失颜色。"他很生气自己的剧被"那个小荡妇……演糟蹋了"。雪上加霜的是，所有人都去称赞弗兰克的饰演者，碧丽·伯克也觉得恼火。

> 可怜的女主角一场上来，一场下去，有些场景涉及大闹争
> 吵，我一度都担心碧丽·伯克可能都不愿意演了。不过，先是靠

恭维，接着又删去男演员会赢得大笑的部分（！），我们总算勉强让她演了下来。

碧丽·伯克在回忆录里表明了自己的不悦。"《应许之地》"，她回忆道，

属于写得很好，但我觉得太枯燥的那种剧。我的服装一点也不起眼，就一条黑裙子，还有一条特别丑的蓝裙子。加拿大农民的生活问题也提不起纽约观众的兴趣。满篇都是正直那一套东西……在我看来，角色的性格转变太突兀了……或许有老戏骨能演好这出戏，可我做不到。

美国的剧评大体是正面的，北边的加拿大却有人不高兴。《埃德蒙顿日报》抱怨道，这出戏"表现的加拿大西部风貌是完全错误的"。《每日公告报》也表示抗议："加拿大男人在梦里都不会将妻子呼来喝去……如果说加拿大男人有一样好的话，那就是对老婆好。"到了次年3月，面对汹汹民意，该剧的加拿大巡演计划不得不告吹。

1914年2月，《应许之地》于英国上演，这一次的女主角是艾琳·范布伦，她与碧丽·伯克不可同日而语。作为一位敏感聪慧的女演员，她轻而易举地表现出了诺拉性格中的阴暗面和焦虑。《英格兰评论》对她的表演赞赏不已，还以正面的笔调将其与几周前上演的萧伯纳话剧《皮格马利翁》做了比较。

毛姆的"皮格马利翁"孔武有力……有一点野蛮，性欲旺盛，是个可怕的人物；而萧伯纳的皮格马利翁则兼具男女的中性气质，冷血狡诈……

从文学角度比较这两出戏，有一点很重要：毛姆已经摆脱

了娱乐大众的标签，奏响了清新的强音；相形之下，萧伯纳就显得保守了，依然遵循以逗人发笑为主要目标的做作旧套路。尽管这出戏有些浮夸，一个女伴如此装规矩也令人难以置信，但《应许之地》的题材本身就是一出好戏，而且毛姆先生终于回归真正的艺术并赢得了观众的认可，这一点必须加以褒扬。

为监督美版《应许之地》的制作，毛姆于1913年11月15日抵达纽约，1914年1月初回国，当时离他的四十岁生日只有两个星期。这是他第三次访美，而且比以前多了一个目的。在毛姆的帮助下，苏·琼斯拿到了奈德·谢尔顿的话剧《浪漫》中的一个小角色，正要赶往美国。该剧之前在百老汇取得了成功，当时正在芝加哥的公主剧院上演。苏离开英国时，毛姆没来得及告别；但是，这一次绝对不能错过，因为他已经决定向她求婚。他在回忆录《总结》的一段话中吐露实情，讲述了他当时对婚姻的态度：

> 如果我还想娶妻生子的话，现在正是时机……在我为自己设想的生活图景中，结婚似乎是不可或缺的一个图案。在我天真的幻想中（尽管我当时年纪不小了，而且自诩通达人情，但在许多方面，我仍然幼稚得惊人），结婚会带给我安宁，摆脱风流韵事的安宁……恋爱会带来接连不断的麻烦事……这份安宁能让我尽情写作，不必浪费宝贵的时间，不必心烦意乱；让我过上平静、安定、体面的生活。

就社会地位而言，毛姆本可以娶远高于自己的女子：事业成功又有魅力的他被认为是理想的结婚对象，而且这不只是戏剧界内部的看法。但是，苏是他想要的女人：他爱着她，而且他也知道她是爱自己的，尽管她并不专一。他曾对朋友阿尔弗雷德·苏特罗说：

"你果真认为 B 跟其他人上过床，然后 A 就会爱 B 少一些吗？反过来呢？我认为不会的。"除了巡演期间，苏有许多时间就悄悄住在切斯菲尔德街，而毛姆也逐渐习惯了她营造的舒适温暖的避风港。她懂他，接纳真实的他。苏生性随和，不会在毛姆不需要自己的时候打扰他，或者给他出难题，要他做不喜欢的事情。她本人很自在，可以给毛姆信心；尽管他看似通达，其实常常陷入焦虑和不安。简而言之，他信任她，想要她，相信两人能够共同生活。

离开英国之前，毛姆做了精心的准备。他买了一只昂贵的订婚戒指和两颗镶了一圈钻石的大珍珠，还特意留出时间，等纽约这边的事情做完就去芝加哥陪她，根据规定，苏必须在芝加哥演出两周时间。之后他们会低调地去民政局登记，接着马上去塔希提岛和南太平洋度蜜月。苏的轮船抵达纽约当日，毛姆提前到码头接她。轮船靠岸后一片嘈杂忙乱，而毛姆几乎一下子就看到了她。她正在与一名英俊的高个小伙子交谈，后者很快就消失了。苏见到毛姆很高兴，热情地吻了他，但她不能耽搁太久，因为去芝加哥的火车不到一个小时就要出发了。接下来的两周里，毛姆一直忙于工作；但 12 月初便奔赴芝加哥，到苏下榻的宾馆住下。他打电话约她见面，她听起来挺高兴，但请他不要来剧院，因为他在下面的话，她在台上会紧张。不过，她同意演出结束后共进晚餐。十点半左右，苏打来电话说自己准备好了，于是毛姆就去了她的小套间。她看上去美极了，像往常一样拥抱他，开始跟他讲演出的事。不过，有些事不对劲：她显得焦躁不安，有时几乎到了歇斯底里的边缘。她几乎没碰给她点的菜，毛姆很快就按铃让服务员端走了。毛姆认为是时候说了，便平静地开口道："我是来向你求婚的。"

> ［苏］愣了一下，在我看来是很长的时间。然后，她说道："我不想嫁给你。"我吃了一惊……"你是认真的吗？"我问她。

"是的。""为什么呀？"我又问。"就是不想。"……我从口袋里掏出给她买的订婚戒指，递给她。"我给你买的。"她看了看戒指，说了句"很好看"……然后还给了我……"如果你是想跟我上床，那没问题，"她说，"但是，我不会嫁给你。"我摇着头说："不，我不是。"我们无言地坐着。过了一会儿，我打破了沉默："好，那看来没什么好说的了，对吧？""是的。"我看得出来，她想要我离开。于是，我把戒指放回口袋，起身吻了她，祝她晚安。

尽管这段话写于近五十年后，但五十年的时间里，毛姆从未忘怀这段不可磨灭的记忆。另外，上文与毛姆寄给杰拉德·凯利的一封信可相互印证，该信写于纽约，当时毛姆刚刚从芝加哥回来。

周游世界的计划破灭了。我去芝加哥见苏，发现她精神很不稳定，我也无能为力。见面详谈。她真可怜啊，神经不好，消化不好，全都不好。美国经常会对人产生这样的影响。唯一的办法就是安心静养，可我不能让她清醒，回英国，拥有我。

毛姆在回忆文章《回顾》中写道，回到伦敦后不久，他在皮卡迪利大道上看到《标准》的大字标题："女演员嫁给伯爵之子。""我马上猜到这里的女演员是谁，于是买了份报纸。我猜得没错。"实际上，早在12月13日，苏就在芝加哥结婚了，距离她拒绝毛姆的求婚还不到两星期；当时，毛姆正在纽约。她的丈夫是安格斯·麦克唐纳，安特里姆伯爵的儿子（非长子）。她在纽约下船时，毛姆看见她在与一名漂亮的小伙子说话，毛姆猜测此人就是麦克唐纳；他还正确地猜到麦克唐纳让她怀上了孩子（"我知道她在这些方面多么不小心"），这样就能解释她的紧张不安和所谓的"消化问题"了——毛姆本来以为是压力过大。

除了凯利以外，毛姆几乎没跟任何人说过这件事。他很擅长伪装情绪，丝毫没有流露出失望。实际上，失去苏·琼斯对他造成了沉重的打击，他很久才平复过来，而且一直追悔莫及：多年之后，她的名字仍然会激发出深切的情感。他真心爱过她，相信两人在一起会过上幸福的生活，虽然未必符合传统。当然，他会有外遇，她可能也会有，但他们或许仍然可以维持婚姻。幸运的是，他当时没有预见到一件事：失去苏·琼斯之后，他过上心安生活的一切希望也永远地失去了。

毛姆从未指责过苏的选择，曾说自己坚信对她来说，麦克唐纳是"比他好得多的丈夫"。在那样的环境中，这句话是大度的，尽管不幸的是，它并不符合事实。麦克唐纳是一个相貌英俊、精力充沛的迷人冒险家，带着妻子回到英国，住在唐桥井附近。苏因为怀孕被吓得结了婚，结果却是异位妊娠，之后再也没有产下孩子。由于两人的共同点很少，因此婚后生活并不快乐。苏中年发福，脸庞通红，演艺事业早已抛诸脑后。安格斯拈花惹草，她则染上了酒瘾，人生最大的乐趣只剩下养矮脚狄文梗。她于1948年去世，葬于爱尔兰的格莱纳姆，那里是她丈夫的老家。苏在事业上籍籍无名，要不是毛姆以她为原型塑造了他最优秀的小说之一《寻欢作乐》中的罗茜，那么她大概早已被世人遗忘。

1914年1月，心情沉重的毛姆回到伦敦，立即投入到了工作中，比过去还要努力。《应许之地》大获成功，弗罗曼催促他为下一个演出季再写出四部戏，其中有两部分别为玛丽·坦佩斯特和杰拉德·杜穆里埃创作。不过，他的生活并非只有工作，因为他再次邂逅了离美前夕认识的一位女士。他之前就觉得她有意思，也有魅力，但也并没有想太多，直到命运再次将她带入视线。为了纾解失去苏的悲伤，一段短暂的、随意的、没有束缚的恋爱似乎正是理想的药方，但他没有想到，自己即将卷入人生中最漫长、最痛苦、最具有毁灭性的一段关系。

一切开始于前一年，即 1913 年秋天的一个夜晚，毛姆启程前往纽约的前夕。当时并无不祥之兆。他正坐在切斯菲尔德家中顶层的书房里看书，电话响了，接起来发现是邻居卡斯戴斯夫人：她和丈夫本来要请两位朋友吃饭看戏，结果一位客人临时有事来不了，他们就问毛姆是否愿意替他。毛姆回忆道："我当时正好空闲，而且没看过那出戏，于是就同意了。"换好晚礼服后，毛姆就沿着大街走到卡斯戴斯家，然后被领到客厅里，给他引见另一位客人。韦尔康夫人三十五岁上下，她的美富有冲击力，不是传统的俊秀：嘴巴宽，鼻子略外凸，面色奶白，长着一双棕色的大眼睛；穿着入时，戴着两枚大大的弧面抛光祖母绿戒指。她显然觉得毛姆很吸引人。用餐期间，毛姆表现出了十足的风趣幽默。一行人准备去剧院时，韦尔康太太小声恭维道："要是咱们不用去看戏多好。我真想听你说一晚上话。"次日下午照例回访时，毛姆说自己觉得女主人的那个朋友很有魅力。卡斯戴斯夫人告诉他，西莉·韦尔康是美国制药大亨亨利·韦尔康的妻子；夫妇生活并不和谐，目前已经分居。

几天后，毛姆去看歌剧，发现韦尔康夫人坐在正厅，就过去找她说话。她见到毛姆显然很高兴，说自己没有请他去做客觉得很抱歉，因为她在摄政公园的房子正在装修，当时正住在大理石拱门附近的一间"令人讨厌"的公寓里。"她准备房子装修好就开暖房聚会，希望我也能过去。"不久之后，毛姆便前往美国监督《应许之地》的排演工作并向苏·琼斯求婚。

1914 年 2 月 26 日，《应许之地》伦敦首场于约克公爵剧院上演，当晚恰好是西莉开暖房聚会的日子。毛姆寄给她两张正厅前排的戏票，打算剧院的事情一结束就去西莉家。毛姆在首演现场总会觉得紧张不安，西莉还来晚了，大幕拉起后几分钟才入座，这更让他恼怒。他几乎都决定不去她家的聚会了，但他为了这项活动已经推掉了所有其他邀请，别无他事可做，只得前往摄政公园约克排屋4号。宴会排场很大，请了乐队，宾客穿着时髦的衣服，气氛活跃，不少人都来祝贺毛姆的新戏上演。毛姆陶醉于自己的成功，玩得很尽兴，陪女主人跳了好几支舞，后半夜才回家。"从那以后，"他说，"我几乎每天都跟西莉见面。"

西莉·韦尔康看上去是传统的上流社会妇女，其实并非如此。她出生于1879年，比毛姆小五岁，父亲是著名社会改良主义者，巴纳多孤儿院的创始人托马斯·巴纳多。她本名格温多琳·莫德，成年后被叫作西莉。家里有六个孩子，她是老大（本来还有第七个，是一个男孩，在襁褓中夭折了）。她的成长环境很不一般。老巴纳多夫妇都属于美国教派"普利茅斯开放兄弟会"；丈夫虔信宗教，福音派色彩浓厚，热烈拥护禁酒运动；妻子的名字也叫西莉，但家里人都叫她"贝格姆"*。巴纳多一家住在哈克尼的舒适祖屋中，特别看中每天阅读《圣经》和祈祷，守时与服从而且摒除一切世俗娱乐：喝酒、抽烟、看戏都不许。巴纳多的个性中有浮夸、咄咄逼人、倔强、傲慢、专横的一面，同时也富有魅力，对人和善。他的孩子们对他又敬又爱，特别是大女儿，她继承了父亲的许多特质，最突出的是脾气火爆、固执己见（她小时候绰号"小女王"）和商业才能。老巴纳多可能有少许犹太血统，父亲是定居于都柏林的普鲁士皮货商。作为精明的商人，他赚了许多钱，但花钱的速度更快，主要是用于各项慈善事业，常常缺钱，难以满足妻子日渐提高的生活水准要求。

西莉十七岁时，巴纳多一家从哈克尼搬到瑟比顿的圣莱纳德府，一座维多利亚时期修建的独栋大宅。贝格姆，一个顽强、坚定、在很多方面比丈夫更加现实的女人，在这里偶尔会开聚会，为长女结

---

* Begum，原本是对穆斯林贵妇的尊称。

识般配的男子创造机会。这对西莉是一件好事。她热爱社交，渴望见识广大的世界。她第一次看到外面的世界是父亲带她去加拿大参加孤儿院的开幕仪式。夫妻希望她做一名传教士，然后去中国，而这条职业路径与她自己的愿望差得不能再远了。她渴望离开阴沉压抑的家：两个弟弟患白喉死去，一个妹妹永久残疾。她厌恶浓厚的宗教氛围，对父亲的公益事业没有一丁点兴趣，反感孤儿和孤儿院，对被拉去圣歌活动当钢琴伴奏深恶痛绝。西莉与一名本地青年有过短暂暧昧，之后在母亲的鼓动下，她把注意力转移到更大的猎物上：一位中年美国人，巴纳多医生的朋友，当时借住在莱纳德府，之后搬到了泰晤士河畔租下的新屋。

亨利·韦尔康（昵称"哈尔"）是一名四十六岁的富豪，相貌英俊，体态匀称，蓝眼睛，长着茂密的姜黄色胡须。与他仰慕的托马斯·巴纳多一样，亨利也是在宗教禁欲氛围浓厚的环境中长大的。尽管他已经基本摆脱了明尼苏达州的童年印记，但帮助他人、造福大众仍然是他强烈的本能倾向。他人生最大的目标就是消除贫困地区的疫病。他定居英国多年，是总部位于伦敦的宝来威康药厂老板。该厂是最早生产西方药学的革命性技术"压缩药片"的制药企业，效益非常好。韦尔康喜欢有女性做伴，不过他没有时间考虑结婚的事情，对婚姻兴趣也不大。但是，活泼诱人的西莉显然迷住了他，她也觉得韦尔康很有意思：他在泰晤士河里有一条独木舟，对聚会来者不拒。他还对她特别关心，这也让她很激动。最重要的是，她在韦尔康身上看到了逃离令她窒息的家庭，进入她一直渴望的上流社会的路径。

但是，韦尔康于夏末出国，走前什么都没有说，大鱼看上去就要离网了。行动必须要快。贝格姆知道他要到苏丹考察，就派女儿寻踪而去。有一天，哈尔·韦尔康正在喀土穆专心研究疾病对当地人口的影响，结果在一群手打阳伞、身穿花边裙的英国女观光客中间看到了可爱的巴纳多小姐，她正走下一艘尼罗河汽船。他别提有多惊讶了。这招奏效了。两人在国外订婚，回国后于1901年6月2日在瑟比顿圣马可教堂举办了低调的婚礼。西莉从此成了亨利·韦尔康夫人。

这段婚姻几乎从开头就是一场灾难。韦尔康特别讲原则，聪颖，精力充沛，喜欢社交——但比起与个人打交道，他在人群中会更开心。他对自己的道路很坚持，全身心扑在事业上。作为业界巨头，他经常要接待政府和国家首脑的垂询，习惯了别人服从自己，作风专制。他之所以迎娶热心公益的老友之女，是因为他觉得自己找到了理想的妻子：品行高尚，顺从夫君，甘于奉献，一心取悦自己，支持自己的无数慈善事业。他大大地失算了。西莉是个轻佻放纵的女人，以为婚后生活可以大把花钱，她可以办全伦敦顶级的社交聚会，时常去欧洲大陆最时髦的地方度假。她的幻想马上就破灭了。起初，韦尔康夫妇住在肯特郡一栋租来的房子里。西莉发现，她招待的不是"场面人"，而是满头白发的老教授和古板的教授太太，他们坐在花园里一边喝茶，一边讨论开发白喉疫苗的可能性。出门的话，韦尔康夫妇总是到闷热拥挤的酒店宴会厅。年轻的韦尔康夫人只能无聊地坐在台上，先观看没完没了的奖杯、奖牌、证书颁发仪式，然后忍受着名科学家的长篇报告。出国还要更糟糕。韦尔康完全不在乎物质享受，去的不是勒图凯或比亚里茨等度假胜地，而是到欧洲的偏僻角落寻访医药，他收集的藏品最终将高达上百万件。两人会连续几个月开着经常抛锚的破车在崎岖颠簸的路上，晚上睡在简陋的小旅馆里，白天四处逛布满灰尘的店铺、博物馆，或者拥挤嘈杂的集市。韦尔康觉得这种旅行是伟大的冒险；他的妻子却痛恨着旅程的每一分钟。

夫妇还有其他方面的不和谐，但从来没有说起过。直到后来，西莉才向一两名密友透露自己对丈夫求欢的反感。韦尔康年近五十，

毛姆传

姜黄色头发已经斑白，长着海象胡子、红脸膛、大肚子，嘴里总是一股浓重的烟味，不可能讨二十一岁的小姑娘喜欢。此外，他还有家暴的迹象和虐待倾向，再加上卧房里忍受的痛苦，西莉私底下很害怕。后来有流言称，他曾无情鞭打土著轿夫，还曾把一个小孩的脚捆起来活活打死——后一件事很快就被压下去了。西莉估计没听过这些事，这对她的内心安宁来说是一件幸事。

1903 年 6 月，刚从加拿大和美国长途旅行归来的西莉生下一子，取名为蒙特尼。夫妇都很宠爱这个孩子，但是，孩子的降生并没有成为父母的黏合剂，反而让他们更加疏远。西莉现在有小孩子要照顾，不愿意参加丈夫那些累人的活动，而且很快就向他挑明。妻子闷闷不乐，丈夫爱发火，两人有时吵得很凶，而男人未必总能控制住自己。韦尔康对年轻貌美的妻子感到骄傲，但也要求她绝对服从。他认为妻子没有履行侍奉丈夫的义务，怨气越积越多。他还有一点不满意：妻子似乎越来越喜欢找年轻男人做伴，那些人对她的吸引力显然很大。

1909 年，韦尔康夫妇又去了美国，琴瑟失和已其明显。他们先去了纽约、华盛顿和加州，接着前往厄瓜多尔，住在基多的美国公使馆里。韦尔康此行是应美国政府之邀，前来调查疫病横行的巴拿马运河区的卫生状况；他对这件事的兴趣极其浓厚，她则意兴阑珊。当时美国金融家阿奇·哈曼也住在公使馆里。韦尔康突然向妻子发难，怒斥她与哈曼通奸。西莉坚决否认，可她丈夫根本不听，两人相处时越发暴力，吓坏了西莉，于是她自己回了纽约。夫妇从此再未见面或交谈。两人签订了法定分居协议，西莉获得了每年 2400 英镑的慷慨个人生活费，还拿到了蒙特尼年满十一岁之前的监护权，期间抚养费均由父亲承担。不论西莉和哈曼之间有没有情况，韦尔康坚信妻子有过错，认为她是一个道德败坏的女人。他从来没有原谅她，痛苦终生。他不许别人当着自己的面提到她的名字或这段持续九年的婚姻。西莉给他写过不少动情的信，大多是哀求要钱，或者讲蒙特尼的身体情况；他一概直接交给律师处理。

分手后的冲击消退后，西莉往返于巴黎和伦敦之间，尽享自由生活。她人生中第一次成为自己的主人。她不缺钱，沉浸于自己喜爱的奢侈品和艺术品位中，这从她时尚的服饰和家装，以及近乎戏剧性的娱乐天分中就能看出来。约克排屋家中的客厅为她的聚会提供了引人注目的背景，毛姆后来就以此为背景创作了自己最成功的喜剧之一，《卡洛琳》（*Caroline*）。剧中女主人公宽敞通风的客厅位于摄政公园——

> 装修风格奇妙而赏心悦目，设计者是一位赶潮流的女士，同时又融入了她自己的卓越品位。地毯、垫子、沙发布、椅罩显然有未来主义的味道；但并没有任何出格的成分，没有让房间成为纯粹的猎奇之物。四处摆放着大花瓶，自然的平静与人类放肆的想象力形成了一种对照。

1905年父亲去世后，西莉就把贝格姆接来同住。母亲为大宅带来了体面的表象，西莉感到很高兴，因为毫无疑问的是：韦尔康太太并不是很体面。尽管她逃过了离婚的污名，但挑剔的上流人士对她还是不太待见：她不仅离弃丈夫，后来更是举止轻浮。例如，她曾热恋英俊潇洒的年轻轻骑兵中尉戴斯蒙德·菲茨杰拉德，并对其寄予厚望，但他后来还是与萨瑟兰公爵夫人私奔了。其他有钱的爱慕者包括格拉蒙特公爵、波旁家族的一位亲王、美国百货大亨戈登·塞尔福里奇；据说，塞尔福里奇负担了约克排屋（有人说，西莉订了一个写有 WELLCOME 字样的门垫*）租金并补贴西莉昂贵的衣物、

---

* 普通门垫会写"Welcome"，意为欢迎光临。Wellcome 则是西莉的夫姓韦尔康，只比 Welcome 多了一个字母 L。

奢华的宴会和一大批仆人，包括一名管家、贴身女佣、厨师、厨房帮工、汽车和司机，工资就有一大笔，光靠韦尔康每个月给的200英镑根本负担不起。

到了与毛姆恋爱的时候，西莉心里越发焦急。塞尔福里奇逐渐对她失去了兴趣，她也到了三十五六岁的年纪，有人说她是"最好的年纪刚刚过去的名媛"。尽管她过得很开心，却也开始渴望安稳。韦尔康随时可能跟她离婚，那些富豪情人没有一个会向她求婚。中年的脚步越来越近，她发觉自己需要体面人的地位和大笔的可支配收入。西莉还特别想再生一个孩子。她对蒙特尼的母爱是深沉而发自内心的，精心照料他，为他的健康和成绩忧心，每次出国都带在身边。但是，韦尔康对自己的儿子越发冷酷。1912年，蒙特尼被送进寄宿学校，他的父亲开始严格限制西莉与儿子见面，不仅让她很痛苦，一直与母亲亲近的小男孩同样陷于煎熬。

于是，威利·毛姆1913年走进她的生活时，他似乎满足了西莉的每一条要求：他是"伦敦最有魅力的男人"，有钱，时髦，了无牵绊。西莉很快就决定拿下他，如果那意味着倒贴，她也会做的。

1914年，暖房会之后的三四周时间里，她和毛姆每天都见面。这时，西莉说要去趟巴黎，她在奥赛码头有一处公寓，邀请毛姆同去。两人分别出发，毛姆刚到巴黎就从宾馆打电话给西莉，要请她吃晚饭。饭后两人回到她的公寓，并在那里第一次做爱。次日上午，毛姆即返回伦敦，西莉几天后也回去了。他们定了一项愉悦的规矩，几乎每晚都在约克排屋用餐，然后上床。"一切都很愉快，"毛姆说，"在我们的圈子里，大家都知道我是西莉的情人……我为她感到骄傲，自己也很开心。"她很会恭维人，她是性感的，毛姆对她的热情与活力感到高兴，欣赏她美艳的服饰妆容，尤其喜欢向别人炫耀她本能的时尚感。（有一次，毛姆带她去看嫂子奈莉，他的一个小侄女后来在日记里写道："威利叔叔带韦尔康太太［原文误为 Welcome］来喝茶，她的帽子很滑稽。"）毛姆有时会陪她去庞德街购物，也喜欢看着苗条的西莉身穿丝绸晨衣和半透明的午茶袍走来走去；不过，毛姆在某些方面还是不懂"规矩"，从来想不起情人或许应该掏钱。西莉经常延请宾朋，排场十足，而且总会把毛姆列上邀请名单。在一次她举办的活动上，毛姆和请来助兴的艾尔莎·麦克斯韦"拼上了耐力"，用麦克斯韦小姐的话说，"我弹钢琴他跳舞，整整三个小时，中间完全没有休息。那天晚上真厉害"！

这一切都很有趣。毛姆知道西莉对自己有感觉，还知道他与戏剧界的关系让她在朋友面前很有面子。但是，他认为这只是两个成年人的一场不走心的恋爱，两个人谁都不想有进一步的发展。他完全没有戒备心，以至于当西莉对他说自己"疯狂地爱他"时，他也只是哈哈大笑。他感到了触动，虚荣心得到了满足，但从来没有把这句表白当真。

接下来发生的一件事引发了毛姆的警觉，让他觉得事情要比他原来以为的严重得多。当时，他和西莉在里士满公园散步，结果西莉说想给他生孩子。毛姆大惊失色：想要孩子确实是他的一个软肋，他也希望有朝一日成为父亲，但并不想跟这个他不爱的、无意与之成家的女人生孩子。他尽可能简单地说明了产下私生子会带来的社会和法律难题，可西莉不屑一顾，说自己有一个结了婚的兄弟膝下无子，很乐意抚养这个孩子，等过了三四年，她再把孩子领回来，这样做再明智不过了。计划很简单，富有迷惑性，连毛姆都动过心。不过，理性还是占据了上风。他对西莉说没戏，不想掺和这件事，让她以后不要再想了。

次月，即1914年4月，西莉邀请毛姆去比亚里茨，那里还有她的两个朋友。等几天后朋友走了，西莉就提议单独跟毛姆开车去西班牙。毛姆喜欢西班牙，之前跟她讲过许多西班牙的事。他马上警觉起来：关起门与有夫之妇交往是一回事，大摇大摆地单独出门旅行，没有第三人陪同，这就是另一回事了。他无意玷污西莉的名誉，也不希望牵扯到韦尔康可能对妻子发起的报复行动中。但是，西莉向毛姆保证：她和丈夫已经签了一份友好协议，规定两人都有外遇的自由。于是，两人就出发了，第一天在莱昂过夜，然后去了圣地亚哥-孔波斯特拉，住在漂亮的天主教双王酒店套间。当地气候温暖，两人都很放松，毛姆第一次在没有保护措施的情况下与她做了爱，粗心地让她自己去管避孕的事。两人在圣地亚哥-孔波斯特拉住了将近一周，然后驱车回到巴黎，赶上了开往伦敦的"金箭"号邮轮。

　　回国后不久，毛姆就接到了令他震惊的消息。一天早晨，西莉打来电话，说有急事，马上要见他。毛姆到她家时，发现她躺在床上，脸色苍白，泪汪汪的。她哭诉自己刚刚做了流产。"我不想尘埃落定前跟你讲。"她抽泣着说。毛姆如遭雷击，因为他本来以为她已经放弃生孩子的念头了。但是，他言语里并未流露出不安，只是坐到床边，握住她的手，尽量安慰她，用手帕给她擦泪。"你想跟我分手吗？"她小声说。她生着病，郁郁寡欢，他也知道蒙特尼带给她的痛苦，为她感到很难过，于是说道："当然不想，干吗要分手呢？"没过多久，西莉就痊愈了；又过了几周，两人又若无其事地回到了以前的安排：吃饭，跳舞，一起参加活动，中午到丽兹酒店用餐。毛姆只对杰拉德·凯利透露了这个秘密，对别的朋友守口如瓶。他写道："我有很多话想跟你说。不过，我不敢动笔。我要告诉你一件奇事，但你一定要绝对保密。"

　　毛姆自以为逃过一劫，短期内也愿意跟她继续见面，尤其是她感情脆弱的当口。不过，这次意外让他有所震动，他明白两人是不可能有未来的。他依然欣赏西莉，但开始觉得她有点烦人，她的依赖让他不安，他只想尽快抽身。比方说，每次见完面，她马上就会问："下次什么时候见啊？"他对此颇为反感。尽管韦尔康似乎无意与妻子离婚，但这种可能性让毛姆特别紧张。西莉"还是对我疯狂迷恋"，他对一位女性朋友说，"她老公去百慕大了，她也没提离婚的事。我总算能松口气了"。不过，为安全起见，他还是决定消失一段时间。于是，他于 7 月离开伦敦，要跟杰拉德·凯利到卡普里岛住一个月。

这是一段短暂却平静的放松期。两人住在俯瞰城区的白色小屋切尔科拉别墅，同住者还有小说家 E. F. 本森（昵称"多多"）与毛姆在海德堡认识的老朋友约翰·艾灵汉姆·布鲁克斯。本森只要有机会就从英国过来，他写过一本隐晦的同性恋小说《科林》，其中生动地描绘了卡普里岛的这段时光。布鲁克斯则常住此处。这桩安排对两人都很方便，一方面因为两人是朋友，另一方面是因为——用一位邻居的委婉表述来说——"他们有文学以外的共同爱好，因此卡普里岛是他们理想的度假地"。别墅坐北朝南，种满了茂盛的西番莲和白花丹树。房前是一排阳台，房后有一间面积很大的工作室。墙上有蜥蜴趴着晒太阳，橘花盛开，好脾气的塞拉菲娜负责做饭，他们就在花园葡萄架下悠闲地吃饭。上午是工作时间，毛姆要起草一部新剧本。然后，一行四人会走到山下的提格里诺浴场，在清澈海水中游泳，晒太阳，欣赏俊美迷人一如往昔的卡普里当地少年。在关上百叶窗的凉爽屋子里午休之后，毛姆会去上俄语课，老师是一名来自敖德萨，每天下午来切尔科拉别墅的怪人。上完课后，他们通常会去打网球，或者到索拉罗山坡上漫步。吃完晚饭，一行人会走几步路到大广场旁边的莫甘诺酒吧，跟这里的常客喝酒玩牌，其中有一对新来的夫妇：小说家康普顿·麦肯齐和他的太太。

麦肯齐夫妇买下了安那卡普里的罗萨尤别墅，两户人家经常走动，毛姆最关心的是定期送来的英国报纸。"从英国各处邮局送来的一捆捆报纸最吸引毛姆，他对此毫无掩饰，"菲斯·麦肯齐回忆道，"我给他画了一幅像，画面里只有一把椅子、一份摊开的报纸和两

毛姆传

条交叉的腿，题目叫作'萨默塞特·毛姆与朋友共进晚餐'。"康普顿·麦肯齐最近随着小说《不祥的街道》出了名，很高兴有作家同行做伴，尽管本森和毛姆对布鲁克斯的恶意嘲弄有时会让他不舒服。在康普顿看来，两人"对可怜的布鲁克斯很不厚道"。布鲁克斯惹两人讨厌的原因显而易见：除了体重增加，头发减少，原本虚弱俊秀的面容变成了陶土似的大红脸，他在其他方面都没变，还是那个懒惰、和善、以自我为中心的家伙，非要大声朗诵他翻译的埃雷迪亚诗歌——他成天都在折腾，但从来没翻译完——大家都觉得很烦。他还会在立式钢琴上弹贝多芬的曲子，水平实在堪忧，只是让听众遭罪。"他的感知力不错，"本森写道，"[而且]懈怠的灰烬之下似乎埋藏着真正的火焰……[但是]他太不用功了，简直不可饶恕。"*

　　8月初，切尔科拉别墅平静规律的单身汉生活突然被打破了：先是8月4日大战爆发，接着是西莉从罗马发来电报，说自己即将抵达卡普里岛。毛姆大惊失色，惊慌的样子让其他房客也受到了感染。布鲁克斯"激动不安"地跑去找麦肯齐夫妇，跟他们讲毛姆搞上女人了，为自己要跟她结婚而恐慌。"要是毛姆弄了个老婆来切尔科拉别墅，"布鲁克斯哭喊道，"我是真不知道该怎么办啊。我觉得本森也不会高兴的。"麦肯齐同样感到震惊，恳求毛姆保持坚定。既然有人撑腰，毛姆立即给西莉回电，让她千万别来，因为他和凯利就要回英国了。西莉没有理会，还是坐船上了卡普里岛（很像她十五年前坐船到喀土穆找韦尔康），结果发现毛姆确实像他之前说的那样，正准备离开。她只住了很短的时间，氛围实在说不上开心：没有人

---

*　原注：1929年布鲁克斯逝世于卡普里岛，毛姆随后以布鲁克斯及其卡普里岁月为原型写了一篇故事，题目叫《吃忘忧果的人》。他在文中这样形容以布鲁克斯为原型的人物："确实没有人因为他的生活而获益，但他也没有妨碍任何人。他唯一的诉求就是自得其乐，看上去他也成功了。"（译文引自《绅士肖像：毛姆短篇小说全集4》，陈以侃译，广西师范大学出版社，2020年）

想要她来，尤其是毛姆。

伦敦是一座处于混乱备战状态下的城市，开战头几天的兴奋狂喜很快就被忙乱的动员工作淹没。毛姆当时四十岁，已经过了服役年龄（要求十八至四十一岁的未婚男性参军的征兵令直到1916年1月才颁布），但他有着热忱的爱国之心。在一篇试图分析自己别具一格的爱国情怀的文字中，毛姆写道："对我来说，英国在地图中的形状是重要的。那是一种凝聚着自豪、渴望与爱的情怀……一种让牺牲变得轻而易举的情怀。"他决心在战争结束前投身到战争中，想当然地肯定当年就会结束。他的许多作家同事，如 H. G. 威尔斯和阿诺德·本涅特，都是以笔为枪，报道战况。有的人在国内写，如威尔斯；有的人则奔赴法国北部，为读者带来一线战报，如本涅特。但是，毛姆完全没有写字的欲望：他想要的是行动。他觉得身负法语流利这项巨大优势，便去找时任第一海军大臣、过去一块儿打过高尔夫球的温斯顿·丘吉尔，请求为国效力。但令他失望的是，丘吉尔的回信里附有一封让他去找白厅某领导的介绍信。毛姆可不想前线打仗，自己却坐在办公桌后面，于是没有搭理丘吉尔，转而申请加入红十字会。当时，红十字会要派遣一支救护队到前线，正好缺一名翻译。英国陆军部红十字会工作组组长是特立独行的弗雷德里克·特雷维斯爵士，他是布尔战争的老兵，还是维多利亚女王的御用外科医生。在他的大力推动下，一批批医生、护士、护理员、司机、担架员不断渡过英吉利海峡去往法国。这些人确实做出了巨大贡献，然而，对于天生讨厌墨守成规、富有冒险精神的毛姆来说，红十字会最吸引人的地方还是灵活多变乃至于缺乏专业性，依赖于五花八门、能力参差不齐、不乏奇人异士的志愿者这一特点。

到了10月的第三周，毛姆的申请通过了，他换上制服，整装待发。但是，他在出发前还要与西莉进行一次不愉快的面谈。谈话期间，西莉告诉他自己又怀孕了。毛姆惊骇不已，坚信这又是西莉给自己下的套。他愤怒而沮丧，气得无法掩饰自己的情绪。西莉本来以为毛姆会同情她，却见他面如顽石，遂大感震惊，哭了出来，抽泣着说她只是太爱他了，想给他生个孩子。毛姆回忆道："她让我觉得自己是个畜生。"尽管他怒发冲冠，还是想表现得体面些。他对这段关系已经厌倦了，对西莉本人却尚有好感。身处困境的孕妇也总能触动他的心。然而，他心意已决，并没有在惊慌失措中许下长相厮守的诺言。两人谈了谈，情绪渐渐平复，毛姆也终于可以去做自己想做的事了。"最后，我向她保证，等她实在瞒不住的时候，会把她送到一处隐秘的地点。"西莉只得表示满意。

　　10月19日，毛姆在布伦登陆，随同其他身穿制服的志愿者到设于巴黎酒店的红十字会总部报到。码头前停着一排排盖着帆布的救护车，全城到处都是穿着卡其色军装的士兵。戴着鸭舌帽、打着绑腿的男人随处可见，他们或站着抽烟聊天，或漫无目的地在街上游荡，等待命令的到来。激战就发生在几英里外法比边境的伊普雷，隆隆的炮火声日夜不息。英国远征军要不惜一切代价挡住德军进攻，战损率骇人听闻，死伤人数很快就达到了数万。毛姆所在的救护队立即撤出布伦，前往法军阵地，与那里的美国红十字会人员汇合，任务是将战场伤员送到紧临战线后方的急救站；接下来，伤员会被送到几英里外设于杜兰、亚眠、蒙迪迪耶的后方医院。当时天气很冷，雨下个不停。"这里没有蜡烛，只有浸过牛油的灯芯，"毛姆给杰拉德·凯利写信说，"路况很差，两边就是三英尺深的烂泥，要是你被车队挤下去，得用好几匹马才能拉上来。"临时救助站设在战场边缘的教堂和谷仓里，人满为患，混乱不堪。不过，医院的情况也好不了多少，全都挤满了伤员，医护人员疲倦不堪，物资供应不足，基本的卫生条件都保证不了，简直是感染的温床。

　　毛姆这样的红十字会志愿者经常被叫上战场，有时还要顶着枪林弹雨，工作不仅艰苦，而且危险。通知经常半夜到来，外面冰冷刺骨，伸手不见五指，救护车还不能开车头大灯，只能靠炮火照明。道路泥泞崎岖，每辆车配六副担架，到了目的地后要尽量轻轻放下。毛姆身负担架员、司机、翻译的多重职责，他既懂法语，也懂德语，对英国救护人员和伤员之间的沟通起了很大的作用。有一次，他来到一处医院，里面有两三百名伤员，人满为患的病房里很闷，散发着血腥和排泄物的味道。

> 值班的医生不超过两人，有两名负责更衣的护士帮忙，还有若干完全不懂护理的镇上的女人。我跟一名德国战俘聊过几句话。他有一条腿被截掉了，他觉得自己要是法国人的话，肯定不会做截肢。护士请我向他解释，说截肢是为了保住他的命，还绘声绘色地描绘了被切掉的腿的样子。

还有一天晚上，蒙迪迪耶附近刚刚结束了一场激烈的战斗，毛姆所在的救护队接到命令，要他们赶往村里的教堂。天色渐暗，救护车往前开的时候一辆贴着一辆，担架也提前清理好。他看见死者被扔到教堂门外，已经堆成了小山，没死的人一排排躺在铺着稻草的地上。唯一的光源是祭台上的蜡烛。

> 说话声与痛苦的呻吟声、垂死者的叫喊声混杂在一起。一个身受重伤，害怕得要死的小伙子不停地喊着，"Je ne veux pas mourir"*。三名士兵站在他旁边，试图宽慰他。他抓着一个人的一只手，那个人就用另一只手抚摸小伙子的脸庞……"Mais

---

* 原注：法语，意为"我不想死啊"。

non, mon vieux, tu guériras..."* 但是，小伙子还是高喊着"Je ne veux pas mourir"，直到他死去。

有些志愿者被接连不断的炮声震坏了，因被迫目睹的惨状而深受创伤：许多伤员的可怕伤口久久不能愈合，交战双方的致命武器将人活活撕碎。但是，毛姆表现得沉着大胆，面对敌人的行动往往感到振奋。"我前两天目睹了一场飞机间的战斗，那是我见过的最令人激动的景象。"他告诉阿尔弗雷德·苏特罗；他又从敦刻尔克给威廉·海涅曼写信说："我前两天有幸目睹德国用缴获的法国大炮开火……杰克弹†打进地里，弹片四溅，炸出了好些泥土，那景象真是精彩……回去的时候，他们正在炮击伊普雷公路，而我恰好也走这条路。不过，德国人开火特别有规律，所以我们没被打中。我去看了看一个弹坑，真是好大啊。"战争很可怕，一次交火就有300人阵亡，1600人负伤。不过，毛姆是学过医的人，不会被吓倒。他务实，亲切，富有同情心，很快队里就安排他去运用那些他早已遗忘的技能，给伤员清理伤口、涂碘酒、缠绷带。"我已经多年没做过这些事了，"他在记事本里写道，

> 刚开始干的时候，我有点笨拙和不自在，但很快就发现还是能做出一些微小的贡献……我从没见过这样的伤口。有的人肩膀大面积受伤，骨头全都碎掉了，流着脓，气味刺鼻；有的人背部被撕开了口子；有的人肺部被子弹穿透；有的人脚部粉碎性骨折，也不知道腿能不能保住。

---

* 原注：法语，意为"老兄，没事，你会好起来的"。
† 原注：Jack Johnson，一种以美国重量级拳击冠军杰克·约翰逊命名的德国炮弹。

评论家戴斯蒙德·麦卡锡和毛姆在同一个救护队。麦卡锡富有魅力，为人懒散，懂得很多，年纪只比毛姆小三岁，两人从此建立起了珍贵的友谊。他在剑桥读书时入选使徒社*，认识伯特兰·罗素、E. M. 福斯特等一些大人物；他还是里顿·斯特拉奇、莱纳德·伍尔夫、克莱夫·贝尔的朋友，因此很早就与布鲁姆斯伯里团体有过交往。他的剧评——特别是对萧伯纳剧作的评论——和1910年对著名的罗杰·弗莱后印象派画展的介绍都广受好评。麦卡锡与毛姆有许多共同点，因此有很多话可聊。许多人都觉得麦卡锡很擅长谈话，毛姆也是如此，于是无意间透露了许多信息。战争结束几年后，毛姆看到了麦卡锡几篇评论自己作品的文章，惊讶地发现麦卡锡把毛姆的自我评价说成是他的观点。"我有点恼火，"毛姆不悦地写道，"同样是关于我的一句实话，我说出来是一回事，别人说出来就是另一回事了。我希望评论者承认他的观点是从我这里听来的。"戴斯蒙德·麦卡锡欣赏毛姆的小说，评价也很精当。实际上，在整个布鲁姆斯伯里团体中，唯有麦卡锡认真对待毛姆。二十世纪三十年代，他敏锐地指出："战争对他［毛姆］才能的发展有着十分重要的作用……他在那时明白，旅行和独处对他的天才大有裨益。"

　　毛姆和麦卡锡一起从英国出发，渡过英吉利海峡。刚到布伦，这两位作家就收到了不许他们给报社发文章的警告，尽管他们根本没想动笔。他们渴望行动起来，结果发现，激烈的战斗之间是漫长的无所事事。于是，他们都很高兴能有志趣相投的人做伴。毛姆解释道："我们既没有跑断腿，也没有无聊至死。"麦卡锡可是一位很好的同伴。不上前线的时候，两人会一起吃饭，有时是在布伦的莫

---

*　使徒社（Cambridge Apostles），剑桥大学的一个精英社团，由圣约翰学院学生乔治·汤姆林森于1820年成立，整个剑桥大学每届只有12个学生能入选。使徒社的知名成员包括丁尼生、詹姆斯·克拉克·麦克斯韦、罗素、E. M. 福斯特、路德维希·维特根斯坦、约翰·凯恩斯、莱纳德·伍尔夫，等等。

里斯酒店，麦卡锡偶尔会在这里跟女朋友约会，完全不用怕妻子发现；有时到乡间旅馆抽雪茄喝酒；有时则是在他们驻扎的村镇闲逛看风景。毛姆有一次死里逃生的经历。他当时在伊普雷的大广场，正要走近始建于中世纪的纺织业工会的废墟查看，他之前靠着的一面墙就被德国炮弹击中了。他在一封给杰拉德·凯利的信中说："观光也成了麻烦事。"他所在的救护队总是在转移。他们住过伊普雷附近的一间修道院，每个房间十五到二十人，睡在铺着草垫的地上；杜兰的条件要舒适一些，毛姆被安置在一家退休店主家里，主人的妻子很照顾他，睡前还给他送热牛奶；在法比边境的斯腾福德，他住在一家阴冷的小旅店里，饭很难吃，也不能洗澡，但毛姆还是自得其乐。

> 工作艰苦又枯燥。不过，不用负责任的感觉真好！我不用做决定。别人叫我做什么，我就做什么；做完以后的时间全属于我自己。我可以心安理得地浪费时间。在此之前，我都觉得时间太宝贵了，连一分钟也耽搁不起……我从没体验过不用负责任的感觉。对什么负责呢？我觉得要对自己负责，也要对自己的才能负责，我想要尽可能地发挥才能，发扬自我。现在我自由了。我享受着自由。自由带来的愉悦是感性的，几乎可以说是性感的。

但是，他并没有完全脱离本行。救护队驻扎于敦刻尔克附近的马洛时，麦卡锡走进毛姆狭小的卧室，发现他正对着一根蜡烛校对自己的小说。麦卡锡本人不善整理，被眼前整齐的情景惊呆了：长长的纸条有序地码放在窄窄的床上，订正的地方极少。"我评论了几句，他答道，他在把稿件付印之前总要［在手稿上］仔细过一遍。"

到了11月底，战争显然不可能在短期内结束。于是，毛姆给怀孕三个月的西莉写信，请她认真考虑要孩子的事，因为现在并非产子的好时机。"她对我的信置之不理，"他不悦地记录道，"铁了心要把孩子生下来。"毛姆做出了一个不情愿的决定：回国。他的心情很沉重，一方面是他再也不想跟西莉和她的事情有瓜葛了——但更重要的是，他最近遇到了一个男人，在未来的三十年里，此人将成为毛姆生活的中心。

罗伯特·毛姆工作勤勉，其律所的巴黎分行是英国驻法大使馆的法务顾问机构

美丽动人的伊迪斯·毛姆

亨利·毛姆牧师，"一位远称不上智慧的教士"

善良的苏菲婶婶

威利和亨利叔叔在牧师官邸外

形单影只、孤僻谨慎的男孩

毛姆在坎特伯雷国王学院就读

"人生的道路还长着呢……"　　　　　为人严厉的 F. M. 毛姆（中年）

威利、查理和哈利在圣莫里茨

凯利为迷人的苏·琼斯绘制的肖像。内嵌小图：画家杰拉德·凯利，毛姆的终身挚友

艾瑟尔·厄文饰演《弗雷德里克
夫人》女主角，在台上当场化妆
"变身"，震惊了当时的观众

格拉蒂丝·库珀《圣火》剧照，
格拉蒂丝是毛姆最青睐的女演员

活跃、时尚、雄心勃勃的西莉·韦尔康

时髦的萨默塞特·毛姆夫妇

毛姆夫妇和丽莎在诺曼底海滨城市勒图凯

毛姆在纽约乘坐"阿基塔尼亚"号启航

艾迪·诺布鲁克、毛姆、杰拉德·哈克斯顿、休·沃波尔与道格拉斯·费尔班克斯在好莱坞

A. S. 弗雷尔在海涅曼出版社的办公室

艾迪·马什被戏称为毫不留情的
"毁稿者",他为毛姆审读编校了多
部书稿

艾伦和纳尔逊·道布尔戴与毛姆在
邦尼府家中

第七章

代号"萨默维尔"

Code Name "Somerville"

1914年10月抵达布伦后不久,毛姆所在的救护队就与一队美国红十字会志愿者汇合,后者中有一位二十二岁的小伙子。杰拉德·哈克斯顿苗条英俊,中等身材,蓝灰色眼睛,一头柔顺的淡棕色头发,胡子修剪得很整齐。他说一口标准的法语,完全听不出美国口音,迷人,爱交际,喜欢找乐子。与当时许多大西洋两岸的青年一样,他之所以参加志愿救护队,是因为这里与军队不同,既有冒险和刺激,又不用进行漫长枯燥的前期培训,既享受军官待遇,又不用负指挥的责任。他恰好和毛姆在同一间设于当地城堡的临时医院干活。杰拉德之前在报纸上见过这位大剧作家的照片,于是认出了毛姆。当时,毛姆正在努力安慰一名重伤的英国士兵,伤员喊着要水喝,可医生不许他碰水。"不好意思,我能帮你做点什么吗?给你家里写信?""写信?"(Raite a lettah?)士兵戏仿着毛姆的口音,样子怪讨人厌的,"这辈子都不写!"这时,杰拉德插手了。他走过来给了士兵一根香烟,又给他讲了几个黄段子,将他的注意力从疼痛上引开。

当天晚上，他和毛姆站在俯瞰花园的阳台上，谈起战争结束后的打算。毛姆说自己想要写作和旅行：杰拉德有什么打算？小伙子挑逗地反问道："对你还是对生活？"毛姆答道："也许都有吧。也许其实是一回事。"哈克斯顿毫不犹豫地表明，他感兴趣的是"好玩有趣的事……照料我，给我买衣服，带我参加聚会的人"。随后，两人去了杰拉德的房间，房里有一瓶琴酒，"一切就是这样开始的"。

尽管共处的时间很短，但两人都知道，这次见面有很大的意义。毛姆马上被小伙子迷住了。杰拉德的相貌与个性正是毛姆最难以抗拒的类型：有一点"机会主义"，放荡，放纵，心地善良。与《旋转木马》里的雷吉·巴洛-巴赛特和《克雷杜克夫人》里的杰拉德·瓦杜雷一样，他是一个散发着活力的性投机者——他有一个习惯，"踮着脚尖从房间里走过，好像赛前热身似的"——他清楚自己强大的生理诱惑力。战场危机四伏，情绪容易高涨，男性之间的同袍氛围催生了炽烈的友情，友情又往往不会停留于友情；就此而言，战壕和男校是一样的。*在这样电流涌动的环境中，毛姆与杰拉德·哈克斯顿的漫长恋情开始了。

可惜，杰拉德1914年之前的经历和境遇留下的记录很少，毛姆也小心翼翼地尽可能掩盖或销毁了之后两人关系的痕迹。但我们可以肯定，这段关系是毛姆一生里最重要的关系，尽管他的亲友们对杰拉德的品性及其对毛姆的影响有着尖锐的意见分歧。连他的相貌都包含着矛盾。他的脸庞诱人而神秘，一只眼睛活泼顽皮，另一只却恶狠狠的。有人觉得他迷人和善，富有幽默感，恰好能调和年纪比他大，易怒，时常抑郁的毛姆。作家亚瑟·马歇尔说过，他"连树上的鸟儿都能迷住……［而且］威利总是为他陶醉"。休·沃波尔

---

* 原注：举一例。维米岭会战之后流传出一首打油诗：拜恩侯爵沉思在浴缸，／啊！维米岭回忆浮现眼前。／青年才俊真可爱，／我说的是，格拉迪斯·库珀——／我的老天爷，真是只差一点点！

赞同这一看法，他在日记里写道，哈克斯顿"富有魅力，兼具善良与狡黠"。评论家雷蒙德·莫蒂默持同样的观点，觉得杰拉德"是个快活人，是聚会的灵魂人物和活力源泉"。美学家哈罗德·阿克顿则带着几分嫉妒写道，哈克斯顿"长青不老……活泼，又不要人负责，正是忧心忡忡的男人的理想伴侣"。不过，也有人几乎把杰拉德·哈克斯顿视为魔鬼化身。"贼眉鼠眼""声名狼藉""无赖""大骗子"这些形容词常常用到他的身上。作家彼得·昆内尔对哈克斯顿有一段令人难忘的描述，"很男人……长了一张不要脸的脸"。他是众多认为哈克斯顿只有坏影响的人之一，觉得就是他将原本拘谨的毛姆带进了地下同性恋世界的肮脏地带。不过，毛姆本人在1941年的中篇小说《情迷佛罗伦萨》中对杰拉德（书中为劳利·夫林特）的描绘或许才是最能说明问题的。"他散发着浪子的气息，不喜欢他的人就说他贼眉鼠眼……但是，劳利·夫林特完美地诠释了性吸引力的含义……他身上有某种让你欲罢不能的东西，粗鲁背后是温柔，嘲笑背后是令人兴奋的暖意……还有性感的嘴唇和撩人的灰色眼球。"

杰拉德·弗雷德里克·哈克斯顿，1892年10月6日出生（毛姆于同月进入圣托马斯医院就读），父亲是威廉·鲁道夫·赫斯特报业帝国旗下王牌《旧金山调查报》的主笔和主编。亨利·雷蒙德·哈克斯顿是英国移民，性格粗犷浮夸，雄心勃勃，身材高大，酗酒蓄须，衣着华丽。他的第一任妻子是小演员艾格尼斯·托马斯，两人很快离婚，他又娶了漂亮的萨拉·蒂博。蒂博家族很有势力，在加利福尼亚的早期开拓中曾发挥重要的作用。第二任哈克斯顿夫人有文化，有教养，钢琴堪比专业水平，与著名小说家、作家兼记者安布罗斯·比尔斯的弟子格特鲁德·阿瑟顿相识。哈克斯顿夫妇在旧金山的社交圈子很有意思，因为比尔斯同时是亨利·哈克斯顿的朋友，劳埃德·奥斯本（罗伯特·路易斯·史蒂文森的继子）也与亨利交好。哈克斯顿曾遍游欧洲，结婚不久便携妻离开美国，定居巴黎，在那里生下了杰拉德。杰拉德是家里的独子，母亲很宠他，曾向闺密这样形容他："粉嘟嘟的小不倒翁，胖乎乎的小黄油块。"杰拉德很小的时候父母就分居了，下一次听说父亲的消息时，他已经在纽约了。母亲带着杰拉德去了伦敦，在圣约翰伍德一带的女王路5号过着困窘的生活。

杰拉德很可能再也没有见过父亲。1892年，亨利·哈克斯顿来英国参加《大英百科全书》的推广活动，之后的许多年里时常逗留伦敦，住在萨伏伊酒店的套房里策划了一系列大胆的宣传方案，其中最有名的是登在《泰晤士报》上的广告。1904年，由于《大英百科全书》与《泰晤士报》达成了互利合作关系，哈克斯顿调到《泰晤士报》工作，担任广告经理，直到1911年因健康原因被迫退休。

奇怪的是，哈克斯顿虽然就在伦敦生活工作，却似乎从没联系过妻子和儿子。现存的几封萨拉·哈克斯顿寄给加州的朋友露易丝·沙朗的信中只字未提她与丈夫有过交流。显然，萨拉手头很紧，总是为钱的事情发愁，不止一次向沙朗夫妇借钱。她还抱怨说身边都没有人商量杰拉德的教育问题，明显是暗示家里没有爸爸，小杰拉德肯定为此感到痛苦，尤其是他的母亲身体不好，没有外出娱乐的精力或财力。"我的日子单调乏味到了极点，"萨拉对沙朗夫人埋怨道，"但是，这对我肯定是一件好事。只是我还看不出到底好在哪里——从长远看，狭隘的生活会让思想和感受也变得狭隘。"萨拉尽可能对儿子好，努力给他找合适的学校，给他买了一条狗，周日还带他去郊游。不过，她说得没错：生活确实乏味。母亲脆弱而焦虑，总是抱怨感冒和神经痛，而且极其依赖儿子，简直要让杰拉德窒息；进入青春期后，他只想赶快逃出这个家。

除了上述细节以外，我们对杰拉德·哈克斯顿的早年生活一无所知。关于他的下一则消息是在1915年，也就是他与毛姆相遇的第二年：他惹上麻烦了。11月13日，毛姆出国期间，二十三岁的杰拉德与一名男子在柯芬园某旅馆被捕，被控六项"严重猥亵罪"（法律术语，包括除鸡奸外的所有同性性行为）。12 月 7 日，两人在老贝利[*]受审，于庭上大呼冤枉。在两位著名律师的帮助下（律师费很有可能是毛姆掏的），他们的六项指控全部被撤销。但是，法官坚信杰拉德是坏人，后来拿他的美国国籍做文章，把他登记为"不受欢迎的外国人"，遣送出境并永久禁止他踏上英国国土。

不过，这些都是后来的事。1915 年 1 月初，西莉把毛姆从救护队叫回英国。两人在多佛尔见面，然后乘火车去了中立国意大利的罗马，毛姆决定西莉可以把孩子生下来，"谁都不会知道"。两人住进了平乔公园附近的一间公寓，等待分娩日。他们在这段日子里都不开心。毛姆思念杰拉德甚苦，担心他在前线会有危险。西莉总在抱怨，要求关心，毛姆也没有心思去回应。他至少还可以写作——当时正有一部新剧本要写——天气好的时候还能去打高尔夫球。但西莉整天被关在房里，只能依赖他的陪伴：她不会讲意大利语，也不爱读书、做针线活或看风景，除了毛姆以外，她只能跟一位英国医生见面。对两人来说，这都是一段好像没有尽头的日子。毛姆沮丧地写信告诉海涅曼："这里冷极了，糟透了，老是下雨，很怀念苦中有甜的弗兰德斯生活。"他写给杰拉德·凯利的信中表达了更具体的焦虑。"我要是在这里，在这种条件下还能写作，那该有多好！唉，我真是大白痴！不过，为今之计，只得咬牙硬挺而已，"然后又认命地写道，"毕竟，未来总会到来，既然凡事皆有可能，我又何必挂怀？"

当然，就战争而言，所有人的未来都是不可预知的，意大利宣布将加入协约国的消息也不会带来多少希望。在一封 1915 年 3 月写给海涅曼的信中，毛姆表达了对自己所见到的大部分意大利人的消极态度的不满。

---

*　英格兰与威尔士中央刑事法庭的俗称，得名于所在的街道。

我的银行经理跟我讲过一句话，不知跟你说过没有：我们希望协约国打一场大胜仗，然后你们就能看到我们意大利人会做什么了！这是普遍的态度，他们谁也没意识到自己的丑态。我在英国报纸上读到过罗马城举行了支持参战的游行。不过，我可是见过几次这种游行的，无非是两三百名和平的市民出来散步。他们的信条是：我们不想打仗，非要打的话，反正你们有人，有船，也有钱。

随着西莉分娩的日子临近，毛姆给她的母亲写信，请她到罗马来一趟。他还没见过巴纳多夫人，很担心她看到毛姆跟自己的女儿非法同居会有何反应。不过，他根本无须不安：贝格姆在伦敦东区见得多了，后来搬到约克排屋，更是习惯了对西莉的某些行为睁一只眼闭一只眼。毛姆如释重负地写道："她好像觉得这是世界上最自然的事情似的。"5月4日晚，西莉开始分娩，很快就发现情况不对劲。午夜时分，忧虑的医生叫了一辆救护车，把她送到了朗契西路的医院。5月6日，西莉（登记名为"威尔斯夫人"）经剖宫产诞下一名女婴，起名为伊丽莎白·玛丽，通称"丽莎"，得名自父亲的第一部小说《兰贝斯的丽莎》。几天之后，医生通知西莉，说她之后再也不能怀孕了。这个消息让她陷入绝望。尽管她已经三十六岁了，生活也不安定，但她依然渴望孩子，与儿子蒙特尼的痛苦分离更加剧了她的渴望。"她哭得很凶，"毛姆说，"我尽可能去安慰她。我也只能做到这样了。"三周之后，西莉身体恢复到了可以出行的程度。6月9日，一行四人抵达伦敦：毛姆回了切斯菲尔德街的家里，西莉、贝格姆和刚出生的丽莎住在附近的一家酒店，因为约克排屋的房子已经租给别人了。

毛姆随身带着已经完成的新剧本《比我们高贵的人们》，他知道弗罗曼正迫不及待地等着看。但是，弗罗曼突然去世了。5月1日，弗罗曼在纽约登上丘纳德公司"卢西塔尼亚"号邮轮。七天之后，该船在爱尔兰外海遭到鱼雷袭击，包括查尔斯·弗罗曼在内的近两千人丧生。根据幸存者的描述，这位剧院经理当时十分镇定，将救生衣给了另一名乘客，自己则平静地留在甲板上，抽完了手里的雪茄。有报道称，他的遗言是《小飞侠》里的一句话，"死亡就是一场大冒险"——当然，这可能更多是记者的夸张杜撰，而非事实。毛姆欣赏和信任执着于戏剧事业的弗罗曼，死讯传来，毛姆受到了很大震动。但是，新剧制作刻不容缓，"我很高兴一切正照常运行，与可怜的 C. F. 在世时无异，"毛姆给弗罗曼的合作伙伴阿尔·海蒙去信说，"这部剧原预计秋季于约克公爵剧院开幕，我想你应该知道吧。"

《比我们高贵的人们》沿袭王政复辟时期的喜剧传统，遵循戈德史密斯与谢里丹设定的规范，但涉及的范围却要宏大得多，不再以伦敦和英国乡下为主轴，而是以英国和美国。尽管该剧采用了不同的文学手法，要开阔和轻松一些，但情节方面与亨利·詹姆斯的短篇小说《伦敦生活》有着惊人的相似，都是美国女富豪嫁入穷困潦倒的英国贵族家庭。迷人的格雷斯通夫人是这群女富豪的领袖，她厌烦了自己乏味的准男爵丈夫，找了一连串情人寻求慰藉，现任情人是连锁百货公司的老板，腰缠万贯的亚瑟·芬威克。珀尔·格雷斯通的妹妹贝茜刚刚来了英国，珀尔准备把她嫁给年轻的布里恩勋爵。但是，贝茜有自己的想法。尽管她一开始被煊赫华丽的环境所迷惑，但很快就对其他富人的犬儒、贪婪与骇人听闻的败德产生了反感，如释重负地回到美国。

一名评论家将《比我们高贵的人们》描述为"炫目的冰凌"。这是一部精良老道的时代喜剧，引人发笑又不无深意；实际上，毛姆是专门要迎合厌倦了战争的伦敦公众。可惜，公众无缘得见。首先，宫务大臣要求作者修改贝茜撞见格雷斯通夫人和舞男厮混（in flagrante）的情节，否则不准上演。于是，毛姆把看到这惊人一幕的人从天真的小姑娘改成了小伙子。刚解决宫务大臣，一个更棘手的麻烦又出现了。外交部担心该剧会刺激最强大的潜在盟国，遂突然以反美为由禁掉了它。因此，《比我们高贵的人们》的首演不是在伦敦，而是在纽约，时为1917年3月。讽刺的是，该剧在纽约大获成功。尽管有少数人怒气冲冲地谴责它的主题不合伦理——《纽约戏剧镜报》称其"下流""冒犯"——但评论家很喜欢这出戏，观众如潮。《纽约时报》将该剧形容为"一部富有批判性……极其风趣的喜剧"。具有学者风范、后来担任《时代》杂志特邀剧评人的路易斯·克罗嫩贝格则认为，"自范布伦以来，没有一位剧作家……像毛姆在《比我们高贵的人们》中那样刺耳地、不留情面地描绘了伦敦上流社会"。1923年，该剧终于登陆伦敦（地点为环球剧院，主演为玛格丽特·班纳曼和康斯坦丝·科利尔），同样得到了高度评价。戴斯蒙德·麦卡锡在《新国务家》专门褒奖，称该剧"了不起……无情而好笑"。影响力巨大的詹姆斯·埃格特将该剧誉为"英国剧作家有史以来写出的最优秀作品之一……一部卓越的讽刺剧，剧界大师的手笔"。

伦敦版《比我们高贵的人们》的观众手册包含一条有意思的注释："鉴于本剧于美国上演时的某些流言，作者特此声明：剧中人物纯属虚构。"这句话更多是因为害怕有人诽谤，而非为了尊重事实。"某些流言"来自六年前，纽约当时风传剧中格雷斯通夫人的情人亚瑟·芬威克肖似西莉的情人，百货大亨戈登·塞尔福里奇。毛姆后来说芬威克的原型另有其人，但是，他确实没有努力撇清两人的关系，更有甚者，芬威克不仅得名自伦敦的一家大型商店，还具有塞尔福里奇尽人皆知的粗俗、浮夸、好激动等特点。毛姆是在罗马陪西莉待产数周期间听说这些事情的。当时，她给毛姆讲了自己以前的爱慕者，最主要就是塞尔福里奇。据说，"她觉得这个人很有趣"。毛姆说，按照西莉的说法，塞尔福里奇"疯狂地爱上了她，提出每年给她5000英镑。她拒绝了"；毛姆又冷冷地补充道："我不知道哪些事情可以相信，哪些事情又是她为了打动我而捏造的。"剧中那位愚蠢的老头一掷千金，试图满足格拉斯通夫人难填的欲壑。不过，他总是叫她"小姑娘"，让她避之不及。

> 珀尔：亚瑟，你以后别叫我小姑娘了，我不喜欢。
>
> 芬威克：我心里就是这么想的啊……我只要心里说一句，她是我的小姑娘，就能从头暖到脚……

戈登·塞尔福里奇是出了名的爱看话剧首场，却缺席《比我们高贵的人们》的首场演出，这不能不引起注意。

文本中还穿插着其他一些很私人的影射。以牛郎为例，他是一名被宠坏的、无耻索取的、性感的小伙子，名叫托尼·托克斯顿，剧中将其描述为"一名二十五岁的俊秀青年，衣着光鲜，风度翩翩，笑起来很迷人"，这是毛姆专门为取悦杰拉德·哈克斯顿塑造的形象。托尼·帕克斯顿和包养他的德·叙雷讷公爵夫人——来自芝加哥的胖婆娘，闺名米妮·霍格森——来往的桥段，很像毛姆与西莉之间某些令人心痛的情景。与迷恋雷吉·巴洛-巴赛特的卡斯蒂里昂夫人一样，米妮沉溺于帕克斯顿，愿意做一切能让他高兴的事情，不停地要他保证他是爱她的。"你别老是问我爱不爱你行不行，我都快疯了，"托尼恼怒地说，

> 不管我做什么，你都在那里盯着我，你觉得我会高兴吗？我就不能把手抽出来，一抽出来，你就给我按住。
>
> 公爵夫人：我爱你呀，情不自禁嘛。
>
> 托尼：行吧，那你也用不着这么明显啊。你为什么就不能让我好好谈恋爱？

假如毛姆果真以为把西莉带到国外，两人的关系就不会曝光，那么他很快就会失望了。亨利·韦尔康与妻子大闹分手后，就对她的活动很少表现出兴趣，似乎只要她照顾蒙特尼的时候规矩些，他就不在乎她的交往对象与行为。但是，韦尔康其实并非不在乎，他对西莉离弃自己的怨恨与日俱增，他只是在等待理想的时机到来，然后马上跟她离婚。韦尔康获悉妻子与知名剧作家的勾当后，就知道终于抓到妻子的把柄了：毛姆是一位有钱的单身汉*，要是自己与西莉高调离婚，这桩丑闻肯定会彻底毁掉她的名誉。早在1912年1月，韦尔康的律师就开始搜集证据，雇私家侦探跟踪西莉和毛姆，比如在海斯的帝国酒店发现了两人过夜的经历，"[毛姆先生]与韦尔康太太住在相邻的两间客房"。丽莎出生后，毛姆和西莉还没回到伦敦，韦尔康的法务团队就已经到罗马搜集情报了，并在英国领事的帮助下采访了目击者，包括医院护士和给"韦尔康太太"接生的英国医生。

同时，毛姆对此一无所知，他满脑子都是重返战争工作。"我无所事事，"他抱怨道，"好像没有人想收我。"这一次是西莉帮了他：她的一位女性朋友是约翰·沃林格少校（后升为上校）的情妇，而沃林格是秘密勤务局（秘密情报局 SIS 的前身）的一名军官。西莉安排四人一起吃了顿晚饭。沃林格是英国在德国和瑞士两国的一个情报网的负责人，席间对毛姆留下了深刻印象，就给了他一个驻日内瓦的岗位，年底赴任。

但恰在此时，事情发展到了紧要关头：西莉收到了来自韦尔康律师的信，信中说韦尔康要求离婚，并将毛姆列为通奸者。西莉觉得这样再好不过。她特别想摆脱韦尔康，而且个性强硬的她根本不

在乎离婚会有损名誉，只要离婚后能再婚就行。不过，毛姆闻讯如遭五雷轰顶。西莉之前说韦尔康无意改变现状，他也一直信以为真。此案无可辩驳：他会公开顶上"通奸"的帽子。他完全明白，要是不娶离婚后的西莉，他必将名誉扫地。他感觉遭到了算计和欺骗，不禁勃然大怒。毛姆从未流露出想结婚的意思，只是西莉一直不以为意，现在他的反应把她吓坏了，害怕他会反悔，不履行在她看来无可争议的义务。于是，为了博得他的同情，她决定孤注一掷。

有一天，毛姆正在切斯菲尔德街的家中与一位医生朋友安静地吃晚饭，这时西莉打来电话，说自己吃多了安眠药，非要毛姆马上过去。两人立即赶到她下榻的酒店，医生——用毛姆的话说——"忙活起来了"，毛姆则给贝格姆打电话，请她过来照顾女儿两天，直到她完全康复。

西莉的希望落空了，毛姆对她自导自演的自杀戏码不为所动，还是不愿意做出最后的承诺。为了准备接下来的官司，他咨询了著名离婚律师乔治·刘易斯爵士，后者坦言相告：毛姆前景渺茫。韦尔康准备充分利用如山的铁证。在毛姆特别要求下，韦尔康同意作出一项让步，即庭审期间不会提及毛姆之女丽莎。刘易斯强烈建议毛姆出钱把西莉打发掉。刘易斯很讨厌西莉，觉得她只是个年岁渐长，想要搏一把富贵的拜金女。"你要是娶她就是傻瓜。"他对自己的客户说，建议赔给她 20000 到 30000 英镑，韦尔康还答应只要西莉不改嫁，每年就给她 1000 英镑的生活费，两项合起来足以保证她后半辈子衣食无忧。毛姆动心了，但他的荣誉感很强，做不到狠心抛弃西莉；他对她尚存好感，更何况她还是自己孩子的妈妈。毛姆还有另一层不愿意跟刘易斯商量的考虑。西莉知道他是同性恋，甚至掌握了若干曾与他同床的男子的姓名。他知道西莉是个无情的人，搞不好会以此要挟他。刘易斯恼怒地问他："你真想娶她？"毛姆答道："我不想。但是，不娶她的话，我会后悔一生。"刘易斯耸了耸肩，说道："那就没什么好说的了。"

与刘易斯谈完这最后一次之后，毛姆于1915年11月启程前往瑞士。开庭前不久，毛姆就听说西莉来瑞士找他了，她希望躲开离婚案必将引发的轩然大波。两人在这段时间过得都很糟糕。毛姆经常要出差，西莉有时要连续独处好几天。他回来的时候，她要么心怀怨恨发脾气，要么就是眼泪汪汪地缠着冷淡而礼貌的毛姆，不停地表白爱意，恳求他说明白她做错了什么，他对她还有没有感觉。两人总是在吵架。"只要咱俩结婚，一切就都不一样了。"西莉对他说。"但——但——但是，没准会更糟。"毛姆不悦地回道。一天晚上，毛姆去看戏。令他哭笑不得的是，台上的戏和他台下的处境几乎一模一样。那出戏是乔治·波多-里奇的讽刺短剧《恋爱》，讲的是一对夫妻的故事，妻子太以自我为中心，对丈夫的爱令他腻烦，对他的情绪过于敏感，让他不能安静地工作或读书，简直要把丈夫逼得发疯。在向一位单身汉朋友诉苦时，他爆发了。

> 你还没有失去独处的权利！……［你的情妇］不会嫉妒，不会刨根问底……她不会在你写信的时候靠在你肩膀上……她不会旁敲侧击，说些看似没什么意义，却能让你丢了精神、丢了胆气的话……你不会碰巧吃晚饭没带她出去，半夜回家时就发现她在床上醒着，面无表情，声音沙哑，眼里充满嫉妒……那个女人完全地依赖着我！对她来说，我就像阳光和空气一样不可或缺……我在她身边是她的快乐，乃至她的生命的必要条件。我要是离开她，我就是十足的混蛋。*

"坐在下面看戏时，我的血都凉了。"毛姆向凯利吐露道。

---

* 原文为法语。

1916年2月，案件终于开庭，被告和通奸者此前都回到了伦敦。毛姆是从日内瓦赶回来的，因为要参加一出新剧的最后彩排工作。从避免公众关注的角度看，开庭日期真是糟得不能再糟了：2月14日，距离2月8日《卡洛琳》的首场演出还不到一周时间；盛大的演出得到媒体广泛报道，大众还清晰地记得剧本作者的名字。毛姆和西莉放弃了辩护，所以没有亲耳听到韦尔康指控他们通奸，获准离婚并赢得蒙特尼监护权。媒体表现得特别克制，基本只是概述证据和报道判决结果。"这件事总算完了，谢天谢地，"几天后，毛姆对凯利说，"你也知道案件被公开了。不过，我觉得讲述的细节都无关痛痒，只有当事人会感兴趣。"他几乎马上回了日内瓦，西莉则先去一家诊所休养数日，然后前往巴黎，她准备接下来十二个月都住在那里。"你几周之内肯定会跟她见面，"毛姆给凯利写信说，"她会把我们精心制订的合理计划详细讲给你听。我想你也会觉得这个点子不错的。"我们不了解这个"合理计划"是什么，但可以肯定的是，毛姆的心境并不像他写给凯利的信中那样平静。在给哥哥 F. H. 的信中，他更直率地表达了最近这次磨难带来的压力。

> 对我来说，这一整件事是极大的痛苦和忧虑。可我又在想，一名作家唯有经历各种各样的人类体验，哪怕有些经历痛苦至极，他才有希望写出具有永恒价值的作品。我就这样安慰自己。我觉得最坏的麻烦已经过去了，不过，唯有时间才能给出最后的结局。无论如何，未来都不会比我过去八个月里经历的事情还要糟糕。

毛姆尚且预见不到未来与西莉相处的漫长痛苦岁月，这或许是一种幸运。至少在当时，他可以把大部分焦虑抛在身后，享受新剧目取得的耀眼成功。

《卡洛琳》（原名为《不可得》）由迪翁·布希高勒制作，新剧院首演后一炮走红，属于那种毛姆把一只手绑在后面都能写出来的快餐剧；女主角艾琳·范布伦将其形容为"最优秀的高级喜剧"。该剧同名女主人公的丈夫被派到海外工作十年，她相当于守活寡。丈夫突然去世后，恢复自由身的她终于可以跟心爱的王室法律顾问罗伯特结婚了，两人早已是知己，相处愉悦而不逾矩。此事看似水到渠成，但两人失望地发现，他们并不为踏入婚姻而高兴。渐渐地，他们意识到，两人彼此间的巨大吸引力原来恰恰在于卡洛琳的不可得。尽管朋友们希望促成这段缘分，但卡洛琳"发现"丈夫的死讯原来是误传，于是回归原本的生活轨道，她和罗伯特也开心地回到了过去的关系。

《星期日时报》用"轻如羽毛"来形容《卡洛琳》；《每日邮报》则称其为"浑然天成的喜剧典范"。然而，该剧其实部分取材于毛姆的苦痛经历，西莉的影子若隐若现，剧中人物巧妙地回避了婚姻逼近的威胁，与现实对照，不禁黯然。该主题最早出现是在卡洛琳与女仆库珀的对话中。

> 库珀：夫人，我觉得男人就不想结婚。他们天性里就没有结婚二字。你得轻轻推他们一把，否则永远也结不了婚。
> 卡洛琳：他们日后反悔又如何，库珀？
> 库珀：夫人啊，那时候后悔也晚啦。

下一幕里，卡洛琳向罗伯特解释自己为何不愿结婚，这番话简直像是毛姆嘴里说出来的：

> 你知道那种感觉吗？你在长途旅行，火车在夜里抵达一座你从没有去过的陌生城市。灯光忽明忽暗。这时，你感到兴奋，

激动，任何冒险都可能发生在你身上……啊，罗伯特，假如你在对面的座位上，我就知道冒险没戏了。

在这位剧作家看来，艾琳·范布伦饰演的卡洛琳是"她辉煌的舞台生涯中最优秀的演出之一"；剧评人也持同样的看法。"我从未取得过《卡洛琳》这样巨大的成功，"毛姆对哥哥吹嘘说，"每周进账两千多英镑。迪翁·布希高勒跟我说，他经营剧院这么多年，从没见过一部喜剧能赚这么多钱。报章一致赞扬……要是没有齐柏林飞艇那样的惨剧发生，我估计这部戏能演到夏末，圣诞节也不是没有可能。"

写这封信的时候，毛姆已经回日内瓦了，因为他只被批准了几天离开日内瓦岗位的假。他供职于英国军事情报机构；在前一年夏天的晚餐上被引荐给沃林格少校后，他的工作终于落实了。沃林格探了探口风，确认毛姆有参与意向，便请他去自己位于巴希尔街的办公室详谈。那一次谈得很顺利。两人赢得了彼此的尊重，毛姆认为沃林格为人肆无忌惮又精明无比，而这是间谍组织的首脑必备的两大素质。沃林格年近五十，身材瘦削，白发稀疏，脸上有不少皱纹，留着牙刷髭。他在印度当过警司，1910 年调回伦敦，负责监控印度民族主义者在英国本土的颠覆活动，1915 年进入秘密勤务局。迄今为止，他并没有取得像样的业绩。他是个间谍小说迷，把故事里的常见套路搬到了现实中，包括让手下的特工扮成服务员，可惜很快就被瑞士当局识破。瑞士对珍贵的中立国地位有很强的保护意识，迅速抓捕并驱逐了所有威胁其中立地位的外国人。不久前，沃林格再次损兵折将：一名特工向瑞士警方告发了另一名特工，后者又供出了两个人。第五个人精神崩溃，只得撤回来，毛姆就是顶替这个人。

对沃林格来说，毛姆不仅极其可靠，还有一个绝佳的幌子：为了安心写作而隐居到平静中立国的作家。沃林格交代说，他的主要职责不是刺探情报，而是为德国境内法兰克福、科布伦茨、特里尔、美因茨的特工传入传出消息，也就是联络员的工作。"如果干得好，没人会感谢你，"沃林格警告他说，"如果出了事，没人会救你。"毛姆二话不说就答应了。当间谍对他有着极大的吸引力。毛姆早已精通伪装之道，不被人发现就是他最高兴的事，接下来要扮演的角色是小菜一碟。他这个人害羞，总是喜欢听别人讲，不喜欢自己说，而且对他人的生活很感兴趣，由此培养出了非比寻常的洞察力。他的情报天赋通过写于战后、以其谍报活动为主题的短篇小说集《英国特工阿申登》为大众所知，书中内容很贴近他本人的经历。

1915 年晚秋时节，代号"萨默维尔"的毛姆抵达日内瓦，住进位于日内瓦湖畔风景如画的英格兰大酒店。他很快就发现，战争已经将平静的瑞士城市变成了列国秘密活动的温床，交战各国的间谍和革命分子往来穿梭，都想利用这个夹在交战国之间的中立的安全环境。各大酒店欣欣向荣，客人鱼龙混杂。在一天的某些时刻，英格兰大酒店的大堂能听到许多种欧洲语言，此外还有俄语、土耳其语和阿拉伯语。独自用晚餐时，毛姆有一项喜欢的活动：发现那些与他一样身份不单纯的人；有一个保加利亚人为英国情报机关工作，有一个妓女给柏林传情报，有一个埃及人进行反英活动，还有德国伯爵卡尔·古斯塔夫·沃默尔*，毛姆战前在伦敦见过此人，当时只以为他是剧作家。"他举止优雅，对'美艺术'也十分关心。只是现在他和阿申登一直装作从来没有见过彼此。当然两个人都心知肚明对方从事了什么勾当，阿申登甚至想过要开一下伯爵的玩笑……但他还是忍住了，怕德国人又拿这种玩笑印证英国人在战争

中的轻佻。"*

尽管处于紧张的氛围当中,毛姆发现自己的职责总体来看是安全和规律的,但为防万一,他兜里还是揣着一把小转轮手枪。他的主要工作是接收从德国回来的特工报告,给他们传达命令和发放报酬。他会认真记下听到的内容,再加上自己的观察,然后写成详细的报告,用密电码发出去。这是一项沉闷的工作。"没有什么比编码解码更无聊的事了。"毛姆透过阿申登之口说:

> [密码]分为两个部分,一部分包含在一本薄薄的小书中,另一部分他离开协约国的地界时已经记熟,销毁了……阿申登破解了一组数字,就把得到的那个单词写在一张纸上。他的方法一直是放空自己的头脑,在破译结束之前不去理解那些单词,因为他发现一旦阅读起那些逐一出现的字词,头脑会不由自主地做出预判,有时候便会出错。所以他很机械地破译,不去在意一个个写下的单词是什么意思。†

此外,毛姆每周会有两天到柏德弗广场的市集,从一位老农妇那儿买半磅黄油。找钱的时候,她会塞一张纸条给毛姆;一旦纸条内容被发现,两个人都会被遣送出境。不过,毛姆做得很隐蔽,只有兜里揣着纸条回酒店的途中是有危险的;这是一段他想要尽快走完的路程。

更危险的一项任务是,他每周要乘坐小汽船渡过日内瓦湖,到

---

* 译文引自《英国特工阿申登:毛姆短篇小说全集3》,陈以侃译,广西师范大学出版社(2019年)。本书涉及《英国特工阿申登》中篇目的引文,均引自该译本,后不再注。

† 此段译文引自《没毛的墨西哥人》,收录于《英国特工阿申登:毛姆短篇小说全集3》。

法国一侧的托农一次，与同事见面和交谈，接收伦敦的命令。由于旅程的起点和终点都在瑞士，所以护照上不会盖戳，这一点比较方便。不过，毛姆无法确信自己没有被敌国间谍或秘密警察跟踪；秘密警察一旦发现外国人参与间谍活动，就会毫不犹豫地将其拘捕并驱逐出境。为免引起注意，毛姆不会下到温暖的大厅里，而是待在甲板上。尽管他穿着毛皮衬里的大衣，裹着围巾，把帽子拉下来盖住耳朵，他仍然感受到彻骨的寒冷。冬天的日内瓦湖常有大风浪，由大山袭来的阵阵冻雨从他身边掠过。他不禁怀念起温暖的酒店客房，想到热水澡，想到坐在壁炉前边吃晚饭，边看书吸烟斗。

规律的时间表让他觉得生活有些乏味，用他的话说，这种生活"像市政府办事员一样规律而单调"。不过，这也不是没有好处，因为留给了他充足的写作时间：创作《卡洛琳》期间，他最焦虑的事情就是，还没等剧本写完，自己的身份就暴露了，然后锒铛入狱。"日内瓦是流言汇聚之所，"他抵达日内瓦几周后给凯利写信道，"城市本身特别安静和平，没有什么事情好做。我过上了一种愉快却枯燥的生活。每天上午写作，剧本进展得很顺利；下午散步或者骑马；晚上看戏或者打桥牌。"毛姆承认，从很多方面来看，这种生活很令他满意：足够充实，足够丰富，充足的阅读和写作时间；"在这样的境况中，要无聊是很荒唐的，但就像空中一小片落单的云彩，他的确在视野尽头看到有无聊似乎要冒出来"。

但是，"萨默维尔"有时确实被要求发挥更积极的作用，这时，厌倦感就会一扫而空。他刚到瑞士就接到了第一项任务：调查一名被怀疑通敌的英国男人，此人娶了德国妻子，现居卢塞恩。打着向他的妻子学德语的幌子，毛姆认真观察了他两周时间，得出他几乎可以肯定是卖国者的结论。于是，英方给他设了一个圈套。毛姆按照指示，向新结交的朋友"不动声色"地透露自己在伦敦新闻审查部有关系。不出所料，卖国者将这条消息传递给了德国情报部门，他本人则装出想要回国为战争出一份力的样子，请毛姆把他介绍给部里的朋友。没过多久，这位警惕性不高的猎物就落网了，被送回英国受审。

还有一次，沃林格派毛姆去巴塞尔考察一位被怀疑有二心的特工。此人是一名瑞士商人，代号"古斯塔夫"，原本的任务以正常出差为掩护定期去德国搜集情报，然后经日内瓦传递给英国情报机关。沃林格的怀疑再次证明是准确的。通过巧妙盘问，沃林格发现"古斯塔夫"是个大骗子，他其实从来没有离开安全的巴塞尔，只是靠着从德国报纸和餐厅酒馆里听来的传闻编造报告而已。1916年2月，毛姆又接到了一项任务，这一次是由秘密勤务局海外处处长曼斯菲尔德·嘉明上尉爵士亲自布置的。嘉明怀疑毛姆联络的一名特工"伯纳德"一直在"坑我们"，拿了大笔钱财，却没有递出一条正经情报；他将这一看法告知了秘密行动处处长沃尔特·科克少校。于是，毛姆又被派去查明真相。他后来在《英国特工阿申登》里描述了这件事。与往常一样，两人在咖啡馆里见面：

> ［阿申登］下达了一些指令，准备结束这次会面。
> "那行吧，"伯纳德说，"不过我回德国之前需要再拿两千法郎。"
> "需要？"
> "对，而且现在就要，你得在你出这个咖啡馆之前给我……"
> "恐怕我给不了你。"
> 伯纳德凑近了，突然怒不可遏地说道："你觉得我会为了你刚刚给的那几个可怜的小钱继续卖命吗？还不到十天之前，他们在美因茨逮住一个人，马上就枪毙了。那是你们的人吧？"他没有提高嗓音，只有阿申登能听到。
> "我们根本没有在美因茨派人。"阿申登随口答道，但其实他多少推断出对方说的就是实情。他多日没有收到那个地方发

来的常规报告，而伯纳德的这条消息大概就是解释了。"当初你接受这份工作，就很清楚能拿到多少回报，要是不满意的话，没有人会逼你。现在我没有权力多付一分钱给你。"

"你看看我身上带着什么？"伯纳德说。

他从口袋里摸出一支小型的左轮手枪，意味深长地摆弄着。

"你要拿它干吗？送去当铺吗？"

伯纳德悻悻然耸了耸肩，又把枪放了回去……[*]

至于"伯纳德"和"古斯塔夫"们的欺诈行径被发现后的遭遇，毛姆基本不了解。用他的话说，"在这个复杂而庞大的机器中，他不过是个小小的铆钉"。

毛姆在瑞士待了近八个月（1915年10月至1916年5月），只有《卡洛琳》伦敦首演前后离开了几天。情报机关看重作家的报告能力和观察能力。毛姆离开日内瓦后，接替他的人是他的作家朋友艾迪·诺布鲁克。诺布鲁克的体验和毛姆很相近；这份工作就是"干不完的杂事"，用他的话说，"只有极少数发生接近戏剧性事件的时刻"。他在瑞士干了四个月，然后与另一位作家间谍康普顿·麦肯齐去希腊执行任务；此时，沃林格指挥的行动已经乱七八糟了。"迄今为止，[沃林格的]瑞士行动基本是浪费金钱，"科克少校于1916年7月写道，"他的情报机关毫无用处，连一条真正有价值的情报都没有给出来。他缺乏有效运营军事情报机关所需的知识和时间。"他在7月28日的日记中提到与沃林格少校"分道扬镳"。然而，尽管特勤局对他不满意，毛姆对沃林格却有几分尊敬，在《英国特工阿申登》里以他为原型塑造了自控力极强、勤奋、勇敢、机敏的R上校。

---

[*] 译文引自《金小姐》，收录于《英国特工阿申登：毛姆短篇小说全集3》。

毛姆传

回到英国时，毛姆的身体很不好。他本来就容易胸部感染，还要在冬季每周横渡日内瓦湖，于是落下了病。此外，他还感到焦虑和压抑。8月30日，韦尔康拿到了最终的离婚判决书，从此毛姆与西莉结合再无法律障碍：他完全明白该来的总是要来，但他至少希望将不可避免的事情拖延一小段时间。"我希望恢复因我自己的愚蠢、虚荣而被打破的平和心境。"他写道："我是愿意娶西莉的，但从当时的情况来看，我还没有做好马上结婚的准备。"他的两出戏《卡洛琳》和《比我们高贵的人们》美版上演在即，毛姆遂于1916年10月乘船前往纽约，一方面是监督排演，另一方面是办理制作权移交。自创始人去世后，弗罗曼的公司就干得不太好；于是，毛姆想把自己的戏交给约翰·拉姆齐，此人是毛姆的英国戏剧代理人戈丁·布莱特的合作伙伴。

距离美国参战还有六个月的纽约显得奇异而陌生：路灯明亮，奢侈品琳琅满目，剧院餐厅生意兴隆。战争似乎远在天边，大部分报纸对波士顿红袜队惜败世界职棒大赛大书特书，却不关心索姆河战役的可怕屠杀。毛姆对美国流行的亲德情绪感到震惊，发现许多人赞同威尔逊总统的看法，即英德两国的野心同样可鄙。"美国人很同情德国，"他写道，"[特别是]教授、作家等知识阶层。其他人很钦佩法国，但没有人喜欢英国……我觉得，假如只有英德两国交战，大部分美国人肯定站在德国一边。"毛姆想要继续为战争做贡献，希望被派到俄国，可他的身体状况太糟糕了，用他自己的话说就是"复发性肺炎"。因此，他必须花一段时间休养，最好是到暖和的地方。多年以来，他一直想去南太平洋，写一部关于高更的小说。现在，机会终于到来了。

尽管毛姆与迷人到危险程度的小伙子杰拉德·哈克斯顿分开了很长一段时间，但两人一直保持着联系，当时，身在芝加哥的杰拉德无所事事，毛姆便马上请他以秘书的名义——就像哈利·菲利普斯当初那样——同去波利尼西亚，杰拉德热情地答应了。临行前不久，杰拉德来到了曼哈顿。正当毛姆兴奋而忙碌地为旅行做准备时，他突然收到了一封西莉的电报，说她马上就要来美国，身边带着孩子和保姆。毛姆从日内瓦回国之后，他给西莉留下的主要印象就是总不在身边：先去了巴黎，接着又跑来纽约。西莉不出意外地开始慌了，离婚书已经生效，他们没有不马上结婚的理由。*如果毛姆想要逃避责任，她就别无选择，只能与他当面对质，要他遵守诺言。毛姆到码头接她，冷淡又恼怒。两人的心都紧绷着：毛姆是因为厌恶，西莉是他全世界最不想见的人，西莉则是因为恐惧，害怕毛姆把她甩了。毛姆前脚把她送到宾馆，后脚就跟她说自己马上要离开，要走几个月时间，而且绝不会改变计划。西莉当场歇斯底里，大哭大闹，让毛姆更加厌烦。等她冷静下来，毛姆向她保证自己不会反悔，一回来就成婚。西莉只得表示满意。

在杰拉德的陪同下，毛姆登上了开往旧金山的火车，心里充溢着解脱的感觉。抵达旧金山后，两人踏上了驶向远方的第一程；在接下来的四分之一个世纪里，他们还会多次踏上这样的旅程。毛姆兴致很高，一心要寻找"美与浪漫"。他还动情地说道："浩瀚大洋将我和困扰着我的麻烦隔开，真是畅快。"他从小就读过梅尔维尔和皮埃尔·洛蒂的书，还有罗伯特·路易斯·史蒂文森关于波利尼西亚的小说，梦幻的南太平洋点燃了小毛姆的想象；到了青年时代，毛姆被高更和他绘制于塔希提岛的画作迷住了，后来在白猫餐厅吃饭的那些晚上，听着罗德里克·奥康纳讲高更的事情，毛姆对高更其人其画愈发神往。他这些年一直在酝酿着写一部以高更生平为原型的小说，成果就是《月亮与六便士》。"我相信，"他写道，"塔希提之

---

* 原注：关于这段时期的事情，毛姆在《回顾》中写道："当时离婚书还没有生效，就算我想娶她也做不到。"不过，离婚书其实已经生效了，他可以娶她。

行能为我提供动笔所需的素材。"他早在1913年就打算去南太平洋，当时他还盼望着娶苏·琼斯为妻；不过那些计划都落空了。现在，他整装待发，身边有杰拉德·哈克斯顿——占据了他感情生活中心的男人——作陪。

总航程很长，第一段是乘坐美国太平洋定期班轮"大北"号。到了海上，杰拉德·哈克斯顿首次显现出了自身的重要价值：他天生爱交际，轻松跟其他乘客打成一片，一起喝酒、聊天、打牌，就这样愉快地度过几个小时，然后回来跟毛姆转述听到的故事。毛姆的好奇心很重，随时要挖掘新素材，但性格极其内向，对亲密关系很谨慎。"在海上旅程中，不管多远，"他写道，"我从来不跟别人说话，除非其他人先跟我搭话。"但是，杰拉德"热情洋溢，友善得让人无法抗拒"，跟他在一起的时候，毛姆就感觉用不着承受社交的压力，可以尽情地倾听和观察；不过，毛姆总是平易近人的样子，随时乐意加入对话和牌局。对当时的毛姆来说，打牌是一种有趣的消遣，对杰拉德则几乎是一种生活方式：他是个胆子大、敢冒险的赌徒，牌技很高，精力集中，精通复杂的策略，经常在牌桌上赢大钱。杰拉德喜欢整天泡在烟雾缭绕的轮船大厅里赌博，毛姆则只有饭点和晚上才会下来，其他时间都在甲板上，要么读书，要么在本子上写作。蔚蓝空旷的太平洋给他留下了深刻的印象，一里又一里，空无人烟："没有货船，没有帆船，也没有渔船"；"这是一片空旷的荒漠；辽阔无际的虚空带来模糊的不祥预感"。

四百名乘客中，有一个人跟毛姆特别合得来，两人从此结下了终生的友谊。贝特伦·阿兰森（昵称"伯特"）比毛姆小三岁，出身富裕的德裔犹太家族（本姓阿伯拉姆森），在危地马拉长大和上大学，他家在当地有咖啡种植园。阿兰森有搞金融的天赋，曾是旧金山证券交易所最年轻的交易员，现在是家族投行的资深合伙人，住在一座俯瞰旧金山湾的房子里，过着高雅精致的生活。他个子很高，看起来就像是大人物；热爱高尔夫、意大利歌剧、西班牙历史和文学，这些兴趣都让他与毛姆很是投缘。尽管在社交场上显得拘谨害羞，但他其实特别势利，热衷于提高社会地位，掩盖犹太人的出身。他结婚很晚，而且一直与母亲关系亲密，家里人都知道他是同性恋。阿兰森天生崇拜英雄，没过几天就迷上了毛姆，为他的鼎鼎大名而激动，又为他的魅力学识而折服。两人一谈就是几个小时。阿兰森对毛姆的知识面和人生阅历钦佩不已，毛姆也很高兴找到一个能让他一直利用的金融专家。很快，他就把自己的投资都交给阿兰森打理，这个表现信任的姿态将为他带来丰厚的回报。两人一帆风顺的友谊就这样开始了。多年后，毛姆回忆起这段经历时写道，这世上没有比"亲爱的伯特更真挚、更慷慨、更体贴的朋友了"。

漫长海上航程的下一站是夏威夷和萨摩亚，然后向南去斐济、汤加和新西兰，接着向北到塔希提，最后从此处回加利福尼亚。第一个停靠港是檀香山，1916 年 11 月 14 日抵达，他们等了三周，然后乘坐小汽轮"索诺马"号去澳洲，从澳洲往下的船票提前就订好了。哈克斯顿和毛姆抓住机会好好探索了瓦胡岛一番，中间有一段时间还有阿兰森同行。他们最喜欢去一家海滨酒店的阳台，一边享用丰富的饮品和香烟，一边看着阳光下冲浪的夏威夷小伙子（毛姆称其为"海神"），欣赏着他们古铜色的俊美肉体。檀香山市中心是一派美国城市风光，有银行，有时髦的商店，沥青路两边停满了别克和福特；红灯区伊维雷却乱糟糟的，明目张胆地满足各种性癖好。毛姆和哈克斯顿对两者之间的反差产生了浓厚的兴趣。出发前的最后一晚，警方对伊维雷进行了突击执法；次日，就在开船几分钟前，一名女子张皇失措地跑上了跳板。此人名叫萨蒂·汤普森小姐，是一位试图逃离法律制裁的伊维雷妓女。刚到海上，她就镇定下来，用留声机播放吵闹的拉格泰姆音乐，还在自己的舱里醉醺醺地公开接客，惹得同行的乘客不悦，其中就有一对医生夫妇和美国传教士夫妇。"她跟我隔着两个船舱，没日没夜地开着该死的留声机。"毛姆回忆道。"索诺马"号从檀香山出发，开往西萨摩亚的帕果帕果；抵达的乘客们被迫在这里待了好几天，因为城里当时闹麻疹。毛姆和其他乘客被塞进一家脏兮兮的旅馆，外面的季风雨瓢泼一般，根本不能出门，只得继续忍受汤普森小姐——她的一名男友将她形容为"檀香山的火热棒棒糖"——的无耻行径。传教士夫妇对她这个人、她的拉格泰姆音乐、她的酗酒，还有她接待众多萨摩亚主顾时生锈的弹簧床发出的噪声尤其恼火，最后去找总督告状。毛姆最著名的短篇小说《雨》中的一处关键情节就取材于此。

首次来到热带的经历牢牢地抓住了毛姆的想象力。帕果帕果、阿皮亚、帕皮提、苏瓦、萨瓦伊，无论来到哪里，他都为秀美的异域而着迷，同时深切地注意到了有时带有悲剧色彩，经常平淡乏味，狭隘得出乎意料的殖民地生活。当时由美国统治的西萨摩亚帕果帕果正好体现了这两个方面的结合。驶过珊瑚礁，船就进入了一片秀丽的大潟湖，三面都是绿意葱茏的火山岩峭壁，令人叹为观止。白沙岸线上生长着瘦瘦的椰子树，更远处是芒果与鳄梨树丛，点缀着盛开的木槿、夹竹桃和白色鸡蛋花。四处有土著的小村落，高高的茅草屋顶活像蜂巢；萨摩亚土著高挑优雅，男人赤裸上身，腰间围着色彩鲜艳的纱笼[*]；年轻女子披散着黑色长发，经常戴着香气浓烈的花环。不过，从港口还能看见两三栋整洁的小平房、一间新教教堂、俱乐部、几处网球场和一栋朴素的政府大楼。大楼周围是精心维护的花园，旗杆上的星条旗无精打采地晃荡着。

毛姆探索萨摩亚等地时恰逢雨季。刚到帕果帕果那几天，他和杰拉德对热带气候都没有做好准备：气温高得让人喘不上气，一天能下好几个小时的瓢泼大雨。雨季不仅有雨，还有令人窒息的闷

---

* Pareo，一种围在腰间的彩色棉布，流行于南太平洋地区。

热。两人白天穿着最薄的薄衬衫、轻质亚麻面料的外套，傍晚和当地人一样，只穿衬衫和纱笼。夜里在蚊帐里裸睡，可惜蚊帐经常有洞，可怕地将飞虫放进来。白天不下雨的时候，两人会在淡水水池里游泳，骑小马沿着杂草丛生的宽阔道路穿过种植园，到罗伯特·路易斯·史蒂文森的晚年故居维利马朝圣。史蒂文森墓建在陡峭的山坡上，两个大男人汗如雨下，找来两个咯咯笑的萨摩亚小姑娘才把他们推上去，而且毛姆隔一会儿就要猛咳一阵。来到这里，毛姆马上就体会到了高更画作里那种悠然自得的、"努秘"（numious）的情色。性无处不在：年轻情侣在众目睽睽下做爱，毫无尴尬的感觉。到了该睡觉的时候，他经常发现一个黑眼珠姑娘心甘情愿地脱光衣服，就那么躺在他的蚊帐里——只要给她几个硬币就能打发走。这一切都是摆出来卖的。入夜后，杰拉德特别喜欢到海滩晃悠，寻找经常举行的彻夜狂欢派对。

南太平洋的岛屿有着伊甸园式的美丽，深蓝色的潟湖，色彩绚烂的植被，辽阔无垠的南半球天空，这一切都让毛姆着迷；但是，他对热带社会的风土人情同样有着浓厚的兴趣，通过与商贩、混血儿、种植园主、医生和传教士的交谈而收集到了极有价值的素材。这个衣冠楚楚的黑发英国人和他"极其英俊的旅伴"很快就跟经常来英国俱乐部或者破破烂烂的中央酒店阳台喝酒的常客们打成了一片。与船上一样，杰拉德负责结交朋友，在台球厅或酒吧里认识那些怪人，打听他们那些奇特的，有时甚至是可怕的过去。毛姆被这些故事迷住了。正如他在回忆录《总结》中所说：

> 我进入了一个新世界，小说家的本能兴奋了起来，要吸纳这一切新鲜的事物。吸引我的不只是岛屿风光……结识一个个陌生人更令我兴奋。我就像一名博物学家，来到了一片草木丰富得不可思议的乡野……他们基本都没有文化。他们接受教育

的地方与我不同，得出的结论也与我不同……他们自有其狭隘与偏见，往往是木讷愚笨的。我一点也不在乎。他们是不一样的人……与我常年身处的环境里的人相比，他们更接近人性的本原。我的心朝他们扑了过去，就像多年前扑向圣托马斯医院门诊部里排队的患者。

尽管他在每个地方只逗留了几周时间，但毛姆很快就能体会到当地细微的社会文化氛围，包括敌对关系，势利思想，当地人与欧洲人、与混血儿之间的微妙平衡。无论走到哪里，他都会详细地记录自己遇到的人："每次回到船舱或潟湖旁的酒店客房时，我几乎都会详细地记下看到的奇特景象……或者与某个奇人的对话，以后写故事的时候或许就能用上"；渐渐地，"从一条线索、一次意外、一个好玩的虚构情节出发，故事就会围绕着我记下的某些最生动的内容自然生发出来"。实际上，他再次产生撰写短篇小说的强烈欲望正是在这段时期。他以南太平洋为主题的短篇小说集《颤动的叶子》（*The Trembling of a Leaf*）[*] 标志着日后将成为短篇小说大师的毛姆胜利回归该体裁。

毛姆几乎随处都能找到灵感，而详尽的笔记表明，他对旅行的终生挚爱背后正是对灵感的追寻：不安分和漫游癖的一大动力就是为了滋养他对想象的不可满足的欲求。多年之后，他对一位年轻的追随者写道："作者不能被动地等待经历掉下来，必须要主动地走出去追寻它。"许多篇故事的缘起都可以在潦草的笔记中找到。比方说，来到萨摩亚不久，毛姆偶遇一名叫作"瑞德"的阴郁青年，"穿着一件无袖汗衫，一条脏兮兮的斜纹棉布长裤"，在帕果帕果郊区经营一

---

* 原注：书名来自查尔斯·奥古斯丁·圣伯夫的一句话：在人生中，巨大的幸福与极度的苦难之间只差一片树叶的颤动。

家脏兮兮的小饭馆。短篇小说《瑞德》的几条线索都能在记事本里找到。故事的讲述人名叫尼尔森，瑞典人，性情阴郁，住在沙滩附近的一座孤零零的平房里。有一天晚上，一名偷偷下船的肥胖老船长意外来访。此人堪称"面目可憎"的样板："他的红脸蛋上都是斑，还有紫色的血管结了网，眼睛充血，因为太胖，五官陷在肉里……他后脑勺有一圈头发，几乎都白了，又长又卷，但其他地方基本都是秃的。"[*]两人坐下来喝威士忌酒，尼尔森就给客人讲了俊美绝伦的小伙子"瑞德"的传奇经历（毛姆的小说里只有极少数包含同性情色描写的段落，这就是其中之一）。

> 见瑞德第一面，他的俊美能让你呼吸停滞。他们喊他'瑞德'[†]，是因为他的头发有火焰般的颜色。他是天然的鬈发，又留长了……他身材高大，总有六英尺再加一两英寸吧……他的身材就像希腊的天神，肩膀宽阔，到肋部又收起来……他还带着一点女性的阴柔、优雅，仿佛蕴藏着一种让人不安的神秘感。他的皮肤也像女人的皮肤，白得让人目眩，像牛奶，像绸缎。

瑞德与当地的一名女孩相恋，过着幸福美满的生活，直到有一天他被一伙捕鲸人绑架，从此再也没有人在岛上见过他。老船长对这段动人的传说兴致寥寥，对威士忌和雪茄烟的兴趣倒要浓厚得多。不过，他还是有礼貌地听着。因此，当尼尔森突然明白对面椅子上的胖家伙是谁的时候，他感到震惊不已。

---

[*] 译文引自《瑞德》，收录于《绅士肖像：毛姆短篇小说全集4》，陈以侃译，广西师范大学出版社（2020年）。本书涉及《绅士肖像》中篇目的引文，均引自该译本，后不再注。

[†] Red，即"红色"。

"你叫什么名字？"他突然问道。

船长做出一个挤眉弄眼的怪表情，发出的笑声听上去很狡猾……

"上次听到这个名字真太他妈久了，我自己都快忘了。但在这些小岛上活了三十年，他们都叫我瑞德。"

他发出低沉到几乎听不见的笑声，庞大的身躯都抖动了起来。

关于"瑞德"的笔记前面是四个小段，人物包括檀香山出发的船上认识的美国传教士伍德罗夫妇，以及从伊维雷红灯区里被赶出来的女孩汤普森小姐。传教士夫妇正要返回吉尔伯特和埃利斯群岛。伍德罗先生看上去很严厉，像死人一样，他的妻子则毫不容人，让毛姆不禁惊骇。

[伍德罗太太]讲起土民的堕落败坏时斩钉截铁，却带着一股恶意和虚伪的恐怖感。她用"淫荡到不可言喻"来形容当地婚俗。她说，自己和丈夫第一次到吉尔伯特群岛时，没有一个村子能找出一个"好"女孩。她对跳舞深恶痛绝。

汤普森小姐与传教士夫妇形成了鲜明的对比。她"有一种粗野的美……身穿白色连衣裙，头戴一顶白色的大帽子，脚上是白色长靴，小腿肚从白色棉长筒袜里鼓出来"。根据这些随手写下的简短笔记，毛姆创作了可怕而精妙的短篇小说《汤普森小姐》[*]，不久之后改名为世人所知的《雨》。用毛姆自己的话说，他希望"在当时的审查部门所允许的范围内，用最令人震惊的方式呈现赛迪［汤普森］与

---

[*] 原注：毛姆一贯对改名不上心，《汤普森小姐》的女主人公同样沿用了现实原型的名字。

传教士之间的激烈冲撞"。这篇故事写得极其克制，背景是帕果帕果的一间简直要让人得上幽闭恐惧症的简陋小客栈，主线是自以为是的传教士戴维森先生怀着虐待狂式的狂热去追求一位妓女，自称要拯救她堕落的灵魂。外面是下个不停的热带豪雨，故事就这样发生了：白天里，传教士恐吓欺辱妓女；到了晚上，他又为她的改过自新而狂热地祈祷，几乎要忍不住手淫了。"'我希望她承受人世间的苦痛，作为给上帝的献祭'……戴维森激动得连声音都颤抖起来，从他唇间翻滚出的这些词句，因为情感太过炙热，几乎都含混了。"*在他持续不断的压力下，堕落而快活的赛迪终于被压垮了。她痛苦地相信自己确实罪孽深重，恳求戴维森把她带进耶稣的怀抱。传教士最后一次与她见面时被淫欲吞噬和压倒，不仅毁了自己，也毁掉了赛迪对上帝和男人的信任。

> 她镇定了一下。她此时表情中的不屑，以及语气中的鄙夷与仇恨，任何语言也形容不了。
>
> "你们这些男人！你们这些肮脏下流的畜生！一个个都一样，一模一样。畜生！畜生！"

在萨摩亚与传教士夫妇和汤普森小姐分手后，毛姆与哈克斯顿继续往南走，先后来到斐济、汤加和新西兰，然后转向北边的塔希提。两人一路坐过各种各样的船，从美国大轮船到敞篷快艇，再到装满香蕉和椰干往返于岛屿之间的小商船。有一次，他们在一艘敞篷划艇上度过了整整七天。最令人难忘的经历是从帕果帕果到阿皮亚这一段，两人乘坐一艘破旧的纵帆船，船上散发着石蜡的刺鼻味

---

* 译文引自《雨》，收录于《爱德华·巴纳德的堕落：毛姆短篇小说全集1》，陈以侃译，广西师范大学出版社（2016年）。本书涉及《爱德华·巴纳德的堕落》中篇目的引文，均引自该译本，后不再注。

道；昏暗的船舱里有一名中国厨子做饭，有肉丸和杏子罐头，饭后是加了炼乳的茶。"吃完晚餐，我们来到甲板上，"毛姆记录道，

> 过了一会儿，三四名船员也上来了，然后坐下来抽烟。一名船员拿着班卓琴，另一个有尤克里里和六角手风琴。他们弹起琴，唱起歌，一边唱一边打拍子。两名水手还站起身，跳起了舞，一种奇特的、粗犷的舞蹈……感性的，甚至是充满性意味的……最后，他们也累了，便展开身子，躺在甲板上睡觉，再也没有声音。

1917年2月11日，他们终于抵达法属波利尼西亚群岛的塔希提岛，毛姆早就想来这里，迫不及待地要一睹大画家保罗·高更十五年前描绘的地方。他们住在首府帕皮提的鸡蛋花酒店。酒店大楼颇有几分奇异，老板娘是身宽体胖的鲁瓦依娜·查普曼，有部分塔希提土著血统，以个性和魅力闻名于南太平洋内外。从酒店走五分钟就能到海边，很对杰拉德的胃口。毛姆做调研的时候，杰拉德喜欢到海滩上溜达，饱览棕色皮肤、围着红色腰布的水手风姿。起初，毛姆很难找到比较了解高更的人，不过，他还是跟认识这位画家的珍珠商人埃米尔·利维聊了聊，还有1903年高更去世后不久发现其尸体的"维尼"·布兰德。不过，最好的信息来源还是鲁瓦依娜·查普曼，她当年是高更的朋友，不仅向毛姆提供了若干有趣的细节，还把一位重要人物引见给他：帕皮提三十五英里外的马泰亚酋长。女酋长透露了一个惊人的消息：不远处有一座房子，里面有高更的画作。那是一座简陋的两室平房，主人是一位"塌鼻子、笑眯眯、黑皮肤的本地人"，很高兴有客人来。毛姆一看见画就知道是真迹。据说，1892年的时候，身患梅毒的高更（他最后因此病而死）被送到此处，由一名当地农夫照料。后来，高更就在屋内的三块门玻璃上

作画为谢。两块玻璃被小孩子划坏了，破损严重。不过，第三块的保存状况不错，画着一位性感的、颇有夏娃之风的半裸黑发塔希提女郎，手里拿着一枚沉甸甸的绿色面包果；毛姆马上提出要买。房主对画不感兴趣，只要出价够换一扇新门就卖。

"多少钱？"我问道。

"一百法郎。"

"没问题，"我说，"我给你两百。"

我觉得最好趁他改变主意之前把画取走，于是从车上拿来工具……卸下合页，把门运走了。

刚回到帕皮提，门就被小心地包装好，经纽约运到伦敦，最后安放在毛姆的玛莱斯科别墅，直到他去世前夕。这扇门是毛姆最珍视的所有物之一。

1917 年 4 月 8 日，美国参战后两天，毛姆与杰拉德离开塔希提。杰拉德在旧金山收到了一封母亲发来的电报，敦促他参军。两人分手后，杰拉德加入了美国陆军，毛姆则去纽约跟西莉重聚。

在他与杰拉德·哈克斯顿漫长的交往中，毛姆将经历各种各样的情绪——激情、爱、温柔、愤怒、沮丧、厌倦、痛苦、绝望——但是，从南太平洋之行归来后的毛姆完全被爱占据。他最亲近的朋友之一说，他正处在"人生中第一段完全美好、完全般配的恋爱关系"的开端；另一个朋友说，"毛姆爱慕哈克斯顿，哈克斯顿就是他的真爱。哈克斯顿是个无赖，但他年轻迷人，体魄健壮，很男人，毛姆肯定过了一段神魂颠倒的日子"。两人刚恋爱的时候，毛姆给杰拉德抄了几句叶芝的诗（出自《贵妇的第一首歌》），他感觉恰好概括了自己的感受："我恋爱了 / 这爱带给我羞耻。/ 我的灵魂爱慕 / 那伤害灵魂的东西，/ 还不如 / 一只四足行走的野兽。"毛姆对小伙子缴械投降了，在几乎每一个方面，哈克斯顿都是毛姆的理想伴侣：英俊、快活、好交际、爱冒险；性格随和，富有幽默感；而且和毛姆一样有着旺盛的性欲。毛姆只有对哈克斯顿才能完整讲述头脑中发展变化着的故事。诚然，杰拉德有酗酒的倾向，喝多了脾气就不好，会将清醒时掩盖的愤怒发泄出来。太平洋旅行期间，他大闹过两次，一次是在阿皮亚，起因是中央酒店的酒保嘲笑杰拉德逃避战争，不履行爱国的义务。与《情迷佛罗伦萨》中以他为原型塑造的劳利·夫林特一样，杰拉德喝醉时"吵闹，吹牛，低俗，容易吵起来……两三杯下肚，谁都拦不住……有时，我会忍不住跟他发火，然后就会大吵一架"；但是，大多数情况下，他"是个温柔和善的好人"，这段关系对两人都有好处。杰拉德对毛姆是仰视的，他从小缺少父爱，毛姆在他眼里就像父亲一样；同时，毛姆又比他丰富成熟得多，能让他过上自己渴望的生活，一种与幽静、枯燥而贫困的圣约翰森林天差地别的生活。在毛姆的庇护下，他过着被宠溺的放纵生活；他不缺钱花；而且，凭借着爱交际、爱说话的天性，他给自己找到了一个目的，一个要扮演的重要角色。

在回忆录《回顾》中，毛姆承认了杰拉德的重要作用。"要不是他，"他写道，"我在南太平洋旅行时……绝不会搜集到《颤动的叶子》里的短篇小说所用到的素材。"该书包含六个短篇，最初发表于杂志，1921 年出了单行本。单行本的致敬对象不是杰拉德，而是伯特·阿兰森："感谢你一直向我表示的深厚感情。"讽刺的是，集子里最成功的一篇《雨》曾被多次退稿，直到《颤动的叶子》出版前的几个月才被 H. L. 门肯主编的《时尚圈》杂志接受。六篇故事流畅丰富，如戏剧般凝练，每一篇都很受欢迎；但是，引发了轰动的一篇是《雨》。"讽刺与惊悚交融，无可指摘的杰作"是常见的论调。《雨》彰显了作者对宗教偏狭的厌恶和人性弱点的清醒认识，多次再版，总共为作者带来了超过 100 万美元的版税。《雨》有话剧版，有音乐剧版，罗兰·佩蒂差一点就为巴黎歌剧院出了一部芭蕾舞剧版，还有不少于三部翻拍电影（1928年版饰演赛迪·汤普森的演员是格劳丽亚·斯万森，1935年版是琼·克劳福德，1953年版是丽塔·海沃斯）；1946年以其为基础拍过一部全黑人演出的电影《来自哈勒姆的脏女孩格蒂》；玛丽莲·梦露去世前不久还签过出演电视剧版的协议。喜爱《雨》的读者有很多，其中一位就是普利策获奖作品《南太平洋传说》*的作者詹姆斯·米切纳。"写南太平洋主题的作品有一条禁忌：不能读毛姆，"米切纳写道，

> ［但］我必须承认，要写关于这片辽阔海域的文字时，我经常会把《雨》翻出来，重读开头的三段，为的是提醒自己：只要寥寥几条精准的观察，就能营造出富有现实感的背景。我认为，这是小说开头奠定基调效果最好的三段话。

但是，1917年的时候，这些都还没有发生。毛姆与杰拉德结束了六个月的共处时光后，就要回纽约和西莉那里了。他先前承诺要娶她，现在必须履行诺言。如果说毛姆在作品以外从未谈过这个主题的话，单单从他的作品本身，我们就能推断出他对婚姻是厌恶的。例如，《卡洛琳》的情节基础是一个假设：爱情之花盛开于婚姻门外，婚姻制度是扫兴鬼和陷阱。短篇小说《爱德华·巴纳德的堕落》（"The Fall of Edward Barnard"）†收录于《颤动的叶子》，作者请我们以赞许的眼光看待男主人公逃离芝加哥的婚姻，到南太平洋过上快乐单身生活的经历。《月亮与六便士》是一部饱含怒意的小说，创作于波利尼西亚之行结束后的一年，主角是一位创造力被家庭生活压抑，后

---

* 原注：罗杰斯和哈默斯坦因主演的现象级电影《南太平洋》就是改编自米切纳的《南太平洋传说》。

† 原注：《爱德华·巴纳德的堕落》的情节后来扩充改写为长篇小说《刀锋》。

来将婚姻家庭无情抛弃的艺术家。叙述者动情地评论道："世上最值得怜悯的人就是结婚的单身汉。"不过，我们其实用不着到作品中寻找蛛丝马迹，因为毛姆并不讳言自己的感受。结婚才刚刚三年，毛姆就给西莉写了一封信，以坦率而近乎残忍的笔调表达了自己结婚时的态度：

> 我感觉自己先前被置于一种我绝对预料不到的处境中。我知道我让自己出了丑，但我同样认为，这是别人让我出的丑……我之所以娶你，是因为我愿意为自己的愚蠢和自私付出代价。我之所以娶你，是因为我觉得这对你的快乐和伊丽莎白的幸福是最好的。但是，我不是因为爱你而娶你，你太明白这一点了。

在这样的情况下，两人的婚姻自然毫无乐趣。1917 年 3 月 26 日下午三时，两人在新泽西州的一名法官面前举行了仪式，全程都是由毛姆的剧作家朋友奈德·谢尔顿安排的。证婚人除了谢尔顿以外，还有西莉的朋友亚历珊德拉·科勒布鲁克，她的丈夫是一名来自英国边远地区的上院议员。新娘自报年龄三十二岁，而非三十七岁。对于结婚仪式，新郎后来只记得法官"先判了前面一个喝醉酒的人，然后给我们办结婚，接着又判了后面一个喝醉酒的人"。两人说完了简短的誓言，毛姆对新娘厌恶到了极点，看都不想看她一眼。婚礼结束后，两人在格拉默西公园附近的布雷沃尔特酒店举行了一场小型婚宴，来宾只有几名毛姆的戏剧界朋友，共同庆祝这场——用一位来宾的话说——"命定的羁绊"。接着，新人就住进了曼哈顿中城德文酒店的一间套房。关上房门之后，毛姆大概会想起自己最喜爱的小说，萨缪尔·巴特勒的《众生之路》里的一段话："对一个男人来说，哪怕是意大利人所说的'死亡之女'把她冰冷的手放在他身上，也不如把一个从未真心爱过的女人娶回家，与她独处的前半个小时可怕。"

6月的大部分日子里，两人都在纽约市内，毛姆基本都在忙剧院那边的事。接着，新婚夫妇带着两岁大的丽莎和一名保姆到长岛的东汉普顿海滩度假。7月初，他在这里接到了一通意外的电话，是家里的朋友威廉·怀斯曼打来的，问他是否有意讨论某些可能的与战争有关的工作。

威廉·怀斯曼上校三十出头，是英国一名准男爵，曼斯菲尔德·嘉明将他招进了特勤处美国分部。由于英美两国之间存在种种敌意，这个岗位相当敏感，但作为一名迷人而低调的外交行家，怀斯曼干得很不错。早在1917年4月6日美国参战之前，他就已经构造了一张庞大的关系网，在英美两国情报人员之间，以及英国外交部和美国国务院之间建立了紧密的联系。两国政府的当务之急就是确保俄国不退出战争。俄国有两个革命党，温和派孟什维克主张继续参战，而列宁领导的布尔什维克则鼓动要不惜一切代价实现停战。不久前，布尔什维克被逐出国会，如今以亚历山大·克伦斯基为首的孟什维克占据了多数，因此，协约国正急于为克伦斯基及其盟友组成的临时政府提供支持。为此，怀斯曼发起了一场旨在支持克伦斯基的秘密行动；当时，克伦斯基遭到日益喧腾的少数派布尔什维克抨击，地位恐有不保，令人担忧。英美两国均支持该计划，刚刚为怀斯曼提供了慷慨的经费：英国通过摩根大通将75000美元转入他的账户，美方也发放了数额相当的资金。现在，怀斯曼需要一名特使奔赴彼得格勒，与克伦斯基总理及其同僚会谈，进行秘密宣传，并定期报告动荡的俄国政局。做过谍报工作的萨默塞特·毛姆似乎正是理想人选。

怀斯曼的提议让毛姆受宠若惊，马上就心动了。亲眼看看托尔斯泰、契诃夫、陀思妥耶夫斯基的祖国，以及再次为战争效力的机遇都对他有着强大的吸引力；另一个不能完全排除的考虑是，出国的使命至少能让他暂时逃离婚姻的种种责任，这也让他更加满意。不过，毛姆同样有不应该去的理由：他的身体远远称不上好。尽管热带游历期间，他的健康状况暂时有所好转，但自从回来就开始恶化，总是觉得疲惫，睡眠质量差，发烧，经常咳血。他之前就怀疑自己得了早期肺结核，刚拍的 X 光片确认了这一点。毛姆还牵挂着杰拉德。自从他离开美国，前往南非参加军事训练起，毛姆就跟他断了联系；要是去了俄国，将来联系的机会就更渺茫了。然而，这么好的机会实在是不容错过。于是，经过四十八小时的思考，毛姆接受了怀斯曼的提议。

接下来是忙碌的几周。毛姆先乘火车从长岛去纽约，与怀斯曼商量安排，订票，办签证，做各种出国所需的准备工作。许多人向他介绍了形势，包括改革派拉比史蒂芬·魏斯，此人与彼得格勒的犹太人关系密切；波兰民族主义者扬·霍罗迪斯基，给他开了介绍信；波希米亚裔美国特工伊曼纽尔·沃斯卡，时任捷克斯洛伐克民族委员会情报部门负责人，与捷克斯洛伐克的创立者和未来的总统托马斯·马萨里克教授合作关系密切，当时正在俄国协助组织斯拉夫人抵抗德奥。毛姆沿用之前的代号"萨默维尔"，明面上的身份还是文字工作者，这一次是英国报社记者。临行前，他还有最后一件要澄清的事情。"不知我要做的这份工作是否有报酬，"毛姆给怀斯曼写信说，

> 我不会装出确实需要报酬的样子。不过，我当初在瑞士拒绝接受一切工资，后来才发现整个机构里面只有我不拿钱。别人不是说我爱国或者大度，而只是把我当成傻瓜。如果有报酬，我自然会更高兴；如果没有报酬，我也不是不愿意去。敬请定夺。

怀斯曼明白毛姆的想法，同意给他提供工资和报销。

与表面上"连嘟囔都没有一句"就放他走的西莉道别后，毛姆于 7 月 28 日动身前往旧金山，然后上船。他身怀总额达 21000 美元的汇票，藏在衬衫下面的一条腰带里，以有利于协约国为原则相机发放。同行者包括三名友善的美国人，他们要去美国驻彼得格勒大使馆工作；还有沃斯卡和他的三名捷克同事，他们会帮助毛姆与马萨里克沟通联络。根据事先安排，毛姆在旅途期间要假装完全不认识那几个捷克人；另外，"萨默维尔"是以个人身份出使，只要出现麻烦的苗头，雇主就可以将他抛弃，而且无疑会将他抛弃。轮船从加州驶往日本横滨，这是毛姆第一次来到远东；在之后的岁月里，远东一直让他着迷。"匆匆一瞥，"他告诉杰拉德·凯利，"便让我震撼。"他从横滨转乘俄国船只前往符拉迪沃斯托克，然后沿西伯利亚大铁路西行，十一日后抵达彼得格勒。到站后，他与沃斯卡直奔位于涅瓦大街的欧罗巴酒店，目的是休息——毛姆在火车上一直发烧，身体不好——同时准备第二天与英国大使的会谈。

当 1917 年 8 月底毛姆抵达彼得格勒时，他发现城市一片混乱。六个月前的二月革命迫使沙皇退位，之后便一直处于无政府动乱状态。宽阔的大街上出现坦克和装甲车已经成了常事，枪炮声也经常能听见。随着德军不断向武器装备极度短缺的俄军前进，俄军士兵大批逃亡，这些危险的亡命之徒有不少就在街上游荡。忠于临时政府的哥萨克军队和要求临时政府下台的布尔什维克之间经常爆发战斗。城市里犯罪猖獗，街道上日夜涌动着不安的人群。每一种基本生活物资都处于紧缺状态；每天从黎明开始就有裹头披巾的妇女排成长队，耐心地等待面包、奶、糖、烟草运到。恢宏的帝都，壮观的大厦，运河与桥梁，金顶与尖塔看上去都有些暗淡破败了。不过，紧急状态下仍然有一些正常的部分：电车继续运营，遍布高档商店、餐厅和大酒店的涅瓦大街和海洋大街仍然停满了马车和汽车，剧院和音乐厅照常营业，查理·卓别林、道格拉斯·费尔班克斯和玛丽·皮克福德的巨幅海报还是挂在电影院外面，咖啡馆依然顾客盈门，哪怕能供应的只有三明治和茶水。

英国大使馆位于宫廷堤岸一线的冬宫附近，正对彼得保罗要塞，是一座宏大的十八世纪建筑，由叶卡捷琳娜大帝下令建造，最初是萨尔蒂科夫的宅邸。抵达次日，毛姆按时出现在大使馆。应怀斯曼的要求，伦敦方面对毛姆现身彼得格勒一事只给出了极其模糊的说明：外交部电文称，"萨默塞特·毛姆先生抵俄执行秘密任务，旨在为美国公众传递关于俄国某些方面的信息"。尽管对外声明语焉不详，但按照常理推测，英国使馆应该向毛姆提供一切他要求的援助，具体来说，就是把报告通过密电形式发给英国驻纽约公使。毛姆被领进一间装饰豪华的接待室，墙上挂着先王维多利亚女王和爱德华七世，以及现任英王乔治五世与玛丽王后的巨幅肖像。他在这里独自等待了很长时间后，大使才出现。毛姆非常紧张，而且因为大使对他礼貌而冷淡，所以他口吃得更厉害了。英国大使乔治·布坎南爵士的样子令人生畏，他身材瘦高，一头银灰相间的头发，单片眼镜小胡子，黑色燕尾服配灰色长裤，活像是硬纸板上剪下来的大使形象。毛姆被对方冰冷的态度所刺痛，不悦地记录道："此人固然冷淡无趣，相貌却着实英俊。"大使刻薄地挑明：他根本不欢迎这位知名作家。乔治爵士是一名手段娴熟的杰出外交官，当时正顶着相当大的压力，既要在势同水火的各党派之间保持平衡，又要努力劝说态度摇摆的克伦斯基坚持战斗。如今空降来一名没有经验的外交新手，这个家伙不仅有权与克伦斯基本人直接接触，而且还要通过大使馆发送加密电报，使馆方面不得读取，对大使本人也保密。最后一条尤其被乔治爵士视为重大冒犯。"我意识到，"毛姆在会见结束后写道，"这边是不会帮我多大忙了。"

对毛姆来说，最紧迫的任务是觐见总理。他想到的办法是联系旧情人亚历珊德拉（昵称"萨莎"）·克鲁泡特金。她现在的身份是列别杰夫夫人，为了积极投身革命而离英返俄，现在已经是孟什维克圈子里的熟面孔了：雕塑般的身形，戴长柄眼镜，身穿精心缝制的英国服饰。她是临时政府的热烈支持者，与克伦斯基相熟，很愿意帮毛姆引见。现实却令人失望。年仅三十六岁的克伦斯基曾是一位活跃有力的领袖，现在却是个病人，整天躲在冬宫的办公室里，往日的决断与远见消失得无影无踪，很容易受他人左右，不断改变主意。他知道局势正在失控，似乎迫在眉睫的失败前景让他恐惧不已。克伦斯基"看起来很不健康"，毛姆记录道，

> 他如履薄冰。他坐着说个不停，手里拿着一个烟盒，不安地摆弄着，一会儿打开，一会儿关上……他语速很快，语气很重，紧张的样子让我也紧张起来……随着谈话的进行……一些可悲的事情似乎发生了……我最后的印象是，这个男人已经筋疲力尽……不求有功，但求无过。

通过与孟什维克领袖的初次见面，毛姆得出了此人不值得协约国支持的印象；他不久之后目睹的一件事更加强了这个印象。那是9月的一天晚上，外面湿度很大，毛姆和萨莎·列别杰夫正在亚历山德罗夫斯基剧院参加一次大会。剧院里很亮堂，外国使节坐在包厢里，舞台上有几条长桌，后面坐着常务委员会的各位委员。会议开始前，只见克伦斯基身穿朴素的褐色军装，胡子刮得干干净净，留着板刷式样的头发，从侧面迈上舞台，开始发表致辞。接着，他突然不说话了，好像场下有人诘问他似的。一名在场者称，"发言讲到一半……［他］从台上冲了下来，哭了起来……庞大的俄国势同滚汤，权柄却掌握在这样一个人手里，这实在是不可思议"。英国记者亚瑟·兰森也记录下了俄国领袖神经崩溃的样子，描写了"面对一群又一群出现的反对者"，克伦斯基的前额汗如雨下。毛姆同样看不起

他。他回忆道："我从没见过一个人在公众讲话期间脸真的变成绿色。要是我坐得近一些，肯定能闻见他身上恐惧的味道。"

尽管有这次耻辱的经历，毛姆还是继续与克伦斯基会面，每周一次，地点选在全市最好的餐厅，熊餐厅。"有萨莎做东兼翻译，"他回忆道，"派我来彼得格勒的两国政府掏钱，我给客人们上了好多鱼子酱，他们开心地狼吞虎咽。"之后，他们到萨莎的寓所继续会谈，克伦斯基在房间里一边走，一边侃侃而谈，好像那是公共集会似的。临时政府的局势日益危急：外有协约国压迫其坚持作战，内有饥荒，冬季将至，群众要求和平。对克伦斯基来说，英国客人成了他与协约国愈发重要的联络渠道。美国大使以前是圣路易斯的一名谷物商人，现在成了缩头乌龟；英国大使则是顽固得不可思议：在不久前的一次会谈中，乔治·布坎南爵士明确表示，除非临时政府扭转军队涣散（事实上是国家混乱）的局面，否则不要指望英国政府进一步援助。于是，愤怒而沮丧的克伦斯基转身走出了房间，布坎南戏称为"拿破仑风范"。一走了之固然潇洒，结果却很尴尬：俄国领袖从此失去了与唐宁街直接沟通的机会，只剩下萨默塞特·毛姆的私下渠道。

同时，毛姆在勤奋地写着报告，整夜在酒店里把明文转换为密码。这是一件很繁重的事情，没有快捷的办法。他采用的密码相当复杂，克伦斯基的代号是"莱恩"，列宁是"戴维斯"，托洛茨基是"科勒"，乔治·布坎南爵士是"杜瓦"，英国政府是"意瑞公司"，他本人的暗号是"纽约金先生的朋友"。怀斯曼对他的报告评价很高，他知道毛姆——当时已成为英国本领域内的头号特工——靠得住，发回的信息兼具事实准确性与政治敏锐性。9月24日，怀斯曼给英国外交部的埃里克·杜伦蒙德爵士发了一封密电文："日前收到毛姆发来的重要电报……他希望与彼得格勒的英国情报人员合作，对双方都有好处，也能避免尴尬。我觉得没什么好反对的……他做事很机密……"

与之前在瑞士一样，毛姆手下有一批听命的特工。他派两个人去瑞典和芬兰，调查两国与同盟国结盟的传言。他还不断尝试渗透到布尔什维克的秘密会议中，可惜失败；这件事最终由美国人做成了。他本人则与彼得格勒的各类人士保持密切联系。当然，他还有沃斯卡以及一个了不起的人物，"声音轻柔，经常走神，不动声色"的托马斯·马萨里克。马萨里克领导的捷克民族机构极其高效，毛姆认为马萨里克的斯拉夫新闻社是一个反德宣传和秘密活动的重要阵地，建议为其提供大量资金支持。毛姆还与克伦斯基内阁的战争部长鲍里斯·萨文科夫进行了长谈。萨文科夫被毛姆形容为"平生所见第一奇人"，当年负责过多次暗杀帝俄官员的著名行动，坚定支持恢复军队秩序和继续参战，对协约国至关重要 *。

起初，毛姆持乐观心态。他相信领袖们的决心，街上群众总体良好的精神状态也给他留下了深刻的印象。但是，他没过多久就幻灭了。到了9月底，他已经认定无力回天：克伦斯基软弱无能，列宁和布尔什维克的势力极速扩张，临时政府内部弥漫着不可逆转的失败主义情绪。回首这段往事，毛姆写道："需要行动的时候却空谈不休，动摇的心态，只能以毁灭告终的无动于衷，浮夸的抗议活动，缺乏诚意又三心二意；这些随处可见的状况让我厌恶俄国，厌恶俄国人。"

除开公务，彼得格勒还有许多值得学习和享受的事物。毛姆决心充分利用时间，探索城市，沉浸在俄语与俄国文学中。他每天上午上一节俄语课，如饥似渴地阅读古今小说名家的作品，包括库普林、柯罗连科、索洛古勃、米哈伊尔·阿尔志跋绥夫等当代作家。他还去看芭蕾舞和话剧，听音乐会。（出于好奇，毛姆去看了一场俄国

---

* 原注：萨文科夫曾（匿名）出现于毛姆1944年的小说《刀锋》。叙述人写道，自己正在"一间整洁的彼得格勒酒吧喝俄式茶水，这时，一名轻声细语、身穿黑大衣和条纹裤的小个子男人跟我讲了他暗杀大公的经历"。

喜剧。他本来也不知道剧名是什么，但随着情节的展开，他越看越觉得眼熟，于是看了一眼观剧手册，发现作者一栏写着"毛姆"，剧名叫作《杰克·斯特洛》。）天气好的时候，他就会沿着长长的涅瓦大街散步，从综合商场和那里的几家剧院走下去，穿过萨多维亚街拐角处的露天集市、圣以撒广场、丰坦卡运河旁的普希金故居、大厦与官署，走进狭窄的卵石路，两边都是帐篷，木头都烂了。有一天，他在涅瓦大街末端的古迹洞窟修道院里面晃悠，强烈的思乡之情油然而生。

> 白桦树上的白嘴鸦呱呱叫着，让我一下子回想起坎特伯雷院内的岁月……同样是灰色的云彩挂在天上。我想家了。我站在大教堂的台阶上，望着排成长长一列的修道院建筑……但是，我眼里却是坎特伯雷大教堂长长的中殿，是中殿的飞拱，是中塔。在我迷离的眼中，坎特伯雷中塔比全欧洲的任何一座高塔都要壮观，都要可爱。

不定期通过外交包裹送达的来信很少，令毛姆愈发思乡，他给艾迪·诺布鲁克写道："我很想了解英国的消息，但得到的却很少。不知你能否抽出半个小时，把近期的小道消息给我讲讲呢？不知何日我们才能重新过上安定的正常生活，每天早晨读厚厚的、平和的《泰晤士报》，喝着粥，吃着果酱。"但是，杰拉德·哈克斯顿的消息才是毛姆最想知道的；从自己去俄国以来，他就没听到杰拉德的任何事情。他只知道杰拉德之前坐船去南非了，但几周时间过去，一点音讯都没有，他不仅开始做最坏的打算：船遇难了，杰拉德死了。其实，杰拉德当时还在海上。1917 年 10 月 27 日，他乘坐的日本运输舰"常陆丸"号在马尔代夫附近被臭名昭著的德国袭击舰"狼"号俘获。所有乘客和大部分船员被带下船，"常陆丸"号则被凿毁沉没。之后五个月里，"狼"号带着两百名战俘先向南绕过好望角，然后向北行驶，横穿南大西洋，沿途攻击了另外四艘船，于1918年2月的最后一周返回母港基尔。杰拉德从基尔被送到德国北部的居斯特罗战俘营，直到同年11月停战。

同时，身在彼得格勒的毛姆也在努力寻找合适的休闲社交活动。欧罗巴酒店里到处是协约国间谍，聚会频繁，特别是艾米琳·潘科赫斯特来了之后。潘科赫斯特是英国人，主张赋予女性投票权，每天下午都欢迎任何人来自己的客房，用便携煤油炉给客人煮茶喝。基本物资愈发紧张——一个苹果卖2.5美元，面包的主要原料成了橡子和稻草——人人饥肠辘辘，着魔似的谈着食物，谈着烤牛肉、烤羊肉、加糖和奶油的真咖啡。尽管如此，用沃斯卡的话说，"我们这些欧罗巴酒店里的人……还是不时寻欢作乐，把革命抛在脑后……［我们］学会了俄国人的态度——Nitchevo!［无所谓!］，然后像当地人一样淡然处之"。

毛姆想要扩展社交圈，于是写信给诺布鲁克说："我知道你朋友遍天下，要是你在这边有朋友的话，你能不能帮我打个招呼，我想给他们写写信。"城里到处是外国游客、外交官、观察家、记者和商人，包括不少美国人；其中有一位美国银行家，来俄国洽谈一笔对克伦斯基政府的贷款。此人聒噪，洋洋自得，天真幼稚，却有其独特的可爱之处。毛姆喜欢跟他相处，所以当他后来在街头被射杀时，毛姆非常难过，后来在短篇小说《哈灵顿先生的送洗衣物》（收录于《英国特工阿申登》）中记述了此事。另外，一对迷人的美国新婚夫妇也目睹了革命：约翰·里德与路易斯·布莱恩特；两人都是坚定的马克思主义者。[*]里德后来写下了记述十月革命的经典著作《震撼

---

[*]　原注：1981年戴安·基顿和沃伦·比蒂主演的电影《烽火赤焰万里情》就是以两人的经历为蓝本。

世界的十天》。他曾在墨西哥与反政府军领袖潘乔·维拉相处过一段时间，还写过几篇文章，引起了毛姆的注意。毛姆希望深入了解这对夫妇，于是请他们共进午餐，不仅向里德问起他在墨西哥的经历，还想知道出身富裕中产阶级的他为何会投身激进思想。毛姆看了看四周，然后神神秘秘地凑到路易斯耳边说："你不会跟别人讲自己和英国特工吃过饭吧？"她当时觉得荒谬极了，便哈哈大笑起来。她后来评论道："就算他说自己是教宗特使，我也不会觉得更搞笑。"

　　小说家休·沃波尔是毛姆本国的熟人。他被认定不适合服兵役，最初来俄国是为红十字会工作，现在是一家规模不大、牌子却很大的情报机构"英俄宣传署"的负责人。该机构的用处和效率都比较有限，却受到英国大使馆倚重；根据亚瑟·兰森的说法，"它办了几场招待会，最后沦为笑柄"。毛姆与沃波尔相识是在1911年的伦敦，现在都乐意重续友情。沃波尔写二流作品的水平很高，惊人地高产。他的志向特别大，不顾一切地希望得到大人物的认同，一心想留下文豪的美名。他推销起自己来简直不知廉耻，给著名作家写肉麻的吹捧信，每次都要请对方和自己见面，好让他继续当面拍马屁。作品受到负面评价时，他总会对书评人千恩万谢，感谢对方有益的评论。他不仅自大虚荣，而且脸皮特别薄，敏感到令人尴尬的程度，许多人觉得他太追求获得别人的喜爱了，不免令人厌烦。不过，沃波尔并非恶人：他友善而热情，除了对自己的作品以外，他算是一位有眼力的评论家。结交鼎鼎大名的萨默塞特·毛姆自然让他激动不已，他在日记里欢欣鼓舞地记下了两人见面的情形。10月27日，"与威利·毛姆共进午餐。开心。他特别迷人"。几天后，两人去听了一场音乐会，沃波尔写道："今晚和威利·毛姆在一起，他和过去一样可爱——有趣，聪明，特别和善。"

　　毛姆同样喜欢与他会面。沃波尔阅读量丰富，与毛姆基本生活在同一个世界里，两人又有不少共同的友人，因此，与他交流是挺不错的事。一个额外的好处是沃波尔强烈的同性恋倾向：休面颊粉红，戴着眼镜，性生活活跃。他洋洋得意地说："我好色，但色心若得满足，我便是虔诚而纯洁的。"他不断地坠入爱河，在同性恋圈子里以"唯一将亨利·詹姆斯拐上床的男人"闻名（据说，那位大作家当时穿着睡衣，一边从床上蹿起来，一边大喊："不，这不可能，不可能！"）；毛姆很喜欢这段轶事，吃饭的时候经常跟别人讲。实际上，休的种种表现都让毛姆喜欢，虽然并不是沃波尔自己设想的那种喜欢。当沃波尔眉飞色舞，谈天说地，吹嘘着自己忙碌的感情经历中的高低起伏时，他的同伴总是全神贯注地听着，这让他深感荣幸。不过，容光焕发、面色红润的沃波尔却没有意识到对方正在多么密切地观察着他。他知道自己给对方留下了印象，却从没想到是滑稽的印象。看着他圆鼓鼓的腮帮子、凸出的眼球、激动时发出浓重鼻音的小嘴，毛姆不禁想到了荷兰猪。后来，毛姆将沃波尔以负面形象写进了小说里；不过，两人当时的关系是和谐的，休与新朋友在一起感到很快乐。

毛姆对政局变幻的观察令沃波尔很感兴趣。"他看俄国就像我们看戏一样，先是寻找主题，然后努力去观察伟大的艺术家要如何将它展开。"他写道。但是，这出戏马上就要落幕了。到了10月中旬，所有人都明白布尔什维克即将掌权。怀斯曼意识到毛姆是一位出名的"反动帝国主义特务"，于是决定将他召回。克伦斯基得知毛姆马上要离开时，便把他叫到冬宫，请他给英国首相劳合·乔治带一个口信，不许他写下来，只能用脑子记。主旨是敦请英国对德议和，但不许德国割地，也不给它赔款，换句话说，开出德国不可能接受的条件。克伦斯基相信，这样一来，他就有可能稳住兵变的军队，使其留在战场。"我必须让俄国士兵知道他们打仗是为了什么，"他说，"我们没有皮靴、过冬衣物和食物……我不知道要如何坚持下去。当然，我对人民不会这样说。我一直在说，无论发生什么，我们都要继续作战。但是，除非我能拿出些东西给军队，否则继续作战是不可能的。"此外，口信还有两条，一条是惯常的索要枪炮弹药，另一条是撤换乔治·布坎南爵士，理由是"现任大使对新形势似无同情"。*见完克伦斯基，毛姆马上给伦敦发送密电，很快收到回复，内容是：为彻底保密起见，一艘驱逐舰将被派往挪威的克里斯蒂安尼亚（今奥斯陆）接他回国。

当晚，即 1917 年 10 月 22 日，毛姆从芬兰车站乘火车离开彼得格勒，踏上归国之路的第一程。当时，他已是归心似箭：克伦斯基这边前景黯淡——毛姆动身两天后，列宁领导的布尔什维克革命就爆发了，在这"震撼世界的十天"中，克伦斯基被赶下了台——毛姆本人的健康状况也很不好。他得了严重的肺炎，发烧乏力，而且由于食物短缺日甚一日，他开始营养不良：抵达克里斯蒂安尼亚后，他要在这里等一天，期间买了整整一磅重的巧克力，先在店里面吃，到街上还接着吃。接他的驱逐舰顶着恶劣的海况，绕了一个大圈，在苏格兰北部靠岸。11 月 17 日，毛姆抵达伦敦后马上给唐宁街 10号打了个电话，与首相次日约见。劳合·乔治显得特别友好，表示自己很喜欢这位大作家的剧作，与他见面很高兴。乔治先谈了一会儿毛姆的戏，接着就进入战况与时局。毛姆开始形成一种印象：首相敏锐地知道他要说什么，只是不想让他说出口。毛姆最后逼得没办法，从口袋里掏出一张纸——虽然克伦斯基不许，但他还是写了下来——塞给劳合·乔治，对方扫了一眼就递了回来，说道："我做不到。"毛姆问："我怎么跟克伦斯基说呢？"首相重复了一遍："就说

---

* 原注：1962 年，时年八十一岁、居于纽约的克伦斯基在一次采访中说，他不记得与毛姆有过商谈，只记得两人在一次短暂的官方接待活动见过面。考虑到他当时年事已高，1917 年又是他压力很大的一年，求见他的人五花八门，再加上颜面丧尽的败局，克伦斯基记不得也正常。不过，现藏于耶鲁大学图书馆的怀斯曼档案证实了毛姆的说法。

我做不到。"接着，他起身解释说内阁要开会，走了出去。

回到酒店客房，毛姆开始思考接下来要做什么。当务之急是健康问题。他通过圣托马斯医院联系上一位知名肺病专家，专家确认他得了肺结核，要求他马上去疗养院。11 月 20 日，还没等他有机会遵循医嘱，他就被叫去作报告了。报告会的地点是《泰晤士报》主编室，由司法大臣鲁弗斯·伊萨克主持，与会人员包括：英国军事情报机关首长乔治·麦克唐纳少将爵士、负责与大国联络的威尔逊总统秘书戈登·奥金克洛斯、E. M. 豪斯上校和刚从美国回来的威廉·怀斯曼；其中，怀斯曼的在场让毛姆感到了惊讶。毛姆害怕自己会犯口吃，便把报告交给怀斯曼，请他帮自己宣读。报告没有引发多少评论，原因正如外交部代表埃里克·杜伦蒙德爵士在自己的报告副本上的一条笔记所说，"我恐怕［此物］只有历史意义了"。毛姆因自己的努力付诸东流而郁闷，回顾往事，他将俄国之行称为"彻底的失败"，他写道："在我看来，假如早派我去六个月时间，成功的希望是不小的。"然而，上级很欣赏他的表现，愿意派给他新的任务。怀斯曼提议，由毛姆负责联络伦敦和巴黎两地的波兰团体。不过，布加勒斯特有一件更紧迫的任务等着他。这项任务的性质和之前一样，只不过支持的对象从孟什维克换成了哥萨克，同时要鼓动罗马尼亚坚持作战。

与之前一样，毛姆因为受到邀请而深感荣幸，觉得这是一次令人激动的机会。他动心了。与此同时，他又知道自己不适合出行。

> ［我觉得］由于我的身体可能会垮掉，所以，唯一合理的做法就是：说明自己身患肺结核，医生要求我去疗养的情况，但如果找不到其他信得过的人选，我很愿意接受这项使命。鲁弗斯·伊萨克笑了笑，"既然如此，我们也不好强求，"他说，"安心疗养吧，希望你尽快好起来。"

毛姆传

于是，毛姆听从专家的建议，前往苏格兰北部的一处疗养院。他花了将近两年时间才痊愈；毫无疑问，他开始治疗的时间恰好及时。尽管如此，他对回绝罗马尼亚使命一事还是有些后悔："我知道……我犯了一个重大的错误。我应该冒一冒险的，即便我派不上太大用场，但冒险本身就很有意义。"

第八章

面纱背后

Behind the Painted Veil

1917 年 11 月底从伦敦动身前往苏格兰时，毛姆已经病得很重了。阿伯丁郡班科里近郊的迪河诺德拉疗养院是一家专门治疗肺结核的大型私人疗养院。该机构于 1900 年开业，采用巴伐利亚式木结构，以位于德国黑森林地区的诺德拉疗养院为样板，是肺结核露天疗法的开创者之一。尽管位置很靠北，但冬季的迪河河畔气候相对温和，患者一天二十四小时都能享受宜人的苏格兰空气，并透过常开的窗户俯瞰平坦的草坪和密如华盖的针叶林。除了新鲜空气以外，疗法主要包括卧床休息、循序渐进的锻炼、富有营养的足量饮食，特别是新鲜肉类、新鲜蔬菜和大量奶类，还有彻底放松减压。迪河诺德拉疗养院的创始人大卫·劳森医生一再重申疗养院应该成为一处宁静的港湾，患者饭后必须要小憩，每名患者配一名护士，而且不许进行非必要的活动：极端情况下，甚至不许患者把双手放在脑后，以免扩张肺部。这种治疗的价钱可不低——每年要收 3000 英镑左右；治愈率也不高——许多患者死在了院里，还有人经年看不到病情好转；但直到二十世纪四十年代抗生素发现之前，露天疗法都是最有效的治疗手段，至少将患者与外界隔离开来，从而起到了防止结核病蔓延的效果。

毛姆在班科里住了一年多，刚来的几周几乎下不了床，结核病当初夺走了他母亲的生命，如今又降临到他身上。但是，他的状况渐有好转，不久便开始享受平静的卧病生活。他喜欢连续躺在床上几个小时，完全没有压力和责任的感觉。"我喜欢私密的房间，大大的窗户敞开着，外面就是繁星点点的冬夜，"他写道，"给我一种安全、疏离、自由的舒适感受……那是一段单调的日子，唯一能带来刺激的就是书本和沉思，时间不知不觉就飞快地流逝了。"随着体力的恢复，他开始更主动地参与疗养院安排的活动。从 11 点起床到 4 点睡觉之间的时间里，他与其他病人一起吃饭打牌，天气好的时候，甚至还会裹着毯子坐在外面的阳台上。病友们并不知道这位作家对他们有着浓厚的兴趣。毛姆兴致勃勃地给艾迪·诺布鲁克写信道：

> 结核病人彼此相爱的方式里，有某种东西能满足你对死亡的热爱：有戏剧性场面，有丑闻，有戏剧的一切元素*。有一招的效果特别好，你简直连想都想不到：有个人爱上了一名女子，就威胁她说，要是她不答应自己的恳求，他就"出血"†（我老是拼不对这个该死的词）给她看……有一个男的刚来四天就死了；我对他有一句不错的评语：来一趟苏格兰却只待了这么几天，实在是不值。

刚来的几个月里，毛姆发现自己不可能投入工作，但他渴望获

---

* 毛姆拼为 paraphanalia，标准拼法应为 paraphernalia。
† 毛姆拼为 hemorrhage，标准拼法应为 haemorrhage。

　　　　　　　　　　　　　　　　　　　毛姆传

得伦敦的消息，迫切地想要了解时事，包括战况、戏剧界的新闻、同行和朋友们的情况。"一天里最让人激动的就是邮差到来，"他告诉阿尔弗雷德·苏特罗，"收到信的人总会引起周围人的妒忌。"一件有趣的事是 1918 年 1 月 26 日毛姆新剧《农舍之恋》（*Loving in a Cottage*）于环球剧院上演。这是一出不重要的小剧，主题还是老一套*，讲有钱的寡妇挑逗只想捞钱的追求者，直到他们求婚之后才道出真相：她只要再婚就没有钱了。作者承认，该剧"纯粹是为了逗乐"。它是初涉经理工作、首次自导自演的玛丽·勒尔委托毛姆创作的。仅仅几年之后，戴斯蒙德·麦卡锡就在《新国务家》杂志撰文称，该剧"微不足道，我现在都不确定它的名字叫什么了"。《农舍之恋》之所以能上演足足 127 场，大半要归功于勒尔小姐的精彩演绎。

毛姆虽然没有动笔的体力，想象力却一直在活跃，回想过去两年的经历，构思新作品。眼前的素材就是病友，其中几位的个人经历最后进入了短篇小说《疗养院》。然而，他本人的近年冒险经历要丰富得多，他在瑞士与俄国进行谍报工作期间遇到的人和事既平凡，又不平凡。考虑到谍报工作的保密性质，再加上战争仍在进行，这方面的故事在一段时间内肯定是不能发表的。尽管如此，桩桩件件都在毛姆的脑子里。于是，他开始创作以个人视角、写实风格、真实事件蓝本为特点的系列间谍小说《英国特工阿申登》，讲述以毛姆本人为原型的同名主角的功绩，"真实地记述了大战期间我为特勤局工作的经历"。该小说集直到十年后才发表；出版社解释说，书被"[威利的]外交部的神秘上司"按了下来。据说《英国特工阿申登》原有三十一篇，但毛姆把草稿拿给温斯顿·丘吉尔看的时候，丘吉尔认为其中有十四篇违反了《政府机密法案》，坚持要销毁。

《英国特工阿申登》以毛姆在 1916 和 1917 年的秘密活动为蓝本，

---

* 原注：毛姆之前的《丘比特与斯维尔牧师》和《主教的围裙》都有类似的情节。

只有三篇妙趣横生的系列故事例外，即《没毛的墨西哥人》《黑女人》和《希腊客》，它们的原型是在西班牙进行谍报工作的杰拉德·凯利讲给毛姆的事情。阿申登有着迷人的性格，几乎在每一个方面都是作者的翻版——连住址都是梅费尔的切斯菲尔德街——独来独往，羞涩孤僻，喜欢私人空间，又有一颗不可救药的好奇心。与当时其他小说中的间谍不同，阿申登是一个会犯错的凡人，热衷于物质享受，有时暴躁，有时又害怕。尽管他出行经历丰富，骨子里却害怕乘火车："除非他满满当当提前半小时将行李放在头顶的架子上，坐稳在他的车厢一角，他是不会满意的。有时候他到得太早，正赶得上再往前一班的火车，只是那也紧张，就跟差点赶不上火车得心急如焚是一样的。"与毛姆一样，阿申登也很享受扮演角色的机会，R上校（原型为沃林格少校）派他去卢塞恩调查一名被怀疑反水的特工时："一本崭新的护照就在口袋里，阿申登想到自己一直在用新的名字到处奔波，有种舒畅的感觉，就好像内里也变成了另外一个人。他时常会微微对自己生出嫌恶之意，所以让自己变成R随手造出的一个人物，让他一度觉得有趣极了。"阿申登在瑞士的大部分时间都在日内瓦度过，尽职尽责地执行指令，与特工面谈，每周渡过日内瓦湖去一次法国，从市集上卖黄油的女人那里接收密信，每时每刻都要小心地避免引起瑞士当局注意。

他经常评论道，自己的许多工作都是常规乃至枯燥的，但也有富有戏剧性的时刻。在这种时刻，新手特工阿申登就会展现出另外的一面：原来他不仅勇敢，而且无情。以《茱莉娅·拉扎里》这篇故事为例，阿申登的使命是抓捕印度人向德拉·拉尔，此人是一个受柏林操纵的危险煽动团体的首领。R上校得知向德拉·拉尔目前在中立国瑞士，便命令阿申登将他诱至法国逮捕，然后送往英国严厉惩处。诱饵是年岁渐长的三流音乐厅舞蹈演员茱莉娅·拉扎里，她是向德拉的情人，阿申登用敲诈的手段迫使她给身在洛桑的向德拉写信，请求向德拉来法国看她。茉莉娅很痛苦：她深爱拉尔，更清楚计成之后等待着他的命运，于是哀求了阿申登好几天，不要让她背叛心上人。但是，茉莉娅的绝望显然没有打动阿申登，他的立场依然坚定。

> 她［茉莉娅］无所适从，用手捂在心脏的位置。然后沉默地拿起纸笔。但那封信写得阿申登并不满意，又让她重写了一封。写完之后，她扑倒在床上，又痛彻心扉地哭起来。她的悲伤并不假，但表达方式太过戏剧化，让阿申登也没感觉格外不忍。他和茉莉娅之间的关系，就像医生对待一种他无法缓解的病痛一样，几乎不牵涉个人情绪。[*]

在现存的篇目中，有六篇是基于毛姆在彼得格勒的经历，而且基本没有讲他与克伦斯基的政治磋商，重点放到了私人往来上。最麻烦的一篇讲的是英国大使乔治·布坎南爵士（小说中为赫伯特·威瑟斯彭爵士），掩饰稀薄到几乎透明。阿申登首次正式拜访大使阁下时，"受到的接待周到至极，挑不出半点毛病，但里面透露出的那种淡漠，却能让北极熊都背脊发凉"[†]。俄国故事中最精彩的一篇是《哈灵顿先生的送洗衣物》，短小精悍中悲喜交加，讲述了他在西伯利亚大铁路上认识的美国银行家朋友的真实故事。从符拉迪沃斯托克启程后，火车叮叮当当地跨越俄国大地，心地善良却头脑荒唐的哈灵顿先生一路聒噪不已，简直要把阿申登逼疯了。"哈灵顿先生很烦人。阿申登时常被他惹恼、被他激怒，因为他而心烦，而狂躁。"坐在车厢里，哪怕阿申登把书打开，也挡不住哈灵顿的滔滔不绝。

---

[*] 译文引自《茉莉娅·拉扎里》，收录于《英国特工阿申登：毛姆短篇小说全集3》。
[†] 译文引自《大使阁下》，收录于《英国特工阿申登：毛姆短篇小说全集3》。

阿申登自己也在看书的时候，有时突然觉得……哈灵顿先生正用那双淡蓝色的大眼睛注视着他，让他心悸不已。他不敢抬头，甚至不敢翻页，因为他知道在哈灵顿先生看来，翻页为展开对话提供了充足的理由；所以他拼命将目光锁死在某个单词上，就如同小鸡把喙对准了白粉笔画的线。只有等哈灵顿先生放弃，重新读起书来，他才会松一口气。*

尽管有这些毛病，哈灵顿先生身上也有可爱之处。"他是那么好心，那么周到，那么恭敬，那么多礼，虽然阿申登还是很乐意亲手了结他的性命，但相处短短几日，却又不得不承认他对哈灵顿先生的感情已经颇接近'喜爱'了。"两人在彼得格勒也会见面，阿申登帮美国人找了个译员，阿纳斯塔西娅·亚历山德罗芙娜（原型是毛姆的老朋友萨莎·列别杰夫）。这位银行家结识捷克活动家伊曼纽尔·沃斯卡可能也是通过毛姆，因为正是沃斯卡目睹了"哈灵顿先生"的惨死，他的描述表明毛姆笔下的情节与现实情形非常接近。据沃斯卡称，由于酒店所在的区域发生骚乱，酒店建议住客外出躲避。美国人干了件蠢事。他的送洗衣物没有送回客房，而他非要取回来，于是就跟萨莎一起出发了。沃斯卡在回忆录里写道：

> 半小时后，我听到下面的街道有枪声，也没当回事。接着，大惊失色的译员冲进了酒店大堂。从洗衣房回来的路上，两人撞上了街头枪战。寻找掩护的时候，他们失散了……我跑着来到枪战现场，发现他已经死了，倒在水沟里，身下是洗好的衣服。

---

* 译文引自《哈灵顿先生的送洗衣物》，收录于《英国特工阿申登：毛姆短篇小说全集3》。后同。

至于毛姆是亲眼看到了水沟里的尸体，抑或只是从沃斯卡那里听说了这件事，我们不得而知。在故事里，阿申登和阿纳斯塔西娅等到枪声平息，便到空荡荡的街道上寻找哈灵顿先生。"他面朝下躺在一摊血泊之中，瘦骨嶙峋的秃头显得格外苍白，干净的外套此时已污秽不堪。但他手里还是紧紧攥着那包衣服，里面有四件衬衫，两条连衣裤，一套睡衣裤，四个领子。"

毛姆去世多年后，他的朋友、艺术史学者肯尼斯·克拉克回忆说，毛姆"经常讲起间谍生涯，他很喜欢那段日子。我觉得他是喜欢间谍生涯带来的人性洞见吧"。《英国特工阿申登》表明此言不虚。毛姆对行动和冒险本身的兴趣不大，而对不寻常的境遇给相关人士带来的影响更感兴趣。他从不曾夸大自己的使命，对周遭环境一直是外科医生式的冷眼观察，丝毫不动感情。比如，毛姆对沃林格（书中为 R 上校）——一位聪慧、机智、勇敢、果决的间谍组织首脑——的描绘明显带有钦佩之情；同时，他也注意到，此人的不通世故达到了令人惊讶的地步，在一家高级餐厅里表现得意外笨拙。

> 毋庸讳言，R 是个大人物，很多生灵的旦夕祸福，全在他一念之间……但他就是无法面对给服务生小费这件事，仪态举止中一下全是尴尬。他既怕给得太多，被人当傻子，又怕给得太少，引来服务生的冷眼；在两难中倍感煎熬。*

同样，尽管毛姆是一位献身祖国事业的坚定爱国者，他明白自己的使命涉及双重道德标准。在《抛硬币》这一篇中，阿申登的使命一旦成功，便会导致众多无辜者的死亡。他是实际执行的一线特

---

* 译文引自《没毛的墨西哥人》，收录于《英国特工阿申登：毛姆短篇小说全集 3》。后同。

工，而下令的上级则选择不去了解任务完成的具体方式。他对这种虚伪有一番心怀厌恶的反思：

> 他们渴望达成目的，又对手段怀有疑虑……籍籍无名的特工把事情做了，他们尽管乐得享受这些自己听都没听说过的人带来的好处，却假装没有看见那些腌臜活儿，这样就可以把干净的双手放在胸口上，自诩从未做过任何对于正人君子来说不体面的事。

《英国特工阿申登》之所以对谍战小说产生了非凡的影响，这种透彻的眼光是一大原因。作为一种文学体裁，谍战小说早在二十世纪初就诞生了，开山之作是厄斯金·柴德斯发表于1903年，至今被奉为经典的《沙岸之谜》。约翰·巴肯（《三十九级台阶》的作者）、威廉·拉克和 E. 菲利普斯·奥本海默是当时人气最高的谍战小说家；后两人专门写那种公然逃避现实、情节夸张的故事。他们塑造的主角都是超级英雄，使命总是重大得让人害怕，要么是挫败政治暗杀，要么是打击盘踞伦敦的跨国间谍网；主角们与英王陛下和英伦祖国的魔鬼般的敌人殊死搏斗，生死悬于一线，却总能智高一筹。这些紧张刺激的冒险故事根本无意描绘现实，与《英国特工阿申登》的对照太鲜明了。或许除了约瑟夫·康拉德的《秘密特工》以外，毛姆是第一位描绘真实间谍活动的作家，而《秘密特工》一书的政治小说色彩其实比谍战味更浓。另外，他还与小说家康普顿·麦肯齐并列为"真间谍写间谍故事"的先驱；不过，麦肯齐将自己的希腊特工经历讲成了一出彻头彻尾的闹剧[*]，而毛姆笔下的地下谍报世界不仅道

---

[*] 原注：麦肯齐的《希腊回忆录》于1932年出版后遭到召回，作者也因违反《政府机密法案》而获刑。

德可疑，而且往往单调乏味。

尽管毛姆的写法让许多读者倍感震惊，但他却为整整一代的新式英国谍战小说奠定了基调。评论家兼犯罪小说家朱利安·西蒙斯写道，"现代间谍小说的鼻祖是萨默塞特·毛姆的《英国特工阿申登》"；许多知名谍战小说家也认同这一说法，如埃里克·安布勒、格雷厄姆·格林、兰·戴福顿、约翰·勒卡雷。安布勒说他"受到了《英国特工阿申登》风格的强烈影响"；格林将《英国特工阿申登》形容为"机智而写实的小说"；勒卡雷写道，"我的作品当然受到了阿申登故事的影响"，他还说，"我认为，毛姆是第一位以祛魅乃至于平实的文风，对间谍生活进行现实描绘的作家"。毛姆坚定的现实主义风格在大西洋彼岸也不乏钦慕者。1950 年，创造了菲利普·马洛这一形象的犯罪小说家雷蒙德·钱德勒致信毛姆：

> 《英国特工阿申登》是独一无二的……除此之外，世上没有伟大的间谍小说——一部都没有。我一直在寻找，所以很清楚……包含谍战元素的冒险小说倒是有几部还行……但总是过犹不及。卖弄太过，高音拔得过头了。它们之于《英国特工阿申登》，就好比歌剧版《卡门》之于梅里美那篇具有致命魅力的小故事。

《英国特工阿申登》于 1928 年面世，英版由海涅曼推出，美版由杜兰旗下的道布尔戴出版社推出，作者将该书献给间谍同行杰拉德·凯利。《英国特工阿申登》过了很久才最终赢得赞誉，部分原因是厌战的公众要过一段时间才能重燃对战争的兴趣（埃里希·玛利亚·雷马克的《西线无战事》、罗伯特·格雷夫斯的《向一切告别》和 R. C. 谢里夫的话剧《旅程的终点》直到次年才面世）；另一部分原因是，当时的谍战迷对这种低调平实的小说还没有做好心理准备。

大多数评论家赞同《纽约时报》书评的观点，即《英国特工阿申登》"是萨默塞特·毛姆的标准二流作品"，但也有一两篇负面书评写得更直言不讳。批得最严厉的是 D. H. 劳伦斯发表在《风尚》杂志的书评。劳伦斯写道，只要认真观察就能明白，毛姆笔下的角色透着一股假。"我们会发现，他们只是提线木偶，是作者发泄小小偏见的工具。作者的小小偏见如果算得上'幽默'，那么，这种幽默的败坏酸腐真是少有作品能匹敌。"尽管《英国特工阿申登》刚面世时并未受到热烈追捧，但行情却一路走高：再版无数，翻译为多门语言，被改编为一出话剧（至今未上演）和一部电影，即阿尔弗雷德·希区柯克导演，约翰·吉尔古德、彼得·洛瑞、玛德琳·卡洛主演的《秘密特工》。最耐人寻味的是，该书曾被情报机构用作教本，英国军情五处和六处有几年将《英国特工阿申登》列为新入职人员的必读书目，苏联军事情报机关进行过一次英国间谍小说研究，最初引起他们关注的显然也是这本书：正如毛姆本人所说，"这一系列故事仅仅是出于娱乐目的，引发这样的影响实在是奇怪"。但是，它荣获的最高褒奖或许来自纳粹宣传部长戈培尔，他在"二战"期间的广播节目中将该书称为英国式犬儒主义和残酷无情的典范。

与此同时，漫长冬季过后的苏格兰迎来了春天，毛姆感觉身体逐渐康复。医生允许他去南边消夏，前提是秋季要回来继续治疗，这让他欣喜不已。毛姆口中的"夫人"，即西莉，来班科里看望他时带来了许多消息，说她租下了一间乡间别墅，为期三个月。查尔斯山庄园秀美宽广，有一个很大的花园，书房也很舒服，毛姆可以在里面不受打扰地工作。庄园位于萨里郡的欣德黑德附近，周围林木茂盛，石南盛开，山丘和缓，风景宜人，而且去伦敦很方便。但西莉选择此处还有另一个原因：西莉与韦尔康生下的儿子蒙特尼现年十五岁，正在欣德黑德上学。由于前夫的要求，母子不得相聚，痛苦的西莉希望能住到学校近旁，或许能见到自己的孩子。她仍然在请求增加母子接触的机会，但每一次都被驳回，虽然韦尔康经常出国，蒙特尼放假的时候也必须有一位老师随行。与以前一样，西莉与儿子只有短短的见面机会，而且要有第三方在场，地点通常是朗汉酒店的公共休息室。韦尔康的律师特别强调，蒙特尼在任何情况下都不得与毛姆接触，其结果只是令西莉更加难熬。现在，西莉有三岁大的女儿丽莎在身边，对她十分宠爱，毛姆同样很喜欢小女儿，但他更想要男孩，因此有些失望。一家三口在乡间度过了一段比较和睦的时间。西莉很高兴丈夫回到身边，毛姆则乐于脱离疗养院的约束，但他私底下对婚姻生活并不看好。"未来之事不可期，"他认命地写道，"只能心怀希望，如是而已。"

尽管毛姆身体依然很弱，容易乏力，但他在萨里郡愉快地结识了一两位好邻居，特别是之前曾在伦敦偶遇的作家罗伯特·希金斯。希金斯写小说、剧本和乐评，是马克斯·比尔博姆的朋友，认识已经过世的亨利·詹姆斯和奥斯卡·王尔德。他的小说《绿色康乃馨》讽刺了王尔德和十九世纪九十年代的唯美主义者，招来恶名如潮，不过畅销爱情小说《安拉的花园》让他赚得盆满钵满。希金斯不久前开始与瑞士小说家约翰·克尼特尔同住，克尼特尔有妻子和几个孩子，但希金斯丝毫不觉得是妨碍。与 E. M. 福斯特、休·沃波尔等当时的铁杆单身汉一样，他喜欢围绕一名已婚男子构建自己的感情和家庭生活，并将对方的妻儿视为自己的家人。毛姆乐意与希金斯见面，他们俩再加上克尼特尔几乎每天都要一起骑马，经常去弗伦沙姆湖景酒店喝下午茶。三人打网球和槌球的时候，西莉也会来凑个数。到了晚上，两对夫妇会一起吃饭，喝过约翰·克尼特尔那令人畏惧的高度鸡尾酒后，气氛便活跃起来了。一天晚上，作曲家毛德·瓦莱利·怀特到希金斯家吃饭，毛姆知道她曾游历北非，就跟她说自己在考虑写一部以开罗为背景的戏，想请她创作配乐。"他和毛德在钢琴边坐了很久，"希金斯回忆道，"毛德给他弹了一首以埃及之行为灵感来源的曲子。"

查尔斯山不时会有伦敦的客人来住两天，休·沃波尔就是其中之一。沃波尔在彼得格勒与毛姆相识，如今惊讶地发现他娶了这样一位夫人。休在日记中写道，她人挺好的，但他不明白毛姆看上了她的什么地方，因为"我觉得，对于毛姆这样一个愤世嫉俗的人来说，她太多愁善感了"。不过，令他更感兴趣的是，他的朋友正在努力写一部长篇小说。

《月亮和六便士》的灵感来源是保罗·高更的生平，写于1918年5月至8月。高更与书中描绘的艺术家查尔斯·思特里克兰德有着明显的相似之处：与高更一样，思特里克兰德是一位有妻儿的体面股票经纪人，却抛弃家庭，为了艺术的自由而过着贫困的生活；两位画家都在塔希提岛定居，余生留在了南太平洋；高更患有梅毒，染上毒瘾，最终死于心脏病发作，思特里克兰德则染上了麻风病。小说为第一人称叙事；毛姆上一次采用该手法是在二十年前的《一个圣徒发迹的奥秘》，但他之后会越来越多地运用第一人称，特别是在短篇小说中。不具名的"我"在情节中的作用很小，主要功能就是评论和观察。"我"是一位年轻小说家，很贴近毛姆本人，同样年少自负，冷幽默，还有一点讨人喜欢的心怀不轨。思特里克兰德太太是一位财力有限的普通妇人，却有办文学沙龙的志向，邀请"我"参加位于阿什利花园家中的寒酸沙龙。"我"就是在这里见到了她的股票经纪人丈夫，此人乏味无趣，平凡无奇，喜欢读《笨拙》和《体育时报》，壁炉架上面摆着一幅莉莉·兰特里的画像。当思特里克兰德出乎所有人意料，突然抛家舍业，跑到巴黎当起了穷画家时，思特里克兰德太太求助的人正是叙述者。

来到巴黎后，叙述者发现思特里克兰德与两人在伦敦见面时大相径庭。现在的他冷酷而暴躁，坚定不移地走自己的路，对抛在身后的生活毫无兴趣。

"你可曾想过，你的妻子痛苦极了？"

"她会克服的。"［思特里克兰德答道］……

叙述者在巴黎有一位画家朋友，名叫戴尔克·施特略夫，此人虽然愚蠢，画技拙劣，却也慷慨心善。身无分文的高更曾得到友人埃米尔·舒芬尼克尔的接济，却以勾引埃米尔的妻子作为报答；思特里克兰德以类似的方式背叛了施特略夫。勃朗什·施特略夫与思特里克兰德私奔后被遗弃，于是自杀了。后来，仍然住在的巴黎的叙述者又碰上了思特里克兰德，他对勃朗什的事情漠不关心，但他最后还是被说服，向叙述者展示了自己的作品，不情愿地允许他进入自己的画室；书中的描写不禁让人联想到性格乖戾的罗德里克·奥康纳，毛姆当年去过此人的画室。

"我觉得，你不希望我说话吧。"我说。

"那当然，他妈的，你把自己的舌头管好。"

多年之后，叙述者到塔希提旅行，在岛上得知画家不久前去世了。查尔斯·思特里克兰德在南太平洋总算找到了圆满，他与一名土著女孩同居，创作出令人心神不安却了不起的杰作，这些作品在他死后名声大噪。视角转回伦敦，思特里克兰德太太继承了丈夫的遗作，靠卖画过着舒适惬意的生活，还颇有品位地在客厅墙上摆了几件先夫画作的彩色复制品。她的一名客人不失礼数地说道："与这些画生活在一起肯定很惬意吧。"她得意地回答："是啊，它们的装饰效果太好了。"（高更夫人读到毛姆对画家妻子的描绘有些不是滋味，这也可以理解。）

"装饰效果太好了"其实是毛姆调侃杰拉德·凯利的话，毛姆曾经取笑凯利说，他（以及毛姆自己）对美术的主要兴趣在于装饰性。

实际上，凯利对《月亮与六便士》贡献良多，因为正是他向毛姆介绍了高更的作品，毛姆初次结识罗德里克·奥康纳也是通过凯利；奥康纳很了解高更，他盛气凌人的好斗性格也忠实地体现在了思特里克兰德身上。*凯利怀疑，自己可能就是"巧克力包装画家"施特略夫的原型。他高兴地承认："我一直很确信，威利笔下的糟糕画家都是以我为原型。"但他这一次说错了：施特略夫的原型是毛姆的小说家同行休·沃波尔。幸运的是，休没有察觉这一点。他没有认出那个臃肿蠢笨、秃脑袋、红面颊的家伙就是自己；在叙述者眼里，他是"那种最真挚的感情看起来荒唐可笑的倒霉蛋"，他的作品"陈腐粗鄙到难以置信"，而他的举止像极了"焦躁不安的荷兰猪"。假如沃波尔发现了自己对毛姆小说的贡献，他肯定会痛苦地尖叫起来，即便痛苦程度远远赶不上日后面对毛姆在《寻欢作乐》里按照他的样子塑造的阿尔罗伊·基尔。

1919 年 4 月，《月亮与六便士》由海涅曼推出，这本书篇幅不长，一贯受大众青睐多过评论界欣赏。它出版的时候，世界刚刚从硝烟中走出，塔希提岛的异域背景有着显而易见的吸引力，此外，它的主题也很有意思，探讨天才的本性，讲述富有创造力的无情艺术家与他逃离的资产阶级社会之间的冲突。书中借用了毛姆参加薇奥莱特·亨特（位于坎普登山）家中沙龙时的经历——他当时还是籍籍无名的青年小说家——对资产阶级社会进行了微妙的讽刺。毛姆以薇奥莱特的形象塑造了小说家罗斯·沃特福德这一人物，笔调基本上是温柔的；他对思特里克兰德夫人的描绘就不一样了，笔端怀有隐微的恶意，反映了毛姆个人对婚姻围城和社会成规的感受。书中写道，

---

* 原注：凯利还说服毛姆对小说文本做了一处小的修改。毛姆原本写道，对思特里克兰德忍无可忍的施特略夫拿着一把调色板刮刀，要划烂思特里克兰德的一幅画。凯利说："我向他指出，没有人能用调色板刮刀划烂画布……因为调色板刮刀容易弯折，不适合切割……他想说的应该是油灰刮刀，因为油灰刮刀是尖的，而且锋利。"

思特里克兰德夫人"与所有正派的女人一样，真心相信靠别人养活自己才是守规矩的做法"；而思特里克兰德的多次厌女症发作与毛姆内心深藏的感受有着密切联系。话说回来，这部小说最大的缺陷在于查尔斯·思特里克兰德这个人物，他给人的印象是蛮横又无聊，而且突然从一个尽职尽责的大家长变成一个怒气冲冲、满嘴脏话的天才，这个过程也缺乏说服力。正如凯瑟琳·曼斯菲尔德在《雅典娜神殿》撰文指出的，"作者必须向我们展示他的内心活动，更加丰满、充分地呈现他对自身感受的看法，而不只是满嘴'见鬼去吧'"。尽管有些评论家持保留意见，但该书美版于7月一经上市便立即取得了巨大成功：首印不过5000册，年底销量就接近10万了。《月亮与六便士》的成功还出乎意料地引发了人们对毛姆旧作《人生的枷锁》的浓厚兴趣。

8月底离开欣德黑德之后，毛姆夫妇在切斯菲尔德街住了两个月。当年夏末，他的老友沃尔特·佩恩搬了出去，好给毛姆一家腾地方，但两人依然保持着密切的联系。佩恩在摄政公园住下后，毛姆还给了他几幅画，其中一幅是杰拉德·凯利绘制的毛姆像。佩恩结过两次婚，毛姆很喜欢第一任佩恩夫人，却很讨厌第二任，一名离过婚的匈牙利女人。尽管如此，两人一直是朋友，佩恩直到1949年去世前都在给毛姆提供理财建议。

11月，毛姆返回迪河诺德拉继续接受治疗。尽管尚未痊愈，但他感觉充盈着活力，对未来有许多计划。战争终于结束了，他迫不及待地想要再次踏上旅程。"我正准备向远东进发，"他对凯利说，"在不缺钱、不缺时间的情况下前往未知的领域，这是多么美妙的事情啊。"他之前在疗养院里病情很重，无法动笔；现在却抑制不住写作的欲望，用十八个月一口气写了四部剧本：《恺撒的妻子》*《美丽的

---

* 原注：原题为《通往天堂的钥匙》(*The Keys to Heaven*)。

家园》《圆圈》与《未知》。

1919 年 2 月，四部剧的第一部《恺撒的妻子》进入彩排阶段时，毛姆已经回到伦敦，可以参加了。但是，由于他出现在灯光昏暗的剧场，记不住词的女主角费伊·康普顿有些怯场。"他没有大发雷霆，"她说，"但他会让我们停下，然后说：'台词一定要念准！'我当时还年轻，第一次扮演严肃剧目的主角，难免被他吓到。"3 月 27 日，该剧于皇家大剧院首演。这出平平无奇的戏的成功被认为多亏了康普顿小姐的表演。《恺撒的妻子》以拉斐特夫人的著名小说《克莱芙王妃》为灵感来源，以当时的开罗为背景，讲述了一位已婚女性结束婚外情的故事。英国驻开罗领事的妻子年轻貌美，迷恋上了丈夫手下的随员。每一个人物都表现出了最大程度的高尚与德性，最后每个人的体面都得以保全。剧本发表时，毛姆在引言里写道，别人经常指责他专门写讨厌的人物，于是他就想要写一部"每个人物都可敬"的戏。这就是《恺撒的妻子》如此平庸的原因——这大概也不难预料到。不过，该剧在当时引发了不错的反响：剧评都很客气（《泰晤士报》将其称为"一次成功而得体的演出"）；它在伦敦演了很多场，次年又在纽约演出，主演是碧丽·伯克，场次比伦敦少一些；1925 年翻拍为美国电影《迷恋》；最后于 1951 年改编为英国电视剧。

《恺撒的妻子》首演后不久，毛姆再次病倒，4 月《月亮与六便士》正式出版时，他去了卡普里岛，在切尔科拉别墅住了三周时间，身边没有妻子。等到 5 月份回伦敦的时候，他的身体已经痊愈。

前一年夏天在欣德黑德期间，他和西莉曾就两人的将来展开过长谈。婚姻已成定局，虽然远远称不上理想，但冷静考虑的话，它也是一桩互利的安排：西莉场面上过得去，经济也有保障，毛姆则拥有了体面的表象，他天性里有一部分总是渴望着这种体面；而且，身为父母的某些重要职责也需要共同承担。两人将就着也能过，难道不是吗？西莉本来想搬回摄政公园的旧居，但毛姆一想到这里以前由戈登·塞尔福里奇掏房租就过意不去，坚持要住在切斯菲尔德街。但是，切斯菲尔德街的寓所以前住着毛姆和沃尔特·佩恩两个单身汉，地方是足够的，现在要住下一家人就显得局促了。寓所虽有五层，但空间狭窄，毛姆只好把通风良好的顶层书房当育儿房，自己在一楼的小阳台干活。阳台下面就是街道，算不上太好，毛姆很容易被打断，但那里至少刚好能放下主人特别喜欢的大书桌。

就这样，在梅费尔的切斯菲尔德街寓所，毛姆的婚后生活正式开始了。刚开始的时候，两人似乎还不错：一起公开现身宴会、美术馆和戏剧首场（包括 1919 年毛姆自己的两出戏），而且经常在家里招待客人。他们的一名朋友回忆道，毛姆夫妇"只要办晚宴，别人就不用办了"；另一位友人记得宴会"非常欢乐喜庆"。看到他安定下来，毛姆的兄长 F. H. 和嫂子奈莉当然很高兴。在世的毛姆三兄弟里，威利是最晚结婚的一个；西莉在拉特兰门受到了热烈欢迎。三个小侄女凯特、奥娜、戴安娜一直很喜欢威利叔叔，他对她们很和善，说话时平等相待，每次见面都会大方地给每个人一枚面值半英镑的金币。现在，她们又喜欢上了婶婶，为她的时髦倾倒。三个小姑娘的衣服是从伯恩霍林斯百货商店买的成衣，西莉却穿着巴黎朗万与香奈儿的定制服饰。她把自己不要的九成新衣服送给侄女，还给她们讲时尚潮流。"我天生品位不佳，喜欢百褶裙、蝴蝶结、花边和玫瑰花蕾，"凯特回忆道，"[而] 西莉则努力锻炼我的眼光。"就连平常冷淡疏远的 F. H. 也很喜欢弟妹。F. H. 对妻子相敬如宾，对孩子严厉苛责，可在西莉身边就像换了个人，殷勤又迷人，两人有时会共进午餐。毛姆出国的时候，F. H. 有时还会到切斯菲尔德和西莉一起吃晚饭。

不过，毛姆夫妇在公开场合表现得琴瑟和谐，私下里却不全是风平浪静。基本问题有两个方面，一是两人几乎没有任何共同点，二是西莉错误地爱上了丈夫。这让一切都复杂起来了，为两人的关系平添了一重无法忍受的压力。毛姆生性羞涩，寡言少语，极其自律，不愿以任何方式表达情感。西莉则恰恰相反，是个情感丰富多变、自我放任的女人，最喜欢大吵大闹，特别是睡觉之前。毛姆经常求她"别再闹了"！她外向而好交际，热爱聚会，讨厌孤单，完全不能体察丈夫安静独处的愿望。"西莉就是不明白写作对毛姆有多么重要，"她的一个女性朋友说过，"毛姆想要把整个上午留给自己，她却会拖着他去亨利百货或者类似的地方。"她也不明白工作一整天有多么累人：有时，毛姆写了一整天的字，精疲力竭地要下楼吃晚饭，却发现吵吵闹闹的，原来是妻子叫来了一群自己的朋友，而毛姆一个也不认识。客人离开后，夫妇俩就吵开架了，有时会一直吵到凌晨两三点，最后毛姆实在没有力气了，便回去睡觉，第二天依然要早起写剧本，编段子。西莉呢？要是她愿意，她可以一觉睡到大中午。西莉对饰品和设计有着很好的眼力，特别喜欢给家里买各种好看的东西，买衣服也很花钱。围绕这些话题，她能一直讲几个钟头。她的丈夫经常因此发火，有一次大叫道："你逼着我跟你讲衣服啊，讲家具啊。你知不知道我对这两个话题有多厌烦！"

她喜欢与时尚浪荡的人交往，与丈夫的许多老朋友在一起时不自在，最讨厌的就是杰拉德·凯利。住进切斯菲尔德街时，她坚持要移走挂在客厅壁炉上方的《弄臣》，这是凯利给青年毛姆画的一幅富有神采的肖像[*]；她把这幅画退给了作者，而且从不掩饰自己觉得他无聊得要死：凯利过来吃晚饭的时候，西莉经常躲出家门，去找更有意思的人做伴。毛姆有作家同行来做客的时候，她会努力融入对话，用看似动感情，实则万金油的套话来应付场面，那股虚伪劲让毛姆紧张不安，要是听到她侃侃而谈那些他知道她根本没翻开过的书，

---

[*] 原注：1933 年，钱特利遗产基金买下这幅画，赠予泰特美术馆。

毛姆更是气得不得了。他恼怒地发现她既不能，也不会给他片刻安宁；而且，每次他想要占用她一点时间，她似乎都要顽固抵制。她不读书，不打牌，很快就放弃了公益，传统女性的针线活同样不对她的胃口。

西莉想要获得丈夫的认可和关注，但成功的地方不多，剧院是其中一项。这是两人共同的兴趣，西莉在剧院里会得到她想要的尊重，虽然只有那一会儿。创作剧本的时候，毛姆经常将对话段落朗读给她听，她偶尔来排演现场时，他会觉得挺高兴的。他还不止一次带她去纽约参加自己写的戏剧的首演场。他尤其看重她对服装布景的看法：《恺撒的妻子》制作期间，费伊·康普顿的演出服就是西莉带她去采购的。"我根本插不上嘴，"女演员回忆道，"全是西莉在管，买这件，买那件。毛姆对她的服饰品位绝对信任，他这样做真没错。"首演之前，毛姆总会特别紧张，演出结束后的剧组聚会最后都交给西莉安排。另外，她可怜那些排好几个小时队，只为买便宜的乐池和楼座首场票的人，就给他们发三明治和装在保暖瓶里的汤。

频繁的哭闹、无休止的谴责、日常的试探和质问毛姆对她还没有感觉，这些做法让毛姆简直要发疯，其实都源于她对感情的不安全感，她极其渴望被爱。一位毛姆的朋友后来评论道："我觉得，假如西莉没有爱上他的话，这段婚姻还是能维持的。"正因为她爱丈夫，所以她不顾一切地想要丈夫表现出对自己的爱，而且对丈夫怀有他觉得越来越难以满足的肉体索求。对西莉来说，毛姆是她所知道的最好的爱人，但她早已失去了对他的任何吸引力。他对一位男性朋友说，妻子的性需求"无法满足，无可容忍"。他对另一位朋友私下里透露，他觉得与西莉维持肉体关系很累，两人同床的时候，他不得不充分调动自己的想象力。面对妻子日益刻薄的指责，性生活严重不和谐无疑更是火上浇油，毛姆被逼无奈，只得摆出一些令人不快的事实。"我们结婚时，我已经四十三岁……你也不年轻了，"

他冷冰冰地提醒她，"你可别忘了我们是在什么情况下结的婚。我认为，在那种情况下，要是丈夫对你相敬如宾，体贴温柔，你就应该完全满足了；但你真的不能指望有激情。"

当然，这一切吵闹争执背后都有一个不在场的人的身影：杰拉德·哈克斯顿。1919年2月，从德国战俘营里放出来的哈克斯顿以非法身份抵达伦敦，希望与毛姆见面，但旋即被当局发现，还没等见面就被遭送出境。他从此再也没有踏上祖国的土地。然而，哈克斯顿对毛姆的婚姻是一个影响巨大、威胁巨大的存在，是毛姆夫妇所有争执的真正根源。苏·琼斯知道毛姆是同性恋，并表示宽容；西莉也知道，却被妒火煎熬。假如丈夫爱上了另一个女人，她或许还能找到对付的办法；假如毛姆爱上了一个和善阴柔的小青年，她或许能与他做朋友；但是，与杰拉德见面很久之前，西莉就感觉到他是一个具有超凡魅力的年轻人，是她丈夫迷恋的人，是一个危险的敌人，而且她胜算渺茫。

之前在苏格兰疗养期间，毛姆把大量时间用来制订与杰拉德同游远东的计划。如今，战争已经结束，他迫不及待地想要出发。不过，1919年的大半年里，他都留在伦敦打理日进斗金的剧院生意：3月《恺撒的妻子》首演，8月《美丽的家园》伦敦纽约两地首演*，《未知》排演在即。

另外，他还要搬家。局促的切斯菲尔德街寓所换成了一处大得多的房子，地址是马里博恩区的温德海姆2号。温德海姆是一条宽阔安静的街道，北边通往布莱恩斯通广场；2号是一座建于摄政时期的优美四层别墅，一层有三扇带阳台的别致窗户，大门口两侧有廊柱，很引人注目。西莉终于找到了一个尽情发挥精力、施展家装才

---

* 原注：美版名为《男人收藏家》（*Too Many Husbands*）。剧中有一句台词，"英格兰，美丽的家园"（英版剧名出处），出自赞扬特拉法加海战的流行歌曲《纳尔逊之死》；制作方认为，这句台词在英国会引起共鸣，在美国就未必了。

毛姆传

能的地方，负责监督这座原本定位是高端招待场所的房屋的装修工程。毛姆尽可能置身事外。不用写作或排演的时候，他把尽可能多的时间花在加里克俱乐部，或者在拍卖行周围晃悠看画；他偶尔会叫一位老朋友到家里吃晚饭，比如苏特罗或沃波尔。沃波尔在日记本里记下了这样的一次经历。当天晚上很愉快，他写道，但是"[威利]看起来病恹恹的，兴致不高。婚姻生活怕是不太顺心"。

　　除了家庭以外，毛姆可谓春风得意，随着8月底开演的新剧而得到广泛报道。《美丽的家园》是一出轻佻搞笑的快节奏闹剧，背景是丈夫出征四年，妻子独守空房的时代悲剧。故事开头的焦点人物是维多利亚，一位秀色可餐却无情无义，以自我为中心的少妇。据报，她的丈夫死在了三年前的伊普雷战役期间，但威廉其实并没有死，为了与妻子团聚，他正赶往伦敦，却不知道她已经嫁给了自己最好的朋友弗雷迪。这种处境本身就很有看头，但作者又加了一出，让情况更加复杂：原来，贪得无厌的维多利亚已经瞄上了第三任丈夫，一位有钱的企业家，打算把弗雷迪和威廉都踹掉。她觉得自己为战争做出的牺牲已经够多了。"我可是嫁过两个荣获杰出服役勋章的男人，"她洋洋得意地说道，"没有多少女人能做到。我已经仁至义尽了。"两个被甩的男人丝毫没有难过，他们对维多利亚的自我中心已经烦透了，如今总算解脱，不禁雀跃。"我承认有时候心里很难受，"弗雷迪抱怨道，"我要一样东西就是自私自利，她要一样东西就是理所应当。"威廉对这种情况再熟悉不过了，他"不明白，为什么我约好的事情就可以不算话，她的事情天底下谁都不能干涉"。于是，两人马上抢着做出牺牲，争夺与维多利亚离婚的机会。极其搞笑的第三幕引入了两位新角色，一位是打扮入时的离婚律师，一位是他的同事，老处女蒙特莫伦西小姐；她的谋生手段是专门冒充离婚案里的通奸女。通过这个计谋，威廉和弗雷迪这两位朋友赢得了自由，维多利亚则赢得了有钱的第三任丈夫。

厌倦了战争的公众渴望轻松和搞笑，《美丽的家园》正是为他们量身定制的。时事主题——配给制、黑市、仆人荒——荒唐可笑的闹剧场景、机智诙谐的对话逗乐了伦敦观众 *；就连隐含的玩世不恭、拒绝严肃对待任何事物的态度都被认为不过是一场天大的笑话，获得了人们的认可。作者的意图正在于此，至于更阴暗、更私人的含义就全是他自己的事了。"男人和女人的区别在于，"维多利亚的母亲说，"男人不是天生的'婚瘾者'。凭借耐心、坚定和偶尔的奖励，你可以训练他们经营婚姻，就像训练一只狗用后腿走路一样。但是，狗总是更喜欢四条腿走路，男人也总是想要自由。"

评论界一致认为《美丽的家园》是"一部欢乐的作品"，"贴近时代，机智而精巧……风趣而不粗鄙，是一部小小的杰作"。该剧在戏厅剧场上演了七个月，演职人员贡献不小；该剧的导演兼主演是无与伦比的查尔斯·霍特里。维多利亚由三十岁的格拉蒂丝·库珀饰演，冷艳的古典美人形象掩盖了她的世事洞明与商业头脑。她十七岁便登台演戏，可惜天赋不足，用一名同事的话说，格拉蒂丝演戏纯粹是为了谋生；但她相当用功，值得信赖，正如毛姆日后所说，她最终"实现了从平庸到卓越的进化"。战争期间，她涉足剧院管理工作，与弗兰克·寇松共同经营戏厅剧院。《美丽的家园》是两人第四部联袂推出的话剧，标志着两段成果丰硕的合作关系的开始，一是毛姆与戏厅剧院，二是毛姆与格拉蒂丝·库珀，她之后还会出演三部毛姆戏剧的女主角，分别是《信》《圣火》和《面纱》。两人友情坚笃，毛姆钦佩格拉蒂丝的自律、坚定和闪亮的金发。塑造《信》中的莱斯利·克罗斯比和《圣火》中的斯黛拉两位角色时，毛姆头脑中都在想着格拉蒂丝·库珀。毛姆承认，他知道由她演绎这两个角色

---

* 原注：受战争及其后果影响较小的纽约观众并不觉得这出戏很有趣，该剧上演两周后便草草收场。

的话，她会"或多或少无意识地"为人物添彩。 *

自己的戏顺利上演后，毛姆终于觉得可以踏上谋划已久的远东之行了。这次旅行有六个月时间，毛姆做了详尽的笔记，后来结集出版为《在中国屏风上》（*On a Chinese Screen*）。1919 年 8 月，他从利物浦出发，第一站是纽约，然后乘火车横跨美国，途中在芝加哥接上杰拉德，抵达西海岸后坐船到香港，相继去上海和北京，最后向北去奉天，接着取道日本和苏伊士运河回国。

对毛姆来说，中国是一片迷人的土地；他后来宣称，中国是一个"应有尽有"的国度。当时，民国肇始，时局变换，自 1912 年满清王朝被推翻以来，军阀混战不休，一面是落后的自然经济，一面是致力于现代化革新的学生运动，双方形成了深刻的裂痕。北京政府软弱无能，朝不保夕，虽有外国承认，列强使馆也设于首都，但政令不行于国内。这是毛姆第一次来到自己不懂当地语言的国家，只要离开大城市，他基本就要靠随身译员了。不过，这项限制对他影响不大，因为最令他感兴趣的是外侨风情，是游离于中国社会之外的旅华西方人的行为。与之前在波利尼西亚一样，凡是他遇到的欧美人士，医生、外交官、商人、传教士及其家属，他都进行了最细致的观察。他的笔记本里写满了这些人的故事：领事、大班、急着结婚的老处女、讨厌自身使命的传教士、因思乡而几乎疯掉的英美烟草公司代理人，还有身居白墙之内，怀着乡愁谈起南法故乡的女修道院院长。此外，他只采访过几名中国人，其中一位是儒学大师。老者归隐已久，脑后一根雪白的发辫，满口发黄的牙齿，慈禧听政期间曾给封疆大吏做幕僚。他在牛津和柏林上过学，英语流利，一番客套恭维之后，他便漫谈起历史和哲学来，还满腔热忱地

---

* 原注：举止女性化的男演员厄内斯特·塞西杰曾问毛姆为何从来不给他写剧，毛姆答道："我会给你写，不过不要由格拉蒂丝·库珀演。"

讨论中西关系。"你们将邪恶的发明强加给我们,"他痛斥目瞪口呆的客人道,"[但]你们难道不知道,我们同样有制造机械的才能吗?……当黄种人造出的枪炮和白种人一样好的时候,你们还剩下什么优势呢?"*

尽管在中国旅行往往缓慢而不便,但毛姆和哈克斯顿还是走了很长的路。两人有若干身穿蓝衫、头戴大草帽、用扁担挑着行李的民夫随行,一路体验了各种交通方式。他们坐过轿子,骑过体格结实的矮马,有一次连续用脚板走了几天的路,晚上就在乡下的简陋客栈里对付,有时只能睡在什么都不铺的泥土上。两人乘着舢板,沿着长江上游走了 1500 英里,一直到成都。站在带雉堞的城墙上面,西藏的雪山遥遥可见。乡间的美景让毛姆看得出神:生机勃勃的翠绿稻田、长满树木的小丘、道路两旁的优美竹林、宽阔的平原和狭窄的隘口、纵横的水渠、宝塔与寺庙,还有用墙围起来的村落,农舍都有中国特色的飞檐。趁着记忆尚且鲜活,他将脑海中的印象匆匆记下,而且是在移动中写的,比如坐轿子,或者乘舢板顺流而下时。两人一路拜访寺院,置身茶楼烟馆,看着农夫牵着水牛缓缓地犁地,从一摇三晃的小脚女人身边经过。他们在夜里来到河边,眼前一队货船驶过,船帆在月光下显得阴森森的;还在偏远某地见过一群身穿黑色绸衣绸裤、足踏翘头靴子的蒙古人。当然,他们也见过不那么美丽的画面。有一次,他们要去看一处山坡坟地,途中偶遇一座小塔,它是遗弃女婴陋习的可怕证据。"有几个粗糙的篮子乱糟糟地扔在塔底下,"毛姆写道,

我绕着塔走了一圈,在侧面看见一个矩形的洞,长约 18 英寸,

---

* 原注:毛姆把这位老学者的慷慨陈词记在本子里,几乎原封不动地搬到了《苏伊士以东》(*East of Suez*,1922 年)中的李泰成身上。

宽约 8 英寸，洞口垂下一条粗绳，洞内散发出一股令人恶心的奇怪味道……这是一座弃婴塔。篮子是装婴儿用的……然后把篮子拴在绳上，轻轻地降到地下，那股奇怪的味道就来自尸体的腐烂。我站在那里，一名活泼的小男孩走了过来。我通过他知道，那天上午，他就把四个婴儿带了过来。

中国农村与北京、上海、香港这些大城市的对比极其鲜明。香港是毛姆和哈克斯顿第一次停靠的港口，英国色彩浓厚，整洁而高效，俱乐部、赛马场、网球场，还有铺着印花棉布、每天六点钟准时有服务员送来鸡尾酒和橄榄的舒适客厅，这些都让他们想起了故乡。上海是国际化商埠，风格与香港迥异，外滩银行商号林立，街道上满是汽车，以餐厅和夜总会（主要由十月革命后逃难至此的白俄人士经营）为中心的夜生活很丰富。与其他国际大都市一样，上海能够满足每一种性癖好，闻名遐迩的童男妓院尤其受欧洲人欢迎。围墙环绕的古都北京又是另一片天地。北京"带给他让灵魂充实的体验"，如毛姆所见，"是全世界最适合度过余生的地方之一"。北京城从内向外分为宫城、皇城、内城、外城，各有宏伟的城墙环绕，内有寺庙、宫殿、湖泊、园林、佛塔和兔子窝似的民居。每一重城垣都有宽阔的林荫街道，皇宫周围是密密麻麻的胡同。你看到墙上有一道门，门背后可能是鲜花盛开、香气扑鼻的凉爽庭院，也可能是污秽横流、臭气熏天、人满为患的贫民窟。如毛姆所说，北京城经常弥漫着"令人恶心的味道"：下水道是奢侈的稀罕物，街边都是露天排水管，每天早晨有挑粪工把排泄物装到车上，运往城外做肥料。与喧闹的上海不同，北京的汽车很少，最常见的交通方式是人力车：软底鞋，充气轮胎，跑起来安静极了。外国人大多住在使馆区，那里有几间俱乐部和两家欧式宾馆。侨民的社交生活很丰富，可以去跑马场跑马，可以去西山野餐一整天，可以开午餐会，可以跳舞，还有外交晚宴；作为贵宾，毛姆自然收到了不少晚宴的邀请，他一丝不苟地将侨民的浮华与礼仪记录了下来。他更喜欢在城里随意行走，到市场里淘淘玉器和金器，还有观察人群：妇女、孩童、提笼架鸟的老者，鸟儿的脚上拴着一条长长的绸带。

回国前不久，毛姆给自己的代理人戈丁·布莱特写信道："我积累了各个方面的许多素材（除了美好时光以外）。"他这里讲的"素材"为三部作品提供了基础：剧本《苏伊士以东》、小说《面纱》和游记《在中国屏风上》，其中最后一部是最先做好准备出版的。毛姆把打字稿寄给著名东方学家、英国驻北京大使馆二等秘书 H. I. 哈定，哈定认真审阅之后做出了若干订正：

第 124 页：我认为"司空见惯"这个说法不太好。就我所知，在中国，厌恶一名亲属就将其下毒害死的做法未必就比在英格兰更普遍……

第 126 页：我认为"奇特"这个提法不妥当。我们可能觉得中国人奇特、乖张、可笑、有趣、怪异、神秘，等等。但是，没跟外国人打过交道的中国人对我们也会是同样的感受……

毛姆是感激的，虽然未必全都赞同。"你的四十一条建议对我很有帮助，我准备采纳三十六条，"他告诉哈定，"[但] 我觉得有一两处是出于误解：比如，我之所以说中国人奇特，不是因为他们是中国人，而是因为他们与其他民族判然有别的艺术才能……"

1922 年，《在中国屏风上》面世，毛姆按照惯例在扉页写上了"献给西莉"字样。该书在大西洋两岸都赢得了赞扬。"这是一部奇书，"露易丝·蒙赛尔·菲尔德在《纽约时报》撰文称，"读者会感到，自己在与一位有趣的灵魂沟通，他思维敏锐，敏感，富有同情心、洞察力和理解力。"伦敦也有人认同她的看法。杰拉德·古尔德在《星期六评论》上赞扬了作者细致入微的观察。"他的描述更多是从心理角度，而非从自然角度……他向读者呈现了中国对那些与我们有着类似成见的人所产生的真实影响，从而让我们了解到一个古老异域文明带来的'感觉'。"古尔德对毛姆的严厉视角做了一番有趣的评论，与批判毛姆小说愤世嫉俗的评论家的反应如出一辙。"冰冷而强劲的笔触似有无情之意，"古尔德说，"[尽管]蕴含的核心思想是善意的。"

第二部面世的中国系列作品是小说《面纱》。该书直到1925年才出版，但与毛姆的许多书一样，《面纱》的想法在诉诸笔端之前已经酝酿了好几年的时间。作品主题有两个灵感来源，一个是但丁《神曲·炼狱篇》的一个场景*，是他第一次去意大利时记下来的，另一个是香港的某位臭名昭著的英国女子，她的事情是毛姆在旅途中间听说的。他说道，《面纱》是"我的小说中唯一一部以情节，而非人物为起点的作品……[书中人物]的原型都是我早就在各种情况下认识的人……根据情节的逐渐展开而选用"。

《面纱》讲的是一对不般配的夫妻，丈夫名叫沃尔特·费恩，妻子名叫基蒂。沃尔特是一名政府微生物专家，在中国工作，两人于伦敦相识的时候，沃尔特正回国休假。沃尔特害羞内向，带着一股学究气，完全不适合基蒂。但轻浮貌美的基蒂二十五岁了还没结婚，忧心忡忡：她雄心勃勃的母亲不客气地指出，她有被剩在货架上的危险了，于是在惊慌之下，她嫁给了为自己神魂颠倒的沃尔特，他骄傲地将新婚妻子带回了香港。基蒂发现殖民地的生活充满乐趣，这让她松了一口气。诚然，她的丈夫是个令人沮丧的家伙，想要取悦她时总是又急躁又无能，无聊到极点。但她还有别处能补偿，头

---

* 原注：第五卷里讲述了一位锡耶纳贵妇人的故事。她的丈夫怀疑她通奸，就把她带到自己位于马里马的城堡，希望那里的沼泽瘴气把她害死。

一样就是英俊迷人、雅好交际、浪荡不羁的殖民地助理秘书查尔斯·汤申德。

　　基蒂和汤申德很快便开始了一场令人兴奋的恋情，她沉迷于虚荣而魅力超凡的查理，又愚蠢地以为他对自己也是如此；幽会成为了她生活的全部意义，地点通常是在家里，趁沃尔特到实验室工作的时候。一天下午，躺在床上的两人惊恐地发现，原本锁上的卧室门把手正在慢慢被拧开。门外肯定是意外回家的沃尔特。从那一刻起，基蒂的生活发生了不可逆转的变化。一向盲目地爱着她的沃尔特显露出性格中近乎虐待狂的一面，满怀敌意，寡言少语。他冷冷地开出了内含杀机的最后通牒：要么随他去正在闹霍乱的内地偏远小城湄潭府，要么两人离婚，状告查理·汤申德通奸。起初，基蒂想选择后者：她疯狂地爱着查理，查理也疯狂地爱着她，他肯定愿意抓住这个机会甩掉无聊的老婆，跟自己结婚。但是，在汤申德办公室里令人难堪的一幕，让她意识到自己犯了一个可怕的错误，她的情人根本无意卷入这件损害名誉的丑闻。她必须保持理智，振作起来，跟随沃尔特去湄潭府。"我觉得你的丈夫已经很大度了，"汤申德傲慢地告诉她，"从他的角度看，你就是个调皮的小丫头……我不会妄言湄潭府是疗养胜地……不过，你也用不着怕得要死。"

　　正是在荒凉破败、每天都有上百人死去的湄潭府度过了暗淡可怕的几周后，基蒂开始明白了自己的现实处境，沃尔特对她的爱已经化为绵绵恨意，她自以为汤申德对自己怀有的爱意毫无价值，她自己也是自私又浅薄。渐渐地，她了解了沃尔特拯救生命的英勇事业，开始向前看，甚至志愿到一座法国修女的修道院里照顾孤儿。尽管她依然不能让自己爱上丈夫，却对他产生了怜惜，她最大的希望就是沃尔特能原谅自己，不是为了她好，而是为了他。但沃尔特不为所动，对待妻子怀孕的消息也是冷言冷语——"我是孩子的爸爸吗？"他尖刻地问。最后，沃尔特染上霍乱死去，终究没有与妻子和解，基蒂回到了香港，也成了一个更明智的女人。但毛姆对她的脾性自有分寸，他太现实了，不会就此驻笔；这位意志薄弱的女主人公又一次沉沦于汤申德的引诱，但最终还是回了英国，满怀羞愧与自我厌恶。

基蒂·费恩是毛姆塑造的最精妙的人物形象之一。与二十多年前塑造伯莎·克雷杜克时一样，毛姆展现出了非同寻常的共情能力，能够超出男性的视角，从女性自身的角度出发塑造女性角色。他完全融入和占有了基蒂，深入她的内心，熟知她的每一根神经。除了漂亮的脸蛋以外，她是一个平凡的小女人，浅薄，自以为是，天资不算聪颖。然而，毛姆对她，对她有一个铁腕的势利眼母亲，从小在缺爱的环境中长大，对她害怕孤独终老的心情都表现出了同情。他也完全能理解她对笨拙的丈夫所产生的感受，她其实是尝试过好好待他的。基蒂感激他挽救了自己，对他的爱慕感到开心，如果说他的矜持压抑让她无聊得要流眼泪的话。他的举止到床上才为之一变：沃尔特令人尴尬的激情表现让基蒂无比乏味，"狂热，还有点奇怪的歇斯底里，非常情绪化……当她躺在他的怀里时，他的情欲便消退了，怯懦到不敢说一句不着边际的话，生怕自己出丑。她对这副模样有一点鄙夷，觉得他干脆学婴儿说话算了"。难怪汤申德做爱时的自信风度征服了她；基蒂向坏坏的大男人查理·汤申德求欢时，她几乎感到了身体上的疼痛，作者无疑是完全了解这种感觉的。（《泰晤士报文学增刊》的评论员写道："有人可能会有疑虑：这样纯粹的肉戏是不是非要写得如此一丝不苟？"）

值得玩味的是，沃尔特·费恩身上有不少作者本人的影子。毛姆说过，这个人物的主要原型是哥哥 F. H.。从外貌和行为举止来看，两人确实很相似，但是沃尔特与毛姆本人同样相似。毛姆是这样描写沃尔特的："他是个敏感的人。聚会上大家唱起歌时，沃尔特从来都张不开嘴。他只是微笑着坐在那里，展示出愉快和享受的样子，但他的笑容是挤出来的……你不禁会有一种感觉：他认为这些自得其乐的家伙是一群傻瓜。"下面一段是毛姆对自己的评价："我一直觉得聚会上的娱乐活动有点烦。大家在啤酒屋里唱歌，或者坐船顺流而下时唱歌，我都是一言不发……我不喜欢别人碰我。当别人来挽胳膊时，我总是需要略微克制把手臂抽出来的冲动。"在讲述沃尔特情绪化、操之过急的做爱方式时，他显然是利用了自身的经历，我们不禁会想到毛姆早年间与薇奥莱特·亨特的稚拙情事（薇奥莱特说过："他情绪化得让人害怕，在性的方面。"）费恩夫妇和毛姆夫妇的家庭生活也有明显的共同点，都是天性沉默寡言的丈夫和话匣子老婆。与西莉一样，基蒂"能一天到晚说个不停"，

> ［沃尔特的］沉默让她不舒服。他有一种激怒她的本领，那就是不回应她随口说的话。当然，她的话其实用不着回答，但答应一声也挺好的。外面下雨了，她说了句"外面雨好大啊"，她希望他说："是啊，可不是吗？"但他始终沉默。

与毛姆当时的许多作品一样，贯穿《面纱》的主题是婚姻生活的不幸，书中不如意的夫妻不止有费恩这一对。汤申德背叛忠实的妻子简直成了一种强迫症，基蒂只是他一连串"小情人"中最新的一位。基蒂父母的关系同样极其不和谐：贾斯汀太太是一个残酷愚蠢的女人，满脑子往上爬，她的丈夫（与 F. H. 一样是法官）孤僻而郁郁寡欢，被妻子和女儿们瞧不起。值得玩味的是，贾斯汀夫人在南肯辛顿的家里分三六九等，香港的英国人社区也有高低贵贱。基蒂不悦地告诉丈夫，"家里就没别人愿意来待五分钟以上"。她意识到，作为医生的妻子，她的社会地位要明显低于以前是法官的女儿的时候。"'我真不知道，原来被半岛东方航运公司代办处请吃饭是那么高兴的事。'她一边说，一边哈哈大笑，以免显得太势利。"当

然，情节推进到湄潭府时节奏就慢了下来，微笑的修女和虔诚、贵族气的修道院长很快就会让读者看烦。但其余部分还是扣人心弦的，三角恋情节让人欲罢不能，这主要归功于毛姆的两大强项：敏锐把握对话的剧作家的耳朵，探知真实心理的本能。

毛姆于1920年4月18日归国，行李箱装满了各种宝贝，有瓷器，有明代的陶俑，有中国产的丝绸，给西莉买的一条金镶玉项链、做披风用的灰鼠皮、一件白色的松鼠皮大衣，一件给丽莎买的小号蓝色民夫外套。但是，尽管在伦敦有数不清的事情要忙，他最大的愿望还是尽早离开。之前的半年里，他和杰拉德朝夕相处；如今一下子回归家庭生活，他真是厌恶到了极点。毛姆仍然相信自己应该尽一切努力，至少维持住和谐的表象；他相信把场面撑起来是要紧事；他相信自己和西莉应该尽可能经营好这段关系，为了丽莎，也为了他们自己。远在9000英里以外的时候，他能够相对平心静气地审视与妻子共度一生的前景。他从上海给一位女性朋友写信说：

> 结了婚的人有时会觉得日子糟透了，只要能摆脱出来，做任何事情都是值得的，可他还是坚持了下来——出于这样或那样的原因——然后，感觉平息了下来，他认命了，或者妥协了，日子就这样凑合。最后，看上去似乎也没有那么糟了。

然而，真要面对温德海姆的现实生活时，认命就不那么简单了。西莉渴望爱情、坦诚、温暖，可丈夫却不愿投入感情，表现得对她没有丝毫兴趣，这让她痛苦不堪。他待她客气却疏远，她越是刺激丈夫回应自己，他就越是往后缩；每当她试图拥抱他，他就会躲闪。她只好诉诸眼泪和责备，吵闹痛斥，大发脾气，以至于毛姆有时会视回家为畏途。"我的生活里充斥着抱怨谴责，我过去没经历过这种氛围，现在也觉得不可理喻，"他告诉她，你知不知道，我这一辈子从没有人像你这样对我说话？没有人像你一样埋怨我，唠叨我，打扰我。你怎么还能指望我对你存有爱意？你让我害怕……你想一想，我一个四十六岁、身强体健的大男人，经常要先去喝一杯鸡尾酒才能面对你……你过去生活的环境里面，人们彼此说着最可怕的话，但我的生活环境不是这样。这对我是种羞辱。这让我很难过。

西莉感觉与丈夫的生活格格不入，她痛恨他总是出国（这情有可原），每次离开那么久，而且选择的旅伴不是自己的妻子。她告诉他，她渴望跟他旅行，渴望探索远方的世界。但毛姆对此决不动摇。他不是环球观光客，他说，不是从一家高级酒店到另一家高级酒店。他要妻子别忘了她当年和亨利·韦尔康一起出门时有多无聊，并指出自己旅行都有具体任务，而且与韦尔康一样，他经常去危险蛮荒的地方。"与你一起旅行会很开心，"他不情愿地说，"但我旅行是有特定目标的……可惜啊，你是我搜集素材的阻碍。我要的是灵感，和你出门的时候我就找不到。我很抱歉，但这就是残酷的事实。"

两人关起门来还是吵架，但公众场合依然装得很和谐。西莉是一名有天分和想象力的女主人，同样喜欢社交生活的毛姆很欣赏她这一点，虽然他并不很喜欢喧腾欢宴。清晨，两人通常会去马场*骑马，西莉一身精美的黑骑装亮相，戴黑面纱和黑帽子，骑完马之后他们经常会带朋友回家吃早饭。到了中午和晚上，两人会请老朋友们来家里吃便饭，比如沃波尔、罗比·罗斯、H. G. 威尔斯和女性化的艾迪·诺布鲁克，艾迪至少有一次是穿女装来的。毛姆家也会举办以奢华闻名的盛大晚宴，菜品精美，香槟酒足量供应。作家奥斯伯特·西特维尔动情地回忆起温德海姆的盛大场面：毛姆"对有天分的

---

* 原注：海德公园的罗腾马场，是一处高档骑马场所。

毛姆传

青年人总是特别友善。他家的房子是十八世纪建造的，有酒窖，客厅的墙涂成米色，夫妇俩的朋友们能见到各种有意思的人，有画画的，有写书的，有编剧的，有英国的，也有美国的"。西莉在席间如鱼得水，但毛姆的部分朋友对她不是很有好感，其中一位说道，"西莉有无情的一面。你很容易对她着迷，却不容易爱上她"；另一位写道，"她明亮的眼睛里会露出锋芒，唐突的表情和短促刺耳的尖嗓子未必讨每个人的喜欢"；还有一位甚至指摘起她对待客的热衷。"她的好客并非发自内心的暖意，而是因为她不能长时间独处，"他写道，"只要一个人待着，她很快就会烦躁起来。"这话未必全无道理。

8月9日，毛姆从中国归来四个月后，他的新剧《未知》在奥德维奇剧院上演。这部称不上令人满意的作品回到了1901年的小说《英雄》中描绘的领域。人物都是一样的，参战期间归国度假的年轻人约翰，以及他虔诚的未婚妻西尔维娅；但约翰这一次没有陷入责任与性的挣扎，而是要与宗教信仰作斗争：他在前线早就不信上帝了，现在，为了取悦垂死的父亲，他是否会同意领受圣餐呢？经过一番痛苦挣扎，他拒绝违背自己的良知，但最终被西尔维娅欺骗，领了圣餐，这件事也毁掉了他们的关系。尽管有巴希尔·拉斯波恩领衔的强大演员阵容，《未知》只演了不到两个月就落幕了，《泰晤士报》的剧评反映了大众的看法，认为主题肤浅，剧本本身"略显枯燥，缺乏戏剧冲突"。亲眼看到观众的反响后，毛姆意识到了这出戏的瑕疵。"第三幕效果不好，"他写信给杰拉德·凯利说，"明白了这一点，我的兴致就消退了。我无意故作大言，但我写这出戏是奔着完美去的（当然了，我说的是某种有限层面的完美）；既然没有做到，我就要把这次尝试从脑子里赶出去。"

与此同时，脑子里装满中国印象的毛姆全身心投入了新的工作。九点到十二点之间，毛姆会把书房的门关上，这时家人都知道不能去打扰他。对于五岁大的丽莎来说这是一段扫兴的时间，父亲在家让她很兴奋，并且渴望得到他的关注。"我有点害怕他冷冰冰的样子，"她回忆道，"不过，我总是很喜欢他回家。"毛姆喜欢小孩子，特别是婴幼儿，对他们总是不寻常地耐心温柔。他的女儿是个惹人怜爱的小人儿，纤弱瘦小，脸蛋苍白甜美，一双大大的黑眼睛；他疼爱她，想尽可能对她好，但他也痛苦地意识到，她是她母亲一手造就的，这一点让他的感情变得复杂。（有一点很重要：毛姆多年来坚持叫她伊丽莎白，而西莉和其他人都叫她丽莎。）西莉明目张胆地溺爱她，给她买昂贵的衣服和玩具，尽可能把她留在身边。小女孩自然喜欢这样的宠爱，她愿意和母亲待在一起，远胜过保姆和家庭教师；在育儿室里，她会想方设法，尽快打发掉每个新上任的保姆或老师。尽管她知道母亲是可以依赖的人，父亲却是更具吸引力的谜，他难得出现在她的生活里，对于相聚时光她总是倍加珍视。毛姆小时候就是父亲角色缺位：他对自己的父亲所知甚少，牧师叔叔更是冷漠疏离；他没有父亲做榜样，如今发现自己在这个角色中也很尴尬，他的意图是好的，但不知道该怎么做。"我觉得，他心里肯定有一个理想父亲的形象，"丽莎后来说道，"但总带着几分刻意。"与西莉不同，她的父亲不爱给她花钱，比方说，他从来不带她去看哑剧，去马戏团玩，甚至没带她去过附近伯克利广场的冈特餐厅吃冰激凌；动物园倒是去过几次，有时他会带着女儿骑马，让她陪自己散步，走路的时候就给她讲故事听，但从来不涉及个人层面的话题，不会讲他自己的经历或者童年。到了晚上，丽莎盖好被子后，毛姆会到楼上来给她大声读书；这就是丽莎所说的"开心仪式"。看到洗完澡的小女孩身上粉扑扑的，扎着两个小辫，穿着睡衣，盼着自己来的样子，毛姆也被迷住了。"他读书的时候从来不结巴，"丽莎说，"真是挺奇怪的。"

虽然年纪尚小，但丽莎潜意识里肯定能感受到父母住在一起时家里的紧张感。有时她会听到可怕的争吵声，让她害怕的声音，后来她会躲出去，免得有人问她为什么在哭。孩子焦虑的一个表征是不愿意吃饭：到了饭点就挑剔又哭闹，不管是什么菜都吃不完，让家庭教师心烦意乱。有一年，毛姆整个冬天都在国外，丽莎就在毛姆的书房里吃早饭，那是家里面最暖和的地方。看着摆在眼前的香肠和培根，她真是绝望极了，等到女仆出去，就把这些油腻的东西全都悄悄藏到架子上的书后面。这个花招瞒过了好几周，直到她父亲回家发现书房里有股难闻的味道，几十本珍贵藏书沾上了腐败的油脂，已经无法修复。他自然是怒不可遏。还有一次，毛姆威胁要教训她，她惊恐之下冲进父亲的书房，从书桌上抓起几张纸扔出窗外，尖叫道："你要是过来，我就全给你扔了！"毛姆大惊失色，一时呆呆地站在原地。"这一招拦住了他，"丽莎说，"但我还记得当时的恐慌，只想着怎样才能脱困……［最后］我还是遭到了惩罚，但不是很严厉。"

1920年，毛姆尽职地扮演了一整个夏天丈夫和父亲的角色，但现在他又打算逃离了。他与西莉的关系已经恶劣到了极点，必须严肃地给未来做个决断。两人势同水火，完全不幸福。毛姆不久前萌生了自杀的念头，震惊之下，他明白必须要做点什么了。他毕竟是占据上风的一方，从夫妇俩争执的场景就看得很明白。发生争执两周后，毛姆把要点写了下来，直截了当对西莉说："我们眼前只有两条路，要么你接受我当初提出的要求，就是自由，出门也好，回家也好，长也好，短也好，常出去也好，不常出去也好，你都不准干涉，不准跟我闹，让我平静地生活；要么就分居……"他又说："我没怎么提伊丽莎白的事，但你知道我一直挂念着她……为了她好，也为了你和我，我希望一家人继续住在一块，前提是你愿意让步。"

西莉别无选择，不管多么讨厌这些条件，她只得答应。当然，她有足够的时间去琢磨，因为她的丈夫刚下完最后通牒就又出国了，这一次足足走了一年多。

第九章

游廊与三角帆船的国度

A World of Veranda and Prahu

与许多同时代的人不同，毛姆在人生的大部分时间里保持着与时俱进的能力。正如他告诉朋友艾迪·诺布鲁克的那样，"凡是与艺术沾边的东西，都是不进则退"。作为一名剧作家，他对观众有着精准的把握，关注新动态，迅速满足不断变化的市场需求。"写戏就像做衣服，"他曾解释道，"必须量体裁衣，否则客户就不穿。衣服必须适应场合，否则穿出去就像个傻瓜。"1925年，年逾五十的毛姆发现"戏剧正处于一种不安分的状态"，他想要通过观看德法新锐剧作家的作品来探究这种状态，"好明白他们的目标何在"。作为一名小说家，无论是题材，还是有时令人大跌眼镜的先锋文学手法，他总是能令人惊讶地紧跟时代。他的短篇小说畅销全球，几乎被翻译成了每一种语言。然而，对于一位出生于维多利亚时代中期的作家来说，毛姆更令人叹为观止的是他很早就成了电影行业的宝贵财富。他自己写的电影剧本名气不大，对这种媒介的兴趣也有限，而且觉得大部分电影从业人员都令人反感，但正是通过电影的形式，数以百万计的观众才了解到他的作品，其中许多人对他的书一无所知。在整个二三十年代和第二次世界大战期间，毛姆有许多时间待在好莱坞，却少有开心的日子。他从不关心自己作品的电影版，尽管他多次亲自参与了电影的制作过程。别人邀请他去看《面纱》里的葛丽泰·嘉宝，他惊恐地拒绝了。"我想象不出有什么东西能让我去看这部电影。我忍受不了自己的作品被拍成影像的样子。"尽管如此，精明的毛姆明白电影是一个大财源，每次机会都不会放过。

他第一次去加利福尼亚是在1920年，邀请人是电影业的开拓先驱、制片人杰西·L.拉斯基。不久前，拉斯基突然造访伦敦，签下了一批名作家，包括艾迪·诺布鲁克、亨利·亚瑟·琼斯（苏·琼斯的父亲）、阿诺德·本涅特和埃莉诺·格林。1912年，拉斯基与妹夫萨缪尔·戈德温合伙创办公司，第一位雇员是当时还是无名舞台剧导演的塞西尔·B.德米尔。1916年，拉斯基与新成立的派拉蒙影业达成合作。派拉蒙是默片时代的头号制片厂，旗下有道格拉斯·费尔班克斯、玛丽·皮克福德、格劳丽亚·斯万森、鲁道夫·瓦伦蒂诺等众多明星，独领行业风骚。尽管有声电影还是未来的事（第一部有声电影《爵士乐手》直到1927年才上映），但拉斯基和戈德温相信名作家对自己的事业至关重要，不吝重金引进欧洲和美国的名家，以为很容易就能教会他们如何为默片塑造人物和情节。这次实验尽管耗资不菲，却失败了：作家的本领在于语言，而不是画面，他们对这种新媒介困惑不已，大多数人完全适应不了。以艾迪·诺布鲁克为例，他给德米尔写过一句载入好莱坞史册的无用指示："接下来的场景是语言无法形容的。"

毛姆写舞台剧对话是驾轻就熟，但写起电影剧本比别人也好不了多少。1920年11月，他与杰拉德·哈克斯顿抵达好莱坞，马上就发现自己成了团队的一员，不得不听导演、制片人、其他作家乃至演员说话，他对这批人没有半分敬重：他私下里将德米尔叫作"下流胚塞西尔"。他原本以为一部作品就能卖 15000 到 20000 美元，结果大失所望，只做成了两笔买卖，一是 1918 年的话剧《农舍之爱》的版权 *，二是写一部电影剧本，15000 美元，结果电影最终没有上映。离开洛杉矶后不久，他对诺布鲁克说："回头看这次与电影界打交道的经历，唯有 15000 美元的稿费能稍解心中的恐惧。"尽管毛姆尝试过几次，但他从没写过一部成功的电影剧本。"我确信写剧本并不难，"他在 1937 年说道，"但我就是掌握不了它的窍门。"尽管如此，他依然是极少数一上来就明白电影剧本需求的外来作家之一。他于次年，即 1921 年，发表了一篇文章，文中讲到："电影编剧的手法和舞台剧、小说都不同，是一门介于两者之间的……独立的技艺，自有其规范、局限和意义。"讽刺的是，尽管毛姆从未掌握这门技艺，他却成了作品被翻拍为电影数目最多的英语作家之一。†

如果说与制片厂打交道让毛姆泄气的话，工作以外的生活则给了他可观的报偿。哪怕是禁酒令时期，南加州依然很适合去住几周。二十年代初，好莱坞尚有亚热带村庄的氛围，有小农场，有柠檬和柑橘果园，四处是一块块长满山艾树和野花的空地。与现在一样，大道两旁种着高大的扇形棕榈，小路旁是胡椒树和九重葛；但是，当年的好莱坞没有几座高于两层的房子，私人游泳池更是闻所未闻。另外，与现在一样，当时的电影世界也带有某种超现实色彩，那种甚至会侵入日常生活的幻象和人造场景。毛姆沿着日落大道散步的时候就发现，身边会突然出现一群牛仔和印第安人，或者伊斯兰世界的深闺妇人。更出奇的是毛姆因一次意外首次出现在了胶片里。有一天早晨他出去散步，看到一群围观拍电影的人便走了过去，突然间，"我被一名粗暴的副导演推到了人群的前面，他对我大喊，

---

* 原注：即 1922 年的电影《磨难》，剧情被改得面目全非。

† 原注：至本书写作时为止，根据萨默塞特·毛姆作品翻拍的电影和电视剧已有 98 部。柯南·道尔以 93 部福尔摩斯电影紧随其后。

'来点劲'！这时，一群奇装异服的警察乱七八糟地跑到街上，我记得别人管他们叫'启斯东警察'。我就这样当了回演员，不拿钱的那种。"毛姆下榻在西班牙风格的好莱坞大酒店，很高兴又能与老朋友们来往，包括约翰·巴里摩尔，他是百老汇版《杰克·斯特洛》的男主演；艾迪·诺布鲁克，当时正在写《三个火枪手》电影版的剧本，电影主演是道格拉斯·费尔班克斯和玛丽·皮克福德；还有剧作家奈德·谢尔登，他得了关节炎，特意从纽约跑过来，希望加州的阳光对病有好处，但没过多久还是彻底瘫痪了。1921年的新年前夜，诺布鲁克带哈克斯顿和毛姆去了一家声名狼藉的舞厅，名叫"梦想王国"。他们在那里欣赏了黑人爵士乐队的演出，还用茶杯喝非法酿造的威士忌。

毛姆认识了不少电影界的人，其中之一就是好莱坞大腕查理·卓别林，全世界收入最多、最有名的人之一。卓别林当时正在制作自己的第一部独立电影《寻子遇仙记》，这是一部半自传性质的影片，取材于他在沃尔沃斯和兰贝斯的出租屋和济贫院里度过的困窘童年生活。圣托马斯医院的经历让毛姆对片中的生活再熟悉不过了，两人一见如故，毛姆很欣赏卓别林的幽默天赋和戏仿才能，特别是模仿法语和西班牙语这种他完全不会讲的语言；但在充满活力的滑稽表演背后毛姆感受到一种深切的忧郁，对伦敦贫民窟的生活，对洛杉矶的繁华大街所没有的温暖与活力的怀念。一天晚上他们俩出去散步，走了很长时间，两个短小精悍的英国男人，都是黑头发，衣冠楚楚，在雪茄烟雾中一边闲逛一边谈天，聊着聊着，朝全市最贫困的地方走去；他们置身于脏兮兮的排屋和小卖铺中间，街道上扔满了垃圾，小孩子在那里打闹，旁边是他们破衣烂衫、拉着家常的妈妈们。环顾四周，卓别林的脸上出现快活的神气，用他那股带着考克尼[*]味的奇特腔调欢呼道："你说，这才是真实的生活，对不对？

---

* Cockney，原为伦敦东区的一片地方，引申为伦敦贫民区的土话。

别的都是假的。"萨缪尔·戈德温邀请毛姆参加《寻子遇仙记》内部首映庆功会，毛姆欣然前往，和大家一起为这部心酸的作品鼓掌喝彩。

离开好莱坞前夕，毛姆机缘巧合下敲定了职业生涯中最赚钱的生意之一。有一位年轻的美国剧作家约翰·克尔顿也住在好莱坞大酒店，一天晚上他来找毛姆，问能不能借点东西给他读，毛姆就把尚未发表的南太平洋主题小说《汤普森小姐》的校样给了他。第二天早晨，他下楼吃早饭的时候激动不已，说自己被这篇小说迷住了，请求毛姆给他舞台剧改编权。《汤普森小姐》之前被好几本杂志拒绝，好不容易才有《时尚圈》愿意刊载，毛姆对它也没抱太大希望，很高兴地接受了克尔顿的提议：克尔顿手头紧，所以不收版权费，上演后利润五五分成。握手成交后，毛姆就没再多想这件事。几周后小说面世，反响热烈，有人提出要用几千美元买下电影和戏剧改编权。不管私底下有多后悔，毛姆并没有毁约。次年，克尔顿制作的话剧版于纽约上演，改名为《雨》，主角为当红影星珍妮·伊高丝。《雨》取得了非凡的成功，先在百老汇演了大半年，之后是巡回演出，全美各地出了很多版本，总收入突破 300 万美元。该剧的行情持续走高，电影版权开出 15 万美元的高价，1925 年搬上伦敦加里克剧院，制作人为巴希尔·迪恩。迪恩最开始选的女主角是长相漂亮、发挥却不稳定的塔卢拉·班克赫德小姐，她一直在热心地争取这个角色，但毛姆看了前两天的排演就对班克赫德的表演感到失望，坚决要把她换掉。羞愤之下，她跑到迪恩的办公室大发雷霆，之后怒气冲冲地走出剧院，直接回了寓所，写下一封载入史册的自杀遗言，然后吞下了一小把阿司匹林。幸运的是，她第二天醒了过来，身体无恙，却让作者兼导演筋疲力尽。塔卢拉带来的"困扰远超你的想象"，毛姆写道，"她动用各路关系试图让我回心转意，我坚决不肯，于是遭到她的朋友们的谩骂"。剧还是要继续排的，赛迪改由名气不如塔卢拉的奥尔加·林铎出演，奥尔加的表演虽说稳定，却少了嗓音沙哑的班克赫德小姐那股子性魅力，这就很严重了。毛姆多年后承认自己在职业生涯中犯过一个最大的错误，那就是拒绝塔卢拉演《雨》。[*]

1921 年 2 月，毛姆与杰拉德·哈克斯顿离开洛杉矶，先去了趟旧金山，到金融家伯特·阿兰森家里住了几日，三人最早是在 1916 年去夏威夷的船上见面的。2 月 21 日，毛姆和杰拉德上船，经檀香山和澳大利亚前往目的地新加坡。

对毛姆的大部分读者来说，他都与大英帝国的末年紧紧联系在一起，特别是远东殖民地。正如吉卜林是印度和土邦王公的代名词，毛姆成了马来群岛的代名词。在许多人心中，他以橡胶种植园、偏远驻地分署、小地方俱乐部里的棋牌室为背景，讲述乱伦与通奸、性饥渴的传教士、酗酒的种植园主、丛林中的脚步声和门廊命案的著名故事构成了毛姆小说的缩影和形象。正如西里尔·康诺利所写，"即使一切消亡，仍然会有一个作家讲述的世界留存下来，从新加坡到玛贵斯群岛，它将完全并且永远属于毛姆。我们步入这个露天游廊和三角帆船的世界，就像走进柯南·道尔的贝克街，带着快乐和永恒的归乡之感"。康诺利解释道："他说出了之前从没人说过的话——告诉我们远东的英属殖民地，法官、种植园主、公务员和他们家中的妇女们是什么样子。"其实，毛姆在远东并没有住多久，1921 年有六个月，1925 年有四个月而已；但从这两次旅行诞生了两部短篇小说集，《木麻黄树》和《阿金》，其中包含了多篇毛姆最优秀的文字。这些故事都是毛姆与杰拉德·哈克斯顿漫游世界的时候写下的，那是他最有创造力、最多产的一段日子。

毛姆在两本书中描绘了一个世界，它属于一个依旧辽阔，却被

---

[*] 原注：她被巴希尔·迪恩踢出剧组的事情闹得满城风雨。没过多久，她又参演诺埃尔·科沃德的话剧《堕落天使》，首演当晚擅自将"我亲爱的雨啊"这句台词改成了"我的天哪，雨"！这件事自然引发了轩然大波。最后，塔卢拉还是得偿所愿，出演了 1935 年的纽约新版《雨》，广受赞扬。

第一次世界大战严重削弱的帝国。直到 1914 年为止，1200 万平方英里的日不落帝国似乎牢不可破，无论是统治者还是被统治者都普遍相信英国人骨子里高人一等。用一位殖民地官员的话说，"当时的大部分英国家庭都将一种看法视为理所当然，即没有人永远正确，或者说，人人皆错，只有英国人除外。万能的主无疑属于盎格鲁-撒克逊人……棕榈与松柏之地的统治权……是上天赐给斗牛犬民族的特惠"。殖民地治理的第一要义就是为英国利益服务，但治理要慈善而顺应自然："除了最可怕、最鲁莽的人以外，没有人质疑我们的真心诚意——不过，我的孩子啊，你一定要坚定，免得他们忘了谁是长官，谁是奴才。"然而，帝国永远正确的形象在大战期间出现了巨大的裂痕，奴才们眼见着数以十万计的长官在近乎耻辱的失败中被屠杀。东方过于广大，不可能仅凭武力控制，因此，白人的威望在统治中有着无与伦比的意义，但电影的到来进一步损害了这种威望，世界各地的大英帝国臣民发现，电影里的主子们或放荡，或邪恶，或可笑。为了抵制这些负面影响，统治精英们认为收紧审查口径、强化道德建设至关重要。曾担任缅甸殖民地公务员的乔治·奥威尔这样描述那段日子："英国主子一定要有英国主子的样子……这是他施行统治、终其一生试图震慑'土民'的条件。"此种政策必然给某些侨民带来压力。而正是侨民社会为 1921 年 3 月底抵达远东的小说家提供了一片素材的沃土。

　　毛姆和哈克斯顿抵达马来亚时，由于战前对橡胶需求的猛增，再加上美国汽车行业的大发展，当地正处于相对的经济繁荣，总体氛围是自信和稳定。马来亚包括英国直辖的海峡殖民地（新加坡、槟榔屿、马六甲）、由英国人管理的四个马来土邦（雪兰莪、森美兰、彭亨、霹雳苏丹国）和首府吉隆坡。尽管大战造成了动荡，但当地人普遍相信英国统治会长期持续下去，日常生活跟过去差不多，生活水平稳步提高。就连最穷的种植园主都不坐马车，改坐汽车了。

新加坡开了一家冷藏公司。吉隆坡不久前有两家大型现代酒店开业，还有火车站、精品店、电影院、茶餐厅、高尔夫球场、马球场和赛马场。马来亚的英国人分为两大类，一批是马来亚公务员，一批是专业技术人员，前一类人认为自己在社会地位上远远高于后一类人：以驻地专员和区长组成的统治集团为上层的马来亚公务员，都来自各大公学和大学，而其他大部分人都没有这样的出身，包括种植园主、锡矿矿主、医生和工程师。毛姆在本子里记下了种植园主对政府官员的态度："兼有敬畏、嫉妒、不屑与愤怒。背地里笑话他们，又觉得出席专员公署举办的花园聚会或晚宴是生活里的大事。你在种植园主中很难找到文化人、读书人、出类拔萃的人。"这种状况自然会产生一定的割裂和不安全感，人们经常互相攀比，谈论谁是哪所学校出来的，在哪个团当过兵，在怀特岛的别墅度过假之类；说自己有贵族亲戚就好像亮出了一张王牌，不管关系有多远。

土邦的欧洲人——以英国人为主——就要分散得多了：在某些比较偏僻的橡胶种植园，园主可能好几个月乃至好几年见不到另一个白人的脸。邮件是从河上送来的，每月来一次，有信件和书籍，也有至少迟了六个星期的报纸杂志。对于短篇小说《偏远驻地》（"Outstation"）里的沃伯顿先生一类人来说，即使离群索居，严守规矩也是至关重要的。

> 住在偏远地方的人，收到邮包大多都很着急，会粗暴地打开最近的一份，扫一眼国内新发生了什么大事。但沃伯顿先生不是这样的。他的报刊经售人收到过指令，所有发给沃伯顿先生的报纸，包装上都要写好日期，收到那个大包裹之后，沃伯顿先生会根据那些日期用他的蓝色铅笔编号。而他的仆人领班也有指令，就是每天把早茶端到外廊上的时候，根据数字放一

期报纸在旁边。喝着茶，扯开包装读那一份早报，是沃伯顿先生的一大享受，让他有种生活在英国的幻觉。每周一的早晨，他都会读到六个星期之前周一的《泰晤士报》，以此类推，一个星期下来，周日他读的就是《观察家》。这就跟换正装吃饭一样，是他跟文明社会的联系。*

　　哪怕在城镇里，侨民人数也很少，这更强化了强烈的社群感，他们会有意识地渴望聚合在一起，尽可能还原故乡的生活方式。几乎每一个小镇都有圣公会教堂、板球场和伪都铎风格的旅店。主妇们——当地叫"主子夫人"——不遗余力地教华人厨师怎么做牛奶酱汁、欧芹馅料、威尔士干料面包和牛肉腰子派。不管天气多么闷热，整个马来亚殖民地的欧洲人家早餐永远是茶、粥、培根配鸡蛋或腌鱼，然后是吐司面包和果酱。晚餐菜品通常有西红柿汤、放凉的芦笋拌瓶装沙拉酱、烤鸡（总是火候太过）、土豆泥和罐装青豆，甜品是什锦水果罐头。

　　俱乐部是外侨社交生活的核心。傍晚微凉，当地人便聚在一起聊天打网球，气氛通常比较放松，用不着端着跟土民打交道时的白人架子。办公室下班时间一般是下午四点，让日落前有两个小时可以打网球或高尔夫；太阳下山后，男人们便脱下运动服、短衫和遮阳帽，聚在酒吧里，白衣红腰带的服务员给他们送来烈酒或苦酒（琴酒加黑啤）和劲很足的半酒（一半威士忌加一半苏打水）等鸡尾酒。主子夫人们则坐在门廊上，一边抽烟，一边闲聊，抱怨酷热和仆人，翻阅刚送来的《笨拙》《女刊》和《伦敦新闻画报》。"家"和退休后的住所是永恒的话题。大家都盼着五到六年一次的归国假期，可真来的时候，往往又觉得失望。他们用几个月时间兴奋地规划假期：

---

* 译文引自《偏远驻地》，收录于《绅士肖像：毛姆短篇小说全集4》。

伦敦，伦敦的商店、剧院和餐厅：总算有属于自己的时间了！但是，两周过后，"他们比在丛林里还要孤独。如果在剧院里偶遇一个在东方认识的人，那可真是宽心……他们会找一天晚上见面，开怀大笑，跟对方讲自己现在有多高兴"。

当然，回到俱乐部里，他们可不会承认假期过得不如意。吉隆坡有三家俱乐部，最大的一家是雪兰莪俱乐部，配有一个台球室、一个桥牌室（几乎人人都会打桥牌）、多个午餐（tiffin）兼阅览室、一间理发室、两间酒吧（其中一家禁止女士入内）。俱乐部每周都会举办舞会，由摇把的留声机播放音乐；偶尔会有化装舞会、业余喜剧演出和允许吸烟的音乐会，通常没有古典音乐，倒是有不少西区剧目里的流行歌曲，演唱者就是刚从伦敦放假回来的人，个个起劲得很。大部分晚上，驻地专员都会过来打一局牌。专员官署隔一段时间会举办正式晚宴，男士身穿笔挺的衬衫和燕尾服，女士拖着长裙，忍着炎热的天气，听着露天游廊上的军乐队演奏吉尔伯特与苏利文喜剧里的小调，享用烤牛肉和约克夏布丁。"他们厌倦了自己，厌倦了彼此，"这就是毛姆对他们的印象，"他们渴望从束缚中解脱，可未来又让他们满怀沮丧。"

尽管殖民地标榜民族关系和谐，但总体而言，外侨并不注重本土的习俗文化。远行不倦的旅行家阿列柯·沃这样评价二十年代的英国人："他们不曾尝试融入自己占据的土地……一个住在槟榔屿的英国人不会受到身边的马来人、泰米尔人和华人影响，就像他住在南肯辛顿的哥哥不会受到哈默史密斯以西的贫民窟影响一样。"在土邦，非欧美人士被叫作"土民"或"亚洲人"，通常带有模糊的歧视色彩，虽然白人虐待土民的做法会受到严重的鄙夷。白人很少与土民往来，只有对待当地的苏丹才恭敬起来，因为苏丹的合作意愿对帝国至关重要。毛姆在本子上记录了驻地专员前往登加拉（位于爪哇岛以东）面见苏丹的情景。摩尔风格建造的苏丹宫——

仿佛一座硕大无朋的玩具屋，涂成代表王室的亮黄色。我们被带进一间大屋子，里面的家具有点像英格兰海滨旅店里的陈设，但椅子上都铺着黄色丝绸……一个柜子里放着许多水果形的钩针摆件，各种水果都有。

混血儿的地位特别微妙。白人男性逛妓院，嫖土民妓女可以睁一只眼闭一只眼，但公开场合绝不能挎着亚洲或亚欧混血女性出场。跨种族婚姻受到严厉的阻挠，混血儿的日子也很不好过，两边都不将其视为与自己平等的人。混血儿讲的英语带一种叫作"chee-chee"的口音，欧洲人都是当笑话看。许多混血儿都会努力掩饰自己的血统，比如《怯懦》（"The Yellow Streak"）里的伊泽德。伊泽德是哈罗公学校友，英俊时髦，战争期间在一个声名卓著的军团里服役。可是，他却有一个羞耻的秘密：他的母亲是混血儿。毛姆精彩地描绘了他的不安全感和不顾一切掩饰出身的焦虑。血统让伊泽德敏感又势利，看到不是纯血统的人就忙不迭地鄙夷，生怕自己露馅。

> 吉娑勒那些和他［伊泽德］嘻嘻哈哈的朋友们其实怀疑他身体里有当地人的血，而且他也心知肚明一旦他们发现实情会怎样。他们不会再说他活泼、好相处了，他们会骂他装熟，行为放肆，他们还会说他效率低下，做事不仔细，跟所有混血儿一个德行，要是他还要娶一个白人女子，这些人肯定掩嘴偷笑。*

如果说白人男性与土民女性交媾是被默许的，跨种族同性恋就是禁忌话题了（虽然未必没有此种行为），虽然到殖民地任职者中有

---

* 译文引自《怯懦》，收录于《爱德华·巴纳德的堕落：毛姆短篇小说全集1》。

异常高比例是不愿意在国内结婚的男性。一个公开的秘密是，与英国本土相比，海外的艳遇机会要丰富得多，远东更是无与伦比的胜地。只要英国男人来到苏伊士运河以东，一个全新的世界便向他敞开了：开罗和塞得港酒店游廊的年轻男服务员、卡拉奇和天津的男妓院、接受同性性行为的暹罗，还有印度西北边境省白沙瓦那些愿意献身的小伙子，据说"搞到一个男孩子比采一朵路边的野花还容易"。马来亚土邦的性环境同样宽松。毛姆总是说，自己一生中最难忘的性体验就是马来亚的一个晚上，在月光舢板上与一名男孩共度。

"一战"之前，英国治下的马来土邦虽然执行种族隔离政策，却有一项显著的例外，即默许纳妾习俗，允许白人男性与马来人或华人情妇骈居。这项例外的必要性一度获得了普遍认可，因为愿意到东方过苦日子的欧洲女性少之又少。但是，随着殖民地在战后迎来了经济繁荣，越来越多的男性开始把妻子带到国外；她们通常是养在深闺、年少无知的女子，对自己即将来到的世界所知甚少。有的人发现自己的丈夫有亚洲情妇，有时连孩子都生了，不禁大惊失色。《马来亚邮报》发表过许多相关主题的文章，其中一篇写道："从英国远道而来的新娘往往是到了马来亚才得知真相……［而且］除非女孩们一口咬定自己的'丈夫'结婚前从未有越轨之举，问题才会平息。"

毛姆对性关系向来兴趣盎然，来到这样的环境自然是如鱼得水。他在短篇小说《身不由己》（"The Force of Circumstance"）中就讲述了一个例子。新婚宴尔的多丽丝刚刚来到马来亚，与丈夫盖伊过着幸福的生活，偏远驻地分署的异域环境让她沉醉不已。盖伊下班后的大部分时间都泡在球场，打完一局网球，夫妇二人便相伴而坐，看着平静的河水和对岸的棕榈树。

门廊的窗帘都卷起来了，两人两张长椅，中间的桌子上摆着酒瓶和苏打水。每天到这个时候他们才开始喝一杯酒，盖伊调了两杯"金司令"……

盖伊紧紧握了一下妻子的手。

"你在这里幸福吗，亲爱的？"

"幸福极了。"

多丽丝穿着亚麻纱的长裙，看上去很凉爽。*

但是，一名村里来的当地女子渐渐惹得她烦心起来。此人带着三个混血孩子，在她家周围偷偷摸摸地晃悠，不怀好意的样子。她问盖伊是怎么回事，他起初闪烁其词，最后承认他和那个女的有过十年的关系，三个孩子都是他的。多丽丝脸都吓白了。"我会想到她两只黑瘦的手臂曾经搂着你，就让我生理上觉得恶心。我还会想到你抱着那些黑黝黝的婴孩。哦，那太可怕了。你现在碰我会让我觉得恶心。"她就是迈不过这道坎，跟盖伊说要离婚，她必须回英国。盖伊苦苦哀求却毫无功效，只好同意。他知道，多丽丝的离开会让自己心碎。然而，他也并未全无慰藉，就在他独自坐着，目送妻子去新加坡的时候，一个小男孩拖着脚步进了屋。

他是盖伊的大儿子。

"你来干吗？"盖伊问。

小男孩走了进来，盘腿坐在地上。

"谁让你来的？"

"妈妈让我来的。她问你需不需要什么东西。"

盖伊仔细地看着这个孩子……

---

* 译文引自《身不由己》，收录于《人性的因素：毛姆短篇小说全集2》，陈以侃译，广西师范大学出版社（2018年）。本书涉及《人性的因素》中篇目的引文，均引自该译本，后不再注。

"去跟你妈说，把你的和她自己的东西都装装好。她可以回来了。"

"什么时候？"小男孩无动于衷地问……

"今晚。"

男人既然会犯错，女人当然也会。将妻子接到热带的男人"同样有真切的烦恼"，用毛姆的话说，"这里的白人女性是稀缺资源，做公务员或经营种植园的丈夫们整日操劳，不免忽视妻子，她们自然会成为单身汉眼里的完美猎物"。部分烦恼来自无聊。丈夫白天都在外面，妻子几乎无所事事，除非愿意去做慈善或社区工作，但这种女子又极少。许多妻子发现这里的生活条件要比当初在国内好得多，哪怕是最低级的公务员也能分到一座五到六室的平房，配一名厨子、一到两名"小厮"、一名司机、一名保姆（如果有孩子的话）、一名园丁、一名洗衣妇。她们没有多少家务活儿要干，再加上逛菜市场对主子夫人是不体面的事，所以她们的职责几乎只剩下点菜。丈夫回家之前，她们有好几个小时的空白要填补。当时的一本小册子写道：

> 夫人们最大的问题就是白天里通常百无聊赖。大城镇里有欧洲商铺，她们上午可以去买点东西，也可以去找朋友；但是，小的分署、种植园、矿场的生活往往就单调了。当地的气候不适合家务劳动，做针线活或者看书太多又费眼睛。因此，夫人们往往会发现上午的时间过得特别慢。下午通常是小睡。天气炎热，让人提不起精神，大多数夫人都觉得午后睡一觉很有必要。

有些夫人自然会觉得出轨是很好的转移注意力的方式——不过，像可怜的普劳德洛克夫人那样境遇悲惨的人倒也不多。普劳德洛克夫人的丈夫是吉隆坡的一名校长。1911年，艾瑟尔·普劳德洛克被控射杀沙叻锡矿经理威廉·史都华，她声称此人一日晚上趁她的丈夫外出，意图强奸。但是法庭没有被她的说辞说服，得出的结论是：史都华是她的情人，后来她发现他与一名华人情妇同居，妒火中烧之下将其杀害。普劳德洛克夫人被判绞刑，但她的朋友和支持者积极请愿，终于获得了苏丹的特赦。

事发十年后，普劳德洛克夫人的辩护律师 E. A. S. 瓦格纳在吉隆坡将此案讲给了毛姆听，毛姆马上意识到它的潜力，于是以其为原型写了一篇故事《信》。情节框架非常贴近普劳德洛克夫人案的法庭供述，故事里的妻子名为克罗斯比夫人，射杀意图强奸的哈蒙德后被逮捕审判。在现实案件中，普劳德洛克夫人与史都华之间并未发现亲密往来的确凿证据，但小说中却说莱斯利·克罗斯比给哈蒙德写了一封坐实情人关系的信。在此之前，她的律师一直坚信她无须多虑，他肯定能帮她脱罪。但是，信改变了一切：她确实有罪，除非毁掉这件可恶的证据，否则便罪责难逃。这件罪证掌握在哈蒙德的华人情妇手里——克罗斯比夫人之所以发狂，都是因为不久前发现了她的存在；情妇愿意交出信，但开出的价码骇人听闻。律师别无选择，只好去找莱斯利善良、愚蠢、轻信到极点、从未怀疑过妻子清白的丈夫要钱。听到价码时，他开始意识到一件可怕的事。

> 克罗斯比面色更红了，嘴唇奇怪地塌了下来。
>
> "可……"他找不到合适的字词，脸已经憋紫了。"可我不懂啊，她能说明白的，你的意思难道他们会判她有罪吗？……
>
> 这时在他迟钝的头脑中似乎闪现了什么。[*]

---

[*]　译文引用自《信》，收录于《绅士肖像：毛姆短篇小说全集4》。

《信》最初发表于1924年的《赫斯特国际》杂志，之后收录于短篇小说集《木麻黄树》。它是毛姆最著名的短篇小说之一，主要原因是话剧版和电影版：1927年，毛姆亲自将其改编为话剧，在戏厅剧院上演，由格拉蒂丝·库珀饰演莱斯利·克罗斯比；1929年，珍妮·伊高丝主演的默片版上映；1940年，鼎鼎大名的华纳版登上荧屏，由威廉·威勒执导，贝蒂·戴维斯主演。讽刺的是，《信》在马来亚完全不受欢迎。一名公务员抵达马来亚不久后便写了一篇文章写道，毛姆的土邦题材作品"显然引发了民怨。话剧《信》……在我来到马来亚的时候，人们谈起它还是义愤填膺。他的另一项罪名是辜负主人的好意，特意打听家里的丑事，然后写进自己的书里"。其他类似的指责接踵而至，深深刺痛了毛姆，以至于他在《木麻黄树》美版中加了一篇气呼呼的后记为自己辩护：

> 中国海沿岸诸国的某些小圈子特别敏感，只要一部虚构作品里有某些蛛丝马迹，表明他们的生活方式未必总能符合乡下——也就是他们洋洋自得的表弟堂妹、姑姑婶婶住的地方——的评价标准，他们就被激怒了……就算去了东方，他们的生活环境依然与小市镇一样狭隘，他们身上有着小市镇的种种毛病和缺点，而且似乎特别喜欢寻找作者笔下人物的原型，尤其是刻薄、愚蠢、罪恶的人物。他们不了解文艺，不明白短篇小说中角色的性格外貌是由情节需要决定的……因为一个读者干起无聊无益的消遣，看到故事里某个角色的某个心理或生理特质符合他所认识的，而且他知道作者见过的某个人，于是便愚不可及地对号入座：看，这里写的就是某某某。

如此不友好的语气不可能抚慰受伤的心灵。小说发表十多年后，马来土邦各地对毛姆笔下的殖民地形象依然怨恨。"马来亚普遍存在

对萨默塞特·毛姆的强烈偏见，这个现象很值得分析，"1938 年 6 月，《海峡平价新闻》一篇文章的开头写道，

> 通常的解释是毛姆先生摘取驻地分署的某件丑闻，然后包装成了短篇小说……另一个反感毛姆先生的原因是，他专门挑出马来亚欧洲侨民最糟糕、最没有代表性的方面来说：谋杀，怯懦，酗酒，勾引，通奸……总是一副愤世嫉俗的样子，大写特写那些令人不快的东西。难怪在马来西亚过着正常生活的白人男女会希望毛姆到别处寻找地域特色。

在许多人眼里，马来亚的帝国公仆是宠爱妻子的善良体面人，对这些"不忠和背叛的大作"自然愤懑不平。起初，毛姆对这些指责还感到震惊，后来就比较平静了。评论家洛根·皮尔萨·史密斯不无玩味地写道，毛姆的这些小说"讲述的都是骇人的出轨秘事，发表后便毁掉了在东方好心招待他的主人们的生活，他们私下里向毛姆透露了自己沮丧生活中的可悲隐秘"。毛姆从来不否认自己旅行就是为了发掘故事，也不否认自己会以这些故事为基础创作小说。他承认，他笔下的大部分角色都有现实原型。

> 我在创作中会尽可能运用这些人物和他们身上存在的问题。我对他们的描绘不像他们心目中的自己那样美好，这自然为我招来了不少批评和怨恨。我后来再去找他们的时候，许多人当着我们的面恶狠狠地把门关上。我受到公开的羞辱，甚至有人对我发出了人身威胁。但是，我学会了坦然面对这一切……我对他们的描绘是出于我的真诚，如果他们不喜欢，那就随他们去吧。

他和杰拉德都是优秀的倾听者，善于套话，时不时会体悟到一条真理：人们永远不会用与陌生人交谈的方式和亲友对话。"我与他们建立了对我来说刚刚好的亲密关系，"毛姆在《总结》中写道，"这种亲密源于他们的孤独或无聊……一旦和我分开，[这种亲密] 便烟消云散。"在酒吧、俱乐部游廊聊天，或者与某个孤独的偏远区长在一起时，毛姆听到了许多看似平凡的生活中不平凡的故事："[当] 他对着一两壶水烟和一瓶威士忌……在乙炔灯的照明范围 [之内] ……男人给我讲了一些故事，我确信他从没有对别人讲过……就这样，我用一晚了解到的关于他的事情，要比认识他十年的人还要多。"于是，他听到了兄妹乱伦的故事（《书袋》，"The Book-Bag"）；酗酒的丈夫被妻子杀死的故事，灵感来源是他某天晚上在新加坡见到的一对夫妻（《赴宴之前》，"Before the Party"）；妻子发现丈夫混血私生子的故事，原型是偏僻度假村里的一位外贸商人告诉他的（《身不由己》）。杰拉德打听到的丑闻则出现在了《林中脚印》（"Footprints in the Jungle"）。两人当时去了苏门答腊岛，毛姆本来跟哈克斯顿约好一起吃晚饭，但杰拉德和往常一样流连酒吧。毛姆等得不耐烦，便独自吃起来。快吃完的时候，杰拉德突然走进餐厅。"抱歉，抱歉，"他说，"我是喝醉了，我知道。不过，我可是搞来了猛料。"接着，他就讲述了"卡特莱特夫妇"（《林中脚印》的主人公）的惊人故事。乍看起来，他们似乎只是一对和气的老两口，晚上到俱乐部打几局桥牌。

在《木麻黄树》后记的末尾，毛姆仍然因为被人指责背叛朋友而感到刺痛，于是公然违背事实，声称集子里的六篇故事只有一篇，即《怯懦》，基于真实事件。他还尖锐地指出，《怯懦》"情节源于我自己的一次失足经历"。"失足经历"实在是太轻描淡写了，因为这件事几乎害他丢掉了性命。

1921 年 3 月，毛姆与哈克斯顿抵达新加坡，在那里收取邮件

（"一定要给我写信，"毛姆之前请求艾迪·诺布鲁克，"告诉我伦敦的各种秘事。"），探索城市，尽可能利用他们的介绍信。新加坡是东方大港，又是海峡殖民地总督驻地，与马来亚的其他地方判然不同：拥挤喧闹，富有异域风情，道德氛围宽松。新加坡港极其壮观，广阔的海湾里停满了炮舰、客轮、平底商船和舢板。码头乱哄哄的，只见军民乘客下船登舰，货物往仓库里运，出租马车和汽车等着拉活儿，争抢生意的小贩向导奇招百出。城区一半是亚洲——主要是中国人；一半是欧洲——主要是英国人。亚洲区有喧腾街道，露天作坊，卖东西的集市，食品摊，庙宇，茶楼，鸦片馆。欧洲区紧邻亚洲区，有豪华酒店（如鼎鼎大名的莱佛士酒店）、百货大楼、餐厅、夜总会、高大的帝国官署、公园广场。高档住宅也在欧洲区，里面住着有钱的西方人和甚至更有钱的华人，他们控制着城内的大部分高利润行业。毛姆第一次吸鸦片就是在新加坡，刚抽的时候，他马上感到内心宁静，头脑清明，只可惜第二天上午头痛欲裂，脑袋里面嗡嗡响。

从新加坡出发，毛姆和哈克斯顿探索了整个马来半岛，有时住在酒店和度假村，有时住在专员或区长家中，有时住在条件差一些的偏远分署或橡胶种植园里：与相对豪华的官员府邸相比，毛姆在笔记里写道，种植园主的家里"有一点无聊，摆着许多艳俗的家具、银器和虎皮。饭菜也是难以下咽"。两人还遍历了马来群岛内外，经常乘坐遍布南太平洋的采珠船。他们去过新几内亚的马老奇、班达群岛和卡伊群岛、托雷斯海峡内的星期四岛和马布亚格岛。婆罗洲北部的沙捞越之行尤其令他难忘。沙捞越是世界史上唯一一个由白人统治的东方王国，拉者（即国王）源出英国，两人有幸得到拉者本人接见。拉者名叫维纳·布鲁克，相貌英俊，完全是英国人的样子；他的妻子是活泼精怪的西尔维娅·布莱特，画家多萝西·布莱特的妹妹，D. H. 劳伦斯的密友。毛姆和哈克斯顿迫不及待地踏上了旅程，乘独木舟溯实哥浪河而上，操船的人是几名达雅族船夫。两人舒舒服服地躺在遮阳篷下，尽情享受眼前的平静美景：深绿色的水面上方有低飞的白鹭，沙岸生长着叶子像羽毛一般的木麻黄，更远处的山坡上是茂密的丛林，长满了金合欢树与椰子树。每天晚上，一行人就在某个达雅族村落靠岸，找一家茅草顶的长屋过夜，每间长屋里都住着几户人家，二三十人的样子，全都热情得让人疲惫。夜里，主人会给他们准备宴席，请他们跳舞，一直到后半夜才休息。就算是躺下了也睡不好觉，因为有婴儿啼哭、公鸡打鸣、母鸡和狗四处晃悠，屋子下面还有一群猪在垃圾里拱着找吃的。

有一天，独木舟正缓缓地逆流而上，突然间一道巨浪袭来，越逼近他们，声势越大，最后涌起一道八英尺高的水墙，把船一下子拍翻，人都掉进了水里。绝望之下，毛姆和哈克斯顿试图抓住船的另一边，可根本做不到，汹涌的波涛反复将他们淹没。没过多久，毛姆便筋疲力尽，遍体鳞伤，大口喘着粗气，感觉力量在流失。他知道自己快要被溺死了。"我觉得最好的办法是往岸上冲，但杰拉德让我坚持下去……我灌了很多水……杰拉德一直在我身边，有两三次伸手来帮我。"又挣扎了几分钟，两人听到一名船夫的喊声，原来那人抓住了身边漂过的一张薄薄的床垫。凭借床垫的支撑，他们总算上了岸。岸边的泥沼很深，脚都陷了进去。他们奋力向上爬，不知怎的，最后成功上了硬地，然后便倒在了高高的草丛里，一动不动，浑身都是泥浆，实在累得无法走动。过了一阵子，毛姆终于振作起身，撤掉身上的脏衣服，把衬衫缠在腰间。就在此时，他惊恐地发现试图爬起来的杰拉德摔倒了，模样活像心脏病发作。毛姆回忆道："我以为他快要死了。"无人相救，无可奈何，毛姆坐在情人身旁，安慰他，跟他说话，告诉他疼痛会过去的，一切都会好的。时间好像过了几个小时那么久。最后帮手终于赶来，用独木舟把筋疲力尽的两人送到了一间长屋里慢慢恢复身体。回想往事，毛姆惊讶地发现自己并不觉得害怕，虽然发现自己还活着的时候，他感到一阵喜悦。"那天晚上，我穿着一件干的纱笼，坐在达雅族的长屋里，看着黄色的月亮挂在屋后，我感到了一种强烈的喜悦，几乎像性快感一样。"

前一两天，毛姆与哈克斯顿为死里逃生而喜悦不已，其他的一切都不重要。但他们很快就因为个人物品全部沉入水底而焦躁，于是决定回新加坡补充。8月初，两人才能够从新加坡再次启程，这一次去的是爪哇，原本计划待几周之后就踏上回国的漫漫长路。但是，几周变成了几个月，因为险些溺死的杰拉德身体还比较弱，在爪哇岛得了严重的伤寒，只得到南岸加卢的一家疗养院休息。毛姆也患上了结肠炎，于是两人就留在这座宜人的小小山城。杰拉德治疗期间，毛姆非常开心，因为每天可以安心地读几个小时的书。终其一生，毛姆都用"书瘾"来形容自己对读书的喜爱。他解释道，读书是"一种必需品。只要片刻不读书，我便会烦躁起来，就像吸不到毒品的瘾君子似的"。不管去哪里，他都会确保自己不缺书看，旅行的时候总要带上一箱子书。但是，这一次由于停留的时间大大超出预计，他难过地发现自己把带来的书都看完了；除了荷兰文的书以外，当地的文学材料只有课本里的歌德、拉封丹和拉辛。"我很喜欢拉辛，"他后来写道，"但我也要承认，一部接一部地读他写的剧本也是很费神的。"由于这次惨痛教训，毛姆下定决心，绝不要再冒无书可读的险：他买了一个专用书袋，帆布材质，底部是皮革，虽然笨重却很能装。从此以后，他每次出行都要带着这个袋子，书塞到袋口为止。

这段意外拖长、无书可读的经历显然给毛姆留下了深刻印象，因为他刚回到英国便致信作家协会，提出了一个直接源于不久前经历的建议。他说希望捐出遗产来设立一个年度文学奖，旨在鼓励英国作家"走出平常的生活领域，到异域生活一段时间"。他又写道，远东游历期间——

> 我看到了生活在英国以外的英国人，以及大量懂英文的外国人读的都是什么样的英文书，不禁感到震惊。

> 贵协会的成员如果知道马来群岛的人在读哪些其他语言——比如荷兰语——的书，他们肯定会大吃一惊……总体来说，我认为当地根本没有人读优秀英国作家的书……

> 总体来说，我认为或许可以这样说，根本没有人在读优秀英文作家的作品……在我看来，这不啻是咄咄怪事。我只能为如此可悲的状况找到一个原因：当代最优秀的英国作家都太狭隘了……他们没有写出多少能够满足外界读者的文字；由于生活际遇的原因，这些读者对世界整体已经有了更宽广的视野。

毛姆为此事奔走多年，最终设立了针对出国旅行的青年作家的毛姆奖。

与船舱逼仄的采珠船和达雅族独木舟相比，毛姆最后回英国乘坐的"阿基塔尼亚"号就要好得多了，它是当时世界上最大、最豪华的客轮。从纽约上船的乘客中有一位二十岁的美国青年，名叫德怀特·泰勒，通过演员母亲劳莱特·泰勒结识了毛姆。毛姆请小伙子来喝鸡尾酒，殷勤地跟泰勒讲他从没去过的欧洲的事情，还给他讲述了自己坐船时的固定作息：上午读书或写作到十二点，然后喝一杯马天尼鸡尾酒，到甲板上散一会儿步，十二点四十五分吃午饭；吃完午饭回自己的船舱，一个人待着，直到晚饭时间。作家的自律与无可挑剔的装束给泰勒留下了深刻的印象，这两方面都与他的"秘书"杰拉德·哈克斯顿形成了鲜明的对比。哈克斯顿的金发跟刷子似的，邋遢慵懒，很少上甲板，大部分时间都在抽烟、喝酒和赌牌，这股玩世不恭的劲头让泰勒震惊。"我觉得很奇怪，"他一本正经地评论道，"毛姆竟然会让自己的秘书看起来跟稻草人似的四处晃悠。"

即将启程回国时，毛姆在爪哇岛收到了坏消息，他在纽约的股票经纪商特里普公司突然倒闭，让他损失了大笔积蓄。"我真是要气炸了，"他抱怨道，"因为我之前一直尽可能多存钱，好让自己能过上不必为钱写作的日子。"于是，他去找朋友伯特·阿兰森帮忙，请他推荐一家可靠的美国股票经纪公司，阿兰森马上自告奋勇：他之前替毛姆做过几笔投资，现在更是提议帮毛姆打理其余的业务，佣金分文不取，以示仰慕和情谊。阿兰森其实还欠着毛姆一个人情。1917年卢布跳水之前，毛姆从俄国给他发了一条密文电报（"瑞秋姑姑病得厉害"），帮他减少了些许损失。毛姆对阿兰森的提议自是感激，却不知道自己日后还要受他多大的恩惠。从1922年到1958年阿兰森去世为止的三十六年里，定期寄给他的股息支票变成了一大笔财富。随着毛姆年龄渐长，金钱——大笔的金钱——在几个方面的重要性日益凸显：钱为他带来了个人生活与艺术创作的自由，让他在愿意时可以慷慨解囊，必要时可以封口，还能让他买得起最好的东西，在一定程度上补偿年轻时的匮乏生活。金钱在他的生活中蕴含着很多感情的成分。通过亲自打理毛姆的财产，伯特·阿兰森与毛姆的友谊达到了若非如此不可能达到的深度与程度。阿兰森是少数毛姆完全信任的人之一，而毛姆对他的感激和倚赖从未有过动摇。1921年2月，毛姆前往远东期间到阿兰森家住了几日，再度启程时对他说道："你是一个特别好的朋友。"过了将近三十年，这份情谊依然未变。1949年，毛姆在信中写道："你对我的好一如往昔。多年来，你一直很照顾我，这份情谊无以为报，唯有献上我深沉真挚的感情而已。"

特里普公司倒闭并不像刚开始看上去那样可怕。到了第二年，毛姆已经收回了三分之二左右的损失。另外，毛姆出国期间，一出新喜剧成了他的聚宝盆。1921年3月3日，《圆圈》搬上秣市剧院，连续上演近六个月，大获成功；9月登陆纽约，每周进账20000美

元 *，还有多位重量级评论家大加褒奖。罗伯特·本切利在《生活》杂志撰文称，"演员上台和下场之间妙趣横生，接踵而至"；亚瑟·霍恩布罗发表于《剧院杂志》的剧评更将其誉为"皮涅罗以来最优秀的英语喜剧"。该剧不仅红极一时，而且终作者一生，它在大西洋两岸的人气都在不断走高。1952 年，美国剧评人路易斯·克罗嫩贝格将《圆圈》形容为"20 世纪极少数值得赞誉的英语高雅喜剧之一"，英国剧评人詹姆斯·埃格特更是写道："这位卓越剧作家的手法可谓炉火纯青，而《圆圈》正是他的巅峰之作。"

《圆圈》是一部字斟句酌、结构严谨的作品，主题是婚姻中的爱情保鲜，同时包含了社会压力和个性战胜环境的成分。情节发生在多塞特的一座大宅中，阿诺德·钱皮恩-切尼与年轻貌美的妻子伊丽莎白正在等待阿诺德的母亲及其情夫的到来。三十年前，基蒂夫人与有妇之夫波蒂厄斯勋爵私奔去了意大利，搅起一时风波；从那以后，两人一直在非法同居。时至今日，阿诺德对母亲抛下自己依然愤懑难平，伊丽莎白却对美丽的基蒂夫人与潇洒贵族之间的浪漫爱情故事激动不已，迫不及待地想要与他们见面。结果，那两人真来的时候，所有人都大吃一惊：她是一个愚蠢的话匣子，染了头发，浓妆艳抹；他是个坏脾气的秃老头，不停抱怨着风湿病；两人显然都让对方觉得头疼，彼此几乎没有一句好话。伊丽莎白本来准备抛下老公，跟情郎私奔，看到老两口的案例颇受震动。基蒂夫人知道伊丽莎白的打算后现身说法，讲述了自己可怕的不幸经历，激动地恳求她留下来。"为了爱情而豁出性命，却发现爱情并不持久。爱情的悲剧不是生离死别……而是冷淡。"但是，两位小情人铁了心要走，最终私奔成功；这里面也有基蒂夫人与波蒂厄斯勋爵意外反转的功劳：原来他们表面上磕磕绊绊，内心却依然真诚相爱。

---

* 原注：作者的收益分成比例约为 10%。

从多个方面看，《圆圈》是一部具有奇特底色的喜剧，融合言情与现实元素，妙语连珠之下的内涵却是暗淡的。剧中包含真正残酷的内容，特别是波蒂厄斯与基蒂的交往经历，里面没有任何令人宽慰的东西：姘居生活总体上是悲惨的，两人对彼此都不忠诚，又因为无所事事和背井离乡而厌倦。然而，婚姻绝非满意的答案，对伊丽莎白和阿诺德绝对不是；就算往最好说，他们不过是友好的冷淡而已。"结婚三年以后，你就别指望丈夫继续和妻子做爱了，"阿诺德声称，"毕竟，男人结婚既是为了有一个家，也是为了避免受到性爱之类麻烦事的烦扰。"（就其本性而言，阿诺德不愿与女子结婚，全剧到处有暗示：他不仅对迷人的妻子毫无兴趣，而且不同于寻常男子，对家装饰品特别感兴趣。）最后一幕中伊丽莎白与情夫成功私奔，但作者并没有告诉观众两人过得是否幸福。由于不知道结局是不是大团圆，首演当晚引来了一些楼座观众的嘘声，还有几名评论家批评毛姆愤世嫉俗。对于这种评价，毛姆是越来越熟悉到厌烦了。弗兰克·斯温纳顿和圣约翰·厄文在剧评中都认为愤世嫉俗的倾向是一个缺陷，而更有洞察力的戴斯蒙德·麦卡锡则发现，这种倾向正是毛姆喜剧天赋——"一种源于清醒、尖锐的愤世嫉俗，罕见于英国作家的天赋"——背后的重要推动力。实际上，"《圆圈》是毛姆迄今为止最优秀的剧作之一……［而且］是最愤世嫉俗的剧作之一"。

尽管有少数负面保留意见，《圆圈》依然大红大紫，毛姆欣慰地告诉自己的代理人戈丁·布莱特说受到热捧的《圆圈》让他恢复了经济独立。另外，毛姆出国期间，基于波利尼西亚之行的短篇小说集《颤动的叶子》在英美两地出版，进一步推高了他的声望。不难预料，《雨》被认为是最优秀的一篇，但正如《星期六评论》所说，"篇篇激发于灵感，以雕琢遂成"。当时正是短篇小说流行的年代，毛姆对销量相当满意。他在写给伯特·阿兰森的信中承认自己成了大人物，"我的短篇小说在这边取得了巨大成功，人人都对我特别友好"。

毛姆离开英国一年多，回国时奇怪地发现人们与他交往谈话时和他出国前没什么区别。回国后，他第一次去加里克俱乐部，一名会员上来跟他打招呼就说，"'哎呀，毛姆，你是不是出去了啊？'我说，'是啊，我去布莱顿度周末了。''哎呀，'他答道，'我说最近怎么没碰见你'"。

不过并非所有事都和以前一样，主要有两件事，一是毛姆的出版商威廉·海涅曼去世了，二是他的文学代理人 J. B. 平克去世了。1920 年 10 月，年仅五十七岁的海涅曼因心脏病发作去世，当时毛姆离开英国还不到三周时间。社长死后，海涅曼出版社没有明确的继承人，直到副社长与纽约出版商 F. N. 道布尔戴达成协议，劝服他控股海涅曼出版社的同时保持其完整。道布尔戴富有魅力，势力很大，签下了包括吉卜林在内的众多顶尖英语作家。他让儿子纳尔逊也进了出版社；纳尔逊小时候，吉卜林给他写过一首题为《如果》的诗。纳尔逊是个擅长运动、精力充沛的大块头，是毛姆密切的合作伙伴，也是他一生的好友。1922 年 2 月，出差美国的平克意外去世。与毛姆合作的早期，平克干得很不错；但是，毛姆如今在美国的名气不亚于英国，于是决定选一位美国代理人，即查尔斯·汉森·汤。汤被毛姆视为"我在纽约最合得来的人之一"，他与平克完全不同，是一位性格迷人、技艺精湛的文化人、小说家、诗人、杂志主编和专栏作家，在曼哈顿文学圈内颇有名声。

备受瞩目的毛姆马上又卷入了新一轮的招待与被招待中，一面与沃波尔、诺布鲁克、凯利等老朋友叙旧，一面结识新朋友，其中就有美国小说家辛克莱·刘易斯，他当时正好有事来伦敦。刘易斯身材瘦长，红头发，面容苍白憔悴，两年前以小说《大街》成名。《大街》详尽地描绘了美国中西部的小镇生活，毛姆很感兴趣。毛姆在美国经常坐火车出行，途中见过背景和小说里一模一样的男人，他们在吸烟车厢里打发时间，"身穿不合身的成衣，花衬衫，花领带，身材敦实，胡子刮得很干净……呢帽靠后戴，嘴里叼着雪茄。他们在我眼里与中国人一样陌生，[却]比中国人还要难懂"。读过《大街》之后，他感觉对这些人有了些许认识，很想与小说的作者聊聊，便请他来温德海姆的家里吃饭。"毛姆似乎很喜欢我，"刘易斯高兴地对妻子说，"[而且]这个月的10号和22号请我吃了两次饭。"两人的首次会面不太愉快。当时，毛姆还请了艾迪·诺布鲁克、画家安布罗斯·麦克沃伊*和克里斯托弗·奈文森、剧作家兼评论家圣约翰·厄文、奥斯伯特·西特维尔、休·沃波尔和品位优雅的鉴赏家兼文艺赞助人艾迪·马什作陪。即便有女性在场——只有一位，即女主人西莉——嘉宾刘易斯还是表现得过于激动。下面是奈文森的记述：

> 躁动不安，情绪激动，活像个小丑……我从没见过如此敏感，又如此会闯祸的人……饭后，辛克莱·刘易斯拿来艾迪·马什的单片眼镜，架到自己的鼻子上，跟在艾迪身后晃来晃去，就像只拴着绳子的狗。接着，他还自娱自乐地模仿起牛津人文绉绉的说话方式，有时还模仿麦克沃伊沙哑的音色……我们都觉得很尴尬，因为他模仿得既怪异又真实。

最后，奈文森前来救场，带刘易斯去了一家夜总会，这才让毛姆松了一口气。

2月的这天晚上，毛姆的老友相聚于温德海姆，却有一个重要的人缺席：杰拉德·凯利。他当时可能在西班牙旅行，也可能是西莉不让他来，她从来不喜欢凯利。作为一名高端肖像画家，凯利的日子过得很滋润。肯尼斯·克拉克半是真心，半是假意地将他称为"当

---

* 原注：奈文森关于这次晚宴的日记中只提到一个姓麦克沃伊的人，大概率是安布罗斯·麦克沃伊，但也有可能是剧作家查尔斯·麦克沃伊。

时最可靠的肖像画家"。他不久前结婚了，妻子莉莉安（通称"简"）出身工人家庭，金发碧眼，长得很漂亮，原本是凯利的模特。毛姆很为两人结缘而高兴。他发现温和平静的简与躁动不安的凯利恰好形成了互补，于是对凯利说道："我认为你做了一件很明智的事情，你的婚姻肯定会幸福美满。"除了凯利以外，诺布鲁克和沃波尔是毛姆最亲近的朋友。艾迪·诺布鲁克性格和善，好交际，家住布莱顿的一座漂亮屋子，肯为古董家具一掷千金，毛姆有时会到他家去住。诺布鲁克经常遭遇财政危机，每到此时，他就会跑到好莱坞写剧本还债。沃波尔则是步步高升。作为广受欢迎的小说家和文学家名流，他住在皮卡迪利大街的豪华公寓里，还与丹麦男高音劳里茨·梅尔希奥有过一段绚烂却没有结果的恋情。他为人浮夸，不成熟，不知疲倦地推销自己，总体上比较受欢迎。不过他有一个毛病：凡是对自己没有用处的人，他便睬也不睬。休看似洋洋自得，却极度渴望别人的认可，内心里充满不安全感；只要朋友对他稍微有一点讥笑的意思，他就会紧张起来。休崇拜毛姆，很希望得到他的好评。两人经常见面，休在日记本里经常写下比他年长的毛姆对自己的表扬。"威利·毛姆来找我喝茶，称赞了我的作品，我的心里暖洋洋的……别人对我的'文雅幽默'都是否定，他却夸了我。"

艾迪·马什是温德海姆的新客人，之后的多年里，他会在毛姆的职业生涯中发挥独特的作用。马什的年纪只比毛姆大两岁，曾被人形容为小精灵和曼特农夫人的结合体。他的知识极其渊博，荣获剑桥大学古典学双重一级荣誉，过目不忘，尤擅背诵诗歌，只要别人稍微鼓励一下，他就能用自己那略显尖锐的细嗓子大段朗诵。他主持编纂了饱受赞誉的五卷本诗选《四乔治时期诗歌》，对当代艺术也颇有鉴赏力。尽管他手里钱并不多，但还是收藏了马克·格特勒、邓肯·格兰特、斯坦利·斯宾塞、保罗·纳什等人的画作。他的职业是公务员，给温斯顿·丘吉尔当过将近二十年的私人秘书。现存最早的毛姆致马什信件写于1919年，内容是感谢马什帮忙："亲爱的马什：我真是太谢谢你了，你真是帮了我一个大忙。"虽然事项不详，但很可能是马什通过自己对丘吉尔的影响力帮毛姆获得了《英国特工阿申登》的出版许可。马什衣着光鲜，对社交有着无止境的欲求，过着无可指摘的单身汉生活，倾心于有才华的俊美青年，鲁珀特·布鲁克是一个，演员兼作曲家伊沃尔·诺维罗又是一个。正是通过对诺维罗事业的关心，马什才成了一个戏迷，首场演出从不缺席，不管是多烂的剧，他都狂热追捧。"老天啊！"有一天晚上，大幕拉起来才几分钟，马什就对着一名离场演员鼓起掌来，引得詹姆斯·埃格特惊呼，"你该不会现在就喜欢上这出戏了吧！"马什有一股学究气，对文字错误特别敏感，他的一项业余爱好就是帮作家朋友校对，丘吉尔自然首当其冲，其他人包括戴斯蒙德·麦卡锡、哈罗德·尼克尔森、沃尔特·德·拉·梅尔、多萝西·L.赛耶斯、A.A.米尔恩，最后是萨默塞特·毛姆。

在家里，毛姆与西莉的关系比结婚以来的任何时候都要平静和谐，这让他松了一口气。这可不是空穴来风：西莉找到事情做了。丈夫外出期间，无聊又闲不下来的西莉决定投身家装行业，目标是成为室内设计师。她赶的时间点很准：1914年之前，体面人家的太太出来卖货几乎是闻所未闻的奇事，室内设计行当也仅限于福南梅森、利伯缇、怀特利、韦林吉洛等几家大型百货商场。但是，由于战后经济衰退，一批太太下海经商，开起高档小店卖帽子、服装或装饰品，从而带动了风气的重大转向。(《风尚》杂志刊载过一篇关于这股潮流的文章，开头就写道，"有人说过，一个女人要么婚姻美满，要么搞室内设计……")戈登·塞尔福里奇当初安排她住在约克排屋时，西莉雇了一位设计师，名叫厄内斯特·索恩腾-史密斯，时任富南百货古董部负责人。现在，西莉又去找索恩腾-史密斯，请她收自己做学徒，不用给她付工资，只要教她家具知识、修复技术、待客之道等从业的窍门，这些都是无价之宝。西莉很快就有了自己的事业，不仅是设计，也包括经营，她有韧劲，有气魄，还有讨价还价的眼力。1922 年，凭着借来的 400 英镑，西莉正式开业了，店名叫作"西莉有限公司"，地址是贝克街 85 号，店里的第一批货品都是从摄政公园的房子里搬来的。西莉有限公司立即取得了成功，老板娘很喜欢做买卖，参加拍卖会，低价买入能够巧妙清理修饰一番后以高价卖出，获得可观利润的物件。

接下来的二十年里，西莉·毛姆成了高雅现代风格的代名词。她的艺术品味和时尚感对英美两国的室内装饰行业产生了巨大的影响。她的全白房间设计很有名，从梅费尔到曼哈顿，效仿者无数。"凭借台风般的力量，"摄影家塞西尔·比顿写道，"[西莉] 将眼前的色彩一扫而空……只留下白茫茫的世界……蛋壳白的地板铺着白色的绵羊毛毯，白色的裂纹漆桌子两边摆着巨大的白色沙发，白色的墙边摆着白色的花瓶，白色的瓶里插着白色的孔雀翎。"伊夫林·沃甚至在小说《一把尘土》里以西莉为原型塑造了一个夸张的人物：她与无情的比弗夫人显然有诸多相似之处，后者将采用哥特式风格、看起来阴森森的赫顿修道院改造了一番，摆上天然绵羊毛毯，换上白色的镀铬家具，结果宗教氛围大减。强调中性色和空间感的西莉风格被视为令人激动的新奇设计，特别是在英国；英国当时的主流风格要么是对比鲜明的黑色与橙色搭配，要么是不得神髓的仿都铎样式，再加上假房梁和火炉厅。尽管西莉的影响力很大，但她的全白设计并非原创，而是最早从肯特郡桑盖特的拉尔夫·菲利普森夫人家学来的。菲利普森夫人是她的主要投资人之一，还劝说她放弃艳俗品位，转向富有新意、令人眼亮的设计。西莉原本钟情于橡木桌和装满开普敦醋栗的铜壶。西莉把丽莎的一间屋改成了工作室，方便自己锻炼技能。没过多久，她就开始用泡水漂白的方法处理桌椅，热情满怀地剥掉印度乌木屏风上的黑漆。客户们感到很满意，传统设计师则震惊不已，纷纷谴责她糟蹋东西。

毛姆对妻子开店未必毫无意见，但看到西莉找到了一个发泄旺盛精力的出口，免得在家里跟自己吵架，他还是欣慰的。而且，他一向欣赏西莉对色彩和设计的鉴赏力。"她品位考究，"1922年，他在记事本里写道，接下来又列出了一连串优点，

> 她聪明。她有魅力……她出手阔绰，不仅自己的钱花个精光，别人的钱也不客气。她好客……我生病的时候，她会用心照顾，这一点很可贵。她最大的天分是同情心。她会感同身受地听你讲自己的麻烦，而且愿意尽自己所能帮你纾解，真心诚意……她有真正好的一面。

但是，她还有另外的一面："她不只是爱撒谎，简直是撒谎成癖……为了自己的目的，她会毫不犹豫地编瞎话。她势利眼……她这个人记仇，嫉妒心强。她爱吵架，盛气凌人。她虚荣，低俗，爱显摆。她也有真正坏的一面。"

然而，从当时来看，她身上好的一面似乎要超过坏的一面。对于妻子的新事业，毛姆虽然不是完全认可，但也没有阻挠。西莉没有找有钱的老公要启动资金，而是向自己的朋友借债，这一点很说明问题。她之所以这样做，主要不是为了宣告独立，而是觉得老公肯定不会答应。毛姆对西莉的钱袋子把得很紧，对她大手大脚的毛病恼怒不已，不给她钱正是一种有效的惩罚和控御手段。他每年给她3000英镑的零花钱用于买衣服和个人开销。这笔钱很不少了，但她总是超支。她打理家务时也爱乱花钱，让毛姆心烦意乱：一加仑一加仑的奶油*，一箱一箱的香槟酒，一盘一盘的菜肴根本不吃，她直

---

*　英制容积单位，约合4.5升。

接下令倒掉。一年夏天，毛姆全家在布列塔尼租了一套度假屋，结果西莉开出的菜品账单高得离谱，毛姆也不管家里有客人，拒绝买单，逼得西莉借钱还账。尽管如此，两人有时候还是和谐的。公开场合下，毛姆喜欢与西莉挎着胳膊出场；他对妻子持家待客的精湛本领同样心怀感激。丽莎当时已经七岁，被妈妈照顾得很好，这让他良心稍安，不至于觉得自己是个失败的父亲。他自己儿时与父亲关系淡漠，这或许能部分解释他在当年晚些时候说的一句饶有趣味的话："我一直认为，避免家长过分溺爱的负担对孩子有好处。"

毛姆很高兴温德海姆家中的生活平静了一些，但他还是不准备长住。复活节的时候，他就去意大利找杰拉德·哈克斯顿了；哈克斯顿当时暂住佛罗伦萨，等待第二次启程前往远东。刚从爪哇岛回来，毛姆就在老朋友雷吉·特纳——特纳很久之前就定居于弥尔顿路——写信，请他照顾哈克斯顿："我旅途中长在身边的同伴……［是］我特别好的朋友，希望你能悉心关照他……特别是要麻烦你给他推荐几处合适又不贵的住处，感激不尽……另外，请你多给他介绍一些人认识，免得他觉得孤单。"毛姆到意大利后与哈克斯顿跟特纳、休·沃波尔、艾迪·诺布鲁克和意大利出版商朱塞佩·奥廖利（昵称"皮诺"）这一群人来往。皮诺当时正和魅力非凡却脾气执拗的诺曼·道格拉斯同住。道格拉斯以小说《南风》闻名，还是一名死不悔改的恋童癖。他年逾五十，过去在卡普里岛住了好多年，然后去了英国，最后到佛罗伦萨定居，希望能转一转运；他以前常年穷困潦倒，还因为猥亵男童蹲过几次监狱。他曾打趣道："我离开英国的时候，天上的云彩还没有小男孩的手掌大。"他当时的经济状况窘迫到了极点，于是请丽贝卡·韦斯特替他向毛姆求助。毛姆告诉丽贝卡自己愿意负担道格拉斯的全部开销，会存一笔足够他终生安居的钱，但有一个条件：绝不能泄露钱是自己给的。毛姆开玩笑地说道，道格拉斯有"抓住施主的手"的习惯。身边有道格拉斯和雷吉·特纳这样谈锋甚健的人，在佛罗伦萨的三周时间很快就过去了。当时天公作美，一行人常在多尼酒吧惬意地品尝鸡尾酒。毛姆与志同道合的旅伴们一起吃午饭，吃晚饭，看歌剧，实为赏心乐事。特纳尤其高兴与毛姆重逢，对他只有一条批评：给小费的时候能不能"别那么抠门"。新来的小伙子哈克斯顿得到了一致喜爱。沃波尔在日记里写道，毛姆的小友"迷人，心地好，脑筋也灵"。

　　毛姆不能长住佛罗伦萨，因为新剧《苏伊士以东》需要他回伦敦参与排演。他对这出戏兴致不高。"你简直想不到我有多么盼望再次出门，"他告诉阿兰森，"回伦敦当然不错，但在我心目里，伦敦的日子太贫乏，没意思……就好比一出做作的喜剧，坐着看一段时间还行，长了就无聊了。我现在的感觉就是：该落幕了。"但是，幕布并没有落下，奢华的大戏还要上演呢。尽管评论界对《苏伊士以东》嗤之以鼻，该剧还是取得了巨大成功。剧中采用了各种昂贵新奇的道具，有一个场景是特别壮观的北京街景，有店铺、黄包车、六十名华人群演、一辆真的福特轿车，伴奏的管弦乐队演奏专门委托欧仁·古森斯创作的主打丝弦的"中国"乐曲。从某些方面看，这出戏就好比拿着望远镜看《面纱》里的世界，它以北京的英国侨民为背景，耸人听闻地讲述了一场融通奸、种族歧视、自杀和未遂谋杀于一炉的大戏。1922年9月2日，《苏伊士以东》于伦敦英皇剧院上演，巴希尔·迪恩执导，巴希尔·拉斯波恩和麦琪·阿尔巴内西主演；纽约几乎同步上演。大西洋两岸的剧评人都看不上《苏伊士以东》：埃格特说它"不真诚"；海伍德·布劳恩在《纽约世界报》撰文称其"保守过时"；《观察家》用粗糙浮夸来形容《苏伊士以东》，对毛姆先生写出这样幼稚的作品感到震惊。"要是他再写一部这样的作品，严肃剧作家的名誉就会离他而去了！"

　　幸好毛姆早在上述评论刊出几天前就离开伦敦了，没有因此而心烦意乱。他还堪堪躲过了另一件不同性质的负面媒体风波：他启程后不久，西莉就卷入了一场致命车祸。一天晚上，她在花园路上开车，撞倒了一名骑自行车的女子，受害者之后因颅骨粉碎性骨折去世。在听证会上，西莉发誓说自己没看见受害者；令她宽心的是，判决结果是她不是过错方。

毛姆此时已在千里之外，再次踏上东方旅程，这一次的目的地是英属缅甸。那里的氛围可不像马来土邦那样温顺：缅甸不是独立的殖民地，而是英属印度下的一个省，因此在帝国内的地位就要等而下之，这一点让缅甸人怨恨不已。别人警告过毛姆，说缅甸可能会有种种麻烦，从猎头者、老虎、蛇蟒到土民叛军。他给伯特·阿兰森写信道，"我们是全副武装"；不过，缅甸之行固然艰辛，却无危险。毛姆将这次行程的经历写在了《客厅里的绅士》一书中，其中完全没有涉及政治问题，因此受到某些人的指责。乔治·奥威尔与毛姆截然不同。奥威尔当时恰好也在缅甸，供职于缅甸警方，对身边的民怨深有体会。奥威尔对他眼中的英国独裁统治深恶痛绝，他笔下的殖民压迫者，往坏了说是邪恶，往好了说是愚钝：一群迟钝的人，"躲在25万把刺刀背后爱护着、巩固着自己的迟钝"。他清醒地预见到帝国终将结束，而毛姆对这个话题既不感兴趣，又没有意识。在《客厅里的绅士》的导言中，毛姆有一番略显笨拙的轻佻言论。"我看不上那位《大英帝国衰亡史》的作者，"毛姆写道。在这段话之前，他描述了假想中的批评者对他提出质问，"他走遍了缅甸，却看不到英国的势力正摇摇欲坠吗？眼见着一群纯粹依靠身后的枪炮来维持地位的官员，他怎么不去嘲笑这样的洋相呢？"他对上述责难的回答很简单：帝国灭亡不在他的主题范围内。毛姆的小说之所以广受欢迎，一大原因就是他清楚自己的局限，完全懂得他是做什么的：宏观图景挑不起他的想象力，他感兴趣的是平凡人的平凡生活，身处异域，却要努力营造出令他们心安的平凡环境的平凡人。

毛姆与哈克斯顿经锡兰首府科伦坡抵达仰光。一天上午，他们顶着烈日酷热溯伊洛瓦底江而上，看到大金寺硕大的金顶在阳光下闪烁着光芒，不禁被惊呆了。两人计划从仰光去曼德勒，接着北入泰国，再从曼谷去印度支那，最后去河内与海防，从海防坐船去香港，从那里回国。仰光、曼德勒、曼谷，这些神秘的名字令人满怀希望，结果却是失望。它们都是喧闹的现代化城市，天气炎热，尘土飞扬，有欧式餐厅和酒店，交通堵塞问题很严重，有电车、汽车、马车和人力车，却丝毫没有神秘东方的韵味，没有"狭窄的巷子……[和] 引人遐思的蜿蜒小径"。但是，一旦进入乡村，现代风貌便不见了踪影。两人一路向北，进入掸邦。这里的路很不好走，或穿越丛林，或翻过隘口，或骑车，或徒步跋涉，有时还要划着摇摇晃晃的筏子逆流而上，有时又要坐在牛车的后面，沿着泥泞的道路颠簸前行，实在是不舒服。两人难得有坐汽车或者火车的福分。烧木头的火车慢慢悠悠地穿越辽阔而炎热的高原，村庄，柚木林，稻田，还有白塔。

最艰难的一段旅程是从掸邦首府东枝到暹缅边境的景栋，全程近 700 英里，总共花了 26 天。毛姆骑着脚步沉稳的掸邦矮马，身后是驮运行李装备的骡队。除了搬运工以外，他们还有两名印度仆人、一名廓尔喀随从朗拉尔、一名泰卢固人厨师。朗拉尔训练有素，干事麻利，那厨师却是个麻烦。此人不讲卫生，经常喝醉，厨艺欠佳，饭菜单调：晚餐的餐前酒是琴酒和黑啤，菜品要么是咖喱、罐头沙丁鱼或者两名白人中的一位打回来的鸟，饭后甜点永远是蛋糕布丁或乳脂松糕，"东方的两大主力甜品"。过了一阵子，毛姆太想吃点新菜色了，于是亲自下厨，给厨子示范咸牛肉拌菜的做法。"我相信，在我离开以后，他能将这道宝贵的菜谱传给其他厨师，为贫乏的远东英式料理贡献一道新的菜品。"队伍的行进速度很慢，尤其是要说服骡队渡过萨尔温江或湄公河，或者穿越浓密的竹林，或者是沿着林中小径走，需要将马从齐膝深的泥塘中拉出来的时候。途中有时闷热得让人喘不上气，上了山又是阴冷而雾气弥漫。过夜的地方要么是好像一个模子刻出来的驿站，里面摆着破旧的柚木家具和陈年的《河岸》杂志；要么是修道院，睡在挂着蚊帐的行军床上，身边都是仿佛在沉思的莲座金佛；要么是用刚砍的竹子在几个小时内搭起来的小屋，有游廊和两个房间，好方便旅客居住。旅途令人筋疲力尽，偶尔的休息日很有必要：毛姆和哈克斯顿不用天刚亮就动身，总算能睡个懒觉，喝茶抽烟，穿着睡衣度过平静的几个小时，可以一个人玩牌，也可以读书。在随身带的书里面，毛姆最喜欢《去斯万家那边》。由于害怕太早读完，他规定自己每天最多读三十页。"当然，很多内容特别无聊……［但是］我宁愿被普鲁斯特烦死，也不愿意被其他人逗笑。"

暹罗与缅甸以一条小河为界，越过之后，风景便为之一变。他们发现自己来到了一片开阔的田野，道路两旁都是稻田，有整洁的小村庄，平缓的小山种满了精心维护的柚木林。正午时分，毛姆骑马进了一个村庄，突然感觉到一股熟悉的芬芳暖意，是南方的那种"热烈、粗犷、如火焰一般的"空气。他惊讶而喜悦地发现自己到热带了。进入暹罗后就轻松了：一名客气的村官前来迎接，坚持要他们住在自己宽敞的家里，还给了他们一辆亮红色的福特轿车。他们开着车向最近的火车站进发，搭乘前往曼谷的列车。虽然时速只有八英里，他们却感觉要晕车似的。

暹罗首都酷热难耐。住进酒店没多久，毛姆就患上了恶性疟疾，之后的许多年里还会复发。医生过来后马上开了奎宁药，但起初并没有起到作用，毛姆的体温飙升到了105华氏度（约合40.5摄氏度）以上，情势危急。

> 湿毛巾和冰袋都没有让体温降下来。我就那么躺着喘粗气，根本睡不着……屋子是木质结构，还有游廊，每一个声响都听

得清楚，让我又害怕又痛苦……一天早晨，我听见酒店经理——她性格和善，却是个十足的商人——……对医生说："你也知道，我不能让他死在这里。"医生答道："好吧。不过，先等一两天再说。"她又说："行，别拖太久啊。"

千钧一发之际，大汗淋漓的病人开始康复了：没过多久，他便呼吸自如，脑袋和身体都不疼了。"我觉得高兴得不得了。"他回忆道。

两名游客从曼谷经海路前往柬埔寨沿岸的白马市，接着又去了金边和吴哥。在吴哥，杂草丛生的高棉神庙废墟藏在密林深处，"在月光下显得硕大而阴暗"，给两人留下了深刻印象。法属印度支那的西贡是他们行程中的最后几座城市之一。西贡是一个迷人的地方，颇有南法小镇风情，酒店阳台挤满了留着胡子、指指点点的法国男人，一边喝杜本内葡萄酒，一边操着南法口音的法语连珠炮似的聊天。从西贡出发，他们去了皇都顺化（皇帝亲自接见了他们）与河内，最后来到宏大的法国海军基地海防，登上前往香港的汽船，又从香港先后经上海、横滨、温哥华抵达纽约，从纽约坐上了舒适的"阿基塔尼亚"号游轮。

毛姆的游记《客厅里的绅士》有两点最出名，一是兴致昂扬——其中一篇的结尾句是令人惊讶的"哎呀呀，太好啦！"，二是作者以晓畅明快的文风记述的丰富内容。书名取自威廉·哈兹里特的一篇散文《论出游》，文中描述了出游的喜悦之情，特别是出游提供了一个机会，让人可以"摆脱俗世与舆论的束缚……在自然界中丢掉那纠缠不休、令人煎熬、阴魂不散的个人身份，活在当下，去除了一切联系……只有一个头衔：客厅里的绅士"！毛姆也有这样的情怀：他热爱探险，热爱行动，在旅行途中不仅总能发现写作的灵感，更有巨大的解脱感，从社交、家庭、伦理的束缚中解脱出来，从有时让他窒息的自我意识中解脱出来。"我常常对自己感到厌倦，"他写道，"我有一个想法：旅行能够丰富我的人格，让自己发生些许的改变。旅行归来的我和踏上旅途的我不是同一个我。"

这一次，他归来时带着一大批笔记，并以其为素材写出了一本迷人的游记，平实却生动地描述了那片土地和那里的人民，还介绍了不少动人的历史故事，都是毛姆在路上从形形色色的人那里听来的，包括一位虔诚的意大利神父，他住在偏远的丛林村落里；一位毛姆在圣托马斯医院的老同学，如今已经堕落；还有来自美国的威尔金斯夫妇，这是一对奇人，经营着一家小小的巡回马戏团。多年以后，毛姆依然记得威尔金斯夫妇，说他们是自己见过的最奇特的人。威尔金斯夫妇和毛姆同坐在一条沿着柬埔寨海岸线、从曼谷开往白马市的汽船上。漫长而炎热的白天里，他们在甲板上给毛姆讲了自己养的动物们；在他们眼里，这些动物都是家人。

> "亲爱的，艾格伯特估计想喝你的柠檬汁了吧。"威尔金斯先生说。
>
> 威尔金斯夫人轻轻扭头，看了看坐在自己大腿上的猴子。
>
> "艾格伯特，你想喝妈妈的柠檬汁吗？"
>
> 猴子短促地叫了几声，于是，她就用手臂抱住猴子，给他递了一根吸管……
>
> "威尔金斯夫人懂艾格伯特，"她的丈夫说道，"你可别见怪。他是她的小儿子。"
>
> 威尔金斯夫人又取出一根吸管，若有所思地喝起了柠檬汁。
>
> "艾格伯特没事，"她评论道，"艾格伯特挺好的。"

书中还有一些温和的哲学与文学思考，有几段简短的自传性文字，还有一股怀念肯特乡间童年生活的怀旧潜流——毛姆的海外游记总会流露出这种情怀：在彼得格勒，洞窟修道院与坎特伯雷大教堂的相似之处让他动容；在中国，"在雾气的神奇作用下，竹子，中国的竹子竟然变得肖似肯特郡的啤酒花田"；在缅甸，远离干流的一条湄公河支流让他想起了肯特郡的一条小溪，他过去经常"在溪里抓小鱼，然后放进果酱瓶子里"。《客厅里的绅士》于1930年出版，广受好评。《纽约先锋论坛报》宣称："这是毛姆迄今为止可读性、趣味性最强的一部作品。"在一篇关于毛姆的文章里，戴斯蒙德·麦卡锡将这部作品形容为"忧郁而美丽，有趣又真诚"。

这部讲述漫长远东之行的游记唯独对杰拉德·哈克斯顿只字不提，这一点太重要了。不管是《客厅里的绅士》还是结集出版的旅行笔记，从第一页到最后一页，暗示作者并非独自旅行的迹象都极少。然而，杰拉德其实陪伴毛姆走过了每一步，他的存在是毛姆身心健康的重要一环。正如《蚂蚁与蚱蜢》中的汤姆·拉姆塞（一位以哈克斯顿为原型的虚构人物）一样，哈克斯顿"是最有意思的同伴，即使你很清楚他只是个一无所成的废物，有他在旁边你也会不由自主高兴起来。他精力旺盛，永远兴高采烈，而且魅力四射"。在回忆录中，毛姆这样描述他："他无所畏惧。他总是做好了投入冒险的准备，什么事情都会做，既能修理罢工的汽车，又能在荒野里做一顿美味的晚餐。"不喜欢、不信任杰拉德的人——这些人可不少——也会被他的活力与魅力迷住；其中一位说过，杰拉德是典礼专家，"他走在最前列，他将舞台点亮……他的魅力多得很，迷人的细节要多少有多少，就像用也用不完的硬币似的，他乐呵呵又满不在乎地把它们撒在桌布上，仿佛在大方地打赏一位他看上的服务员"。在更现实的层面上，杰拉德负责毛姆行程的具体安排，兼任摄影师、秘书和打字员；为了写信，毛姆把一台笨重的打字机从伦敦带过来，驮运了一路。另外，毛姆在曼谷患上疟疾，生命垂危之际，在身边照顾他的人肯定也是杰拉德。但是，他的想法、言辞、行动没有留下任何痕迹。旅程的最后一天，"阿基塔尼亚"号在瑟堡短暂停靠，两人就在此地分手，杰拉德上岸去了法国，毛姆则前往南安普顿，回归成家立业的体面男人身份。但是，毛姆的心里一直挂念着哈克斯顿，这从他在轮船开到大西洋中部时写给伯特·阿兰森的一封信就看得很明白。"不知你能否帮我做一笔 5000 美元的投资？"毛姆问阿兰森，"这笔钱放到杰拉德·哈克斯顿名下。我想给他一份礼物……多年来，他一直是我忠诚的密友。当然，他到现在都没有什么积蓄。一旦我不在了，我希望这笔钱能给他基本的生活保障。"

第十章

分居

Separation

　　1923 年，毛姆从远东回到英国时五十岁了，有钱又有名，外表自信沉着。这一年他给《名利场》杂志投了一篇稿子，文中写道："人到中年自有其报偿……你会觉得自己用不着去做不喜欢的事了。你不再为自己感到羞耻。你与真实的自己达成了和解，不会过于在意外界的看法。"他一如既往地高产，戏票或杂志封面边线上出现他的名字就能保证大卖。每个人都想结识他；二十年代的伦敦社交圈还不大，几乎每个人确实都认识他。然而，私底下，维持双重生活的压力让他快撑不下去了：一面是令他越发厌倦和反感的西莉，一面是他全心钟爱的杰拉德·哈克斯顿。在毛姆心中，伦敦仍然是他的家，是社交与职业生活的中心；然而，这座城市也是他感觉最压抑、最拘束的地方。代表着自由与冒险的杰拉德依然在海峡对岸，毛姆无法忍受与他长久分离。

　　5 月底，毛姆回到伦敦；10 月，他便再次离开。与往常一样，这四个月是在努力工作中度过的，其中一件事便是监督《比我们高贵的人》排演，大战期间，当局曾以反美为由禁止该剧上演。9月12日，《比我们高贵的人》登上舞台，由玛格丽特·班纳曼饰演放荡的女主角格雷斯通夫人，该剧大获成功，连续演了一年多。其他的任务包括：两本短篇小说的收尾、撰写一部新的闹剧《骆驼背》（*The Camel's Back*）、开始写以中国为主题的长篇小说《面纱》。此外，再次搬家又给他平添了压力。新家比温德海姆的家更大，更气派，地址是布莱恩斯通广场43号，就在旧房子的南面，距离不到100码。有一次新家办晚宴，请了阿诺德·本涅特、查尔斯·汤、H. G. 威尔斯和弗吉尼亚·伍尔夫参加。之后，阿诺德写道，"简直是富丽堂皇"；接着又艳羡地加了一句，"老伙计的书房比我家的客厅还要大"。在一篇饱含怨恨的晚年回忆录中，毛姆说这次搬家是为了西莉的"社交雄心"。他说，她对温德海姆不满意，因为她想要更奢华、更铺张地招待客人，实际上，提议搬家的人不是西莉，而是毛姆。不过，西莉确实觉得搬家大有好处，不仅更适合待客，也为她的生意提供了一个美丽的展示窗口，能够衬托她的小摆件和"复原"家具。毛姆花了一段时间才搞清楚状况：前一天晚上还坐着的沙发，第二天早晨怎么就没了？桌子和椅子怎么都能询价？然而，毛姆起初对搬到布莱恩斯通广场很满意，尽情享受着漂亮的新家。新家"屋子多，空间大，"他对伯特·阿兰森说，"我要感谢《雨》让这成为可能。"

毛姆还用《雨》带来的收入给杰拉德租了一套巴黎的小公寓，地址是拉封丹路65号，位于第16区莫扎特大道外。两人不免有分离的时候，与佛罗伦萨相比，巴黎要近一些，过去也更方便。现在，毛姆与哈克斯顿的关系已经持续了将近十年，在同性恋圈子里被视为楷模。比方说，艾迪·诺布鲁克想把工人家庭出身的男友从美国接来英国时，便来找毛姆咨询。"为了你好，也为了他好，"毛姆的回信做了深思熟虑，"在你把他从自己熟悉的生活和前途中拉出来之前，你应该三思……美国的规矩和我们这里的规矩可是完全不同。除非你对布鲁斯的爱已经到了可以抛下一切的地步，我认为你肯定会大吃一惊。"杰拉德的情况就不同了，因为他不存在社会阶级的问题，也不可能来伦敦。不过，杰拉德也有他自己的问题，而毛姆一直不放心让他自己应对。

哈克斯顿三十岁了，正朝着百无一用的方向大步迈进。他小时候被母亲溺爱，现在又被毛姆溺爱。他天资聪颖，熟读英法文学，但除了大战期间的一小段时间以外，他从没有自食其力的经历。他懒散又不自律，常年无事可做，太容易滑向纨绔的深渊了。杰拉德早就成了酒鬼，还染上了危险的赌瘾，经常债台高筑，每一次都是金主帮他悄悄摆平；毛姆务实地对他说："你要明白，找乐子是要付出代价的。"在性的方面，杰拉德也特别不负责任。臭名昭著的老头诺曼·道格拉斯大概是了解内情的，他说杰拉德"迷人却非常淘气"。他在巴黎经常混迹于拉佩路的地下酒吧和俱乐部，这里是一处同性恋勾搭的胜地，素以花样繁多、无奇不有著称。*哈克斯顿天生喜欢青春期的少年，对女性——任何女性——也随时准备下手，从女仆、新晋交际花到有夫之妇。有一次，他甚至试图勾引杰拉德·凯利的妻子简。有时，他连幼女也不放过：他吹嘘的一次战绩是自己在暹罗用一罐淡奶就换来了一名十二岁的女童。"他从调皮的男孩子长成了邪恶的男人，"一位毛姆的同性恋朋友说，"[而且]与我们大多数人相比，他脱裤子的频率要高得多，在最不可思议的卧房里。"

对毛姆来说，杰拉德是不可抗拒的。他活力充沛，胆大妄为，唯有他才能"打开毛姆那扇神秘围墙里面的门"。毛姆为杰拉德而着迷，为他的陪伴而活跃，也看重他的头脑，非常依赖他对自己作品的评价。曾用心观察两人好些年的丽贝卡·韦斯特说，哈克斯顿"很

---

* 原注：毛姆在长篇小说《刀锋》中将拉佩路形容为"一条肮脏、狭窄的街道……大男人与画着眼妆的小胖墩一起跳舞"。

可能是毛姆唯一能自在相处的人，从这个角度看，我认为威利跟他很搭……杰拉德恰好就是……他最喜欢的那一杯[茶]"。两人的关系错综复杂，外人乍看过去未必能明白。别人看到他们俩在一起，有时会因为年轻的那一个对年长的那一个表现出来的无礼感到震惊：杰拉德挥舞着长长的雪茄盒，不耐烦地招呼房间另一边的毛姆给他倒鸡尾酒；"俊朗的小伙子坐在扶手椅上，前后摇摆，一条光腿搭在扶手上，手里端着玻璃杯，索要醉人的毒药。步入老年的天才……为他倒出祭酒，仿佛那小伙子是年轻的天神。"然而，这些看客没有发现这是一种共谋，两人的感情关系就是如此，性权力的游戏自有其复杂的规则。这还不算完：尽管杰拉德的行为经常惹毛姆生气，但毛姆对他的感情里有父爱和保护欲的成分，他懂得这位年轻人的脆弱：深藏心底、大部分人都看不到的脆弱。哈克斯顿的非凡魅力让毛姆沉醉。他生病或者郁闷时，哈克斯顿出乎意料的温柔总会触动他；这种小小的关怀往往会出现在父母卧病的家中独子身上。然而，哈克斯顿最吸引毛姆的地方还是他的危险气息，他的坏小子光环。二十年代，杰拉德的生活环境基本就是伊夫林·沃在《邪恶的肉身》中描绘的样子：一个"邪魅的年轻人打来暧昧的电话或登门造访，索要新衣服、去美国的船票或者一张五英镑纸币"的世界。从某些方面看，杰拉德就好比海德先生，而毛姆就是杰基尔博士：杰拉德放飞自我，沉浸于感官与破坏，毛姆则严厉地压制着这些倾向。

　　与爱冒险、放荡的哈克斯顿相比，毛姆的品位简直是一本正经：他喜欢性，大量的性——很少有路上碰到的好看小伙子不被他搭讪——但是，他偏好的性行为却是传统直男式的。他的同性恋朋友、作家格伦威·韦斯考特有一句评语，"威利的性生活未必纯洁，却极其单纯"。有一次，他和毛姆看一幅裸男裸女以传教士体位做爱的画，毛姆说，两个男人不能这样做爱，真是可惜啊。威斯科特说："我没好意思跟他直说。"杰拉德在身边对毛姆的影响很大，即便他们已经不是——或者说，不常是——性伴侣关系，但他们仍然深入地参与到彼此的性生活中。毛姆出国旅行时要靠杰拉德到外面结交陌生人，发掘故事素材，他还要靠杰拉德出去找小伙子，带到自己的床上来。毛姆的口味很挑剔，不愿意接触堕落阴暗的现实部分，哈克斯顿完全明白这一点。"杰拉德·哈克斯顿对威利太好了，"电影导演乔治·库克尔说过，"总是替他跟下三烂打交道。"在街道和酒吧里晃悠的是哈克斯顿，挑人和谈价钱的也是哈克斯顿——比如在墨西哥城的一天夜里，他把一名小男孩带回了酒店；提供服务之前，男孩跪下来祈祷，还画起了十字。

1923 年 8 月 9 日，哈克斯顿卧床不起的母亲萨拉去世了。她有将近十年没见过儿子了，毛姆却像个尽职尽责的女婿一样跟她保持着联系，每次回英国都要去圣约翰森林看望她。女作家克莱门丝·丹后来谈起"好朋友萨莉·克莱斯顿"时提到，她因为毛姆为她的儿子所做的一切而"崇拜"他。"我个人是很喜欢她的，"毛姆对伯特·阿兰森说，"[但]她的日子过得太苦了……[而且]我很感激她终于去世了。"悲痛与羞愧压倒了杰拉德。他缅怀着亡母，陷入了深深的抑郁，一想到她生前的悲惨生活便痛苦难当：孤独多病，钟爱的独生子总是不在身边。

9 月底，毛姆与哈克斯顿前往美国，恰好当作散心。他们在纽约的两个半月时间里过得很开心，尽管毛姆的新剧惨败。《骆驼背》*讲的是一位大家长专横霸道，而家人把他当成疯子一样对待，以此报复的故事，11 月 3 日于范德比尔特剧院上演，只演了十五场便草草落幕，次年的伦敦版也没好到哪里去。不过，毛姆根本没把这次小小的挫折放在心上，他对雷伊·朗的兴趣要大得多。朗是赫斯特系杂

---

* 原注：剧名典故不是"压倒骆驼的最后一根稻草"，而是哈姆雷特揶揄波洛涅斯的一句话。哈姆雷特：你看见那片像骆驼一样的云吗？波洛涅斯：哎哟，它真的像一只骆驼。

志（《时尚》《好管家》《时尚芭莎》《城镇与乡村》）的主编，与毛姆签下了系列短篇小说的合同，每篇稿酬 2500 美元。用毛姆的话说，"这可是笔轻松赚的大钱啊"。他和哈克斯顿看了不少戏，包括热门闹剧《神经崩溃》。毛姆说，这出戏"让他狂笑了将近三个钟头"。他们还和查理·卓别林去过剧院，这位影星受到的热烈欢迎给毛姆留下了很深的印象。

> 那一次真是厉害。好多观众起身向他欢呼；为了躲避过分热情的观众，我们决定从侧门出去，结果却不得不从两千人中间挤出去……［查理］确实很开心。我不禁想到，面对面地接受人群的喝彩肯定是令人陶醉的经历吧。

两人于 12 月底回到欧洲，毛姆先陪杰拉德在巴黎待了几天，参加了一场狂热的跨年聚会，第二天早晨五点才爬回家里。

接下来的几个月里，毛姆都在伦敦度过，主要任务是写作预计次年春季出版的长篇小说《面纱》。1924 年，他只有一本小说以书的形式出版，即短篇《公主与夜莺》（"The Princess and the Nightingale"）。当年，艾德文·勒琴斯爵士设计的玛丽王后玩偶博物馆正在温布雷镇举办的大英帝国博览会展出，馆内图书室向文学名家征集了两百份微型手稿，毛姆的作品也在其中。每本小书长一英寸半，黄色小牛皮装帧，内有玛丽王后的藏书票，蝇头小字皆为作者手书，托马斯·哈代、巴里、吉卜林、希莱尔·贝洛克、柯南·道尔都在其中。毛姆交出的答卷是一篇精致的童话故事，讲的是公主与夜莺做朋友，她太喜欢夜莺了，便把他关进金笼子里，这样他就再也不会飞走了；但鸟儿被关起来后不吃饭也不唱歌，公主于是明白了：只能将他放走，不然他就会死掉。"自由去吧，"公主最后对他说，"我对你的爱足以让我放你享受自己的快乐。"这句话与作者本人有着特别的联系。

《面纱》写完之后，毛姆和往常一样活跃而躁动，准备前往中美洲寻找新素材。他写信给刚刚结婚的伯特·阿兰森，祝贺他喜结良缘，并请他向自己介绍介绍墨西哥。"我太盼望踏进新的狩猎场了，我简直无法用言语形容。"他告诉阿兰森。可惜，这片狩猎场却让他失望。1924 年 9 月，满怀期待的毛姆和哈克斯顿再次横渡大西洋。登上"庄严"号客轮后，他们发现有好几位旧相识，其中就有青年剧作家诺埃尔·考沃德，毛姆与他初次相识是在大战末期。尽管两人彼此喜爱，真心仰慕对方的作品，但他们的关系从来不是很近，主要原因是考沃德特别喜欢西莉，以至于和毛姆不很亲密。《苏伊士以东》的配乐作者欧仁·古森斯和导演巴希尔·迪恩也在船上。古森斯牌技精湛，大把时间都泡在牌室里跟杰拉德打牌，而迪恩则一直在读剧本。后来，迪恩在自传中不无深意地写道："我尽可能躲得离杰拉德远远的。"来到纽约，毛姆结识了作家兼摄影师卡尔·范维克滕。范维克滕结实高大，只比毛姆小六岁；多才多艺，集芭蕾舞评论家、歌剧爱好者、爵士乐迷（他曾大力推动黑人音乐的哈勒姆文艺复兴）、小说家、散文家、文艺界社交圈的领军人物等身份于一身。尽管"卡洛"（他的签名都是这么写）结过两次婚，但他是一个同性恋，天生的花花公子——虽然体格上不太像——特别擅长女里女气的笑话，毛姆觉得很有趣。他是在毛姆和哈克斯顿离开纽约的前一天晚上跟他们见面的，先带他们去了一家哈勒姆的妓院，然后又给毛姆看了自己刚写的小说《文身女伯爵》。三天之后，范维克滕激动地收到了一封从新奥尔良寄来的"了不得的信"，是他的新朋友写的，说他特别喜欢这本书。

在新奥尔良稍事停留后，毛姆和哈克斯顿便进入了墨西哥。"我必须承认，墨西哥让我失望了，"毛姆在墨西哥首都度过了阴冷多雨的两周之后，给艾迪·诺布鲁克写信说，除了西班牙人带来的文明以外，我没有找到多少有趣的东西；如果你是西班牙文化爱好者的话，那还不如去西班牙。墨西哥城一点也不刺激，我们不会住太久。我的首要目标当然是搜集故事素材，就目前来看，我完全看不到机会……远道而来却发现纯属浪费时间，这确实令人气愤。不过，我想这种可能性总是存在的，非人力可为。

实际上，毛姆的时间并没有全然浪费，他还是挖出了一些料，写了两篇墨西哥主题的故事。一篇是《带伤疤的男人》（"The Man with a Scar"），主角是一位勇敢的起义军战士，临死前被行刑队救下；另一篇是《歇业》（"The Closed Shop"），讲述了一位富有商业头脑的当地老鸨。不过，从这两篇作品明显能看出来作者兴致不高。墨西哥不同于中国和马来亚，没有一个占主导地位的侨民群体；外籍居民虽然有许多，但国籍太分散了，没有毛姆特别感兴趣的殖民地风情。

当时还有一位英国作家在墨西哥，他的反应与毛姆截然不同。墨西哥的土地与人民都给 D. H. 劳伦斯带来了强劲的灵感。不久前，他与妻子弗里达来到墨西哥城，随行者还有夫妇俩的一位朋友，沙捞越拉者夫人西尔维娅·布莱特的姐姐，画家多萝西·布莱特。劳伦斯之前没见过毛姆，但听说他也在城里，便从自己住的小旅馆给他发了一封客气的信。"亲爱的萨默塞特·毛姆，"他写道，"你我同为英国文人，若是如两艘航船在夜里交错，中间隔着宽阔的海水，那实在是不应该。可否赏光鄙处，共进午餐？若有意愿，电话书信皆可。"毛姆发了一封拒绝的电报，说自己正要前往库埃纳瓦卡写作。劳伦斯是出了名的脸皮薄，收到信以后颇感不悦，感觉自己受到了怠慢。"瞎了眼的，让他的书见鬼去吧……"四天后，也就是10月25日，劳伦斯给朋友忿忿不平地写道，"一个心胸狭隘、结结巴巴的

'艺术家'……没跟他见面不算什么损失：酸溜溜的，神经兮兮的，生怕圣诞节之前赶不出一部墨西哥主题的巨著似的"；他又怀着嫉妒说道："好像他写不出来似的！" 11 月，毛姆去尤卡坦之前回墨西哥城小住几日，总算与劳伦斯见了面。美国著名人类学家泽利亚·纳托尔[*]邀请毛姆、哈克斯顿、多萝西·布莱特和劳伦斯夫妇来家里吃午餐；她住在墨西哥城郊区科约阿坎的十六世纪古宅阿尔瓦拉多府中。纳托尔夫人有学者风范，身穿黑色丝绸长裙，尽显高雅。她热情地接待了客人，带他们逛了逛家里美丽的花园，园内有大片白玫瑰、九重葛和鲜红的扶桑花。但是，欢聚很快就变了味。杰拉德出言冲撞了女主人；多萝西·布莱特从沙捞越的妹妹那里听到了哈克斯顿和毛姆的坏话，对他俩没有好气；毛姆心情阴沉；劳伦斯激动又咄咄逼人，觉得毛姆对自己没有表现出兴趣，气恼不已。众人入座时，被安排在毛姆身边的弗里达·劳伦斯问他觉得墨西哥怎么样。"他不悦地答道：'你指望我喜欢大帽男？'我说：'我才不管你喜欢什么。'接下来，这顿午饭就全是尖酸刻薄了。"后来，劳伦斯将毛姆形容为"非常讨厌"[†]；他总结道："我不喜欢他，有点酸腐气。"四年后，他写了一篇挑剔《英国特工阿申登》的书评，文中又用到了"酸腐"这个形容词："这种幽默的败坏酸腐真是少有作品能匹敌。"毛姆也回敬了劳伦斯，在发表的文章里将他称为"暴躁到不正常的病人……他的心理被贫困扭曲，身上长着名为嫉妒的痛苦毒瘤"。

墨西哥之旅接下来是尤卡坦、古巴（"跟大西洋城似的"）、牙买加、英属洪都拉斯（他们在这里骑着骡子进入丛林探险）、危地马拉。两人从危地马拉城坐船去了印度支那的顺化，经西贡乘坐法国邮船公司的客轮前往马赛。旅行期间，毛姆尽可能保持着每天写作的习

---

[*] 原注：她是劳伦斯长篇小说《羽蛇》里的诺里斯夫人的原型。
[†] 原文为德语。

惯，不仅将《信》改写为话剧版，而且还给忙碌的伦敦、纽约两地代理人发送指示（打字由杰拉德负责），询问公事，电影版权有没有卖出去，新剧演得怎么样，小说刊载到杂志上没有。乘船归国前不久，毛姆给艾迪·诺布鲁克写信，为自己当时的职业状况做了概括：

> 旅途接近尾声，尽管收获不如预期，但我至少有一两件有益的回报。我碰见了几个有趣的人，以后准备写到故事里；我还听说了一个故事，下一部长篇的核心情节就是它了。我还得出了一个并非没有意义的结论：异域题材快要写到头了。当然，我的笔记还够我写不少故事，我以后也准备写，但我没有能力吸收更多这类素材了。毫无疑问，这里和东方还有许多小说和戏剧的素材，另一位作家完全可以写得出来，但我是写不动了。这条路已经走到头了，进一步挖掘的事情就交给其他人吧。不管怎么说，我目前搜集的材料得四五年才能用完。

1925 年 3 月底，毛姆回到伦敦，正好赶上《面纱》* 出版。这部小说讲的是费恩夫妇（沃尔特和基蒂）的故事，以及基蒂与下流无赖汤申德的婚外情，在毛姆回来前就惹出了大麻烦。小说最初在英国《纳什》杂志连载，连载版的主角本来不叫费恩，而叫莱恩，结果被某位不知名的莱恩先生以诽谤罪告上法庭，最后以赔偿 250 英镑加角色改名了结。但是，《面纱》单行本出版后又出了一件事：香港政府抗议毛姆将殖民地助理秘书写成通奸犯，担心读者得出不好的结论，坚持要作者把地点换掉。于是，毛姆被迫将"香港"改成了虚构的"青岩"，将"快活谷"改成"愉悦谷"，将"山顶"改成

---

* 原注：书名典出珀西·比希·雪莱的一首十四行诗的开头："我们将面纱看作生活……"

　　　　　　　　　　　　　　　　　　　　毛姆传

"山丘"，将"九龙"改成"鹿山"，邻近的广州地名也全部改掉（后来的版本恢复了原来的地名）。倒霉的是，上述修改完成的时候，两批总计四千册的《面纱》已经发出去了，媒体样书也有不少，现在要全部召回。此外，毛姆还有一件烦心事。尽管该书美版迅速登上畅销排行榜，销量突破十万册，赢得广泛好评，但毛姆还是觉得美国出版商乔治·杜兰在宣传上没有用心。这不是钱的问题，毛姆向代理人查尔斯·汤解释道，"我急的不是赚钱，而是扩大读者面。我要的不是那点票子，是认真对待"。但杜兰对《面纱》似乎不是很积极，"他只是把书像茶包一样送出去，卖得好不好，全看它自己的造化，只有一些完全机械的无用宣传，"毛姆抱怨道，"我不希望杜兰把我当成一只定期下金蛋的鹅。"他又说，等到跟杜兰的合约到期后——

> 我们去找杜兰一趟。除非他承诺做好我之后的书（一到两本短篇小说集、一本游记、一部长篇小说），否则我就找别家做。要想让出版商承诺做好一本书，我只知道一个办法：让他给作者天价的预付款，逼得他全力以赴地做这本书，免得收不回本。

《面纱》有一个只有毛姆的亲朋好友才能认出来的要素：兄长 F. H. 的形象。毛姆承认，沃尔特·费恩大量取材自 F. H.，包括羞涩、高傲、冷淡、钢铁般的自制力；但基蒂的父亲伯纳德·贾斯汀同样有 F. H. 的影子。与 F. H. 一样，贾斯汀是一名律师和皇家法律顾问，内敛孤僻，性情压抑，生活在痛苦的环境里，被自私自利、野心勃勃的家人看不起，饱受忽视。"她们从不曾扪心自问：这个温顺的小个子男人，他每天一早就出门，晚上回家时勉强能赶上换衣服吃饭，他有什么样的感受？在她们眼里，他是一个陌生人；但是，只因为他是自己的父亲，她们就觉得他的疼爱是理所应当。"在家里，F. H. 同样过着自己固守的孤独生活。他每天都要在办公室里干到很晚才回家，一个人待在书房里，只有吃饭时才出来。但是，与受到两个女儿鄙夷的贾斯汀不同，F. H. 的孩子害怕自己的父亲，觉得他冷漠、挑剔、疏远。他从来不走近孩子的卧室或书房，吃饭的时候，他很少说话，开口也总是驳斥别人；每次说话时，他都要把单片眼镜推上去，这个傲慢的姿态更显得他尖刻。实际上，F. H. 的悲剧在于他冰冷的外表下藏着对感情的渴望，但他在家里又不能表现出这种渴望。出了家门，他就活跃起来了，他是萨维尔俱乐部的会员，其他会员都觉得他和善有趣，在职场上，不少年轻律师回忆起 F. H. 都说他为人良善。他还与一名女子有过持续多年的地下恋情，他对情人估计比对妻子更主动一些。[*] 然而，他对奈莉疏远暴躁，对孩子总是板着脸。毛姆与 F. H. 从不曾亲近，但他对别人身上隐藏的孤独有着非同寻常的洞察力，他深刻地懂得，那个冷冰冰、不好相处的男人是值得怜悯的；他明白内在于兄长生活境遇的悲哀，这一点通过贾斯汀的形象动人地呈现了出来。

　　如果说 F. H. 的女儿们缺少父爱的话，她们还有母爱的补偿。奈莉热情地参与到女儿生活的每一个方面，宠爱她们，陪她们玩，给她们读书，听她们祈祷，带着全家人去位于罗姆尼湿地小石镇的海滨别墅开心地度假。F. H. 喜欢在那里打高尔夫球。有时，毛姆会来陪他玩，到小石镇住上一两晚；与毛姆自己家相比，这里的条件要粗犷和快乐一些。有一次小石镇之行结束后，毛姆打趣奈莉说，她对极乐的概念就是"在呼啸的狂风中吃羊肉"。凯特、奥娜、戴安娜是世纪初出生的，1916 年时都已经接近成年，她们的父母结婚也有二十多年了；就在这一年，奈莉却出乎所有人意料产下了一名男婴，取名为罗伯特·塞西尔·罗默，通称"罗宾"。作为家里唯一的男孩子，你可能会觉得他会得到父亲的宠爱，结果父亲对他却比他

---

[*]　原注：根据一份据传是 F. H. 日程安排的材料，这段婚外情似乎在 1923 年结束了。

毛姆传

的姐姐们还要冰冷。"我出生那年，父亲都五十岁了，"罗宾后来写道，"我们之间隔着整整半个世纪，这自然是我们处不好关系的一个因素。"但是，父子关系不只是不好而已。父亲对他只有冷漠的排斥，经年累月都是如此。他是一个没人疼的孩子，就连妈妈对他都很严厉，后来才逐渐喜欢上他。她相信男孩和女孩不同，需要培养他坚强，不给他任何形式的宠溺。结果，罗宾的童年过得非常不幸，大部分时间都见不到家人，由一连串的保姆和女家庭教师照顾。他几乎正好比堂妹丽莎小一岁，西莉有时会带丽莎去卡多根广场的妯娌家喝茶，她跟奈莉在楼下聊天，丽莎就跟罗宾在屋里玩。

两位妯娌成了好朋友。她们坐在客厅沙发上，关起门来说悄悄话，谈论比较与丈夫相处的难处。两对夫妻都特别不般配：两个活跃、好交际的女人嫁给了控制欲和自制力极强的精明丈夫，而且丈夫的心都另有所属。奈莉一直不知道情妇的事情，西莉却对老对头杰拉德·哈克斯顿再熟悉不过了。早在毛姆结婚几年前，哈克斯顿就已经出现了，但她当时没当回事。现在，情势即将改变。

丈夫出国的六个月里，西莉的事业日渐发达，于是将西莉有限公司从贝克街搬到了时尚社区梅费尔，杜克街87号，位于格罗夫纳广场的一角。乔迁之后，除了贩卖家具的旧业以外，她还成了一名成功的设计师，接到的单子有设计房间、公寓乃至整栋房子的。不久前，她在诺曼底海滨城市勒图凯盖了一座房子。勒图凯在英国富人阶层中间的人气正在迅速攀升，游客可以从伦敦克洛顿机场直飞过来，可以乘坐海峡渡轮过来，然后再去布伦，也可以在驱车往返里维埃拉的途中停下，在这里度过一个属于赌博、高尔夫、马球、网球和洗海澡的周末。伊莉莎庄园周围是松树林，与海滩有一定的距离，为西莉的现代家装风格提供了绝佳的背景。屋内凉爽通风，色调以白和米黄为主：宽敞的客厅涂成白色与米黄色，法式落地窗户外就是宽阔的草坪，巨大的壁炉是白色，地毯用的是米黄色的绵羊皮，椅子做过剥皮和泡水处理，几条大沙发通体米黄色；餐厅则是白色，白瓷器，白刀叉，白色丝绸窗帘，天然橡木椅子配白色皮革椅垫。

西莉盘算得没错，伊莉莎庄园成了绝佳的作品展示窗口，也方便她去塞纳河谷的旧货古董店铺。但是，这项工程耗资不菲，而西莉又不总是手头宽裕，只得尽力筹款。于是，从顺化上船前夕，毛姆收到了一条令他特别烦躁的消息：西莉把他在布莱恩斯通广场的房子租出去了，租期是一整个夏天；她打算到切尔西租房住，还告诉毛姆，她会给他安排一个客卧两用的房间。毛姆简直要气炸了，"我不可能在国王路的客卧两用房间里工作，这自不必说，"他对戈丁·布莱特说，"再说，我岁数都这么大了，不想挤在猪窝里！"幸运的是，他后来又收到消息说租客直到 7 月份才会过来，而毛姆最多只打算在伦敦住两三个月，于是他的计划不会受到影响，他也用不着跟自己的"稿纸、书本、熟悉的环境"分开。船离马赛越来越近，他的脑子里都是又要回家，又要跟妻子见面的事。"当然，我还不知道，"他写信给艾迪·诺布鲁克说，"是战争还是和平；不过，等我到家的时候就知道了。"

事实上，1925 年的夏天是二者兼有。与往常一样，夫妇俩表面和谐，看不出破绽。西莉身边有一群艺术青年，如格林·菲尔伯特、莱克斯·惠斯勒、塞西尔·比顿、奥利弗·梅塞尔；毛姆身边则有一群文学青年、小说家和剧作家；两伙人在一起很融洽。布莱恩斯通广场又一次成了盛大宴会的主场，既有戏剧界人士、作家、出版商、画家、设计师，又有上流社会中比较有教养的成员。来宾有乔治·杜兰、艾迪·马什、珍妮·伊高丝、格拉蒂丝·库珀、伊沃尔·诺维罗、H. G. 威尔斯、丽贝卡·韦斯特、诺埃尔·科沃德、迈克尔·阿伦，又有怪人伯纳勋爵、约翰·拉瓦利爵士夫妇、戏迷贵族奈德·拉索姆，还有西特维尔夫妇和吉尼斯夫妇。身形瘦弱的 D. H. 劳伦斯也曾两次走上 43 号门牌下的台阶，他与毛姆的脆弱和解是由雷吉·特纳促成的。"你不要指望我们成为一根枝上的两朵玫瑰，"劳伦斯事先警告特纳，"不过，他人或许还不错，我也不会装作不认识他。如果他愿意见我，我也愿意见他。不可心怀邪念。"有的时候，外国朋友也会来小住，其中一位是小说家西奥多·德莱塞。《人生的枷锁》最早引起严肃的关注，正是通过德莱塞的一篇书评。毛姆用心招待这位美国的贵客，每天晚上都调马天尼酒喝；当时，这种鸡尾酒在纽约正流行，在伦敦却还是新鲜事物。后来谈起此事，德莱塞说，那次旅行一切都好，就是鸡尾酒太糟糕。

但是，宾客离开后，争执就开始了，杰拉德·哈克斯顿总是笼罩在他们越来越凶的争吵上方。西莉依然渴望得到丈夫的爱，嫉妒得发狂，她恨哈克斯顿，因为毛姆与他发生性关系的事实而痛苦不堪。（她的女儿后来说："她特别在乎……性的事情。"）她不能自已地唠叨他，谴责他，以至于尖叫怒吼，尖嗓子越发短促刺耳，而毛姆要么冷冰冰地不理她，要么是实在忍受不了，反过来对她大吼大叫。毛姆对她不止动过一次手。这些可怕的争吵*榨干了毛姆的精力，让他陷入抑郁，经常头痛欲裂，"每个毛孔都在冒汗……不得安宁，痛苦憔悴，精神崩溃"。他极其自律，注重隐私，为人低调。对他来说，表露情感是一件难事。如今，他被逼到大发雷霆的地步，这让他深受震动，对失去自控感到痛苦和羞耻。另一方面，西莉恢复起来就快得多了。她就是个暴脾气，不怕跟人起冲突——她手下的家仆和店员再清楚不过了——而且她享受自己成天在阴晴不定下的发作，毛姆已经熟悉了这种行为模式，为此感到疲惫。毛姆写过一个短篇小说，其中有一个人物部分来源于西莉："反抗只会激怒她。要是不能马上得到想要的东西，她就会生气得要发疯。幸好，她的兴

---

*　原注：几年后的话剧《忠诚的妻子》生动再现了两人争吵的场景。

致来得快，走得也快。只要你能将她的注意力引开一分钟，她就会把事情全抛到脑后了。"

在毛姆看来，这段婚姻实际上已经结束了。他和西莉几乎没有共同点，她的世界浮华浪荡，却不属于毛姆，她咄咄逼人的索取让他反感至极。当年令他爱慕的青春容颜也只剩下了些微踪迹。年近五十的西莉虽然注重身材（喝茶不加糖，早餐只吃一个粗粮面包卷），但还是开始发福。她的面容依旧无瑕，却盖着厚厚的一层粉。她的方下巴和大鼻子越来越明显。她剪了时髦的伊顿发型，可惜短发跟她不搭。*现在，大家都知道毛姆夫妇的关系已经濒临破裂，西莉对此毫不讳言，有时还会破口大骂，听者闻之震惊。"我意识到，"一位听者说，"她最关心的事就是如何伤害威利。"艾迪·诺布鲁克、诺埃尔·科沃德、格拉蒂丝·库珀等夫妇俩最亲近的朋友们曾试图干预，希望给他们降降温，但很快就沮丧地发现已经无力回天。据 H. G. 威尔斯说，西莉"意识不到毛姆对她的反感……［而且］总是希望能与他和解。这是不可能的，从毛姆写她的文字里就能看出来"。

在女儿的问题上，两人或许有希望达成某些共识，但实际上，丽莎却成了夫妻俩交锋最激烈的战场。她本人用"火山爆发一般"来形容父母围绕自己展开的争吵。尽管她深受母亲的宠爱，在许多方面简直是过分溺爱，但丽莎也是一个被忽视的小女孩，孤独自是常事，有时更是悲惨可怜。除了堂弟罗宾·毛姆和年轻的表姐艾利·巴纳多有时会来家里玩，她的同龄人朋友很少。西莉现在忙活着自己的事业，经常会一连好几天不管丽莎，让一名女仆照看她。有一次，毛姆一家去海滨城市迪纳尔度假，第一天西莉就把丽莎扔在

---

* 　原注：毛姆短篇小说《有良知的男人》（"A Man with a Conscience"）里有一个起意杀妻的男子，文中描写了他对妻子的厌恶。"最近玛丽-路易改了发型，开始把头发剪得很短，真是丑得叫人恶心。从脑袋后面看，就像个男孩，脖子上有短短的发茬，让我胃里难受。"

海滩上，自己忙着收拾租来的房子，准备接待宾客去了。傍晚时分，她惊讶地看到一名警察带着女儿找上门来，丽莎当时哭得难过极了。"她问我：'宝贝，今天过得开心吗？'她看见我有多么不高兴，她也很难过，"丽莎回忆道，"她白天只顾着干自己的事。她完全是心不在焉。"这次度假期间，丽莎还首次目睹了父母的一连串争吵。他们有一次吵得太凶，把丽莎都吓病了；别的时候，丽莎会歇斯底里地大哭，还往脸上涂油彩遮掩泪痕。"我有强烈的不安全感，"提起那段日子，她说道，"完全是幸福童年的反面。"

丽莎当时十岁，西莉希望她留在家里，以轻松的方式跟着一连串女家庭教师学习。丽莎八岁时得过结核病，只得在小车上躺了几个月，这更加坚定了西莉将女儿留在身边的决心。但是，她的父亲坚决要求送她去上学。毛姆认定她应该接受正规教育，而且认为她从母亲的羽翼下走出来，自己结交同龄人朋友这一点很重要。于是，西莉退让了，孩子被送去一所位于乡间的寄宿学校，这个决定对母女俩都造成了很大痛苦。西莉有事没事就给孩子打电话，嘱咐她要照顾好自己。某个周日晚上，来到布莱恩斯通广场的宾客们目睹了令人尴尬的一幕。女主人因为一件与丽莎上学的事情大发雷霆，气得把电话听筒摔在了地上。回到餐桌后，她的丈夫笑话她："西——西——西莉对那个可怜的女人发火也没什么用。"西莉当时气得脸色发白，冷冰冰地反唇相讥："你说你想要孩子，但这是谎话。你根本不想要孩子，你只是自己想当父亲。"坚决站在西莉一边的丽贝卡·韦斯特当时在现场，她回忆道："威利没有反驳。显然，她指的是某件两人心照不宣的事。"与此同时，学校里的丽莎特别想家，以至于绝食抗议，最后病倒了，被送进一家疗养院。她又从疗养院跑了出来，搭上一班去伦敦的火车，回到家里便恳求父母不要把自己送回去。当时的场面让人很难不动感情，但毛姆不为所动，坚持要丽莎回学校。丽莎后来又一次逃学，又一次被送回去。她第三次逃跑的时候，西莉实在按捺不住，就要起了小花招。她带丽莎去找眼科医生，求他给女儿滴一种能暂时模糊视线的眼药水：眼睛都看不见了，自然不能上学。

到了这个分上，毛姆承认失败，再没有试图干涉女儿的教育，只是在牛津街的邦普斯书店给她开了一个账户，让她可以无限制地买书。按照她母亲的安排，丽莎的教育一直不太规范，有时跟着短期家教上课，偶尔又去伦敦、芝加哥、拿骚、纽约等地的学校里上几周，西莉到哪里开拓业务或者漫游，丽莎就跟着过去。丽莎成年后的笔迹依然稚气未脱，而且她的拼写一直不准确，毛姆因此很生气，指责她"写的字跟女招待似的"。另一方面，她游历广泛，穿着靓丽，而且习惯了母亲的社交圈，因此她看上去又比同龄人成熟不少，这一点很有意思。"她有一点小小的自尊心，我看了挺有感触的，"她的一名同龄人认为，"她似乎已经进入'社会'了，而她在那里又像无根的浮萍，等着再长大几岁。"

尽管毛姆欣赏西莉的品位和鉴赏力，却厌恶她冷酷的商贾气。妻子出去开店已经让他很尴尬了，她在家里做生意更令他痛恨；她经常在丈夫眼皮底下把桌子、镜子卖给陌生人。（一次午餐会上，等客人都入座后，他一本正经地宣布："女——女——女士们，先生们，我要跟你们打个招呼，椅子一定要看好，它们几乎肯定都是可——可——可卖品。"）公开场合下他装出玩笑的样子，让人以为他俩手头拮据，西莉不得不卖旧货度日，但他内心里深恶痛绝，讨厌家里人来人往，打断他的工作节律。女演员凯瑟琳·纳斯比特在布莱恩斯通广场住过几日，亲眼看到了这种状况对毛姆的影响。"有一阵子，[西莉]把家当成了商品展厅，顾客来了，看见合适的物件，急不可待地就搬走了，"她回忆道，"说句实话，[毛姆]生活在这样变动不居的环境里还能彬彬有礼，我真是吃了一惊！"但是，西莉有一次做过火了。那天快吃晚饭了，毛姆下楼来，"他发现书房里的宝贝书桌没影了，纸和手稿都摊在另一张桌子上……西莉高兴地说：'亲爱的，明天新书桌就来了，可好了！'我差点都以为他要把她打倒在地了，但他只是紧绷着脸说了句，'知道了'，然后就关上了门。'"那张被处理的书桌已经陪伴了毛姆二十多年，是他搬进切斯菲尔德街的时候买的。它是毛姆的好搭档，是毛姆写作生活的一部分。在他看来，变卖书桌是一桩令人愤慨到无以复加的暴行。"他看上去平静地接受了，"凯瑟琳·纳斯比特说，"但我感觉到他心里有一团怒火，只是被冷冷地压住了。"他后来说道，他最终决定结束这段婚姻就是因为书桌被卖掉。他对此一直愤懑难平，直到1930年在小说《寻欢作乐》中以刻薄的方式发泄了出来。

毛姆对妻子的手段越发不安：西莉的脑子里就缺道德这根弦，行事粗放，让注重细节的丈夫震惊不已。漫天要价是一个问题——业内并不是只有她一个人这样干——但她还有更严重的问题。"西莉的某些活动让我感到紧张，"毛姆写道，"她跟客户打交道真是肆意妄为。"西莉已经收到了两封要求赔偿的律师函，因为她用赝品冒充古董；她在业内的名声也不太好，同行们觉得她刚愎自用，不好打交道。一位美国家装设计师回忆道，"她做买卖很狡猾"；另一个说，"我对西莉略有耳闻，业内的人都讨厌她，我也讨厌她；她这个人不诚实"；还有一个人说西莉是个"难缠的老流氓，除非别人逼着她，否则从来不付账；她爱耍诡计，冷酷无情"。毛姆尽可能与妻子的业务保持距离，这是自不必说的。但是，由于她不讲信用，有一桩麻烦找到了家里来，他也脱不开。1920年，毛姆从中国给她带回来一条漂亮的金镶玉项链，西莉特别喜欢，经常戴着，还给它买了一笔大保险。一天晚上，她从巴黎买完东西回国，刚进家门就哭了起来。"我都不知道怎么跟你开口，"她抽抽搭搭地说，"我把玉链子丢了。"链子好像是在卢浮宫丢的，她当时正在全神贯注地欣赏丝绸，肯定是人群里有个精明的小偷把项链从她脖子上摘走了。毛姆尽力宽慰她，她则提出索赔，保险公司也把钱付了。几个月后，一名保险公司员工在巴黎和平街的一家珠宝行橱窗里看到了那条项链，询问一番后得知项链正是毛姆夫人卖给店里的。幸好保险公司同意退款后不再追究，西莉这才没有上法庭。

项链风波前后，毛姆开始怀疑西莉还有猫腻，她的一名女性朋友——几乎可以肯定是外科医生伊沃尔·拜克的夫人芭芭拉——为他证实了这一点。芭芭拉是一位身段苗条、穿着入时、有志文学的金发女郎。她起初站在西莉一边，但后来震惊地发现西莉四处散播关于丈夫私生活的谣言丑闻，于是越发同情毛姆。芭芭拉提醒他，西莉的情人不止一个，而是两个。毛姆并不觉得惊讶。"两个我都知道，"他酸溜溜地说，"两个我都看不上。"实际上，毛姆根本不关心妻子是否检点，最多是有一点高兴，认为妻子通奸对自己有好处：如果她也不干净，那就不会闹腾毛姆和哈克斯顿的事了。但是，毛姆发现妻子不忠的时间点恰好紧跟着项链风波，他不由得浮想联翩。他在作品中三次将项链设定为放荡和背叛的象征，不过都是将玉项链改成了珍珠项链。该主题首次出现是在 1925 年——当时骗保未遂和婚内出轨两件大事正好是毛姆家的两件大事——刊载于《大都会》杂志的短篇小说《全懂先生》("Mr Know-All")。叙述人是一名远洋轮船的乘客，与爱吹牛、指手画脚、洋洋自得的商人克拉达先生住在一间舱房，自称无所不知，无所不晓。"我们叫他'全懂先生'，甚至当面这样称呼他。他把这当成是恭维。"但是，麦克斯·克拉达尽管虚荣得让人受不了，却是一个体面人。有一天吃晚饭，大家提到珍珠的事，"全懂先生"当然是珍珠专家了，当场就给一位女士的项链做了鉴定，他说项链值好几万美元。女士的丈夫表示反对：这项链明明是她快离开纽约的时候，在一家百货商店买的便宜货；为了证明自己是对的，他还让妻子把项链摘下来，给克拉达先生好好看看。

[克拉达先生]从口袋里取出了一块放大镜,仔细检查。他光滑和黝黑的脸上铺展开了胜利的笑容。他把项链交了回去,正要开口说话。这时他突然注意到拉姆西太太的脸。她脸色如此苍白,好像马上要晕厥过去,两只眼睛瞪大了对着他,里面全是惊恐。这眼神中有种绝望的吁请,我不知道这么明显的表情她的丈夫为什么会没有看出来。

克拉达先生停了下来,嘴还张着,脸依旧通红。你几乎可以看到他在花多少力气克制自己。

"我弄错了,"他说,"这根项链仿得非常好,不用说,当我用放大镜看了之后,我立马知道它不是真的了。"[*]

又过了将近二十年,毛姆在《珍珠项链》("A String of Beads")中讲述了一位普普通通、看似贞洁的家庭女教师的故事。有一次午餐聚会,别人看见她戴着一条华贵的珍珠项链,而她坚持说项链是自己买的,只花了几先令。从此开始,她的人生走上了另外的轨道。1932年的话剧《服役的酬劳》的女主人公怀疑丈夫拈花惹草。有一次,她注意到住在隔壁的一位漂亮但没钱的女孩戴着高档珍珠项链,于是确认了自己的疑虑。

现在,毛姆夫妇要严肃地讨论离婚问题了。从毛姆的角度出发,这段婚姻没有未来,趁早一刀两断最好:他已经把话挑明,他绝不会跟杰拉德分手,而且他特别希望西莉提出离婚,从此两人各走各的路。但是,西莉不想离婚。她喜欢身为萨默塞特·毛姆夫人的荣耀,她依然爱着丈夫,她还是希望两人能达成某种善意的妥协。有鉴于此,两人决定下一步就是西莉与哈克斯顿见面;西莉以前拒绝

---

[*] 译文引自《全懂先生》,收录于《爱德华·巴纳德的堕落:毛姆短篇小说全集1》。

过这个提议。于是，他们做了这样的安排：8月份，毛姆、哈克斯顿、西莉到她在勒图凯的房子里同住一个星期。丽莎是这次重要见面的无声见证人。她后来回忆道，那次经历"从一开始就是灾难。我永远忘不了那几天的可怕氛围……西莉跟我父亲没有一个方面合得来，是彻头彻尾的悲剧。勒图凯就是走向终结的起点"。

安排好见面后，毛姆尽可能往好了看，勒图凯"有高尔夫球场、网球场、浴场，还有一家赌场，确实是个很迷人的小地方。夏天的时候，各种有意思的人都会过去，我猜我们应该也能过得挺开心吧"，他对伯特·阿兰森写道，语气不是很确定。同时，为了熬过这段日子，他提前带着杰拉德去卡普里岛度了两周假，跟约翰·艾灵汉姆·布鲁克斯住在切尔科拉别墅里。卡普里的勾搭氛围一如往昔，毛姆特别想在岛上买一座方便安心工作的隐居之所。这不是他第一次动这个心思了。于是，他委托布鲁克斯在自己走后帮忙找找房子，还给了布鲁克斯自己的银行账户信息，要用钱就从里面取。离开卡普里后，他与哈克斯顿去了法国境内阿尔卑斯山区的水疗胜地布里德莱班，期间滴酒不沾，打高尔夫球和网球健身。

1925年8月的第二周，休息完、锻炼好的毛姆与哈克斯顿来到了伊莉莎庄园，发现那里正在办一场聚会，来宾有：诺埃尔·科沃德和他俊俏的美国情人杰克·威尔逊；前音乐喜剧明星格蒂·米拉尔，现达德利伯爵夫人；芭芭拉·拜克；光彩照人的德拉维涅兄妹（或姐弟）；丹麦装潢师弗兰基·列维森，西莉很快会聘他当店长；还有贝弗利·尼克尔斯，一位相貌俊朗、有志文学、唯利是图的年轻人。两人刚进家门，紧张的空气马上就来了，简直看得见，摸得着。身穿白衣，浓妆艳抹的西莉热情得过了头，为了掩盖紧张的情绪，她的样子令人尴尬，迎接两人时一边大喊"亲爱的！"，一边夸张地扬起手臂。毛姆上身蓝色运动衫，下身淡青色长裤，一直表现得礼貌而疏远；杰拉德放松得很，只见穿着开襟衬衫和短裤的他四处溜达，抽烟剔牙，流连于鸡尾酒托盘之间。西莉忙不迭地赞扬他，"杰拉德调的边斗车鸡尾酒是全世界最好的"！她还给了杰拉德一个飞吻，他却公然表示不屑。有些客人去巴黎滩浴场游泳；有人在天台上说闲话，看书或者玩双陆棋；苗条优雅，身穿白色法兰绒运动服的科沃德跟格蒂·达德利去打网球；丽莎四处溜达，一会儿有人逗逗她，一会儿没人搭理。下午茶后，西莉在贝弗利·尼克尔斯、哈克斯顿、丽莎的陪同下开车去找一位古董商，西莉看好了那人的普罗旺斯衣柜。"还没等你拿起刀来*，"诺埃尔打趣说，"她就能把衣柜给泡了。"回到家里，趁丽莎下车的时候，哈克斯顿假装不小心地狠狠推了她一把，害她摔倒在地，膝盖都擦破了。

　　晚餐又请了几位客人来，其中有瑞典实业大亨伊瓦尔·克吕格尔，他靠办火柴厂赚了大钱。看着克吕格尔摆弄着打火机，毛姆说了一句话，把大家都逗乐了，只见他掏出一个火柴盒说道："Mon cher ami, it paraît, qu'il vous manqué une allumette?"† 晚餐过后，聚会的一大活力源泉诺埃尔弹起了钢琴。午夜前后，酩酊大醉的哈克斯顿带着年轻的几位客人去赌场玩，贝弗利·尼克尔斯后来描述了当时的情景。尽管他脸颊绯红，双目迷离，烟灰落满了他的无尾礼服，但赌桌旁的杰拉德"依然很有风采"。"他盯着我的眼睛，大喊道：'小俊郎，你过来，给我来点运气。'"尼克尔斯谨慎地补充道："我不喜欢他那么叫我。"尼克尔斯凌晨三点后才回家，可他刚刚爬上床，科沃德的男朋友杰克·威尔逊就钻了进来。两人正缠绵呢，就被破门而入的科沃德给打断了，场面很吓人。据尼克尔斯回忆，身穿绿色丝绸睡衣的科沃德怒气冲冲的样子活像"四万九千个中国天神一起发怒"。次日，羞愧难当的尼克尔斯告诉西莉说自己要马上回国。但

---

*　原文为 before you can say knife，是一句俗语，意思是"飞快"。

†　原注：法语，意为"老伙计，你要不要火柴啊"？

出乎他意料的是，西莉立即决定跟他一起走，之后在水陆联运列车上大倒苦水，诉说自己对杰拉德·哈克斯顿的恐惧与厌恶。她说，哈克斯顿正在撺掇丈夫对付自己；他是个大骗子，说谎精，老千鬼；他根本不讲道德，"只要他觉得对自己有一丁点好处，跳上土狼的床也愿意"。

这是尼克尔斯的说法，当时距离事发已有四十多年，毛姆、西莉、哈克斯顿三位主要当事人都去世了，而尼克尔斯当时一门心思报复临终前跟他分手的毛姆。尽管如此，他自诩分析了毛姆婚姻生活的《人生枷锁的一个案例》一书还是给出了关于勒图凯的那一周，以及西莉心理状态的某些生动细节：她与贝弗利彼此欣赏，她向许多人透露过隐私，贝弗利无疑是其中之一。不过，这本书本质上并不可信，不仅动机怨毒，而且蓄意歪曲事实。比方说，尼克尔斯在书里写的是哈克斯顿来找他，毛姆捉奸在床，而不是科沃德把威尔逊抓了个现行；后来，他在写给科沃德的秘书科尔·莱斯利的一封信中承认自己作伪。与毛姆的说法相比，尼克尔斯的演绎当然要更富戏剧性。毛姆显然认为，虽然气氛紧张，还有无数不可言喻的焦虑，但勒图凯之行不能说是不成功。"我去勒图凯待了一周，"他给艾迪·诺布鲁克写信道，"西莉尽可能表现得友善，显然是很想翻开新的一页。"毛姆似乎完全没有注意到西莉与尼克尔斯提前告辞有何异样。夫妇俩在勒图凯肯定有过几次深谈，同样可以肯定的是，毛姆坚决不改变立场。"我希望，"信中继续写道，"西莉不要再跟她的所有朋友埋怨我了……不过，如果她向你抱怨的话，请你帮我个忙，提醒她一下：我愿意离婚，只要她开口就行。我是改不了的，她要么忍着，要么鼓起勇气了断。"

这封信写于1925年10月，毛姆当时已经和哈克斯顿在重访远东的路上了。临行前，毛姆给约翰·艾灵汉姆·布鲁克斯写信称，"我要出发了，心情实在激动，脑子里别无他事"。11月初，两人抵达新加坡，三周后再次出发，先后去了曼谷、婆罗洲和文莱，出于礼节，毛姆沿途接受了当地媒体的采访，行程一路都有新闻报道。《马来邮报》写道："萨默塞特·毛姆先生及其秘书杰拉德·哈克斯顿先生造访北婆罗洲。两人从文莱出发，乘小舟至韦斯顿，又乘火车于1月19日抵达亚庇，皮尔森总督夫妇亲自在官署设宴招待。1月23日，两人乘坐'达福尔'号前往山打根，又经马尼拉至香港。"新加坡的一家通讯社给毛姆配了一名随身仆人。年纪二十、性格和善的阿金是个了不起的人。[*]"他会做饭，会熨衣服，会收拾东西，还会侍奉用餐。他干活麻利，不多嘴多舌……他处变不惊，临危不惧，不避艰险，见到新奇事物也不会分神。他是个让人烦不起来的人，成天笑呵呵的。我从没见过比他更有幽默感的人。"阿金只有一个缺点：他会说几句英语，但几乎一个英语词都听不懂，因此沟通起来很费劲。六个月的旅途结束后，毛姆临走前给他结了账，却惊讶地发现阿金哭了。

> 我惊奇地盯着他……我以前就觉得他有陌生感、距离感……我夸他，他也不喜；我骂他，他也不恼……我从来不觉得他对我有感情……我觉得有一点不舒服。我知道自己经常对他不耐烦，吹毛求疵，让他心累。我从来不觉得他是一个有血有肉的人。他哭是因为即将与我分离。这本集子里的故事都是我与他同行时写下来的。现在，我要用他的名字作为标题，不枉他为我落下的泪。

二十年代，毛姆在旅行期间写出了两本远东主题的短篇小说集，

---

[*] 原注：1932 年的长篇小说《偏僻的角落》(*The Narrow Corner*) 中，阿金再次以忠仆的形象出现。

第一本是 1926 年出版的《木麻黄树》，第二本是 1933 年出版的《阿金》。毛姆至今被认为是短篇小说大家，而他有几篇最优秀的短篇小说就在这两本集子里。毛姆自己承认，12000 个单词上下的短篇小说是最适合他的体裁。"与想象世界中的人物共度两三周时间，然后就跟他们道别，这样我就觉得很舒心，"他在《总结》中写道，"[这样的篇幅] 既让我有足够的空间展开主题，又逼着我运用写剧本练出来的简洁文风。"毛姆的短篇小说一气呵成，举重若轻，结构严谨而又观察入微，充分体现了他最看重的三条品质：清晰、简洁、隽永。作为一名小说家，毛姆是现实主义者：他的想象力需要真实的人物事件来点燃，而旅行给他带来了充足的现实素材，让他能够从个人与家庭的微观视角来探讨大英帝国这样宏大的主题。那几个月里，他听着陌生人讲述自己的个人故事，"我似乎，"他说，"逐渐形成了相机底片般的敏锐度。"他机敏又坚定，全神贯注地观察说话人言谈举止中的细节。他富有同情心，时常表现出风趣，而且几乎从不评判说话者的行为；要知道，那些人往往绝非值得尊敬的人，那些事更是常常骇人听闻。他写的是容易犯错的普通人，他了解他们，也理解他们：白人中产专业人士。当有人质问他为什么从来不写土民的时候，他答道，因为他不相信一个欧洲人能进入他们的内心。

> 我有一种感觉：一切对中国人、印度人、马来人的描写都只是掺杂着大量流俗偏见的粗浅印象。英国作家写法国角色，尚且极难让法国人觉得真实；英国作家写出让中国人觉得合理的中国角色更是难得多。

在许多读者心里，毛姆与东方主题小说的联系是最紧密的。从过去到现在，这些小说都是广受赞誉，当年有不少名作家都表示了欣赏之意，如乔治·奥威尔、伊夫林·沃、格雷厄姆·格林、克里斯托弗·伊舍伍德、安格斯·威尔逊与安东尼·伯吉斯。伯吉斯说，上述两部集子里有几篇堪称英语短篇小说最优秀的典范。他写道："在英国小说里面，该书的视野之宽广，探讨禁忌道德话题的力度都是前所罕有的"；小说家 L. P. 哈特利的《木麻黄树》书评结论是，该书虽有其局限性，但"毛姆先生的作品近乎完美"；西里尔·康诺利将《木麻黄树》选入了他编辑的颇具影响力的《现代主义代表作一百种提要》一书 *，特别称赞了作者对"文学形式的精湛把握"，接下来又说，"毛姆达到了暴烈而无声，冷酷而有度的境界……他说出了之前从没有人说过的话，告诉我们远东的英属殖民地，法官、种植园主、公务员和他们家里的妇女是什么样子……"

英国远东殖民者的生活里弥漫着孤独与流放的气息，毛姆非常了解这个主题，这一点在《偏远驻地》中展现得淋漓尽致，诗人艾德文·缪尔这样形容《偏远驻地》："无疑是当代最优秀的短篇小说之一。"故事的主人公是两个彼此视如仇雠，却不得不在婆罗洲的偏远驻地分署朝夕相处的男人。沃伯顿先生担任区专员多年，死板势利，讲荣誉，有勇气，原型是毛姆年轻时在塞维利亚结识的英国领事爱德华·约翰斯顿。方圆几百英里之内，沃伯顿先生是唯一的白人，但他仍然以坚守规矩而自傲，顶着炎热的天气，每天晚上都要换上无尾礼服、浆过的衬衫、黑漆皮鞋独自一人用餐。他已经习惯了独来独往，如今却要等着一位助手到岗，心中不无疑虑。库珀抵达时，情况一下子就明白了：他身上没有一个地方是沃伯顿先生喜欢的。库珀笨拙，粗野，最糟糕的是他还虐待土人。"我对黑鬼可是无所不知，"他吹嘘道。"我们刚才谈的不是他们，"沃伯顿先生刻薄地回了句，

---

* 原注：《木麻黄树》列在"二十年代"目下，与《尤利西斯》《印度之行》《了不起的盖茨比》《太阳照常升起》《到灯塔去》《衰落与瓦解》并列。

"……我们在聊马来人。"

"马来人不是黑鬼吗？"

"你很无知。"沃伯顿先生答道。*

在库珀眼里，沃伯顿叠得整整齐齐的餐巾、法语写的菜单都是装腔作势，对其不屑一顾，而且蛮横地毁掉了上司的一大乐趣：满怀骄傲地回忆当年在国内跟贵族亲戚一起喝酒的情形。"你还不知道自己是全国人民的笑柄吧？"库珀笑话他，"听你讲威尔士亲王的故事，我差点要笑出声来。老天爷啊，他们在俱乐部里也讲过这个故事，你是没听见他们叫得有多欢。"

没过多久，两人对彼此的痛恨就达到了几乎从不说话的地步，饭是分开吃，交流主要靠写字，这样的状态随着库珀神秘被害而结束。场面上，沃伯顿先生对骇人听闻的暴行表示了遗憾，如果说私底下毫无哀悼之意的话。《偏远驻地》以微妙的讽刺语调达到了绝妙的平衡与节制，而且因为作者对两位主人公表现出的同情而增添了一个层次。他既同情正派而愚蠢的沃伯顿先生，也同情表面嚣张，内心却孤独而缺乏安全感的库珀。

> 而两百码之外，库珀在他的木屋里忍受了一顿让人作呕的饭菜，他身上大概只穿着莎笼和巴汝［一种短衫］，赤着脚，吃饭的时候也可能还在读着一本侦探小说。……库珀回到那个如此寂静又阴郁的木屋，扑倒在床上，再也压抑不住寂寞的痛楚，任由哭泣撕扯着胸膛，任由泪珠从他消瘦的脸颊上滚落。

---

* 译文引自《偏远驻地》，收录于《绅士肖像：毛姆短篇小说全集4》。后同。

收录于《阿金》的《愤怒之器》（"The Vessel of Wrath"）则是另一番景象。故事以爪哇岛以东的阿拉斯群岛为背景，其中一段暗含喜剧色彩的情节涉及一对中年传教士，琼斯兄妹。哥哥为人教条，生活朴素，妹妹瘦弱平胸，蜡黄面皮。群岛的行政长官是一个粗壮放纵的荷兰人，最喜欢跟一个当地人称"红头特德"的家伙喝酒。红头特德生性浪荡，靠国内汇款生活，成天惹麻烦，动不动喝得烂醉，在酒吧里打架，猥亵妇女。尽管他口臭，长得也皱皱巴巴的，但他对女人有一种不可抗拒的吸引力。由于一系列错综复杂的事件，红头特德与琼斯小姐坐上了同一条破旧的小舟，船上还有两名土民水手。由于螺旋桨损坏，他们只得到一座小小的无人岛过夜。处女琼斯小姐坚信自己会被特德糟蹋，于是为了保护自己，决定一晚上都不睡觉。但是，特德和其他人都舒舒服服地躺在火堆旁，理都不理从远处渴望地看着他们的琼斯小姐。"她会被他强奸的。她知道这个人是什么德性，满脑子只想着女人……她咬着嘴唇观察他们，像是老虎注视着自己猎物；这说法不对，应该像是羔羊注视着三匹饿狼。"她醒来时已经天亮了，特德过来把她叫醒；用他自己后来的话说，"给我一根撑船的篙，用另一头碰那女人我还嫌弃呢"。"她没法正眼看他，只觉得自己已经红得像只雄火鸡。'香蕉来一根？'他问。"* 余下的内容就是琼斯小姐苦追特德、终于得手的故事。《愤怒之器》的喜剧性源于巧妙的反转组合：一是端正的老处女深藏内心的情欲，二是浪荡子出人意表地戒酒，回归家庭。

　　《阿金》还收录了毛姆的早期第一人称叙事作品†；从此之后，他越来越多地采用这种技法，完善打磨，最终形成了自己的独特风格。虽有些许差别，但这些第一人称小说里的"我"几乎就是毛姆本人：

---

* 译文引用自《愤怒之器》，收录于《人性的因素：毛姆短篇小说全集2》。后同。

† 原注：《月亮与六便士》是毛姆的第一部第一人称叙事小说。

性格和善，爱去俱乐部，喜欢读书和打桥牌，对别人的生活有着永远满足不了的好奇心。故事的开场通常比较随意，包含大量带有自传性质的细节，目的是方便读者入戏，营造出一种氛围，好像这小说就是读者的朋友讲的一件趣事。以讲述偷情故事的《书袋》为例。一开始，不具名的叙述者好像在漫无目的地溜达，不知不觉中，读者恍然发现：故事都讲了一半了！开头几页里，作者亲切地探讨了他的读书癖、滞留爪哇期间无书可读的窘境，以及因此专门购置的大书袋。漫游马来亚期间，他一直带着宝贝书袋，令一位请他留宿的当地专员大开眼界。

> "一会儿喝杯苦琴酒吧，给你十分钟够吗？"
> "绰绰有余。"我说。……
> "你应该没带着书吧？"他说。……
> "书？"我喊起来。……
> "你可以自己找。"
> 费瑟斯通的仆人已经把袋口解开了，但大概是被袋口展露的景象惊呆，就没有再去管它。我经验丰富，知道怎么取书。我把袋子放倒，抓住皮质的底部往后退，袋子就被抽离了，只留下一大堆书像条河一样泼在地上。费瑟斯通目瞪口呆。[*]

留宿的第一晚，费瑟斯通就带客人去俱乐部玩，正好又有两个人要打桥牌，他们就凑了一桌。第二天，叙述者闲聊时说了一句，前天晚上的两个人里有一个牌技特别高。"那就是哈代了，"费瑟斯通说，"俱乐部他并不常来。"

---

[*] 译文引自《书袋》，收录于《绅士肖像：毛姆短篇小说全集4》。后同。

"那我希望他今晚会来。"

"我可不抱太大期望，他的种植园在三十英里开外，为了一盘桥牌是有些太奔波了。"

"他结婚了吗？"

"没有。啊，应该说结了，但他妻子在英格兰。"

"这些大男人要独自生活在种植园里，确实是够孤单的。"

"他比很多人会好些，哈代本来就不太喜欢见人，要我说，他就是在伦敦也会一样孤单的。"

费瑟斯通说这句话的时候，语调在我听来突然有些异样，若真要形容，我只能说像百叶窗突然合上了一样……

这个话题到此为止，两人接着聊别的事了。但是，读者的兴趣却被勾起来了，他们知道真正的故事即将开始。

1926 年 3 月，毛姆回到欧洲。在船上的时候，他基本都待在舱里，因为他第一次去曼谷时染上的恶性疟疾复发了。"我坐一条法国船从西贡去马赛，全程三十来天，感觉真是太漫长了，"他给阿兰森写信说，"写这封信的时候，我透过吸烟室的窗户看见科西嘉岛的海岸了，外面阳光灿烂，真是谢天谢地。"毛姆之前刚刚收到西莉的一封信说她正在纽约出差，而且又把布莱恩斯通广场的房子租出去了。他看了气愤又郁闷。"我漫游累了，只想安安静静地待在家里，可我现在无家可归，"他告诉阿兰森，"由于家里的一点事情，我现在头顶上连个屋顶都没有。至于这件事是长期的，还是短期的，我现在还不知道。"毛姆的病还没好利索，于是在哈克斯顿的陪同下去普罗旺斯地区艾克斯疗养，但他越琢磨就越觉得受不了：西莉把布莱恩斯通广场的房子当成她自己的私产，完全不管他的意愿，想怎么处置就怎么处置，竟然让自己进不了家门。如今，购置海外房产已经成了毛姆的头等要务；那是他和哈克斯顿的房子，如无邀请，西莉不得擅入。毛姆从字里行间竟读出了一点谨慎乐观的情绪：妻子的思想或许已经开始转变，愿意走法定分居的程序了。"我不禁在想，她总算下决心了断了，"毛姆怀着希望给诺布鲁克写信说，"虽然我还不知道她为什么扭转了思想。去年秋天的时候，她还想都不会想呢。如果你听到什么对我有意义的话，我相信你肯定会告诉我的。"

1926年5月3日，毛姆抵达伦敦，恰好赶上持续十天的总罢工刚刚开始。对于高知阶层来说，这可是一生只有一次的机会来体验火车驾驶员、公交司机、报社编辑和警察的生活，这个机会甚至对左翼人士也有不可抗拒的吸引力。通过公共检察厅的一位朋友，毛姆在苏格兰场*找了一个活儿，用他给阿诺德·本涅特的话说，就是"侦探"。罢工结束后，租户从房里搬了出去，西莉也从纽约回国了，于是夫妻俩开始了诚恳的商谈，似乎终于要达成双方都能接受的协议了：变卖布莱恩斯通广场的房产，所得款项供西莉购置自住房产；毛姆则定居国外，另觅住处。经过一番思考，毛姆觉得卡普里岛的交通过于不便，于是选在法国南部。"我与妻子做了很好的安排，"毛姆给阿兰森写信说，"她要在伦敦买房子，我到里维埃拉住。如合意方便，一人可以到另一人家中做客留住。我认为这样对我们都好，让我有机会在舒适的、不受打扰的环境中工作。"

但是，他要做的第一件事不是找房子，手头还有几项工作要完成。他要洽谈《雨》电影版的事宜；《卡洛琳》新版刚刚在戏厅剧场开幕；新剧《忠诚的妻子》要赶着搬上舞台；赫斯特系杂志那边的雷伊·朗老催着要短篇小说的稿子；与纽约出版商乔治·杜兰还有一些复杂的事情要厘清。毛姆出国期间，查尔斯·汤与杜兰谈了一份新合同，结果却让客户恼怒不已，因为合同条款不仅把毛姆和这家出版社永远绑在了一起，待遇条件也大大不如以前。"我也不跟你藏私，

---

*　即伦敦警察厅。

我对你与杜兰签的合同极其不满。我要的东西一点都没拿到，我最看重的东西——行动自由——却完全被剥夺，"他生气地抱怨道，

> 我今后的小说家生涯似乎都被你束缚住了手脚……你跟杜兰签的合同［也］不如杜兰几个月前给我写信开出的条件。他开出的条件是：凡是我的书（之前交给他的小说除外），长篇小说每本 5000 美元，其他每本 2500 美元。但是，从你的信看来，除了《木麻黄树》以外，他只签了一本短篇小说集；那么，我以后要写的书——包括短篇小说集和游记——全都看他多给少了。我真是不明白，拿到一部长篇的 5000 美元预付款有什么好处？凭我现在的名气，就算出版社什么都不干，我随便写一本长篇的版税都有这个数目；我特别要的就是逼一逼出版商，让他对我用心一点。

但是，没过几个月，这场争论就失去了现实意义：杜兰的出版社被道布尔戴收购，汤也辞去了代理人的职务，改任《时尚芭莎》杂志主编。毛姆赞同汤的做法。"我相信你会成为一名优秀的主编，为杂志带来尽可能大的成功，"他告诉汤，"尽管我认为你做代理人过于随意，但你仍然是一位和善、迷人的伙伴。"

随着布莱恩斯通广场的房子挂上待售的牌子，毛姆也就不愿意留在伦敦了。他先后前往布里德莱班和卡普里岛，接着去萨尔茨堡住了几天，跟西莉一起过节。8 月，毛姆回到伦敦，但没有住多久，9 月底便飞往美国出席《忠诚的妻子》首演。刚到纽约，毛姆就写信给伯特·阿兰森，告诉他一个激动人心的消息。看过里维埃拉的多处房产后，他终于在弗尔拉角找到了可心的住所。这处房产建于二十世纪初，由于修复费用过高，原址废弃已久，残破不堪。它距离海角顶端很近，采用了一系列仿摩尔式建筑元素，由此得名"玛莱斯

科别墅"*。"在我要乘火车去南安普顿,然后坐船去纽约之前二十分钟,"他告诉阿兰森,"之前六个月里一直跟我讨价还价的中介跑过来找我,接受了我最后的报价;于是,我现在是尼斯和蒙特卡洛之间九英亩土地的地主了。"

---

* 玛莱斯科别墅原文为 Villa Mauresque,其中 Mauresque 就是"摩尔式"的意思。

第十一章

玛莱斯科别墅

The Villa Mauresque

玛莱斯科别墅与毛姆，毛姆与玛莱斯科别墅，在将近四十年的时间里，两者紧紧地联系在一起。如果说毛姆的传奇人生是一幅织锦，那么玛莱斯科别墅就是其中最绚丽的一条丝线，被探访，被拍照，被摄影，在无数文章中被描述，作为全球最著名作家身后富丽堂皇、异域风情的背景而受人敬仰。如果说别墅本身从建筑角度看没有多大优点的话，它的位置是绝佳的：俯瞰大海，隐藏在弗尔拉角尽头的树木之间，是一处探入地中海的密林海角。西边是尼斯、戛纳和宽阔的天使湾，东边是博略、蒙特卡洛和意大利境内的里维埃拉地区；身后是滨海阿尔卑斯山的雪顶，眼前是宽阔蔚蓝的大海，天朗气清之时，地平线上能瞥见雾气笼罩的科西嘉岛的轮廓。这里是温暖、灿烂、色彩明艳、红顶白房的南方，含羞草与夹竹桃，丝兰与三角梅，橄榄树与棕榈树，茂密的植被让人不禁想起热带。二十世纪初，比利时国王利奥波德二世买下弗尔拉角的大部分土地，盖起一座行宫，1906 年又在附近盖了一座宅邸，供年老的御用告解神父夏默东阁下居住。神父大半辈子都在阿尔及利亚生活，因此希望终老于熟悉的摩尔式建筑也是可以理解的；于是，四方白墙的别墅安装了马蹄形窗户、一扇摩尔式拱门和一个大圆顶，侧面是宏伟的威尼斯圆柱游廊。

新宅让毛姆心醉不已，他觉得 7000 英镑的价格相当公道。"我终于找到了一个比卡普里岛还要满意的地方，"他写信给杰拉德·凯利说，"当然，这里现在还是乱糟糟的，预见到房子和花园收拾停当的样子需要一双有信心的眼睛。"毛姆聘请当地的一名建筑师亨利·德尔莫特将别墅恢复原貌，这项工作并不复杂，因为阿拉伯风格的木板和石膏装饰元素很容易去掉。别墅内建起了一处宽敞安静的庭院，通往餐厅和一间屋顶挑高的狭长客厅，窗户开在上方，入夏后既能保持室内凉爽，又能遮挡刺目的阳光。从大厅沿着白色大理石的楼梯走上去是一条长廊，卧室和浴室分布在这个区域。除了毛姆和哈克斯顿的房间以外，别墅给客人准备了多个双人间，面积很大，配有独立更衣室，一楼还有两个单人间。走上一架通往屋顶平台的木梯，就来到了毛姆的书房，高踞于整座建筑顶端，私密性很好，与别墅的其余部分是隔离开的；书房经由落地窗出入，通风好，宽敞，视野开阔，越过松树顶可以远眺群山和大海。冬季的西北风刮起来的日子里，毛姆独坐于高处的鹰巢，他常说，感觉就像在甲板上。

建筑工人在房子里粉刷敲打的时候，毛姆将注意力转移到了别墅所在的草木丛生的陡坡上。他以前从没有过自己的园圃，他写道，而且"我不曾料到这一大片无人问津的园林带来的巨大诱惑"。他第一次看的时候，那里是一片茂密的丛林，长着松树、含羞草和芦荟，地表是野生的迷迭香和百里香，看起来乱糟糟的。清除杂草，填平地面后，他种上了茶花、木槿、三角梅这些开花灌木。他挖了一个莲花池，在紧邻屋外的地台上种了柑橘树和柠檬树，排列出规整的图案。他往地里埋了成千上万颗球茎，还做了一件在地中海地区极其罕见的事：铺草坪。毛姆欣然承认：这是有钱人才会干的蠢事，"草在里维埃拉是一样奢侈品，因为它熬不过酷热的夏天，每年晚春都要挖掉，秋天再重新种"；但是，他对英格兰乡间别墅的平整草坪有着不可磨灭的怀念之情，希望自己也能拥有。"我在通往正门的车道两侧都铺了草坪，还在松树林里修了一条蜿蜒宽阔的草径，一直通到花园的尽头。"房顶和屋外有多间温室和菜园。从别墅沿着石阶下去有一座藏在树篱后面的网球场；还有一座长条形的大理石游泳池，四角各有一个意大利产的铅制松果雕塑*，一端是跳水板，另一端是贝尼尼雕刻的海神喷水浮雕，是毛姆在佛罗伦萨找到的。"游泳池是得意之作，"1927 年 8 月，装修过程还在进行，毛姆给伯特·阿兰森写了一封信，"我们每天都要去四五趟，躺在那里，享受天堂般的阳光。"布莱恩斯通广场旧居的家具和其他物品抵达后，再加上藏书、剧照、各色饰品和东方收集来的工艺品，玛莱斯科别墅开始有家的味道了。

但是，毛姆没有多少时间来享受新居，他有工作上的事必须去伦敦，涉及《忠诚的妻子》和《信》这两部新剧的筹备。后者改编自毛姆的同名马来亚主题短篇小说，剧情是克罗斯比夫人射杀情人并受审。毛姆从一开始就决定要由格拉蒂丝·库珀饰演莱斯利·克罗斯比，她的表演效果比他预期中还要好，给他留下了深刻印象，于是他邀请她出演自己之后的三出戏。杰拉德·杜·穆里埃执导的《信》于 1927 年 2 月 24 日开演，引发了观众和媒体的热烈反响。《星期日时报》发表剧评称，"库珀小姐的演绎……精妙绝伦，当世英国女演员无出其右"，并认为话剧本身"无论如何称赞都不算过分，堪称同类型剧的完美之作"。9 月，《信》于纽约莫罗斯科剧院上演，制作人

---

* 松果雕塑起源于古罗马。意大利有"松果喷泉"，青铜松果高约四米，最初位于万神殿附近，现移至罗马梵蒂冈图书馆的中庭。

是广受尊敬的导演迈斯莫尔·肯达尔，女主角由凯瑟琳·康奈尔饰演，再次大获成功。18个月后，巴黎雅典娜剧院推出的法文版同样旗开得胜。

毛姆很仰慕格拉蒂丝·库珀：他仰慕她的容颜、演技和严肃的生活态度，她对毛姆也怀有极大的尊重。"我认为萨默塞特·毛姆是当代最优秀的剧作家。"她在自传中写道。格拉蒂丝真正开始欣赏毛姆的风范是在《信》彩排期间；作为联合制作人，她很钦佩毛姆在改动剧本这一点上表现出的通融豁达。"大部分作者对作品都特别敏感，"她写道，"不许别人碰，觉得每个字都是无价的珍珠……萨默塞特·毛姆不是这样。"他会坐在观众席，手里拿着蓝色铅笔，愿意按照她或杜·穆里埃的意思删改剧本。很大程度上，毛姆的轻松态度源于他对剧本的超然：他所从事的是私人性的创作过程，而不是舞台上的演绎；一旦作品到了演员和导演手里，它就成了另外的东西，某种他不再密切关心的东西。因此，毛姆认为，剧本归根结底并不是作家的理想媒介，他在一封寄给诺埃尔·科沃德的信里有如下解说：

> ［我们］顶多只能满足于那些尽可能接近内心想象的画面。舞台固然华美，引人激动，但只要过了那个阶段，我认为比起作者能够完全独立地创作、不用在意外界看法的媒介，戏剧并不能给作者多少东西。

对毛姆来说，排戏已经成了枯燥的差事，参加排演主要是出于责任感，而不是他感觉向演职人员解释剧本是一项特别重要的工作。导演巴希尔·迪恩早就注意到了这种近乎无所谓的态度。在《苏伊士以东》的筹备阶段，他有过一句总结，说得一点不错：这种态度源于"毛姆对戏剧没有真正的热忱……彩排从头到尾，他一直少言寡语，既不帮忙，也不干涉，除非别人向他咨询，他不会给出建议。我认为，他觉得排演是累人的活，演员的争论都是鸡毛蒜皮的小事。不过，要是别人问他，他总有一句听起来不太真诚的'真……真棒'！有一次，我问他能不能砍掉几句台词，'为……为……为什么不能呢？'他结结巴巴地说，'舞……舞台本来就是一起探……探讨的嘛。'"

《信》在大西洋两岸都取得了不错的成绩。巴黎玛德琳剧场推出的《雨》座无虚席，毛姆的剧作家声望达到了前所未有的高度，预计1927年4月于伦敦上演的新剧广受期待。但是，《忠诚的妻子》从一开始就诸事不顺。

《忠诚的妻子》与毛姆早年的客厅喜剧，如《佩涅罗珀》和《卡洛琳》，采用相同的套路，讲述了一对彼此是最好的朋友但却不再相爱的夫妇。丈夫名叫约翰·米德顿，与已婚女子玛丽-露易丝偷情，自以为神不知鬼不觉，但妻子康斯坦丝其实什么都知道，勉强接受而已，无意与约翰对质，也不许闺蜜跟自己讲这件事，尽管她们特别想开口。后来，伯纳德走进了剧情。他曾远赴远东十五年，归国后对康斯坦丝的爱与离开时一样。他的深情为康斯坦丝提供了给丈夫上一课的绝佳工具，如果有必要的话。这个必要还真的出现了：玛丽-露易丝的丈夫怀疑妻子有事，康斯坦丝巧妙地挽救了局面，同时表明她从头到尾都知道约翰出轨。还没等感恩但惭愧的约翰反应过来，康斯坦丝就宣布要跟伯纳德出去度假；不仅花的是自己亲手赚的钱，还宣布自己从此成了自由的女人。

在讨巧的轻喜剧表象之下，《忠诚的妻子》其实是一部满怀怒火的作品，对婚姻中的不公与约束的愤怒，毛姆根本无心遮掩自己对西莉的憎恶。康斯坦丝说："我厌倦当代妻子的生活了。"她妹妹问她："什么叫当代妻子？""不干活儿的妓女。"康斯坦丝冷冷答道。因此，康斯坦丝打定主意要自食其力——有意思的是，她选择做室内装潢赚钱。她长篇大论地跟丈夫讲自己以前的生活是多么浮华。

康斯坦丝：你们这些平凡的男人好蠢啊，倾倒于浮夸张扬的平凡女人，只因为娶了她，便必须予取予求，给她买各种奢侈品，牺牲自己的快乐、舒适和方便，而且他必须将妻子允许他当自己奴隶这件事当成特权……在我们这个阶级，妻子是什么？……不过是一个情妇而已，她利用男人一时的欲望抓住他，等男人欲望消退的时候再用法律阻止他抛弃自己……

约翰：你是我的孩子的母亲。

康斯坦丝：约翰，你就别拿这个说事了。我只是履行了我所属的性别的一项自然、健康的机能而已……说白了，我只是你家的一个寄生虫……

康斯坦丝教玛丽-露易丝惩罚丈夫的法子还要更恶毒，这些话直接取材于作者本人的痛苦经历。

不要跟他说话，但永远不要让他插嘴为自己辩解。哭，要让他觉得自己是个禽兽，但不要把眼睛哭肿了。跟他说你要走了，哭哭啼啼地往门边走，但要想办法在开门之前让他把你拦下。同样的话反复说，一遍接一遍地说……直到……你把他逼得没法子了，他的脑袋要炸开了，他的每个毛孔都在冒汗，不得安宁，痛苦憔悴，精神崩溃……

1926 年，《忠诚的妻子》在美国上演，主演是艾瑟尔·巴里摩尔，她第一次出演毛姆的戏剧是二十年前的《弗雷德里克夫人》。首演日期是 11 月 1 日，地点是俄亥俄州克利夫兰，开场就不利：女主角怯场了，老是忘词，助理舞台监督乔治·库克尔不得不藏在壁炉布景里给她提词。毛姆当时在观众席中。"我痛苦极了，"他后来对库克尔坦白，"当大幕最后一次落下时，我走上舞台。艾瑟尔抱着我的脖子，亲了我两侧面颊。'亲爱的，'她对我说，'我把你的剧毁了，不过别担心；它能演两年呢。'它还真演了两年。"

但是，如果说该剧在美国从惨淡开场中恢复了过来，它在伦敦却没有这样的机会。演出地点是壮观的秋市皇家剧院，主演莱昂·夸特梅因和费伊·康普顿。毛姆准备请巴希尔·迪恩执导。他觉得尽管迪恩"像孔雀一样虚荣"，却精通导演之道。迪恩同意了，但有他自己的保留意见，对两名主角的人选不满。"排演开始后不久，我就发现演员跟角色不搭，"他写道，"毛姆写的是讽刺喜剧，需要处理得特别微妙，可惜费伊用力过猛，莱昂又带着一股迂腐气。"接着传来消息说秋市剧院用不了了，要改到斯特兰德剧院，新场址的规模小得多，舞台效果马马虎虎。但最具破坏性的是1927年4月6日首演现场的事故，由于管理方面的失误，演出整个乱了套。当时的剧院分前后两部分，前面的正厅票贵，后座票便宜，中间用活动栏杆隔开，可以按照需要调整两个区域的人数比例。毛姆话剧的首演总是爆满，这次也不例外。但由于指挥不当，栏杆没有相应地往后移，结果有的前排座位就被先来的"后座观众"占了。等到衣冠楚楚、买了前排票对号入座的绅士太太们发现自己的位子被占，对方又不愿意让座的时候，激烈的争吵爆发了，剧院经理走到台上维持秩序才平息下来。"观众争吵的时候，毛姆夫妇就坐在包厢里，颇为沮丧，"迪恩回忆道，"演员肯定也受了影响，这不难想到。本来首演就容易紧张，大吵大闹更是把他们吓得仪态尽失。"更大的麻烦发生在表演结束的时候。按照惯例，费伊·康普顿上前谢场，这时楼上传来一声大喊"闭嘴"！她误以为是针对自己的，便故意感谢了"文明"的观众，马上引来了楼上的响亮嘘声。不出意料，《忠诚的妻子》一蹶不振，再加上评论界众口一词地说"毛姆先生的《忠诚的妻子》有失水准"，观众就更不愿意来了。

毛姆在康普顿小姐说话前就退场了，因为西莉在切尔西国王路

213号的新住处要举办首演庆功暨暖房聚会。213号有两栋房，华美的主楼有四层，建于乔治王时代早期，与位于格里卜巷的小楼通过一条绕过巷口的宽阔室内通道相连。底层是全白装潢的气派大客厅，白沙发，灰白色的缎料窗帘，白色天鹅绒灯罩，玛丽安·多恩设计的白地毯，浮花织锦的白色沙发后面是巨大的折叠式屏风，屏风是由长条镜子拼成的，映出一束束的白花，有玫瑰、百合、丁香、牡丹，由西莉的新合作伙伴，花卉师康斯坦丝·斯普雷定期送来。楼上是西莉和丽莎的卧室，顶层是留给丈夫的房间。毛姆承认，那个房间"挺不错的，只是兼用作男士衣帽间，所以每次家里办聚会，我就要把稿子都收起来"。由于不满意这样的约束，毛姆很快就把房间搬进了更安静私密的格里卜巷小楼。这样一来，他和西莉表面还在一片屋檐下，其实是分开住了。当然，在《忠诚的妻子》首演庆功会上，毛姆和西莉都是主人的身份，宴会办得相当奢华，文学和戏剧圈有头有脸的人物几乎齐聚一堂。阿诺德·本涅特说，"宴会真是人山人海"；玛丽·坦佩斯特和塔卢拉·班克赫德等重量级人物也同意这个说法。总体来说，庆功会取得了"巨大成功……只是毛姆夫妇有点沮丧……我听说剧演砸了"。

当晚早些时候首演遭遇惨败，毛姆感到沮丧一点也不奇怪，但此时状态更堪忧的人其实是西莉。丈夫既然买下了玛莱斯科别墅，她终于被迫接受事实：他选择过一种尽可能与她无关的生活方式。她无法掩藏自己的失望，只要有朋友同情自己，愿意听她讲，她便会大倒苦水。丽贝卡·韦斯特就是其中一位，陪着坐在阴暗的屋子里、哭诉自己惨遭遗弃的西莉度过了好几个漫长的下午；另一个朋友塞西尔·比顿听了西莉的话震惊不已，她说有一次去纽约，想到婚姻的未来就感到沮丧，于是"整整三夜都在中央公园里待着，难过得不敢回家"。尽管可能有夸张的成分，但西莉无疑极其痛苦，正处于崩溃的边缘，丽莎回想那段日子时说："我母亲得了严重的神经症。"一次赴美出差途中，西莉的神经症达到了顶点，她在纽约感到狂躁不安，决定去百慕大一趟，看能不能找到安宁。但刚到百慕大，她又迫不及待想要离开，非要乘下一艘船离港：那是一艘没有客舱的货船，她和丽莎只好睡在露天甲板的椅子上，到拿骚才下船，接着，两人在巴哈马群岛住了几周。这段日子里，西莉总算开始恢复正常，丽莎则到一所修女办的露天学校上课。在丽莎的回忆里，那所小小的学校是"我去过的学校里面最好的"。

回英国前，西莉最后一次试图说服毛姆不要离开她。她邀请毛姆再去一次勒图凯，希望两人能够找到不像离婚那样激进的解决方案。这次会面没有多少成果，但出了一件骇人听闻的事，跟丽莎和杰拉德·哈克斯顿有关。"我一向讨厌杰拉德·哈克斯顿，他也一向讨厌我。"丽莎说。两人前一年夏天的首次接触就很不愉快，对于这位对她父亲有着奇怪的巨大影响力的朋友，女孩满怀警惕，杰拉德无疑也气恼这个被娇宠的小姐，认为她已经被她母亲惯坏了。如今丽莎与哈克斯顿再次见面，芭芭拉·拜克依然在场，三人开车出去兜风。丽莎带上了心爱的小狗，是别人刚刚送给她的。突然间，负责开车的杰拉德——他有可能喝醉了——干了一件无可理喻的残忍的事：把小狗抢过来，一把扔出了窗外。"我当时都歇斯底里了，"丽莎说，"想要跟着小狗冲下车，不过被拉了回来。"几个月后，有人找到小狗送了回来，但伤害已经造成：哈克斯顿与芭芭拉、丽莎之间的敌意已经不可挽回，西莉则保证只要自己还在，就绝不让丽莎再看到杰拉德一眼。

在勒图凯度过了这么几天之后，西莉终于承认她的婚姻结束了。现在她在朋友面前的说法是，离婚是她主动要求的，看起来主要是为了女儿好：一个痛苦而明显的事实是，西莉说，杰拉德正在飞快地消耗丈夫的钱财，很快就剩不下钱给丽莎了。坐在法国南部的戈若普海滩上，西莉对女演员露丝·戈登说："[威利] 眼睁睁看着杰拉德在瑞昂莱潘的赌桌输掉成千上万的钱。为了确保丽莎的遗产，我必须离婚。"当年，也就是1928年夏天，西莉与生性浮夸的艾尔希·门德尔一起去了里维埃拉，两人是老朋友，也是老对手。不久前，年逾花甲的门德尔夫人嫁给了外交官查尔斯·门德尔爵士；她以前的称呼是艾尔希·德·伍尔夫，当年是美国第一位室内设计师，职业生涯漫长而成功，她深谙法国文化和艺术，并因此广受崇敬。她在这方面的知识是从多年的同性恋人伊丽莎白·马伯里那里耳濡目染的，碰巧马伯里是纽约首屈一指的剧院代理人，毛姆对她也很熟悉。西莉与门德尔夫妇在昂蒂布的时候，毛姆就在不远处的玛莱斯科别墅。按照毛姆的说法，他请过西莉吃午饭，也没别的意思，只是给她展示一下新房子，而且安排车接车送。"我们低调地吃了午饭，"他回忆道，

> 吃完午饭，我就带她四处转转。她得体地表示了欣赏。房子看完之后……我就把她送进我的车。过了一两个小时，车回来了，车上有一封她写的信，说她想跟我离婚，希望我不要阻挠。我真是大喜过望。我琢磨了一天，然后回信说我愿意接受她的请求，如果她同意在法国离婚的话……因为法国手续简单，而且不至于闹得沸沸扬扬。西莉表示同意，然后就是律师的事了。

律师们肯定忙得不可开交，两边都有一大堆复杂的事情要磋商。根据毛姆家人的说法，西莉是迫于种种压力才没有将哈克斯顿列为通奸者，有迹象表明，她曾准备拿同性恋的由头来对付毛姆（毛姆后来告诉丽莎："你母亲跟我离婚的时候让我吃了很多苦头。"）最后，西莉同意不提出任何此类指控；同性恋指控会给毛姆造成毁灭性的影响，极有可能毁掉他的职业生涯和社交圈，还可能让他终生不能再次踏上英国国土。妻子通奸的证据或许有点用，但毛姆明白他

手里最有效的谈判手段还是钱。为了自由，他开出了可观的价码：国王路的房子及房内的全部物件、格里卜巷的房子（放在丽莎名下）、一辆劳斯莱斯轿车、每年高达3000英镑的生活费（2400英镑归西莉，600英镑归丽莎）。1928年秋，西莉于尼斯起诉离婚；1929年5月11日批准离婚，理由是"性格不合"，没有引起公众关注。"总算全搞定了，"毛姆给芭芭拉·拜克写信说，"我现在只需要一次性给她12000英镑，然后每个季度给她600英镑（所得税后），直到她再婚为止。"

终于，毛姆从他痛恨的结合中解放了出来。"我娶她就是一个错误，"他写道，"我和她，我们俩毫无共同点。我做了被认为是'对的事'，却没有为我或她带来幸福。"随着时间的流逝，毛姆对西莉的憎恶并没有归于平淡，而是愈演愈烈；他恨她当初花了他那么多钱，现在还要给她钱，而且不能原谅她对他造成的痛苦与羞辱。他喜欢与女性做伴，在朋友交往和文学作品中也表现出了对女性深切的理解与同情，考虑到这一层，毛姆对前妻的态度实在令人惊诧，这一切都指向很深的心理创伤。尽管两人离婚后很少见面，但他对西莉的反感却转化为一种积极的、刻骨的痛恨。"她将我的生活变成了地狱。"他会说。他刻薄地用"被抛弃的骗子"和"毁了我一生的婊子"来称呼她，还将她不停来要钱的做法形容为"她的嘴巴[张得]比妓院的大门还要开"。他希望她再婚，这样他就摆脱生活费的负担了。在写给朋友的信里，他经常开玩笑地提到西莉再婚。"我从报纸上看到，"他给芭芭拉·拜克写信说，"[同性恋装潢师]强尼·麦克穆伦先生夏天就住在伦敦她[西莉]家。我特别希望夏季行将结束时，这位社交场的新人能把她拿下，喜结良缘。"但西莉并没有再婚，直到去世的那一天在经济上都依靠前夫。两人主要通过律师沟通，极少见面。毛姆明确对采访者说，他不喜欢谈论自己的婚姻；有人问起时，他就会急躁地表示不屑一顾，说那只是"完全不重要的细节"。

离婚后，毛姆家族马上就对西莉关上了大门，卡多根广场的 F.
H. 和奈莉家不再欢迎西莉，丽莎也与表亲们断了联系。但是，如
果说离婚案在毛姆家族内部很少谈到的话，他的朋友们却很感兴
趣，特别是同性恋人中间。唯美主义者哈罗德·阿克顿调笑道："要
体面的人，请你听分明：生性若不爱女人，干脆莫要娶回家。"不
少小伙子们蠢蠢欲动，你争我夺，希望能获得大作家的垂青，为自
己的事业助力。贝弗利·尼克尔斯就是最早展开追求的人之一，他
原本是西莉的朋友，俊秀聪慧，性欲和野心同样旺盛。他已经是小
有名气的记者，写过两本小说，心怀剧作家的宏图大志。1926 年，
年仅二十五岁的尼克尔斯就出版了一部自传，书名起得恰如其分，
《二十五》。他说服毛姆在《星期日时报》发表了一篇赞扬该书的文
章；这是不小的成就，因为毛姆几乎从来不写书评。"我当时和他在
罗亚尔咖啡厅吃大餐，请他写书评，他就答应了，权当是生日礼物。"
贝弗利后来得意地回忆道。贝弗利爱慕虚荣，做事不择手段，为了
换取这样的好处很愿意献身。毛姆这样的人物没有什么理由不去"帮
别人在小小的梯子上爬一级"，他讽刺地说："一个想吃文学这碗饭
的人，要是对成名作家——特别是有钱的成名作家——的善意关注
视而不见的话，那真是太蠢了……威利的关注确实是很善意的。"贝
弗利自然忍不住要跟人吹嘘自己的斩获，其中就有塞西尔·比顿。比
顿对贝弗利吐露的内容感到吃惊。"喝酒之后贝弗利的舌头就像抹了
油，我在那一天晚上听到的猛料比前几年加起来还要多，"他在私人
日记里写道，

> 我从学生时代以来就没跟自己以外的人上过床，于是就觉得真
> 正上过床的人没几个……但贝弗利打破了我的想法。他给我讲
> 了许多故事，说我几乎所有的朋友都沉沦肉欲，不可自拔，我

听了头发都要竖起来……［他］跟我担保，诺埃尔·科沃德、萨默塞特·毛姆、奥弗利·霍普伍德、西德尼·霍华德[*]、爱德华·诺布鲁克都是同性恋，而且都来自第一手资料——那天晚上我真是心烦意乱又大开眼界。

当时，另一位引起威利·毛姆注意的"放荡"男青年是贝弗利的朋友兼同行，同样野心勃勃的格弗瑞·维恩。他在新闻界工作，专门给女性向杂志写轻松的小文章，内容包括他位于伊舍的农舍、名叫"海绵先生"的宠物狗，当然也有一些重要话题，比如"理想婚配女孩""与女性共事的好处""已婚女子追求事业的意义"。他还写过一本小说，书出来的时候，他恰好结识了毛姆。两人是在牌桌上认识的，维恩的桥牌水平堪称锦标赛级别。"我人生的关键时刻总有贵人相助，"他在自传中写道，"第一部小说出版后不久，我有幸在文学方面受到了萨默塞特·毛姆的影响熏陶。"与贝弗利一样，格弗瑞性感迷人，愿意为大作家效劳，日后更愿意跟别人吹嘘。不过，他选择的吹牛场合有时并不明智，他暂住玛莱斯科别墅期间，有一次去毛姆的邻居、美丽动人的肯麦尔夫人家里参加宴会，声称"威利当初迷死他了，满伦敦追着他跑"，令在场宾客反感到极点。这次背叛最终大概传到了毛姆的耳朵里：有那么几年时间，毛姆把维恩当朋友，请他来家里住，指点他写作，将他的作品推介给著名评论家。但后来发生的一些事导致两人关系恶化。"二战"期间（1941年），毛姆出了一本回忆录《纯属私事》，书中对格弗瑞的描绘充满鄙夷。[†]

---

[*]　原注：奥弗利·霍普伍德（1882—1928），美国爵士时代的成名剧作家。西德尼·霍华德（1894—1946），英国电影演员；英文原名应为 Sidney Howard，比顿误作 Sydney Howard。

[†]　原注：不幸的格弗瑞之后在另一本书里遭到了公开羞辱，即伊夫林·沃于次年发表的《多升几面旗》，而且这一次没有用化名。

在相关段落中（英国版中被删去），格弗瑞·维恩化名乔治·波特，初见时看上去是一名"迷人的小伙子"，他的第一部小说明显看得出有前途，但几年后，毛姆偶然在某小报八卦专栏发现——那时波特已经成了稿酬丰厚的著名写手——他的文章"是一团煽情的烂泥……庸俗，势利，道学得令人发抖，明目张胆地宣扬宗教思想"。波特将自己的才华浪费在这种垃圾上已经够糟，但真正让毛姆震惊的，是这位晚辈相信自己写的每一个字。"[如果] 你从头到尾都是揶揄戏谑……我会认为你是个流氓，但我也会哈哈大笑，"毛姆告诉他，"可悲的是，你的文字竟然都是真诚的。"

然而，如果说尼克尔斯和维恩是在利用毛姆的话，那么精明如他不会不懂得他们所求为何。他喜欢年轻人，喜欢身边有俊秀的男性陪伴，更愿意力所能及地提携他们。他表露自己的意图时从不犹豫：康斯坦丝·斯普雷有个弟弟叫戈登，曾被毛姆毫不掩饰的追求吓了一跳；另一次，伊沃尔·诺维罗在萨伏伊酒店举办宴会，毛姆当场勾引芭蕾舞演员安东·道林，让道林很为难，试图逃脱之际，诺维罗对他说："别傻了，只要做了，明天早晨就有卡地亚的金雪茄盒。"年轻贵族纳皮尔·艾灵顿以魅力非凡著称，他也是毛姆的斩获之一，两人过夜之后，毛姆用"秀色可餐"来形容他。很可能了解内情的贝弗利·尼克尔斯这样评价毛姆，"他是我认识的人里面性欲最旺盛的一个"；本身就颇为活跃的同性恋休·沃波尔告诉弗吉尼亚·伍尔夫，在他看来，毛姆的运气很不错，竟没有"被抓进去。你是不知道威利过着怎样的生活。我知道"。毛姆走到任何地方都会被认出来，他的行为自然会成为闲言碎语的对象，而且不仅限于同性恋圈子。与此同时，苏格兰场的大伦敦警察局长注意到了某些令人不安的消息，出于警觉，他认为有必要给 F. H. 毛姆传一条消息，暗示他给弟弟提个醒，这让时任最高法院法官、不久前获封骑士的 F. H. 颇为尴尬。他对同性恋这整个话题都很反感，多年来刻意无视弟弟的性取向，如今发现自己落到了最不情愿的境地：他不得不对威利实话实说，如果不收敛的话，他几乎肯定会在伦敦被捕。

总体来说，毛姆这方面的活动是在地下进行的，最理想的地点是同性恋朋友的安全屋。1928年，富有的收藏家罗伯特·特里顿在乔治街的一所安全屋里举办了一场"雄鹿聚会"，毛姆在那里结识了一位对他今后的人生至关重要的青年。二十三岁的艾伦·塞尔长了一张娃娃脸，出身伯蒙塞的工人阶级家庭，父亲是一名荷兰裁缝，母亲出身伦敦东区。艾伦生就一双黑眼睛和一头浓密的黑色鬈发，在某些圈子里以"下流里的上流"闻名，他是个性感的普通男孩，同时又机智，心地善良，热衷于自我提升。正如他本人所说，"我当年可是一盘美味呢"。他偏好年长的男人，不少名流都迷上了他。评论家雷蒙德·莫蒂默回忆道："他跟年长的绅士特别合得来。"李顿·斯特拉奇迷恋艾伦，叫他"从布隆基诺的画里走出来的男孩"*，还给他写了一系列情色信件。雷吉·特纳为他而倾倒；作曲家莱诺克斯·伯克利、奥斯伯特·西特维尔之友盖伊·利特尔同样拜倒于艾伦脚下，利特尔更是神魂颠倒，肉麻地将艾伦叫作"我目如朗星的小友……这世上最珍爱的宠儿"。当时，艾伦在布鲁克街的一家画廊工作，他与鲍勃·特里顿大概就是在这里结识的。雄鹿聚会那天，有一位客人临时来不了，艾伦被叫来填补空缺，位子恰好就在当晚的嘉宾毛姆边上。毛姆立即就被这位顽皮无礼的东区男孩吸引了，于是照常问起他的人生经历和目标。艾伦说自己渴望旅行，毛姆听了自然心动，马上提议带他去欧洲大陆游历一番，聚会结束后详谈。但艾伦已经约了另一位客人伊沃尔·诺维罗，最后也是跟诺维罗过夜去了，这让毛姆有些灰心。第二天，毛姆给艾伦发了一封电报，说他被艾伦

---

* 原注：普鲁斯特的《追忆逝水年华》里也有类似的比附。身为同性恋的德·夏吕斯男爵这样形容自己迷恋的钢琴家莫雷尔："他真是太美了，简直像是布隆基诺笔下的人物……"

对待他的做法深深伤害，"但是，如果你今天与我共进晚餐，此事便一笔勾销"。当晚，两人在夸力诺餐厅吃饭；用艾伦的话说，那一晚"改变了我的整个人生轨迹"，他们不仅成了情人（"威利是我的情人里面最棒的一位"），一段对两人至关重要、持续了将近四十年的关系在那一夜也开始了。

在这一阶段，艾伦还不可能取代哈克斯顿的位置，毛姆经常有机会去欧洲各地短期出差，有时是观看自己的剧，但更多情况下只是流连于画廊。不管是看戏还是看画，杰拉德都不太感兴趣，而艾伦作为旅伴兴致高昂，并且喜欢美术作品。另外，他还有许多现实的好处。他成了毛姆的秘书，毛姆住在法国南部时，他就留在伦敦处理毛姆的通信；毛姆去英国的时候，他便随行服侍。与西莉离婚前，毛姆去格里卜巷时总有艾伦相伴。他们对彼此的关系秘而不宣。毛姆曾对他说："你的事情西莉知道得越少越好。"但是，国王路房产的管家对塞尔有印象，记得自己说过他好年轻，而且"除了他以外，毛姆不肯让任何人替自己收拾衣服和照看起居"。毛姆对艾伦的家庭背景和人生经历都很着迷，问得很仔细，迫不及待地想要见见他的母亲。但那是不可能的：她说她知道什么样的男人会带儿子去欧洲大陆旅行，拒绝了跟毛姆见面。毛姆对塞尔的情人们同样很感兴趣，尤其想要与李顿·斯特拉奇见面。由三人共同的朋友艾伦·普莱斯-琼斯出面，四人坐在一起吃了顿饭，结果却远远称不上如意。斯特拉奇从头到尾情绪低落，塞尔一直不说话，毛姆长篇大论地讲述奥古斯都·黑尔的故事，但旁人还是兴趣寥寥。

这次尴尬的会面后不久，毛姆就去纽约监督新剧《圣火》（The Sacred Flame）的制作了。该剧的灵感来源是家族内部的一件事：毛姆的大哥查理有一个十九岁的儿子，十二岁那年爬树摔断了腿，从此处于半瘫痪状态，他的母亲蓓蒂无微不至地照料着儿子，令她丈夫的弟弟颇受触动。《圣火》的情节里有一位打仗时受了重伤、整日坐在轮椅上的年轻男子莫里斯，他知道自己这辈子已无指望，深陷抑郁，只盼一死，但他勇敢地决定克制自己的情绪，尤其不想让他深爱的妻子斯黛拉发觉，认为斯黛拉的一生已经被他毁了。斯黛拉尽管还爱着丈夫，但热情已经熄灭，她私下里与莫里斯的兄弟科林有染，还怀上了科林的孩子。她精心掩藏的地下情被照顾莫里斯的严厉护工维兰残忍地揭开了。一天早上，维兰发现莫里斯夜里因氯氧水服用过量而去世，立即向莫里斯的家人通报了斯黛拉的婚外情。令所有人惊骇的是，维兰接下来指控斯黛拉说药是由她管理的。尽管斯黛拉坚称自己无辜，但面对维兰的愤怒谴责，她的立场越发动摇，直到莫里斯的母亲塔布雷夫人出面承认，说安眠药是她给儿子的，她曾经向儿子承诺，当他的生命变得无法忍受时帮他长眠。老夫人似乎早就知道斯黛拉和科林的事，而且对两人抱有极大的同情。"我们对这些问题的看法或许大有不同，"塔布雷夫人说，"如果我们的道德法则不是由那些早已忘却青春激情的人制定出来的话。两个年轻人屈服于自然植根在他们天性里的本能，你们认为这是奸邪之事吗？"

《圣火》是一出引人入胜、富有力量的话剧，尤其值得注意的是作者情感认知的广度。与以往一样，毛姆站在爱情*、性欲、浪漫、母性一边，狭隘的传统社会道德的对立面。他暗藏颠覆性地表现了自己的信念：宽容是至关重要的，哪怕践行宽容与公认的规范相违背。莫里斯家里的每一个人都关爱着彼此；讽刺的是，只有职业护工坚守"义务"，表现出偏狭、恶意和缺乏同情。对毛姆本人来说，他对这出戏的主要兴趣在于技巧方面，尝试脱离以往的自然主义风格，转向文体更严整的对话。他给冉冉升起的剧场新星诺埃尔·科沃德

---

* 原注：题目出自柯勒律治的诗歌《爱情》："一切思想，一切激情，一切愉悦／扰乱凡俗规矩的一切／全都是爱情的婢女／滋养着他神圣的火焰。"

写过一封信，其中旁敲侧击地写道："现在的话剧对白过于简单，除了酒吧里的那种对话，完全体现不出其他的生活场景。"[*]他希望拨乱反正，"让我的人物口中的词句不只是现实生活中脱口而出的表达方式……而是深思熟虑的、有条理的语言"。事实证明，这次尝试大体上行不通。当时正是科沃德以轻快、口语化的《漩涡》和《枯草热》愉悦观众的年代，演员们都觉得毛姆的文风过于冗长，就像朗诵讲稿，结果他被迫大幅修改。

1928 年 11 月 19 日，迈斯莫尔·肯达尔、吉尔伯特·米勒联袂制作的《圣火》登陆纽约，结果风评甚差，一大原因是斯黛拉一角临场换人。按照《纽约时报》的说法，该剧不过是"毛姆先生另一出优雅的耸动作品"。毛姆大吃一惊，比往常更加担忧伦敦的演出效果。"我知道这是活该，"戏厅剧院首演前两天，他给阿尔弗雷德·苏特罗写信说，"我别无选择，只能咬牙硬挺。但这滋味不好受。"不过，等到 1929 年 2 月 8 日首演那天，没等大幕最后一次落下，《圣火》再次大火的形势便一目了然。饰演斯黛拉的格拉蒂丝·库珀发挥出色；塔布雷夫人和护工维兰的演员与纽约版一样，还是玛丽·杰罗德和克莱尔·埃姆斯，却在雷蒙德·马西的指导下达到了新的高度。"《圣火》竟然成功了，这难道不是了不起的事吗？"毛姆给侄女凯特的信里写道，"这出戏在纽约上演后，我的心沉到了脚底下，本来已经努力让自己坚定心肠，坦然接受伦敦的再次打击：第二天早晨翻开报纸的时候，我简直不敢相信自己的眼睛……好评如潮啊。"《圣火》场场爆满，几周之后又得到了伦敦主教的助攻：主教大人谴责该剧伤风败俗，令人惊骇，其结果用格拉蒂丝·库珀的话说就是，"业绩更上层楼，人们纷纷到售票处抢票，

---

[*] 原注：科沃德在自传《现在陈述式》（*Present Indicative*，梅休因出版社，2004 年，第 196 页）中写道："除了萨默塞特·毛姆以外，每个人都说过自己是萨默塞特·毛姆第二。"

一出本来都要下线的剧重获新生"。[*]

　　此后又过了一年，毛姆才动手写新剧本，这一年基本是在旅途中度过的——丹麦、德国、奥地利、希腊、塞浦路斯、埃及——还在里维埃拉避暑。直到二十年代中期，里维埃拉才成为流行的避暑胜地，之前的五十多年里，英国人一直追随维多利亚女王的脚步去南法避暑；但不久之前，在司各特和泽尔达·菲茨杰拉德夫妇、科尔·波特夫妇、杰拉德和萨拉·墨菲夫妇等一批高调美国人的带领下，蓝色海岸开始成为七八月份度假的新宠。尼斯和戛纳的各大酒店全年营业。1922 年底，加来-地中海特快专列开通，因为车厢被涂成时髦的蓝色，因此通称"蓝色列车"[†]。蓝色列车装潢奢华，采用天鹅绒床垫，以高档设施和法餐闻名，只设一等座，自加来始发，经停巴黎后一路加速向南，经过瑞昂莱潘、昂蒂布、摩纳哥等沿海各站后，于次日清晨抵达终点站，法意边境附近的芒通。毛姆经常乘蓝色列车到博略，开车只需片刻即达弗尔拉角。1928 年是毛姆第一次完整在玛莱斯科别墅度夏；夏天即将结束的 9 月，毛姆在给伯特·阿兰森的信里讲述了刚刚过去的忙碌社交季：

　　　　出于某些原因（我认为，主要是欧洲北部太冷），里维埃拉突然火起来了；酒店爆满，赌场赚的钱手都握不住。每一天都有宴会，到处都有宴会，好像全世界的人都来了。这样的生活很有趣，但也有点累人。现在都结束了，上流社会一下子不见了，好像他们被施了一种魔法，9 月 1 日准时开着轿车，带着男

---

[*]　原注：次年上演的罗马版发生了同样的情形，当时教廷在机关报《罗马观察家报》头版撰文谴责《圣火》。

[†]　原注：1924 年，佳吉列夫创作了以蓝色列车为灵感来源、改编自科克托小说的同名芭蕾舞剧。该剧的大幕由毕加索设计，配乐作者为达吕斯·米约，服装设计师为可可·香奈儿。

女仆人，结成大队向比亚里茨进发。全跑了！

如果说玛莱斯科别墅还算不上佛罗伦萨别墅（位于圣奥斯皮斯角）和地平线公寓（戛纳附近）那样显赫的迎宾之地，但它还是被改造成了一处豪华非凡的住宅。通往别墅的蜿蜒狭径两旁遍植松树，大门的白色石膏柱上绘制着熟悉的邪眼徽章，特意涂成了红色。穿过阶梯花园中间一条不长的路就来到了白色的大宅面前，大宅的百叶窗是绿色的，高高的两扇大门也是绿色的。走进大门就来到了铺着深色地板的门厅，天花板很高，一尊毛姆从北京带回来的观音像甚是显眼。深绿色调的大客厅摆着沉重的西班牙家具、黑人雕像、镀金木质烛台、萨伏纳里地毯，带上了些许巴洛克风味；壁炉上方悬挂一只双翅展开的华丽金鹰；靠墙摆着一对陈列东方瓷器的黑色漆橱和四个精雕细刻的狭长书柜；室内还有舒适的椅子、一对沙发、一张圆桌，桌上高高地堆着新书。餐厅面积较小，墙面刷成纯白，餐桌是路易十六时代的古董，周围是一圈督政府风格的小扶手椅，墙上挂着四幅玛丽·洛朗桑的画，画中是白皮肤、黑眼睛的女孩。沿着大理石楼梯走上去，走廊黄白相间，卧房和更衣室朴素却富有美感，窗帘是平纹细布材质，床单用白色绸缎，墙上挂有中国版画，每个房间配一个书桌，桌上有充足的削尖的铅笔，房内还有书本、水果、鲜花、瓶装矿泉水，床头柜上的雕花玻璃罐里装着饼干。浴室采用华丽的现代风格，配有大量叠好的厚浴巾，每次有人来都要更换新的香皂、浴油、佛洛瑞斯牌精油。

毛姆自己的房间布置简单到了朴素的地步。卧室里有一张狭窄的床，斜靠在床边，好让毛姆躺在枕头上就能看见花园。床后有一座西班牙圣徒雕像。凹进墙内的书架摆满了他喜欢的作者写的书，比如黑兹利特、塞缪尔·巴特勒和亨利·詹姆斯；还有《格林童话》《纪德日记》、爱德华·李尔的书信、济慈的诗歌、莎士比亚的十四行诗。床边有书桌，桌上摆着书，书旁边是漆器烟盒、火柴、裁纸刀、眼镜和一张他母亲的照片。卧室那一层上面是要爬木梯子上去的屋顶平台，书房就在此处，那是一间独立的四方形屋子，面积不小，四面都有窗户，配有开放式火炉、若干书架、一个可以躺在上面看书的舒适沙发。大大的书桌是十七世纪的西班牙货，原本是给修道院用的，为了适应毛姆的身高而调低了几英寸。书房上方有一扇面朝尼斯和地中海的窗户，毛姆将它遮盖了起来，以免因美景而分神。书房里只有两幅画，一幅是杰拉德·凯利绘制的苏·琼斯头像，另一幅是高更笔下美丽的塔希提夏娃，位于三联窗的中央。

毛姆对与世隔绝的书房很满意，对终于实现自己设想的整座别墅同样很满意。"我准备在这里度过余生，"他写道，"在卧房里的喷漆床榻里死去。有时，我会交叉双手，闭上眼睛，想象我最后躺在那里死去的样子。"

从一开始，毛姆就是最好客的东道主。最早造访玛莱斯科别墅的人包括：年纪渐长的花花公子马克斯·比尔博姆，他当时住在拉帕洛，口音还是十九世纪九十年代的味道；H. G. 威尔斯，他在南法也有一座房子；阿诺德·本涅特，他有一艘游弋于地中海沿岸的豪华游艇；沃尔特·佩恩和他的第一任妻子菲儿；戴斯蒙德·麦卡锡；杰拉德·凯利夫妇；毛姆的美国出版商纳尔逊·道布尔戴；还有毛姆的剧院代理人戈丁·布莱特。布莱特的妻子玛丽·查维莉塔·布莱特将留宿玛莱斯科别墅的经历描述为"奢华优雅……招待周全"；不少人有着同样的看法，认为玛莱斯科别墅是一座"有美食，有美景，交流愉快，生活舒适的避风港"。实际上，毛姆完全知道家务要如何管理，而且为了达到最高的标准，他愿意付出努力和钱财。他给家里配备了十三名训练有素的服务人员，包括：一名男管家、两名男仆、一名照顾女宾的女管家、一名厨师、一名帮厨女工、一名司机和六名园丁。服务要求一丝不苟，并通过表面看不到、幕后却紧锣密鼓的安排营造出轻松随意的印象。大部分客人都是乘火车来，名叫让的司机会到博略接站，然后开一小段路送回别墅。车子开上砾石路时，男管家厄内斯特会打开前门，而上身开襟衬衫、下身白色亚麻长裤、脚穿平底凉鞋的毛姆会张开双臂，站在大厅里欢迎客人到来。"客人来的时候，他会把双臂收回身后，免得接触对方，"他的一位邻居罗利·卡梅隆敏锐地观察到，"但他确实想要表达欢迎光临的意思。"接着，新来的客人会被带到天台上用茶或饮酒，同时箱子有人帮着拆开，晚礼服展开放在楼上。

客人们的日子过得轻松休闲。女宾躺在床上享用早餐，随着阳光透过蚊帐，女士被一声温柔的"您好，女士，请问昨晚睡得好吗？"*唤醒，与此同时精心摆放的早餐在托盘里送上来，包括咖啡、牛角面包、水果和鲜榨橙汁。男宾在楼下的餐厅吃早餐，分量要大一些；用餐前往往会游一会儿泳，或者打一局网球。上午，客人可以伴着柑橘花与柠檬花的香气，坐在天台上读书，可以在花园里漫步，也可以躺在泳池边的亚麻垫子上，看着漂亮的蓝色蜻蜓从水面掠过。泳池的一侧是粉白相间的浓密夹竹桃树篱，树篱后是密密叠叠的松树与岩石，另一侧则是俯瞰自由城海湾的壮丽景象。大多数人都聚集于此处，大半天流连在这里游泳或晒太阳；要是阳光太毒，那里还有一个天然形成的小石窟，客人可以进去乘凉。不远处有一个毛姆从东方带回来的铜锣，每天敲两次，提醒客人享用餐前的鸡尾酒——一杯冰镇吉普森，或者用干白葡萄酒配制的薄荷味马天尼。到了夏天，午餐和晚餐通常是在天台享用；两餐都很正式，由身穿白色制服的男仆逐道上桌，厄内斯特亲自监督。每餐都会供应大量优质葡萄酒和香槟，美味的菜品以经典法餐为基底，兼有美国风味助兴，沙拉和蔬菜的原料大多为别墅自种。午餐或许

---

* 原文为法语。

会以清澈的白番茄浓汤开场，然后是马里兰风味炸鸡和蜜桃雪糕；晚餐则有肉冻鸡蛋、贝亚恩酱菲力牛排、精致的布里乳酪冻，最后是新鲜无花果、桃子或野生草莓。毛姆最喜欢的菜品之一是咸牛肉拌菜，就是他在缅甸传授给那个老是喝醉的厨子的拌菜。后来，玛莱斯科别墅还有一道独门甜品：鳄梨冰激凌，由捣碎的鳄梨果肉、巴巴多斯朗姆酒、白糖和奶油混合而成。玛莱斯科别墅据说是法国最早种植鳄梨树的地方，这些树的扦插树苗是毛姆从加州装在高尔夫球袋中偷运回来的。有美食如此，难怪毛姆的宾客们乐不思蜀。有一次住在玛莱斯科别墅的时候，戴斯蒙德·麦卡锡给妻子写信说："几乎每一道摆到面前的菜品都让我喜悦不已，只能静静品味。"

这样的舒适与高效是需要持续监督的，毛姆自任总监，杰拉德则负责日常运营。每天晚餐后，毛姆会亲自去找厨师交流并安排次日的菜单，尽管他本人食量很小，但烹饪是他喜欢也感兴趣的领域，他精通庖厨之道。热衷社交的克里斯塔贝尔·阿伯康威说过，"[威利] 一直有烹饪的天才"。玛莱斯科别墅的法国主厨技艺精湛，但后来被发现偷卖厨房的剩余食材以自肥，于是毛姆把他解雇了，将意大利籍帮工安妮特·基亚拉梅洛提升为主厨。事实证明，安妮特是一名灵感迸发的厨师，与雇主的合作天衣无缝：毛姆把别处遇到的菜谱交给她，而她精益求精的精神、创意和鉴赏力令主人欣悦不已。除了厨房以外，其余部分都由"忠诚的看门狗"哈克斯顿担纲：与西莉一样，他精通统筹之道，对需求把握敏锐。作为毛姆的秘书，他每天要拿出一部分时间在毛姆书房下一层的房间里办公。哈克斯顿要辨认字迹有时不是很清楚的毛姆手稿，然后打出来；有时，他还要负责记录毛姆口述的文字。他的另一项职责是管理仆人，确认客人的一切要求都得到了满足。他还乐于在泳池边跟客人聊几个小时的天，打台球或网球，去戛纳或博略购物，或者夜里去尼斯和蒙特卡洛的赌场逍遥。到了午睡时分，个子高大、一张方脸棱角分明的哈克斯顿会穿上糖果粉色的短衫短裤，安静地坐在天台的阴凉处。天气好的时候，他会到"萨拉"号上开派对；"萨拉"号是一艘由拖网渔船改造成的舒适游艇，平时停泊于自由城。出港几个小时后，"萨拉"号会下锚停船，众人可以下海游泳，然后到甲板的棚子底下享用美味的海上野餐。毛姆有几个朋友私底下厌恶杰拉德（一个人说，"他散发着堕落的光环"），但大部分人都觉得他是宝贵的财富。"他这个人是再和善不过了，"导演乔治·库克尔回忆道，"[他]很有魅力，善于社交，给毛姆省了不少麻烦。"雷蒙德·莫蒂默称，只要杰拉德没喝醉酒，他就是一位迷人的、兴致勃勃的游伴，"是个快活人，是聚会的灵魂人物与活力源泉"。另一位玛莱斯科别墅的常客亚瑟·马歇尔认为，杰拉德"连树上的鸟儿都能迷住"。毛姆的侄子罗宾写道，玛莱斯科别墅"快乐舒适的氛围主要归功于杰拉德·哈克斯顿"。

　　毛姆是一位亲切和善的东道主，用表面的轻松随意将严格的谨慎自律掩藏了起来。在某种意义上，玛莱斯科别墅集合了毛姆本性中的两面，一面是奢华、温暖和感官享受，另一面是艺术家的朴素和严格的自制。他的客人们睡得很晚，在泳池边悠游自在，毛姆却严格保持着一成不变的日常安排，任何事都不能打扰。他每天清晨起床，读一个小时左右的书，然后他会在床上享用早餐，一边抽烟斗，一边读和早餐一同送来的报纸。八点三十分，沐浴、剃须、更衣。九点左右回到楼顶书房安静独处，没有别人搅扰。十二点三十分后下楼，与客人们到天台上喝餐前鸡尾酒，每次最多喝一杯。午餐后回书房小睡，读书。四点左右再次下楼，趁下午茶之前打网球、打高尔夫球、游泳或打牌。他喜欢沿着绿草如茵、树荫遮蔽的小径漫步，身边是他钟爱的腊肠犬，每一只都得名自瓦格纳歌剧中的角色，其中第一只名叫埃尔莎，出自《罗恩格林》的女主人公。毛姆非常喜爱动物，每次去伦敦[*]，不想被主人抛下的小狗都会往他的空手提箱里钻，这时他总是觉得很难过。毛姆收到的邮件非常多，他有时会口述回信，再由杰拉德手录；不过，面对往往篇幅很长的读者信件，他也写过许多字迹一丝不苟的亲笔回信。晚餐前会供应鸡尾酒。通常情况下，大家都会穿晚礼服，但如果只有他和哈克斯顿两个人，或者再加上一两名亲密的朋友，毛姆有时喜欢来点奇装异服，比如一套从中国带回来的黑色官袍；他个子小小的，沉重的丝绸官袍压在身上，不禁让有些人觉得他活像个猴子。谈话气氛通常会很活跃，这要多亏了足量的粉红香槟酒和主人挑动客人说话的本领。"本质上，"罗利·卡梅隆说，"毛姆是一个规矩的人，很少透露隐私"；如果别人要他讲自己的轶事，他也会讲，但通常是加工过的表演，而非即兴发言。晚餐后，他会抽着雪茄打一两轮桥牌，之后杰拉德会带一批人去真正的赌场，毛姆极少跟他们同去。为确保次日上午的正常工作，毛姆会在十一点前就寝。

对毛姆来说，写作不只是一项工作，更是他生活的空间。"我从没能让自己相信，这世上除了写作外还有别的要紧事。"他在《总结》中写道。他在写作的过程中创造出一个属于自己的世界，在那里，他就是绝对的主宰。垂垂老矣之际，他说自己人生中最幸福的时刻就是坐在书桌前，文思如泉涌的时候，"词句接连不断地涌出，直到午餐的锣声响起，让我不得不结束一天的工作"。他每天只工作三个小时，一个小时不多，一个小时不少；有意思的是，他效仿的对象是查尔斯·达尔文。"[既然达尔文]每天从来不工作三个小时以上，却带来了一场生物学革命，"毛姆解释道，"我决定我大概也能用同样的工作量来达成自己的目标。"他的生产工具很简单：一支套筒加重的特制自来水笔，一瓶黑墨水，还有一叠总是整齐放在书桌上、

---

[*]　原注：英国的动物隔离法非常严格，短途旅行很难将动物带入国境。

从泰晤士报社书店买来的白纸。写作时，他会戴上角质镜架的眼镜，一根接一根地抽烟；岁数大了以后，他会戴上带拉链的粉色弹性手套，目的是改善血液循环，缓解长期写作的压力。尽管毛姆笔耕不辍，但他一直强调创作与想象的区别。"我脑子里的故事总比我写下来的故事多，"他说，

[但]尽管我的创作五花八门……我的想象力并不强。我从现实人物中取材，然后根据每个人的特性，置于或悲或喜的情境中。我完全可以说，他们创作了自己的故事。我没有天马行空、遨游九霄的本领。我总是在想：这件事有没有可能发生？我从来不是很强的幻想能力因此便受到了阻碍。

他头脑中装着无数的故事，这意味着他从来不缺题材；实际上，他一生的大部分时间都处于一种着魔的状态：戏剧、长篇小说、短篇故事的点子主宰着他的思想，非要诉诸笔端才得安宁。早在动笔之前，作品的角色与主题已经在他脑子里酝酿了数月乃至数年的时间，因此他从来不用写大纲，只要做好准备，便能运笔如飞，一气呵成。毛姆说，他在写长篇小说时觉得书里的人物比现实中的人还要真实；他进入了另一个次元，一个比外部世界更生动、更有意义的世界。

初稿完成后，接下来就是修订。"我会非常仔细地阅读我写过的全部文字，理顺条理，寻找恰当的用词，追求音韵和谐，言简意赅，明确清晰。"有时，他做不到马上想到恰当的词汇；有时，他要翻来覆去地撰写和重写一页纸的内容，但不管怎样困难，他总会全神贯注地投入写作。然而，实际的创作过程，毛姆心目中"最迷人的一种人类活动"，是不可能讲清楚的。正如许多作家坦承，化学反应发生的时机总是一个谜团，只能说是潜意识的功劳，是"那个住在钢

笔里的小精灵写成了你全部的最优秀的文字"。一旦故事写到了纸面上，一旦修订、校对、编辑、审稿这一系列流程都完成了，付梓出版的兴奋感便会油然而生——一种短暂的兴奋感，因为还没等书印出来，摆进书店，"我对它就失去了兴趣，并不在乎别人怎么谈论它"。

上午高强度的脑力活动之后，毛姆经常发现，与书中的世界相比，书外的现实世界黯然失色，"一天里接下来的所有活动似乎都有一点苍白和平淡"。下楼吃午饭时，他时而表现出明显的心不在焉。他总是尽职尽责地、妥帖地询问每一个人睡得怎么样，早餐吃得怎么样，下午准备做什么，然而他看起来总是心事重重的样子，鼓励其他人说话的习惯既是履行主人的责任，也是为自己创造个人反思的空间。

入住玛莱斯科别墅后不久，毛姆便于 1929 年开始创作一部长篇小说。他撰写上一部长篇小说《面纱》已经是四年前的事了。毛姆终于拥有了自己的空间，从多年的痛苦婚姻生活中解脱出来。这时，他发现遥远童年的地点、人物一下子抓住了他的想象力：坐在书房里俯瞰地中海，他的心眼却注视着童年生活的肯特郡乡间和狂风呼啸的白马厩镇街道；他的思绪里满是叔叔、婶婶和牧师官邸。他之前总是有一种强迫性的冲动，要他去写关于西莉的内容；如今，这种冲动消失了，他便回到了关于苏·琼斯的记忆，那个可爱的、相爱的、放荡的人儿，那个"过去十五年间萦绕在我的脑海，我直到现在都想不到办法去安放"的女人。他的新小说题为《寻欢作乐》（*Cakes and Ale*）[*]，其中露茜的原型就是苏。露茜是著名小说家爱德

---

[*] 原注：Cakes and Ale 的原意是"糕点与麦酒"，出自莎士比亚戏剧《第十二夜》第二幕第三场。托比·贝尔奇爵士：你以为自己道德高尚，人家就不能享用糕点和麦酒了吗？小说出版后不久，毛姆给评论家保罗·多汀写信解释道："书名指的是女主人公对待一切事件的态度。我本来也可以叫它'啤酒与九柱戏'，假如我之前想到了这个名字的话。"（1.1.31 HRHRC）

华·德里菲尔德的第一任妻子；爱德华原本是一个淳朴的乡下人，如今却成了全国敬仰的大人物。小说一经面世，德里菲尔德的灵感来源马上被认定是托马斯·哈代，作者对此表示了激烈的否认。"我发誓，我写这本书的时候从没想到过哈代。"毛姆对《每日电讯报》称，尽管后来别人问起这件事的时候，他的态度有些模棱两可。"哎呀，我也不知道。我否认过又承认过，承认过又否认过……也许整部作品里有些许他［哈代］的影子吧。不过，这又有什么关系呢？"

与大多数小说家一样，毛姆对外界寻找小说人物背后"现实"原型的做法感到恼怒；他乐于承认书中人物取材于生活——还能在哪里呢？——但他坚持认为，"在我写完的时候，作为原型的现实人物已经没有多少痕迹留存了"。然而，毛姆的情况不完全是这样。他会把真人真事不加多少修改就拿来用，纸面上的情节与现实里的事件高度重合，少有掩饰；就此而言，他比大部分作家都要过分得多。在他所有的作品里，没有一部比《寻欢作乐》更惊人，事实上是更臭名昭著地体现了这种贴合性。爱德华·德里菲尔德与哈代（他于1928年1月去世，毛姆不久后就动笔写《寻欢作乐》，这一点很重要）的相似之处过于明显，否认辩解实在是难以服人：两人都出身寒微，都写关于普通人的小说，都娶了出身中下阶层、在社交场上雄心勃勃的第二任妻子*，年老时都回到老家隐居——哈代是多塞特郡，德里菲尔德是肯特郡。与隐居马克斯盖特的哈代一样，住在弗恩府的德里菲尔德也成了上流文化圈的朝圣对象。两人都荣获了功绩勋章。

初夏时，书稿已经基本完成。5月30日，毛姆兴致勃勃地给杰

---

* 原注：1944年，洛根·皮尔萨·史密斯与休·特雷弗-罗珀讨论《寻欢作乐》时写道："第二任德里菲尔德夫人简直是对现实生活直接、准确的描述。这本书出版后不久，我在诺贝尔夫人家中举办的冷餐会中坐在一位'托马斯·哈代夫人'旁边。我听她讲着多塞特郡的社交生活，那些话好像是直接照着《寻欢作乐》念出来似的，我真的以为她是个请来扮演哈代夫人的演员，来给大家助兴。"（Edwin Tribble [ed.] *A Chime of Words: The Letters of Logan Pearsall Smith* [Ticknor & Fields 1984] p.86）

拉德·凯利写信说："我即将完成一部长篇小说，书名可能叫《寻欢作乐》，也可能叫《橱柜上的骷髅》。"他的高昂兴致并非空穴来风：《寻欢作乐》是处于巅峰期的毛姆创作出的一部杰作，手法娴熟，文风如绸缎般顺滑又层次丰富，与作者冷眼讽世的世界观相得益彰。该书拥有精巧的结构、生动的人物刻画、完美无缺的对话，从头到尾贯穿着一种令人爱不释手的无情和机智。除了两处不长的打趣段落里作者自我意识过于明显，以至于稍微有点出戏，毛姆在《寻欢作乐》中达到了行云流水、引人入胜的极致。全书以毛姆常用的口语风格写成，文雅而超脱，从第一句便将读者紧紧抓住。"我发现如果有人在你外出时给你打电话，留下话说有要紧事找你，叫你回家后立即回电，这件事多半是对他要紧，而不是对你要紧，"开篇有意采用随意的笔法，"所以，有一天我很晚才回寓所，换衣服吃晚餐之前只来得及喝一杯酒，吸一根香烟，结果房东费洛斯小姐告诉我阿尔罗伊·基尔先生之前打来电话，要我进屋就马上给他打回去的时候，我觉得完全可以无视他的要求。"

　　小说采用第一人称叙事，叙述者依然是文化人威廉［"威利"］·阿申登，显然就是作者本人。阿尔罗伊·基尔是他的老朋友，也是作家，性好自吹自擂，自以为是，自命不凡，靠着吹捧评论家和攀附名流，凭借二流小说取得了事业成功。现在，基尔请威利共进午餐。他刚刚接了一份差事，给已故著名小说家爱德华·德里菲尔德作传，而阿申登小时候与叔叔婶婶住在肯特郡黑马厩镇时恰好认识德里菲尔德。基尔渴望挖掘细节，他的盘问将阿申登带回了自己的早年经历，与亨利叔叔、苏菲婶婶在牧师官邸度过的童年，以及他与德里菲尔德和比丈夫年轻很多的妻子露茜两人结下的友谊。他们初次见面时，威利·阿申登刚刚有了一辆自行车，可惜还没学会，结果撞到了德里菲尔德夫妇身上。德里菲尔德好心地提出教他骑车，自负的少年威利不情愿地答应了。威利知道德里菲尔德夫妇的社会地位比自己低：德里菲尔德的父亲是当地的执达员，露茜以前是一名酒吧女服务员，名声不比她应得的名声更好。但是，和蔼可亲的德里菲尔德先生与性格甜美、体态优美的德里菲尔德夫人很快就赢得了威廉的喜爱，威廉经常去他们舒适的小屋里喝茶唱歌。他爱慕着露茜，对一切关于她的流言蜚语都置之不理。因此，当他偶遇露茜与黑马厩镇的煤炭商人在树丛里做爱时，他如遭五雷轰顶。那商人名叫乔治·坎普，是个趾高气扬、拈花惹草的家伙，当地人称"老爷"。*不久之后，负债累累的德里菲尔德夫妇趁夜搬家，从此绝迹黑马厩镇。

多年后，在伦敦学医的阿申登于街头偶遇露茜。当时，德里菲尔德是一名崭露头角的小说家，住在沃克斯豪尔桥外的一座朴素寓所。阿申登就是在这里结识了一批有趣的年轻作家、演员、音乐家，还有地位崇高的文学赞助人巴顿·特拉福德夫人。她似乎看中了爱德华·德里菲尔德的卓越才能，向评论家大力推介，还对上流社会的朋友们炫耀他。那么平庸、那么性感的露茜自然是一个麻烦 [橱柜上的骷髅]，但特拉福德很清楚如何对付这个麻烦。"[她] 对待德里菲尔德夫人的方式无可挑剔……诚恳，风趣，温柔，用尽手段让她过得自在。露茜竟然受不了她，这实在是奇怪。"阿申登迷上了露茜，两人还有过一段短暂的恋情。这段恋情对阿申登很重要，如果说对露茜不重要的话，因为她与往常一样慷慨，只是出于好心才跟他睡觉。此时，阿申登已经接受了露茜水性杨花的事实，但当她突然跟黑马厩镇煤商乔治"老爷"私奔时，阿申登还是惊讶不已。被妻子抛弃的德里菲尔德年老体衰，完全被精力充沛的特拉福德夫人摆布。随着她的操作，他的声望一路走高。哪怕在他搬回肯特郡，令人震

---

* 原注：亨利·毛姆牧师掌管的白马厩镇教区理事会里恰好有两个人，一个是 F. 坎普先生，一个是 C. M. 德里菲尔德先生。

惊地娶自己的护工为妻后，特拉福德夫人依然在支持着他。艾米，第二任德里菲尔德夫人是一个不知厌倦的守火者。丈夫去世后，她以为露茜也死了，便委托阿尔罗伊·基尔为德里菲尔德作传。基尔领到这样的肥差时志得意满，将阿申登也带到黑马厩镇外的德里菲尔德家宅弗恩府。德里菲尔德夫人骄傲地向客人展示大作家的书房：这里不再是工作室，而成了展示厅。透过基尔之口，毛姆说明了艾米如何将德里菲尔德当初带来的破烂旧家具都换成了新品。这一情节恰好唤起了作者与西莉的一段痛苦经历。

> "她跟我讲，书桌是最麻烦的一样东西。不知你有没有注意到书房里现在的书桌，那可是有年份的高档物件……他以前的嘛，是张美国产的破烂翻盖式书桌。他用了许多年，在上面写了十几本书，简直跟它分不开……你让艾米自己跟你讲她最后怎么把旧书桌弄走吧。那书桌真是无价之宝。你也知道，她是个不寻常的女人，总是自行其是。"

> "我注意到了。"我说。

不久，阿申登就去纽约监督新剧制作去了，在这里最后一次与露茜见面。当时的她是个年逾七旬的寡妇，过着心满意足的生活。她身宽体胖，面色红彤彤的，头发也白了，但依然挂着甜美的微笑。露茜依然在世，而且完整地记得第一任丈夫的事情；这条消息可不能告诉阿尔罗伊·基尔。

毛姆在《寻欢作乐》之后某版的序言中写道："露茜这个人物早就在我的脑子里了。我早就想动笔写她了，但总是没有机会。"毫无疑问，苏在芝加哥拒绝毛姆求婚后的许多年里，他仍然在想着她；甚至有一个细小却关键的线索表明，两人之后至少见过一次面，当时的苏已经是安格斯·麦克唐纳夫人，而且长成了小说里那位身宽体胖、面色红润的女人。毛姆在《客厅里的绅士》中有半句话写道，当他在掸邦骑行时，他的思绪回到了"一个有着甜美微笑的女孩的金色头发，如今她的头发短了，也白了"。现在，在这部带有强烈自传性质的长篇小说中，毛姆可以沉淀自己与苏的关系，将她美丽的金发、丰腴的身段、身上的香气、平静的善良天性重现于书页，一如杰拉德·凯利绘之于画布。威利·阿申登第一次与露茜做爱时激动不已，以至于迸发出泪珠；从各方面迹象看，这段情节取材于真实生活，甚至有第二天凌晨露茜溜出房间时用报纸裹住束腰这样的细节。《寻欢作乐》写到了威利在黑马厩镇度过的童年和青少年岁月，以及他与叔叔婶婶的关系，这些内容都与《人生的枷锁》高度重合，但笔触要更温和，更善意，作者对牧师夫妇的描绘中不乏幽默，甚至可以说不乏感情。威利的自画像极其迷人。他是一位值得同情的年轻人：举止传统，有一点势利，自尊心相当敏感，对自我形象非常在意，自以为穿上时髦新装就成了俊男子。与毛姆一样，阿申登先在伦敦学医，与热心肠的房东太太住在文森特广场的一间公寓里，后来成为作家，最终成就大名。

　　作为讽世者，毛姆对伦敦文学圈的刻画表现出了他本人最一针见血和凝练的水平。阿申登登堂入室的情形与毛姆本人的经历颇为相似。他年轻时便被邀请参加南肯辛顿的文学茶会和艾德蒙·戈斯在汉诺威排屋举办的"家庭聚会"，还在奥古斯都·黑尔的引荐下参加圣赫利尔夫人等女士举办的沙龙晚宴；毛姆结识托马斯·哈代就是在1908年圣赫利尔夫人于波特兰坊举办的宴会上。《寻欢作乐》里的霍德马什夫人身上可不止有一点不知疲倦的圣赫利尔夫人的影子，她"招待画家和作家，却从不看他们写的书、作的画，但她喜欢有他们做伴，享受通过他们了解文艺界动态的感觉"。评论界大佬奥尔古德·牛顿结合了戈斯和黑尔两个人的形象，"对结识的作家们特别友善……当面对他们说迷人的恭维话，但他们离开后，牛顿就会拿他们开涮……没有人比他更能讲出关于朋友的毒舌故事了"。回想起当年黑尔因为毛姆不说 conveyance，而说 omnibus 就骂他低俗的时光，毛姆写下了这样一段阿申登与奥尔古德·牛顿之间的对话。"阿申登从巴顿·特里福德夫妇举办的茶会告辞说了句，'我要坐 omnibus 走了。'牛顿答道，'哦？如果你指的是公共马车的话，我会问你能不能把我捎上。但是，如果你要坐的是那种我这种老派的人更愿意称为 conveyance 的车的话，我还是宁愿拖着这身肉去坐四个轮子的马车。'"

伦敦文学圈的女王正是影响力巨大的特拉福德夫人，她的丈夫是一位学者风范的公务员。夫人广受尊重，一个特别的原因在于，她是一位大作家的亲密友人。大作家去世后，她慷慨地将对方写给自己的信公开发表，她的丈夫又写了一篇文雅的传记，"其中明确点出了贤内助对一位大作家发挥的重大影响"。巴顿·特里福德夫妇的原型是文化名流西德尼·科文斯夫妇，丈夫是剑桥菲茨威廉博物馆馆长，妻子是罗伯特·路易斯·史蒂文森的好朋友。与小说中一样，史蒂文森去世后，科文斯将其书信结集出版，而且对妻子极尽恭维之能事。

科文斯夫妇、戈斯、黑尔、圣赫利尔夫人都曾是文化圈响当当的人物，挑动着毛姆天性里的反骨。然而，与老朋友休·沃波尔的抹黑相比，毛姆的描写要正面得多。时至 1930 年，沃波尔也成了文学名家，自封为"文学界总督"。他性格浮夸高傲，用功极勤，写出过无数部流行小说，出任英国图书协会会长，不知疲倦地辗转英美两地发表演说，众多委员董事的职责让他忙得不可开交，还喜欢结交名流（但朋友们很快便发现，一旦名声不如以往，他们便会被抛弃）。最重要的是，他推销起自己来简直是百折不挠。毛姆早在大战期间的彼得格勒就与他相识，后来逐渐喜欢上了他，但同时又觉得他荒谬可笑（这种态度在《月亮与六便士》中以休为原型的戴尔克·施特略夫中体现得很明显）。但是，由于沃波尔近年来自我推销的无情手段和欠缺风度的表现——用毛姆的话说，"他像猫的肉一样酸"——毛姆开始排斥他了。休似乎慢待了毛姆的两个好朋友，其中之一是杰拉德·凯利。另外，他不久前应邀担任一个著名剑桥系列讲座的主讲人，其中列出了一系列著名当代小说家，却没有提到毛姆；然而，这两次过节都不至于招来致命的抨击；其中必定另有隐情。恐怖小说家埃里克·安布勒曾提过一嘴，线索或许就在其中。他描述了出版商 A. S. 弗雷尔在奥尔巴尼举办的一次晚宴，毛姆、诺埃尔·科沃德、J. B. 普里斯特利都在场。当晚有人提到了沃波尔。"我认识休·沃波尔好多年了，"这时毛姆说道，

> "就我所知，他对好几位有才华的青年作家举止失当，其中一位是我认识的。休·沃波尔毁掉了他的人生。"
>
> 　　他怒视着我们。他的意图昭然若揭。我们都知道，他讲的其实不是有才华的作家，而是被沃波尔抢走的男友，是一份没有得到回馈的爱，是一瓶陈年旧醋……

毛姆笔下那个自私自利、热忱、缺乏幽默感、虚荣心强的阿尔罗伊·基尔以沃波尔为原型，忠实生活到了可怕的程度。"[我对] 罗伊有很深的感情"——这段看似无害的开场之后，阿申登接下来就要饶有兴致地描述阿尔罗伊（昵称"罗伊"）的愚蠢透顶了，

> 对待一位脍炙人口的小说家，没有人能比罗伊对他更真诚和善；然而，一旦懒散、失败或别人的成功为他的名声投下了阴影，也没有人能比罗伊对他更冷漠麻木……遍观当代文坛，我找不出一个像他这样才具如此平庸、地位又如此崇高的人物。

与沃波尔一样，阿尔罗伊·基尔渴望获得他人的喜爱，结交天下好友，这样就不会有人威胁他的好人形象了。听着他讲述计划中的重量级德里菲尔德传，阿申登看得再明白不过了，这部作品肯定会成为一本溜须拍马的圣徒传。"我跟你讲讲我准备写一本什么样的书，"罗伊说道，"那是一本披露私人生活的书，你也知道，里面要包含许多让人看得心底暖洋洋的细节，还要结合对作品的详尽点评。当然，点评不能沉闷，一定要富有同情心，是探寻的感觉……"阿申登问道，谈一谈这个人的缺点会不会更有趣呢？

"哎呀，我不能……我要保持绅士风范。"

"既当绅士，又当作家是很难的。"

"我不知道为什么难？……当然，如果我能完全肆无忌惮，肯定能大红大紫，这一点我并不否认……可那样一来，他们只会说我在模仿里顿·斯特拉奇。我可不行。我觉得，我更适合写那种不那么直白的、引人入迷的、微妙的文字，你知道的，那种柔的东西。"

阿申登对阿尔罗伊·基尔的私人生活讲得比较少，不过他可以讲很多，因为基尔与沃波尔一样喜欢自吹自擂，讲情场斩获等等。澎湃激情的青年时代过去后，人到中年的休安定了下来，对象是一位已婚的男警察。但是，毛姆过去被迫听了不少休的风流韵事，特别是他对英俊无匹的著名丹麦男高音劳里茨·梅尔希奥的那段令他挫伤的激情往事。梅尔希奥的情节在小说里也有模糊的影射：

[阿尔罗伊·基尔]对婚姻的看法只是抽象意义上的，因为他没有结过婚；很多艺术家都发现，结婚与追求艺术感召两者是很难兼容的。众所周知，他多年来对一位地位崇高的有夫之

妇怀有无望的激情。他谈起她时只有骑士般的崇拜之情，但人们都明白，她当年曾苛刻地对待他。

对不认识休·沃波尔的读者来说，这段话没什么意义。但是，对休本人来说，这是明目张胆地披露隐私，是毛姆蓄意诽谤的正面证据。

在他的长篇小说里，毛姆最喜欢《寻欢作乐》这一部。该书于1930年9月29日由海涅曼出版社推出；四天后，纽约的道布尔戴-杜兰出版社推出美版。萨默塞特·毛姆的长篇小说新作自然是值得注意的大事；但是，没有人能预料到以沃波尔为原型的阿尔罗伊·基尔引发了一场轩然大波。正如一名书评人所说，基尔是"自狄更斯在《荒凉山庄》中以利·亨特为原型塑造斯基普尔先生以来，对文学家最令人难忘的解剖"。正式出版前几天，不明就里的休收到了一本样书。9月25日上午，他兴致勃勃地从剑桥归来，参加了图书协会的会议，接着跟朋友共进晚餐，一起去看戏，午夜后才到家，刚开始脱衣服，正好看到床头桌上摆着的毛姆小说。休身穿睡衣，坐在床边，呆呆地翻开书页，读了起来。"我越读越害怕，"他在日记里写道，"显然写的是我。一晚没睡！"凌晨四点，暴怒不已的休给毛姆的出版商 A. S. 弗雷尔打电话，恳求他停止出版，而弗雷尔告诉他做不到，还宽慰他说，"我觉得没有一个人物跟你相像啊"。次日一整天，沃波尔都"垂头丧气"的，到处给朋友打电话，迫切地想要了解外界的看法。大多数人是尽量安慰说他想多了；也有人发誓说，毛姆已经在坚决辟谣了。"可他怎么能这样啊，"休哭嚎道，"有一段对话里明明就是我的口气……他把那么多朋友间交往的细节拿来，然后大加歪曲。"

沃波尔将自己的伤口公之于众，结果不得不进一步忍受人人都在谈论这件事的痛苦。他的朋友和对手都为他的窘境而沾沾自喜。

《寻欢作乐》"对休·沃波尔的描述极其恶毒，休气恼又恐惧，简直要疯掉了"，里顿·斯特拉奇在给姐姐多萝西·布希的信里写道，又愉快地补充道，"那本书很好看"；在一封写给毛姆本人的信中，E. M. 福斯特承认，"你那值得称道的毒舌让我无可言喻地着迷"。艾迪·马什幸灾乐祸地说，"我听可怜的休说，这本书让他完蛋了"。洛根·皮尔萨·史密斯做了一个不厚道的准确譬喻，说这部小说"是害死休·沃波尔的火炬花"。阿诺德·本涅特坚持认为毛姆描绘的形象毫无恶意，而是"完全公正、准确和善意的"，结果让情况更糟了。主流观点认为，这是沃波尔自找的——用贝弗利·尼克尔斯的话说，他"大声求着别人去讽刺自己"——也有少数人批评毛姆，认为他屈服于诱惑。哲学家以赛亚·伯林说，"我看到了毛姆，乃至任何一个牙尖嘴利的人为何抵抗不住撕咬无辜者血肉的诱惑，这显然是食人族特有的诱惑"。

10月，大西洋两岸均有多篇书评面世，以颂扬为主，但也有个别评论家宣称自己被作者明目张胆的主观臆断惊呆了。"没有一位英国作家能像萨默塞特·毛姆具有这样明显和不知羞耻的自传色彩。"莱斯利·A. 马钱德在《纽约时报》撰文称。伊夫林·沃（他的《邪恶的肉身》于同年出版）在《画报》中褒奖毛姆"技法娴熟，信手拈来……在世的作家里，我不知道有其他人对作品有这样高的掌控力。"尽管沃对毛姆有一点重要的保留意见——毛姆"外交官式的雕琢"，他说，"让他不可能达到灵光一现的美感和激情，而才能不及他的作家却偶尔能达到"；但是，他还是称赞了毛姆非凡的娴熟手法："他是勾起和吊着读者的胃口，直到恰当的时刻才出人意表地揭露真相的大师。"随着时间的推移，这部小说愈发受到推崇。1934年，戴斯蒙德·麦卡锡将《寻欢作乐》形容为"布局谋篇的典范"，将露茜这个角色称为了不起的艺术成就。到了二十世纪下半叶，戈尔·维达尔将《寻欢作乐》称为"完美的小说"；安东尼·伯吉斯也说这部作品

"品质卓越……［还是］一部文学批评的教科书"。

没有人会鲁莽到发表文章谈论休·沃波尔与阿尔罗伊·基尔之间的相似之处。然而，几乎每个人——而且通常是否定的态度——都注意到了爱德华·德里菲尔德与已故大作家托马斯·哈代的强烈相似之处。"［德里菲尔德］给人的印象就是用一支又短又钝的铅笔写字，"阿申登说，"每当他把我领进海上航船的前甲板或者酒吧间时，［我的］心就会一沉。我知道，接下来的五六页肯定是用鄙俗的语言来讨论生命、道德、永恒这些事情了。"这些不敬的看法被视为大逆不道，"践踏托马斯·哈代的坟墓""虐打裹尸布下的遗体""文学食尸鬼糟践坟茔"都是当时典型的媒体文章标题。当沃波尔总算鼓起给毛姆写信的勇气，抱怨老朋友对自己的残酷对待时，毛姆又拿出哈代打掩护。"我其实才是倒霉透了，"毛姆的回信开头写道，

> 你可能也看到了，报纸出来批评我，因为它们认为我笔下的老家伙以哈代为原型。简直荒谬！两人仅有的共同点是：高寿、得过功绩勋章、结过两次婚。你也知道，这些元素都是出于情节需要，这个角色丝毫没有哈代的影子。好了，我现在又收到了你的来信。我不能说自己很吃惊，因为我之前从［海涅曼出版社的］查理·伊文思那里听说你要给我写信……他从没想过阿尔罗伊·基尔与你有任何相似之处；当他给我讲的时候，我可以诚恳地向你保证：我完全没有想到过在书里描写你……

> ……阿尔罗伊·基尔……的原型有十几个人，其中有不少取材于我本人。在基尔身上，我的影子比任何一个我认识的作家都要多。我认为，如果你在他身上看到了任何与你的相似之处，那是因为我们或多或少都是同类人……

沃波尔回复毛姆言不由衷的辩解时写道[*]，他接受毛姆的说辞，但他其实根本没有接受。他对这件事仍然耿耿于怀，只要别人愿意听，他就一遍又一遍地念叨。次月，他去找弗吉尼亚·伍尔夫喝茶，她在日记里形容休"可怜、扭曲、畏缩、可笑"。"实话说，那本书不啻是一次巧妙的处刑，"谈到《寻欢作乐》里对休"剥皮般的写实"时，伍尔夫写道，

> 休显然被揭露为一个虚伪、自我膨胀而又厚脸皮的通俗小说家……在每一个方面都笨拙而不敏感。但是，休说，当他一次又一次在荆棘床上翻滚，让刺越来越深地扎进自己的心灵时，"我对这些事情倒不太在意。我在意的是几件小事——我和威利共同经历的小事——只有我和他知道的小事，他却写进了书里。这道坎我就是过不去……他还写信给我，说他不相信我怎么会受到伤害。他说，自己写书的时候从没想到过我。但是，那封信几乎比书本身还要恶毒"。

到了年底，风波基本平息了，涉事双方都松了口气。两人保持着友善的关系，至少表面如此：次年夏天，休的新作《茱蒂丝·帕里斯》面世后，毛姆给作者发了一封风趣的贺电，署名"阿尔罗伊·毛姆"。但1931年5月，随着带有诽谤意味的小说《琴酒与黑啤酒》在美国出版，风波再起。这本书大力抨击毛姆，作者笔名为"A. 利博斯特"[†]，人们起初以为是沃波尔的手笔，实际上出自高产的无名作家

---

[*] 原注：在沃波尔早已去世的1961年，毛姆在一封信里承认："休是个可笑的人，我写《寻欢作乐》时脑子里当然想着他。"（1961年9月6日，致梅立科·兰德）。在1950年的兰登书屋版前言中，他还写道："当时我刻画那个我取名为阿尔罗伊·基尔的人物时，心里想的确实是休·沃波尔。"

[†] A. Riposte 即 a riposte，意为"一次反击"。

埃莉诺·莫当特（出嫁前名为伊芙琳·克洛斯）。她是第二任哈代夫人的朋友。《寻欢作乐》深深刺痛了哈代夫人 *，于是莫当特决定用笔给朋友出气：她笔下的著名作家列文森·赫尔利一看就知道写的是萨默塞特·毛姆，言语间戾气满满。她的故事原本很薄弱，但广泛游历远东的经验让她的文字有了几分可信度。但是，由于她从没见过毛姆，而且对公众领域以外的毛姆显然一无所知，他起初也没当回事。不过，这本书后来要以《完整的圆圈》为题在英国出版，更有甚者，出版方竟然是毛姆的东家海涅曼出版社。海涅曼不愿意冒犯手下最畅销的作者，于是提出要把这本书压下来；面对风波卷土重来的前景，沃波尔同样大惊失色，于是恳求毛姆申请强制令。但是，直到 F. H. 毛姆对文本的诽谤性质产生警觉，并强烈建议毛姆采取行动时，毛姆才决定申请令状。当时，这本书已经转到了另一位出版商马丁·塞克手里。该社不幸地发现自己在收到毛姆律师的一封威胁信后，不得不召回刚刚面世的书册。

沃波尔只用了奇短的时间就说服自己相信，归根结底，他与阿尔罗伊·基尔之间没有多少相似点。不过，他当然明白，在"威利这样愤世嫉俗、不易相处又不幸福的人"眼里，他这样广受欢迎的成功人士会是怎么一副模样。然而，尽管别人出言安慰，但毛姆的刻画对他的外界形象造成了永久的伤害。《寻欢作乐》出版后，伦敦文学界便少有人尊重休和休的作品了。1937 年，沃波尔终于获得了盼望已久的骑士勋位，人们都打趣他说，那是补偿《寻欢作乐》的安慰奖。不过，《寻欢作乐》的名声倒是愈发远播。"[《寻欢作乐》面世后] 毛姆的小说家名望一时无两，"评论家弗兰克·斯温纳顿曾说，"该书出版后的几个月时间里，每一个活跃的小说家都被认为不及毛姆。"

---

* 原注：毛姆在书里透露了大量关于哈代夫妇、马克斯盖特的社交与家庭生活，以及包括戴斯蒙德·麦卡锡和西格里夫·萨松在内的几名来访者的细节。

毛姆传

第十二章

哈克主人

Master Hacky

　　《寻欢作乐》出版于 1930 年，接下来的十年是西方世界的板荡十年，毛姆的名誉声望却一路走高。1929 年 10 月 25 日，史称"黑色星期四"，美国股票市场崩盘，这标志着令数百万人生计无着的大萧条开始。但是，毛姆的投资有伯特·阿兰森精心照管，损失相对比较小。"我入手的都是金边证券，"毛姆对迈斯莫尔·肯达尔说，"因此我并不担心，等待雨过天晴就好。"到处都是萧索的景象，剧院观众骤减，书籍杂志销量大幅滑坡；毛姆却仿佛有护身符庇佑，基本没有受到影响。他的戏剧仍然在英国、美国乃至世界各地上演，《大都会》和《纳什》杂志给他的短篇小说开出了天价稿酬，一个单词一美元。他在出版方面也是幸运得出奇。大萧条为出版业带来了危机，但毛姆在大西洋两岸的出版商都是极少数生意依旧兴隆的企业。查尔斯·伊文思和 A. S. 弗雷尔共掌的海涅曼出版社保持了盈利势头，依然强盛；1927 年，道布尔戴与乔治·杜兰的出版社合并，由此缔造了美国最负盛名的出版机构之一；1928 年，首任社长之子纳尔逊·道布尔戴当选新任社长，在他的积极领导下，道布尔戴-杜兰出版社在三十年代初成长为英语世界的第一大出版公司。

弗雷尔和纳尔逊·道布尔戴都与毛姆有私交。弗雷尔短小精干，颇有些神秘，对早年经历闭口不谈。他既有魅力，又对文学有着真挚的热爱和广泛的知识；他为人好交际，许多作家都跟他很熟。"他是个有温度、有感情的人，慷慨大度又令人振奋，"谈起社里的名作家，弗雷尔说道，"他所求的不过是同等的真诚与感情。"在专业层面，弗雷尔很有眼力，对毛姆最有价值的品质看得很清楚。他在一次访谈中说，毛姆"拥有不可估量的讲故事天赋。他的长处在于……[对他技艺的]真诚，这份真诚的基础是牢不可破的谦卑心。他知道自己并非天纵英才，但他决心运用自己全部的能力去吃这碗饭"。两人完全懂得这段合作关系的规则和禁区：作家把稿子给出版社，出版社拿去出版，不许编辑插手。"我跟威利合作了那么多年，在作品方面，我们从未有过龃龉，"弗雷尔回忆道，"威利把手稿给我以后，我直接就排版。我会把样张寄给他，他十天内给我寄回来，就这样。我们连一个逗号都不会动。他以前总说：样张改完以后，我就不想管它了。他从来不对封面发表评论。"

纳尔逊·道布尔戴与毛姆的合作关系同样一帆风顺，如果说他的个性与弗雷尔大不相同的话。纳尔逊块头大，为人热情，嗜烟好酒，热爱户外运动，在社交场合不是很自在，对待包括毛姆在内的亲友却温柔大方。"威利是我这一辈子见过的最有意思的人。"纳尔逊从来不爱读书，第一位的身份是商人，以手段强硬著称，是业内最精明的人物之一。"我不读书，"他经常自吹道，"只卖书。"他以压价凶狠自诩，但据社里的一名同事说，"威利每次都能把纳尔逊逼到墙角"。毛姆每次来到位于长岛的出版社都是编辑们的开心时刻，只见高大的纳尔逊站在矮个子英国人面前，"就像一只圣伯纳犬站在一只比格犬面前一样……'当然，我对商业一窍不通。'毛姆开口总是这一句，但还没等两人把话说完，他总能从纳尔逊那里拿到自己开出的价码——那价码当然是很高的"。

　　毛姆是最有名的在世作家之一，他的书销量巨大，几乎被翻译成了每一种语言。他还引来了严肃评论界的注意，而且大部分来自本国之外，这一点或许有些意外。与同为小说家的查尔斯·摩根与罗莎蒙德·莱曼一样，毛姆在法国的文学声誉要比在英国高得多，英国上流圈子并不会认真对待他的作品。在法国，首次认真对待毛姆作品的人是图卢兹大学的一位教授：1926年，保罗·多汀发表了题为《萨默塞特·毛姆的现实主义》的论文，两年后扩写为专著《萨默塞特·毛姆及其小说作品研究》，1937年又出版了《萨默塞特·毛姆戏剧研究》。1935年，毛姆以其文学贡献获颁法国荣誉军团勋章军官勋位。没过多久，以毛姆为主题的学术研究纷纷涌现，而且从法国延伸到了德国和美国。与此相对，英国知识界对毛姆基本是不屑的态度。他的照片出现在了威尔斯牌"大作家"系列香烟的烟盒上，但1930年出版的三部最有影响力的文学概论类专著中却完全没有他的踪影：《英国文学史》（埃米尔·勒古伊与路易·卡扎米安著）基本没有提到他的名字；《二十世纪文学》（A. C. 沃德著）只讲了他的戏剧；《二十世纪二十年代》（A. C. 沃德著）则根本没有关注毛姆。*《牛津名人名言辞典》里连一个毛姆的条目都没有，直到1953年版才加进去一条；对于一位如此流行而高产的作家来说，这实在是咄咄怪事。只有一群离经叛道的批评家给予了毛姆应得的关注，他们在智识上是严肃的，但游离于正统学院之外，有雷蒙德·莫蒂默，有理查德·阿丁顿，还有在《前途的敌人》一书中将毛姆誉为"最后一位伟大的职业作家"的西里尔·康诺利。

---

* 原注：近半个世纪之后，情况依然没有多大改观：1988年出版的巨著《三十年代英国作家》（瓦伦汀·坎宁汉姆著，牛津大学出版社）只提到了毛姆的一部作品，即短篇小说《雨》，只是简略提及，存在错误，而且放在括号里。

对毛姆本人来说，意义最重大的评述来自老朋友戴斯蒙德·麦卡锡。《威廉·萨默塞特·毛姆：英国的莫泊桑》是一本 1934 年由海涅曼出版社推出的小薄书，部分是文学评论，部分是回忆 1914 年两人在法国初次相识的经历。麦卡锡将毛姆与莫泊桑相提并论："他能感知到大众对什么感兴趣，因为他与莫泊桑一样，是一名入世的艺术家……在巅峰状态下，他能写出古往今来最优秀的故事。"毛姆之所以感念这段评语，不只是因为麦卡锡是广受尊重的评论家，也是因为他属于布鲁姆斯伯里团体，一个毛姆自认为受到其不公正冷遇的精英圈子。大卫·加涅特有一句话反映了该团体通常对毛姆的态度。有人问加涅特对毛姆怎么看。"关于毛姆在布鲁姆斯伯里团体内的名声，恕我无话可说，"他高傲地答道，"因为我从没听过别人讨论他。"这样的忽视让毛姆感到痛苦。毛姆对自己的文学地位并没有幻想："我知道自己的地位，"他不止一次说过，"我处于二流作家的最前列"；但他恼怒的是，自己明明是成名作家，而且与布鲁姆斯伯里团体一样向来鄙夷大众对宗教、阶级、性伦理的看法，却依然遭到令人蒙羞的无视。然而，除了二流作家的名声以外，布鲁姆斯伯里团体还有另一个排斥他的原因，那就是他的成功和随之而来的财富。萨默塞特·毛姆居有豪宅，行有豪车司机，还有私人游泳池，这些与波希米亚生活是根本的格格不入；他奢华的生活方式与查尔斯顿、戈登广场的文人雅士是骨子里的水火不容。

麦卡锡的评论文章发表三年前，第一部毛姆作品目录问世，编者的身份颇有些出乎意料。弗雷德·巴森是一位出身沃尔沃斯工人阶级家庭的小伙子，1931 年推出《威廉·萨默塞特·毛姆作品目录》*，该书前言由毛姆亲自撰写。巴森家境贫寒却热爱读书，从小崇拜文

---

* 原注：这本书编得很业余。学究气的芝加哥阿尔戈斯书店老板将该书形容为"一本可怕的书……到处是错误"。（巴森致毛姆的信件，日期不详，HRHRC）

学大家，经常在剧院和高档餐馆周围晃悠，希望能拿到大作家的亲笔签名。他对毛姆尤其热衷，十九岁时就给毛姆写信，说自己想编一部毛姆作品目录。毛姆心动了。"若有照片的话，不妨寄一张给我……好让我知道是怎样的一位男孩子在给我写信，"他告诉他，还补充道，"下次我去伦敦时，希望你我能见上一面。"他们确实见面了，交情也不错，但巴森从一开始就表明绝不会肉偿。（毛姆给了他几份贵重的礼物后，弗雷德在个人笔记里写道："我们伦敦东区子弟会努力还债的，但绝不会按照他希望的方式偿还——永远不会。"）应毛姆之请，巴森带他逛了逛沃尔沃斯；沃尔沃斯与兰贝斯相邻，勾起了毛姆的怀旧思绪，两人一起看了赛狗和拳击，与巴森的父母一起喝茶（巴森夫人为毛姆织了一条羊毛衫做圣诞礼物）。他们还去了象堡一带的音乐厅，身穿昂贵黑色大衣的毛姆很是显眼，只是天气太冷，他实在不能脱下来。小伙子出身贫民窟，却对书本和戏剧如此热忱，毛姆颇受触动，之后几年里一直给他送戏票，偶尔还会接济他一下，一度还鼓励巴森投身创作，直到这位多产的青年作家提出了过分的要求为止。"不，我不想读你新写的剧本，"毛姆在一封1931年11月致巴森的信里写道，"我今年读过你写的一出戏了。请你记住：许多人都会把未发表的作品拿来找我提意见，光是过去两周就有五个人来找我。目前为止，我认为你已经得到了公平的待遇。"

巴森的志向是开一家自己的古董书店。为了帮助他实现理想，毛姆赠给他一批自己的手稿和签名初版图书，每卖出一本给毛姆10%的提成。"那是一个灿烂的机会，"巴森回忆道，"我的人生中唯一一次开独立书店或住上好房子的机会。"刚开业时一切都好，但巴森后来越界了。第一件事是关于一笔应该付给毛姆，其实被弗雷德花掉的款项的"误解"。毛姆给他写了一封信，口气跟父亲教训儿子似的。"你完全明白这样做是不对的。要我说的话，花掉不属于你的钱应该很有诱惑力……但是，这样做是错误的。"这件事还没平息下去，另一件事便招来了毛姆更严厉的指责。巴森本来承诺只把毛姆的赠书卖给个人，可面对美国书商开出的高价，他就把签名本出手了。两人最终决裂是在毛姆拜访巴森的母亲之后：巴森不仅要求毛姆给好几十本书签了名，还口述大段文字要毛姆写在书上，纯粹是为了抬高价钱。毛姆当即决定与巴森断绝关系，对小伙子说他再也不会给书签名了，不过"你大可以将我寄给你的明信片或信件卖掉，如果你能找到够蠢的人出钱买的话"。

年近六十的毛姆毫无慢下脚步的迹象，写作计划安排到了很久以后。现在，他决定要完成之前的四部戏剧，第一部就是《圣火》。四出戏讲的全是"敏感"话题——比方说，《圣火》的主题是安乐死——毛姆觉得它们不太可能火起来：这部剧的成功让他吃了一惊。但是，走到人生的这个阶段，他已经不想用文字取悦大众了：过去的近三十年里，他一直在为剧院写作，一共写出了三十多部戏。他觉得自己写剧本已经写烦了，再也不能从中获得乐趣。在一次访谈中，他讲述了写剧本的"艰难与挣扎"，接下来又发了一通牢骚，说自己不得不跟演员和导演合作真是"糟透了"。"我没有观看排演、与演员争吵、删改剧本的欲望、时间和体力了"，他说，就戏剧而言，"你没有那种书籍作者与读者之间的亲密关系"。而且，他越来越相信自己已经跟不上时代了。在毛姆剧本集最后一卷的前言里，毛姆写道，"写剧本是年轻人的事。与其他艺术形式相比，戏剧的潮流变化要剧烈得多，迅速得多"，如今是"以风格轻快却不乏坚定的诺埃尔·科沃德先生为首的"青年作家的天下。为了强调最后一点，他还给科沃德寄了一张自己的照片，上面写着"一位束之高阁的绅士的照片"。

1930 年 3 月底，毛姆交出了新剧《养家糊口的人》（*The Breadwinner*）的剧本。9 月 30 日，该剧于沃德威尔剧院首演，主演为罗纳德·斯夸尔、玛丽·勒尔、杰克·霍金斯和佩奇·艾什克劳福特，连续上演了五个月。《养家糊口的人》是一出富有生气，但归根结底不令人满意的戏。男主人公查尔斯·巴特尔是一位股票经纪人，有一天，他突然觉得自己对工作、家人、格德尔斯绿地的舒适家庭生活都烦透了，再也不想满足妻子和孩子贪婪的物质索取。巴特尔有些暗淡地重演了《月亮与六便士》中思特里克兰德富有戏剧性的离家出走，与思特里克兰德不同，他没有将自己献给艺术，只是独自开始了一段不知详情的新生活。毛姆尽职尽责地观看了排演，也参加了西区正式上演前的城外预演。然而，如果说毛姆觉得与演员做伴没什么好处的话，但他对演职人员绝非漠不关心，这从《养家糊口的人》的排演过程就能看出来。伊斯堡首演结束后，男主角罗纳德·斯夸尔对一位年轻女演员大发雷霆，最后把她吓哭了。毛姆在餐厅举办庆功宴时一下子就注意到胡德小姐不在场，于是派自己的司机去接她，而且坚持要了解实情。斯夸尔丢脸地承认自己——用他的话说——"让她不好过"。接着，毛姆冷冷地宣布，如果斯夸尔再欺负其他演员，他就要收回剧院方演这出戏的权利。年仅十九岁的杰克·霍金斯与其他人一起目瞪口呆地见证了这一幕，他回忆说，麦琪·胡德最后到场时"红着眼圈，楚楚可怜。但上餐桌时，威利让她坐在自己右手边，一整晚都把她当作女主角对待"。

与西莉离婚后，毛姆在伦敦西区或周边有过多处寓所。起初，他的公寓地址是半月街18号，皮卡迪利大街旁边。房东太太是一位十分体面的女性，"专业，不多嘴，处世淡然，而且要价很高"。毛姆的房间位于一楼，客厅里摆着蕨类植物的盆景，椅子都配有椅罩，墙上的装饰画描绘着骑士与贵族夫人的浪漫场景。一位来采访他的记者震惊地发现，"一位大肆谴责当代道德的人，生活环境里竟然是维多利亚时代风格的长毛绒和蕾丝窗帘"。毛姆喜欢生活在伦敦。"我真的喜欢伦敦的味道、人群和色彩，"他给奥斯伯特·西特维尔的伴侣大卫·霍纳写信道，"这里是我最自在的地方，全世界也没有几个地方能像伦敦这样让我悠游逍遥。"他的一切需求都可以在半月街的步行范围内解决：沙夫茨伯里与河岸街和剧院；他最喜欢的定制服装店，位于旧伯灵顿街的莱斯利与罗伯茨裁缝铺；他最喜欢的理发店，寇松街的特兰珀发廊；圣詹姆斯广场的大英图书馆；还有好几家书店，包括皮卡迪利大街的哈查德书店和牛津街的邦普斯书店。毛姆去庞德街的美术馆、皇家学院、苏富比与佳士得拍卖行也很方便。而且，他所属的加里克俱乐部同样在不远处，毛姆经常去喝酒打牌。星期天总会留出打高尔夫球的时间，球友要么是 F. H.，要么是芭芭拉·拜克；打完球后，他通常会去摄政公园附近的芭芭拉家，与拜克夫妇共度桥牌之夜。毛姆在这里过得很安心，身边烟雾缭绕，他戴着眼镜坐在牌桌旁，除了拜克夫妇以外，桌边还有其他请来的牌友，有时是 H. G. 威尔斯，有时是杰拉德·凯利，有时是巴希尔·巴特莱特，一名住在附近的俊秀年轻男演员。他之所以觉得惬意，主要原因是不需要社交，谈话很少，有老朋友相伴，还有一顿冷牛肉配烤土豆的便饭。

　　毛姆从年轻时就喜欢打桥牌，他认为桥牌是"人类设计出的最有趣的游戏"。所有牌类游戏他都喜欢，经常被人看见玩各种单人牌戏，特别是旅行期间。他扑克打得很好，也喜欢打惠斯特；但他最喜欢的还是桥牌。结巴的毛病自然是一大障碍。"我因为口吃输掉的牌有好几百把，"他曾抱怨道，"我本来手里有满贯（slam），可就是叫不上牌——s 的音死活发不出来。"尽管如此，他依然喜爱桥牌这种无情、果断、需要运用直觉和平衡判断力的智力体操；他也喜爱桥牌带来的琢磨搭档和对手的机会。"牌友的行为为人性研究者提供了永无止境的观察素材，"他曾写道，"除了极少数高深莫测的人，只要陪他打过几轮桥牌，本性基本就摸透了。"正如他说过自己位于二流作家的最前列，他对自己的桥牌水平也是同样的看法。"我不敢说自己是一流牌手，"他给另一位桥牌爱好者写信说，"但不谦虚地说，我觉得自己在二流牌手里是很厉害的。"毛姆最崇拜荣获世界桥牌锦标赛冠军的美国选手查尔斯·格伦，收藏了格伦每一本讲桥牌的书，而且将格伦写的《桥牌进阶指南》奉为圭臬。他曾对格伦说："我真希望自己的小说能像你写的桥牌指南那样令人欲罢不能。"在纽约的时候，毛姆偶尔会找格伦打牌，有一天晚上竟然赢了格伦12美元，这让他高兴极了。1944年，格伦请毛姆给自己的《叫牌标准技法》作序。毛姆本人的作品里也经常提到桥牌：剧本里有（如《史密斯》和《圆圈》），长篇小说里有，许多短篇小说里有（如《林中脚印》《书袋》和《昂蒂布的三个胖女人》），非虚构作品里也有（如《客厅里的绅士》）。

毛姆在伦敦停留的时间有限，很少有晚上能闲着。他常会大宴宾朋，地点通常是卡普利斯酒店、萨伏伊酒店和罗亚尔咖啡厅；他还是上流沙龙女主人争相邀请的嘉宾，包括沙龙界的两位领袖，西比尔·科尔法克斯和埃默拉尔德·丘纳德。科尔法克斯夫人与丈夫住在国王路的阿盖尔大宅，是西莉的邻居。西莉与西比尔互相看不惯，还有商业竞争关系——西比尔·科尔法克斯也是做室内装潢的——邻里关系也不好，科尔法克斯家养狗，犬吠让西莉简直要抓狂，而西莉爱办宴会，大半夜出租车门狠狠扣上的声音也令科尔法克斯太太烦心。毛姆自然无所谓，他挺喜欢追捧名流的"煤斗"太太[*]。在他眼里，她是个好心肠的女人。毛姆欣然成了她身边的一只"雄狮"，享受在她的沙龙里与其他名流交往的时光。他在科尔法克斯家见过科尔·波特夫妇、格什温夫妇、阿图尔·鲁宾斯坦、H. G. 威尔斯、马克斯·比尔博姆、诺埃尔·科沃德，见过温斯顿·丘吉尔、吉普斯·钱农、哈罗德·尼克尔森等政界人物，也见过声名显赫的贵族，如戴安娜·库珀夫人和威尔士亲王。西比尔·科尔法克斯有一本著名的生日纪念册，她会邀请自己最喜欢的朋友在上面写寄语。毛姆写下了一

---

[*] "煤斗"英文为Coalbox，与科尔法克斯（Colefax）读音相近。

句难解的诗，出自法国象征主义诗人亨利·德·雷尼埃：Qu'importe
sa vie a qui peut par son rêve /Disposer de l'espace et disposer du
temps?*

上面提到的不少人也常去格罗夫纳广场丘纳德夫人家的沙龙，
但那里的氛围截然不同。埃默拉尔德·丘纳德是美国人，丈夫是已故
的航运业大亨巴奇·丘纳德爵士。她个子不高，五官精致，头脑聪
明，而且特别赶时髦。一名仰慕者说，她有着"轻如蓟花的冠毛"，
长着一双蓝眼睛，脑袋长得就像宁芬堡出产的牧羊女瓷像似的。人
们经常用鸟儿来形容她——她有一个朋友说过，"她就跟个小鹦鹉似
的"。埃默拉尔德或许看起来头脑空空，其实却读过很多书，雅好音
律，更有敏锐的政治嗅觉。她说话也很机智，"在她家里不可能感到
厌倦"，哈罗德·阿克顿回忆道；塞西尔·比顿说，有的时候，她的
耿直评论很有破坏力，"讲述的方式富有艺术性，简直像一位了不起
的女演员"。她精心布置的午餐会和晚宴特别有趣，女主人亲自安排
指挥：她会先用鸡爪子似的小手敲打桌面，然后指着一名客人——
可能是安娜·巴甫洛娃、托马斯·比彻姆爵士、威斯敏斯特公爵，也
可能是某位前途无量的年轻剧作家——宣布要对方就她选定的题目
即席发言。一想到此处，有些赴宴者自然会觉得害怕——有人看见
毛姆绕着格罗夫纳广场走了一两圈，然后才鼓起按门铃的勇气，这
样做的人可不止毛姆一个——不过，这个招数的效果是很好的。埃
默拉尔德的一位朋友说："大家说话特别踊跃，埃默拉尔德……的突
然袭击战术让每个人都必须开口。"毛姆特别欣赏埃默拉尔德；两
人结下了真挚的友谊，她是能够调戏毛姆而安然无恙的少数人之一。
有一次，他从晚宴告辞得特别早，给出了一个好玩的借口，"我得

---

* 原注：意为"对于一个在梦里掌握时空的人来说，生活又有什么意义呢"？出自《穆
斯林之地》。

保持青春去了"。埃默拉尔德挑剔地反问道："那你怎么不把他带来呢？"[*]

回伦敦的时候，毛姆与前妻只有最低限度的联系。经济萧条对西莉扩张中的商业版图造成了沉重打击，她原本在芝加哥、棕榈滩和洛杉矶设有分部，纽约还有一间展览厅，现在不得不几乎全面撤出美国市场：她退场的时机踩得很准，因为美国海关与她发生了一些不愉快的纠纷，发现她带入和带出美国国境的某些物品与报税单列出的项目不完全相符。另外，美国财政部经调查发现，西莉的公司有两套账簿，还在财务方面做了些手脚。幸好，这些尴尬的事件跟毛姆再也没有关系了：他联系西莉只有一件事，即每年安排与女儿见两次面。已经十五六岁的丽莎出落得愈发动人，但日子过得痛苦而不安。她与父亲见面的场合特别正式——在克拉里奇餐厅吃一顿午饭或晚饭——两个人都很难受：多年以后，一位美国朋友请毛姆去克拉里奇餐厅吃饭，结果他拒绝了，理由是那里有太多痛苦的回忆。据丽莎回忆，毛姆不习惯跟青春期的女孩子做伴，选择话题时不免有些迟钝。"我还记得自己被他的话深深伤害过。我当时大概十四岁，他跟我说，当初发现我是个女孩时觉得很失望……我听了沮丧不已。"毛姆带丽莎看过两次戏，让时间过得轻松了一些，但还是受罪，分手的时候两人都松了口气。离别时，毛姆会给她一枚价值八分之一英镑的皇冠银币，然后叫车送她回家。1931年，他送了十六岁的丽莎一辆轿车，这让她特别激动，因为汽车让她平生第一次有机会脱离母亲的掌握。这段时间前后，丽莎发现了毛姆是个同性恋，她之前对此一无所知。"我当时吓坏了，"她回忆道，"有一天，

---

[*]　这里用到了英语里 youth 一词的两个含义。毛姆的原话是"I have to keep my youth"，其中的"youth"是"年轻、有活力的状态"的意思；埃默拉尔德的反问原文是"Then why don't bring him with you?"其中的 him 是用于男性的第三人称代词，指代的对象是 youth，取的义项是"年轻人"，暗指毛姆的年轻情人。

沃恩克里夫勋爵——他是个可怕的人——单刀直入地对我说：'你知道你爸爸不正常吗？'爸爸一直以为是我妈跟我讲的。其实她从没跟我提过这件事，可爸爸就是不信。这也是他们俩关系恶劣的一个原因。"

从伦敦回到南法，毛姆马上就会投入到写作中，但他的社交生活不会止步。毛姆年近六旬，体魄却不输年龄比他小得多的人。尽管他那胡须精心修建的面庞开始显出皱纹，黑色的眼睛下面也有了阴影，但他浓密齐整的背头里没有一根白发，身段依然苗条。他每天都会刻苦锻炼，到海角远足，游泳，滑水，打高尔夫，打网球。到处都有人请他赴宴，他自己也大宴宾朋，延请的客人既有浪荡子，也有头面人物，不一而足。毛姆并不是那种只看社会地位的势利之徒，不过，他确实喜欢与公爵用餐：贵族头衔和高门世家让他着迷不已，有皇族在场时，他内心里会暗暗激动。在埃默拉尔德·丘纳德举办的一次午餐会上，欧洲社交场的敏锐第一人吉普斯·钱农观察了毛姆对地位崇高的老廷臣哈利·斯托诺尔爵士的态度。"毛姆在高傲的斯托诺尔面前有几分媚态，"钱农敏锐地注意到，"哈利爵士对毛姆的屈尊俯就则有轻蔑的感觉。"毛姆搬到南法后不久，维多利亚女王之子康诺特公爵就请他到位于弗尔拉角的别墅参加晚宴。还有一次，惊悚小说家 E. 菲利普斯·奥本海默到玛莱斯科别墅喝茶，结果发现了惊人的一幕：毛姆身上是时髦白衣，杰拉德穿着自己最好的淡粉色衣服，两人正在招待暹罗国王夫妇。"那是一次奇特的小型聚会，"奥本海默评论道，"毛姆把主要精力放在了王后身上，这也没什么好惊讶的。王后虽然个头不高，但面容、仪态、谈吐都很有魅力。她也会打网球，风格相当随和。"

只要按照他的交往规矩来，毛姆就是一位好客的主人，喜欢有思维含量的谈话，这种谈话在蓝色海岸的外侨圈子里可是稀罕物。不过，当地也有几个有意思的人，比如下面几位作家：F. 丁尼生·杰西，他写过一本缅甸背景的小说《漆器姑娘》，毛姆自然对他会有兴趣；迷人又顽皮的伊丽莎白·罗素，《伊丽莎白与她的德国花园》的作者；还有迈克尔·阿伦，靠畅销书《绿帽》赚了一笔钱之后，他就在戛纳郊外置办了一处房产。毛姆的法国朋友中间，奥拉斯·德·卡尔布恰是最聪明、最有趣的人物之一。卡尔布恰出生于科西嘉岛，是个乐呵呵的秃头胖子，住在圣马克西姆海滨。他创办了法国编辑出版社，还是极右翼期刊《格兰戈尔》的主编，天资聪颖，脾气不好，无法无天又颇为迷人，对文学有着深沉的热爱和广泛的知识。他与毛姆初次结识于大战后的伦敦，两人随后成了朋友。卡尔布恰在《格兰戈尔》上发表了一批毛姆的短篇小说；更重要的是，他对毛姆戏剧登上巴黎舞台起到了关键的作用，《雨》《圆圈》《信》《圣火》四出戏都是他安排翻译成法文的，译者是他的女友布朗谢夫人。由于毛姆不缺钱，卡尔布恰又想帮自己的"小宝贝"一把，于是版税收入就分给了布朗谢夫人和杰拉德两人。毛姆之前跟他讲过，"我有一个很喜欢的秘书"*。毛姆搬来法国让卡尔布恰很高兴，他很喜欢这位英国人的冷幽默。有一天，卡尔布恰对他说"'那么，你喜欢法国咯。''我喜欢在法国生活。'他咬文嚼字地回答道"。†毛姆也尊重卡尔布恰的编辑能力，跟他在一起很开心。不过，毛姆不喜欢他的政治倾向，而且知道他是个流氓。"他是一个讲恶棍规矩的恶棍……[但]他很擅长讲搞笑、尖酸的故事……对于他的愤世嫉俗和厚颜无耻，我不禁觉得迷人。"

无比和善的 H. G. 威尔斯与卡尔布恰同样聪明，但性格大相径庭。不久前，威尔斯在格拉斯给自己盖了一座房子。早在战前毛姆第一次通过马克斯·比尔博姆、雷吉·特纳初次与威尔斯见面起，两

---

* 原文为法语。

† 原文为法语。

人就建立了愉快的友谊。毛姆倾倒于威尔斯的聪慧非凡与令人沉醉的谈吐，如果说未必完全欣赏他的小说作品的话。在毛姆看来，威尔斯是一名失败的小说家，因为他对类型的兴趣超过了个体；于是，"他呈现于读者面前的不是个体，而只是会说话的活木偶，其功能是抨击或辩护某种观念"。两人现在成了邻居，经常见面。一开始，威尔斯身边有迷人却令人厌烦的情妇奥黛特·科伊恩做伴。但是，他前不久又爱上了美丽的俄国女子穆拉·巴德贝格，就想把奥黛特甩掉。奥黛特嫉妒得发狂，用尽一切办法阻挠他的新恋情。她发现毛姆是一个富有同情心的倾听者，向他大倒苦水，却将他的殷勤误以为是站在自己一边。出于感激之情，她将自己写的一本论英国和英国人的小书献给了他，在致谢页里大加恭维："我亲爱的威廉……在我彷徨无措的日子里，你表现出了无畏、智慧和牢固的友情，令我感念至今……你有着真诚的精神和敏感温柔的心灵，这是你跟我所认识的每一个男人和女人都不同的地方，我对此唯有仰慕与敬爱。"但是，书出版没多久，奥黛特就发现毛姆做了一件不可饶恕的事：在她外出期间，他在玛莱斯科别墅里招待了H. G.和可恨的穆拉。奥黛特被激怒了，立即要求出版商在这本书的新版里删掉致谢，还给"亲爱的威廉"写了一封诉苦信，大谈毛姆的残忍背叛。

> 你其实并不是特别善良，也并不是特别敏感……我忍受不了自己［在致谢中］写下的文字，因为它简直错得离谱……啊，威廉！啊，威廉！……你不要回这封信。我再也不想收到你的消息，再也不想听到你的事情。已经结束了，这段浅薄而易碎的友谊……

毋庸多言，奥黛特的暴跳如雷完全没有影响两个男人之间的关系。渐渐地，毛姆几乎爱上了神秘莫测的穆拉，一如他对威尔斯本人的喜爱。

每逢夏季，里维埃拉就会迎来大批五花八门的外国客人，从来不缺人做伴，比如欧仁·奥尼尔、歌剧演员玛丽·嘉登、查理·卓别林和亚历山大·伍尔科特。伍尔科特在昂蒂布租下了一栋度夏别墅，他为毛姆带来了许多新血液，毛姆结交女演员露丝·戈登和马克斯三兄弟之一的哈珀·马克斯就是通过伍尔科特。过了一些年，毛姆得知一件趣事：哈珀在加州的房子里有一间"图书室"，里面只有两本书，都有作者签名，一本是萧伯纳送给他的《圣女贞德》，另一本就是《人生的枷锁》。

大体来说，玛莱斯科别墅的客人分两类，一类以已婚夫妇为主，另一类的话，有人后来形容就是"万国同性恋"。第一类包括凯利夫妇、布莱特夫妇、弗雷尔和夫人帕特、艾伦·普莱斯-琼斯和夫人波普伊、戴斯蒙德·麦卡锡、家财万贯的巴黎金融家雅各·兰德尔等朋友，还有刚刚与结发妻子离婚，随即准备再婚的纳尔逊·道布尔戴。芭芭拉·拜克是毛姆最亲近的女性朋友，他经常请她来充当女主人的角色。毛姆喜欢这位优雅、爱八卦的金发女郎，尤其欣赏她的桥牌技艺：他赠送了一部长篇小说给她，扉页上写道："献给芭芭拉：我出方块的时候，她从来不叫 Q——作者兼牌友敬上。"芭芭拉经常来玛莱斯科别墅，一般都是她自己，因为她那个浮夸又花心的老公，爱赶时髦的外科医生伊沃尔·拜克很少有机会陪她[*]；毛姆觉得正好，他喜欢独占芭芭拉，宠溺她，有一次在冲动之下还送给她一件貂皮大衣。她完全知道如何掌控毛姆，手段兼有狡黠和尊重；他则喜爱她的质朴和"流浪儿式的幽默感"，而且要靠她絮絮叨叨的长信来了解伦敦的隐秘逸闻。"你的信真是令人快活的福音，"他告诉她，"就

---

[*] 原注：A. J. 克朗宁的小说《城堡》中有一个性情温和、自私自利的负面角色伊沃利先生，原型就是伊沃尔·拜克。

像一缕从伦敦吹到里维埃拉的清风。"玛莱斯科别墅小圈子的另一名成员是小说家 G. B.（格拉蒂丝·布朗文·）斯特恩，通称彼得。彼得·斯特恩是个圆脸盘的大胖子，刘海跟英国犬种斯凯㹴脑袋前的毛似的，容貌称不上美丽，但说话很搞笑，总是喜气洋洋的，是公认的活宝。然而，她在餐桌前总是胡吃海塞，还有全裸太阳浴的习惯，从审美角度看实在不太雅观，这些都让毛姆觉得不舒服。不过，她的鉴赏力很好，毛姆尊重她的评判。"在我认识的作家里，她是最不以自我为中心的一位，"他曾给侄女凯特写道，"你越是了解她，就越觉得她讨喜。"F. H. 的儿子和三个女儿也经常来毛姆家玩，F. H. 有时也会陪着。"我觉得他们过得都挺开心，"1931 年 6 月，来访的家人离开后，毛姆给芭芭拉·拜克写信道，"女孩子们肯定很高兴。至于 F. H.，你也知道，他是宁死也不愿意用那两片严肃的嘴唇说出夸奖的话。"

第二类访客全是男性，有些是一个人，有些是有伴的，有些与毛姆同辈，有些比毛姆小得多。这一类人包括：奥斯伯特·西特维尔，与情人大卫·霍纳同来，风度迷人，一度让毛姆倾心不已；还有哈罗德·尼克尔森（"友善，活泼，容易取悦"）、哈罗德·阿克顿、雷蒙德·莫蒂默、诺埃尔·科沃德、塞西尔·比顿。（一则风传的故事说，女诗人艾德娜·圣文森特·米莱来到玛莱斯科别墅时发现毛姆正与哈克斯顿、比顿和科沃德坐在天台上，于是拍手叫道："哎呀，毛姆先生，这里简直是仙境！"）格弗瑞·维恩和贝弗利·尼克尔斯这两位雄心勃勃的年轻人也经常被邀请。回想起第一次来玛莱斯科别墅的情形，维恩就觉得羞愧。当时他穿着灰色法兰绒外套，"这里是八月的南法，不是温布尔登的决赛日"，毛姆严厉地对他说，接着派车送他和杰拉德去买衣服，买了亚麻布衬衫、亚麻布长裤和一双布面藤底凉鞋。基斯·温特是一位英俊的年轻作家，有一次，毛姆在自由城看见他和阿列柯·沃、伊夫林·沃在一起（沃家兄弟当时跟着父母住在韦尔康酒店），于是请他们三人去吃晚餐。阿列柯仪态优美，给毛姆留下了很好的印象，可伊夫林装出一副不识真人的样子，从头到尾以毛姆"博士"相称，令毛姆不喜，用"可憎"来形容伊夫林。*沃家兄弟吃完饭就走了，温特却留下来过夜，次日早晨才回到自由城。据阿列柯说，温特当时洋洋自得，"威利曾跟他说，他的手指很灵活。这令我不禁想到《月亮与六便士》里经常看不起自己喜欢的人的思特里克兰德"。同年，阿列柯又在伦敦看见毛姆和温特一同出席鸡尾酒宴会。"基斯有点醉了，碰了碰威利的手，我看见威利脸上划过一丝渴望的神情，是真正的欲望。"

毛姆与剑桥大学国王学院青年讲师乔治·莱兰斯（昵称"达迪"）结下的友谊又在另一个层面上。莱兰斯很聪明，有一次，他跟教师朋友亚瑟·马歇尔和另一名剑桥青年学者维克多·罗斯柴尔德去蒙特卡洛度假，毛姆在那里偶遇他们并邀请他们去玛莱斯科别墅做客。三名客人里只有罗斯柴尔德是同性恋，毛姆招待他们的方式让他吃了一惊。"萨默塞特·毛姆，"他写道，"可能误解了此行的目的，至少在花园里跟杰拉德·哈克斯顿散步那一段让我能够得出这个结论。"与此同时，毛姆对莱兰斯和马歇尔也提出了交往的请求，不过，这个请求里不涉及同性恋的内容，于是两人很快就加入了毛姆的朋友圈，特别是莱兰斯。达迪·莱兰斯金发碧眼，面颊粉红，热情奔放，富有魅力。他是剑桥使徒社和布鲁姆斯伯里团体的成员，当时已经是公认的莎士比亚研究专家；他对当代戏剧同样很感兴趣，热衷于导演和登台（他饰演的马尔菲公爵夫人被人们谈论了很多年）；他的

---

* 原注：伊夫林与毛姆的关系一直很微妙。多年后，毛姆的老朋友戴安娜·库珀带着伊夫林去玛莱斯科别墅小住。伊夫林向朋友哈罗德·阿克顿描述当时的情形时说，他闹了"大笑话。第一天晚上，他［毛姆］问我某人长的什么样子，我答道，'一个口吃的同性恋'。我感觉墙上毕加索画作里的人脸都白了"。（Mark Amory［ed.］ *The Letters of Evelyn Waugh*［Ticknor & Fields 1980］，p.372.）

教学素质也很高。尽管莱兰斯比自己小得多，但毛姆很快就开始请他帮忙校对自己的文稿——毛姆在《总结》中写道，"我认为他的品位无可挑剔"——还请他给自己上课，相当于一次英国文学辅导班。据马歇尔回忆，上课时间通常是饭点。

午餐刚吃五分钟左右，一个结结巴巴、试探性的声音就会响起，"达——达——达迪，我有一个想法。当乔治·艾略特在《亚当·比德》里写道'我们被自己的行动决定，正如我们决定自己的行动……'时，她真正想表达的意思是……"接下来，他会阐发自己的想法和评论。达迪会停下来想一想，然后作答。但是，如果威利的说法只是陈词滥调（他能说出的陈词滥调不难预料……），达迪只会微笑着点头说道，"好的，威利"；这时，威利就会瞥我一眼，然后嘟囔道，"我被——被——被否定了"。

毛姆与两位后辈交情甚笃：他们脑子转得很快，他们引他发笑；此外，还有一点很重要，他们并无叵测居心：他们对他一无所求。

莱兰斯和马歇尔都觉得毛姆和善慷慨，而且"特别风趣"。两人都喜欢他的笑话，"毛姆讲笑话要比人们想象中更频繁，也更好玩"，完全搭得上毛姆那种辛辣的幽默感。"他喜欢逗得别人哈哈大笑，"达迪说，"而且喜欢挑逗。"毛姆通常被认为是一个冷嘲热讽的可怕人物，而他给达迪留下的印象全非如此。毛姆可以很苛刻——丽贝卡·韦斯特有一句评论，"许多人看到或者想到毛姆先生就会产生警惕，这一点无可否认"——但是，他也可以很风趣，虽然他的幽默感有时偏于刻薄，伤人的成分要比机智多。他偶尔会被奇异的忧郁笼罩，难免让同伴也受到影响。"明明是诸事顺遂，我却摆脱不了几乎常伴己身的抑郁之情，这真让我恼火，"1933 年，他给钢琴家哈里特·科恩写道，"我受不了的原因是，我平常是很积极昂扬的，平常的倒霉事最多影响我一天左右。"毛姆的羞涩也让客人难以放松；口吃是一个毛病，而且他回避身体触碰。"威利讨厌别人碰自己，除非事先有安排，"美国作家格伦威·韦斯考特说，"如果你意外地碰到他，他就会往回缩，就像浇上柠檬汁的牡蛎似的。"不过，放松状态下的毛姆是绝佳的同伴。艾伦·普莱斯-琼斯1932年7月住在玛莱斯科别墅时就讲了毛姆有多么迷人，他口吃时自然有点烦人，但是，他放松时表现出的一点点坏特别诱人，他出了名的愤世嫉俗也不过是作家的常见姿态。

不过，好氛围也可能很快消失，因为毛姆的脾气主要取决于他与杰拉德关系的高低起伏。这个特别的状况给格伦威·韦斯考特留下了深刻印象，他年轻时就被别人带来玛莱斯科别墅，与毛姆见了面。金发，孩子气，书生气，有魅力，他本来应该很吸引毛姆。然而，不管他说什么，毛姆对他不是冷淡就是愠怒地反驳。毛姆"眼睛里冒着火，看谁都不顺眼……嘴角〔耷拉着〕，活像个老乌龟……'你不过是另一个读过普鲁斯特，就自以为无事不晓的美国人罢了'"，毛姆尖刻地评论道。韦斯考特后来发现，毛姆当时之所以脾气不好，是因为他刚刚与哈克斯顿吵架了。

这样的争吵越来越频繁，开始对玛莱斯科别墅精心营造出的奢华、安宁、舒适氛围造成严重的破坏。对毛姆来说，对周遭环境的绝对掌控是至关重要的：一切事物都要有规矩，有纪律，准点运行；杰拉德的职责就是确保别墅井井有条。没喝醉酒的时候，杰拉德做得很好。从个人层面看，他那"天生的快活性情"也有效地缓解了毛姆偶发的抑郁。杰拉德为别墅带来了生气，他的激情活力与毛姆有时显得冰冷的拘谨克制达成了平衡。用阿列柯·沃的话说，哈克斯顿"活力四射，精神抖擞，善于交际，是很好的同伴，他有一切毛姆没有的东西"。杰拉德热情奔放，外向风趣，很会说话，为别墅带来了必不可少的欢乐与轻佻，特别是大家上午聚在泳池边的时候，他很喜欢从深水区潜入水底，炫耀自己的健壮体魄——玛莱斯科别墅有一条规矩，在只有男士在场的情况下，来宾下水都要一丝不挂。晚餐过后，他同样愿意娱乐宾朋。"我的生活特别平淡，发过晚上不出门的誓，"毛姆警告过来小住的杰拉德·凯利说，"不过，杰拉德可是把里维埃拉从头到尾逛了个遍，想找什么乐子他都有。"有些漂亮的小伙子对"阿尔法雄性"杰拉德颇为忌惮，比如尼克尔斯和维恩——哈罗德·阿克顿回忆道，哈克斯顿"口无遮拦，总是用最粗俗的语言表达自己的想法"——不过，毛姆的大部分客人都觉得哈克斯顿很好。芭芭拉·拜克和彼得·斯特恩都很喜欢他。杰拉德·凯利的妻子简说："他是个讨人喜欢的家伙……你情不自禁就会喜欢上他。"

这段关系的平衡情况一目了然：毛姆的感情投入比对方大得多，都是他在甜言蜜语，百般引诱比他小的哈克斯顿。"杰拉德·哈克斯顿彻底地、牢不可破地主宰着毛姆的心理世界。"贝弗利·尼克尔斯说。亚瑟·马歇尔也有同样的印象："不管他做事情有多坏，威利总会为他着迷。"马歇尔回忆道，有一天下午，他、莱兰斯和毛姆打网球三缺一，单单等着一个哈克斯顿。突然间，哈克斯顿穿过树林向他们跑来。"哎呀，哈克主人来啦"，毛姆温柔地说，他脸上的表情和语气表现出"爱意与柔情，好像是对一名孩童"。毛姆对杰拉德的某些行为表现出了父亲对儿子般的容忍，换作是别人，他早就发作了。但是，毛姆向来倾心于这种英俊迷人，富有性吸引力和魅惑力，高傲得像公鸡一样，又带着点无赖气的不羁浪子；或者说，他曾经倾心于这一类人。眼光毒辣的奥拉斯·德·卡尔布恰对个中缘由再清楚不过，他经常看见毛姆、哈克斯顿在巴黎和南法出双入对。卡尔布恰观察道，在巴黎的时候——

> ［毛姆］经常有秘书陪同，他的秘书是一位俊秀健美、聪慧和善的年轻人……这个年轻人铺张浪费，喜怒无常，而且特别任性；

我的朋友则是一本正经、简朴节制、头脑清醒的样子。两人相处得很好。

面对哈克斯顿的嚣张挑衅，毛姆有时竟然会无动于衷，这难道也是两人心照不宣的某种玩法吗？有一天，威尔斯、穆拉·巴德贝格、伊丽莎白·罗素来吃午饭，毛姆随口说了句，他刚刚泡了"一次天……天……天堂般的热水澡"。杰拉德挑衅地盯着他说："你手淫了吗？"其他人都吓坏了，不知道该说什么或者做什么。但是，毛姆似乎波澜不惊，他继续不紧不慢地挖出鳄梨果肉。"其实，"他回答道，"没——没——没——没——没有。"

两人的关系中还嵌入着其他一些根深蒂固的模式。当年在远东或其他地方旅行时，杰拉德就负责给毛姆"拉人"，如今在南法也是重操旧业。他在海滩和酒吧里面晃悠，看到合适的小伙子就拐回别墅。韦尔康酒店是他最喜欢的狩猎场之一。自由城是一处海军基地，每当舰队靠岸，这家俯瞰港口的平静家庭旅馆便会化身为一间嘈杂的酒吧和妓院，水兵们伴着震耳欲聋的爵士乐跳舞喝酒打架，趁着短暂的假期结束前纵情性爱。酒店的一名同性恋主顾满意地评论道："港口里翻起白浪时——那地方真是绝了！"对杰拉德来说，韦尔康酒店就是一块磁石。一天晚上，他将美国第六舰队的两名水兵带回了玛莱斯科别墅，其中一名水兵在主人带着参观别墅时从毛姆书房里顺走一支钢笔，后来还厚颜无耻地给毛姆写信说，这封信是用毛姆自己的钢笔写下的。这种交易基本是摆在明面上，直截了当：水兵们知道自己是干什么来的，而且会得到不菲的报酬。但是，有流言称杰拉德做的事情还不止如此；据传，他与尼斯一名专做未成年男童生意的皮条客有往来。若此事属实，他就危险了，毛姆对此也非常焦虑。毛姆太知道杰拉德爱惹麻烦的性格了，"这骗子的一面"，在某些人看来是这样。

另一个焦虑的来源是杰拉德嗜赌。从弗尔拉角出发，开车很快就能到著名的蒙特卡洛赌场，离尼斯和博略的赌场也不远。夜复一夜，醉醺醺的哈克斯顿独自或跟着几名客人坐上轿车，沿着海岸线直奔赌场，面色通红，夹着雪茄烟，胳膊底下夹着一瓶威士忌和一大堆筹码坐在赌桌前，直到后半夜才离开。彻夜玩乐之后，他变得特别大方，总是满载而归。有一次，他牵了一条大丹狗回来；还有一次送给毛姆一台用晚上赢的钱买的双座跑车，毛姆很喜欢这台车，开了它很多年。不过，更常见的情形是输了大钱，这不可避免地会造成冲突，虽然毛姆最后总会替他买单。"我完——完——完全明白杰拉德是个酒鬼赌徒，"毛姆会说，"但他也有不少优秀品质。"但赌债数目有时高达数千英镑，杰拉德不敢跟毛姆坦白，不得不向伯特·阿兰森求救；这种情况发生过不止一次。"再次感谢你这么快就回应我的求救信号，你太好了，"有一次赔了很多钱后，杰拉德在信里写道，"去年冬天真是点背透了，沿岸那么多家赌场，我一把都没赢过。幸好今年夏天手气不错，我赢了将近一万美元。我觉得差不多了，今年冬天以前不会再赌了。"

诺言很容易被打破，特别是杰拉德的行为被酒精操纵的时候。他早就有酗酒的毛病，但现在经常失去自制力。"他是个超级大酒鬼，把马天尼当水喝。"一名玛莱斯科别墅的常客说。哈克斯顿早晨出来时经常满眼血丝，黝黑的面色下透着苍白，为了显得气色好一些，他有时还会化妆；他满嘴酒气，哪怕用了好多薄荷香型漱口水也掩盖不住，而且打牌的时候，他抓牌的手都在颤抖。到了晚上，他就口齿不清了，心情游走于狂喜和狂怒的边缘，脾气一点就着。这时，毛姆会失望地问他："你为什么非要喝这么多酒呢？"哈克斯顿则会轻蔑地回答："为了让日子看起来快活一点。"耍酒疯是家常便饭，令毛姆既郁闷又恼怒。他骇然地看着心爱的伴侣变成了一个混乱制造者，一个破坏大王，专门要毁掉对这位作家来说至关重要的平衡与节制的环境。"你不懂那种感觉，就像是嫁给一个跟酒瓶子结了婚的人，我希望你永远都不会懂。"毛姆曾动情地对格弗瑞·维恩说。杰拉德的状况是掩盖不住的，还有一些极其尴尬的事件发生。有一次，毛姆精心安排了午宴，邀请康诺特公爵、公爵的妹妹露易丝公主和一位侍从官来赴宴。客人都来了，前一天彻夜未归的杰拉德姗姗来迟，脚步不稳，醉眼惺忪，头上冒冷汗，胡子也没刮，呆坐在桌前饭也吃不下，话也说不出，毛姆不禁大怒。有时，杰拉德会表现出悔悟的样子，发誓今后滴酒不沾。但毛姆刚把身子转过去，他就来到托盘前自己满上一大杯琴酒，一口灌下肚子。

毫无疑问，毛姆与哈克斯顿的关系陷入了严重的紧张状态，但毛姆直到多年后回首往事时才真正去面对其中的复杂纠结。杰拉德的生活有许多令人沮丧的方面。他比毛姆整整小一辈（1932 年，杰拉德刚过四十，而毛姆再过两年就六十岁了），他空有一身的精力和才智却没多少事可做，自己不赚钱，又没有别的收入来源供他挥霍。除了母亲留下的微薄遗产外，他的全部生计都要靠金主。除食宿外，毛姆每年给他 2000 美元；作为回报，杰拉德要履行秘书和管家的职责。杰拉德每年有一次可以独自外出的假期，通常是去奥地利或意大利。不过，对于一位聪明人来说，监管仆人和记录口述信件可算不上好差事，还有毛姆长时间去伦敦，丢下哈克斯顿一个人的情况。他本来可以一走了之，但毛姆的庇护保证了他的安全，他也习惯了轻松富足的生活，习惯了乘一等座外出，住豪华酒店，习惯了有聪颖迷人的名流相伴，这些都是他自己不可能获得的。然而，他对寄人篱下的地位也有怨恨，甚至可能鄙夷自己现在变成的样子。他爱毛姆，崇拜毛姆，同时又有叛逆心理，觉得自己成了笼中鸟。他坦承："我被关在大宅子里面，身边只有他一个人，我有时简直想要大声呼号。"有的时候，别墅里连着好几天乃至好几周没有社交活动，一个宾客都没有，毛姆心无旁骛地写作，也不管他；特别是阴雨连绵、冰冷的西北风整日刮个不停的寒冬时节。"杰拉德在威利的生活中只占有边缘性的地位，这个事实难免让他生怨，"毛姆的侄子罗宾说，"尽管威利深爱着他，却不能把整个的自己交给他，因为威利觉得最重要的部分一定要留给自己的作品。"毛姆不时也会沉浸于黑色的阴郁中，一言不发，拒人于千里之外。杰拉德回忆起那些萧索而孤独的日子时说道："他抑郁的时候就会闹脾气。不过，他事后会来找我，逗我发笑，让我入迷，然后我就什么都原谅他了。"

毛姆对杰拉德的处境怀有一定程度的同情。"你怎么了？"他会温柔地探问。"我厌倦了：就这样。"杰拉德会阴着脸答道。毛姆偶尔会试着去弥补。比方说，哈克斯顿喜欢摩托快艇，毛姆就给他买了一条，让他开着快艇在海面奔驰，或者到自由城的港口里面做检修，这样就能消磨好几个钟头。但是，酗酒似乎是一个无解的难题。差不多二十年前，毛姆遇见的哈克斯顿富有活力和魅力；如今，酒精却在迅速消磨掉过往的一切痕迹。毛姆对达迪·莱兰斯倾诉了自己的不幸："现在，杰拉德喜欢酒瓶子多过喜欢我。"他的记事本里有几段话，几乎可以肯定是讲毛姆对杰拉德感到的痛苦。

> 一想到我可能会失去你，
> 或者你我可能会分离，
> 我便忍受不住。
> 可我知道，在你放荡的心里
> 对我再也没有爱意与柔情……
> 你装出爱我的样子，我便卑贱地表示感谢。
> 为了不让你说出伤人的话，我用金钱来换。
> 爱情，我曾以为它会持续到永远，如今却已死去……
> 爱情的痛苦不是生离，不是死别，是厌倦。
> 我的激情已燃尽……

我凝视着自己空荡荡的心房，瑟缩而绝望……

……我的伤痛，我的喜乐

都是我的悔恨。

除了与酒鬼共同生活的乏味以外，感情关系恶化带来的内心痛楚同样沉重地压在毛姆身上。对杰拉德不端行为的绝望之情一时蒙蔽了更深层的感受，让毛姆误以为自己对哈克斯顿的爱意已经耗尽。杰拉德整日酗酒，自暴自弃，毛姆拒绝考虑如何救治。但之后发生的一次意外似乎改变了一切。1930 年初秋，喝醉的杰拉德往半满的游泳池里跳，结果摔断了脖子。当时，他正在美国富婆邻居夏洛特·布瓦塞万家里参加宴会，很快就像往常一样喝了个酩酊大醉，然后对女主人说："你去不去，我不知道，我反正要去游泳了。"他说着就扯掉衣服，还没等别人来得及阻拦，便摇摇晃晃地朝泳池走去。杰拉德差点就没命了：人们对他的性命都不抱希望了，他却奇迹般地活了下来。他伤得很重，脊骨骨折，脊椎错位，赶忙送到巴黎做手术。杰拉德打着石膏，一动也不能动地躺在病床上，好几周都喝不到酒。回到玛莱斯科别墅之后的一段时间里，他似乎改过自新了。"[杰拉德] 比以前安静了，不用吃安眠药就能入睡，状态出奇的好，"毛姆高兴地给芭芭拉·拜克写信说，"他脑袋有点歪了……还是不能给自己梳头。不过，现在已无大碍。他看起来身体很结实，不少人都羡慕他。"几个月过去了，杰拉德依然没有故态复萌的迹象。"我在这里真的特别开心，"毛姆跟芭芭拉讲，"自从我买了这栋别墅，我第一次过上了完全平静的生活……杰拉德似乎也喜欢这里，很高兴的样子。家里万事顺遂，花园……生机盎然。"

应对杰拉德的这些麻烦的同时，毛姆与艾伦·塞尔一直保持着联系，从中获得了极大的安慰。毛姆从来没有忘记这位年轻人，每隔两三天就从玛莱斯科别墅给塞尔写一封信。信的抬头很亲昵，比如"艾伦，我的小羔羊""最亲爱的艾伦""艾伦宝贝"，字里行间都是期盼他的到来，渴望再次相聚，关心对方身心健康的意思。要是好几天都没收到回信，毛姆就会再发一封挑逗性的谴责信。"小坏蛋，你怎么不给我写信？你的上一封信很短，听语气像是生病的样子。你真的病了吗？如果是的话，你得什么病了？或者你没生病，只是爱上别人了？……我不会给不给我写信的小坏蛋写信的……"艾伦是个疑神疑鬼、自怨自艾的人，动不动就觉得不舒服，找出五花八门的小毛病跟毛姆念叨，从粉刺到"神经不好"和慢性乏力症。毛姆总是报以同情，给出建议，甚至提议报销他的全部医药费。毛姆难得地收到一封艾伦说自己身体好的信后回复道："你身体健壮，心情愉悦，我真是高兴极了，希望你能一直保持下去。我觉得，找点事情做、保证充足睡眠、节制食欲对保持身心健康是有好处的，不知你以前这样想过没有？"

每逢圣诞节和生日，艾伦都会收到贵重的礼物，比如豪斯与柯蒂斯牌的丝绸睡衣、安德森与谢泼德牌的无尾礼服。仰慕艾伦已久的里顿·斯特拉奇曾对朋友说，萨默塞特·毛姆先生显然"迷恋"（entiché）塞尔，这段关系很可能"缓解了他与H［哈克斯顿］的紧张关系……他或许还能从中获得快乐——为什么不呢？……我一开始会觉得震惊，不过，如果这样就能破解难题的话，那也没什么好抱怨的"。毛姆请艾伦到玛莱斯科别墅的心情非常迫切，艾伦偶尔也会来，但真到来的时候，气氛往往很紧张，因为艾伦害怕杰拉德——毋庸多言，杰拉德从来没有将艾伦视为威胁，而且对他总是善意里带着轻蔑。毛姆去伦敦的时候，艾伦会搬到他租住的寓所里去，气氛要比玛莱斯科别墅愉悦多了。找房子的事归塞尔负责。"你知道我的要求，"毛姆在信里对他说，"两室一厅一卫，独门独户……床要足够大，有翻身的空间。"当时，艾伦已经辞去了梅菲尔画廊的职位，找了一份适合他富有同情心的天性的工作。通过另一位年长情人盖伊·利特尔的关系，他当上了沃姆伍德森林监狱和本顿维尔监狱的官方监狱视察员，参与出狱人员帮扶协会的工作，还是老家伯蒙塞的救世军组织志愿者。通过替毛姆办各种杂事，比如旅程安排、订购戏票，邮寄登喜路牌香烟、雪茄或烟草，他能拿到一小笔补助；另外，他还要负责给杰拉德买辛普森品牌的灯芯绒长裤，还有他最喜欢的弗洛里斯牌白色风信子淡香水。

不论情绪状态如何，毛姆不会允许任何事情妨碍自己的工作。"艺术家绝不能允许快乐干扰工作，"他曾写道，"因为对他来说，作品比快乐更重要。"1931年夏天，他的主要任务是与美国剧作家巴特莱特·科马克合作，为格拉蒂丝·库珀将《面纱》改编为剧本。毛姆去伦敦参加了9月19日于戏厅剧院进行的首演，并为格拉蒂丝对基蒂·费恩的"卓越演绎"表示了祝贺。"这是我见过你最自然、最富变化、最细腻、最驾轻就熟的一次表演，"他告诉她，"全欧洲没有一名演员能与你相提并论。"接着，他去巴黎监督法文版《圣火》的制作。离开伦敦两周后，他又因为《用第一人称单数写作的六个故事》（以下简称《六个故事》）的出版事宜回到伦敦，这是毛姆自1928年《英国特工阿申登》以来出版的第一部短篇小说集。

从文风和内容来看，《六个故事》都是典型的毛姆作品，尽管有两篇（《凑满一打》和《创作冲动》）称不上他最优秀的作品，里面也有两篇杰出的故事：《人性的因素》和《异邦谷田》。《人性的因素》是一篇狡黠的喜剧故事，女主人公贝蒂离过婚，容貌靓丽，抛弃了英国的上流社交圈，与自己的司机偷偷搬到罗德岛共同生活。毛姆在同性恋圈子里听惯了这类故事，于是巧妙地移花接木到故事里。后来，她的一位常年追求者在拜访期间发现了她令人震惊的房间布置：

> 他到罗德岛上将将过了一周的时候，一天早晨从楼梯走上来正好碰到贝蒂在走廊里。

"贝蒂，你还从来没有让我看过你的房间。"他说。

"没有吗？那现在就来看一眼好了，我那房间特别舒服。"

……

他的目光落在床头柜上。上面有两三本书，一盒烟，还有一个欧石楠根的烟斗搁在烟灰缸上。奇怪。贝蒂怎么会在床边放烟斗？ *

《异邦谷田》† 中的乔治·布兰德似乎是一个无所不有的小伙子：俊朗聪明，深受富豪父亲的宠爱。他的父亲希望他接手家族产业，日后进入国会。但是，乔治对此毫无兴趣，一心想要当钢琴家。反复争执过后，父子达成了协议，即乔治可以去慕尼黑学音乐，但有一个条件，两年后如果他被认为没有前途的话，他就必须放弃音乐。评判的日子到了，结果是不合格，乔治于是开枪自尽。从小说集的标题就能看出来，故事是以第一人称视角展开的，叙述人是布兰德一家的朋友，当时去慕尼黑探望布兰德，恰好卷入了这起事件，等等。但是，就这篇故事来说，背景比情节本身还要重要，因为乔治是一个犹太人。乔治家本姓"布莱克戈尔"，不久前才改为"布兰德"；他的父母本名是阿道夫和米里亚姆，后来决绝地改成了英式的弗雷迪和穆丽尔。乔治与父母争执的内核是种族与文化冲突。为了回归自己的根，儿子要拒斥父母盲目接纳的那种市侩的英国乡间生活。‡ 毛姆精巧而准确地揭示了英国人无限复杂的反犹心态：上层阶级有一种漫不经心、势利的反犹倾向，认为犹太人有一些平庸；犹

---

* 译文引自《人性的因素》，收录于《人性的因素：毛姆短篇小说全集2》。

† 标题出自济慈的诗歌《夜莺颂》："路得思乡心伤悲／异邦谷田，垂泪站立。"

‡ 1939年，德国发表了一篇题为《种族问题》的文章（"Zeitschrift für Neusprachlichen Unterricht"，XXXVIII），利用《异邦谷田》来支持纳粹主义的观点，即种族间的界限是自然产物，犹太人在任何国家都永远身处"异邦谷田"。

太人同样反犹，正如乔治的父母那样，他们迫不及待地掩盖自己的异邦起源，例如原本信仰天主教、后来改宗的穆丽尔为例，而且极其隐晦地表明了对同胞的厌恶。"我觉得其中一些的确很值得来往，"她对叙述人说，

> "他们都那么有艺术气息。弗雷迪和我倒还不至于说要故意避开他们，那样的事我当然不会干，只是碰巧跟他们全都不熟罢了……"
>
> 她说话这种有理有据的口气，我也唯有赞叹。[*]

最后，菲尔迪·拉本斯坦的形象也体现出了精妙的观察洞见。他是弗雷迪·布兰德的叔叔，是获得英国上流社会接纳的犹太人范本。他有钱，英俊，富有学养和魅力，八面玲珑。他拿自己的犹太身份开玩笑，讲关于犹太人的可笑故事，炫耀手上的好几枚大钻戒，巧妙地让自己获得了所有地方的接纳。"说到底，我是个东方人，"菲尔迪说，"我能展现一种野蛮人的奢华。"但是，与此同时，菲尔迪也深深地鄙夷着自己所处的环境。"虽然他这几句话是在逗我笑，但语气之中似乎有微乎其微的嘲讽之意。联想到我一直以来的隐约怀疑，这时又感觉到了——这种感觉微弱到似乎只可能是臆想……在他难以看破的内心深处，其实对于这些被他征服的非犹太人有种冷酷的蔑视。"

之后两年里，毛姆推出作品的节奏一直很快，包括多篇短篇小

---

[*]　该段译文引用自《异邦谷田》，收录于《人性的因素：毛姆短篇小说全集 2》。后同。

说、两出话剧和一部长篇小说《偏僻的角落》。《偏僻的角落》*出版于1932年11月，故事背景回归太平洋，来到了马来群岛中的荷属东印度群岛。该书明显受到了康拉德的影响，有大量悬疑成分，包含全部喜闻乐见的肉欲、内疚、幻灭元素；愤世嫉俗，机智，文风优雅明晰，在毛姆的所有长篇小说里，这部作品最能带给读者身临其境的感觉。作者简单而克制地勾勒了热带的温度、声音、肮脏和神秘、葱郁的美感。大部分情节发生于坎达-梅里亚岛†的一座破旧平房及其周边。平房原本属于一位荷兰肉豆蔻种植园主。

> 那是一座四四方方的大房子，地基是一整块石头，而不是桩基。房顶是棕榈叶搭成的，周围的园囿早已荒废……到了凉爽的傍晚，空气也很清透。高高的棕榈树下生长着矮胖的经济作物肉豆蔻树……鸽子的个头很大，有力而大声地扑打着翅膀，飞来飞去。

书里也有几处描写航海生活的精彩段落，有一段讲的是骇人的晴空风暴，堪与康拉德本人比肩。桑德斯医生是主要角色之一，他乘坐游艇在岛屿之间往来，此处显然是反映了毛姆当年的类似经历。

> 主帆和前帆升了起来，船锚也拉了起来，一行人驶出了潟湖。当时万里无云，波光粼粼，虽有季风，但风力并不强，浪也不大。两三只海鸥在上空绕着大圈盘旋。不时有飞鱼跃出水

---

* 书名出自马可·奥勒留的《沉思录》："因此，人的一生是短暂的；他在世上生活的角落也是狭小的。"（该书的中文版书名为《偏僻的角落》，但出处的意思应为"狭小的角落"。）

† 现实原型是位于印度尼西亚班达群岛的班达奈拉，该地原为荷属东印度群岛的一部分。

面，划过长长的弧线，然后砸出一个小小的水花。桑德斯医生一边读书，一边抽烟，眼睛累了就看看大海和途经的绿色岛屿。

三名主要角色都是漂泊人，其中两位曾短暂出现于以前的作品：桑德斯医生（《在中国屏风上》）和尼克尔斯船长（《月亮与六便士》）。桑德斯医生之前治好了一名住在离岛上的富商患者，正要搭乘尼克尔斯船长的破旧帆船回中国的家。当时，一位忧郁而俊秀的澳大利亚青年弗莱德·布莱克也在船上，他的际遇无人知晓，引人好奇。出海几天后，帆船停靠于坎达-梅里亚岛，全书的主干情节就发生在岛上的肉豆蔻种植园及其周边。这是一段关于性激情、背叛、自杀的故事，弗莱德的身份也揭晓了：原来，他是一名在悉尼杀了人的逃犯。紧凑的情节充斥着性的张力，主要是在弗莱德与种植园主可爱的小女儿之间。弗莱德漫不经心地勾引了她，随后，她乏味却正派的未婚夫埃里克举枪自尽。但是，作者在这里又布置了一重典型的毛姆式悖论：那名叫露易丝的女孩并不比弗莱德更在乎失去贞洁这件事。"她只是有点疼而已"，弗莱德对桑德斯博士说，而露易丝也冷冷地承认："我想要他，只是有点害怕罢了……我并不后悔……我不在乎以后能不能再跟他见面。"在这本被戈尔·维达尔称为"毛姆唯一一部隐秘的同性恋长篇小说"的书里，更深处的地方还有更多性的潜流。弗莱德的阴柔美引人侧目，他对露易丝的未婚夫、富有男子气概的埃里克产生了强烈的感情依恋。他引诱露易丝时不知道她与埃里克订婚；听到埃里克的死讯时，他不禁大惊失色。"我的天呐！早知道的话，我根本不会碰她，"他脱口而出，"埃里克顶得上十个露易丝。他就是我的全世界。"桑德斯医生——故事是透过他的视角展开的——对中国仆人阿凯同样有着亲近却不可言说的感情。阿凯每天早晨给他上茶，睡前给他点鸦片烟。"他是一名俊美瘦削的青年，长着黑色的大眼睛，柔滑的皮肤如女孩一般……桑德斯医生有时会乐呵呵地以为阿凯对他也有感情。"

如果说它并非没有缺陷的话，《偏僻的角落》依然是一部非同凡响、长期被批评界低估的长篇小说。诚然，布局谋篇方面有几处比较笨拙，还有若干典型的毛姆式陈词滥调，但它总体上表现出了娴熟的文学手法，文风低调而有节制，并通过精心设置的卖关子营造出了连绵不断的愉悦悬念感。除此之外，全书的灵魂人物是毛姆笔下最复杂、最迷人的两名角色，桑德斯医生和流氓气的尼克尔斯船长。桑德斯是一名信佛的医务人员，什么事情都见识过，什么事情都不会让他觉得惊讶。"浓密的灰色睫毛下是一双闪闪发光的绿色眼眸，显得迷人而聪明……他面相凶恶，却并无恶意……""他是一位宜人的旅伴，但无人想跟他亲近，他也不想跟人亲近。"尼克尔斯则是彻头彻尾的恶棍，坦坦荡荡地不讲道德，但同时又富有勇气、风趣和恶魔般的魅力。

1931 年 11 月底，毛姆从伦敦回到南法，立即动笔写下一部作品，这部作品出乎意料地获得了巨大的关注。一次接受报社采访时，他随口说自己写剧本的日子快到头了，只打算再写两出戏。"我本来以为这是我的私事，不料却引起了轩然大波，就像一名得过大奖的拳击手宣布要告别赛场似的。"出于这个原因，1932 年 11 月 1 日的《服役的酬劳》首演气氛异常热烈。不过，到了满怀着期待涌入环球剧院的观众退场的时候，他们对这出戏的评价会分成截然对立的两派。

《服役的酬劳》源于毛姆对战争的厌倦，国际关系令人不安的恶化更强化了他的这种意识。尽管毛姆远离各大权力中心，但他对政坛动态极其敏感，常有真知灼见。"我生活在大陆，"他告诉一名记者，"每时每刻都在目睹欧洲各国拼了命地把自己武装到牙齿，这就是我写这出戏的原因……试着保护年轻的一代，让他们不至于在一场似乎迫在眉睫的战争中横死战壕，或者浪费五年的生命。"

《服役的酬劳》的故事发生于 1930 年，描绘了一幅充斥着混乱与幻灭的惨淡战后景象，代表人物就是生活在肯特郡小村庄的艾兹利夫妇。丈夫是村里的律师；儿子西德尼荣获军功十字勋章，在一次战斗中瞎了眼睛；一个女儿艾娃的未婚夫战死，她成了家里的累赘，过着惨淡的中年生活；另一个女儿下嫁给了酒鬼农民；小女儿罗伊丝也二十六岁了，认为未来前景黯淡。全家只有一个人坚信一切都很好，那就是身为一家之主的老艾兹利，他愚蠢地意识不到身边的苦难生活。随着情节的发展，在网球、纸牌与下午茶的平凡家庭生活背景下，艾兹利一家分崩离析：有人发疯，有人自杀，还有负心汉的勾引。罗伊丝不顾一切地想要逃离家庭，于是同意与邻居私奔；那邻居有钱却放荡，他的妻子过得很不快乐。尖锐、刺耳、毫不妥协的《服役的酬劳》是一部力作，既探讨战争带来的伤害，又触及了自欺欺人和拒绝负起责任带来的可怕后果。艾兹利一家人里面，对形势看得最明白的人就是瞎了眼的西德尼。有一次，老处女艾娃大发了一通歇斯底里，接着西德尼直言不讳地说了句，"她只是想要男人，就这么简单"，他对自己的处境再了解不过了——

> 我早就不是那个人人夸耀的负伤战斗英雄了。十五年是一段漫长的时间……他们都说苦难会带来高贵。反正我是没高贵，只是变得狡猾了。艾娃说我自私。我是自私。不过，我是自私的大师。我知道如何利用别人的同情心来为我服务。

毛姆对新作的反响没有抱太大期望，实际情况也与他的预期相符：尽管有凯德里克·哈德威克、弗洛拉·罗伯逊、拉尔夫·理查森和玛尔达·范尼等人的豪华阵容，该剧还是只演了不到两个月。* 几十年之后，《服役的酬劳》将被视为毛姆最优秀的剧作之一。但这出

---

* 原注：该剧在纽约的演出效果更糟糕，仅仅演了三周时间。

戏激烈的悲观态度并不符合三十年代中产和上流阶级的胃口：在那个政局动荡、经济萧条的年代，观众认为《服役的酬劳》没有爱国心，因此感到愤怒；另外，作者对未来的惨淡预言也让观众觉得不舒服。"我们都叫那些统治着各个国家的无能白痴给愚弄了，"西德尼对自鸣得意的老父亲咆哮道，"他们胡搞瞎搞，早晚有一天把我们都搞进另一场战争里面去……他们给你讲的都是废话，什么荣誉啊，爱国啊，光荣啊，废话，废话，全是废话。"

记者塞西尔·罗伯茨在《每日快报》发表了一篇怒发冲冠的社论，题为《我们能放毛姆过关吗？》，很能代表《服役的酬劳》引发的愤怒情绪。"我被这出戏的性质挑起了义愤，"罗伯茨写道，"[被]它尖刻而充斥着偏见的时局展望，还有它非要强调人间的苦难、懦弱、自私、贪婪、兽性这些东西……这是一份针对那些怀着勇气与希望生活的人的恶意宣传。"另外，还有人厌恶作者的和平主义思想，质疑他的爱国心，尽管这出戏有人力挺，包括戴斯蒙德·麦卡锡和詹姆斯·埃格特，后者在《星期日时报》发表的剧情总结道，《服役的酬劳》"出自天才之手"。但是，争议依然存在，路易斯·威金森与卢埃林·博伊斯之间的通信精练地表述了对立的评判立场，两位文学家都与毛姆相识。"我亲爱的卢卢，"威金森写道，

萨默塞特·毛姆的新剧写得特别好……是他最优秀的一出戏，无与伦比……我感动得当场落泪。看过之后的几个小时里，我的肝脏、脾脏、肾脏和一切容易受情绪波动影响的脏器一直处于激动和耗竭的状态。我很想带你一起去看。我手头还有下周六的赠票——我很想再看一遍。爱你的路易斯。

卢埃林的回信写道：

我亲爱的路易斯,《服役的酬劳》显然具有某种吸引力。但是,老天啊,你竟然对它的评价那么高,我实在是惊诧……神啊!我认为这是一部彻底的平庸之作——毫无想象力,陈词滥调,媚俗夸张,除了电影式的吸引力以外别无优点。如果你觉得悲剧带给人的冲击就是这个样子,我只能祝你好运了!你的卢卢。

面对外界的反响,毛姆的内心毫无波动,平静地开始写自己的最后一出话剧《谢佩》(Sheppey)。《谢佩》与毛姆的其他剧作都不同,主角谢佩是一个单纯的理发匠,他心满意足地扮演着丈夫和父亲的角色,梦想着搬到肯特郡的海滨小屋里养老。他的发廊位于杰里米街,第一幕便在这里开场。像往常一样,他乐呵呵地跟其他理发师、顾客、美甲师和女收银员闲聊。尽管看起来一切正常,这一天却发生了两件不平常的事:谢佩刚刚去法院指证了一名小偷,看着被告席里那个快要饿死的可怜家伙,他泛起一阵难过;后来,他又得知自己彩票中了大奖。第二幕的地点是位于坎伯韦尔一带、并不富裕的谢佩家里。他的妻子和女儿原本美美地盘算着未来,谢佩却打碎了娘俩的美梦,因为他告诉两人,他不会把钱用来改善自己家的生活,而是要听从耶稣的教诲,把奖金全部捐给穷人。为了强调自己的观点,他把当初在法庭指证的小偷和一名倒霉的当地妓女带回了家里。事已至此,只剩下宣称谢佩精神失常这一条路了,谢佩家的医生自然乐意效劳。

到此处为止,《谢佩》的情节都与毛姆将近四十年前写的短篇小说《坏榜样》(收录于他的第一部短篇小说集,1899 年出版的《导向》)如出一辙。《坏榜样》有着类似的情节,主角是一名市政府的办事员。他从一名验尸官的出庭证词中得知了穷困饿殍的惨状,于是决定散尽家财,结果被宣布为精神病患者。这个特定的主题竟能萦绕在毛姆脑中几十年已经够出奇了，但毛姆如今选择展开该主题的方式还要更出奇。小说写到克林顿先生被送进疯人院就结束了；而在话剧的最后一幕，观众都知道谢佩即将被打发到疯人院里，小偷和妓女被送走——他们都松了一口气，总算可以回归各自的岗位了——舞台上只剩下谢佩一个人。剧里的时间是晚上，灯光昏暗，谢佩坐在扶手椅上打着盹。这时，门悄悄地打开了，那个名叫贝茜的妓女回来了；不过，她真是贝茜么？

　　谢佩：你是贝茜·莱戈拉斯，对不对？你跟她长得一个样，却又有些不同。不对，你不是贝茜·莱戈拉斯。
　　女子：我不是。
　　谢佩：你是谁呢？
　　女子：死神。

接着，两人发生了一段富有超现实色彩的对话。死到临头的谢佩并不情愿，死神温柔却不可逆转地给他做着准备。

　　谢佩：实话跟你说，我有点困了。我今晚不想旅行。
　　死神：这是一次轻松的旅行……
　　谢佩：你知道，我感觉很糟糕。我觉得我该看医生了。
　　死神：你现在就会好起来了。

1933 年 9 月 14 日，《谢佩》于温德海姆剧院开演，收获的反响是看不懂。没有人预料到会看到这样一出戏。对作者来说，它是一出"再明白不过的讽刺喜剧……我这辈子都想不到"，他说，"观众为什么会感到困惑，只因为主题是耶稣，而不是通奸"。然而，观众确实感到困惑，而且不只是剧评人一头雾水：制作人布朗松·奥博瑞和导演约翰·吉尔古德都承认自己有一些迷糊的地方。彩排期间，奥博瑞试图说服作者调整最后一场，"顺应观众的口味"，结果失败了。吉尔古德承认这出戏过于杂糅，他也不太懂。"它的构思很不寻常，似乎想要融合多种风格，"他写道，"第一幕是皮涅罗式的喜剧，第二幕是萧伯纳式的愤世嫉俗和戏剧冲突，第三幕则是魔幻悲剧。"排演的前两周里，毛姆都在国外，这一点让吉尔古德的工作更加难以开展；等到毛姆来了，他又不准备给出多少指导或批评意见。"第一次接触他时，我特别紧张，"吉尔古德回忆道，

> 他有魅力，但好像完全没有激情，实在是奇怪。他给出了一些切实的具体建议，但对我的工作几乎不置一词。这是他的一出戏在排演啊，首演的日子也越来越近了，他是觉得激动，还是不激动呢？我都看不出来。他一副没精打采的样子，完全不受剧院里的期盼氛围感染。

雪上加霜的是，选角也有问题。同名男主角由拉尔夫·理查森饰演，他过去主要演莎士比亚戏剧，这一次的效果远称不上理想，埃格特说他"莎士比亚附体……[而且]演员的整体腔调，包括抑扬顿挫在内，不可能在杰里米街的发廊里听到"。诺埃尔·科沃德表示附议，他给毛姆写了一封发自内心的信，信中用"特别假，舞台腔过重"来形容理查森的表演：

> 当他偶尔为了表现人物的低下出身，屈尊将一个 h 吞掉的时候，我简直想要给他鞠一躬……他那银铃般的、精雕细琢的动听嗓音太出戏了……威利呀威利，你真是太顽皮，太淘气了，你怎么写了一出到处是弦外之音和隐晦讽刺的剧本，又乐呵呵地让一群榆木脑袋来演呢！

《谢佩》只演出了八十三场，作者对此不以为意。"[它] 是我想写的最后一出戏……成功也好，失败也罢，我完全不在乎，"他多年后解释道，"从那以后，我丝毫没有写剧本的想法。我以前写的戏继续不时在世界各地上演，我觉得这表明我在写剧本方面算是有些天赋吧。"于是，经过了连续三十余年的现象级成功，写出了二十七部原创剧本和三部改编剧本之后，毛姆舒叹一声，从此封笔，彻底结束了剧作生涯。《谢佩》停演前不久，他给科沃德写信道，"我简直说不出自己有多讨厌剧院"——毛姆的余生里一直持这样的观点——"剧院固然光辉灿烂，我却觉得那是一个令人沮丧和发疯的世界，全都是孩子气的人物"；他还说，"我永远都搞不懂，成年人、老年人为什么还会沉迷于戏剧"。（1938 年出版的回忆录《总结》里有一句被删掉的话："我从来做不到把演员当活生生的人看。"）毛姆靠剧本赚了很多钱，不断有新版、外文版、影视改编版推出。但是，他现在可以把注意力转到别的地方了。"我想要写小说和散文，"他对伯特·阿兰森说，"[它们赋予] 大得多的自由度，让人可以把想说的话都说出来，尽管金钱方面比不上剧本，那是肯定的；毕竟，只有白痴才会一辈子为所欲为。"

有趣的是，毛姆曾提到一个事实：只有在写剧本的时候，他才会有意识地作出妥协与谋划，以迎合特定时期、特定受众的需求。如今，他从这种责任里解脱了出来，可以想写什么就写什么。接下来的十年乃至十年以后，他不仅没有放慢脚步，反而迎来了一场创造力的迸发，随之走上了某些未曾预料到的方向。他会写一部雄心勃勃的长篇小说，探讨一个对作者而言至关重要的经验领域；他会基于自己多年的用功阅读经验写出散文和评论文章；他还会创作多部自传体小说，这一点是最令人吃惊的，因为他对隐私是再注重不过的。在许多人眼中，正是毛姆的一部自传体作品让他稳固地、永久地坐上了杰出作家的位子。

第十三章

讲故事的人

The Teller of Tales

　　结束剧本创作生涯后，毛姆暂时放慢了工作的脚步，他的名字不断曝光于大众面前，但自己出的力相对并不多。三十年代，他有几部短篇小说集出版，包括《用第一人称单数写作的六个故事》、《阿金》、《四海为家之人》（《大都会》杂志刊载小说的单行本，每一篇都很短）、《合集》（*Altogether*，重印版选集，故事的篇幅比《四海为家之人》要长一些）*。陶赫尼茨出版社推出过一套毛姆作品集；海涅曼出过一套口袋本，1931 至 1934 年间还推出了六卷本剧本选集。三十年代末，《圆圈》在伦敦登上了新生传媒：电视；假如电视广播没有因为战争爆发而中断的话，他本来还会借此接触到一批新的受众。1933 年，毛姆著作畅销全球的火爆势头让他的出版商纳尔逊·道布尔戴心潮澎湃，于是邀请毛姆帮他出一套大部头英语散文诗歌选

---

*　原注：美版题为《东与西》（*East and West*）。

《行者图书馆》*，毛姆要选定篇目并写一篇简短的引言。纳尔逊敏锐地察觉到，这套书恰好符合市场需求，事实证明他的想法是正确的。选集出版不到一年后，毛姆得意地告诉他："七百所美国大学已经将《行者图书馆》列入必读书目……我惊喜地发现自己竟然成了教育家，真是想不到。"出于再创佳绩的迫切愿望，道布尔戴建议毛姆再出一部类似的短篇小说选集，即 1939 年出版的《讲故事的人》。

　　毛姆最为人熟知、最受人推崇的身份就是一个讲故事的人，一个短篇小说家。他总共写了 122 篇短篇小说，除了一篇例外†，全部首发于杂志期刊；哪怕是做梦都想不到要去图书馆或书店的人，在街边报亭和火车站书摊也很容易接触到。用格伦威·韦斯考特的话说，毛姆"深受文学圈外、公职圈外、学术圈外的读者喜爱"，这位"中流文化的圣雄"对大众观念的影响少有时人能及。威廉·普洛默在《阿金》的书评中说："毛姆先生的短篇小说在当代作品中首屈一指。"毛姆的短篇小说常有一位无限诱人的叙述者，他既是又不是故事的一部分，既有清晰的眼力，又有冷嘲热讽的幽默感，他喝着酒，抽着雪茄，不紧不慢地坐下来，给读者讲述那些酒吧、俱乐部里见到的平凡人身上发生的迷人故事。"他对人性有着非比寻常的认识，就像一位经验丰富的告解神父，"雷蒙德·莫蒂默说，而且像告解神父一样，"他从不会大惊小怪"。毛姆的文字看似简单，其实不然，其中隐藏着千锤百炼的技法，凡是尝试过效仿他的人都明白这一点：小说家约翰·福尔斯认为，一个作家必须要精通"毛姆式的短篇小说……就像画家必须精通素描一样"。毛姆短篇小说的突出特点

---

*　原注：《行者图书馆》再版后改名为《五十位现代英文作家选》。毛姆对戴斯蒙德·麦卡锡说："这个书名不是我起的，太蠢了。"（雷蒙德·图勒·斯托特，《W. 萨默塞特·毛姆作品目录》，第 187 页）

†　原注：例外的一篇是《书袋》，由于涉及兄妹乱伦的敏感内容，雷伊·朗拒绝在《风尚》杂志发表。

包括：平实的文风、彻底的写实、话剧式的巧妙对话，以及经常出现的结尾大逆转，让读者目瞪口呆又感到愉悦。"他的情节冰冷致命，他的时机拿捏毫无瑕疵。"另一位同一体裁的大师雷蒙德·钱德勒说。当然，批评家会忙不迭地跳出来谴责他没能做到的事：他缺乏深刻性和原创性，也没有康拉德、契诃夫那样的洞见、天才或"化腐朽为神奇的激情"（V. S. 普利切特语）；然而，在那些他做了的事情上，他都做得非常好，时不时甚至会接近尽善尽美的地步。

短篇小说是毛姆真正最擅长的事业。"我就是一个讲故事的人，我从来不假装自己是别的什么。"他不止一次说过。他喜欢这种体裁，用功甚勤，总是在寻找新人物和新情节。与当年在东方时一样，他继续鼓动陌生人和熟人讲述自己的经历，哪怕有时要付出高昂的代价。"我常常觉得这件事很无聊，"他在笔记本里写道，"需要很大的耐心……［而且］为了抓住某种暗示，或者不经意间的流露，你必须做好心理准备，倾听一名非亲历者给你讲上好几个钟头。"他的朋友们都知道他的写作方式，也乐意帮他推荐素材来源。例如，丽贝卡·韦斯特就在信里建议他去找自己的姐姐利蒂希娅·费尔菲尔德，当时利蒂希娅正要去蓝色海岸度假。"她可不是交际花，她不打桥牌，还是虔诚的天主教徒，"丽贝卡警告他说，"［但］她是一名医生兼律师，在伦敦郡议会工作了二十年，有不少关于疯人院和监狱的料，她会好好讲给你听的。"

有意思的是，毛姆去其他地方会有许多灵感，在南法却似乎毫无想法。他对里维埃拉有一句令人难忘的评语，"为阴沉之人准备的阳光之地"。

毛姆只有少数几部短篇作品以里维埃拉为背景，比如《舞男舞女》《狮皮》和喜剧杰作《昂蒂布的三个胖女人》。他或许是担心在家门口惹麻烦，因为如果不是这样的话，从戛纳到蒙特卡洛一线的海滨明明有无数值得挖掘的角色，我们实在难以相信毛姆会不动心。

"毛姆在里维埃拉一带有自己的交际圈，"乔治·莱兰斯说，"[一个]非常小、很有钱的外国人圈子……[但]他在工作之余喜欢来点轻松娱乐，愿意看那些家伙出洋相。"达迪的布鲁姆斯伯里味道是深入骨髓里的，对这号人除了蔑视还是蔑视。然而，毛姆有追求奢华与财富的一面，他喜欢受到居有壮丽别墅、食有料理名家的美国富婆的招待。经常招待他的女主人几乎都来自美国，有夏洛特·布瓦塞万；玛丽昂·贝特曼夫人；艾米丽·舍菲奇，芝加哥肉类加工业大亨之女；黛西·菲洛斯，胜家缝纫机厂的继承人；牙尖嘴利的奥托博尼公主——她和她的同性恋老公并称"八卦女，鸡奸男"；还有声名狼藉的肯麦尔夫人，风传她谋害了五任丈夫里的四位（毛姆给她起了个外号，"齐尔麦尔夫人"*）。"他太爱钱了，太想以百万富翁的身份与百万富婆交往了，"西里尔·康诺利以其惯常的犀利评论道，"[但]他给里维埃拉带来了意义，否则那里就不过是凡夫俗子的度假村罢了。"

到了冬季，许多别墅都会关门，房主去往伦敦、巴黎或纽约。但是，每逢夏季，社交生活便会火热起来，港口里停满了大型游艇，酒店通通爆满，身着时装的人群——女的穿沙滩睡衣，男的穿水手服——购物，逛街，躺在沙滩晒太阳，走进克鲁塞瓦特人满为患的小酒吧里一边喝鸡尾酒，一边结交朋友。有的客人到玛莱斯科别墅一住就是大半个夏天，毛姆很乐意带他们去私宅或当地的高档餐厅吃饭，有俯瞰圣让海港风光的卡拉梅洛咖啡厅，有贵得离谱的博略拉西泽夫餐厅，而最高档的去处当属蒙特卡洛赌场的天台，那里每晚都有舞会，俯瞰大海的舞台上还有养眼的卡巴莱歌舞节目。尽管他很少上赌桌（赌博还是杰拉德去吧），但毛姆会在赌场里用餐，参

---

* "肯麦尔夫人"原文为 Lady Kenmare，"齐尔麦尔夫人"则是 Lady Killmore，其中 Killmore 的字面意思是"杀更多的人"。

　　　　　　　　　　　　　　　　　　　　毛姆传

加舞会，而且与蒙特卡洛领主的父亲，英俊潇洒、拥有一半墨西哥血统的皮埃尔交情甚笃。一天晚上，毛姆在赌场里目睹了令人震怖的一幕，日后便以此为蓝本创作了《舞男舞女》。他尖刻地描绘了舞厅里的顾客们：这些低俗又无聊的家伙每天晚上都过来，只是希望能看到卡巴莱舞女在危险的表演过程中横死的场面。这群人的头头是美国富婆伊娃·巴雷特。

> 这是一个典型的里维埃拉聚会的人员名单。里面有一个英国的勋爵和他的夫人……只要能蹭到一顿饭，不管是谁发出邀请，他们都会接受……里面还有一个意大利的伯爵夫人，其实既不是意大利人，也不是伯爵夫人……里面还有一个俄罗斯的亲王，随时准备着要让巴雷特夫人变成王妃，但在等待期间抽取佣金推销香槟、汽车和"老牌大师"威士忌。
>
> 吧台现在只剩他们，因为差不多其他人都去露台上用餐了。帕科·埃斯皮奈尔正好走过来，停下来和伊娃·巴雷特握手。帕科是个山穷水尽的年轻人，现在靠给酒店安排这些吸引顾客的小节目来养活自己。对有钱有势者毕恭毕敬也是他工作的一部分……
>
> "帕科，有没有给我留个好桌子啊？"伊娃·巴雷特问道。
>
> "最好的那一桌。"他那双精致的阿根廷黑眼睛看着巴雷特夫人，眼神里似乎倾倒于她丰腴、成熟的魅力。这也是他分内的事。[*]

《昂蒂布的三个胖女人》的笔调要善意一些，富有感情地呈现了

---

[*] 该段译文引自《舞男舞女》，收录于《爱德华·巴纳德的堕落：毛姆短篇小说全集1》。

女性身上愚蠢的地方，以及三名中年大妈之间的明争暗斗。她们合租了一间消夏别墅，过来的目的是节食减肥加打桥牌。"三个人非常要好，是脂肪让她们走到了一起，而桥牌巩固了她们间的盟约。"*比阿特丽斯、艾罗、弗朗西斯（通称"弗兰克"）在海滨住得很自在，要么跑到沙滩上，与法国人、意大利人和"长腿长脚"的英国人混在一块儿，要么去伊甸洛克†的猴屋，那是"一块在海边围起来的草地，角落里有个吧台……挤满了穿着泳衣、睡衣或睡袍，坐在桌前喝酒聊天的人"。在这里，三姐妹终于面对了失败：过去整整两周里，她们只吃面包片、西红柿和白煮蛋，靠着互相鼓劲才熬了过来；如今，面对猴屋每天供应的美味早餐，她们的决心动摇了。

> 比阿特丽斯面前放了一盘羊角面包，一碟黄油，一罐草莓酱，一杯咖啡和一壶奶油……
> "你这是自杀。"弗兰克说。
> "我无所谓。"比阿特丽斯嘴里都是面包，糊里糊涂地答道。

毛姆受不了在一个地方待太久，每年自有一套舒适的安排：春秋季各在伦敦住几个星期‡，夏天拿出部分时间跟杰拉德游历欧陆，威尼斯、佛罗伦萨、慕尼黑、维也纳都是他们喜欢的去处，但每年必去的两个地方是萨尔茨堡和巴德加斯坦因，前者是为了八月的音乐节，后者是为了泡温泉。毛姆一直很注重自己的身体，他有胸痛和疟疾复发的顽疾，多年来养成了去维希、阿巴诺、布里德莱班等法

---

* 译文引自《昂蒂布的三个胖女人》，收录于《爱德华·巴纳德的堕落：毛姆短篇小说全集1》。后同。
† 原注：司各特·菲茨杰拉德的小说《夜色温柔》中的异邦人酒店便是以伊甸洛克酒店为灵感来源。
‡ 原注："非常住居民"的纳税人身份要求毛姆每年最多在英国居住九十天。

意两国温泉胜地的习惯，而且会尽可能带上杰拉德，好让他戒酒几个星期。不过，他最喜欢的地方还是位于奥地利蒂罗尔地区的巴德加斯坦因，两人通常下榻于豪华的恺撒霍夫宾馆。他们吃得很少，一会儿泡温泉，一会儿沿着加斯坦因山谷远足。毛姆喜欢规律的温泉度假生活，喜欢新鲜的空气和宜人的登山活动。只要晚上有桥牌打，单调就不是问题。"来巴德加斯坦因疗养……真是好极了，"他告诉西比尔·科尔法克斯，"这里的生活枯燥得令人难以置信，物价高得令人咋舌……［但］我这辈子从没感觉这么好过。"

从巴德加斯坦因去萨尔茨堡是一段轻松的车程，但两地的生活步调截然不同。萨尔茨堡满是来自各国的时尚人士，对他们来说，音乐节是不可错过的盛宴。在阿图罗·托斯卡尼尼和布鲁诺·瓦尔特两大指挥家的支持下，萨尔茨堡音乐节在三十年代迎来了最辉煌的岁月。从清晨到深夜，听众都能欣赏到维也纳爱乐乐团和维也纳国立歌剧团演奏的美妙音乐。对毛姆来说，音乐有着重大的意义；他没受过专业训练，一门乐器也不会，而且在音乐家朋友——比如钢琴家哈里特·科恩——面前总是说自己"非常无知"。然而，听音乐能带给他巨大的愉悦感，他的音乐品味很广泛，对探索新体验总是兴趣盎然。不管在巴黎、伦敦、慕尼黑或维也纳，他都是音乐厅和歌剧院的常客，尤其喜爱瓦格纳的作品。但是，在他的日历上，萨尔茨堡总是最耀眼的一栏。"我们去看了《玫瑰骑士》，演得很不错，"1934年8月，他给艾伦·塞尔写信说，"最后一幕的三重唱是我听过的最动听的三重唱。昨晚看了《魔笛》……明天上午去看威尔第的《安魂曲》，看完马上就走了。"看演出的间隙，他的社交活动安排得很满，英国人、法国人、德国人和意大利人——其中许多人打扮成农民的模样，女人穿巴伐利亚式的紧身连衣裙，男人则是短裤加上插着羽毛的帽子——在餐厅和咖啡馆里聚会，或者去湖边野餐远足。"我都要累死了，"毛姆对艾伦说，"来这里以后，每天都有四五个钟

头的活动，音乐会，午宴，晚宴……[不过]天气特别好，简直是
奇迹；大家都穿着新买的蒂罗尔传统服饰四处晃悠。"就连杰拉德也
没抵挡住诱惑，买了一条皮短裤，"[而且]准备穿到里维埃拉去，
制造点轰动效果"。

毛姆去英国的时候，杰拉德当然不能同去。在伦敦，毛姆主
要跟艾伦·塞尔做伴。这个小伙子颇受毛姆的老朋友们欢迎：芭芭
拉·拜克和彼得·斯特恩都喜欢他，彼得还请他去奥尔巴尼的家里吃
饭。1934年10月，奥斯伯特·西特维尔第一次邀请毛姆去德比郡雷
尼绍的祖屋做客时，塞尔也被一同邀请，奥斯伯特和大卫·霍纳都
对塞尔表示欢迎，奥斯伯特的姐姐伊迪斯更是对他宠爱有加。然而，
毛姆有一条从未跨过的界线：不会带情人去那些可能会引起指摘的
场合。杰拉德就不同了：他与毛姆属于同样的社会阶层，口音考究，
秘书的身份更为他提供了完美的掩护。但艾伦是出身东区的考克尼 *
子弟，毛姆不可能把艾伦介绍给自己的家人；他在家人面前总是彬
彬有礼，侄子和侄女对他都是仰望和尊敬的态度。

在世的毛姆三兄弟里面，老幺威利最有钱也最出名，与他年纪
最接近的 F. H. 对此是坚决的漠不关心，极少谈起威利写的书或剧
本。不过，F. H. 几乎已经爬到了行业内最高的位置：1928年获封骑
士，1935年被任命为上诉法院法官，加封为毛姆男爵。大哥查尔斯
的命运就不幸得多了，他不爱说话，为人谦逊，毛姆说他是"四兄
弟里性格最好的一位"。辞掉巴黎的律师工作后，他带着妻子和独子
奥尔蒙搬回了伦敦。奥尔蒙由于小时候的一次意外瘫痪了，1935年1
月去世，年仅二十五岁；六个月后，他的父亲也走了，享年七十岁。
英国媒体登载的查尔斯·毛姆讣告很短，除了家人外无人关心。讣告
发表于《每日电讯报》，题为"法官兼作家辞世"，只有三小段。"查

---

* 考克尼（Cockney），指伦敦东区的工人阶级。

理离世是意料之中的事，"毛姆告诉杰拉德·凯利，"尽管如此，我还是大受震动，因为他的死让我想起了幼年和青年时的一些事。他是一个很好的人，我认识的人里面最好的一个，特别善良，特别无私，毫无嫉妒心。"

查尔斯虽然走了，兄弟中剩下的两人别扭的关系却并未因此发生变化；他们之间有一种无言的相互尊重，但警惕与敌意一直存在。尽管如此，毛姆对 F. H. 子女的感情也没有受到影响。他的三个侄女均已结婚，凯特和戴安娜都发表过长篇小说，他还费心给出了评点意见；不过，毛姆私下里对她们的水平评价不高。第三个是奥娜·厄尔，职业是画家。出于某些原因，她跟叔叔一向合不来，毛姆说她的作品"微不足道"，而且从不隐瞒她让自己厌烦的事实。据奥娜回忆，毛姆只注意过她一次，她当时去霍洛威女子监狱探视。监狱里有一个名叫露比的犯人，她以前是妓女，专攻"'变态的客户'……[而]我的亲叔叔萨默塞特·毛姆只有那一次对我说的话产生了兴趣，在我跟他讲露比的一些际遇时"。

但是，在 F. H. 的孩子里面，毛姆最疼爱的是小侄子罗宾。罗宾出生于 1916 年，与姐姐们几乎差了一辈。他度过了一个糟糕的童年，畏惧自己的父亲，在伊顿公学也饱受欺凌。姐姐们出嫁后，他就成了家里唯一的孩子，每逢假期都"生活在一个冷漠、灰暗、孤独的世界里，身边只有父母"。在这段童年岁月中，罗宾对叔叔的记忆很模糊，只是"一名衣冠楚楚的迷人男子，面色像是羊皮纸，他是来看我母亲的"。但是，自从他十七岁中学毕业后，毛姆就开始关注他了。罗宾很懂礼貌，热衷于取悦别人。尽管牙齿长成了地包天，又长又尖的鼻子活像鸲鶄，但长相大体还算不错。毛姆一直想要个儿子，由于他与丽莎的紧张关系，毛姆本能的父爱主要体现在他对男性爱人的保护欲上，对象不仅是哈克斯顿和塞尔，还有贝弗利·尼克尔斯、格弗瑞·维恩这样的小伙子。现在，他又有了罗宾。毛姆对侄子产生了一种强烈的、父亲般的感情，但在这段感情里却有着强大的性因素，如果说是在潜意识层面的话。多年来，毛姆有不少同性恋朋友都谈论过这股情欲的潜流，包括哈罗德·尼克尔森和格伦威·韦斯考特。"我不是说两人之间有不轨之事，"与毛姆和罗宾都有密切交往的韦斯考特说过，"但威利对罗宾是迷恋的，到处跟人讲罗宾有多了不起。"罗宾的处境里有太多引发毛姆同情的东西了：毛姆由罗宾在家中的地位想起了自己的不幸童年，怜悯之情油然而生；他也很明白男孩与父亲之间的种种问题。F. H. 坚决要儿子读法学，当律师，可罗宾的理想是成为一名作家，自然会去找叔叔寻求建议。此外，毛姆在另一个更敏感的话题上也能帮到罗宾。罗宾一直为自己的性取向而纠结，不顾一切地想说服自己是"正常"人，恐惧于坦白同性恋身份后父亲会做出的反应。

1934 年夏天，罗宾中学毕业后，F. H. 就安排他跟姐姐凯特一起去维也纳玩两周。听到消息后，毛姆就给罗宾写了一封信，任何一个男孩子或许都会梦想收到这样一封来自见过世面的富豪叔叔的信。

> 我只是说，如果你钱不够花了——大城市里的开销可能比你的圣人父母设想的数目大一些——你可以给我写信，我会接济你的。如果你出事了，有麻烦了，我的建议是：别去找前面说的圣人父母，直接来找我。这么多年来，我的生活说不上品行高洁，却也不缺少快乐，所以我明白有些难处是出身再好的年轻人也难免遇上的。你也知道，我本是个悲观的人，对人类的种种愚蠢有很高的容忍度。

毛姆故意向 F. H. 透露说，姐弟俩去维也纳的时候，杰拉德正好也在那里，而且愿意帮忙照看两个孩子。F. H. 勃然大怒——"那个男的是酒鬼，比酒鬼还坏"——不许姐弟俩与声名狼藉的哈克斯顿

有任何接触。"不过，我俩当然——纯属偶然——跟他有接触，"罗宾说，

> 我们第一次去看歌剧就碰上他了，我失望极了，因为他一点都不像大坏蛋：他年纪四十，身段苗条，时髦精干，留着小胡子，大笑起来很爽朗，微笑时又很纯洁……但是，一周过后，杰拉德又在酒馆里喝得眼都看不清了，我这才有点明白，原来他并不像看上去那么纯洁。

等到回国时，罗宾也不那么纯洁了。"十七岁那年，我在维也纳学到了许多东西。"他后来写道。杰拉德提出带罗宾去威尼斯玩两天，就他俩，来回都开着毛姆宽敞的比邻牌双座轿车。两人在达涅利宾馆租了一间双床房，杰拉德在这里挑明了自己的意图。大吃一惊的罗宾推开了他，杰拉德闷闷不乐地躺回自己的床上，关灯睡觉前，他嘟囔道："我早该知道的。"第二天，杰拉德没有再提前一晚的事，这让罗宾松了一口气。"他对我特别友好……[还]带我四处逛威尼斯。"

罗宾只比丽莎小一岁，小时候很要好，但自从毛姆夫妇离婚后，这对堂姐弟就没有再见面。丽莎十七岁时，西莉就安排她觐见国王，而且在她的第一个交际季举办了一场令人难忘的舞会，地点在国王路，开销都由毛姆出。舞厅里摆满白花，花园铺上了镶木地板，格里卜巷的房子里设有临时咖啡屋。"那次活动很棒，我特别、特别开心，"丽莎后来写道，她当时在粉白相间的头纱映衬下显得格外动人，"朋友啊，熟人啊，还有我眼里的场面人，一切都是为我准备的。那一次真的特别高兴。"从丽莎初登社交场开始，西莉对女儿的关注度就上了一个台阶。从各个方面来看，丽莎都是她眼里唯一的孩子；至于蒙特尼，她跟前夫的孩子，早已经属于过去。蒙特尼毕业之后

被判定为能力低下，送给埃塞克斯郡的一户农家照料。母子依旧不能团圆，或者是因为禁令，或者是因为西莉已经不再试图跟儿子见面了。现在，丽莎成了西莉生活的中心。西莉颇有阶级晋升的雄心，她对丽莎的要求是：不仅要嫁得早，更要嫁得好。西莉觉得谁都配不上丽莎，凭着令人生畏的充沛精力包办了女儿生活的每一个时刻、每一个细节。据丽莎的一个朋友说，"她和西莉非常非常亲近……太过亲近了"。丽莎深爱着母亲，但有人认为她似乎太听妈妈的话了，一篇八卦专栏文章甚至将她形容为提线木偶，"言谈举止几乎像机器一样，好像她内心里有一个声音不停在说：'执行指令一：微笑。执行指令二：尽可能宣扬自己在活动中有多么开心'"。

不用说，毛姆没有出席女儿的舞会，仍然与前妻离得越远越好。尽管心里不情愿，但他还是不时要卷进她的事情，比如西莉有一次故技重施，搞起了偷税漏税的名堂，被英国税务局找上门来。"税务部门要求我替西莉补缴两千英镑的所得税，"1934年3月，毛姆在给芭芭拉·拜克的信中写道，"她发誓说，我搬到玛莱斯科别墅的头几年里，她和我住在一起。你怎么想？有点意思，是吧？"

这封信是从西班牙，从格拉纳达的阿尔罕布拉宫酒店寄出的。之前的一段时间里，毛姆一直想要回到西班牙这个主题；自从十九世纪九十年代在塞维利亚度过的那一年起，西班牙总是对他有着强大的吸引力。毛姆精通西班牙语，读过大量西班牙文学著作，特别是黄金时代的作品，因此，他最初想写一篇以十六世纪为背景的长篇小说。不过，他现在决定要写一本个人色彩浓郁的游记，便把小说的事放下了。1934年2月，他与杰拉德坐上比邻牌轿车，开启了为期六周、途径巴塞罗那、格拉纳达、马拉加、塞维利亚、科尔多瓦、托雷多和马德里的西班牙环游之旅。两人在科尔多瓦很高兴地偶遇艾伦·普莱斯–琼斯——用毛姆的话说，艾伦当时"愉快，风趣，状态很好"——接着结伴进入了俯瞰格拉纳达的壮丽群山。毛姆务实的风格让普莱斯-琼斯吃惊不已：有一次，他们下车进了一家小酒馆吃午饭，只见毛姆直接走进厨房，用流利的西班牙语点了一份美味的便餐，包括生火腿、玉米卷、鱼和一大瓶曼查尼拉雪莉酒，普莱斯-琼斯都看呆了。尽管如此，与年老的毛姆相处终归有些压力。晚上回到酒店，艾伦和杰拉德单独去喝鸡尾酒，气氛就轻松多了。当晚，被艾伦形容为"可恨又可爱"的杰拉德讲了自己领着作家 J. B. 普里斯特利逛尼斯妓院的趣事。

《西班牙主题变奏》就是这次旅行的成果，这是一部漫步于十五、十六世纪西班牙的惬意游记，一部对西班牙历史文化的别具一格的介绍，其中点缀着毛姆本人年轻时游历西班牙的回忆。通过轻松的漫谈式文风，毛姆考察了塞万提斯、卡尔德隆、洛卜·德·维加等伟大小说家和剧作家，以及圣特蕾莎、圣依纳爵·罗耀拉、费伊·路易斯·德·里昂等宗教作家或神秘主义者，穿插描述西班牙人的特点及其生活方式，还评点了迭戈·委拉斯凯兹、埃尔·格列柯和苏巴朗等著名画家的作品。从传记的角度看，关于埃尔·格列柯的一节最有价值。毛姆在讨论这位画家的疑似同性恋倾向的过程中，颇有洞见地分析了同性恋艺术家的特点。

> 同性恋者有一个突出之处：内心深处不把某些普通人看得很重的东西当回事，从轻率无礼的言行到嬉笑怒骂的讽刺。普通人觉得无关紧要的事，同性恋者却认为意义重大；被公认为于全人类的精神福祉至关重要的东西，同性恋者对它却是一副愤世嫉俗的态度……他缺少开创大业的能力，却有装点修饰的天赋……他冷笑着站在岸上，冷漠地看着生命之河流过。

《西班牙主题变奏》出版于 1935 年，整体反响平平，大部分书评人表现出的兴趣只是客套而已，正如雷蒙德·莫蒂默在《新国务家》杂志中所说："十字苦望不是每个人的菜。"格雷厄姆·格林是一个例外，游记讲述的是天主教君主的国度，恰好贴合富有天主教情怀的格林。"这是毛姆先生最好的一本书……我从没读过一本，"他说，"令我更激动、更愉快的书……毛姆先生达到了自身艺术成就的巅峰。"

西班牙之旅非常成功，痊愈后的杰拉德也恢复了不少往日的迷人光彩。毛姆告诉芭芭拉，杰拉德现在"和善，非常体贴，很好相处"。他酒喝得少了，更用心地履行雇主安排的职责，于是玛莱斯科别墅的生活质量有了显著的提高。"我今天一直在打高尔夫，天气很好，回来时累死了，"一天晚上，毛姆给艾伦·塞尔写信，

> 给你写信前，我刚刚在松木浴盆里泡了半天澡。杰拉德刚给我拿来一杯百加得鸡尾酒，我要先去喝酒了，等会接着写。酒很好喝，用的是院子里现摘的新鲜酸橙……厄内斯特要宣布晚餐开饭了……大队人马都来了。[毛姆回来接着写]前两天晚上，我出门想去找点乐子，结果天色已经太晚了，没什么收获……今天晚上，我们准备再去一趟……

杰拉德的得体举止让毛姆很是振奋，开始谋划去中美洲和加勒比海旅行。这是 1926 年南太平洋之行后两人的第一次远行，但情况正是在此时开始急剧恶化。没过多久，毛姆便向塞尔和芭芭拉透露了自己对哈克斯顿感到的焦虑：杰拉德的状况似乎比过去任何时候都要糟糕，他又开始酗酒，而且患上了震颤性谵妄。"情况不容乐观，我也不清楚到底会发生什么，"1935 年 4 月，毛姆给塞尔写信道，"我感到痛苦而不安，不知所措。"到了 7 月份，局面并无改观，毛姆承认自己陷入了深度抑郁。8 月，他在给塞尔的信中说，情况令人绝望，他别无选择，只得向杰拉德下发最后通牒。

医生告诉我，G. 的精神已经紊乱，我一定不能把他的话当真。但是，又过了一周，他［医生］又向我保证，G. 的精神状态比较正常了，我可以跟他理性地探讨问题。我害怕这种解释，我感到紧张和痛苦。我也意识到这是不可回避的，那么，我就希望事情能够这样一劳永逸地解决。但是，恐怕事情不会解决，不会有多大的益处。目前，G. 跟他的朋友们讲，他不会去美洲。谁知道这是不是他的最终决定呢？如果是的话，我的计划就会完全被打乱；当他明白这种打乱必然会对他造成重大影响时，他很可能会改变决定。无论如何，即便是最糟糕的情况，而且我也不知道什么才是最糟糕的情况，空气都会清新一些吧。

毛姆的计划似乎奏效了：杰拉德发誓说自己会上路的。11 月 3 日，他们终于乘坐"欧罗巴"号驶往纽约，然后前往西印度群岛。

横渡大西洋的过程颇为宜人。毛姆欣喜地分到了一间豪华的大套房，杰拉德的状态也很好。毛姆对艾伦说："旅途中他做了［即性交］两次，这可是大成功，他觉得很满意。"每天早晨，毛姆都会收到一大堆无线电报发来的纽约活动邀请函。船刚抵达纽约，一大群记者和摄影师就涌上来问他接下来的计划。毛姆本来指望去位于长岛的纳尔逊·道布尔戴和他的新太太艾兰家里过几天清静日子，结果道布尔戴夫妇以他的名义安排了一连串活动，这让他有点不高兴。回到曼哈顿后，他刚在丽思卡尔顿酒店安顿下来，新一轮的聚会、观剧、报纸采访、摄影约拍、签名会又接踵而至。他还不断接到好莱坞制片厂老板打来的电话，开出"条件丰厚的合同"，据毛姆说，"回绝合同……给了他异样的快感"。大名鼎鼎的毛姆不管走到哪里都会被人认出来。传记作家莱昂·埃德尔还记得当年在麦迪逊大道看到毛姆时的激动心情，毛姆当时在散步，跟其他人没两样，"身材矮小，衣着整洁，无可挑剔，戴着一顶软呢帽，一只手牵着好几条腊肠犬，另一只手不时要扶住帽子"。毛姆真正感到舒服的社交活动很少，其中一次就是他与老朋友卡尔·范维克滕进行的小型午餐会。范维克滕是一名小说家兼摄影师，趁这次机会给毛姆和哈克斯顿拍了一组引人注目的合照。阿列柯·沃也来了，他还记得自己仰望着毛姆与范维克滕深度交流时的感受。"毛姆身子向前靠，全神贯注地交谈，我从没见过他这副样子，之后也再没见到。我当时就想，'这才是真正的毛姆'。"虽然应酬众多，哈克斯顿一直很克制。"杰拉德，"毛姆说，"一直表现得很谨慎，我完全没有不满意的地方。"

两个人在加勒比海旅行了三个月，搭乘一连串货轮在岛屿之间辗转。这是一次毛姆期盼不已的旅程，他指望着能从中获取有趣的新素材：五年前来过这里的鲁德亚德·吉卜林向毛姆大力推荐这里的潜能。现实却令人失望。第一站是海地岛，它的异域风情和破败景象后来令格雷厄姆·格林*心驰神往，却没有给毛姆多大帮助。"此地固然风景如画，"他告诉艾伦，"[却]没有任何有意思的东西。"接下来的马提尼克岛也没有好多少——"我看不到值得利用的素材"——多米尼加和特立尼达同样是素材的荒原。"外贸商和种植园主满脑子想的、满嘴说的全是朗姆酒，也就是他们唯一的收入来源……[而且]他们的妻子实在是无聊，无聊，太无聊，完全没有什么好聊的……我就问你，一个小说家从这种环境里怎么可能获得素材呢？"问完这一通，他阴郁地总结道："这些岛屿的生活里没有南太平洋和马来亚那样的浪漫与刺激。"

毛姆给朱丽叶·达夫太太的信里对加勒比之行给出了篇幅更长、更深思熟虑的记述。两人刚结交不久，毛姆前一次去英国的时候曾借住在位于威尔特郡的达夫家里。朱丽叶夫人年逾五旬，高高的个子，棱角分明的面容富有英气，长着鹰钩鼻。她是朗斯代尔伯爵的

---

* 原注：格林的海地主题小说《喜剧演员》于1966年出版。

女儿，也是一位知名的文艺赞助人，在戏剧界和芭蕾舞界有许多好朋友。毛姆为结交朱丽叶夫人而深感自豪。"英国上流社会没有比[那]更高的地方了。"他经常吹嘘说；为了给对方留下好印象，他给朱丽叶夫人的信写得很用心，值得大段引用，因为信里描绘了毛姆的真实状态。"西印度群岛令人失望，"他开头写道，

> 风景秀美，这是自然，却不及南海的岛屿。岛民与英美接触太多，以至于失去了异域感，那种令生活在异域的人无比迷人的东西……我本以为马提尼克会很浪漫……[但是]我只看到了满脑子攒钱回法国的法国小职员，还有除了糖这个生计来源以外什么都不会聊的种植园主。他们对我倒是特别友善，一晚接一晚地请我参加二十人规模的宴会，身边都是……一言不发的女人。我挑起一个话头，没人接；又挑起一个，还是没人接。还没等晚宴开完，我的脑子已经枯竭，实在想不出能说的话了。宴会结束时，安静的女人们围坐成一个大圈，男人们则站在房间里的别处，话题都是糖。接着是给嘉宾敬香槟酒的环节……我讨厌香槟酒，因为喝了以后身上起疹子，尤其讨厌甜型香槟酒。不过，我必须忍住性子，装出受宠若惊的样子，尽管我知道又要一夜无眠了。晚宴是从六点到晚餐时间；午宴是十一点半到一点。我从头到尾要跟身边的人说客套话，每次有人拿葡萄酒给我满上的时候，我心里都会一沉。"来呀，亲爱的先生，一饮而尽吧，香槟可不是天天都有的喝呀。"*

他们在加勒比海度过的这几个星期虽然无聊，但也有一小段引人入胜的经历。毛姆去南美洲大陆法属圭亚那首府卡宴期间，当局

---

* 该句原文为法语。

批准他参观位于马罗尼河畔圣洛朗的大型劳改营。这个活动更符合毛姆的胃口。比起监狱，圣洛朗更像一座城镇，六千多名居民全是从法国本土运来的犯人和看守，少数犯人的最终目的地是条件恶劣得多的近海萨吕群岛，其中以恶魔岛最为臭名昭著；不过，大多数被认为消极无害、不会试图逃狱的犯人都会在圣洛朗关押好多年。总督将一间平房借给毛姆住几天，还"派了两个杀人犯来伺候我"，毛姆还对朱丽叶·达夫说，"牢头对我说，他们绝对老实，你对他们放心就好。不过，我上床的时候还是会把门窗都锁好"。毛姆在圣洛朗"度过了美好的时光"，走遍了监狱，而且可以与犯人谈话。在笔记本里，他详细描述了监狱的布置，包括可怕的死刑室。"断头台放在监狱内的一个小屋里……为确保处刑效果，行刑前会先用粗细与人的脖颈相仿的香蕉杆试验。从犯人绑上刑架到人头落地只有三十秒时间。刽子手每次行刑有一百法郎的奖金。"与犯人（其中有不少杀人犯）谈话时，毛姆最感兴趣的话题是忏悔；但"在我询问过的所有人里面"，他说，"只有一个人为自己的罪行感到后悔"。马罗尼河畔圣洛朗无疑是此行的亮点。"探监期间，我知道了一个很好的故事，"*毛姆告诉艾伦，"残忍是自然的，但我觉得不寻常。我肯定是极少数亲眼见过此地的英国人之一吧。"

从卡宴出发，毛姆和哈克斯顿踏上了漫长的归国旅途：首先乘坐运香蕉的货船，沿着墨西哥海岸抵达加州，在好莱坞欢宴数日，接着去旧金山的伯特·阿兰森家住了几天，然后坐上了开往纽约的"二十世纪有限公司"号列车，最后于 1936 年 4 月初上船返欧。两人和往常一样在瑟堡分手，杰拉德带着沉重的行李回玛莱斯科别墅，毛姆则去往伦敦。

---

* 原注：《有官职的人》（"An Official Position"）讲述了路易·勒米尔的故事。他原本是里昂的一名警官，因谋杀妻子被判二十五年有期徒刑。

毛姆心里想的头一件事就是与艾伦·塞尔重逢。"我最近经常想你，事实上，比平常还要更想，"他之前从纽约写信说，"我有几件事想跟你提一下，希望能让你高兴。"之前五个月里，毛姆每隔几天就给身在英国的艾伦写信，一方面是讲述旅途经过（"假如你能与我分享快乐，那我就觉得圆满了"），但也会连篇累牍地讨论艾伦的未来规划，给出各方面的建议，从财务到感情，再到监狱工作的事情，还有念叨艾伦的健康状况。每一页信纸都浸润着毛姆对那位年轻人的深情，同时又像父亲一样把塞尔的利益放在第一位，认真客观地探讨艾伦的种种计划和理想的利与弊。比方说，有一位年纪比塞尔大的富婆向他求婚。"花不完的钱和享不完的福……这样的前景肯定很令人激动，很有诱惑力吧。我完全能明白这一点，"毛姆允许他这样做，"[但是]请你记住，给富婆当老公可是一份全职工作。我没见过一个会把自己的钱打水漂的女人……除此之外，你还要做好放弃朋友的准备，这是自然的……"最后一个理由点出了问题的核心。"如果你做了一件必然会导致你我分离的事，我肯定会抱憾不已。多年来，我与你结下了亲密的友谊，我已经习惯性地认为你就是我的生命，或者说余下的生命中固有的一部分。但是，这纯粹是我自私的、个人的一点念想。"

　　事实上，毛姆现在已经热切地将艾伦视为自己的理想伴侣。艾伦有魅力，做事效率高，心地善良；他喜欢旅行和音乐，对美术有相当的认识和优秀的鉴赏力；与杰拉德不同，他从不喝醉酒，从不闹脾气；除此之外，艾伦还有着顺从的性格。毛姆最重要的身份是作家，他对写作这件事有着极强的保护意识，以至于到了无情的程度。他需要确保私密的写作环境，排除外界干扰。多年来，守护者与管理者的职责都由杰拉德承担，可他如今再也靠不住了。杰拉德的行为不仅破坏了至关重要的安静独处氛围，而且往往是他需要毛姆去投入时间和精力照顾，这让毛姆深恶痛绝。现在的情况虽然不错，但毛姆不太相信杰拉德能长久地改过自新，而且他害怕回到不久前的那种可怕经历。杰拉德是他深爱的人，是他血液里的人，但艾伦才是他需要的人。毛姆绝不会遗弃杰拉德，但他觉得塞尔对自己的事业至关重要，而如今驱使着毛姆的主要动力正是这份追求艺术的本能。

1936 年 4 月 10 日，毛姆抵达伦敦。"我是专程来看你的。"踏上横跨大西洋的航程之前，他给艾伦写信说。两人要探讨的最重要话题就是艾伦的未来。艾伦喜欢自己在救世军伯蒙塞分部和沃姆伍德森林监狱出狱人员帮扶协会的工作，而且一直给毛姆提供故事素材。*艾伦有几次领着毛姆亲眼看了伦敦东区的穷街陋巷，甚至安排他去了一趟监狱，提前跟他打招呼说：为免尴尬，见到认识的人千万要装作不认识。沃姆伍德森林监狱是最早的一批关押轻罪犯人的机构，毛姆这样形容它："阴森寒冷……大门关上走进去的时候，我身上就起了鸡皮疙瘩。"近期来看，艾伦不可能全职为毛姆工作。但是，两人讨论了各种计划，塞尔未来或许可以更频繁地去往玛莱斯科别墅。"当然，我的想法是，你至少陪我住几个月，可能的话，住一年也好。我希望你能把玛莱斯科别墅当成自己的家……要是你能无限期地住下来，咱们俩一起四处旅行，那就再好不过了。"同时，毛姆只能接受现状：只有自己去伦敦，或者艾伦偶尔到里维埃拉度假时才能跟他见面。

毛姆回南法的途中曾在巴黎落脚，部分原因是玛丽·洛朗森之前提出要给他画一幅像。几年前，洛朗森小姐去过玛莱斯科别墅，发现餐厅里挂着自己的四幅画，画面里是面色苍白、轻盈甜美的优雅少女。她称赞道："他这些洛朗森很漂亮。"†1934 年，两人的交情又

---

* 原注：《插曲》（"Episode"）、《风筝》（"The Kite"）和《凑满一打》（"The Round Dozen"）的素材都来自艾伦。

† 原文为法语。

近了一步。当时，洛朗森在伦敦市长美术馆办画展，毛姆为她撰写了热情洋溢的展览导言，她自然觉得欠了一份人情。洛朗森提出要给毛姆画像让他受宠若惊，可他觉得"应该提醒她：我已经不是脸庞白里透红的年轻人了……而是一位面皮蜡黄、满脸皱纹、眼睛里透着疲惫的老绅士"。他在洛朗森的画室里摆了四个下午造型，其间她讲述了自己的生平经历。"她很坦诚，我很开心。"毛姆说。作品完成后，她将笔放下，审视打量着画布。她说道，"*人们都说我画得不像。我跟你讲：我压根不在乎*"*，然后把画从架子上取下来，送给了端坐的模特。毛姆当时说了表示感谢的话，但私下里觉得画得不太像，用"脏兮兮"来形容这幅肖像。他后来越来越不喜欢洛朗森的作品，于是把她的画都卖掉了，听说此事后，女画家忿忿不平地说，他变得"太世俗了"，还说"*肯定换上了某个势利眼的画家*"†。

回到里维埃拉，毛姆只待了几个星期就又去英国了。4月，丽莎订婚的消息公布，对象是瑞士驻英公使之子，文森特·帕拉维奇尼中校。帕拉维奇尼性格和善，讨人喜欢，特别优雅迷人，但西莉对女儿的选择极度失望，"像公牛似的"阻挠这桩姻缘。在西莉眼里，文森特不过是又一个没有钱，也没有贵族头衔的花花公子，当然配不上自己的女儿。但在这件事上，丽莎没有顺从：她爱文森特，非要嫁给他，西莉只好让步。盛大的婚礼于1936年7月20日举行，地点选在流行的结婚场所，西敏寺圣玛格丽特教堂。时年二十一岁的丽莎面色苍白，但在夏帕瑞丽婚纱的衬托下漂亮极了。多年来，这是丽莎的父母第一次共同出席公开场合，手挽着手走过走廊。毛姆头戴礼帽，身穿燕尾服，亲手将女儿交给了她的夫婿。在婚礼结束

---

* 原文为法语。
† 原文为法语。

后瑞士使馆举办的大型招待会上，毛姆在会上对前妻礼遇备至。"我怕自己又要爱上他了，"西莉脱口而出，"从我们谈恋爱时算起，这是他头一次对我这么细心体贴。"毛姆给新人的结婚礼物是贝尔格雷夫广场外威尔顿街的一套房子，西莉负责装潢。"这房子可真是装潢师的完美手笔，"装修结束后，毛姆不屑地说，"一点人味都没有！"毛姆把玛莱斯科别墅借给帕拉维奇尼小两口度蜜月，这是丽莎第一次去那里。毛姆和哈克斯顿则搬了出去，给"小家伙们"一点自己的空间。起初，毛姆对帕拉维奇尼有点看不上，管他叫"丽莎的瑞士男仆"。但是，文森特很快凭借自己的魅力和单纯的幽默感赢得了毛姆的喜爱，把老丈人逗得直笑；女婿跟书虫完全不搭边，最喜欢读两本杂志，分别是《农牧天地》和《鉴赏家》，这一点也让毛姆觉得有趣。

接着，毛姆去巴德加斯坦因、萨尔茨堡、布达佩斯和维也纳玩了一圈，九月初回到玛莱斯科别墅，密集工作了不长的时间后，于十月再次去往伦敦。最紧迫的一项任务是长篇小说《剧院风云》的收尾工作。《剧院风云》是毛姆唯一一部讲述自己深入其中三十余年的戏剧领域的虚构作品，主线情节还是毛姆最爱的老女人爱上一个无耻的、年纪小得多的男人，讲述了一名嫁给成功的剧院经理，本身也是著名女演员的茱莉娅·兰波特的故事。人到中年，她却爱上了年纪比她上中学的儿子大不了多少的汤姆·芬内尔。汤姆是一名出纳员，本来是负责看管剧院票房的，茱莉娅的丈夫迈克尔却发现小伙子对舞台很感兴趣，便邀请他跟自己的名伶妻子共进午餐。恋情就这样开始了。起初，茱莉娅很看不上汤姆，只是觉得他的热情很受用；但她很快就无望而令人蒙羞地爱上了他，尽管她后来发现汤姆不过是一个平庸的小势利鬼，只是把茱莉娅和她的名流朋友当成进身之阶。故事的高潮是汤姆请茱莉娅给自己的一位女性朋友艾维斯安排角色；茱莉娅很快就发现，这个长相漂亮但过分自信的女孩子并没有她自以为的那样才华横溢。炫目的首演当晚，茱莉娅狡黠地抢尽了艾维斯的风头。茱莉娅和汤姆就此告吹，故事也迎来了令人满意的结局。

毛姆描绘的世界植根于西区的上流剧院，毫无波希米亚的味道。茱莉娅的衣服是巴黎定制的，吃饭是在最贵的夜总会和餐厅，而且是上流社交圈子争相延请的对象。不难想见，毛姆营造出的剧院氛围是无可挑剔的，他对女明星的描绘更是目光精到：不管台上台下，茱莉娅永远在表演，而且被赋予了艾瑟尔·巴里摩尔、艾琳·范布伦、玛丽·坦佩斯特等女演员的特点。茱莉娅有着可爱的愚蠢和虚荣，但只要走到台上，她便无疑是闪亮的明星。书中的某些场景很有趣，很适合搬上舞台 *；配角也不乏亮点，尤其是茱莉娅的丈夫迈克尔，此人英俊潇洒，自命不凡，性欲冷淡，比起妻子跟谁搞到一起，他对自己的良好形象和高尔夫球要感兴趣得多。《剧院风云》算不上毛姆最优秀的长篇小说——他对自己笔下的世界似乎太不上心了——却也不失为一部佳作。1937 年 3 月出版后，该书销量相当可观（仅英国一地，头两个月就卖出了两万两千多册），但评论界反响平淡，不少人称赞它手法娴熟，却谴责它虚情假意。"毛姆先生不动感情地解剖情感，"伊丽莎白·柏文在《新国务家》撰文称，"[但] 他真是个厉害的作家！"

《剧院风云》完成后，毛姆于 10 月再赴伦敦，行程与往常一样塞得很满。他在雷尼绍的奥斯伯特·西特维尔和大卫·霍纳家度过了一个周末，又去威尔特郡布尔布里奇的朱丽叶·达夫家度过了另一个

---

* 原注：盖伊·波顿改编的《剧院风云》话剧版于 1941 年登上纽约舞台，1950 年更名为《不同凡响》于英国上演。《剧院风云》还有两部电影版，分别是 1962 年法国拍的《俏人茱莉娅》（*Adorable Julia*），主演为查尔斯·博伊尔和莉莉·帕尔默，以及 2004 年美国拍的《成为茱莉娅》（*Being Julia*），主演为安妮特·贝宁和杰里米·艾恩斯，编剧为罗纳德·哈伍德。

周末。10 月 13 日，他在萨伏伊酒店参加了由笔会 * 组织的 H. G. 威尔斯七十寿宴。祝酒人萧伯纳"有一种恶作剧式的幽默感，说了许多令在场宾客略感尴尬的话"，据毛姆回忆，"真是太有趣了"。10 月底，他参加了新丧偶的西比尔·科尔法克斯举办的一次晚宴，这是西比尔搬出阿盖尔大宅前办的最后一场宴会。客人都是老朋友，有温斯顿·丘吉尔夫妇、达夫·库珀夫妇、阿图尔·鲁宾斯坦、哈罗德·尼克尔森、戴斯蒙德·麦卡锡等人。用哈罗德·尼克尔森的话说，大家谈的都是"辛普森夫人的大麻烦"，而且有"非常严肃的传言称，国王准备封她为爱丁堡女公爵并与她结婚"。过去两年里，威尔士亲王与美国女士辛普森夫人之间的丑闻一直在上流圈子里流传；尽管英国媒体起初并没有报道。但是，自从 1 月乔治五世驾崩以来，辛普森夫人事件就上升到了宪法危机的高度；新王爱德华八世登基后还不到几周，此事就成了举国热议的话题。毛姆认识华里丝·辛普森已有多年——她和丈夫曾住在布莱恩斯通广场的公寓里——如今目睹国王不要江山要美人的决定激起的汹汹反对，毛姆感到很难过。"我是一个作家，换位思考是我的本能，"他对朱丽叶·达夫说，

> 每当我想到那个可怜的人胡须也不剃，头发也不洗，邋里邋遢，狠狠踢门，用脑袋撞墙——这都是亲眼见过他的人描述的情形——我就奇怪地一阵难过。从万民拥戴到万人唾弃，落差来得如此迅猛，我真是大吃一惊。现在，那些大街上的人，当初崇敬他的人都说他是个烂货，还说总算摆脱了那个垃圾，真是谢天谢地。

12 月 11 日，毛姆与艾迪·马什、奥斯伯特·西特维尔和格雷厄

---

* 原注：1921 年成立的作家联合会，旨在促进文学发展。

姆·格林在克拉里奇餐厅公共休息室的角落里收听了退位广播，收音机是找服务员借来的。华里丝·辛普森之前就离开英国，避居南法，在那里度过紧张的几个月，等待离婚手续办完，然后才能跟温莎公爵（爱德华八世退位后的爵位）结婚。圣诞节那天，回到玛莱斯科别墅的毛姆请华里丝和她的姨母贝茜·梅里曼共进午餐，同行者还有鲍勃·布斯比，一名浪荡不羁的英国国会议员。这次聚会显然气氛紧张，但也算得上欢乐。下午大家打起了桥牌，毛姆和华里丝是搭档。"我恐怕不是个好搭档啊，"他一边把手放下，一边说，"手里只有两张K。"华里丝机智地反驳道："K有什么用？还不是只会退位。"*毛姆很明白她的处境所带来的压力和苦恼，接下来的几周里依旧体贴她，请她来吃饭和度周末。"我想她要扮演的角色真的很难，"他说，"我怀疑换作任何一个别的女人都扮演不好。"3月份，华里丝终于准备离开戛纳，前往图尔的康岱城堡与温莎公爵团聚，然后在那里结婚。"我明天就要离开戛纳了，"她给毛姆的信里写道，"自从我来戛纳，你对我一直非常好，我在这里要再次向你表达感激。""许多人都不明白，"她后来说，"威利心底里是个特别善良的人。那年圣诞节，我心里特别乱，我永远都忘不了他在那段我特别困难、特别孤独的日子里给我的同情和理解。"

圣诞节那天杰拉德并不显眼，这或许是一件幸事。圣诞节的前一天，毛姆在给艾伦·塞尔的信里不无恼怒地说，"杰拉德的恶性疟疾犯了，卧床不起，实在有点麻烦，因为……有明天的事［我的午餐会］。但是，我还能顾得来，他一两天后应该就好了"。然而，杰拉德并没有好起来。他病得很厉害，家里雇了个护工，请了专家来看病，当地的大夫每天要开车过来三趟。有一阵子，杰拉德的命像是保不住的样子，但最后还是有惊无险，他的体力逐渐开始恢复。

---

* K是英文King的简称，字面意义就是"国王"。

毛姆经常发火动怒，其实却担心得要死。艾伦过来住了两周时间，毛姆很感激他带来的慰藉。塞尔来到玛莱斯科别墅后，毛姆意识到了这位年轻人略显平淡的温和性格与哈克斯顿的脾气之间鲜明的对照。"[艾伦]特别友善，"毛姆对大卫·霍纳说，"[但是]他绝对不是那种带给聚会生气与灵魂的人；所以，我在这里没有可以开玩笑，或者取笑的人。我就在花园里晃悠，好想大笑一场啊。"艾伦值得信赖，令人安心，毛姆则怀念杰拉德的坏和机智，怀念与他共处时的激情澎湃。"塞尔像是小猫咪，"一个两个人都认识的友人说，"哈克斯顿则是一头粗暴的、毛发直立的、想要挣脱缰绳的斗牛犬。"

杰拉德生病的一个好结果是，他再次下了节制饮酒的决心。"我实在是无计可施了，"毛姆给芭芭拉·拜克写了一封信，信中表达了强硬的立场，却难掩末句里的柔情，

> 我跟他讲过，他自己也知道：他要是再喝酒的话，那就是自杀；他要是再喝酒的话，那就表明他心意已决，宁愿有酒无命，也不留命弃酒。倘若他真的心意已决，那就结束吧，我会给他一笔钱，让他离开，然后我自己回英国的家里。我不能把余生都用来照顾看管一个老酒鬼。但是，毋庸赘言，我全心全意地希望不要走到那一步。

为了给自己找点乐子和事情做，杰拉德买了一条小游艇，下层船舱刚好能放下两个行军床。当时天气不错，杰拉德几乎每天都要出海，为自己的新玩物欢欣鼓舞。同样令他欢欣鼓舞的是经常陪他出海的小伙子，名叫路易·勒格朗，人称"路路"，是个金色头发、深色皮肤、身材苗条的男妓，有着柔软的嘴唇和甜美的微笑，令人陶醉；他的两只手都戴着金镯子，一天里的大部分时间只穿一条褪色的泳裤。杰拉德对他着了迷。不出海的时候，路路经常泡在玛莱

斯科别墅里，不仅供哈克斯顿和逐渐喜欢上他的毛姆享用，任何一位想要的男宾都可以拥有他，杰拉德之后会私下里跟他结账。尼克尔森·哈罗德和阿克顿·哈罗德都是看好他的主顾（"亲爱的路路，"尼克尔森从巴黎写信说，"感谢你为我带来的销魂一夜。"）；还有毛姆的侄子罗宾，那是夏天的事。

在父亲的压力下，罗宾进了剑桥大学读法科。但是，他在课余时间坚持写作，并将作品寄给叔叔评点。毛姆看不出罗宾有多少才能——他对罗宾的一部剧本大纲的看法是"我不得不看的剧本里最差的一部"——可他还是决心帮助罗宾，尽可能向侄子灌输自己的理念。关于前面提到的那个剧本，毛姆说：

> 它简直是一团糟……［而且］我认为你应该做好这出戏有可能失败的心理准备。你自视过高，恐怕会很难承受失败的打击……［但是］勇敢承受失败是一个人品格的最好证明……我的最后一条建议是：不要让任何人看到你窘迫的样子。

罗宾听说过玛莱斯科别墅的高雅生活，心里向往不已，于是以专心写作为幌子，问毛姆自己长假的时候能不能过去住一段时间。但是，他到的时候发现身边只有叔叔一个人，杰拉德去巴黎提新车了。他本来指望能享受里维埃拉迷人的社交生活，结果也落空了，现实中只有每天规律的生活：毛姆专心于工作，每天上午都待在书房里，下午到花园里遛狗，晚餐过后很早就睡下了。不过，两人进行了许多坦诚的对话；关于自身的同性恋倾向问题，罗宾尤其希望获得安慰。叔叔对他的态度既现实又支持，建议他接受自己的本性，尽可能找点乐子。"你现在很迷人，"毛姆告诉他，"千万不要白白浪费。你的魅力不会持续太久。"话说到这个分上，毛姆还要让他好好记住，同性恋并不妨碍结婚，作为家中的独子，他有成家生子的义务。

这是一个毛姆不断回到的主题，给罗宾留下的印象是下一代的家名传承全靠他了。自1938年罗宾的父亲被任命为大法官之后，这项责任变得极其重要。尽管毛姆有社会主义思想，但他对兄长荣任一事还是很高兴，对官位带来的好处并非无动于衷。他很感激兄长为家族带来的声望，更对 F. H. 纯粹凭个人努力达到如此崇高的地位深感钦佩。"这实在是了不起，如果你想一想的话，"他给伯特·阿兰森写信说，"一位默默无闻、无钱无势的年轻人完全通过个人的专业素养达到如此的高度……一位律师在整个大英帝国能够达到的顶峰。"如果 F. H. 仅仅是上议院法官团的一员，他的头衔不会传给儿子，但作为大法官，他肯定会获封世袭爵位。毛姆迫切地希望兄长接受爵位，设想着罗宾成为第二代毛姆子爵的样子，这表明了他对传统贵族秩序的尊崇之心。"你的父亲应该至少还有十年、十五年的寿命吧，"他给罗宾的信里说，

> 在这段时间里，你很容易就能积累不少国会工作的经验。接着，作为上议院的成员，你……很有希望得到本土部委或海外总督的职位。我想象不到比孟加拉总督——如果做得好，还有机会当上全印度的总督——更好的位子了。你要记住：尽管你的父亲是全国地位最高的人物之一，但他的地位完全来源于自己的官职。已故大法官的儿子没什么地位，进入上议院就不同了。

罗宾快走的时候，杰拉德从巴黎回来了。当年夏天的早些时候，两人曾在萨尔茨堡偶遇，重续友情。快活而放松的哈克斯顿给小伙子留下了不可抗拒的印象。"衣冠楚楚，苗条迷人，"罗宾记录道，"尽管是美国人，却很有欧洲派头……杰拉德散发着活力、魅力与金钱。"哈克斯顿和往常一样友善，先带罗宾去看歌剧，接着俩人又一

块去酒馆，几杯琴酒下肚，杰拉德便如数家珍地介绍起酒馆外面的一排"出租男孩"，然后跟他最喜欢的一位，永远对"杰拉德叔叔"敞开怀抱的男妓，"我的宝贝，最亲爱的菲利克斯"走了。回到玛莱斯科别墅后，杰拉德大方地决定在罗宾临走前给他一个难忘的夜晚。从尼斯的赌场开始，从赌场出来又去几家小巷子里的酒吧喝了个痛快，再下一站是妓院，杰拉德出钱让小伙子好好享受了一番。玩到后半夜，他们决定开车去自由城参观游艇，结果发现路路躺在船舱里的一张床上，"已经睡着了，头发乱蓬蓬的，四肢伸展，嘴唇微启"。杰拉德马上注意到罗宾目瞪口呆的样子，便朝他眨眨眼，然后走上跳板下船了。"晚安，小兄弟，"他喊了声，"你们好好玩吧，明早见。"

杰拉德继续坚持着喝酒不过量，他的雇主明确表示过，他还想干的话就必须有大的改观。但是，杰拉德的状况不容乐观。两人关系中内在的紧张和不确定性让毛姆焦躁不安，以至于他一度考虑过放弃玛莱斯科别墅。"要是能不赔本的话，我是准备把别墅出手的，"1937年6月，他给芭芭拉写信说，"我希望延长在英国居住的时间，每年至少五个月吧。我想在伦敦租一套公寓。"但在当时，重大生活调整的计划被搁置了，因为他正准备再次前往远东旅行，这一次是去印度，预计当年年底出发，次年春季返回。"我累了，想要换换环境，"毛姆对查尔斯·汤说，"另外，我想要为将来的小说储备一些素材。"当年夏天，毛姆不在家中待客的时候出了几次国——除了经常去的慕尼黑、萨尔茨堡和巴德加斯坦因以外，他还跟彼得·斯特恩去了一趟斯堪的纳维亚半岛，颇感失望（"瑞典……无聊透了"）——又要在家里招待客人。芭芭拉·拜克和往常一样来了，还有达迪·莱兰斯、亚瑟·马歇尔和剑桥的老朋友维克多·罗斯柴尔德；罗斯柴尔德是带着妻子芭芭拉·哈奇森一起来的。毛姆很享受与这些聪明人做伴，而且欢迎其他剑桥来的朋友。"昨天，安东尼·布伦特和朋友伯吉斯过来吃了午餐，还要度周末，"毛姆曾对塞尔说，"你还记得安东尼吗？你们在剑桥见过一两次面。他是（或者以前是）三一学院的研究员，还是巴洛克研究领域的权威。"

去印度之前，毛姆决心完成一本对自己有很大意义的书。这是一本带有回忆录性质的著作，他断断续续地写了有一段时间了。"我已经把我知道的东西都放进去了"，他对查尔斯·汤说；但是，如果读者希望窥见毛姆私生活细节的话，那就要失望了。用作者自己的话说，《总结》"不是自传，也不是反思录"，而是全面回顾自己的职业生涯、思想变迁和"我终生抱有浓厚兴趣的若干话题"。该书的前半部分讲述了作者的青少年生活，但更大的篇幅是探讨写作道路上的成长。毛姆提出了他最看重的三条文学特质：清晰、简洁、隽永；并讨论了他最崇拜的作家，包括德莱顿、斯威夫特、约翰逊博士、黑兹利特、伏尔泰、司汤达、柯莱特和莫泊桑，其中莫泊桑对毛姆本人的短篇小说风格有极大的影响。与莫泊桑一样，"我希望自己的短篇小说以句号，而不是省略号结尾。我觉得，这就是我的作品在法国比在英国更被看好的原因吧"。毛姆还在书中谈到了自己的戏剧生涯——"我对口语对话有着本能的把握能力"——并对其他剧作家的影响表达了敬意，特别是易卜生（"过去一百年里最伟大的剧作家"）、契诃夫与萧伯纳。他还以超脱的心态分析了自己剧作家生涯的强项和弱点，这一点不禁令人钦佩。"我是锻炼出来的作家，"他明确提出，"我不是想写什么就写什么，而是能写什么就写什么……我缺乏想象力……不会押韵……不会比喻…… [但是] 我有敏锐的观察力，我似乎能看到许多其他人忽略的东西。"尽管他对自身能力有着清醒的认识，却依然对严肃评论家不重视自己这一点很敏感。"全英国只有两名重量级评论家 [戴斯蒙德·麦卡锡和西里尔·康诺利] 认真对待我"，他抱怨道；其他评论家不是无视他，便是看不上他。"我二十多岁时，评论家说我残酷；三十多岁时，他们说我轻浮；

四十多岁时，他们说我犬儒；五十多岁时，他们说我够格；现在，我年过六旬了，他们又说我浅薄。"

《总结》的第二大主题是作者对哲学、宗教的终生追求，他从小时候就对这两个领域着迷。他对人生的意义或者说规律一直有着极大的好奇心，探寻之心愈发迫切。他孜孜不倦地阅读伟大哲人的作品，从柏拉图到伯特兰·罗素，从基督教神秘主义到印度《奥义书》，但从来没有找到能带来慰藉的定论。毛姆自学哲学与宗教的首要途径是追问大问题，希望能一朝悟道，破解千百年来困扰着无数人的难题："生命的价值何在？人应该如何生活？人应当赋予宇宙何种意义？"然而，他儿时便失去了信仰，日后也不能复归。他一直处于不满足的状态，自我中理性的成分让他不能从宗教中获得安慰，这种受挫感令他困惑不已。"我的心在任何地方都找不到安定。或许，我的内心深处有某种对神、对不朽的渴求，这种来自祖先的渴求又与我的理性格格不入。"他不能将自己与无所不包的宗教信条整合起来，于是以典型毛姆式的不妥协方式宣称，他的信念是"人生没有原因，生命没有意义"。

尽管作者努力保持体面的距离——"我无意袒露自己的内心，而且在带领读者走进我的生活时，我对叙述的私密程度有意识地进行了限制"——但《总结》有时还是坦诚得令人惊讶。关于自身的感情经历，他说，"我虽然有过许多次恋爱，但付出的感情没有一次得到回馈……我做不到全身心的投入"；"我最爱的人很少在乎我，或者根本不在乎我，可别人爱我的时候，我又觉得尴尬"；他还说，"全心全意爱一个你知道不值得你爱的人，世间最痛苦的事莫过于此"。谈到性的话题，他热情洋溢地称之为"肉体所能享受到的最热切的欢愉"。他说自己有一大憾事，那就是他"天生挑剔"，从来没有享受个够；这句坦白从对性这一主题极感兴趣，热烈地书写性，不倦地追求性的毛姆口中说出，实在是令人诧异。《总结》从头到尾（虽然未必总是有意识地）将这位作家塑造成了一位敏感脆弱、富有激情的男人，高傲，不受幻想蒙蔽，是一个现实主义者，而不是人们经常认为的犬儒主义者；一个选择独处的人（"我觉得社交活动让人很累……当我能躲开社交去读书时，我会松一口气"）；一个拥有一定量的幸福感和大量的快活感的抑郁症患者。正如一篇书评中所写，该书揭示了"世事洞明、水火不侵的头脑背后那颗受伤的、提防的心"。

毛姆希望《总结》能达到自己能做到的最佳水平，于是将小样送给艾迪·马什和达迪·莱兰斯审阅。他尤其仰赖艾迪·马什做的细致编校。不久前，马什从公务员的岗位上退了下来，专门为知名作家校对稿件，包括温斯顿·丘吉尔。他的编校过程被称为"毁稿"，带有挑剔的、用意良好的学究气；他分文不取，名作家的垂询便足以满足他的虚荣心了（毛姆第一次找他之后，马什在日记里写道，"这是我的光荣！"），而且他对自己"令人畏惧的抠字眼"也深感自豪，很喜欢炫耀自己对语法、词源、文风微妙之处的详尽了解。毛姆第一次与马什见面是在大战期间温斯顿·丘吉尔夫妇家的午餐会上*，但第一次被毁的毛姆文稿是《西班牙主题变奏》和《剧院风云》。"在我看来，全英国都找不出比你更精通语法的人，"收到马什改过的稿子后，毛姆感激地写道，"你给出的意见太有意义了，我简直不知该怎么说才好。但我怎么说呢，有些意见确实让我冒冷汗。"马什对《总结》的校对也很上心："第 28 页：不知 massivity 这个词与更常用的 massiveness 相比有何益处？……第 110 页：不定式是否有滥

---

* 原注：luncheon（午餐会）这个词是毛姆和马什之间的一块疙瘩。"每次我用 lunch 这个词，他都会改成 luncheon。我抗议说 luncheon 是过时的用法……我跟他讲，'你是否愿意与我吃 lunch 呢？'听起来很自然，为什么不能用在书里呢？这时，艾迪会用尖嗓子大叫道：'但是，我听起来不自然。我不会跟你吃 lunch 的。但是，如果有空的话，我愿意跟你一起吃 luncheon。'"（*Eddie Marsh: Sketches for a Composite Literary Portrait*，Christopher Hassall 与 Denis Mathews 编，Lund Humphries 出版社 1953 年版，第 29 页）

用之嫌？……第113页：论证过于不完整……"毛姆没有全盘采纳马什的建议，但大部分还是接受了。马什的敏锐眼光为毛姆避免了语病、表达不当和某些不可思议的论证疏漏。为表感激之情，毛姆将几枚精美的十八世纪印度翡翠纽扣赠予马什。他告诉马什，"我乐于相信，它们当年装点过某位莫卧儿贵族侍从的衣袖"。

尽管有几位希望看到隐秘披露的毛姆友人觉得失望——彼得·斯特恩抱怨道，"我从没读过一部'自'的元素如此少的自传"）——但大部分读者对《总结》的反响还是不错的。1938年1月出版后（美版于两个月后推出），大部分评论都赞扬了作者在思想和情感方面的诚恳，对毛姆反思作家生涯和自己作品的洞见也持积极态度，尽管对形而上学色彩比较重的段落也提出了礼貌的异议。《标准》的书评反映了普遍的意见，即探讨毛姆文学生涯的部分"是全书最有趣味、最有意义的部分，而末尾部分关于真善美、神与不朽的段落可以忽略不计"。尽管如此，舆论普遍认为该书"具有极强的可读性"（V. S.普利切特语），"精彩不断"（格雷厄姆·格林语），销量成绩也相当可观，美版很快突破了十万册，令纳尔逊·道布尔戴感到满意。

与此同时，1937年夏末《总结》一书完稿，毛姆就重新开始了印度之行的谋划。他准备将玛莱斯科别墅租出去四个月，因为他和哈克斯顿下一年不在家。与往常一样，秋天是在伦敦度过的，毛姆为丽莎产下头胎举办了庆祝活动。令毛姆高兴的是，头胎就是个男孩，取名为尼古拉斯·文森特·萨默塞特。12月8日，盛大的庆生会于克拉里奇餐厅举办。"如此多的名流欢聚一堂的场面实在是前所未有"，休·沃波尔观察道。西莉表现得很活跃，而"威利［之前］希望她不要过来"；不过，毛姆很容易就能躲开她，因为他专门要身边总有老朋友陪伴，包括威尔斯、芭芭拉、西比尔·科尔法克斯、奥斯伯特·西特维尔、哈罗德·尼克尔森、朱丽叶·达夫和戴斯蒙德·麦卡锡。这次折磨人的活动结束后，毛姆立即全神贯注于敲定旅程的细节，他希望圣诞节前启程，从热那亚上船，五周后抵达孟买。毛姆早就拿到了达官贵人朋友们的介绍信，包括自己在里维埃拉的邻居阿迦汗；在德里，他自然会受到印度总督林利思戈侯爵的接待。但是，接下来发生的一次意外将他的计划全盘打乱：印度事务办公室拒绝给杰拉德发签证。毛姆很生气：这是一件折辱人又极端反常的事。行李已经装好，临时改变计划为时已晚，怎料陡生变故。杰拉德"曾在过去的无数年里陪伴我走遍了英国的每一处殖民地"，要是没有他的话，毛姆怎么可能应付得来呢？他很快开始私下交涉，一番暗箱操作之后，禁令在最后一刻撤销了，但当局明确表示，毛姆先生在南亚次大陆的行动不会得到官方认可。从现实角度看，这没什么要紧，因为毛姆的主要关注点不是英属印度，而是印度人的印度，也就是印度王公统治的土邦。* 话虽如此，毛姆并没有忘掉这次过节。

有意思的是，毛姆这么一个热爱旅行、热爱远东的人竟然等到这么晚才去印度：按照他本人的说法，这是鲁德亚德·吉卜林的缘故。毛姆过去曾长期相信，"就故事而言，他已经把好故事都写尽了"；现在，他觉得这个看法毫无依据。在一封从加尔各答寄给 E. M. 福斯特的信中，他写道："[我]真是后悔没有早二十年来印度，这都是因为吉卜林在我的想象力中投下的阴影。"吉卜林两年前才去世，但他笔下的世界早已不在了。过去一百多年间，印度曾是英国王冠上的宝石，是大英帝国意象的核心。但是，英国对印度的统治已经在削弱了，1935 年颁布的《印度政府法案》事实上承诺印度不久后就要独立，印度民族主义运动发展迅猛，部分土邦还爆发了暴力事件。然而，毛姆感兴趣的不是复杂的政治形势，他这一次也不是为

---

* 原注：英属印度帝国分为两大部分，分别是英国政府直辖的英属印度和承认英王宗主权的王公们统治的土邦。

了发掘素材；印度之行的主要目标是探究印度教与印度哲学，面见宗教领袖与灵修导师，通过一手资料来学习一个他怀有浓厚兴趣的主题，一个将成为他的一部长篇小说之基础的主题。这部小说就是后来出版的《刀锋》。

经过了平静而舒适的海上航程，毛姆和哈克斯顿于1938年1月初抵达孟买，整整三个月后再度启程，前往果阿和大陆最南端的特里凡得琅和马杜赖，接着一路向北，先后拜访东海岸的马德拉斯、海得拉巴和内地的比哈尔和那格浦尔，然后又去了加尔各答和贝纳勒斯，最后前往阿格拉、焦浦尔和德里。在德里，林利思戈总督邀请毛姆赴官邸共进午餐，但没有邀请哈克斯顿，邀请被回绝了。两人从德里回到孟买，于3月31日搭上了目的地为那不勒斯的班轮。尽管毛姆之前读过关于印度的内容，别人也跟他讲过，但印度带来的冲击还是超乎他的心理准备。似乎永无尽头的旅程让他筋疲力尽。火车很慢，天气经常热得让人发闷，应酬社交更是疲于应对。尽管如此，印度的一切都让毛姆兴趣盎然，本子上记满了详细的描述：果阿的银色沙滩与空荡荡的教堂、奥里萨的黑塔、贝纳勒斯的恒河落日、加尔各答的嘈杂喧闹，还有阿格拉泰姬陵那令人惊叹的美。毛姆饶有趣味地写下了自己对泰姬陵的反应。"有些人说某样东西'夺走了自己的呼吸'，我现在总算明白这并非空洞的譬喻。我确实感到喘不上气，心里有一种奇异的愉悦感，好像心脏变大了似的。我感到了惊讶和喜悦，我想还有一种解脱的感觉。"

反观杰拉德，在他看来观光固然也不错，但还是穿越丛林的那两天刺激得多，他在丛林里有机会打枪。他本来指望有老虎，结果两人在十五英尺高的树上竹台等了好几个小时，连一只老虎也没现身；不过，他打到了一条鳄鱼和一只成了当天晚餐的孔雀。毛姆对射杀孔雀一事感到不悦，在记事本里有如下记录：

我们正在丛林中穿行。丛林不算茂密，我们在树木中间发现了一只美丽的开屏孔雀……只见它在丛林中踽踽独行，我从未见过比这更激动人心的景象。这时，我的旅伴叫司机停车，抓起了自己的枪。

"我要打它一枪。"

我的心凝固了。他开火了，我真希望他打偏，可他没有。司机从车上跳下去，将片刻之前还活蹦乱跳的鸟儿拿了回来。那场面真是残忍。

现在，两人不必像过去那样忍受旅途中的艰辛了。不论走到哪里，他们都会受到盛大的接待。"[我们]住的地方豪华极了"，毛姆从特里凡得琅给塞尔写信道，他是特拉凡哥尔王公的客人。王公在宫殿里给毛姆和哈克斯顿安排了住处，"每人有一间卧室、一间更衣室和一间浴室，共用两间客厅和一间餐厅，有一名管家和两名脚夫照顾，每天早晨都有一辆配司机和随从的黄色轿车开到门口"。他还从科钦给朱丽叶·达夫写信说："我们正要去马德拉斯，然后在迈索尔王公和［海得拉巴］首相家里小住。我觉得自己受到了超规格待遇。"王室待遇只有一点不好：毛姆没有多少私人活动的空间。"嬉戏自然是没有的，"他遗憾地对塞尔说，"我们都是乖宝宝。"凡是他去过的土邦，毛姆都发现王公们无比殷勤、博学、迷人和慷慨；"王公们明白我不想去打老虎，而想要见见诗人和哲学家时，他们马上就会帮我安排"。这与当地的英国人形成了鲜明对比，毛姆觉得他们市侩又狭隘。"统治着这个国家的人都是一群无能的老傻瓜！"他从孟买给芭芭拉写了一封信，哀叹道，"我们没有早早丢掉印度真是一个奇迹。"他不快地目睹了殖民者对印度人的那种不堪容忍的盛气凌人态度，特别是殖民者的妻子，也就是"主子夫人"们，她们对身边的印度人及其文化习俗毫无兴趣。有一次，一位下层官员的妻子请毛姆参加茶会，问他旅行感受如何，"我跟她讲，我的大部分时间是在土邦度过的。这时，她说：'你知道的，除了我们能帮上忙的地方，我们与印度人没有一点关系。对他们一定要紧紧盯住。'其余的客人都赞同她的看法"。

这种态度或许能够解释毛姆住在海得拉巴英国驻地专员公署期间的气恼。公署的另一名客人是三十岁的年轻女士 M. M. 卡耶，她后来凭借印度主题的长篇小说《远方的凉亭》出了名。"与他见面时，我感到很兴奋，"她回忆道，"但是，我失望地发现他只是一个早早上床、尖酸刻薄、待人不友善的老男人。"不过，毛姆第二天上午的情绪就好了些，而且"我们马上熟络了起来"。于是，受到鼓励的莫莉·卡耶提到自己刚写了一部小说：

> 但是，我害怕自己永远当不成作家。他问我为什么，声音特别疲倦。我说自己写得太慢了，一个句子就能把我卡住好几个钟头。老家伙从眼镜上方瞥了我一眼，像极了一只年迈的乌龟，然后说道："亲爱的小姑娘啊，这是唯一一句让我觉得你日后可能成为作家的话。"

毛姆来印度的使命是探索博大精深的印度教，希望能获得精神生活的洞见；生活的这个方面一直让他着迷，又让他费解。他提前做了不少功课，读了《印度教与佛教》（查尔斯·艾略特著）、《印度哲学史》（拉达克里希南著）、《婆罗门的知识》（L. D. 巴内特著）、《奥义书》（巴内特译）、《吠檀多》（克里希纳斯瓦米·伊耶著）等书籍。凭借大量的准备工作，毛姆与许多学者和神职人员进行了面对面的交谈。但是，尽管做过尝试，这次经历却没有多少收获，让他感到挫败而痛苦。"要说我对高度集中的精神生活有了某种洞见的话（不管是这里，那里，还是任何地方），"他在旅途中间写道，"那就好比在深夜里借着一道闪光看见了喜马拉雅山。"他顽强地坚持着。遵照一名瑜伽派大师的建议，他尝试了冥想，盘腿坐在暗室的地上，将头脑放空。"我觉得自己坚持了很长的时间，肯定远远超过了他[瑜伽大师]规定的十五分钟。我看了看手表：三分钟过去了。"毛姆游遍了印度的四方，沿途拜访印度教圣哲，目睹苦行僧剜除眼球，将钎子插入脸颊；在海得拉巴，通过摩根·福斯特的朋友，当地财政部部长阿克巴·海达里爵士的关系，他有幸与一位大名鼎鼎的印度教圣人交谈，但"[他只是]说了我从别人那里听过二十遍的话"。同时，他遇见了一位苏非派修士，希望能了解到不一样的视角，却发现这位穆斯林神秘主义者"大谈自我和终极的自我，与印度教大师们别无二致"。毛姆认为这就是问题的核心：所有印度思想家都用同样的语言传达着同样的学说。

> 而且，尽管你感觉自己不应该觉得焦躁不安，因为假如他们如自己坚信的那样掌握了真理，而真理是单一的、不可分的，那么他们自然应该像鹦鹉似的一遍遍重复真理；然而，不可否认的一个事实是：没完没了地听着同样的论断令人恼火。你真希望他们至少能提出和《奥义书》里不一样的明喻、暗喻和形容。当你又一次听到蛇与绳索的故事时，心总不免会一沉。*

在马德拉斯附近的蒂鲁文纳默莱，毛姆前往拜访著名上师拉玛那·马哈希的隐居所，在那里有了与英国苦行僧交谈的独特机会。化

---

* 原注：毛姆解释道："从真实世界的视角看，现实世界是虚假的，但并非虚无，而是一种意识层面的事实。印度的智者很喜欢这样来形容：你在夜里看见一条绳索，误以为是一条蛇，便跑开了。但是，你拿光照它时发现，你以为是蛇的东西其实是绳索。你以为你看到了一条蛇，这就是虚假的；其实它是一根绳索。"（《观点》，第 58 页）

身为阿鲁纳查拉修士的英国退役陆军军官 A. W. 查德威克少校已经在隐居所生活了多年。他不胜欣喜地向毛姆详尽阐述了因果报应与轮回转世的真谛，还讲述了他自己为了"通过与宇宙的自体融为一体，将那个思维的我与自体分离开来，从而在他身上实现自体，因为它是无限的"而付出的种种努力。但是，即使这里有另一位英国人，毛姆并没有变得更智慧，拜访结束时，他依然"不清楚他到底是什么意思"。马哈希每天下午接待访客，而毛姆与哈克斯顿是中午过去的，就先在查德威克屋外的游廊上野餐。饭吃到一半，毛姆突然晕倒了，查德威克把他搬到屋里，放到床上。过了一段时间，他还是觉得太难受，不能加入中庭的人群。得知情况后，马哈希大度地同意过来看望毛姆。"薄伽梵［马哈希］与萨默塞特·毛姆对坐了半个小时上下，一言不发，"查德威克回忆道，"最后，萨默塞特·毛姆紧张地朝我的方向看过来说：'我需要说话吗？''不需要，"薄伽梵答道，"沉默是最好的。沉默本身就是对话。'"

毛姆或许没有大彻大悟，却深受触动，以至于从孟买上船回国时决定第二年再来印度，但由于超出其掌控的事件，这个计划失去了可行性。还在"比安卡曼诺伯爵"号轮船上的时候，欧洲严峻的局势便已重压在乘客心头，船载广播每天都有新闻传来：佛朗哥和西班牙内战、墨索里尼在意大利实行的法西斯帝国主义、3月14日的德奥合并，即希特勒入侵奥地利。"奥地利局势让我们深感不安……［而且］杰拉德一直非常抑郁，因为他的许多朋友都受到了波及，"毛姆在给艾伦·塞尔的信中写道，"我一度担心该事件意味着全面战争爆发，但现在看来并非如此。"

抵达那不勒斯后，两人碰上了名叫让的司机和艾伦，艾伦正要接毛姆和哈克斯顿悠闲地开车返回南法。"其实这话用不着说出口，不是吗？"之前在船上的时候，毛姆就给艾伦写信说，"我非常，非常盼望与你见面。"从那不勒斯出发，一行人先后去了罗马和佛罗伦萨。在佛罗伦萨，哈罗德·阿克顿及其父母在自宅彼得拉别墅招待了毛姆等三人。据哈罗德·阿克顿回忆，他们小住期间，"杰拉德在城里四处找乐子，毛姆则成天泡在牌桌旁"。毛姆还去拜访了老朋友雷吉·特纳，发现他处于深度抑郁的状态。希特勒和墨索里尼即将以胜利者的姿态来到佛罗伦萨，城里挂满了法西斯标语。目睹着自己钟爱的意大利正在发生的状况，雷吉大惊失色，他还身染沉疴，闻名遐迩的机智谈锋早已不见了踪影，舌癌不久便会夺走他的生命。但他还是陪伴毛姆等三人去了蒙特古夫尼城堡，那是一座佛罗伦萨近郊的宏大中世纪城堡，当时的主人是西特维尔及其情夫，伊迪丝和她的父亲正住在那里。

1938 年 5 月，毛姆终于回到了玛莱斯科别墅，准备享受另一个美好平静的里维埃拉夏日。天气完美无瑕；他的长篇小说新作进展顺利；杰拉德也很开心，他买了一艘更大的船，正准备和路路一路开去西西里岛。英国也有不少朋友来小住：芭芭拉、罗宾、贝弗利·尼克尔斯、雷蒙德·莫蒂默及其情人保罗·希斯洛普、帕拉维奇尼夫妇、阿克顿夫妇，还有哈罗德·尼克尔森。那年夏天，尼克尔森领会了玛莱斯科别墅魔力的精髓。"这真是完美的假期，"他对妻子维塔·萨克维尔-韦斯特说，"天气很热，花园很可爱，长椅坐上去颇为凉爽，手里有柠檬汁喝，想玩水的话可以跳进游泳池，还有美景、书本、留声机、美人。"一天傍晚，其他人都进屋换衣服了，外面只剩下尼克尔森一人。

> 那是一个美妙的、温柔的、暖和的傍晚，松树中间透过粉色的夕阳。我走上去，在泳池旁坐下与塔西佗独处。周围的山丘开满了红色或白色的夹竹桃。太阳向着昂蒂布海角落去，灯塔开始将光柱打在紫色的平静海面上。我就坐在那里，直到红色的夹竹桃已经看不见了，唯有白色的夹竹桃在月光下泛着光。

但是，他突然发现时间到了，于是将书合上，走下台阶，穿过天台回到屋内剃须沐浴，还戴上了黑领结，因为新婚的温莎公爵夫妇要过来吃晚饭。那次晚宴的气氛略显紧张，因为王室不许华里丝使用"殿下"的头衔，惹得她丈夫气愤不已。于是，客厅里恭候公爵夫妇的众人不知道该如何称呼华里丝，不免有些许不安。听到车子开上石子路的声音，毛姆和丽莎两人便来到门厅迎接贵客。过了几秒钟，公爵进了屋。"抱歉我们来得有点晚了，"他兴致勃勃地说，"不过，夫人殿下太磨蹭了。""他就是这么说的，"尼克尔森记录道，"那三个单词（夫人殿下）就像三枚投入池塘的石子……大家谁也不敢看其他人。"

玛莱斯科别墅或许是一处美丽安宁的避风港，但它周围却发生着最凶恶的事件。由于德国威胁要入侵捷克斯洛伐克，毛姆不可能再像往常一样去萨尔茨堡和巴德加斯坦因了。"我认为战争的危险并不存在，"他给伯特·阿兰森写信说，"但奥地利人现在有些失去理智了，从他们的行为来看，外国人还是不要进入该国为好。"毛姆当时在尽其所能地帮助涌入英法两国的犹太难民，利用自己的影响力帮他们找到工作和住处，还为犹太慈善机构捐助了大笔款项。笔会秘书长赫尔门·欧德请他慷慨解囊时，毛姆的回答很干脆。"早在收到你的信之前，我已经在尽力帮助被迫离开祖国的奥地利犹太朋友了，"他写道，"因此，尽管弗里斯豪尔先生主持的基金会价值很大，我还是只能给他开出十畿尼的支票，以示同情，请他一定不要认为这就是我心目中合理的捐献金额。"

9月的第三周，纳粹军队集结于捷克边境时，毛姆离开蓝色海岸前往伦敦，开车的是司机让。在巴黎以南的欧塞尔附近，车撞树后翻倒，车上的两人都受了重伤，其中毛姆的情况更严重，不仅遍体鳞伤，还摔断了一根肋骨。他坚决不进疗养院，要人把他送进巴黎的一家宾馆，名叫"巴黎与舒瓦瑟尔酒店"，酒店的人认识他，艾伦也过来照顾他。"艾伦真是个天使,"毛姆告诉芭芭拉,"有两三天的时间,我没有人帮忙就不能在床上活动。幸好,照顾我的外科医生好心地一直给我扎吗啡。"两周后,他身体恢复到了可以继续上路的程度。他于10月初抵达伦敦,正好传来希特勒吞并苏台德区的消息。人们到处都在谈论苏台德危机,还有从慕尼黑凯旋,手里挥舞着那张纸宣告"我带来了整整一代人的和平"的内维尔·张伯伦。1938年11月1日,毛姆感觉身体好得差不多了,可以去参加西比尔·科尔法克斯家举办的晚宴,当晚的其他客人有马克斯·比尔博姆、弗吉尼亚·伍尔夫和才华横溢的青年小说家克里斯托弗·伊舍伍德。"英国小说的未来就在那位年轻人的手里。"毛姆对弗吉尼亚说。她或许不知道毛姆出了车祸,私下里对他的容貌感到骇然,在日记里写道,毛姆"看起来像死人一样。嘴唇往里翻,活像个死人……一副痛苦的样子……声音很机械,每说一个字就要拉动一次杠杆似的……他坐在那里,就像落入捕兽夹的动物,或者说就像钢制的捕兽夹本身。不管我说什么,都撬不开他那张死人嘴巴"。

事实上,尽管身体疼痛尚在,但毛姆的精神已经比前一阵子好些了。过去几年里,他对持久和平的可能性日益悲观,这种悲观看法在不久前完成的小说《圣诞假日》中展现得淋漓尽致。但是,随着英德协议重申了两国"永远不与对方开战"的意图,形势似乎又有了谨慎乐观的余地。"我们已经躲过了战争,而且[我觉得]都这么多年了,"他给阿兰森写道,"事情最起码总该好一点了吧。"

玛莱斯科别墅

毛姆与（左起）达迪·莱兰斯、雷蒙德·莫蒂默、保罗·希斯洛普、杰拉德·哈克斯顿、芭芭拉·拜克和亚瑟·马歇尔（前排）

优雅入时、言谈风趣、热衷八卦的芭芭
拉·拜克，毛姆最亲近的女性朋友

追逐名利的年轻人贝弗利·尼克尔斯

作家格伦威·韦斯考特与毛姆"有许多
共同点"

毛姆与 G. B. 斯特恩，玛莱斯科别墅小
圈子公认的"活宝"

"布隆基诺男孩"艾伦·塞尔

泳池边：（左起）杰拉德、雷蒙德·莫蒂默、毛姆、保罗·希斯洛普和格弗瑞·维恩

毛姆与温斯顿·丘吉尔和 H. G. 威尔斯在别墅的户外平台

玛莱斯科别墅的床上早餐

毛姆和哈克斯顿在纽约中央公园

彬彬有礼、急欲取悦于人的罗宾·毛姆

哈克斯顿、毛姆与朋友们在南卡罗来纳骑马

丽莎与父亲、伯特·阿兰森在加利福尼亚

里维埃拉气氛略紧张的晚餐：塞尔（背影）、丽莎、毛姆和卡米拉

桥牌，"人类设计出的最有趣的游戏"

罗宾对年事已高的叔叔十分殷勤周到

艾伦，毛姆暮年的"完美保姆"

第十四章

投身宣传

An Exercise in Propaganda

毛姆一向声称不喜欢关于理念的小说和论战性质的小说。"我认为，将小说当成布道台或宣讲台是滥用的行为，"他不止一次声明，"如果读者想了解当代的紧迫问题，他们最好去读相关专著，而不是去看小说。"他经常说 H. G. 威尔斯的小说归根结底是失败的，因为其中的角色不是个体的人物，而是活动的"提线木偶"，目的是代表作者当前想要传达的某种观点。然而，毛姆在小说新作中恰恰在尝试做类似的事。《圣诞假日》写作于 1938 年，其情节不是由人物自然推动的，而主要是为了承载一种思想而构建出来的，也就是激烈地谴责欧洲境内不断发展的邪恶势力，批判德国、意大利和西班牙的强力独裁政权。从三十年代初起，毛姆就对长久和平的希望持悲观态度，这从他六年前的话剧《话剧的酬劳》中就能明白地看出来。自此以来，他便敏锐而忧虑地观察着左右两翼日益激烈的冲突——法西斯的崛起、贫富差异的日益扩大——及其带来的可怕威胁。在毛姆看来，英国人对这种威胁视而不见，后知后觉，这是很危险的。

《圣诞假日》的开场是一名天真无邪的英国青年查利·梅森要动身去巴黎，期盼着进父亲的公司上班前过几天逍遥日子。查利是个讨人喜欢的聪明孩子，家教很好，他的父母以文化素养自傲，因其音乐和美术品位略有先锋的味道而很是自命不凡。假期里最让查利高兴的事就是与儿时玩伴、当时在巴黎工作的西蒙重逢，他本来指望跟西蒙度过一段美妙时光。但是，他发现巴黎成了一个陌生的城市，破败而躁动，充斥着贫困与腐败。西蒙也几乎让他认不出来，如今变成了一个渴求权力的狂热分子，对工人和资产阶级同样蔑视加仇恨。西蒙正朝着独裁者的道路迈进，举止粗野，愤世嫉俗，无所顾忌，对朋友不停地咆哮，一心要动摇查利本能的宽容心和温和的社会主义思想。为了这个目标，西蒙带查利去了一家高档夜总会，并给他介绍了闷闷不乐的俄国妓女莉迪亚，她是因贫困所迫而沦落风尘的。纯粹出于同情，查利请莉迪亚跟他回自己下榻的破旧宾馆，之后三天里都在听她讲自己的故事，深受震动：她的父亲被布尔什维克杀掉了，她像奴隶般深爱的丈夫罗伯特则是个无耻的恶棍，犯下了一桩极其丑恶的杀人案*，当时正在南美服刑，刑期十五年。最后，查利回到英国，回到了温暖的、沾沾自喜的家庭环境。他感觉之前的经历就像是一场噩梦，却是一个"可怕的、令其余的一切化为虚无的现实……那是他身上唯一曾发生过的事……当时，他还不知道要如何应对：他的世界已然天翻地覆"。

《圣诞假日》首先是，也主要是一部政治寓言，作者通过西蒙、莉迪亚、罗伯特这三名主角展示了欧洲的意识形态斗争，以拟人的形式呈现了法西斯主义与极权主义国家的本质，以及受压迫者的逆来顺受。不幸的是，三名主角都是扁平的，各自的故事经二手转述

---

* 原注：此处情节的细节来自真实案件：1932年，毛姆在巴黎出席了盖伊·达文的庭审现场，此人的罪名是谋害自己的朋友理查德·沃尔，被判在马罗尼河畔圣洛朗劳教所服刑十五年。1936年，毛姆在圣洛朗偶遇盖伊，还跟他聊了天。

后也显得冗长单调。西蒙身上只有一个方面有人味，而且作者有意识地没有深入叙述，那就是西蒙过去和现在都无望地爱恋着英俊直男查利（这反驳了戈尔·维达尔的说法，即《偏僻的角落》是毛姆唯一一部"隐秘的同性恋长篇小说"）。讽刺的是，书中讲述查利和他住在波切斯特坊、自鸣得意以至于搞笑的家人的桥段反而特别生动。与毛姆家族一样，梅森一家也是刚刚从工人阶级爬上来的，而他们对此丝毫不觉得害臊。实际上，从很多方面看，莱斯利·梅森和他的妻子维尼夏代表着一种对英国的同情心态：他们有点太自鸣得意了，自以为有文化修养，其实还差得远；但是，夫妻俩都是正直、开明、宽容的人，最大的缺陷在于——与其他大部分英国人一样——拒绝认真对待迫在眉睫的、即将把他们的安逸生活毁掉的威胁。

1939 年出版时，《圣诞假日》引来了一些令人泄气的评论。格雷厄姆·格林在《伦敦信使报》的书评中称其"手法笨拙"；其他人批判的焦点则是"完全正常的查利和三名陪衬他的人物"塑造失衡。但是，这部小说也有人欣赏，包括伊夫林·沃，他说："纯粹从文学技法的角度看，我认为新作是他最优秀的一部小说。"当然，销量数据完全达到了毛姆的出版商们的希望：上市一个月，该书在英国就售出了两万五千册。*

1939 年 2 月《圣诞假日》出版时，毛姆正在美国出差（该书的美版于 10 月面世）。他去了芝加哥和纽约，到旧金山的伯特·阿兰森家住了一段时间，在加州还拜访了欧仁·奥尼尔及其妻子卡洛塔，毛姆之前与卡洛塔在里维埃拉见过面。与过去一样，潮水般的广播访谈——他做了一次时长 2 分钟、报酬 500 美元的讲话——邀请和短篇小说等各类约稿向他涌来，好莱坞也惯常发来了恳切的约片提议。

---

* 原注：次年，毛姆将《圣诞假日》手稿捐给了拍卖会，筹得款项用来帮助因法西斯政权迫害而无家可归的欧洲作家。

"别人跟我讲，毛姆绝不会考虑写电影剧本，"制片人大卫·O. 塞尔兹尼克写道，"目前也没有迹象表明他未来会改变主意。"从纽约乘"玛丽女王"号回欧洲时，毛姆已经精疲力竭，等不及要投入一年一度的平静休养期了。眼下去奥地利和巴德加斯坦因是不可能了，于是，他选择去蒙特卡提尼温泉疗养。"我现在在意大利，每个人似乎都坚信战争不会爆发，"6月，他给阿兰森写信说，"因此，除非德国人做出某些蠢事，否则我想我们是安全的。"

　　7月回到玛莱斯科别墅时，毛姆还觉得没有理由调整夏天的活动计划，或者通知客人不要来了。客人当中就有丽莎夫妇，他们正和一群年轻的朋友要过来，上午打网球，中午吃野餐，晚饭过后还要去蒙特卡洛的体育俱乐部跳舞，一整天都要四处跑。那年的里维埃拉之夏特别欢乐，剧场、露天音乐会、马术表演、烟火大会和舞会不可胜数，还有人们热切期待的9月1日首届戛纳电影节开幕式。但是，到了8月初，不祥的局势已经相当明显，电影节只得取消。8月23日，《苏德互不侵犯条约》签署，气氛愈发阴暗紧张。一下子到处都是士兵，树林里到处是军帐。弗尔拉角变成了守备严密的军事区，沿着峭壁设立了机枪点，玛莱斯科别墅下方的公路一端设有一个防空炮组。突然间，每个人似乎都动了起来，度假客忙着回国——蓝色列车一票难求——公路堵得水泄不通，满载军人的轿车和卡车正好迎上南下的难民潮。8月最后一周的一天里，玛莱斯科别墅的人基本都跑光了，宾客匆匆打好行李离开，大部分仆人也走了：厨房帮工、男仆及其妻子都是意大利人，现在回国了；司机让和两名园丁应征入伍；管家厄内斯特是瑞士人，受召回国；只有大厨安妮特和女佣尼娜没走。同时，要求所有私人游艇立即离开自由城海港的命令下达了。既然必须要走，毛姆就决定将"萨拉"号开到西边的卡西斯，那里的港口太小，海军看不上。他和杰拉德赶忙驱车前往尼斯采购物资，搬上船之后就启程了，船员是两名超龄免征的意大利水手。

天气非常好，根据毛姆的回忆，一开始的时候，"远离危险地带的想法让我们有了些许的激动……我读书、睡觉、吸烟……享受着纷扰时光后的平静"。登记在杰拉德名下的"萨拉"号排水量45吨，内部宽敞，设有会客区、两个床铺、一间浴室兼厨房，还有船员生活区；船尾的星条旗确保了它的安全。由于沿岸密布水雷，他们不得不绕路，第三天才开到土伦与马赛之间的美丽渔村邦多勒；继续向前似乎没有多大意义，于是两人就决定留下来，直到风波平息，可以安全返回为止。在邦多勒，两人很快建立了一套作息习惯，毛姆每天清早就起床，上岸逛菜市场，这可是他从未有过的新体验。"我战战兢兢地买了几只褪毛宰好的鸡，因为我分不清是肉质细嫩的小鸡还是老柴鸡。我怯生生地戳了戳鸡胸，好装出懂行的样子，但又凉又潮的鸡皮让我浑身起鸡皮疙瘩。"

日子一天天过去，关于国际形势的新闻愈发黯淡。9月1日，德国入侵波兰；2日，法国正式发布动员令；3日，英法对德宣战。天气转冷，多云代替了晴朗。毛姆无事可做，时间过得很慢，他变得不安起来，归心似箭。他之前给情报部发了一封自荐信，现在迫切地想知道有没有收到回信。祖国正在备战，毛姆再次燃起了报国之心。"我希望……在部里得到我在上次战争中做过的某种工作，"他用典雅的"萨拉"号专用信纸（纸色为金丝雀黄，游艇的名字为深蓝色字体）给戴斯蒙德·麦卡锡写信，

当局可能会觉得我不堪用：那样的话，我也不知道能做些什么……我脑子里有四部有生之年想要完成的小说。我觉得，倘若无他事可做，我就应该坐下来写书了吧。但是，我现在心烦意乱，顾不上想小说的事。我把时间都用来读手头的每一份报纸，不错过任何一次广播新闻节目。

过了将近一个月，他和杰拉德终于决定离开，将船抛在邦多勒，无视不久前发布的严禁省间人员流动的法令。两人大大方方地上了一辆出租车，告诉惊讶的司机开回弗尔拉角。神奇的是，这次旅途竟然没遇到磕绊。

他们去玛莱斯科别墅之前没有打招呼，抵达时发现别墅门窗紧闭，空气也不流通，丝毫没有回到家里的舒适，反而是一片阴郁的气氛。他们不知道接下来会发生什么，很难安定下来。"我好害怕以后除了摆弄手指以外，什么都做不了。"毛姆给侄子写信说。杰拉德则告诉罗宾："我和威利……觉得自己年岁渐长，已经被束之高阁了——似乎没有人想要我们效力。因为这件事，他心情非常低落沉闷。我试图看淡，但只是有时能做到。"接着，部里终于来了消息，明确提出有工作要给毛姆。"这提振了我的精神，"毛姆说，"因为我似乎终究还是能派上些用场的。"

1939年，情报部处于一种混乱的状态，模糊地感觉知名作家应该有些用处，但不清楚如何发挥他们的本领，于是将大量时间都浪费在了成立委员会、解散委员会和发出不切实际的意向书上面。然而，在这一团乱麻的形势之间，萨默塞特·毛姆所具有的对英法关系几乎独一无二的益处已经被注意到了：他不仅在法国生活过十多年，而且在法国的知名度和评价都很高——就在不久前的1939年8月，他荣升荣誉军团勋章高等骑士勋位——因此，他能够接触到外人绝少有机会接触的人物和信息。于是，情报部首先请毛姆编写一份关于法方对英态度的私人报告；其次，如果他愿意的话，请他在英国发表一系列赞扬法国及其军事成果的文章。

毛姆马上来了精神，收拾好行装便奔赴巴黎，安排前线考察事宜，还拜访了时任法国情报局局长的剧作家兼外交官让·季罗杜和军备部部长拉乌尔·道提，道提给他开了所需的介绍信和通行证。通过这些高层关系，毛姆还收集到了一些要秘密发回伦敦的情报，用他自己的话说是"关于我国政府应当了解的事务的私人报告"。这些情报大多是毛姆完成一天的工作之后从晚宴上听来的，而他耳闻的亲德言论经常让他感到骇然。社交界的不少富人厌恶总理莱昂·布鲁姆和他的社会主义政府，对共产主义的威胁感到恐惧，并公开承认他们在德国统治下会过得更好。爱国主义被视为文明人应当抛弃的观念。"就算希特勒征服了法国，那又有什么区别呢？"他们会问。"反正也不会比现在更糟。"有的人比较圆滑，很注意在这位文质彬彬、不爱说话、长着一双机警黑色眼睛的英国人面前说话的分寸。毛姆在里维埃拉的邻居、激进法西斯分子奥拉斯·德·卡尔布恰敏锐地察觉到了老朋友的此行目的。"要小心那个英国人，"他自称被人警告过，"他是情报部门的人。我向你保证，只要是他从我们这里探听到的有价值信息，第二天唐宁街 10 号就会知道。"[*]

　　下一个月，毛姆走了很多地方。他从东边的南锡启程，首先拜访了第五集团军参谋长德·拉特尔·德·塔西尼准将的指挥所，"有几名将军接待了我，他们的镇定让我觉得害怕"。接着，他又去了马奇诺防线，"我在夜里乘一辆军车出发，四周雾蒙蒙的，司机不认识路，却敢开到五十迈"，他对朱丽叶·达夫说。马奇诺防线是沿着法德边境修建的一系列号称坚不可摧的宏大要塞，毛姆参观了其中一座。"指挥官告诉我，就算遭到围攻，要塞也能坚持六个月之久，"毛姆报告说，"几个月之后，我在报纸里震惊地看到，这座要塞只坚持了四天就陷落了。"他下过兰斯的煤矿井，参观过法国东部和巴黎的几家弹药厂；到了第三周，他前往西南方向的夏朗德，目的是考察当地五十万名被赶出阿尔萨斯和洛林的法国难民的安置状况。最后一周是在土伦海军基地里的两艘军舰上度过的。私下里，毛姆为目睹的许多景象感到恐惧，包括深入骨髓的腐败、低落的士气、社会阶

---

[*] 原文为法语。

层之间深刻而尖锐的分隔。为了宣传目的，他必须尽可能表现光明面，但同时又要掩盖自己的真实反应，这实在是很纠结的事。"我坚决不写任何不实内容，"他后来说，"[而且]如果把看到的实情写出来，那不过会引发无益的丑闻而已。"但是，他给部里领导的报告原原本本地陈述了事实，其中最值得关注的主题之一是法国人怨恨英国军队踏上本国国土，认为英军不仅规模太小，而且行为放肆到令人震惊的程度。

> ［毛姆写道］我获得的印象是：法国人普遍对英国援军不足且行为失当一事不满，而且法国人之所以应当对英友好，主要是出于政策需要而非真实情感⋯⋯改善 B. E. F.［英国远征军］与法方关系还有许多事情需要做。

作为朝这个方向迈出的一步，毛姆撰写了一系列后来结集为小册子《战时法国》（France at War）*的报纸文章，以培养英国人对海峡对岸盟国的尊重意识与同胞情怀。上述文章以由衷敬佩的语调呈现出了一幅英勇绝伦的画面——不到两年后，这幅画面就崩坏了，当时毛姆在《纯属私事》一书中表达了自己的真实感受。摆在一起来看，《战时法国》和《纯属私事》两本书形成了饶有趣味的对照。比方说，同样是写参观一家弹药工厂后的感想，毛姆在报纸文章中颂扬道，"我看到的优异表现简直难以言喻⋯⋯工人非常努力⋯⋯每一个部件制作得都很精良。生产这些致命武器的机器都是人类智慧的奇迹"；而在书里，他明白地讲述了种种令人不安的迹象，每一家工厂都是民怨鼎沸，有人企图搞破坏，暴动更是常事。同样的，他

---

* 原注：1940年3月至5、6月法国投降之间，《战时法国》共发行了超过十万册；法国投降后就被召回了。

对夏朗德之行的记述也是两种截然不同的视角。毛姆在当地目睹了过去生活在法德边境附近，如今被迫背井离乡的法国家庭遭到的恶劣待遇和敌意。他们几乎身无分文地来到一片陌生的土地，并遭到当地人——他们的同胞——深切的憎恨，得到的帮助很少。毛姆在文章里集中笔墨描写难民表现出的勤奋和勇气。"那里有许多空房子和废弃的农舍……破败不堪……［但］难民决心将其变得适宜居住。他们从舒适的故土被赶出来，如今以高昂的斗志承受着自己的命运，这实在是一大奇观。"真实情况是丑恶的。

> 被赶出家门两个小时前，这些可怜人才接到通知……他们被装进牛车，顶着白昼的酷热与夜晚的寒冷，踏上了三天乃至更长的旅程，最后抵达普瓦捷和昂古莱姆……有些人在途中就得了重病，死掉的人也不少……几周后，他们得知自己的家被委托照看的士兵们洗劫一空……他们的居住条件很差……就是垮掉的棚子，连做猪圈都不够格。

旅程的最后一站是海军基地土伦，毛姆受邀观看了例行海上演习。他上过两艘船，分别是战列舰和鱼雷艇，军官和水兵的随意态度让他感到震惊。他在报纸文章中采用了巧妙的曲笔，将松懈的状态形容为"愉快民主的氛围……与我国军舰的状况相比，这里的命令远远没有那么专横……［而且］军官和水兵在执勤或休息时都可以随意找地方抽烟"。但是，毛姆在《纯属私事》中承认自己深受震动："我不禁注意到法国船员的仪容不整，与整洁干练的英美海军官兵形成了鲜明的对比。一些缺乏纪律性的表现也让我惊骇。"

完成考察后，毛姆于圣诞节前夕回到玛莱斯科别墅撰写文章。他的文章获得了良好的反响，于是他立即被召回伦敦，探讨再写一系列记述后方状况的类似文章事宜，之后会翻译成法文。这是毛姆平生第一次乘坐飞机出行，搭乘一架英国皇家空军运输机从巴黎郊外的勒布尔歇机场起飞，由于天气条件极端恶劣，航程延误了很久。为免被误认为敌机，飞机跨越英吉利海峡时一直是低飞，最后降落于苏塞克斯某地的军用简易机场。毛姆从机场乘卡车前往最近的城镇，镇子不通火车，于是他租了一辆车，"抵达伦敦时又冷又累，还饿着肚子，好在赶上了罗亚尔咖啡厅的晚餐时间"。

之后1940年春的三个月里，毛姆不得不忍受战时难免的无所事事和浪费时间，关于如何发挥他的作用，情报部还是没有下定决心。"我就像马戏团里的才艺犬，"他写道，"观众们很可能会喜欢它的花样，却不好插进节目单里。"在此期间有两本毛姆的书出版，一本是文学经典评论随笔集《书与你》，一本是短篇小说集《换汤不换药》，其中收录了一些经典作品——《昂蒂布的三个胖女人》《狮皮》和《生活的真相》——还有一篇阴郁的作者自序，序中写道，"我已经写了八九十篇小说了，以后再也不会写了"。实际上，他后来出面澄清说是排版错误，少打了一个 m，本来应该是"以后再也不会写多少了"。*

与此同时，他的日记里和往常一样充斥着社交应酬、周末交游、到雷尼绍的西特维尔家和布尔布里奇的朱丽叶·达夫家小住等，还趁着在伦敦的时候跟家人联络：西莉把店关掉了，暂时住在巴黎；文森特被派去海外之前，丽莎要尽量享受和丈夫共处的时光；F. H. 终于获得了毛姆热切期盼的世袭爵位（F. H. 短暂地做过一段上议院议长，但令他失望的是，英国宣战的第二天，张伯伦就将其改任为大法官）。"我很高兴你的父亲被封为子爵，"毛姆给侄女凯特写信说，"我在报纸上读到这则消息时激动极了。"罗宾既然以后要继承父亲

---

* 书上印的是 I shall not write any more，即"以后再也不会写了"；毛姆的意思是，他本来想说 I shall not write many more，即"以后再也不会写多少了"。

的爵位，毛姆迫不及待地要给心爱的侄子提供相应的财力支持，于是跟伯特·阿兰森商量给他一笔丰厚的津贴——"这意味着第二代毛姆子爵有能力按照自己的心意追求政治事业。"他告诉阿兰森——还给他留了一笔庞大的遗产。关于遗产事宜，毛姆写道：

> 亲爱的罗宾，我准备留给你 25000 美元的遗产，我去世后立即交付给你，无须额外手续。但是，我很强烈地建议你把这笔钱交给伯特打理，他不仅精明，而且诚实……如果你没有子嗣，我希望你——如果你愿意的话——将这笔钱（假如你没有挥霍一空的话）用于促进英国文学事业；不过，如果你没有子嗣的话，我肯定在坟墓里都不得安宁……

不久前，罗宾引起了叔叔的担忧。毛姆听说年轻的侄子酗酒乱性，以至于家庭医生禁止他在一段时间内接触酒精饮料。"我很高兴，"毛姆斥责他道，"你最近酒喝得有点多……［而且］我对酗酒是见怪不怪了，早就不会为看到一个人要成为酒鬼而忧心忡忡了。"但战争刚刚爆发，罗宾便改过自新，加入了军队的律师学院团。听到这个消息，毛姆不胜欣喜地写道："各个方面的人都跟我讲……你们团的军装纽扣比英国陆军任何一个团的都更闪亮。"

5 月初，毛姆回到南法，距离德国侵入低地国家还有不到一周时间。"里维埃拉非常安静。"他回忆道。他获准将"萨拉"号从邦多勒开回自由城的旧泊位，但游艇一律不许开出自由城港口。当地物资短缺，特别是咖啡；实行灯火管制；汽油实行严格的配给制，大大限制了社交活动。随着静坐战争的继续，人们越发不安和愤恨。"每个人都厌烦了，脾气有些暴躁，"毛姆告诉艾兰·道布尔戴，"我可没有！我很高兴现在不能出去下馆子了，要是每周能出门打两三次高尔夫球，那我就没什么好抱怨的了。"但是，这种生活令人惊愕地突然结束了。5月28日，比利时投降，法国北部的英国远征军惨遭溃败并被迫撤退，残部在6月初的敦刻尔克行动被救了出来。6月10日，意大利参战；四天后，德军开进巴黎。蓝色海岸瞬间陷入混乱：几个小时内，摩纳哥50%的人口便逃之夭夭，默东及周边执行了疏散。假如意大利占领整个里维埃拉——这似乎是很可能发生的情形——所有英国居民都会遭到羁押，毛姆显然不愿意接受这样的命运：万不得已之时，他会吞服随身携带、以备不时之需的安眠药自尽。为了搞清楚状况，他驱车进入尼斯城，发现总领事被一群惊慌失措的人团团围住，都是求他透露消息的。经过焦急的等待，他等到了紧急转移至波尔多的英国大使馆发来的通知，建议英国侨民从速离法，戛纳有两艘征用来的撤侨船只。次日上午八点，乘客来到码头排队，每人只许携带一个装着个人财物的小包、一条毯子和三天的食物。

当天傍晚，近期计划在匆忙的晚饭间定了下来。决定如下：杰拉德有美国护照提供的豁免权，他要在别墅里逗留几日，尽量保护包括毛姆的笔记本和未完成小说手稿在内的贵重物品和屋内画作；安妮特和尼娜都是意大利人，只要局势安全，她们可以一直留在别墅里，假如到了不得不弃屋的时候，毛姆下令她们杀掉他最喜欢的腊肠犬艾尔达。毛姆知道早晨时公路肯定水泄不通，于是决定午夜启程。行李整理得很匆忙，只有几件衣服、三本书、一张毯子、一个枕头，还有一个装着方糖、茶、两包通心粉、一瓶果酱和一条面包的篮子。"我们谁都没想到要把开罐器、盘子、刀叉、玻璃杯和瓷杯拿上。"与女仆道别后，他与杰拉德就离开了玛莱斯科别墅。"我们无言地开着车。我觉得不高兴，"毛姆写道，"每隔几英里就有小兵朝我们挥灯，要我们停车检查证件。"进入戛纳后，杰拉德把毛姆送到克鲁塞瓦特的卡尔顿酒店，接着两人就分手了。与上一次大战一样，他们谁都不知道彼此会在何时、以何种方式重逢。

卡尔顿酒店是里维埃拉最高档的酒店之一，当时人满为患，大多穿着晚礼服，不少人喝醉了，还有个别人陷入了歇斯底里。睡觉是不用想了。次日（6月23日，星期天）清晨，毛姆朝港口走去，发现场面混乱不已。码头上密密麻麻地塞着三千多个大包小卷的人，大家都往一个柜台挤，柜台那里有两名检查行李的海关官员。各个阶级、各个类型的男女老幼都有，还有一些直接从医院里出来的患者，甚至有几个人躺在担架上就来了，可惜不许上船，只好回去。不时会有一辆大型轿车驶来，衣冠楚楚的乘客不愿意排队，司机没有办法，只好把车丢掉，车钥匙扔给围观的当地人，好让他们让出一条通道。烈日当空，酷热难耐，远远能望见码头上拴着两艘撤侨船只，但不是预想中的大型轮船，而是小小的运煤船"萨尔茨盖特"号和"艾什克莱斯特"号。两艘船先要去马赛卸煤，然后去阿尔及利亚。等了四个小时后，毛姆才上了"萨尔茨盖特"号，跟八十个人挤在货舱里，每个人只有一小块空间。当天傍晚，两艘船终于载着五百人启航，其中许多都是名下有高档别墅、住惯了一流酒店的富豪，如今却挤在额定乘员三十八人的小船里。凡是暴露在外的部分都满是煤灰，货舱里几乎没有活动的空间。毛姆实在受不了下层甲板的拥挤沉闷，就决定到外面睡觉；但铁甲板硬得难受，而且黎明时分会很凉，于是他从第二天晚上开始还是到下面睡了。

次日清晨，两艘船抵达马赛，等了一整天后，乘客们接到指令，要他们改乘驶往奥兰的法国护航船队。他们在海上整整一周，住宿条件骇人听闻。船里温度非常高，淡水短缺，厕所不仅肮脏而且数量远远不够用，分配的食品极其有限。白天的大部分时间里，乘客要么顶着大太阳排队打饭（四块甜饼干和一块咸牛肉），要么等着进一个之前有五十人用过的大桶里迅速洗个澡；每个人身上都是一层汗水和煤灰的混合物。毛姆拿的东西太少了，幸好有一位好心的太太给了他一块毛巾，还有个人给了他一个盛水用的果酱罐。日子一天天过去，人们越来越害怕遭受鱼雷袭击，过度拥挤造成的惨状也日益显著：四个人发了疯，还有个老妇人死掉了。船上既无救生筏，又无救生衣，而且这片海域已知是有德国潜艇活动的，于是毛姆问了身边的退休医生一个问题：怎样才能迅速溺死？自从在缅甸差点在大浪里丢了命以后，他就一直很害怕淹死。"不要挣扎，"医生的建议是，"张大嘴巴，灌进喉咙的水不到一分钟就会让你失去意识。"阿尔及利亚海岸映入眼帘时，大家的兴致高了一些：据说有一艘客轮在等着把大家都载回英国。但是，船在奥兰靠岸后，乘客们收到了一条无线电报，说不会有客轮过来了，船长应尽快把人带上，立即随同护航舰队驶往直布罗陀。

按照命令，"萨尔茨盖特"号于当晚（星期日）启程，下一周的星期二抵达直布罗陀。伙食状况略有改善，因为面包、水果和香烟运到了船上。乘客们觉得自己总算要踏上英国领土了，指望着先洗个澡，喝点酒，吃一顿好饭，然后换乘更舒适的船只完成最后一段航程，于是精神振奋了起来。但是，他们的希望要落空了。港口不许乘客下船：直布罗陀已经容纳了几千名难民，再也装不下更多人了；换船也不要想了，他们来直布罗陀坐什么船，去英国就要坐什么船。"许多人当场崩溃，"毛姆写道，"［因为］那真是残酷的失望。""萨尔茨盖特"号在港内停留了三日，乘客们最后获准分批登岸，每批五十人，以两小时为限。毛姆被安排在最后一批，赶忙去买了一床被子、沙丁鱼罐头、水果罐头、威士忌和朗姆酒。当时，船上的条件已经有所改善，因为有两百多名儿童、患者和七十岁以上的老人下船了。毛姆从货舱搬进了前甲板下的水手舱，那里略宽敞一些，他在角落里给自己铺了一张床，底下是三个筐，筐上是两块木板，最上面是买来的被子。

6月28日，包括"萨尔茨盖特"号和"艾什克莱斯特"号在内共十二艘船的船队离开直布罗陀，7月8日抵达利物浦。由于船上的人少了，毛姆相对自在了一些。上午，他盘腿坐在硬邦邦的铁甲板上读柏拉图；下午，他一个人打牌，看随身携带的两本小说中的一本，分别是萨克雷的《亨利·艾斯芒德的历史》和夏洛蒂·勃朗特的《维莱特》；吃过朴素的晚餐后，他也不管自己结不结巴，有人愿意听就给对方讲故事。最后，兰开夏海岸与默西河河口映入了船队的眼帘，那就是"上帝保佑的英格兰海岸"。经过二十天的海上航程，毛姆邋遢肮脏、虚弱乏力，当晚，他乘火车抵达伦敦，惊讶地发现自己的行踪成了英国媒体热议的话题。6月24日，《每日电讯报》报道称："萨默塞特·毛姆先生是至今在法国下落不明的名人之一。"这则消息让毛姆的家人相当不安。奈莉·毛姆在当天的日记里焦虑地写道，"整天都有记者打电话来问失踪的威利怎么样了"；次日，即6月25日又写道，"依然没有威利的消息。我讨厌什么都不知道的状态。美国使馆说巴黎那边没有任何消息传来，红十字会也一样"。因此，当她从7月2日的《每日邮报》里终于读到有人看见毛姆时，她松了一口气；文中写道："萨默塞特·毛姆的无数崇拜者听说他现身直布罗陀的消息时应该会很高兴……E.菲利普斯·奥本海默也成功逃脱……现在来看，唯一一位身陷德国人之手的我国著名文学家就是P. G.伍德豪斯了。"7月8日夜，毛姆终于亲自从多切斯特宾馆给家里打了电话。"威利回国了！"奈莉写道。"他明天要过来吃晚饭，但今晚太累了，不想说话。可怜的宝贝啊。"次日傍晚，"威利来家里吃饭。他看起来真是累极了，也瘦了。不过，从他遭受过的可怕经历看，他的状态似乎还不算太坏……他整整三周没换衣服……"！

经过几天的必要休整后，毛姆眼前的事就是重返工作。为改善英法关系，他为国内和海外做了一系列广播宣传节目。情报部和美国《红皮书》杂志还请他写了一系列关于后方战备与生活的文章。为此，他参观了伍尔维奇兵工厂，还与国土防卫军司令艾伦·布鲁克中将爵士、第一海军大臣A. V.亚历山大、飞机制造部部长比弗布鲁克勋爵、劳工部部长厄内斯特·柏文等人做了访谈。他至少有一次公私兼顾，顺便去看望了当时在约克夏斯特兰斯豪军营工作的艾伦·塞尔。塞尔的职责是协助运营基督教青年会为执勤外官兵办的军人"福利社"，供应饮食，提供休闲活动。毛姆觉得这是一个好题材，就给艾伦写信说："我能否拜访一下你们办的 naffy（你就是这么拼的）呢？"艾伦天性随和，有一种放肆的幽默感，又有管理才能，干得相当不错，主管军营事务的上校将他称为"一流的福利社负责人"。一名即将离开的士兵还给艾伦写了一首称赞他的顺口溜。

> 艾伦·塞尔啊
> 你最殷勤，你是最宝贵的花朵
> 散发着最香甜的芬芳
> 能驱散最污浊的空气
> 艾伦·塞尔万岁
> 他是我们的好伙伴
> 愿他不要离开福利社

"我简直说不出在北边小住是多么愉悦，以及对你们的食堂和军营是多么感兴趣。"毛姆从福利社回来后告诉他。

现在，毛姆第一次，也是唯一一次试图治好口吃的毛病。他意识到以后会有越来越多的人要他公开发言或广播讲话，于是经老相识克里斯塔贝尔·阿伯康威介绍找到了催眠师莱西医生。经过几次疗程，毛姆从莱西医生那里学到了一种自我催眠的手法，惊讶地发现竟然有一定的疗效：私下交谈时，他还是会口吃；但公开发言时，他能够从头到尾流畅地说话。可惜，疗效过了一段时间就消退了。尽管如此，毛姆还是获得了信心，从此在公众面前讲话时就要比在家里跟朋友聊天时流利多了。

与此同时，伦敦的生活在战时条件下尽可能接近正常地继续着。天上有防空气球，海德公园挖满了堑壕，皮卡迪利大街的店铺门前和爱神雕像周围堆起了沙袋，邮筒、路灯杆和树上刷了方便灯火管制期间行人找路的白漆。毛姆在位于市中心，交通方便的公园巷多切斯特宾馆顶层订了一间套房。过去几个月里，这座新式宾馆生意火爆：宾馆由钢筋混凝土造成，还设有宣称防毒气的地下庇护所，被普遍认为坚不可摧。几位内阁大臣长住宾馆内，从海外回来的人、从乡下进城的人、紧张得不敢住在家里的伦敦本地人都想要住进来，从而推高了需求量。"伦敦现在基本没有夜生活，"据《每日快报》报道，"傍晚'生活'基本被多切斯特宾馆垄断。伦敦多切斯特旅馆的吧台就相当于巴黎丽兹酒店的吧台——挤满了商人、热爱社交的女性、外交官和间谍。"毛姆在忙碌的酒店大堂里经常能偶遇老朋友。从利物浦下船后过了几天，他竟然与西莉见面了。"威利！"她喊道。"谢天谢地，你没事！我都担心死了！""我也希望自己没事。"毛姆干巴巴地回了句。西莉在德军进入巴黎前不久离开了，现在也住在多切斯特宾馆。毛姆和西莉关系恶劣是出了名的，两人的偶遇自然引来了流言蜚语，无聊人士编出了无数形容两人冷漠相待或恶语相向的可笑段子。*但事实上，两人关系在大战刚爆发的一小段时间里真的是友好的。他们几乎每天下午都要见面喝茶，丽莎也常来，她和她妈妈热切地希望这样的日子永远持续下去。"然而，事情完全没有像这样发展。"丽莎悲哀地回忆道。

　　9月初，空袭开始了。起初是白昼轰炸，后来变成了连续的夜间轰炸，往往是从黄昏一直持续到黎明。空袭的头两个晚上，毛姆住

---

*　原注：重复次数最多的一个段子取材于毛姆在"萨尔茨盖特"号上向医生请教一事。这个段子最流行的版本是，西莉对前夫说自己计划坐船去美国，又害怕船被鱼雷击沉。据说，毛姆答道："好啊，西——西——西莉。我向你保证，掉进水里时，只要你张大嘴巴，一切很快就会过去的。"（格弗瑞·维恩，《虚弱的荣耀》，第253页）

在顶楼，但几码之外的海德公园里传出的防空炮射击声让他受不了。于是，从第三天开始，他吃过晚饭后就去地下室里。地下室里还有一些白天穿着睡衣睡裙露营的居民，大家凑在一起，躺在枕头上，身上盖着鸭绒被，美美地一觉睡到五六点钟警报解除的声音响起为止。"之前在'萨尔茨盖特'号的铁甲板上面躺了三个礼拜，这里简直称得上奢华，我睡得像小孩子一样甜美。"毛姆写道。到了白天，他沿着西区熟悉的街道行走，看到了炸弹造成的"惨象"。人行道布满了碎玻璃，原本是独栋或联排房屋的地方现在只有冒着烟的大坑，包括他当初和艾伦住过的一座波特兰坊的房子。一天下午，他和奈莉、F. H. 夫妇去看维多利亚火车站站前广场坠毁的一架梅塞施密特轰炸机，现场一片狼藉。没有其他要做的事情时，毛姆会跟朋友见面。西比尔·科尔法克斯热忱地邀请他去家里吃午餐，席间还有戴安娜·库珀、罗伯特·布鲁斯·洛克哈特、穆拉·巴德贝格和 H. G. 威尔斯。威尔斯口若悬河地发表着关于上帝的枯燥独白。"威利·毛姆显然听得很烦，大部分时间都在嚼眼镜挂绳。"布鲁斯·洛克哈特在日记里写道。有一天从威斯敏斯特参加晚宴回来的路上，毛姆和弗吉尼亚·伍尔夫正沿着白厅行走。这时，两架轰炸机飞了过来。"[我]朝她［弗吉尼亚］大喊，让她去找掩护，但当时非常嘈杂，她没有听见我的话，"毛姆回忆道，"她没有去找掩护，只是站在马路中央，双臂伸向天空。她似乎在敬拜那闪着光的夜空。看见她站在那里，不时被炮火照亮，这场面真是诡异极了。"但总体来看，晚宴是很少见的：很少有人愿意冒夜里出门的风险，多切斯特的酒吧和餐厅总是爆满，人人都在用烈酒让自己镇定，由此形成的聚会氛围将大家与接连不断的空袭隔绝开来。"你知道的，我们接到了一些空袭警报，"毛姆告诉艾伦·塞尔，"空袭警报响起的时候，多切斯特的氛围特别欢乐……［我］与戴安娜、达夫［·库珀]、朱丽叶［·达夫]、埃尔夫·梅森［小说家 A. E. W. 梅森］度过了一个美好的夜晚。"

不久前，达夫·库珀被任命为情报部长，并在毛姆抵达伦敦后不久提出了对美宣传计划，一项因为其性质而必须低调的计划。对英国来说，赢得美国的支持至关重要。这是一个艰难的任务，因为大部分美国人都有反英和孤立主义情绪，对一切带有外国宣传性质的事物持有深切的疑虑。上一次欧战的记忆尚且生动，大多数美国人都坚定地不希望卷入眼前的大战。显然，将一个骨子里漠不关心的国家转变为忠实而积极的盟国是艰难的使命，而为本国着想，英国政府必须极其谨慎，因为任何过当的宣传企图都会招来憎恨，引起反效果：自 1935 年《中立法案》签署以来，外国特工在美国境内的宣传活动均被定为非法。为免活动表现得可疑，英国驻华盛顿大使洛锡安勋爵敦促让名作家做巡回演讲；毛姆这样的作家正是理想的人选，他在美国早已享有盛名，可能会得到听众的尊重，而且他的形象是不受政府控制的个人，这一点很关键。在美国参战前的近两年半时间里，一批著名英国作家在美国发表了巡回演讲，不少人也取得了显著的成效，但很少有人比萨默塞特·毛姆更努力，发挥的影响更深远，具有的价值更大。

毛姆欣然同意了达夫·库珀的提议，为了掩人耳目，他先去找了纳尔逊·道布尔戴，后者给他寄去一封信，请他速来纽约安排新书出版事宜。这个把戏谁都骗不了：毛姆抵美不久，《纽约时报》刊登了一篇访谈，头一句话就不管不顾地写道："W. 萨默塞特·毛姆是作为英国特工来美国的。"9 月底的一个下午，毛姆离开伦敦，先在布里斯托尔过了一夜，次日上午搭乘飞机前往里斯本，途中有多家喷火式战斗机护航。作为中立国的首都，里斯本的氛围几乎像过节一样，天气晴朗温暖，到处是来自各国的人物，店铺里摆满了食品和其他地方早就断货的商品。这些好东西都没有毛姆的份。他被安排在一家脏兮兮的小寄宿公寓里，去美国之前要排好几个小时的队，等着检查证件和护照盖章。10 月 7 日，经过满满挫败感的几天之后，他终于被放行了，乘坐泛美航空的飞剪式豪华水上飞机经亚速尔群岛、百慕大抵达纽约，全程十六个小时。

　　毛姆照例下榻麦迪逊大道和第六十四大道交界处的丽思卡尔顿酒店，他提议住下来等待正在去葡萄牙路上的杰拉德。英国对出国公民施加了严格的外汇管制，但毛姆赴美是为国效力，于是财政部私下里允许他提取一部分在美国获得的版税，从而让他能够在美国保持较高的生活水准。刚到美国，他就开始了工作：撰写文章、发表演讲、接受采访、出席募捐晚宴、帮助英国战争救济书店卖书。他还做了多次广播节目，第一次的主持人是 NBC 的爱德华·威克斯。威克斯问了他一个关于伟大战争题材小说的问题，毛姆的回答是："最伟大的'一战'小说是《西线无战事》，它是德国战败后面世的。因此，我希望并相信关于眼前战争的最伟大小说也会出于同样的原因，来自同样的国家。"这是一句富有感情的回答，引发了演播室内观众的热烈掌声。来到美国的第一个月，毛姆在各种场合发表了致辞，上至三千人出席、在悬挂着国旗的酒店舞厅举办的大会，下至私宅中举办的、只有一百名女士参加的茶会。毛姆有时是单独致辞，有时是跟其他作家一起发言，包括路易斯·麦克尼斯、罗伯特·舍尔伍德、托马斯·曼和奥地利小说家弗朗兹·韦尔弗等。不论在什么场合，毛姆总会谨慎地强调英美两国不可磨灭的关联。"在这场战争中，我们英国人正在捍卫自己的文化，属于各个英语民族的博大精深的文化。我们不仅在捍卫属于自己的东西，也在捍卫属于你们的事物。"一天晚上，他在华尔道夫-阿斯托里亚大厦面对大批听众说道。另一个毛姆不断重申的主题是两大民主国家未来的伙伴关系，该主题是精心选定的，目的是抵消新世界对傲慢的、帝国主义的旧世界的反感情绪。毛姆反复强调，这场战争将推动民主化："这场危机正在摧毁英国社会生活的一大弊端，即阶级意识……［战后］英国将比过去更加民主。面对这种状况，有些人听天由命，有些人欣然接受。

我本人是欣然接受的。"这些都是毛姆的真情实感，而英国驻华盛顿大使馆和英国情报机关纽约办事处给他的简报也直接要求他表达真情实感。毛姆的上司对他很满意。"毛姆刚抵达美国，便引发了广泛和积极的公众效应，"发给英国外交部的报告中这样写道，"他显然深受媒体欢迎……［而且］在美国各大报纸获得了广泛引用。"

在空闲和等待杰拉德——他正在里斯本试图搞到一张水上飞机的票，基本上无所事事——的时间里，毛姆会跟朋友见面，每周都会给艾伦·塞尔写动情的长信，讲一讲朋友们的消息。毛姆见了道布尔戴夫妇，亚历山大·乌尔考特，多萝西·帕克，乔治·S. 考夫曼，卡尔·范维克滕，H. G. 威尔斯（"样子苍老疲倦，满脸皱纹"）和瘫痪眼盲、善良迷人却一如往昔的剧作家奈德·谢尔顿。埃默拉尔德·丘纳德（毛姆对她的昵称是"我的女孩埃默拉尔德"）也住在丽兹酒店，她的套房比毛姆高五层，"成功营造出了纽约有史以来最接近沙龙的场所"；每天下午，他都会上楼去找她喝茶，"与她身边聚集的优秀人物品茶谈天"。

有一天，正是在埃默拉尔德那里，毛姆再次遇见了曾在1928年初识的作家格伦威·韦斯考特，那时韦斯考特被带去玛莱斯科别墅吃午餐。当年，气不顺的毛姆对这位青年人非常冷淡，现在他却被眼前的金发俊朗青年迷住了，两人很快找到了许多共同点：与毛姆一样，韦斯考特对性、文学和其他人的生活有着浓厚的兴趣；他是小说家；他之前在法国生活过；通过身为现代艺术博物馆董事的情人门罗·惠勒的关系，他几乎对巴黎和纽约的文艺界人士无所不知。韦斯考特非常崇拜毛姆，两人迅速结下了亲密的友谊，情同父子。韦斯考特感觉毛姆还有进一步的企图，很感激毛姆没有挑明："尽管他经常说我年轻真好，等等，但他在这方面从来没有——至少我看不出来——一丝一毫的压力。他总是隐藏得很好。"格伦威邀请毛姆去新泽西的石花别墅度周末，这是格伦威和门罗同居的爱巢。两人在这里进行了关于书籍和格伦威的作品——毛姆对韦斯考特的第一部长篇小说《朝圣之鹰》持保留意见——进行了长谈，还鼓励格伦威写一写自己的性生活。"我说，与刚认识的新情侣相比，我更愿意和老情人做爱，一次一次又一次。令我有些惊讶的是，威利"哎呀"了一声，说他其实也是这样。"

丽莎、丽莎年幼的儿子和西莉也在纽约。文森特到部队上了，刚怀孕的丽莎7月来纽约，几乎立即就病倒了。她一度病得很厉害，接待她的纳尔逊·道布尔戴妹妹吓坏了，就给丽莎的妈妈拍了电报。毛姆和前妻当年的怨恨一下子都翻了出来：他认为女儿应该平静地生活，最好是在乡下，至少到孩子生下来为止；西莉却非要丽莎跟自己住在曼哈顿，觉得没有理由不让丽莎按她自己的选择活跃在社交场上。在她的头脑深处，丽莎那么时髦，那么漂亮，应该能遇上一个有钱人，摆脱掉穷小子文森特。丽莎觉得自己心力交瘁。父亲的忧虑让她感动，"我感觉他想要跟我交朋友，长久的朋友"；但是，她讨厌自己再次成为父母争吵的起因。"那种状况非常痛苦，"她说，"最后，我选择跟妈妈住进萨尔格雷夫酒店的一间客房……尽管我必须得说，有时候我更愿意独立、独自生活。"

1940年12月初，杰拉德总算到纽约了。在里斯本耽搁了几周后，他终于买到了飞剪式飞机的一张票，可惜是张靠过道的票，这让他不太高兴。看到他平平安安，毛姆松了一口气。但当杰拉德回到酗酒老路的情况很快明显起来时，毛姆的心不禁一沉。"我受不了了，"毛姆来回踱着步说道，"我为他做得还不够吗？我为什么还要忍下去？"要是艾伦能过来取代杰拉德的位置，那该有多好；但从当时的形势来看，那是不可能的。

杰拉德来美国不到两周，就与毛姆前往芝加哥。毛姆在那里也有宣传讲话的安排，而听众的态度明显不如纽约。芝加哥是主张美国不应干涉欧洲事务的美国第一委员会的坚强堡垒。在伊利诺伊州的一个月里，他们中间抽出两天时间去了趟俄勒冈州，目的是拜访杰拉德的老相好汤姆·赛斯特。赛斯特相貌英俊，酒喝得很凶。同行者还有一位十三岁的英国男孩，名叫丹尼尔·法尔森[*]。他是赛斯特的教子，为躲避战争来到芝加哥与婶婶同住，委托他们照顾丹尼尔的人就是婶婶。法尔森生动地记得当时的情景：他不知道毛姆是著名作家，坐火车时跟他闲聊了一路，毛姆礼貌地听着，哈克斯顿却明显觉得小孩烦人。法尔森后来说，同行的两人似乎都很低沉，哈克斯顿显然酒喝得很厉害，给法尔森留下了长久的印象："浓密的姜黄色胡须，脾气很暴，只有宿醉时才安静下来。"在俄勒冈的时候，赛斯特与哈克斯顿吵得很凶。杰拉德总是醉醺醺的，赛斯特对他旧情难舍，毛姆则保持着沉默和疏离。三个大人尽到了照顾小孩的责任，给法尔森买了爆米花，带他去打保龄球，看电影。他们走在街上有些奇怪，用法尔森的话说，"那是一座中西部小镇，别人看我们肯定会有些尴尬，乃至于羞耻"。回到芝加哥后，毛姆把法尔森的婶婶叫到一边警告她说，小丹这个年纪的男孩子不适合跟赛斯特做伴。

从芝加哥出发，毛姆和哈克斯顿前往加州，住在旧金山的阿兰森家。在这座整整下了三周雨的城市，毛姆继续履行了演讲的使命。他在西海岸巧妙地夸大了德国的威胁，不是对远方欧洲的威胁，而是近在眼前的威胁。"如果我们被击败了，你们也会陷入巨大的危险。希特勒想要的不是已成废墟的欧洲，不是物产贫瘠的非洲，而是南美这片尚未开发的广大天地，他渴望获得南美取之不竭的原材料。"他还在撇清不可战胜的英国与沦陷的法国之间的关系。他将法国沦陷形容为这场战争中最大的悲剧，并归咎于长期弥漫在法国的腐朽氛围。"法国有上万名最正直的人，但还不够多。正直的人被无数贪婪、不诚实、自私、不道德的人淹没了……多年来，德国一直讲法

---

[*] 原注：法尔森后来成为知名作家、摄影师和电视记者。

国人是腐朽的民族;这话说得没错。"*上述论点既是有效的宣传手段,也是毛姆本人的痛苦信念。《圣诞假日》的几乎每一页里都渗透着他对道德败坏的认识,《纯属私事》中也对法国国民性的堕落进行了大段论述:"如果一个民族把别的事情看得比自由还重,那他们就会失掉自由。讽刺的是,如果他们把舒适或金钱看得比自由还重,那么舒适或金钱也会失掉。"格伦威·韦斯考特问毛姆对战后法国的看法,毛姆"用他最有力、最尖锐的声音答道……'他们肯定会吃一肚子屎,以至于散发出屎臭'"。

毛姆在美国得了流感,浑身乏力,对公众发言实在力不从心。最后,他们来到洛杉矶时总算能歇一口气了。两人住在贝弗利山酒店,至少每天都有一部分时间在泳池边晒太阳。芝加哥是明目张胆的孤立主义,而加州的公众态度就比较难界定了。"当地人紧张不安,"毛姆对 F. H. 说,

> 绝大部分人愿意给予英国一切支援,但绝大部分人也非常害怕被拖入战争……伦敦遭受空袭的报道和瓦砾废墟的照片发到了这边,他们真的[已经]被吓坏了……
>
> [这里还有]不少共和党人对11月罗斯福当选总统一事耿耿于怀,只要是他提出的建议,不管好坏,一律反对。我不至于夸张到说他们愿意看到英国战败,但他们也明白,那会是对总统眼睛打出的狠狠一拳……当然,这是隐秘的;我发言的时候,这些暗示都逃不过我。

在洛杉矶,矢志报国的毛姆发现自己有麻烦了——有人向他提

---

* 原注:毋庸多言,这番言论在加州的法国人圈子里很不受欢迎。导演雷内·克莱尔与毛姆在好莱坞见面时,场面冷到了极点。

出了一个邀约，为了名誉，他不得不接受。多年来，他一直在回绝电影剧本的任务，他对这种媒介不感兴趣，而且完全明白自己没有写电影剧本所需的技能；但是，他现在感觉有义务做出让步了。在富有活力的新任英国情报部长布伦丹·布拉肯鼓动下，大卫·O.塞尔兹尼克找到毛姆，想请他帮忙拍一部宣传片，主题是一个英国家庭的战时生活。塞尔兹尼克是业内最成功的制片人之一——他制作的《乱世佳人》和《蝴蝶梦》不久前荣获奥斯卡最佳影片奖——他对签下这位有无数作品登上银幕的世界级大作家兴奋不已。手握毛姆这个新资源，塞尔兹尼克知道必须小心行事，他不希望与电影业或潜在观众疏远，对观众来说，任何一点宣传的味道都是外来的恶意。"自然，[该片]具有宣传价值这一事实……应当对英国当局以外的所有人保密。"他在一份内部备忘录里写道。

毛姆不情愿地答应了。1941年3月初回纽约时，他已经完成了《黎明之前》的前三十页。不过，他在接下来的几周里要去芝加哥、费城和印第安纳州的拉法耶特发表演说，因此中断了剧本写作。3月15日，丽莎生下了一名女儿卡米拉。"目前，我只能透过玻璃板看新生儿，"毛姆去纽约市立医院看望母女二人后写道，"[她]现在的头发是鲜红色的，还有你看过的最可爱的一双小手。"

4月初，毛姆前往华盛顿观看《剧院风云》话剧版首演（"剧本本身不好，演得也不好"）。同月，以佛罗伦萨为背景的中篇小说《情迷佛罗伦萨》由道布尔戴出版。小说讲述了富有浪漫情怀的风韵寡妇玛丽夜遇一名流亡途中的年轻难民，便把他拐上了床，想要给他一次珍藏余生的美妙经历。但是，小伙子知道她的动机后深感羞耻，在她面前举枪自尽。面对一具需要处理的尸体，玛丽慌乱之间向浪荡子劳利·夫林特求助，她过去一直看不上夫林特的人品。小说是典型的毛姆式结局：人人都以为玛丽会嫁给一位事业成功、为人正派、不苟言笑的英国外交官，她最后却与夫林特结下了不可分割的情缘。

《情迷佛罗伦萨》不是重量级作品，有些对话特别僵硬，但仍然称得上扣人心弦，它遭到的如潮恶评——"胡话小说""毛姆最差的小说""说梦话"——难称公正。毛姆后来厌恶《情迷佛罗伦萨》，别人提起来就不高兴。他会愤怒地吼道："关于它，我一个字都不想听到！我真为写了这本书害臊！"这句话从一位以不在乎外界批评而闻名的作家口中说出，实在是值得玩味。但是，他的反应大概与负罪感的关系更大：从各个主要方面来看，恶棍劳利·夫林特——"一个无法无天的流氓……挥霍人生的人"——都是杰拉德·哈克斯顿的翻版；杰拉德与玛丽的亡夫，一个迷人的酒鬼，也有明显的相似之处。"他有无穷的活力。他和善、温柔、甜美——前提是没喝醉。喝醉的时候，他聒噪粗俗，爱吹牛，好争论……他的赌瘾很厉害，喝醉的时候能一下子丢掉几百英镑。"有人问玛丽："你为什么不离开他？""我怎么能离开他？"她答道。"他对我是这么依赖。"考虑到不久后发生的一系列可怕事件，毛姆可能会后悔刻画了书中的人物。

5月底，尽管总是有干扰因素，《黎明之前》总算写完了，毛姆和哈克斯顿也回到好莱坞。《黎明之前》讲述了一个中上层英国家庭的故事，家里有一个儿子是和平主义者，一个儿子是情报人员，最后还有一位漂亮的纳粹特务。该作最初发表于《红皮书》杂志，稿酬25000美元。本来的计划是先将它改编成电影剧本，然后扩写为长篇小说，但这时作者对整个项目已经是发自内心地厌恶："我这辈子做过的最无聊的工作。"

由于之前同意参加拍摄工作，毛姆租下了一座房子，又雇了两个仆人。房子的地址是南贝弗利峡谷大道732号，位于树木葱郁的贝弗利山住宅区。"房子离海边只有两英里，能感受到凉爽的海风，"他告诉艾兰·道布尔戴，花园和游泳池都很不错。装潢是好莱坞意式风格，不过也说得过去。书房在花园里，我就在里面干活。屋内有一间客厅、一间配吧台的桥牌室、一间餐厅、一个能看见花园的小早餐室，还有四间漂亮的独卫卧室，楼上是休息室。

生活总算安定下来，毛姆松了口气，开始写剧本了。他已经拿到了定金15000美元，写作期间每周另有5000美元。他当时处于比较自在的精神状态，日常作息几乎和以前在玛莱斯科别墅里一样：整个上午写作，午睡后游泳和打高尔夫，晚上请人来家里或去别人家做客。杰拉德也很高兴回到加州，一面下定决心要戒酒，一面又要玩个够。毛姆在加州住下后不久，丽莎就带着孩子们和一名保姆过来了，准备住一段时间。起初，丽莎对父亲的邀请有些紧张，因为她害怕哈克斯顿，害怕跟他住在一个屋檐下。不过，毛姆向女儿保证，杰拉德现在基本滴酒不沾，"人特别好"。丽莎马上就明白实情并非如此。"他当然不是不喝，"她说，"他只是偷偷喝而已。客厅里有个吧台，他把装得满满的酒杯藏在里面，等他给别人倒酒的时候，他就拿一杯软饮料当幌子。"然而，大家似乎心照不宣地不提这件事。有一次，丽莎、毛姆和阿兰森夫妇去塔霍湖游玩几日，回来时发现哈克斯顿犯了震颤性谵妄。"我父亲似乎连他的这一点也愿意接受。"她认命地说。但是，她没过多久就不担心了，很快就投身于华丽的社交场，白天基本不在家，一般后半夜才回家，年轻英俊的男演员纷纷来请她参加派对和看电影。

醉酒也好，清醒也罢，杰拉德也很喜欢这里的生活，并在寄给身在法国的路易·勒格朗的情书里做了详尽的讲述。杰拉德特别思念路路，总担心他的身体和生活状况，只要有机会就通过红十字会的一个朋友给他寄包裹。他向路路描述了自己度过的快乐时光。他充分利用了南加州提供的一切资源，包括性爱、游泳、赌博、买衣服、开大轿车，还有学开飞机；鉴于酗酒的问题，他开飞机还是挺让人担心的。最激动的一点——他知道路路会喜欢的——是他遇见了明星真人。"我昨天参加了盛大的晚宴，好莱坞的大腕都来了，"他吹嘘道，"有卓别林、［罗纳德·］科尔曼、［赫伯特·］马歇尔和业内最漂亮的女士们。海蒂·拉玛最可爱，但我还是偏爱罗莎琳德·罗素和罗莱塔·杨。"* 在另一封信里，他讲了毛姆举办的一场午餐会，席间有道格拉斯·费尔班克斯和贝特·戴维斯，杰拉德认为后者"讨人喜欢，但长得特别丑"†。从当时的情形来看，戴维斯小姐有理由去讨人喜欢。1934 年的《人生的枷锁》电影版扭转了她"正在迅速消散的职业生涯……直到《人生的枷锁》出现并将我带出迷雾之前，我一直在漫无目的地游荡，"她在一次访谈中说，"我们对这部片子带给我的机会特别珍惜……我家有一个时间段划分：BB（前枷锁期）和 AB（后枷锁期）。"

不难想见，毛姆不像杰拉德和丽莎那样热爱好莱坞，只是以厌倦冷淡的态度对待这里的电影人，就像对待伦敦的剧院界人士那样。"我在明星身上看到了一些东西；我说不上有多激动。"他对侄女凯特没精打采地承认，而他在奥斯伯特·西特维尔面前就是抱怨了，说大部分明星几乎都是文盲，"加里·格兰特说他其实不是很喜欢塞尚时，我才看到一缕阳光"，他讽刺地补充道。他对彼得·斯特恩大谈了一通好莱坞宴会的无聊。"我前两天刚去过一次。宴会有八十人参加。我跟男主人谈了一会儿，我问他认不认识客人。'不认识，'他说，'你认识吗？'"毛姆是一个最讲规矩的人，好莱坞随便、不守时的气氛令他沮丧至极：他准时来赴宴，女主人却刚刚上楼泡澡，可把毛姆气了个半死。演员的愚蠢和自以为是，电影从业者令人窒

---

* 原文为法语。

† 原文为法语。

息的狭隘把他烦透了。"我没见着几个有意思的人，"他抱怨道，"他们和善好客……但我找不到人跟我谈我愿意谈的话题。这就好比除了糖果以外没有东西可吃。"著名男演员埃罗尔·弗里恩晚上来接丽莎出去的那一次就很典型。当天的报刊广泛地报道了一次罕见的盟军大捷，毛姆就问男明星有没有看到这则好消息。"你说的是米基·鲁尼吗？"弗里恩一脸无辜地答道。毛姆偶尔会想出去散散心，比如，有一天他去看斯宾塞·特雷西拍《化身博士》。大明星穿着杰基尔博士的服装上来了，衣冠楚楚，优雅时尚。这时，毛姆问了句"他现在演的是谁"？声音不大却传得很远，把摄制组逗得哈哈大笑。特雷西一直没有原谅他。*

与其他作家相伴更对毛姆的脾气。以多萝西·帕克为例，在一次晚宴上，毛姆欣喜地发现她坐在自己身边，"身穿黑色绸衣，仪态端庄，却容易让人不经意间沦陷"。当地的英国人有阿道司·赫胥黎、剧作家约翰·范德鲁腾、博学多识的神秘主义者杰拉德·赫德、克里斯托弗·伊舍伍德等。伊舍伍德现居洛杉矶，很高兴与毛姆重逢。"再次见到威利真是太好了，"他在日记里写道，"那只老鹦鹉啊，一双专注的、一眨一眨的、纯黑色的眼睛，周到的礼数，还有自带催眠效果的口吃。"在他眼里，毛姆是一个谜团；反过来也一样。在一封写给 E. M. 福斯特的信中，伊舍伍德将六十七岁的作家比作"一个贴满标签的格莱斯顿旅行包，只有神知道里面有什么"，而毛姆则这样形容活泼、孩子气的克里斯托弗："一个可爱的怪人，你永远不能真正了解他。"两人有许多共同点，也喜欢彼此做伴。毛姆在克里斯托弗和他的同胞身上发现了一种躁动的智慧、破坏性的机智和广博的文化修养，这些都是他在加州的别处没有见到的。有一天，伊舍

---

* 原注：十二年后，斯宾塞·特雷西到毛姆老友加森·卡宁在南法的家里小住，有人请他去玛莱斯科别墅参加晚宴，他满腔愤怒地拒绝了。

伍德请毛姆去自己工作的米高梅制片厂看他。马克斯兄弟也在。哈珀见到老朋友很激动,向着毛姆冲了过去,其他人也跟了上来。大家"像魔鬼似的尖叫",据克里斯托弗回忆,"[扑]到他身上拥抱亲吻,威利则报以羞涩而满意的微笑"。在伊舍伍德的好莱坞山间宅邸,他、毛姆与杰拉德·赫德就《奥义书》、印度教圣书、《吠檀多》、八世纪哲学家商羯罗等话题进行了长谈。伊舍伍德和赫德都是加州著名上师斯瓦米·普拉巴万南达的弟子,对上述话题有着浓厚的兴趣。毛姆告诉两人,他有一个宏愿,那就是重返印度,写一本关于商羯罗生平学说的严肃著作。"听到这话,我特别感动,"伊舍伍德写道,"直到后来范德鲁腾和其他人跟我们讲,威利第二天就在鸡尾酒会上取笑杰拉德——虽然没有恶意——并谴责我把时间浪费在神秘主义上,耽误了本来应该用来写小说的时间。"

毛姆随时可能被叫去《黎明之前》的拍摄现场,于是开始产生挫败感,对炮制宣传稿烦得要死,渴望着手写一部与这场战争无关的长篇小说。正如他对伊舍伍德所说,重返印度是他脑子里的头等大事,他在寄给艾伦·塞尔的信里热切地阐述了自己的打算。他告诉塞尔,战争结束后,他们马上就可以再次出发,杰拉德回法国收拾房子,艾伦来加州,然后和毛姆一起坐船去印度。"这恐怕不过是一厢情愿⋯⋯但是,假如能成真的话,那该有多好!再也不用写宣传稿了,前方就是美好的旅程⋯⋯和平,和平,至少是我们这一代人的和平。"

大卫·O.萨尔兹尼克制片厂的一则通知将毛姆从梦中惊醒:《黎明之前》的剧本被判定为完全不可接受。"我从 1932 年就一直在审读剧本和小说,但从没有像现在这样无言以对,"一则内部通讯录的开头写道,

这篇冗长凌乱、文法不通的垃圾竟出自毛姆之手,实在是不可

思议。人物都是短篇小说里面最糟糕的那一类。我不知道该说什么，也不知道该怎么说。为了他自己好，毛姆先生最好把这份稿子撕掉，当成一场噩梦忘掉。

于是，片方将解约决定告知了作者。毛姆的反应里既有欣慰，又因为浪费了这么多时间而极端恼火。"我痛恨雇我的那帮人"，他对侄女凯特说，而且"我再也不会跟电影打交道了"。电影《黎明之前》最终于1944年上映，维罗妮卡·雷克与弗朗肖·通恩主演，很快就下线了。小说版只在美国上市，毛姆不许该书在英国出版。"我知道它很烂，我也很难受，"他对艾迪·马什承认，"我试图用'这是我为战争出的一份力'来安慰自己，结果也没帮上多大忙。我现在希望它在英国不会有人读到，在美国会被忘掉。"

9月中旬，丽莎和孩子们离开加州回纽约，一周之后，毛姆与哈克斯顿也走了。两人旅程的第一段是自驾，横穿得州来到南卡罗来纳。绕路的目的是拜访纳尔逊·道布尔戴在查尔斯顿附近的邦尼府。道布尔戴曾提议帮毛姆在那里盖一座平房，费用从日后的版税里抵扣，方便毛姆平静地工作生活。毛姆为这个建议感到高兴，对已经基本完工的小屋的样子也很满意。抵达纽约后，他开心地置办起家具。他连续好几周忙于宣传片的琐事，现在算是散散心。"写，写，写，不停地写，"他对塞尔抱怨道，"一件事还没干完，另一件事就来了。"不过，他对应邀加入普利策奖戏剧类作品评审委员会一事还是很高兴的，这是普利策奖的第一位英国评委。可是，"就目前来看，不少送审作品是我多年来从没见过的烂作……唯一一部还凑合的作品是诺埃尔的[《乐天精神》]……[而且]他不是美国人，所以没有入选资格"。

但突然间，一切都变了。1941年12月7日，日军轰炸珍珠港，美国加入了战争。刚刚回南方的毛姆感觉千斤重担总算从肩头卸下。

"既然美国已经参战，我的使命算是结束了吧，"他欣慰地给格伦威·韦斯考特写了一封信，"我用不着再劝说美国人，要他们相信英国人终究不是那么糟糕了，因为不管美国人喜不喜欢，他们都必须忍着我们。"

大战接下来的岁月里，毛姆安家在南卡罗来纳的耶马西。他的小房子名叫"帕克渡口"，位于科穆拜河沿岸的湿地中间，开车不到一个小时就能到大西洋。这是一片人口稀少的乡村地带，最近的城镇博福尔在二十六英里以外，与查尔斯顿的距离更是超过五十英里。地势平缓，沼泽、河流与沟渠相交错，稻田穿插在树丛和开阔的草地之间，草地上放养着红毛小牛。树林相当壮观，有高大的松树和桉树，有叶子泛着光的木兰树，还有表面布满西班牙苔藓的常绿橡树。春天有花期短暂的山茱萸怒放，树林里铺满百合花和野杜鹃。"乡间荒凉、孤寂、单调又可爱，"毛姆写道，"我确实很喜欢这里，过得非常快乐。"

道布尔戴夫妇居住的邦尼府很漂亮，虽然是不久前重建的，却采用了旧日的种植园风格。现在，这座府邸位于一片种植杜鹃花和山茶花的花田中央。毛姆的白墙平房位于邦尼府外两英里的地方，自带花园，风格朴素却宽敞舒适：房内有三间自带卫生间的卧室、一间小客厅、一间与游廊相连的大客厅、一间餐厅、一间厨房和一个宽大的门厅；墙上挂着玛莱斯科别墅内画作的复制品。不远处是仆人的宿舍，还有一间用作书房的独立小屋，里面有一张大书桌、几个书架和开放式壁炉。厨娘诺拉和女仆玛丽负责照顾他，两个人都是黑人。园丁名叫"星期日"，他那个名叫"虔诚"的侄子时不时来帮叔叔的忙。毛姆天生的彬彬有礼给两位女士留下了深刻印象，反过来，他也很喜欢她们俩。"[她们]与我很合得来，因为她们说，我是她们见过的最有意思的男人，"他写道，"我随便讲个小段子都能逗得她们捧腹大笑。"诺拉厨艺精湛，一手美国南方菜肴很对毛姆的胃口——秋葵、炸鸡、香脆玉米饼——尽管她坚决不做北边的菜式，比如毛姆最爱的波士顿焗豆。与当初在玛莱斯科别墅对安妮特一样，毛姆马上开始教诺拉做基础法餐。刚到帕克渡口不久，毛姆就第一次邀请道布尔戴夫妇过来吃饭。两位客人惊讶地发现，桌上摆的是法式洋葱汤、蓝鳟鱼、香橙鸭和完美的杏仁舒芙蕾，每一道都是由玛丽和星期日操刀，毛姆认真监督的成果，手艺相当专业。

每年冬天，纳尔逊就在邦尼府打理出版社的事，春天回暖后再回牡蛎湾。纳尔逊在家办公的时候，经常有加登城那边的编辑带着妻子来来往往，社交生活相当丰富，有桥牌局，有鸡尾酒会，也有正式晚宴，毛姆偶尔会参加。不过，整体来看，他还是喜欢单独与道布尔戴夫妇相处：下午跟艾兰打几局桥牌，傍晚去找纳尔逊喝一杯，然后开车回自己家吃晚饭。道布尔戴两口子的差别简直不能再大了。纳尔逊是个大块头的肌肉男，喜怒无常，为人浮夸，热爱外出活动，喜欢猎杀野鸭和开着马力强劲的快艇在河上飞驰；毛姆说他是个"牛皮王，大话王"，他的酒量很大，成天拿着一瓶人送外号"起床酒"的波本威士忌。艾兰"钱多得离谱"，性格"非常和善，有一点害羞，不算很有趣，却很想让别人高兴"；她是一个甜美而神经质的女人，完全被大嗓门的霸道丈夫压住，不注意整洁到了无可救药的程度，自己的东西总是乱糟糟的。"艾兰是全美国最糟糕的主妇，"杰瑞·吉普金——他是毛姆在纽约的朋友，到帕克渡口来看毛姆——说，"烤肉端上来从来分不完一圈，你要是坐在她左边，那就只能挨饿了。纳尔逊骂她不会做家务的时候，她就哭着来请教威利，因为他的屋子收拾得那么整齐。"

由于燃油实行了严格的定量供给，毛姆很少有开车漫游乡间的机会；去邦尼府的时候，毛姆和哈克斯顿最后两英里都是走路过去；不去的时候，他们几乎每天都要去骑着纳尔逊提供的两匹马探索周边，毛姆一直很喜欢这种锻炼方式。"在乡间骑马真好，"他于1942

年4月写道，"现在的树林太可爱了，在橡树的深绿和西班牙苔藓的灰色映衬之下，落叶树发出的新芽显得蓬勃极了。到处都有一丛丛的白色百合，沟渠边还长着鸢尾花。"杰拉德觉得这些都还不错。有一阵子，他在河里钓鱼，出去猎鸭，也算自得其乐。不过，最近的一家酒馆——博福尔的金鹰酒吧——也有好几英里远，而毛姆和往常一样倾心写作，杰拉德很快便觉得厌烦不安。他的身体也不太好——不久前有过一次心脏病发作——于是决定回纽约治疗。在这里，他的病情看来比预想中还要严重，他必须住院三周，然后去佛罗里达疗养一个月。

美国参战后，毛姆自以为使命完成，可以专心创作三年多来萦绕脑海的小说了。但他想错了。让他气馁的是，他还是经常被叫去执行任务，用他自己的话说，就是"被绑去给美国办事"。毛姆的名字素来威力强大。他编了一本面向普通读者的散文诗歌选集《现代文学精选》，1943年出版后的十二个月内就卖出了近一百万册。电台又请他做节目，报纸杂志找他约稿，国防债券要他帮忙宣传，他还要报道为军方服务的USO（联合服务组织）提供的休闲娱乐设施。他接到的最低级的任务之一是撰文鼓动美国人给英国寄蔬菜种子。"你跟我讲斯威夫特写过一篇讲笤帚的漂亮文章，这招没用，"他对艾迪·马什埋怨道，"我知道他写过。"甚至有传言说，毛姆要被派去到处是亲德机构的巴西做巡回宣传活动。但没过多久，这个计划就被放弃了。

道布尔戴夫妇一离开，毛姆有许多时间都是一个人在耶马西度过的，大部分情况下是满意的。佛罗里达疗养结束后，除了个别周末以外，杰拉德很少回来，他决定去华盛顿做一些战争工作。毛姆对此表示衷心赞同，尽管这样一来，他身边就没有秘书了。"我当然会想他，"他告诉艾伦，"不过，他有事情做的话，应该会更开心吧，免得他闷闷不乐。"有时会有朋友来找他，其中格伦威·韦斯考特和门罗·惠勒是他最欢迎的人。毛姆虽然钦佩门罗的社会地位、学术成就和对艺术界的了解，但最亲近的还是格伦威。格伦威经常一个人来，毛姆觉得可以跟他无话不谈，从写作、哲学、心理学、文学到生活。两人还会开心地剖析共同的朋友们。格伦威渐渐习惯了毛姆仍然在参与"政府事务"的事实。"我知道有些人来耶马西找他的时候，我就要回避，"韦斯考特回忆道，毛姆还有一次跟他说，"我今天非把那个可怜的［亲德］英国人送走。"*

另一个访客是多萝西·帕克。她在这里住了三周，"好长，好长，好长的三周"，整天无所事事。她本来以为家里会办宴会，却失望地发现自己要和毛姆独处，除了没完没了地打桥牌以外就没有什么娱乐活动。"那个老太太，"她这样形容招待她的主人，"真是无聊透顶。"毛姆偶尔会办鸡尾酒会，但大部分客人都是"各种各样的英俊小伙子，对女人不感兴趣，只对毛姆先生感兴趣"，因此对帕克夫人没什么用处。不过，她大概把自己的厌烦掩藏得很好，因为毛姆两年后还给她的一部短篇小说与诗歌集写了一篇赞扬的序言。

与帕克夫人相比，埃莉诺·罗斯福就要喜欢这里多了。她是在访问北卡罗来纳州立大学后来耶马西小住的。从二十年代起，罗斯福夫人就成了毛姆的拥趸；毛姆不久前去华盛顿的时候还跟她见过一面，彼此很投缘。毛姆对第一夫人的勇气、韧性和强烈的社会责任感颇为钦慕。1941年，毛姆到华盛顿监督《剧院风云》的制作，罗斯福夫人为他举行了一次晚宴，她的侄女爱丽丝·朗沃斯之后又为他办了一次派对。毛姆和罗斯福夫人都对美食感兴趣，两人留存至今的少数通信主要就是关于这个话题的。毛姆给她写过一封风趣的信。

---

* 原注：多年后，"二战"期间担任英国驻美安全联络处主任、代号"无畏"的威廉·史蒂芬森爵士隐约地承认了毛姆参与过情报工作。"无畏朋友很广泛，手下有不少线人……后来有人明确说，他们不在乎自己被曝光。我认为，萨默塞特·毛姆从来没有让人产生这样的想法。"（泰德·摩根，《毛姆》，第467页）

"亲爱的埃莉诺，"信的开头写道，"感谢你给我送来的菜谱。我们马上就试试看，如果我们全家暴毙，原因你是知道的。"罗斯福夫人还给毛姆寄去了在帕克渡口小住期间拍的照片。"你给我拍的侧身照真是好极了，"他欣赏地写道，"你确实是一位优秀的摄影师。我觉得相夫教子实在是浪费你的时间。你应该当一名大艺术家，过着罪恶的生活。"

到了5月，当南卡罗来纳的高温已经不堪忍受时，毛姆去了纽约，但那里也没凉快多少。"天气太热，什么也干不了，"他从丽兹酒店的套房里给艾伦写信抱怨道，"没法工作，也没法娱乐。"接着，他搬进了马萨诸塞州沿岸玛莎果园岛，住在埃德加敦市的殖民地宾馆。这里凉爽安静，毛姆终于可以不受打扰地撰写小说了；他基本闭门谢客，想写作时就写作，也可以去查帕奎迪克岛晒太阳和游泳，吃蛤蜊，看电影，每天都要沿着空荡荡的海岸散步几英里。在此期间，他只有一次公开露面，即《月亮与六便士》电影版的首映式。片方知道毛姆在岛上，便将首映式地点选在了埃德加敦的一家电影院。两个月后，他感觉身体恢复得不错，能够应付秋季的大批广播节目和公众演讲了。毛姆在哥伦比亚大学和耶鲁大学做过两次以"政治义务"为题目的讲座，都是没有发言稿的即兴演讲。他向芭芭拉·拜克描述了耶鲁讲座的情形：

> 大厅座无虚席，本科生都被挤到了门口，走廊里全是人。我一共讲了五十分钟，总算到了最后一句；我开口道："自由的代价是……"这时，我大脑一片空白，怎么都想不起来自由的代价到底是什么。我只能想到这几个字，"自由的代价"，就算是给我一千英镑，我也想不起来。

战争的进程一直是毛姆心头的一块大石，身为英国人，他不能不注意到英国的声望在 1942 年的跌落是如何惨痛。失败接踵而至：新加坡丢掉，马来亚与缅甸沦陷，还有在利比亚表现拙劣的第八军。"英国在美国的名声越来越差，"他告诉塞尔，"现在全都在说英国人蠢笨无能，温斯顿除了漂亮的演讲外一无是处。真是令人泄气，又不知道该如何回应。"从前一年冬天起，罗宾和文森特就去北非作战了。"[威利] 对女婿不太关心，"韦斯考特写道，"但他的侄子罗宾也在那里，他一想到自己可能会失去罗宾就心痛。"关于西部沙漠战役期间，第八军与隆美尔非洲军团装甲师交战的可怕伤亡报告传了过来。接着到了 7 月，罗宾·毛姆上尉阁下负伤后被送到埃及医院治疗的消息传来。罗宾的负伤原因似乎是担任一辆十字军式坦克的车长时被弹片击中。

> 次日，他坐车回医院——我估计是在亚历山大城——遭到了斯图卡式俯冲轰炸机的扫射，身边的勤务兵被打死了，他的头部和手臂中弹。奈莉自然很焦虑，不过最后听说他恢复得还行，出院后会立即改派到肯尼亚。这样一来，他就有几周时间相对安全了。最起码这还算是件好事。

最后，罗宾回到英国并因伤退役，登记为不适合服现役。

在纽约度过秋天后，毛姆在冬季和春季回到了南卡罗来纳。1943 年 5 月初，他在那里完成了长篇小说《刀锋》的初稿。"对我来说，写这本书是一次很愉快的经历。我不在乎大众觉得它好还是不好。它是我的直抒胸臆，我只在乎这一点。"这封信是写给华盛顿州立大学英语系讲师卡尔·G. 法伊弗的，毛姆初次与他见面是在 1923 年。法伊弗是毛姆的狂热拥趸，经常给他写信，甚至还去玛莱斯科别墅拜访过他。毛姆一度很喜欢他，觉得他脑子灵光，相当耐心而坦诚地回答了法伊弗提出的无穷无尽的问题；不过，等到 1959 年法伊弗发表了既不准确，又披露私密的《毛姆画像》一书时，毛姆就要后悔当初的坦诚了。不过，毛姆现在需要法伊弗帮他纠错，因为《刀锋》的大部分情节都发生在美国，主要人物也都是美国人。"欢迎你提出任何其他批评意见，"他还说，"你对我是足够熟悉的，应该知道我不会因为这方面的事情而内心受伤。"

《刀锋》[*]无疑是毛姆最有趣的长篇小说之一，通过物质世界与精神世界的二分，该书探讨了毛姆一向最感兴趣的三个话题：性激情、社会习俗、善的本质。故事开场于 1919 年的芝加哥，叙述人"毛姆"正要前往远东，中途在这座城市待几周时间，正如现实中的毛姆在同一年去中国那样。叙述人的巴黎朋友艾略特·谈登波突然给他打来电话，说自己正住在寡居的姐姐家，想请叙述人去她那里吃午餐。除了女主人布雷德利太太，毛姆还在那里遇到了她漂亮的女儿伊莎贝尔及其未婚夫拉里·达雷尔。显然，这位富有活力、自信过头的年轻女子狂热地爱上了英俊的拉里。不过，毛姆是有经验的人，他看出来拉里耐人寻味的心不在焉，不太说话，笑眯眯的，友好却透着疏远。原来，拉里在大战期间当过飞行员，他最好的朋友在空战缠斗中丢掉了性命，这件事带给拉里极大的震动，一直隐隐地困扰着他，让他不能回归正常生活。他提出要一个人去巴黎，伊莎贝尔勉强同意了，以为他能利用这段时间调整好状态，然后与她共度她期盼的富足婚姻生活。老艾略特·谈登波精明势利，清高的社交生活就是他的命根子，他大方地提议要带拉里进入巴黎的圈子——"亲爱的，你要相信我，对普通的美国人来说，进入圣日耳曼大道比上天堂可要难得多"——但让艾略特意外的是，拉里回绝了他，悄悄住

---

[*] 原注：书名出自《伽陀奥义书》里的一句话："剃刀刀刃锋利，难以越过，圣贤们说此路难行。"

进了一间破旧的旅馆，独自搞起了神秘的研究。拉里从此杳无音讯，引发了布雷德利夫人和伊莎贝尔的警觉，于是两人也去了巴黎。在那里，拉里尽可能友善地取消了婚约。

毛姆再次提到这些人物时，十年已经过去了，在这段时间里，伊莎贝尔嫁给了有钱的银行家格雷·马图林，夫妇二人在芝加哥过着纸醉金迷的生活。有一天，毛姆在巴黎的街道偶遇拉里，只见他胡子拉碴，身子瘦了，脸也晒黑了，穿得活像个乞丐。在毛姆的请求下，他详细地叙述了自己追求悟道的历程，讲了他读过的伟大哲人和精神导师的作品，他先后在煤矿 * 和农场做苦力，在阿尔萨斯的一间修道院学习了几个月，然后又去了印度五年，与一名出家人隐居。与此同时，马图林夫妇也回到了巴黎。他们在 1929 年的经济危机中损失惨重，格雷的银行垮掉了，现在完全依靠伊莎贝尔的舅舅，在危机中精明地保住了财富的艾略特养活。艾略特的家庭观念很重，于是将左岸的豪华公寓给了伊莎贝尔两口子，他自己每年的大部分时间在里维埃拉度过。"我时不时还是要去巴黎，"他告诉叙述者，"不过，我去的时候会住在丽兹酒店里，那里舒服得很，没什么大不了的。"毛姆高兴地发现，当年的假小子伊莎贝尔出落成了一位苗条时髦的少妇；她的丈夫看起来却比真实年龄老得多，一张大红脸，浑身肥肉，因为没有活干而失魂落魄。毛姆将拉里带回了马图林夫妇的生活，这让伊莎贝尔特别高兴——直到她得知拉里要结婚了，新娘是她以前在芝加哥的朋友苏菲。苏菲是个酒鬼兼瘾君子，只要给她买杯酒，任何人都能跟她睡觉，而拉里沉迷于牺牲与拯救的信念，相信可以通过结婚的方法来挽救她。伊莎贝尔绝不允许这

---

* 原注：1939 年毛姆在法国考察时下过一次矿井。他给芭芭拉·拜克写道："［我］拿到了自己想要的素材。煤灰沾在眉毛和睫毛上，怎么也弄不掉。我看起来就像个落魄的电影明星。"在《刀锋》中，他对一名矿工有如下描述："他的眼珠是蓝色的，眉毛和睫毛上的煤灰怎么也弄不掉，好像化了妆似的。"

件事发生。她仍然深爱着拉里，于是决定耍一个残酷的花招来打破拉里的计划。

同时，在蓝色海岸富比王侯的艾略特也开始走下坡路了。他发现自己已经与时代脱节，派不上用场了。他年老多病，社交热情却并未减退。因此，美国女富豪诺维马里公主 * 不再邀请他参加社交季的盛大舞会时，他受到了几乎致命的打击。毛姆意识到老朋友命不久矣，就想帮他偷来一张渴望已久的舞会请帖。爱德娜·诺维马里是一个可憎的人，毛姆对自己与她会面情景的描述恰好与艾略特去世前后的动人场景形成了鲜明对照。现在已经看得到故事的结尾了：拉里失去一切世俗的财富，最终获得了幸福，准备去美国做一名出租车司机；伊莎贝尔靠舅舅艾略特的遗产生活得很滋润，格雷有望开始新的工作，精神好了起来，两人一起回到了芝加哥。作者在最后一段写道，令他惊讶的是，"我写出了一部大团圆的小说，因为每个人物都得到了自己想要的东西：艾略特是社交场上的地位，伊莎贝尔是优渥安定的生活……格雷是稳定高收入的工作……拉里则是幸福"。

在回答一个关于《刀锋》的问题时，毛姆说拉里·达雷尔的形象已经在他脑海中萦绕了二十多年，而且是 1938 年在印度的经历使他重新燃起了兴趣，决定把故事写下来。实际上，毛姆之前写过两部类似主题的作品，一部是写于 1920 年的未发表剧本《上山的路》（*The Road Uphill*），该剧本现已散佚，与《刀锋》非常相似；另一部是 1921 年的短篇小说《爱德华·巴纳德的堕落》。讽刺的是，《刀锋》的缺点恰恰在于拉里及其以自我为中心的救赎追寻之旅；除此之外，

---

* 原注：诺维马里公主的原型是毛姆在里维埃拉的邻居，牙尖嘴利的奥托博尼公主。"奥托博尼"（Ottoboni）在意大利语里的意思是"八件好东西"，毛姆在书中改为"诺维马里"（Novemali），意思是"九件坏东西"。奥托博尼公主对《刀锋》里自己的形象颇为不悦，一度与毛姆关系紧张。

从故事构思、人物塑造、故事背景到叙事调性都堪称毛姆的巅峰之作。反对物欲、弃绝尘世的拉里一向对解脱这个主题特别感兴趣，而在追求解脱的过程中，作者又将他呈现为一个尘缘难解的人物：精神世界强烈地吸引着他，但他的双脚始终牢牢地根植于大地。毛姆对他所要描绘的社会有着由内而外的透彻认识，那是属于美国新贵的社会。聪慧而雄心勃勃的新贵们并不缺乏文化修养，画家萨金特在大西洋两岸都为这一类人画过肖像。引起读者注意的并不是圣人拉里，而是俗不可耐的艾略特·谈登波，因为虚荣势利、心地善良的艾略特是毛姆塑造的最精彩的人物形象之一。艾略特是那么活跃，又那么可笑，一副忙乱浮夸的样子，几近于喧宾夺主。《刀锋》出版之后，人们自然忙着揣测艾略特的原型是谁：洛根·皮尔萨·史密斯说是唯美主义者、艺术品交易商"柏吉"·哈里斯；也有人说是毛姆在里维埃拉的邻居、艺术品收藏家亨利·梅伊。但是，吉普斯·钱农，一个超级势利的社交达人，一个比欧洲人还欧洲人的美国人，确信自己才是艾略特的原型：这是毛姆在一次晚宴上告诉他的，但毛姆紧接着又开玩笑似的说，拉里·达雷尔的原型也是他，可怜的钱农听了肯定大惑不解。最后，毛姆的出版商爆料说，艾略特的原型应该是退休美国外交官亨利·查尔默斯·罗伯茨。罗伯茨首次登场是《比我们高贵的人们》里的索顿·克雷，"全伦敦没有一个人比他更爱直呼伯爵夫人的教名"。"[威利]对他很感兴趣，"弗雷尔说，"[罗伯茨]是同性恋，认识亨利·詹姆斯，是旅居海外的美国人里面最势利眼的那一种。"

与有血有肉、栩栩如生的艾略特相比，乃至跟伊莎贝尔、格雷和书里的任何一个其他人物相比，拉里都像是个纸片人，空洞呆板，有一点自命不凡，说话啰里啰唆，拒绝承担责任，与其说是真实的人，不如说是漂亮的符号。书里有两处，拉里兴致勃勃地讲述他的精神朝圣之旅，那里的情节几乎像是停滞了一样。等到艾略特又在纠结该给新买的沙韦尔牌丝绸领带配珍珠还是翡翠的别针时，读者才算松了一口气。问题在于，拉里通过流浪游荡来追求开悟的道路难以令人信服；实际上，对拉里和毛姆来说，开悟都是一个难解而神秘的目标。在印度的时候，与拉里一起隐居的哲人告诉他，"冥想无形让我在绝对中找到了平和"；拉里的评论是，"我不知道该想什么"；读者不知道，毛姆也不知道。实际上，不管是不是作者的有意为之，拉里的关键特质是没有性欲：他似乎对性完全没有感觉，只有绝对必要的情况下才会进行性活动。他只对阵亡的亲密战友表现出了强烈的感情，暗示他压抑着自己的同性恋倾向。自然，他的冷漠举止与伊莎贝尔的活泼冲动形成了鲜明对比，她对拉里有着无法隐藏的肉体情欲。* 叙述人毛姆讲过自己跟格雷、拉里、伊莎贝尔观光了一天后开车回巴黎的情形。毛姆和伊莎贝尔坐在后排，格雷开车，旁边是拉里。

> 拉里一只胳膊伸出来搭在前座椅背上，袖口被椅子蹭了上去，露出纤细而强健的手腕和长着一层绒毛的棕色小臂……伊莎贝尔的静止中有某些东西引起了我的注意……她呼吸急促。她的双眼紧紧盯着长着金色绒毛的手腕，还有那只又长又瘦又有力的手。我从没有在人的身上见过她那样如饥似渴的淫荡相……那是一副肉欲的面具。

《刀锋》自 1944 年 4 月 18 日 † 出版以来便引起了巨大反响。赞扬

---

* 　原注：毛姆经常写性欲，而且写得很好。看到其他作家写出了令人信服的激情桥段时，他会表达欣赏之情。他曾这样称赞弗兰克·斯温顿写于 1938 年的小说《夜曲》："性激情是最难写进长篇小说、写出来也最令人兴奋的内容之一。《夜曲》的独特之处在于它写到了勃起，这是出版的小说里极少见的现象。"

† 　原注：英版于 1944 年 7 月 17 日面世。

的评论有很多——"令人不胜喜悦，"西里尔·康诺利说，"《寻欢作乐》之后毛姆先生最优秀的长篇小说"——销量也相当可观，美版上市一个月就卖出了五十多万册。这是一部对毛姆有着极大个人意义的作品，他对作品获得的积极反响表达了感激之情。"我不会假装说自己没有感到震惊"，毛姆对艾迪·马什承认，而在10月给侄女戴安娜的信中，他写道："年迈之际还能写出这样一部成功的长篇小说，我特别满足。美版已经卖出了将近七十五万册，出版商预计最终销量会在一百二十五万到一百五十万之间。*目前正在被翻译为九门语言。"

《刀锋》面世时，毛姆正在纽约，由于该书取得的成功，他总算能从长期的焦虑中解脱片刻了；与往常一样，焦虑的起因是杰拉德。1943年秋，杰拉德厌倦了在一家华盛顿地方电台的工作，他在那里几乎没有事情可做，于是接受了纳尔逊·道布尔戴给他的新岗位，负责有近五十名工作人员的长岛分社。"杰拉德正忙着管三千人的饭呢，"毛姆对罗宾说，"他每天六点三十分就起床上班，快八点才回家，这真是了不起……他现在比过去许多年都更开心。"但没过多久，一份更有趣的工作就摆在了哈克斯顿面前，于是他回到华盛顿，到国务院战略服务办公室当了一名低级情报官员。

杰拉德由衷地喜欢这份工作，11月去纽约出差时兴致相当高，一直在谈论自己的新工作。毛姆为杰拉德不同寻常的变化感到惊讶，这些年来，假如杰拉德没有依赖毛姆生活，他会成为怎样的一个人？毛姆第一次活生生地看到了那个杰拉德的样子。在某种意义上，毛姆造就了杰拉德的生活，也在某种意义上毁掉了他的生活。毛姆下定决心，之后不会再让哈克斯顿重操旧业，一定要说服他永远留在美国。"[他] 很高兴能真正自己生活，完全独立于我，"毛姆告诉艾伦，"[而且] 我也松了口气，总算从责任中解脱出来，用不着整天

---

* 原注：事实上，截至四十年代末，道布尔戴推出的美版卖了三百多万册。

担惊受怕的。"现在，再过几周时间就是毛姆的七十岁生日了，他对未来产生了焦虑：他希望至少再写一部长篇小说，脑子里还有几部非虚构作品的想法，但他感觉自己已经老了。他开始自称"老家伙"（the old party），认为自己或许时日无多。他需要平静和规律的生活，需要在余下的人生里确保不再受到杰拉德时常引发的危机影响。于是，相伴三十年之后，两人同意分手，毛姆找伯特·阿兰森给哈克斯顿做了一笔本金 35000 美元的投资，每年会有一笔可观的回报。战争结束后，毛姆会立即返回法国，杰拉德在玛莱斯科别墅的秘书兼总管职责将交给艾伦，亲爱的艾伦——

> 会带给我与杰拉德相伴的十年中从未有过的幸福……他没有杰拉德的活力……［也没有］能量，但他不酗酒，谦和温柔，本性极其甜美……我肯定会越来越虚弱，越来越不活跃；我希望找到一个善良、无私、体贴的人，陪我走完最后一程。我觉得，我的小艾伦肯定愿意这样做。

随着上述计划开始执行，杰拉德也心满意足地留在华盛顿，毛姆终于可以在耶马西继续勤奋产出了。1944 年 1 月 25 日，毛姆一个人平静地度过了自己的七十岁生日。

> 我上午照常工作，下午到僻静的树林里散步……之后回家，给自己做了一杯茶，读书到饭点。吃过晚饭继续看书，一个人打了两三把牌，听新闻广播，然后拿着一本侦探小说上了床。我读完后就睡觉了。除了跟黑人女仆说了几句话以外，我一整天都没有跟别人说话。

他之前就决定要把自己的写作笔记出版，而这项工作需要详细的审读和校对。他写的最后一出话剧《谢佩》新版也将于4月在纽约上演，毛姆对最后一幕进行了几处重大的修改。参加排演时，他生动地回想起了当年放弃戏剧事业的原因：彩排刚进行到一半，导演凯德里克·哈德威克突然被叫去好莱坞；波士顿首演之后，两名演员请了假，只好在距离纽约首场只有几天的当口找人顶替。与十一年前的伦敦版一样，1944年的《谢佩》纽约版遭遇惨败，作者却不为所动。"我失望却并不苦恼，"他告诉艾迪·马什，"因为这出戏是很久以前写的，而且我早就不关心戏剧界了。"而《谢佩》开幕前，毛姆还在想着另一件严重得多的事情。

"我有大麻烦了。"他在一封寄给芭芭拉·拜克的信的开头写道。4月底，杰拉德在华盛顿患上了严重的肋膜炎，警觉的毛姆把他带去纽约的道克塔斯医院诊治，该院被认为是美国最优秀的护理机构之一。在这里，X光片显示杰拉德已经患上了严重的肺结核。自从毛姆八岁时母亲患结核病去世起，这种凶险的疾病就一直是他的梦魇。如今，杰拉德的病情可怕地迅速恶化，高烧不退，剧痛只有靠注射吗啡才能缓解；他出现了咯血的症状，吞咽也变得困难；他的体重迅速下降，每动一下都会疼。"看他这样真是痛苦。"毛姆告诉芭芭拉。尽管之前就有人跟毛姆说杰拉德活下来的概率很低，但他依然相信只要带杰拉德离开又潮又热的纽约，到空气干爽清新的科罗拉多去，或许尚有一线生机。但是，医生不许他这样做，因为已经病入膏肓的杰拉德不宜远行，而且估计几周内就会去世，这条消息小心地向患者本人隐瞒着。毛姆每天要在病床边坐好几个小时，心如刀绞。随着当年对杰拉德的爱恋与保护欲一齐涌上心头，不久前的淡漠分手，对没有杰拉德的玛莱斯科未来生活所怀有的那种平静而乐观的期盼，现在一瞬间都消失了。"尽管我早就知道他的生活方式肯定会害死他，但现在他要死了，我却心碎了，"毛姆对艾兰·道布尔戴坦言，他让我的日子很不好过，我很感激他离开了我，他给我带来过耻辱，但我现在可以把这些都忘掉。我只记得他对我是多么深情，他是多么信任和依赖我，他是多么迫切地想要帮我。我只能想到他的活力、他交朋友的天分给我带来巨大帮助的那些年。要是没有他，我永远不会写出那些奠定我在文坛地位的故事。是他帮助我走出了平庸作家的寻常生活，让我拥有了那些塑造了我的、更广阔的经验。我永远不能忘记，是他在我心情最愉悦、成果最丰硕的年月里和我在一起。现在，这段日子结束了，或者说行将结束，我不禁要为他痛苦而毫无价值的最后日子而垂泣。我不知道我要承担多大的罪责。假如我坚决一些，假如我没有试图强迫他接受一种与他气质不合的生活，他或许不至于像现在这样惨淡。当然，我会缓过来的，一切事情都是可以缓过来的。只不过，我现在是心碎的。

7月，杰拉德的病情总算有了些微好转，医生告诉毛姆说他可以冒险踏上旅程了。

毛姆决定不带他去科罗拉多那么远的地方，而是乘坐救护车去纽约州北部的萨拉纳克，那里有大名鼎鼎的阿迪伦达克农舍疗养院，罗伯特·路易斯·史蒂文森就在该院接受过治疗。令毛姆欣慰的是，凉爽的山风让杰拉德"呼吸顺畅了一些，疼痛也有所减轻"；他仍然虚弱乏力，但整体精神不错，而且——毛姆忙不迭地强调——对自己的遭遇毫无怨言，对他人为自己所做的一切心怀感恩。毛姆对萨拉纳克寄予厚望。"只要能挺过之后的两三周，病情就不会太糟。"他给芭芭拉写信说。毛姆不知疲倦地照料着杰拉德，不能忍受把他交给陌生人。如果有必要的话，他准备在萨拉纳克连续住几个月的时间，尽管他住的旅馆不舒服，饭菜糟糕，而且能找到的桥牌牌友只有"不住地咳嗽吐痰的患者……记忆所及，我想不到比这里更让我痛恨的地方"。他上午和下午去疗养院，尽可能振奋杰拉德的精神。"我每天去看他两次，鼓励他振作起来，帮助他与病魔作斗争，"他在给芭芭拉的信里写道，"我的态度是：他当然病得很厉害，但许多肺结核患者后来都痊愈了，包括我自己在内。我觉得他完全有可能在一年内恢复如初。"

但萨拉纳克没有多少疗效，杰拉德还是日渐虚弱，尽管他偶尔有短暂的发作期，控诉将死的命运，痛骂毛姆，尖叫着说毛姆将他囚禁起来，毁掉了他的一生，他恨他；有一次服药后，杰拉德陷入谵妄状态，幻想着毛姆死后自己有多么开心，狂笑不止。绝望之下，毛姆决定再次转院，将他送去波士顿的新英格兰浸会医院，那里有利希研究所的专家问诊。浸会医院告诉毛姆，现在唯一的机会是上高风险的手术，将两根肋骨移除，最好是到纽约去做。列车运行全程四个小时，杰拉德服用了大剂量的药物，一直躺在担架上。"他越来越虚弱，我感到害怕，有点失去希望了，"10月初，毛姆从曼哈顿给艾迪·诺布鲁克写信说，"人说岁数大了，感觉就会迟钝。真是这样该有多好。"杰拉德现在很少清醒，总是在痛苦中，有几天病情严重到连毛姆都不能见面。毛姆处于煎熬而犹豫不决的状态。"我不得不面对他死于手术的可能性"，他告诉侄女戴安娜；他打不定主意，不知道该让他"一寸一寸地死去，还是孤注一掷……我不禁希望他在夜里平静地死去，不知道自己有死的危险"。终于，杰拉德在11月2日做了手术，出乎所有人的意料，他活了下来。尽管非常虚弱，疼得很厉害，但他似乎撑住了。"他或许有好转的一线希望，"毛姆对艾伦说，"但很长很长一段时间内还是会处于重病状态。"手术后的三天里，杰拉德一直通过药物保持在半昏迷的状态，根本不认人，毛姆每次只被允许跟他见几分钟。接着，11月7日上午，杰拉德·哈克斯顿离世，享年五十二岁。

任谁都不能宽慰毛姆，悔恨让他悲痛万分。1944年11月9日，葬礼在麦迪逊大道的圣詹姆斯圣公会教堂举行，毛姆当场失声痛哭。他收到了许多封悼念信，在回信中倾吐着那要将他压倒的痛苦之情。"杰拉德的死是对我的沉重打击。我发现自己没有他很难生活。我失落、绝望又孤独。"他告诉乔治·科克托；他在给查尔斯·汤的信中则写道："请不要给我写慰问信，那样的信只会把我的心撕成碎片。你看，我已经太老了，承受不了死别之痛。"快到12月底的时候，他向艾伦描述了"将我撕成碎片的汹涌悲情……之前的几周特别难熬……[而且]我陷入了深度抑郁"。作家塞西尔·罗伯茨希望登门慰问，就给毛姆打电话，却被对方话音里蕴含的激动情绪吓坏了："'我不想见你！我不想见任何人！我想去死！'他痛苦地喊道，接着就把电话挂了。"毛姆的另一位朋友，剧作家萨姆·贝尔曼也对毛姆近乎彻底崩溃的样子感到震惊。贝尔曼正在将毛姆的一篇短篇小说改编为剧本，便约在毛姆的丽兹酒店套房共进午餐；自然，他预期毛姆会有某些难过的迹象，结果却吃惊地发现完全没有这种迹象。贝尔曼回忆道，两人聊着彼此认识的人，"他和往常一样面无表情，含蓄内敛"。接着，毛姆问起贝尔曼新作的情况。最后，贝尔曼觉得非要提提杰拉德不可了。"威利啊，你还没告诉我呢，"他开口说道，

> "杰拉德怎么样啊——最后那些日子。"我马上就难过了起来。
>
> "求你，"他用破碎的声音说道，"不要问我那件事。"他开始哭泣，走出房间。精心打造的形象就这样突然崩塌了。

葬礼之后，毛姆还有最后一项任务：执行杰拉德的遗嘱。遗嘱内容很简单：私人物品归毛姆；现金归虽非亲兄弟，却胜似亲兄弟的罗宾；杰拉德名下的巴黎公寓变卖所得归路易·勒格朗。"可怜的路路，"毛姆给路路写了一封悲伤的信，"我的小可怜啊，请你节哀，

不要用悲伤的回忆来惩罚自己。那样做没有意义，你毕竟还年轻。忘了他吧。"*遗嘱执行完毕，毛姆就离开纽约，前往南卡罗来纳。战争胜利在望，毛姆也要回法国，回玛莱斯科别墅了，可他却觉得害怕。毛姆告诉大卫·霍纳：

> 我觉得我会试一试的。不过，如果死去的杰拉德无处不在的话，他在花园里漫步，他在牌桌前一个人打牌，那我是受不了的。那样的话，我就会把别墅卖掉，在英国乡间买一所小房子，威尔特郡，也许吧，余生都住在那里。余生不会很久的，因为我现在已经是个老家伙了。

---

* 原文为法语。

第十五章

布隆基诺男孩

The Bronzino Boy

　　杰拉德·哈克斯顿去世后的几个月里，毛姆陷入了深刻的、无从克服的悲痛之中。"三十年来，他让我快乐，也令我焦虑。如今，失去他的我失落、孤独而绝望，"1945年2月，他给诺埃尔·科沃德写信说，"他去世有三个月了，我还是适应不过来。我试着去遗忘，我每天会遇到十几次让我想起他的东西，我读到的书，书里某个孤零零的单词，悲情涌上，我一下子就被压倒了……我年纪大了，忍受不了这么多哀痛。我已经活得太久了。"* 他还对杰拉德的爱人路路生动地描述了自己的不幸："一切事物都让我想起他。我经常在梦里见到他，频繁到让我心神不宁。他在梦里总是活泼、坚定而愉悦。"† 毛姆在哀悼他死去的爱人，但也在哀悼自己的过去，哀悼那些与哈克斯顿共同旅行和冒险的岁月，还有一点很重要，那就是哀悼自己当

---

*　原注：科沃德创作于1966年的话剧《暮光之歌》的灵感来源就是这封信，作者承认该剧以毛姆为原型。

†　原文为法语。

年的笔力，将生活经历化为小说与故事的艺术冲动和灵感。"我生命中最好的岁月，那些我们共同漫游世界的岁月，与他有着千丝万缕的联系。过去三十年里，我写下的全部作品都与他有着这样或那样的复杂联系，无论是多么间接的联系，哪怕是手稿由他敲出这样的联系。"杰拉德仿佛几乎具有某种护身符似的力量，失去他的毛姆便失去了写作的能力。在某种意义上，这是真的：毛姆在杰拉德死后的作品都成色不高。

葬礼之后，毛姆终于可以放心地离开纽约，回到他在耶马西的小房子"帕克渡口"，但刚到那儿他便受到了孤独的煎熬，比任何时候都渴望艾伦·塞尔的相伴慰藉，然而艾伦还在英国，不能离开约克郡的军人食堂。可毛姆的状况已经到了绝望的地步，他的朋友们意识到不能再让他孤零零一个人了。通过与外交部的私下接触，结果是英国情报部的布伦丹·布拉肯与他在华盛顿的对接人员安排毛姆的侄子罗宾赴美数月，名义上是为了宣传他刚刚在英国创办的《传递》杂志。这项安排对两人都有好处：毛姆很高兴能见到心爱的侄子，而罗宾自北非负伤以来身体一直不好，很高兴能有这次休养的机会。1944年圣诞节前夕，罗宾抵达美国，与叔叔互相扶持，在邦尼府度过了有些喧闹的圣诞季庆祝活动。"我发现威利沉浸于痛苦之中。"罗宾回忆道，他震惊地发现叔叔不止一次在自己面前失声痛哭。同样令他震惊的是叔叔的衰老。毛姆身体依然健康，胡子刮得很干净，但脸上布满皱纹，黑色的眼睛上出现了白翳，沉重的赘肉让嘴角下垂，看起来活像个哀伤的老乌龟。

即便在最痛苦的时候，毛姆也从未停止工作，他继续按照自己设定的规划前进，每天坚持写作是一种可靠的逃避方式，是一剂百试不爽的良药。十年前，他决定用四部剧本与自己的剧作家生涯道别；如今，他准备再写四部长篇小说便封笔。第一部是《刀锋》，接下来是两部历史小说，最后一部的主题是伯蒙塞的工人阶级家庭，回到了五十年前他从《兰贝斯的丽莎》迈出的起点。最后一部从未动笔，不过，两部历史小说中的前一部《过去与现在》早在1945年2月就完成了，然后寄给艾迪·马什审阅。

《过去与现在》讲述了马基雅维利率领的使团出使米兰公爵切萨雷·波吉亚的故事。尽管书中精心描绘了文艺复兴时期意大利的时代背景，以及两位男主人公之间的明争暗斗，但它还是一部平庸之作；关于马基雅维利引诱美丽少妇的几处场面短暂地表现出了些许生机，但全书显然是作者本人抑郁心境的反映。不过，《过去与现在》1946年面世后在大西洋两岸都赢得了评论界的一些赞赏。纳尔逊·道布尔戴印了二百五十万册，头两个星期就卖出超过七十五万册，电影改编版权以20万美元的高价成交。假如美国最有影响力的评论家艾德蒙·威尔逊没有在《纽约客》发表长篇书评的话，这本书本来是可以圆满收场的。不巧的是，《过去与现在》是威尔逊读过的第一部毛姆小说；威尔逊长期以来对毛姆的某些文学判断——特别是针对亨利·詹姆斯的判断——感到不悦，而且认为毛姆作为一名作家被大大过誉了；不过，他自己也承认，他并不熟悉毛姆的任何一部长篇小说、短篇小说或戏剧。"不时有一些有文学品位的人跟我讲，我应该认真对待萨默塞特·毛姆。然而，我一直认为，毛姆不过是一名二流作家"，书评开头写道，《过去与现在》"在我看来……是我希望从中获得愉悦而读过的书里面最没有味道、最缺乏可读性的一本。要不是为了这篇书评，我根本不会硬着头皮读完……"，如此等等。毛姆一向崇敬威尔逊*，在一篇战时写的文章里将他称为"美国当今最敏锐的评论家"。面对威尔逊的猛烈抨击，毛姆的反应超乎常人地冷静。"他从来都不喜欢我，"他对艾兰·道布尔戴说，

---

*　原注：1946年，由于毛姆的推荐，纳尔逊·道布尔戴同意出版艾德蒙·威尔逊的短篇小说集《赫卡特县回忆录》。

"[不过] 没有人能让所有人喜欢，而且我能够以良好的心态忍受艾德蒙·威尔逊的反感。"

1945 年 5 月 8 日是欧洲胜利日，欧洲的战争在这一天宣告结束，别处的人都在欢庆胜利，身在耶马西的毛姆却乐不起来。"当然，这里的每个人都松了一大口气，我也是，"他给艾伦写信说，"但是，我最主要的情感是死亡带来的悲伤与死亡造成的痛苦。于是，我做不到像大多数人那样为德国投降而欢欣鼓舞。"他首先想到的是：战前的自由生活就要回来了。"我希望出行管制会在近期内取消，想去哪里，就去哪里，想何时去，就何时去。"他盼望着艾伦过来找他，也盼望着回到法国。但是，眼下这两件事都不可能。

罗宾去纽约宣传杂志后，毛姆只好独自前往好莱坞，参与《刀锋》电影版的拍摄工作。制作方原本找人写的剧本被判定为不合格，就没有采用，于是邀请毛姆亲自操刀。毛姆对这个项目出乎意料地上心，因为导演是他的老朋友乔治·库克尔。两人初次见面是在 1923 年，库克尔当时还是一名初出茅庐的舞台监督，正在参与《骆驼背》美版的制作；六年后，库克尔放弃剧院，转投电影行业，取得了几次成功，包括葛丽泰·嘉宝版的《茶花女》和凯瑟琳·赫本版的《小妇人》。1933 年，他遭受了人生少有的一次失败，即《比我们高贵的人》电影版，毛姆对此表示非常理解。"[威利] 对我特别友善，如往常一样淡然处之。"库克尔回忆道。现在，库克尔请毛姆到日落大道的家里做客。毛姆觉得很好，不仅因为库克尔聪明又有风度，而且因为库克尔也是同性恋，清楚哪些男妓和皮条客靠谱，在好莱坞圈子里是出了名的玩乐大师。库克尔的泳池派对人气尤其旺：风华绝代的女星们会来吃午餐，但她们离开后，一群漂亮的小伙子——演员、餐厅服务员、汽车技师——就会过来，下午是纯男生场。有人开玩笑说，女士离场后，淘气的男孩子们就来享用残羹剩饭了。毛姆之前去好莱坞的时候，他和杰拉德都喜欢去库克尔家。

此外，库克尔挺喜欢杰拉德的，可以跟毛姆聊聊他，这也是一个好处。库克尔与毛姆交情很好，崇拜毛姆那无法模仿的编剧才能，而且如他在一次访谈中所说，他一直因为"威利喜欢犹太人"而欣赏毛姆。

二十世纪福克斯的达里尔·扎努克之前已经出 25 万美元巨款买下了《刀锋》的版权，他不愿意额外花钱重写剧本也情有可原，但当库克尔向毛姆解释情况的时候，作者立即提出愿意无偿写剧本。"［他的］剧本棒极了"，库克尔回忆道，而扎努克也很高兴，于是提议由制片厂给毛姆买一幅画，只要价格不超过 15000 美元就可以。"我从没买过这种价钱的画，心里很激动。"毛姆说。他对花这么一大笔钱给自己买东西感到有些紧张，于是去找门罗·惠勒咨询。利用几个上午的时间，两人愉快地拜访了纽约的艺术品交易商。最后，毛姆选择了卡米耶·毕沙罗绘制的《鲁昂圣弗塞港》，这幅画让他动心的原因是福楼拜当年写《包法利夫人》就是在鲁昂，肯定经常观赏港口的景色；但是，门罗劝说他买下了一幅亨利·马蒂斯的雪景图，说这幅画的品质要好得多。"不过，我还是忘不了毕沙罗的那幅画，"毛姆后来写道，"我觉得要是没拿下它，自己肯定会后悔。于是，我就拿马蒂斯换回了毕沙罗。"电影界很少有顺顺当当的项目，《刀锋》在档期方面就出了麻烦：原定饰演拉里的人突然有事不能拍了，库克尔也有了别的任务，只得将导演交给别人；毛姆的剧本最后也被放弃了。1946 年，《刀锋》的拍摄工作终于开始了，拉里由泰隆·鲍华饰演，伊莎贝尔由吉恩·蒂尔尼饰演，还有一些骇人的喜马拉雅山背景板。

毛姆在加利福尼亚一直催艾伦过来：他怀念艾伦的温暖陪伴，而且越来越觉得没有秘书应付不来。但是，欧洲和美国之间的因私出行还是很麻烦，出境许可证很难申请下来。凡是他觉得能发挥影响的人，毛姆都求了个遍。他请弗雷尔代表自己去找英国外交大臣厄内斯特·柏文，还亲自给英国驻华盛顿大使哈利法克斯勋爵写信。作为一种得体的姿态，毛姆提出要将自己最著名的长篇小说《人生的枷锁》的手稿捐给美国国会图书馆，"以示对热情好客的美国人民的感激之情"。至于手稿该委托谁送来，还有谁比艾伦·塞尔更合适呢？"我的秘书已经脱离战争工作了，如果您能请外交部发给他……出境许可，以便他将沉重的书稿包裹送到美国来，"毛姆告诉哈利法克斯，"那可真是帮了我一个大忙。"幸运的是，当局同意私下里给毛姆开绿灯；白厅赞赏他为战争做出的贡献，站在他这一边。"我知道他在美国进行私下的、非官方的宣传工作，"一份英国外交部备忘录中写道，"国家利益要求我们对毛姆先生特殊对待……在合理的前提下，尽可能为他提供方便。我认为应当为塞尔先生发放出境许可证，并给予其一定的海上航道优先权。"

这份备忘录写于1945年9月，但艾伦直到12月才上船，圣诞节当天在新泽西州霍博肯下船，然后乘火车去南卡罗来纳，毛姆在车站等着接他。两人有五年多没见面了，其间毛姆每周都给艾伦写信，经常思念他，渴望这位好似从布隆基诺画里走出的甜美性感男孩来到自己身边。毛姆刚见他时吃了一惊："二战"期间，艾伦在军人食堂里把自己养得很好，走下月台的不是毛姆记忆中的苗条青年，而是一个圆脸的中年壮汉。"艾伦来了，步子很沉，脸胖得跟金花鼠似的，"格伦威·韦斯考特回忆道，"[而]看到他走形到这个程度，威廉又震惊又难过。""你以前或许是布隆基诺画里的男孩子，现在却成了弗朗斯·哈尔笔下的颓废男子。"毛姆酸溜溜地评论道。尽管如此，毛姆还是很欣慰能与塞尔重逢，塞尔从此将陪伴他度过余生。艾伦马上把杰拉德以前干的、没干的工作都接了过来，包括写信、打电话、购物、跟女仆打交道等；与杰拉德不同，他的心地无限善良，乐意服侍别人，对雇主有求必应。"[艾伦]给了我很大宽慰，"毛姆告诉伯特·阿兰森，"他很轻松就融入了工作，替我承担了许多

　　　　　　　　　　　　　　　　　　　　　毛姆传

杂务琐事。我想他会是个很好的帮手。他喜欢这里，也喜欢跟我在一起，我的心热乎乎的。"

战争结束了，艾伦也回到他身边，毛姆于是将全部精力投入到重返法国的事情上。1946 年 3 月底，他和塞尔前往纽约，接着去华盛顿住了几天，并于 4 月 20 日向国会图书馆捐赠了《人生的枷锁》手稿。捐赠仪式非常隆重，库里奇礼堂满是来听毛姆致辞的人。毛姆谈了文学，谈了自己的小说家生涯，谈了《人生的枷锁》的写作过程，还透露了一件事：他不久前在录音机前朗读《人生的枷锁》时曾失声痛哭。当时，他读到了菲利普·凯里母亲去世的段落，"它唤起了六十多年不曾磨灭的伤痛"。但是，毛姆的发言主旨是表达对美国人民的谢意，特别是"感谢你们善良而大度地接纳了由于恐惧德国侵略而赴美的我国妇女与儿童"。

5 月 29 日，毛姆与艾伦终于从纽约启航，并于 6 月的第二周抵达马赛。毛姆回顾这段经历时经常说，再次踏上法国的土地是他人生中最快乐的时光之一。同年夏天晚些时候，艾兰·道布尔戴敦请毛姆回南卡罗来纳，毛姆坚定地拒绝了。"我很感激你和纳尔逊在战争期间将帕克渡口的房子给我居住，"他写道，"但是，你也知道，我只是把那里当成临时的住处。尽管我很高兴你希望我回去，但我觉得最好还是直接告诉你：我之后不会再回去了。我希望余生中有机会偶尔去纽约小住，但归根结底，欧洲才是我的归属。"

他和艾伦在俯瞰圣让港的小旅店金帆宾馆订了两间客房，这里与玛莱斯科别墅已经很近了。尽管之前偶尔有人跟毛姆讲过别墅的状态，但他并不知道应该有怎样的预期。不过，令他欣慰的是，别墅遭到的破坏没有他害怕的那样严重。别墅先后被意大利人和德国人占用，德国人在花园里埋了地雷，此外就没怎么搞破坏；唯一一处严重损害是皇家海军试图炸掉海角顶部的臂板信号机时造成的。凭借高额酬劳，毛姆很快招了一批工人来维修破洞的屋顶，更换震碎的玻璃窗；室内有不少墙面需要重新粉刷，生了蛾子的地毯要换掉，所有家具几乎全部要换新的：德国人离开后，当地的法国人似乎把别墅搬空了，陶罐和刀具都没了，连浴室的门把手都不放过。家具很快就置办齐备，装饰画也从保管处取了回来。令毛姆特别感激的是，当年的仆人大部分都回归了：安妮特在战争期间一直留在别墅里，男管家厄内斯特带着妻子和两名年幼的孩子从瑞士回来了，还有司机让和园丁路易。"我以前的仆人们回来了，他们似乎和我一样高兴……哎呀，你真是想不到这里有多开心，有大海，有蓝天，[工人白天干完活以后]很安静，有鲜花，还有整体那种感觉。"

毛姆最紧迫的任务之一是将杰拉德的遗产交给路易·勒格朗。由于肺结核感染，路路逃过了兵役，开战后的前两年经常来玛莱斯科别墅，安妮特不是很欢迎他。现在，路路已经回了巴黎，毛姆允许他在杰拉德的公寓售出前暂住其中，之后再把售房所得交给他。毛姆当年对这个哈克斯顿宠爱的男孩子很温柔，可现在路路却干起了某些见不得人的勾当，让毛姆对他深恶痛绝。之前登记战争期间损失物品的时候，毛姆把葡萄酒也列了进去。玛莱斯科别墅的酒窖当年储存着许多酒，战后全都不见了，毛姆起初以为是意大利人干的，后来却从安妮特处得知是路路卖给了当地的酒商。路路干的坏事不止如此：他还偷了毛姆的若干私人物品，包括两块毛姆最喜欢的腕表。毛姆严厉地要求路路归还赃物。由于对路路的信心发生了动摇，毛姆不太放心将巴黎的公寓直接交给他。事实证明，他并非无端猜疑：颇有事业心的路路已经在公寓里接客了。一名美国陆军军官用法语给他写了一封文法错乱的信，邮戳显示是从伦敦寄出的："我是你的好朋友，陆军上校先生——好伤心——因为他的路路在巴黎，离英国好远……"当年秋天，毛姆住在伦敦，从那里给路路写了一封信，告诉他大卫·波斯纳不日将抵达巴黎，波斯纳是一名年轻的美国学生，也是毛姆的朋友，在找到自己的住处前会和路路住在一起。毛姆好好交代了波斯纳一番。"[我住在]毛姆的巴黎公寓里，"他回忆道，"表面上是初到法国暂住一段时间，其实是为了'监视'那个小子。他以前是杰拉德·哈克斯顿的小情人，毛姆害怕他会干坏事（事实证明，毛姆的担心没有错）。"

大卫·波斯纳是毛姆生活中一段不平凡的插曲。1943年春，波斯纳给毛姆写了一封信，自称是诗人，并表达了对《人生的枷锁》的热爱之情。当时，波斯纳只有十七岁，在新泽西州的劳伦斯维尔读中学。毛姆被勾起了兴趣，便邀请男孩去纽约丽兹酒店的客房见他。波斯纳去了之后，毛姆马上就感觉夹杂着欣赏和肉欲的感情向自己猛烈地扑来。波斯纳身材高挑，皮肤是偏暗的橄榄色，长着一头黑色鬈发，嘴唇肥厚，相貌英俊而性感。他明目张胆地勾引老人，毛姆彻底沦陷了。毛姆后来乐呵呵地吹嘘说，自己曾被这位"伟岸的……如同山林之神萨提一般的犹太诗人"强奸了。格伦威·韦斯考特对这段关系很感兴趣，他说毛姆本来以为自己已经与情欲绝缘了，然后"这场小小的风暴就刮了过来，他又一次迎头而上……威利非常自豪，因为那位大诗人对他的激情可谓汹涌澎湃"。毛姆邀请波斯纳去耶马西同住，雄心勃勃的波斯纳迫不及待地答应了，他后来回忆道："我当时真的是星星眼，期盼着那一天的到来。"毛姆作为情人"并不特别强健"，他回忆道，"对待性也是公事公办。但有的时候，我们也会单纯地玩耍很长时间……只有我们两个人的时候，他就是全世界最有魔力的言谈大师"。这位年轻人的爱意与文学知识给毛姆留下了深刻印象，令他沉醉不已，以至于他主动提出负担波斯纳上哈佛的部分学费。两人之后也在见面。战争结束后，波斯纳前往法国索邦大学就读，其间去过几次玛莱斯科别墅，直到波斯纳的自以为是和催逼过甚惹恼了毛姆，毛姆从此就不喜欢他了。"威利再也不让他去了，"韦斯考特说，"只要[波斯纳]来别墅，威利就受不了。"*

1946 年 9 月抵达伦敦时，毛姆发现自己身处一座似乎完全失去活力的城市。建筑物墙漆剥落，破了也没人修，窗户的玻璃没了，只能用三合板封住，饰面砂浆变黑剥落，街道满是弹坑和大洞，到处都有一丛丛茂密的夹竹桃和柳兰。首都的生活是暗淡的，他告诉纳尔逊·道布尔戴："奇怪的是，人们都很冷漠，仿佛对什么都提不起兴趣……〔而且〕饭菜很糟糕。"不过，他的朋友们大多幸存了下来，其中要属芭芭拉·拜克最高兴。她本来担心儿子已经死掉，但他刚刚从日本战俘营里被放了出来。毛姆一家都在。罗宾的身体好了许多，F. H. 看得出上年纪了，但尖酸刻薄不减当年。前一年工党大获全胜以来，F. H. 与毛姆发生过多次尖锐的对话，哥哥是坚定的托利党人，激烈反对弟弟的社会主义观点。丽莎与文森特团圆了，文森特以上校军衔退伍，并因在北非作战勇猛而荣获杰出服务勋章。但是，多年分离之后的夫妻关系变得紧张，两人已经决定离婚了。"我希望她爱自己的下一任丈夫能像我对已故的伴侣那样，"她的父亲告诉伯特·阿兰森，"她装出一副再也不要结婚的样子，可我连一秒钟都不相信。"同时，丽莎前往瑞士，安排母亲进了一家疗养院。"这名六十七岁的母亲患上了肺结核，"毛姆无动于衷地写道，"别人跟我说，这么大的岁数得上这个病，痊愈的机会很渺茫。但我个人的印象是，这位母亲是坚不可摧的。"

即便英国在战后征收重税，不论用什么标准来衡量，毛姆都属于富人，被公认为全球最有钱的作家——"甚至比萧伯纳还有钱……！"《每日先驱报》惊呼道。自从毛姆——他在 1933 年成为笔会的荣誉会员——第一次写剧本取得成功开始，他就对走背运的作

---

* 原注：波斯纳后来又签下了 W. H. 奥登、托马斯·曼、安德烈·纪德等一众文学名家。他先后就读于索邦大学和牛津大学，出版过七部诗集，执教于纽约州立大学和加州大学。他婚后育有两子，1985 年在佛罗里达死于艾滋病。

家很大方，不管老少，别人求他接济的时候，他经常匿名给予帮助；囊中羞涩的朋友向他求援时，他几乎总会寄去数目可观的支票——不过，他偶尔也会发觉对方在利用自己，这时就会严厉地回绝。向毛姆求助的人不绝如缕，而且他的名气越来越大，求助的人数和金额也水涨船高。"上个礼拜别人总共向我开口我借36000英镑"，他在1960年抱怨道，而几个月后，"每次收邮件的时候，我都能看到十几封要礼物、要借钱、要担保、要资助的信，真是林林总总，搞得我头昏脑涨，不胜其扰"。随着年龄的增长，钱成了他脑子里的一件大事。他大方地资助着丽莎、她的两个孩子和罗宾的生活，彼得·斯特恩和寡居的芭芭拉·拜克日子不好过的时候，毛姆连她们的生活费也出了。不过，毛姆对金钱的心态很复杂。他喜欢谈论金钱，愿意显摆自己赚了多少多少钱，而且非常清楚他的财富对其他人的影响。钱带给他自由、隐私和随心所欲的能力，也赋予他相当的势力；进入晚年后，他对这种势力的运用将引发灾难性的后果。

战后不久，毛姆终于敲定了设立文学奖的相关事宜，这个奖项的想法最早是他二十五年前在爪哇岛旅行时萌生的。"百万富翁们总是愿意把钱捐给大学［和］医院……却从来没有为艺术出一份力，"他解释道，"吉卜林没有，巴里也没有，我对他们感到失望。至于萧伯纳，我觉得他愚蠢地浪费钱财的方式和他的妻子一个样。*于是，我认为自己应该尽可能做一些事，不是等到我死后，而是从现在开始。"毛姆文学奖奖金为500英镑，由作家协会管理，每年颁发给一部由35岁以下的英国属民创作的小说、非虚构作品或诗歌，奖金将用于资助作者旅行。1947年，第一届毛姆文学奖的得主揭晓引起了伊夫林·沃的关注。伊夫林·沃在致《每日电讯报》的公开信中不满

---

* 原注：夏洛特·萧决定将大部分财产用于改善爱尔兰人民的举止风气。《萧伯纳传》作者迈克尔·霍尔罗伊德将该做法描述为"夏洛特版的皮格马利翁实验"。（*Bernard Shaw* vol. Ⅲ : 1918-1950: *The Lure of Fantasy* [Chatto & Windus 1991] p.499）

地写道，毛姆先生"每年给一名青年作家发 500 英镑出国旅行"的做法是残酷的戏弄。

毛姆先生有没有意识到，他将多么巨大的诱惑摆在了老作家面前？手头有 500 英镑——更别提是毛姆先生发的——用来出国旅游是我们做梦都做不到的……为了拿到毛姆先生的大奖，我们有什么是不能做的呢？伪造出生证明，给胡须染色，整容！我们老作家怎么不会去仿效先锋文风呢！

第一届的评委有 V. S. 普利切特、历史学家塞西莉·维罗妮卡·韦奇伍德和诗人塞西尔·戴·路易斯，1947 年的得主是 A. L. 巴克的短篇小说集《无辜者》。尽管毛姆不参与评奖，但他会关注评奖过程和获奖作家日后的生涯，包括多丽丝·莱辛（1954 年得主）、金斯利·艾米斯（1955 年）[*]、特德·休斯（1960 年）、V. S. 奈保尔（1961 年）和约翰·勒卡雷（1964 年）。

他的另一个心愿是成立国家大剧院，多年来为它的谋划倾注了不少金钱和时间，却因为"政府不上心，民众不关心"而一再拖延。但是，大战结束后，大剧院似乎终于具有了可行性，毛姆也加倍努力地拉拢其他剧作家参与。"我希望你能帮助我激发英国人民对国家大剧院的兴趣，"1948 年，他给 J. B. 普里斯特利写信说，"英国是唯一一个没有国家大剧院的欧洲国家，我觉得这实在是可耻。"次年，国会终于通过《国家大剧院法案》，毛姆对此深表赞许，于是将自己的八十部戏剧主题画作都捐给了受托机构。毛姆的藏品质量极高，

---

* 原注：毛姆在《星期日时报》上宣布金斯利凭借 1955 年的《幸运的吉姆》一书获奖时引发了一场风波：他将书中的人物称为"恶棍"。毛姆后来对这句评语做了限定性的解释。"我非常喜欢艾米斯的书……他笔下的人物确实是恶棍，但这没有什么错。我也写过不少恶棍。"（毛姆与格弗瑞·维恩的访谈，*Encore II* 1957）

其意义仅次于加里克俱乐部的馆藏，包括佐法尼的三幅油画、德·维尔德的十五幅油画、一幅雷诺兹绘制的大卫·加里克精美肖像。1951年，上述画作从玛莱斯科别墅转移到了国家大剧院，但从此之后就很少露面。[*]

　　毛姆给母校坎特伯雷国王学院的捐赠或许是他所有慈善活动中最出乎意料的一次，因为他在国王学院上学的日子过得很痛苦。不过，毛姆一直对那里怀有乡愁，怀念着灰白色大教堂向操场和古老校舍投下的巨大阴影。另外，他一直觉得肯特乡间是自己的根，曾数次回到白马厩镇周边漫步，还不止一次被人看到去教堂墓地里给叔叔婶婶上坟。《人生的枷锁》中对母校生活的负面叙述声名远播，国王学院自然对毛姆不太待见。但是，从他上学的时候起，学院就陷入了困境。战争爆发前不久，精明强干的时任校长雪利牧师给毛姆写了一封请求资助的信，并得到了慷慨的回应。受到鼓舞的雪利开始花大力气跟毛姆培养感情，经常给他写信，邀请他回母校看看，最后还把他拉进了校务委员会。雪利的用心得到了回报。多年来，毛姆向母校捐赠了上千英镑，用于修建新校舍和网球场、购置家具和装饰画，还建了一座图书馆，馆内有玛莱斯科别墅的部分藏书，计1800册。他对母校的其他捐赠包括一幅专门请杰拉德·凯利绘制的毛姆肖像，以及他的第一部小说《兰贝斯的丽莎》和最后一部小说《卡塔丽娜》的手稿。1952年，他又告诉了雪利牧师一个惊人的消息：他请求去世后葬于校区内。

---

* 　原注：1976年，国家大剧院终于对外开放，当时毛姆已经去世十一年了。当时，剧院准备把毛姆捐赠的画作挂出来，却遭到了建筑师丹尼斯·拉斯顿的坚决抵制，理由是画作与建筑风格不符。毛姆不会觉得惊讶。1955年，毛姆写道："现在建的大剧院都是纯功能性的，让你感觉是进了闹腾的小戏厅遭罪去的，而不是去享受。我觉得，要是把我的画摆在门厅里或楼梯上，那纯粹是画蛇添足，违背了建筑设计的思路。"（Raymond Mander and Joe Mitchenson, *The Artist and the Theatre* [Heinemann 1955]）

1946 年底毛姆从伦敦回到弗尔拉角时，他的首要任务是完成同年年初动笔的《卡塔丽娜》。这将是他的最后一部长篇小说，他特别急迫地想要艾迪·马什帮忙审阅，如果说拿回手稿时对毁稿的程度有一点吃惊的话。"我觉得你这一次比以往要卡得更严。不过，我要感谢你的批评，每一处修订我都接受。"毛姆对马什感激地说。毛姆在十年前的《总结》中写道，"小说家应该在晚年转向历史小说"；他本人就是照着这条建议做的，之前写了马基雅维利那本，现在又写了《卡塔丽娜》。《卡塔丽娜》以十六世纪的西班牙为背景，讲述了一位原本跛脚、后来被圣母显神迹治好的农家女孩的冒险经历。该书功底扎实，植根于毛姆一生中对西班牙历史与文学的研究成果，但明显没有《刀锋》具有的那种力量感和原创性，读起来不像是老到作家的手笔，倒像是认真完成每一项作业要求的勤奋好学生的习作。他本人完全不确定《卡塔丽娜》会收到怎样的反响，但弗雷尔和纳尔逊·道布尔戴都表示很高兴，这是有原因的：1948 年出版后，该书立即成为美国每月最佳图书，面世一周内的英国销量就达到了9.3 万册。"最后一部，真正的最后一部长篇总算写完了，我简直说不出自己有多么欣慰。"毛姆向格伦威·韦斯考特透露。

到毛姆 1946 年圣诞节回家的时候，玛莱斯科别墅几乎已经回到了战争爆发前的奢华。仆人数目略有减少，但在管家厄内斯特和杰曼的严密监督下，家务运营还是一如既往地高效。重掌厨房的安妮特又开始烹调美味的菜品，只是食材一直短缺：毛姆向美国朋友写信求购的部分食材包括"大米、油、培根、香肠、咸牛肉、帕玛森奶酪、意式鸡蛋宽面……一两罐基勒牌柑橘酱"。装饰画又挂了起来，银器和瓷器摆了上去，观音像也回到了门厅。毛姆的腊肠犬据说被占领军烤着吃了，现在换成了三只京巴，两只大的叫"钱"和"李"，一只小的叫"琪琪"，还有肯麦尔夫人送的两只纯种贵宾犬，分别叫"卢克"和"马克"。花园里没了耳朵和鼻子的雕像被修好了，莲花池里又养上了金鱼，被炮弹炸坏、野草疯长的花园也精心地栽上了新花草；1940 年离开别墅前，毛姆心血来潮地种下了若干球茎，现在有一些长出来开花了。原来的车被意大利人没收了，毛姆于是新买了一辆雪铁龙和一辆从美国运来的大别克。毛姆给艾兰·道布尔戴写信说，他"对一切都特别满意，总体感觉比战前还漂亮"。

最大的变化是杰拉德不在了。现在的家务是由艾伦·塞尔在管，他吃饭时坐在毛姆的对面，工作时就在毛姆屋顶书房下的小屋里打电话和打字。没过多久，艾伦就好像已经在这里住了很多年似的。尽管他没有学会法语，但由于他友善的举止和组织才能，家里的仆人都感到高兴并各司其职。与塞尔在一起时，毛姆不必害怕争吵，也不用担心他会在客人面前出丑：艾伦柔顺礼貌，最想干的事就是让雇主满意。实际上，毛姆没过多久便完全依赖艾伦了。他信任艾伦，也喜爱艾伦。两人长时间地维持了和谐的性生活关系，这可是不同寻常的事：艾伦住在杰拉德当年的房间里，与毛姆的房间只隔着一间浴室。不过，艾伦并非尽善尽美：他没有杰拉德的机智、魅力和见识，没有杰拉德的胆色*，更没有杰拉德的优雅风度。夏天时，塞尔会穿着花衬衫在家里晃悠，粗壮的大腿简直要将小号白色短裤撑开了；到了冬天，他会穿上厚实的双排扣大衣，再加上卷曲的黑发和一张大红脸，看起来怪搞笑的，活像个市议员。艾伦也没有杰拉德聪明；他对美术略知一二，但别的方面就完全不懂了。除了从美国一箱一箱订购的情色杂志以外，他对阅读没有任何兴趣。不过，他有一种军营式的粗鄙幽默，还会模仿别人的怪相，毛姆有时也会被逗乐。尽管艾伦的观点价值有限，毛姆还是需要并依赖他。艾伦有时惹他生气，有时又很无聊，但与毛姆获得的平和安静相比，这

---

* 原注：有一次，达芙妮·杜穆里埃让艾伦带几件珠宝来纽约，结果海关在搜查行李箱时发现了珠宝，艾伦就乖乖补缴了关税。毛姆轻蔑地大叫道："杰拉德绝不会闹出这样的事！"

个代价并不大。

理论上，艾伦在家里的地位与杰拉德相同，其实不是这样：杰拉德普遍被视为与毛姆属于同样的社会阶层；艾伦出身工人阶级，说话带着考克尼腔，举止媚态，难免被打入另册。但是，问题不只在于——甚至并非主要在于——他有时会把 h 的音吞掉：由于毛姆很少对艾伦表示尊重，对他呼来喝去，有时还会当众怒斥他，所以他不可避免地被视为毛姆的爱仆而非友人。大多数玛莱斯科别墅的访客都喜欢艾伦，很高兴看到毛姆终于安定了下来。显然，塞尔是他理想的晚年伴侣。格伦威·韦斯考特说，艾伦是"毛姆的及时雨"；毛姆的另一个朋友说，艾伦是"那个老小孩的［完美］保姆"。但是，艾伦自己是什么看法呢？他对毛姆的深情无可置疑。"我用我的整个人、整个心去爱着他，"他后来在一份个人备忘录里写道，"我不在乎他的缺点和坏处。我爱着他的每一面。"然而，真实情况并不像表面那样风平浪静。"我觉得自己很快乐，有时又不是很确定，"早在 1946 年 12 月，艾伦就给艾兰·道布尔戴写信说，"日子有时不好过，人也不好对付。"

艾伦谨慎地没有点出的"人"指的是毛姆的家人，他对他们怀有隐秘却深刻的敌意，丽莎在自己不知情的情况下成了艾伦最恨的人。从刚住进玛莱斯科别墅的时候起，艾伦就在私人通信中表达了对丽莎及其子女的怨毒之情，却从不在丽莎一家面前流露。"你来了真好，亲爱的，"丽莎来的时候，他会对她说，"让我抱抱你。"在丽莎看来，塞尔是父亲的理想伴侣，比可怕的杰拉德强多了，她也很感激塞尔对父亲的投入；她的孩子尼古拉斯和卡米拉也愿意跟艾伦做伴，喜欢跑到他楼上的办公室里听他讲笑话和夸张的故事，塞尔的搞怪腔调总能逗得小家伙哈哈大笑。"我的家人都很喜欢艾伦。"尼克说。丽莎一家丝毫没有感觉到潜藏的厌恶，这种感情只有在艾伦与少数几位信任的朋友通信时才会表达出来。"丽莎和孩子来了，"1947 年夏天，艾伦给伯特·阿兰森写信说，"我觉得他们很烦人，一点也不喜欢。"

1948 年 7 月，丽莎再婚了，正如她父亲预料的那样。她嫁给了林利思戈侯爵的幼子，保守党国会议员约翰·霍普勋爵。1938 年，时任印度总督的林利思戈慢待过毛姆，拒不接待杰拉德·哈克斯顿。毛姆从来没有忘记，也没有原谅这次龃龉，因此从一开始就不喜欢约翰·霍普。"他是个浮夸的蠢驴，"他告诉艾兰·道布尔戴，"但丽莎迷上了他。"不过，他现在还是摆出一副好脸，给未来的女婿写了一封彬彬有礼的信，说欢迎他加入毛姆家族，还送给了小两口一张十万法郎的支票。他去伦敦参加了婚礼，自然地扮演着自豪父亲的角色，对西莉礼数周到，之后又在克拉里奇餐厅的婚宴做了听起来很真挚的发言。丽莎第二次度蜜月还是在玛莱斯科别墅，随身带了一件曼波谢尔设计的华丽婚纱，是她妈妈想办法从纽约偷偷送来的。约翰急着回英格兰猎松鸡，丽莎就把尼克和卡米拉都留在外祖父家，夏天接下来的日子里都在毛姆身边。他们"为生活带来了很多欢乐"，毛姆在一封写给纳尔逊·道布尔戴的信中说，"我必须说他们特别好，但有时候挺麻烦的。他俩吃饭像饿狼，睡觉像睡鼠，游泳像鱼儿，有时还在花园里欢脱地跑跳，跟野兔子似的"。

在部分程度上，这封信是对艾兰讲的关于丈夫身体方面的不祥消息的回应。海量的"起床酒"终于找上了纳尔逊，他不久前被诊断患有酗酒性神经炎，只是他本人拒绝接受问题的存在。艾兰给毛姆写了很多信，详细地讲述纳尔逊的病情。毛姆对这种情况再熟悉不过了。"表面上，他喝酒比以前少了，只有午餐和晚餐前喝点鸡尾酒，每次最多两小杯，度数也不高。但他其实成天到外面参加宴会，一大杯一大杯地喝纯的威士忌……"由于身体状况，纳尔逊不得不辞去道布尔戴出版社社长的职务，把位子交给了资深员工兼纳尔逊私人律师道格拉斯·M.布莱克，毛姆对布莱克也一直很尊重。毛姆一向有精明的商业头脑，而且对战后世界的许多变化相当敏感，于是给道格·布莱克大胆地提了几条建议。

> 纳尔逊已经创立了一个庞大的帝国，常识告诉我们：开疆
> 扩土的时代已经结束，现在需要巩固守成了……我相信未来充
> 满着危险……［而且］我不认为你在未来还会遇到人们买这么
> 多书的日子了，即便前些年里人们没有什么其他花钱的方式。

与此同时，纳尔逊的病情在持续恶化：他已经进入了肺癌晚期，
尽管手术貌似取得了成功，但他还是于 1949 年 1 月 11 日，在六十
岁生日的五天前去世。虽然纳尔逊是个酒鬼，毛姆对他的感情却是
真挚的，在他去世前还去看过他。在寄给艾兰的悼念信中，毛姆讲
述了纳尔逊的深情厚谊和商业嗅觉对自己的巨大意义。"要不是他对
我有信心，不懈地打磨宣传，我不可能在美国取得今天的地位。我
还没蠢到连这一点都不明白。我将永远因此而感念他，但除此之外，
我更要感谢他对我的深情厚谊。"

由于纳尔逊去世前两年已经基本不管社里的事，毛姆与道布尔
戴出版社的业务往来没受到多少影响。萨默塞特·毛姆是镇社之宝，
也获得了相应的待遇。毛姆的封笔长篇固然令人失望，但他完全没
有退休。不管虚构还是非虚构，毛姆的名号都是销量的保障，经常
能突破十万册。新书的品质或许不如以往，但如果说评论家还会挖
苦的话，大众却不在意：毛姆作品的市场反响早就与书评意见没关
系。1947 年，短篇小说集《环境的产物》面世，收录了毛姆唯一一
篇"二战"主题的故事，这篇惊悚的故事以法国沦陷区为背景，讲
述了德国士兵与被他强奸的年轻法国女子之间的痛苦关系。次年，
《巨匠与杰作》出版 *，介绍了《傲慢与偏见》《白鲸》《战争与和平》

---

* 原注：英版由海涅曼出版社推出，题为《巨匠与杰作》。

等十部世界级小说，并附有毛姆亲自编辑的作品精华版。《星期日时报》通过海外部负责人伊恩·弗莱明以 3000 英镑的价格购得连载权，弗莱明亲赴尼斯与作者洽谈条件。《巨匠与杰作》分十五周连载完毕，带动报纸周订阅量提高了 10%，达到 50000 份。1949 年，毛姆出版了《作家笔记》，内容选自毛姆十八岁以来的十五本笔记和备忘录（包括游记在内），致谢页写着"对吾友弗雷德里克·杰拉德·哈克斯顿怀着爱意的纪念"。五十年代，毛姆还出了两本散文集，分别是 1952 年的《随性而至》和 1958 年的《观点》。《随性而至》讲述了毛姆对相识作家的回忆，对当年的老师奥古斯都·黑尔做了生动的描绘，还说到了亨利·詹姆斯、阿诺德·本涅特、H. G. 威尔斯等人。集子里有一篇文章题为"侦探小说的衰亡"，毛姆最初想发在西里尔·康诺利办的《地平线》杂志上，主编长时间思考后拒绝了。"这篇文章对《地平线》来说足够好了，"康诺利后来宣称，"对我却差点意思。"《观点》收录了一篇概述短篇小说的长文，还有几篇文章讨论歌德、龚古尔兄弟、儒勒·列那尔和 1938 年毛姆在印度遇到并留下深刻印象的印度教圣人马哈希薄伽梵。

七八十岁的毛姆并不落寞，反而取得了日益显赫的事业成功。晚年的毛姆甚至在英国都被视为英语文坛耆宿，每年生日都有报纸纪念文章和访谈，玛莱斯科别墅也会收到上百封祝寿的电报和邮件。他获得了多项国内外颁发的荣誉，包括牛津大学、海德堡大学、图卢兹大学授予的荣誉博士学位。1954 年，应温斯顿·丘吉尔之请，英国女王授予毛姆"荣誉侍从"之位，并在白金汉宫的私人会客室接见了他。"[女王] 衣着典雅，极其美丽，"毛姆告诉伯特·阿兰森，"她请我坐下，我们就坐下来谈了一刻钟，然后她说，'很高兴见到你，毛姆先生'。于是，我起身，她也起身，再次握手，我向女王鞠躬，倒退三步，然后转身向门口走去，出了房间。这次会面轻松又自在。"1961 年，毛姆当选为皇家文学学会院士，当年的院士还有丘吉尔、E. M. 福斯特、约翰·马斯菲尔德和历史学家乔治·麦考莱·特里维廉。获得认可当然是喜事，但来得有些迟，而且毛姆觉得程度还不够。从白金汉宫领受"荣誉侍从"后回来，毛姆在加里克俱乐部与达迪·莱兰斯和亚瑟·马歇尔共进午餐，两人对毛姆获此荣誉表示热烈祝贺。"但是，你们难道看不出'荣誉侍从'对我这样的人意味着什么吗？"毛姆问他们。"它意味着，'干得不错，但是……'。"毛姆的亲朋好友都知道他之前拒绝过一次骑士封号（他经常说，萧伯纳还是"先生"，我却成了萨默塞特·毛姆爵士，这岂不荒谬？），而是希望获得英国最高荣誉之一的功绩勋章。在他眼里，高尔斯华绥和哈代的小说成就明明不如自己，却都拿到了功绩勋章，于是愤愤难平。他觉得，"我是英国在世的最伟大的作家，他们应该给我发功绩勋章"。无可否认的是，英国上层圈子里有一种默契，即毛姆的同性恋倾向有损他的名誉。很多人都知道他和杰拉德·哈克斯顿的关系是什么性质，而有些同性恋作家的隐蔽工作就做得比他好得多，比如 1937 年就当上骑士的休·沃波尔。

令人惊讶的是，毛姆出生于迪斯累利取代格拉斯通成为首相的那一年，现在竟然通过电视接触到了一大批新受众。1948 年，他的四部小说被拍成了电影，分别是《生活的真相》《异邦谷田》《风筝》和《上校夫人》，编剧均为"一战"主题名剧《旅途的终点》的作者 R. C. 谢里夫。毛姆亲自上镜介绍"四部曲"，摄制地点是位于牧羊人森林的庚斯博罗制片厂（老板是 J. 亚瑟·兰克），摄影棚精心还原了玛莱斯科别墅书房的形象。"我惊讶地发现布景跟我在弗尔拉角的书房完全一个样，"他告诉导演安东尼·达恩博罗，"当我在书桌旁坐下，注意到桌上的裁纸刀时……我就自言自语：'那些坏蛋怎么把我的裁纸刀偷走了。'我把它拿起来时真是惊呆了，从重量看的话，我觉得应该是拿纸折出来的。"按照现在更追求自然的标准来看，毛姆的出演有些僵硬。他的轻声细语还是爱德华七世时期的味道（"感觉像小溪流水"），有点记不住词，还不时摆弄前面说过的裁纸刀。尽管如此，他还是宣称"当两天电影明星的感觉"挺好。"四部曲"大获成功，之后又拍了《三重奏》（改编自《教堂司事》《全懂先生》《疗养院》）和《返场作》（改编自《蚂蚁和蚱蜢》《冬季游轮》《舞男舞女》），其中后者获得了1952年夏纳电影节大奖提名。

　　毫无疑问，毛姆很享受自己的名气，部分原因是名气能带来丰厚的收入，也是因为名气能大大缓解他自认为没有获得评论界认可而产生的悲哀。自从登上电视，毛姆走到哪里都会被认出来，屁股后面有记者和摄影师，有仰慕者和文学系学生，有想当作家、向毛姆寻求建议的人，还有以为他"邪恶又愤世嫉俗"的女文青——他将她们描述为"热情的女青年"。1950年，毛姆因《三重奏》在CBS电视台开播而前往美国，其间出席了由将他选为荣誉会员的美国艺术与文学协会、皮尔庞特·摩根图书馆、华盛顿国会图书馆等机构为他举办的晚宴。1956年雷尼尔领主与格蕾丝·凯利在蒙特卡洛举办的婚礼上，萨默塞特·毛姆是曝光度最高的嘉宾之一；在《生活》杂志对婚礼的报道中，毛姆的照片是尺寸最大的配图之一。名望也带来了现实的好处：住酒店有特价，加来、多佛尔、纽约的海关给他开了绿色通道，下馆子也总能坐最好的位置，享受领班最殷勤的服务。当然，名声大了也不全是好处。不少素昧平生的人都要求占用他的时间，令毛姆穷于应对，越来越讨厌这些家伙。"三十年没见的人给我写信说，'威利呀，咱们可得见一见'，"他抱怨道，"[他们]根本不在乎我……只想着拿着我去炫耀。"他讨厌被人利用，而且当两个自称认识毛姆家人的小伙子在玛莱斯科别墅周围晃悠，希望主人能请他们进屋小住时，毛姆爆发了。"我不是动物园里让人盯着看的猴子，我讨厌被人那样对待，"在给侄女凯特·布鲁斯的信中，毛姆怒气冲冲地写道，两个小伙子来的时候，我不在屋里，他们就在大门口等着。等到该吃晚饭了，他们又拿着行李过来，做了自我介绍，显然是想让我觉得受宠若惊，然后把他们留下。我的秘书不放他们进来时，他们对他非常粗鲁。我不认识你的女婿，而且我认为他叫自己的朋友来"找我"是越界放肆之举。我必须请你管束一下女婿，我不希望这样冒犯的事情再次发生。

面对这样劳心劳神的生活方式，许多比毛姆年轻的人都会吃不消，但毛姆却一直游刃有余，身体健康，活力满满。"他［从泳池里］出来……躺下来晒太阳，"电影导演加森·卡宁写道，"那是一具老人的躯体，却相当结实，虽有皱纹，却没有老年斑。"毛姆向来生活节制，午餐和晚餐最多吃两道菜，餐前鸡尾酒只有两杯。自律是有回报的。罗伯特·布鲁斯·洛克哈特钦佩地描述了七十四岁的毛姆在伦敦参加晚宴的风采。"威利八点准时抵达，身着浅海军蓝的双排扣大衣和黑色丝袜，戴着单片眼镜，看起来很精干。他的身材好极了，没有赘肉，腿肚对他那个年纪的人来说是相当好了。他并腿坐在沙发上，露出大片肌肉和丝袜吊带。"

然而，毛姆不只是自律而已。1954年，刚过八十岁生日的毛姆前往瑞士，在保罗·聂汉斯医生的诊所里住了十天。位于沃韦市近郊，俯瞰日内瓦湖景的大草原诊所推出了一种看似具有革命性意义的昂贵疗法，名叫"鲜胞疗法"，目的是返老还童，手段是从刚宰杀的母羔羊腹中取出未出生的小羊，再将提取自小羊的细胞溶液注入患者体内。聂汉斯博士一直拒绝将研究细节公之于众，因此科学界非常不信任他，谴责他"浑身透着江湖骗子、不成熟的方法和大笔赚钱的味道"。但是，在患者眼中，富有魅力的聂汉斯是天才和救主，不少名流都来找他问诊，完全信任他的疗法，完全任他摆布。来到大草原诊所，希望寻回逝去青春的众多主顾中包括诺埃尔·科沃德、格劳丽亚·斯万森、玛琳·黛德丽、康拉德·阿登纳、托马斯·曼、阿迦汗、威廉·富特文格勒、克里斯蒂安·迪奥和查理·卓别林。聂汉斯最重量级的一位主顾就是教宗庇护十二世，治疗在梵蒂冈高度保密地进行。据说，第一次诊疗时，聂汉斯曾带着两只临近分娩的母羊飞往罗马。聂汉斯会给患者提供红毯级别的待遇，请他们去家里吃饭，带他们到诊所、宰杀房和实验室参观，并详细讲解治疗的流程。母羊宰杀后一个小时内，小羊就会被取出，胚胎组织切碎后混入生理盐水，从患者臀部注入体内。术后住院察看期通常为三周，但毛姆刚过十天就说自己待不住了，要回法国。聂汉斯叮嘱毛姆，之后三个月里要烟酒不沾。"我感觉怪怪的，"回到玛莱斯科别墅后，他说道，"不是不好，也不是好，就是——怪怪的。"* 艾伦则欣喜地注意到毛姆突然变得更"男人"了，每次有机会都会特别注意到。"我们请毛姆和他的小情人塞尔来吃午饭，"戴安娜·库珀告诉伊夫林·沃，"他们都在瑞士做了'细胞'疗法……塞尔变成了大胃王，跟野猫似的……我听他用考克尼同性恋的腔调说……'亲爱的，你简直想象不到——我醒来时发现小帐篷支起来了'——这是一句隐语，指的是坚挺勃起。"

1958 年，八十四岁的毛姆又去了一趟聂汉斯的诊所。不过，从其他方面来看，毛姆的生活和战前大体相同：冬天和春天在玛莱斯科别墅，然后出国旅行几周（奥地利、意大利或西班牙），泡泡温泉（维希、阿巴诺或沃韦），接着在里维埃拉度过社交忙碌的夏天，秋天再去伦敦，下榻长租的多切斯特宾馆套房。在里维埃拉，毛姆是一位慷慨的东道主——"有件事你可能会感兴趣，"1950 年，他给弗

---

* 原注：毛姆的法国医生乔治·罗沙诺夫极其不赞同聂汉斯的疗法，认为对毛姆身体有害。他在回忆录中写道："他去瑞士做了流行的新鲜细胞疗法，引起的反应不太好。造成的伤害很难修复。"（Rosanoff *Racontez Docteur* [Guy le Prat 1977]，p. 145）

雷尔写信说，"过去的三个月里，除早餐外，我们总共上了1060人份的菜品。"——他喜欢请人来小住，要是客人能自得其乐，不打扰他的规律生活，那就再好不过了。多年来，他见到过各种各样不守规矩的客人，现在岁数大了，他完全不能忍受哪怕最轻微的违反房规的行为。像一名资深旅馆老板似的，他列出了自己最厌恶的行为，还开出一张黑名单，上面都是对待他的房子就像"沦陷区的纳粹省长"一样的人。这些无法无天的家伙开了灯不知道关，烟没熄灭就扔在道上，借书不还，借钱不还，还有的人带着攒了三个礼拜的脏衣服过来，指望着回家前都能洗完熨好。

从客人的角度看，毛姆是一位令人害怕的主人。"客人永远都不能确定活动会是什么样，"他的女儿回忆道，"他有可能和蔼可亲，也可能让人崩溃。"不守时是最大的罪，他总是准点开饭，从不等来晚的人一秒钟。比方说，丽莎带卡米拉和尼克去父亲家时，要是孩子耽误了毛姆的事，惹得老头不高兴，丽莎都会犯神经痛；作家彼得·昆内尔的经历就很典型，他不是唯一一个说毛姆有"九尾鞭作风"的人。"他有一套规矩要求客人遵守，否则后果自负。小小的过错也会招来他严厉的批判，简直要让人一辈子抬不起头。"彼得·道布尼就犯了这样一个小小的过错。他当时是个刚订婚的小伙子，受邀到玛莱斯科别墅小住一周。他抵达的第一天下午，毛姆带他沿着滨海路散步，走到一个转弯处时，一辆车里坐着小孩、顶棚绑着婴儿车的轿车呼啸而过。

"再过一年，你就是这个样子了"，毛姆笑呵呵地对我说，同时把他的手放进了我的手里……他的语调里有一点暗示的意味，我条件反射似的抽回了手。我马上感觉到自己干了一件蠢事，便不安地对他笑，却发现对方面如寒冰，写满了不屑与敌意。我们继续在无声的不祥气氛里走着……之后的一周就纯粹是灾难。从当天的晚饭到之后的每一顿饭，毛姆都在桌上东拉西扯，说话冷冰冰、恶狠狠的，从头到脚地贬低我在剧场做过的任何事，很是伤人。

尽管去了总有风险，暗雷遍地都是，但玛莱斯科别墅的请帖依然很受追捧，别墅本身则是里维埃拉最负盛名的地标之一。不仅朋友想来，连朋友的朋友、朋友的孩子都想来，毛姆已经习惯了；特别是到了夏天，他有时会发现餐桌旁坐着跟自己没多少交情的人。丢人出丑的事难免会成为津津乐道的段子，不仅广为传播，而且越传越邪乎。有一则故事说，某位"知名贵族"偷偷装了一手提箱毛姆作品的初版珍本，正在往大门口走，准备溜之大吉，结果刚走到楼梯的最后一级，箱子恰巧"爆开"，被抓了个现行。还有一则喜闻乐见、被重复了无数遍的故事的主人公是西里尔·康诺利，说他被抓到从果园里偷了三颗鳄梨。"我所做的只是，"康诺利对此大为光火，委屈地解释道，"把几个被风吹落的、还没有熟的果子拿给他［毛姆］而已。"最出名的故事当属"帕特里克·利·法默尔取笑口吃"，它已经成了某些圈子里的规定动作，只要提到毛姆的名字就要讲一遍。原始版本讲的是，深受毛姆喜爱的安·弗莱明领着旅行作家帕特里克·利·法默尔去玛莱斯科别墅住几天。第一天的午餐"跟婚宴似的"，可到了晚餐的时候，利·法默尔有点喝高了，讲了一个取笑结巴的故事。后来，"我们在喝助眠酒，这时毛姆先生站起身，拖着脚走过奥布松花毯，一边颤颤巍巍地跟我握手，一边说道……'好了，我该对你道晚安了，可能也是道别了吧，因为你明早离开的时候，我应该还没起床'，接着，他就慢慢走开了"。利·法默尔一下子呆住了，觉得自己之所以被灰溜溜地撵走，直接原因就是晚餐时说了不妥的话。多年来，他将这件小事添油加醋成了一出大戏，毛姆简直变成了哥特式小说里的怪物——"他长着一张最邪恶的脸，皱纹里都透着无情……鳄鱼般的眼睛从层层叠叠、皱皱巴巴的皮肤底下往外瞟着，发出令人痛苦的咆哮，嘴里是褪色的、残缺不全的利齿"——毛姆遭到了深深的冒犯，便残暴地驱逐了毫无防备的主人公。利·法默尔似乎从来没想到过两件事。第一，毛姆当时听力很差，或许根本没听见法默尔取笑结巴的故事，就算听到了也不会太在意；第二，到玛莱斯科别墅做客的人很多，毛姆很可能对他是谁、他准备住多久只有最模糊的印象，因此是真心以为他本来要第二天走。*

安·弗莱明 1952 年嫁给了作家伊恩·弗莱明，她是毛姆最喜欢的那一类女伴：与芭芭拉·拜克一样，她迷人又时髦，会给毛姆写八卦两人共同朋友的信，信写得既机智又毒舌；与芭芭拉一样，她完全没有被毛姆震慑住。相反，她的丈夫特别崇拜毛姆，在老人面前总是比较恭敬。弗莱明写完第一部长篇小说《皇家赌场》后寄给毛姆过目，收到热情洋溢的回信时欣喜不已；毛姆被詹姆斯·邦德的传奇经历迷住了，一读就读到后半夜，他说："我是一口气从头读到尾的，整本书都很刺激。"毛姆的评价可谓一字千金，弗莱明自然急迫地想要好好利用一番，于是问毛姆能否引用信中字句来做宣传。"不能，"他得到的回答是，"我并非言不由衷，只是总有人要我写这种会被这样利用的文字……我从来都是拒绝的……哪怕是《创世纪》的作者来找我，我也不会写的。"弗莱明夫妇婚后不久来玛莱斯科别墅小住，毛姆被两人的伉俪情深所打动。不过，有一件事让毛姆不解：他们怎么用那么多毛巾？浴室地上最多一天堆着九条湿毛巾。

---

* 原注：2001 年，利·法默尔接受《巴黎评论》的采访时，应记者要求影印了一份自己于 1956 年 8 月 26 日写给德博拉·德文夏的信。那时，他刚从玛莱斯科别墅回来，在信中描述了做客期间的情形。采访稿（《巴黎评论》第 165 期，第 205–208 页）大段引用了信的内容。七年后出版的利·法默尔与德博拉·德文夏通信集（*In Tearing Haste* [John Murray 2008]）中给出了这封信的另一个版本，内容比《巴黎评论》的版本还要夸张。

他后来才知道，弗莱明在进行富有新意的性爱活动时喜欢拿湿毛巾抽打妻子，抽完了再拿另一条湿毛巾来缓解她的疼痛。

弗莱明忙于《星期日时报》的公务时，安经常一个人到玛莱斯科别墅，与戴斯蒙德·麦卡锡、弗雷尔夫妇、朱丽叶·达夫、雷蒙德·莫蒂默和迷人却暴躁的杰拉德·凯利聚在一起，毛姆跟这些老朋友相处是最快乐的。1948年，凯利继阿尔弗雷德·穆宁思爵士之后当选为皇家学院主席，毛姆在贺信中回顾了往日的岁月。"你还记得1904年在巴黎吗？"他感怀地问道，"那时谁也想不到我们会走到今天。"伊丽莎白二世莅临学院时，凯利安排毛姆在晚宴中坐在女王右手边。"我希望女王陛下高兴，"凯利向伯特·阿兰森解释说，"就问她可不可以让威利挨着她坐。她说自己觉得害怕，我不得不向她保证，如果毛姆愿意的话，他可以成为最和善的陪伴对象，女王这才同意冒险。"玛莱斯科别墅天台上的另一位客人就不那么友善了。与他的儿子和女儿们不同，F. H. 很少去弗尔拉角。不过，1950年幼弟七十六岁生日的时候，他尽管身体不好，还是去了一趟玛莱斯科别墅。小住期间，他一直管毛姆叫"小子"，让毛姆很生气，而且和往常一样没有表现出喜欢庆祝活动的样子。"你父亲，"毛姆对罗宾说，"一直对我的邻居和朋友们安排的各种庆祝活动怀有阴郁的不赞同。"兄弟俩确实不对付。1954年，F. H. 出版了自传《白日将尽》，整整600页的篇幅里只有三处简短地提及幼弟，其中最长的一处在全书的末尾："此处无须赘述我的弟弟威廉·萨默塞特·毛姆的著作。"然而，两人内心深处还是有感情的，书面交流中常有会心一笑的冷幽默。有一次，F. H. 收到了一封寄给毛姆的信，便转给了弟弟。毛姆在回信里打趣道，"莎士比亚和培根又来了"，后来人们才会发现掌玺大臣培根的戏剧和小说发表时竟然署了幼弟的"微名"。"你以为自己的文笔比得上莎士比亚，或许吧，"F. H. 回复说，"但是，给你一句哥哥的忠告。不要写十四行诗。"*

几位美国的常客要比 F. H. 高兴一些，比如乔治·库克尔、加森·卡宁和他的演员妻子露丝·戈登、剧作家萨姆·贝尔曼和多金迷人的花花公子杰瑞·吉普金。吉普金的一部分时间用来送名流女士去高端宴会，另一部分用来享受地下同性恋，他认识毛姆是在纽约的牌桌上。与毛姆一样，他也是桥牌迷，去里维埃拉的时候经常跟毛姆和毛姆身边的寡妇们打牌。吉普金对她们有一个很没有骑士风度的称呼：毛姆手里的一堆"老法棍"。这群寡妇包括莱斯利·多佛戴尔、夏洛特·布瓦塞万，还有浓妆艳抹、珠光宝气的玛丽昂·贝特曼。为了让白头发显得亮一些，玛丽昂每天晚上都要求女仆用玉米粉给她梳头。她叫牌时喜欢带一点"蓝血贵族"的情调，一点法国旧制度的氛围，而且以她认识的最厉害的人，流亡海外的西班牙王后而自傲。寓居洛桑的爱娜王后是雷尼尔领主的朋友，经常来蒙特卡洛。作为维多利亚女王的外孙女，王后习惯了别人对自己毕恭毕敬，喜欢看着里维埃拉那些势利眼的富豪给自己磕头。二十年代末，毛姆通过康诺特公爵认识了爱娜王后，经常招待她，邀请她来吃午饭，跟查理·卓别林见面，还找人陪她打桥牌。王后喜欢打牌，水平却不高，看牌的时候经常小声地自言自语，"怎么才两张红桃""这手黑桃不错"一类的话，不经意间便把牌透给了别人，让毛姆和其他高级玩家很抓狂。

战争结束后，蒙特卡洛体育俱乐部重现乃至超越了当年的国际化盛况，而且在格蕾丝王妃的赞助下，俱乐部每年夏天都会请众多世界顶级艺人来表演节目。1958 年 6 月，毛姆在体育俱乐部参加了一场由弗兰克·辛纳屈献唱、诺埃尔·科沃德主持的舞会晚宴。当

---

* 有一种理论认为，署名为莎士比亚的作品其实都是培根写的。培根位高权重，觉得写不入流的戏剧和小说丢人，就找了莎士比亚当幌子。

时，科沃德和加森·卡宁都住在玛莱斯科别墅，留下了对那场晚宴的描述。当晚，毛姆一行人和纽约专栏作家莱纳德·莱昂斯夫妇坐在一张桌子旁。按照卡宁的说法，辛纳屈上舞台的途中在他们桌旁停下，诺埃尔就把他介绍给了毛姆。"弗兰克说：'你好呀，宝贝！'毛姆答道：'我很好，真的很好，不过算不上宝贝了。'我从没见过毛姆来这么奇怪的场合。太拥挤，太嘈杂……不过，他适应得不错，尽可能去享受这段时光。他有自得其乐的天分。他待得差不多了就要走，出门前先去了趟正中央的大桌子，跟领主和领主夫人告辞后才离开。"更有洞察力的科沃德给出的叙述略有差别，他注意到了毛姆和善表象下的不耐烦，这是卡宁没有发现的。他在日记里写道，那一晚乱糟糟的——

> 人太多了，简直要喘不过气……随着时间的推移，威利越来越暴躁……最后，我过去用英法双语将弗兰基[*]介绍给了威利，然后弗兰基就跃上舞台，演唱了一个小时，歌声迷人极了。弗兰基唱完最后一个音符时，威利像射出的子弹一样往家走。我觉得他不太高兴，他和艾伦都看不出来弗兰基好在哪里，怎么就成了杰出艺人。

这样的社交场合自然不太对毛姆的高知朋友们的胃口，包括：詹姆斯·李斯-麦尔内，历史学家和日记作者，他的妻子阿尔维尔德在罗克布吕讷有一套房子；克里斯托弗·伊舍伍德，他和他的小情人唐·巴查迪随时可以去弗尔拉角做客；还有穿着讲究、绚丽如天堂鸟的让·科克托，他和美艳绝伦的男友"豆豆"经常住在圣所斯皮尔别墅，这所别墅和玛莱斯科别墅在一条公路上，离得很近。科克托是

---

[*] 弗兰基是弗兰克的昵称。

艺术家、作家，毕加索的好朋友，巴黎文学和戏剧圈名流，本来应该有许多和毛姆交流的内容；可尽管两人一直时不时见面，他们的关系从一开始就注定没有多大前途。科克托总是用"萨默塞特"来称呼毛姆，对他很是看不上，觉得他的作品粗率通俗，而毛姆也特别看不惯这位浮华的法国人不着边际、令人头晕目眩的言谈，又为科克托"冗长的虚言"（这是毛姆的原话）和非要占据舞台中央的习惯而恼怒。"科克托先生一开口，仆人就有福了。"有一次，毛姆愠怒地低声说了句；科克托听到后以为是夸自己，于是讲得更起劲了。不久前，毛姆买了两幅毕加索的精美画作，分别是《丑角之死》和《希腊人》。科克托本来都要走了，为了欣赏画作暂时留了下来。他问毛姆认不认识毕加索，毛姆说不认识，他就提出要安排两人见面，结果招来了一句戏谑："他——他——他打不打桥——桥——桥牌？"

四五十年代，毛姆新收了一大批画作。"我有一个夙愿……收藏一小批印象派作品。"战后的纽约迎来了一次采购潮，毛姆也投身其中，期间给伯特·阿兰森写信说。他的部分重量级藏品就是这一次扫荡来的，包括马蒂斯的《坐在黄色扶手椅上的女人》[*]、雷诺阿的《阿让特伊船景》、鲁奥蕴含强烈感情的《耶稣受难》、一幅毕沙罗的小画、一幅勃那尔、一幅莫里斯·郁特里罗。不少艺术界人士一贯谴责毛姆美术品位平庸，从文学的视角来对待视觉艺术。"他喜欢有东西让他读进去、再让他写出来的画作，而不是出于审美的原因而喜欢。"哈罗德·阿克顿曾评论道。不可否认的是，这一观点得到了毛姆本人相关论述的支持。"我不认为郁特里罗是伟大的画家，"他在 1941 年的一篇杂志文章中声称，"但观看他所谓的'白色时期'的画作时，

---

[*] 原注：马蒂斯也住在里维埃拉，毛姆偶尔会去找这位邻居。毛姆曾对马蒂斯说，"我买画是为了为家添彩"；多年前，他对杰拉德·凯利也表达过同样的态度。马蒂斯嫌恶地回了句："那不成了纯粹的装饰！"（《毛姆藏画册》[*Purely for My Pleasure*]，第 6 页）

我的心偶尔会感到一阵拧绞。对一个了解巴黎的人来说，画中那污秽的郊区街景、萧索的氛围、敌意的无声都令人无限伤悲。"同一时期，他在巴黎和伦敦也买了一些画，包括毕沙罗的《鲁弗申的雪》、西斯莱的《莫雷的划船比赛》、马蒂斯的《绿伞女人》和雷诺阿的一幅性感裸女图。毛姆欣喜地形容画中女子"体态丰腴，身体是鲜亮的番茄色，画不大，却非常漂亮"。他买的最后一幅画是勒平的《巴黎塞纳河景》。当时，毛姆和艾伦从庞德街的一家知名画廊前经过，看见两个人在搬一幅盖着布的画，于是跟了上去。正看着的时候，工作人员把布拆掉了，露出里面的画，脏兮兮的，也没有装裱。"那正是我多年苦寻未果的一幅画。"他写道。他上前询价，结果对方报出了一个骇人听闻的数字。"我说：'那好吧，我买了。'"另一幅毛姆最爱的画是亨利·德·图卢兹-罗特列克的《擦地人》，图中是一位跪在地上擦拭石质地板的裸男。画廊老板告诉毛姆，要是裸女的话，他本来可以要三倍的价钱，但是"买家都不愿意买裸男，正好给了我一个非常合理的价钱"。《擦地人》风格粗犷，令人心神不安，并非典型的罗特列克风格，与他笔下的高级妓女和康康舞女截然不同。毛姆喜欢请别墅里的客人猜这幅图的作者：猜对的只有一次。

尽管毛姆很喜欢视觉艺术，但他知道自己并不专业，品位也一般。他要花大钱买画时会找人咨询。年轻的时候，他找的是杰拉德·凯利和雷恩；他还会找巴黎著名收藏家、鉴赏家埃尔夫斯·卡恩咨询。毛姆买过一幅费尔南德·勒热致敬塞尚的抽象派画作《巴黎的屋顶》，他结识勒热就是通过卡恩。后来，毛姆的艺术顾问又有了门罗·惠勒、让·科克托和最伟大的英国艺术史学家之一，肯尼斯·克拉克爵士。"二战"前，克拉克是美国国家美术馆馆长、英国王室画库负责人伯纳德·贝伦森的学生。他被认为是艺术史学界的一流学者，以清晰明快的文风和过人的学识为人仰慕。他和毛姆结下了坚固的友谊，毛姆很欣赏克拉克的冷幽默、一丝不苟和文质彬彬，也逐渐喜欢上了优雅的克拉克夫人简。克拉克夫妇第一次拜访玛莱斯科别墅时，毛姆与往常一样请客人猜《擦地人》是谁画的。"图卢兹-罗特列克。"克拉克脱口而出。与老师贝伦森不同，克拉克尊重毛姆对画作的感受。有一次，毛姆去伊塔蒂别墅拜访贝伦森，后来贝伦森评论道，这位作家"极其缺乏对视觉艺术的感受力。凡是他说好的画，都是我这里最糟糕的作品"。克拉克则认为毛姆"对每一种艺术形式都有着卓越的洞察力"，包括绘画。

> 大客厅里挂着精工画框装裱的雷诺阿和莫奈画作；楼梯旁是几幅马蒂斯的画。但是，如果给他看某位他不熟悉的画家的作品的复制品，比如保罗·克利，他总能给出迅速而恰切的反应。我有一次想考考他，就给他看蒙德里安的画。令我惊讶的是，他说："嗯，画得很好。"

克拉克夫妇在弗尔拉角住过几次，尽管他们真诚地喜欢毛姆，心情却并非万里无云。"毛姆先生对我们特别友好，"克拉克在回忆录中写道，

> 但住在那里挺有压力的……晚上不太好过。晚餐结束前，我们就把能说的话都说完了，客厅也太大了，不适合自在地交谈……他对桥牌是真爱，但简不会打，我也假装不会打。每次别人请他出去打牌，我俩都会松一口气，但这种时候太少了。有时他会带我们去拜访邻居，那些人都住在俗不可耐的大房子里……

通过门罗·惠勒的介绍，毛姆结识了克拉克门下的画家格雷厄姆·萨瑟兰。1947 年，萨瑟兰夫妇在南法期间被请去玛莱斯科别墅

做客。与之前的不少访客一样*，萨瑟兰马上被毛姆的"可画性"惊住了。他过去没有肖像画的经验，但毛姆还是同意给他当模特，于是萨瑟兰夫妇就过去住了一个星期，以便画家能全身心投入工作。萨瑟兰给毛姆的头部打铅笔底稿，给胳膊、手部、腿部画素描特写，还给他的装束做笔记，包括棕色的天鹅绒便服、玫瑰色的薄丝巾、灰色法兰绒长裤和绒面拖鞋。这幅绘制于窄长画布上的肖像现在很出名，创造了毛姆最有广泛辨识度的形象。在饱满的黄色背景下，毛姆坐在竹凳上，头部上方有几片暗示东方的棕榈叶。人物略驼背，眼神忧郁，嘴角下垂，却带着一丝讽刺似的玩味，给人一种静静观察脆弱人性的超然印象。"我刚见到它的时候被震到了，"毛姆在一次访谈中说，"接着我意识到，画里蕴含的许多关于我的东西连我自己都从没有发现。"其他人也说在画里看到了毛姆的另一面，一个与他们认识的毛姆不同的人。杰拉德·凯利曾开玩笑说，萨瑟兰把自己的老朋友画成了上海滩的老鸨，而马克斯·比尔博姆对这幅画却很反感，觉得毛姆像是被上刑似的。马克斯经常尝试给毛姆画漫画，却从来没有做到；在他看来，萨瑟兰做到了，"将漫画发挥到了极致"。不过，毛姆本人很喜欢这幅画，以至于提出要买下来，最后以500英镑的价格成交。第二天，艾伦拿着300英镑过来了，解释说由于款项以现金形式支付，因此要打200英镑的折。不悦的画家只好接受。尽管如此，这幅肖像还是给萨瑟兰带来了不少好处：《时代》杂志刊载了该图的照片，各大刊物纷纷跟进，泰特现代艺术美术馆也将其展出。于是，萨瑟兰成了炙手可热的画家，出版业大佬比弗布

---

* 原注：除了十八幅毛姆像的作者杰拉德·凯利以外，还有菲利普·斯蒂格曼、玛丽·洛朗森、H. A. 弗里斯、B. E. 文德克斯、爱德华·麦克沃伊给毛姆画过像；另有伯纳德·佩林给他画过银尖笔画一幅，雅各·爱泼斯坦爵士、萨拉·瑞安等人为他制作过雕像。毛姆这样形容佩林的画："这是唯一一幅呈现出我年轻时英气的肖像。"（Robert Phelps [ed.] *Continued Lessons*, p. 168）

鲁克勋爵和温斯顿·丘吉尔等人都请他去画像。

丘吉尔怒毁肖像的故事广为人知。国会请萨瑟兰给丘吉尔画像，本来准备挂在下院，但丘吉尔震惊地发现自己被画得垂头丧气，闷闷不乐；应丘吉尔夫人的要求，这幅肖像被毁掉了。有趣的是，毛姆后来也开始讨厌萨瑟兰给自己画的肖像，没多久便借故将其搬出别墅。"尽管我不希望格雷厄姆知道这件事，但他的画确实不好挂出来，"他对克拉克解释道，"它适合博物馆，不适合私宅。"但真相是这幅画让他不安，因为它无情的视野，因为它可怕地呈现出了正在不可避免地逼近的惨淡晚景。

第十六章

背叛

Betrayal

1944 年 1 月，毛姆在七十岁生日第二天的日记里写道："欧洲大陆有一个好习惯：一个功成名就的人七十岁时，朋友、同事、弟子们……会给他出一套纪念文集。"但是，毛姆七十岁的时候大战正酣，他又人在美国，纪念文集的事是没有机会了，直到十年后的八十大寿，这个计划才付诸行动。海涅曼出版社委托小说家乔斯林·布鲁克牵头，邀请文坛同道给毛姆出一套纪念文集，作为他的生日献礼。布鲁克向许多当时文坛响当当的人物发出了邀请，有诗人，有出版商，有小说家，也有评论家，包括：伊丽莎白·柏文、安格斯·威尔逊、罗莎蒙德·莱曼、安东尼·鲍威尔、威廉·普洛默、罗斯·麦考莱、鲁珀特·哈特-戴维斯、威廉·桑瑟姆、雷蒙德·莫蒂默、彼得·昆内尔、J. R. 阿克雷、诺埃尔·科沃德。结果，布鲁克接连收到了礼貌的拒信："我不是很欣赏他……只好拒绝"（威廉·普洛默）；"我不认为自己是写关于他的文字的合适人选"（安格斯·威尔逊）；"我可以回绝吗？"（威廉·桑瑟姆）；"手头有小说赶着写完，因此不能从命"（伊丽莎白·柏文）；"万分抱歉，实难命笔"（诺埃尔·科沃德）。同意写的人只有两位：安东尼·鲍威尔和雷蒙德·莫蒂默。"有可能的话，[我]会给你写两千字，"莫蒂默写道，"[但]关于毛姆，我感觉没有那么多内容要写……要是谈他的品位所具有的局限性，那倒是可以写一篇伤人的论文……不过，我是绝不会强调这些不足的……因为他是我的老朋友，我对他心怀感念。"但是，光有两篇稿子肯定是不够的。既然大家都不愿意写，普遍对毛姆并不尊重，布鲁克别无选择，只好放弃。

不过，这次生日并没有在悄无声息中度过：媒体进行了广泛报道，《笨拙》杂志刊登了罗纳德·塞尔创作的一幅毛姆漫画，还有杂志副主编B. A. 杨写的一首打油诗：

> 我沐浴在昂蒂布的阳光与荣光下，思忖我笔下的作品
> 我度过了圆满的一生，成就了文人所能成就的一切：
> 写富人，我是玛丽·科雷利，
> 写穷人，我是安德烈·纪德，
> 我是讲述生活真相的史蒂文森，我是失去信仰的吉卜林，
> 我还是尚未发迹的泰伦斯·拉提根。
> 当乌斯季诺夫早已被遗忘的时候，电视和电影还会找上我的门来。
> 我酿的麦酒苦涩，我的蛋糕却像原罪一样甘甜，
> 我不禁对着月亮叹息：唉，怎么才卖了六便士？
> 全世界最动人的秘密借阿申登之口说出，
> 人性的枷锁却将我紧紧锁在阳光明媚的南方。

最大的褒奖来自毛姆的老友康普顿·麦肯齐。他在作家协会会刊《作者》发表公开信，不仅代表毛姆的作家同道，更要代表"全世界

千千万万和父辈……［与］祖辈一样欣赏着毛姆的文学和戏剧作品的人们"发声。麦肯齐在信中说道，自己第一次邂逅毛姆的文字是在 1897 年，读的是《兰贝斯的丽莎》，当时"我对他充满崇敬，认为他是将我们从维多利亚时代的桎梏中解脱出来的无畏勇士之一"，从此仰慕毛姆，终生不渝。此外，威格摩尔街的泰晤士报社书店举办了毛姆手稿及初版书籍展览，加里克剧院也为他举办了晚宴，由圣约翰·厄文祝酒，接着毛姆本人致辞。但是，晚宴却成了一次痛苦的经历。据厄文回忆，毛姆的表现非常出色，烂熟于心的讲稿"机智幽默，妙语连珠，而且出乎有些人意料的是，他的致辞富有感情，但我并不觉得惊讶"。但快讲完的时候，他突然没词了。

> 要是别人的话，肯定就迷迷糊糊地坐下了……毛姆却站得笔直，尽管他的手指在颤抖。过了一会，他说道："我只是在思考接下来要说什么！"然后，他再次陷入沉默。片刻之后，他又说："抱歉让各位久等！"接着又不说话了。再然后，他的头脑突然重新活动了起来，尾收得不错。他停顿了至少有两分钟吧，我觉得还不止。他看似波澜不惊，内心肯定遭受了可怕的煎熬。大家都一声不吭地坐着。

毛姆这样的世界级大作家早就被传记作者们盯上了，这是难免的事。从二十年代末开始，一批研究毛姆作品的著作相继问世。他对致信垂询的人总是配合的，态度也很好。毛姆性格沉默寡言，回答信里的问题却惊人地坦率，而且经常以长文回复，用萨姆·贝尔曼的话说，"他什么都会告诉你，直到某个限度为止"。不过，毛姆明确表示，他不会阅读研究自己作品的文章专著。"如无绝对必要，我实在受不了读别人写我的东西，"他对 1961 年发表了毛姆作品研究的美国学者理查德·克代尔解释道，"这是一种病理性缺陷……［但是]不管是称赞我的话……还是批评我的话,我读着都不舒服。"不过,毛姆对传记的态度要更严厉一些,坚决反对任何人透露自己的私生活。1959年,毛姆的旧相识卡尔·G.法伊弗写了一本《W.萨默塞特·毛姆的真实画像》,作者当时是纽约大学英文系教授。该书里有八卦,有不准确的地方,有温和的毒舌,总体上没有恶意,但毛姆对这本书讨厌到了极点,不只是因为侵犯隐私,也是因为他觉得自己遭到了背叛:他是法伊弗的熟人,甚至请法伊弗到玛莱斯科别墅做客,他从没想到两人的对话会被偷偷地写进书里。

他现在年纪大了,经常有认识的、不认识的作家来找他寻求合作,或者最起码不要反对自己为他写长篇传记。这样一个人,这样一段人生是不可抗拒的题材,但毛姆坚决不许别人动笔,尽最大的可能保护自己。他叮嘱自己的文学遗嘱执行人(一开始是弗雷尔,弗雷尔1961年退出海涅曼出版社后转为文学代理人斯宾塞·寇提斯·布朗),在他去世后,他们应坚持拒绝向任何人提供信息或见面机会,不得授权信件出版,并尽可能敦促信件持有者销毁信件。为了进一步隐蔽自己,毛姆烧掉了手头的每一份文字证据。格伦威·韦斯考特记得见过毛姆在耶马西回信的样子,毛姆"恶狠狠地把信全都撕成了碎片;时不时还跟我们提一提,说他相信我们也会像他一样处理他写给我们的信"。现在,他在玛莱斯科别墅升起了几堆大火,把能找到的信全都扔了进去,包括他早就不在意的阿诺德·本涅特、艾达·利弗森、H.G.威尔斯、杰拉德·凯利、戴斯蒙德·麦卡锡写来的信。在毛姆的坚持下,艾伦·塞尔手里的信也被付之一炬,包括里顿·斯特拉奇的情书。情书被烧让艾伦觉得有些难过。"我之前一直好好留着那些信,"他悲哀地回忆道,"[因为]我觉得一旦威利有个三长两短,我还可以把它们卖掉。"*

---

* 原注:不过,塞尔确实留下了几十封毛姆写给他的信。

毛姆人生最后的几年里，英国对同性恋的态度越来越宽容，尽管规定同性恋是犯罪的法律直到毛姆去世后两年才修订。然而，毛姆是自身时代的产物。在当时，他的性向被当成变态，因此他觉得一定要隐藏自己的这一面。对他来说，外在的体面一直是极端重要的：1954 年，特伦斯·拉提根为声援以同性恋罪受审的年轻贵族爱德华·蒙塔古征求签名时，毛姆和诺埃尔·科沃德是仅有的两名拒绝的人。通过将并无恶意的传记作者挡在门外，毛姆或许会觉得安全了一些；但是，他依然要应付敲诈的威胁。第一次敲诈被他轻松应对。敲诈者是杰拉德的男友路易·勒格朗，人到中年的路路想去澳大利亚赚钱，可惜没能如愿，于是想到自己手上还有一批值钱的信件。给他写信的人不仅有哈克斯顿和毛姆，还有哈罗德·尼克尔森等一众他在玛莱斯科别墅结识的名流男士，这些人恐怕不会希望自己与路路的关系被公开。路路给毛姆本人、艾伦、罗宾和丽莎写了一系列错字连篇的敲诈信（他给丽莎的信是这样写的：Your kids of Paravincini & Lord Hope, will not be pleased when I shall give my memoires at the public）。不过，路路是个明智的人，毛姆只用一封律师函和一张支票就把事情圆满解决了。

但是，一次险恶得多的威胁随后发生了，而且来自家门之内：毛姆的侄子罗宾。在毛姆的亲属中间，罗宾是唯一一名被艾伦当朋友的人。两人的关系一直很亲近，塞尔有伤心事要讲，罗宾就会同情地倾听。艾伦则充当着毛姆叔侄俩的调解人，罗宾惹麻烦的时候，艾伦会为他说话；艾伦还会把别墅里的事跟他讲。艾伦对毛姆的情况自然了如指掌，而罗宾对这方面的信息表现出了越发浓厚的好奇心。有一天，他俩坐在别墅的泳池边，艾伦偷偷向罗宾透露说，老头子对罗宾越来越轻浮放荡的行为不满，于是砍掉了给侄子的一大笔钱。罗宾一直做着不劳而获、继承叔父丰厚遗产的美梦，听到这个消息不禁大惊失色。"我不得不告诉你，这对我是一次沉重的打

击……我有生以来最沉重的打击之一，"回英国后，他给塞尔写信说，

> 这么多年来，我一直安慰自己说……等到我不能再靠写作赚钱
> 的时候，我总还有一笔钱可以花……亲爱的艾伦，如果有机会
> 的话，请你一定要帮我说说话，好让我拿回这笔钱。

艾伦承诺会尽力而为，但要等待合适的时机。同时，他表示愿意帮助罗宾做一件来钱更快的事，写一本百无禁忌的长篇毛姆传记。早在十多年前，罗宾就提出要给叔叔作传，却被毛姆一口回绝；不过，他现在有艾伦当幕后线人，眼里马上看到了一笔能赚大钱的买卖；就好像看见了一座金山。既然今后的"钱途"一下子黯淡了下来，他可不能放过这次机会。他给毛姆写了一封战战兢兢的信。"最亲爱的威利，"信的开头写道，

> 我接到了美国出版商维克多·维布莱特开出的邀约，预付款
> 五万美元……显然，我不可能回绝这么好的机会。但同样显然
> 的是，我不想背着你写这样一本书。如你所知，我靠写作虽能
> 勉强糊口，却没有一分钱的积蓄，因为父亲留给我的9000英
> 镑都用来购置和装修伦敦房产了……因此，如果你愿意的话，
> 首先，我需要你能支持我接受写一部长篇传记的想法；其次，
> 我需要你尽可能地给予我写作方面的帮助……我觉得，凭借我
> 对你的深厚崇敬与感情，我至少有机会写出一部比其他人更好
> 的传记。

尽管信里无疑蕴含着真情，但毛姆一眼就看出来是敲诈。他马上决定破财免灾，给罗宾寄去一张金额和维布莱特开价相同的支票，前提是罗宾彻底放弃毛姆传的计划。"我在这里承诺，我会信守自己

的约定，"罗宾看似真诚地写道，

> 我向你承诺不会撰写关于你的任何文字——永远不会……关于
> 收到款项的用途，一部分会用来还债，另一部分会用于固定收
> 益投资。这笔投资对我的生活会带来巨大的变化，因为它能带
> 给我安稳。我感到万分羞愧，却也万分感激。

八十大寿过完之后，毛姆回到南法，发现有一千多封贺信在等
着他，还要加上大量常规商业信函、私人通信和每周常有五百封之
多的读者来信。上述信件全都要艾伦·塞尔处理。此外，电话、请帖
和采访邀请也是纷至沓来，统统是艾伦负责筛选。作为毛姆的守门
人，艾伦深感自豪，但有时也会感到身心俱疲。"［毛姆先生］在欧
洲的名气已经达到了顶点，我很难将他完全与媒体等杂事隔离开，"
他给伯特·阿兰森写信道，"大多数日子里，我都会遭到那些被我拒
绝的人辱骂，但这就是我职责的一部分……［而且］我很高兴能沾
到些光。"尽管有压力，有紧张，艾伦还是很喜欢迷人而兴奋的秘书
生活，特别是他们住在伦敦多切斯特宾馆的豪华套间里时能与名流
见面，还有记者拍自己的马屁，因为他们想见毛姆全得仰仗艾伦通
报。实际上，塞尔不在弗尔拉角时通常更开心。在弗尔拉角，家里
的大事小情全落在他的肩上，而且他在那里经常身体不舒服。艾伦
患有牛皮癣，酷暑时节愈发严重；他容易犯痔疮，肝病也时常发作：
玛莱斯科别墅的菜品很丰盛，艾伦又贪吃，因此动不动就头疼恶心
得受不了，只能在床上躺一天。尽管如此，塞尔对弗尔拉角的社交
生活却是非常喜爱。他喜欢到周围的别墅参加午宴，喜欢马德里城
堡酒店和兰博尔迪酒店举办的豪华晚宴，也喜欢不绝如缕的英美来
往宾客。他很快就能与毛姆的大部分朋友亲近起来，不拘礼节，而
他们对艾伦也报以和善的态度，于是他觉得自己受到了比实际情况

多得多的尊重。

　　总体来说，玛莱斯科别墅的访客们挺喜欢艾伦；他看起来是个可爱的家伙，总是忙前跑后，用毛姆私人医生乔治·罗沙诺夫的话说，他"笑眯眯的……香水味很重，黑头发，粉红面颊，脸上都是肉，是个可爱的胖家伙"。* 他的幽默感、取悦他人的愿望，还有最重要的一条，他对主人的深情为他赢得了尊重。但是，大多数人也觉得他脑子不灵光，还有点无聊；当然，他们不会表露出来。格伦威·韦斯考特说"[艾伦]本身不是有趣的伴侣"；杰瑞·吉普金说他"那比潘比"†；艺术评论家道格拉斯·库珀则说他"脑筋糊涂……不是很聪明"。艾伦情感丰富，又善于联想，很容易将正常的友善礼貌当成持久、深厚感情的表现。有的时候，艾伦打好雇主的信件后会在末尾手写一段表达情感的话，收到信的人不免会略有些尴尬。以毛姆写给克拉克夫人的信为例，艾伦几乎总是会加上一段富有感情、有时相当大胆的个人想法——"你真是太可爱了，我爱你。××（次亲吻）送给你，感谢你为我做的一切"——他还经常对杰瑞·吉普金激情告白："[你真的]太可爱了"，或者"我很少对朋友怀有对你这样的爱意……"

　　塞尔人生的两大乐趣就是性和自怜。他喜欢沉浸于自怨自艾，抱怨自己身体不好、神经紧张、工作压力大，尤其是焦虑雇主死后自己该怎么活。他声称，毛姆去世后，自己就会被赶出别墅，身无分文，只能活活饿死。他止不住地谈自己的未来有什么指望——或者说，没有什么指望——描述自己的处境时声音都会变得沙哑，说他相信毛姆会让他身无分文，等到自己年老体衰、不能从头再来的

---

* 原文为法语："souriant...très parfumé, grassouillet, de beaux cheveux noirs, les joues roses, l'air poupin."

† 原文为 namby-pamby，典出十八世纪英国诗人亨利·卡雷的同名诗作，指的是软弱、多愁善感、缺乏决断力的男性。

毛姆传

时候，他就会被扔到大街上。尽管这些话毫无意义，而且毛姆从一开始就明确表示会好生供养他，但他还是不为所动，照常念叨。有些毛姆的老朋友，比如乔治·库克尔，听烦了他无休止的怨言，就试图跟他讲道理，但艾伦根本不听。正如杰瑞·吉普金很快就意识到的那样，真相是"他只是喜欢抱怨"。每年夏天，吉普金去玛莱斯科别墅时都要听取"艾伦的年度抱怨讲话，念叨威利承诺给他、结果没给的东西，还有威利死后他的悲惨处境"。最后，吉普金建议他拉一张单子找毛姆签字，毛姆肯定会欣然从命，"但艾伦从来不去做，更喜欢抱怨念叨"。

吉普金对艾伦的另一项兴趣也发挥着关键作用，因为他负责定期从美国给艾伦邮寄情色出版物。每隔一段时间，一家亚利桑那州的特殊机构就会给艾伦成箱地邮寄情色图片和杂志（为免引起法国海关注意，邮包做过了精心伪装）。艾伦一个人在自己卧室里的时候，这些情色制品带给了他许多快乐的激情时光。"谢谢你给我送来这么多好画册！"他在一封热情洋溢的信的开头写道。"我简直都要疯了，浑身一点力气都没有，连翻页都快翻不动了。"只要有俊秀少年来到玛莱斯科别墅，他都会扑上去。另外，与前任杰拉德一样，他也会去自由城猎艳。整个里维埃拉都知道塞尔的癖好；他给小费很大方，走到哪里都受欢迎，小巷酒吧或者美国舰队进港时的码头旁常能看见身宽体胖的艾伦。有时，他会把新朋友带回别墅，给他们喝香槟，让他们去泳池里游泳，并适时介绍给毛姆。"哎呀呀，你真该来看看这些可爱的男孩子们。"第二天吃早饭时，他会咯咯地笑着说。

尽管艾伦愚蠢又神经质，但是他让毛姆高度规律的生活成为可能，是他保护着他，照顾着他，对他展现出了无限的善意与柔情。两人大体关系融洽，也能相互理解；"[毛姆先生]对我很大度，尽管我有那么多缺点，他依然爱护我。"艾伦后来写道。不过，年老暴躁的毛姆经常对艾伦不耐烦。作为一名毒舌大师，毛姆有时会把塞尔骂得哭着跑出门去。这种事情发生时，毛姆要么更加恼火，要么满怀愧疚，之后的一两天里对艾伦格外体贴。毛姆偶尔也会施加身体暴力。一天下午，两人从莲花池旁经过时，艾伦朝青蛙扔了块石头，毛姆就狠狠地打了他，差点把他打翻在地。来别墅的客人经常对艾伦遭受的待遇感到震惊。"艾伦·塞尔很有骑士风度，"据丽莎说，"我父亲对他说的一些话太残忍，太伤人了。"克里斯托弗·伊舍伍德也有同感，他说"自己这一辈子从没见人受过艾伦这样的苦待，被吐口水，挨踢，蒙受耻辱，说的话不被相信"。但是，艾伦显然喜欢这样的戏码：他喜欢受到别人的爱抚和同情，毛姆的苦待正好给他提供了源源不断的念叨由头。

与毛姆同居还有其他一些很大的好处，其中塞尔最看重的一条就是旅行的机会。两人每年都会在欧洲旅行，目的地包括德国、奥地利、意大利、葡萄牙和西班牙。1950年，他们去了摩洛哥，1953年去了希腊和土耳其，1956年去了埃及，并在那里受到阿迦汗的盛情款待。"二战"结束后，毛姆只去过两次美国，分别是1949年和1950年，后一次是为了将《史蒂芬·凯里的艺术气质》手稿捐赠给美国国会图书馆。1959年，八十五岁高龄的毛姆再次前往远东，旅程的终点是日本，受到日本国民的热烈欢迎，途中去了许多当年停靠过的港口，有新加坡、西贡、马尼拉和香港。抵达横滨时，数千人等着迎接英国大作家，东京也是如此，让艾伦激动不已。"M先生在日本真是人气爆棚，只要我们把鼻子探出窗外，就会被他们认出来……太难以置信了！"两人旅日期间，现居京都的英国小说家弗朗西斯·金陪了他们一段时间。毛姆对日本生活与文化的浓厚兴趣给金留下了深刻印象。"他依然觉得自己有重要的东西要学习……尽管他经常累得要死，但他还是一定尽可能多看。"

直到八十多岁为止，毛姆都很少改变年轻时制定的作息习惯，每天上午和以前一样到书房里安静地写作，虽然现在右手手腕戴上了弹力带。尽管他不再写新小说了，但毛姆仍然是畅销作家，总销量近 8000 万册。他的书被用作外国中小学的英文教材。他的作品被翻译成了每一种欧洲语言，以及俄语、土耳其语、阿拉伯语、日语和几门印度方言；他的戏剧仍然在世界各地上演；他的长短篇小说常有新版面世，三部改编电视剧大大促进了小说的人气；1957 年甚至还有一部基于《月亮与六便士》创作的歌剧上演，编曲是约翰·加德纳。关于其他人的作品自然也经常来找他作序，包括罗比·罗斯、艾迪·马什、查理·卓别林和格拉蒂丝·库珀。他为阿迦汗自传写过前言，还给巴黎的儿时玩伴瓦奥莱特·哈默斯雷（本姓威廉姆斯-弗里曼）翻译的《塞维尼夫人书信集》英文版写了导语。

1951 年，毛姆推出了《吉卜林文选》，一部私选短篇小说集。他对吉卜林的感觉一直是模棱两可。他与吉卜林私交不深，第一次见面是在十九世纪九十年代的一次晚宴上，他记得自己当时就在想，要是吉卜林再说一次"纯种老爷"，他就要朝他扔瓶子了。到了二十世纪三十年代，吉卜林应邀到玛莱斯科别墅吃午餐，毛姆饶有趣味地发现他还是老样子。吉卜林谈起一位自己仰慕的人，先说了句"他是白人"，毛姆这时就等着他肯定要说的话，不出所料，吉卜林又说，"他是纯种老爷"。毛姆出这本《文选》是应吉卜林的女儿艾尔希·班布里奇之邀。选择篇目之前，他重读了吉卜林的每一部短篇小说。他对彼得·斯特恩说："我一直在读吉卜林，读吉卜林，读吉卜林（重复三遍是为了表示忍耐、韧性、坚守、钢铁般的意志、决心与斗牛犬般的勇气）。我觉得，他最好的作品是真好；至于最差的作品——我的神啊！"毛姆会这样揶揄吉卜林，但也是真心佩服吉卜林，特别是写印度的作品。他给出的评价是慷慨而公正的。吉卜林是"我国最伟大的短篇小说作家"，他总结道，"是我国唯一一位能写出比肩莫泊桑和契诃夫的短篇小说的作家"。

年逾八十的毛姆依然笔耕不辍，因为在某种意义上，他没有别的选择。"实话说，写作就跟喝酒一样，养成习惯容易，戒掉可就难了。"他对伯特·阿兰森解释道。然而，他毕竟年事已高，灵感跟不上；他的想象力枯竭了，而且他再也回不去半个多世纪以来，他曾经投入而热烈地生活于其中的内心天地了。"[我的]丰富的创造力……已经成了过去时，"他悲哀地承认，"[而且]我明白，当年的才华已经不在了……我不再是一个有创造力的作家，我很孤独。人物都离你而去了。"1958年接受报纸采访时，毛姆哀伤地说道："写作于我是一种病，但我只能满足于每天写一个小时——如果手还撑得住的话——不是写人物，而是评论书。这两件事完全不一样。"记者说，他听起来"像是要与一位他真心喜爱，却不能厮守的女士离婚似的……他说话的时候老是搓揉虎口，很紧张的样子。他看我对这个动作感兴趣，就跟我说，'那里疼。这么多年了，肌肉不行了'"。

过去的回忆越发萦绕在他的心间，关于充满活力的青年时代、童年生活，还有他对母亲的爱，他一生中唯一一段完全得到回馈的感情。他总是想起杰拉德，想起两人共处的岁月，想起他们去南太平洋和远东的旅行。1953年，H. E. 贝茨出版了一本短篇小说集，书中对毛姆进行了致谢。在一封寄给贝茨的信中，毛姆动情地写道："最后一篇《脆弱的自然》将我带回了很久以前，对东方旅行几乎遗忘的回忆再次泛起。我感到振奋，同时又觉得悲哀。唉，过去的日子啊！"与过去相比，毛姆发现现在的日常生活毫无色彩；他越来越不安，越来越不满，有一段时间甚至打算卖掉玛莱斯科别墅，搬到伦敦或者洛桑去。"我有好仆人、好饭菜、漂亮的宅子、美丽的花园。但这些并没有让我不感到厌倦，"他对侄女凯特抱怨道，"要是没有事情做的话，我连一个月都受不了。不过，做事也只是上午做，还有剩下来的一天要熬。"

社交活动有很多，但很多老朋友都不在了：埃默拉尔德·丘纳德1948年去世，戴斯蒙德·麦卡锡1952年，艾迪·马什1953年，马克斯·比尔博姆 1956 年（马克斯去世前几个月，毛姆才在拉帕洛跟他见过面），伯特·阿兰森 1958 年。阿兰森的死让毛姆痛彻心扉。与朋友相比，两名家人的离世对毛姆造成的伤痛还要小一些。1958 年 3 月 23 日，F. H. 中风后于卡多根广场的家中去世，享年九十一岁。F. H. 去世前丧偶的八年里都是大女儿凯特照顾，他的离世并非意料之外，家人也没有悲痛欲绝。但如果说毛姆对哥哥的死无动于衷的话，他对前妻三年前的离世就是欢欣鼓舞了。战后，西莉回到伦敦，住在公园巷的一间公寓里，继续经营室内装潢的生意，但规模大不如前。年逾七旬的西莉不像往常那样精力旺盛了，每天有很多时间躺在床上，要么打电话，要么对遭了好多年罪的女仆和秘书呼来喝去。自从几年前肺结核发病以来，她身体一直很不好，不仅有心绞痛，还有恶性支气管炎。1955 年 7 月 25 日，西莉因支气管炎去世，享年七十六岁。毛姆是通过心碎的丽莎发来的电报得知噩耗的。"我要是假装对西莉的死深切哀悼，那就太虚伪了，"他告诉芭芭拉·拜克，"她从一开始就摆我一道，总是让我如同生活在地狱中。"事实上，他感受到的最强烈情绪是松了一口气；他再也不用供养离婚将近三十年的前妻了。他简直要一边用手指敲牌桌，一边唱起小调了："赡养费不用给了，啦啦啦。"他没参加西莉的葬礼，没去格罗夫纳教堂举行的追悼会，也没有出钱购买献给维多利亚与阿尔伯特博物馆的西莉纪念雕像。

在生命的最后几年，毛姆总是在想死的事，琢磨他会以何种方式离去。"我就像一名战争期间在港口等船到来的旅客，"他曾在《作家笔记》的最后一页写道，"我不知道哪一天启航，但我随时准备听通知上船。"他对老去的容颜很有执念，经常站在镜子前，哀叹眼袋和深深的皱纹。事实上，这一时期有不少人在日记和回忆录中将毛姆比作爬行动物、鳄鱼、乌龟、"趴在石头上晒太阳的鬣蜥"之类；弗朗西斯·帕特里奇在日记中将毛姆比作变色龙，"苍白的脸上沟壑密布，眼窝深陷，眼睛一眨一眨的，故意把嘴巴张大，有时嘴巴就僵在那里"；哈罗德·尼克尔森则"想起了加拉帕戈斯群岛干燥的礁石之间缓缓爬动的蜥蜴"；格伦威·韦斯考特的描述要正面一些，当时毛姆只戴着一顶草帽，作势要跳进泳池："[威利]挺有型的，但身体有点回缩，再加上微微鼓起的将军肚，看起来活像童话故事里的青蛙国王。"不过，晚年毛姆依然敏捷健壮，还有活跃的性生活，对象除了艾伦以外，还有塞尔带回别墅的男孩子们；他将性视作一种健康的纵欲，他对韦斯考特说；他仍然喜欢美食和美酒，对餐前鸡尾酒充满期待（现在的马天尼配方里加了少许苦艾酒），对午餐和晚餐的菜单也很有兴趣。

　　到了五十年代末，这位自嘲"爱德华时代的衰朽遗老"的老人已经很少请朋友来小住了。"有些事我当年很乐意做，现在却让我疲惫，"八十五岁时，他给杰拉德·凯利写信说，"我喜欢的人过来吃午饭，我总是（或者说几乎总是）高兴的，但这就是我招待客人的极限了。"他最喜欢跟两个同样年事已高的人共进午餐，一个是温斯顿·丘吉尔，一个是《快讯》报系的老板，加拿大出版业大佬比弗布鲁克勋爵。丘吉尔经常去里维埃拉，与毛姆恰好同岁。毛姆总是忍不住说自己比老朋友硬朗多了。丘吉尔面色粉红，白头发软趴趴的，看起来活像"可怜的老头塑料娃娃"，走路很困难，别人说话也听不太清。"你要是觉得我老——老——老了，"毛姆会洋洋得意地说，"那你去看看温——温——温斯顿。"年纪小毛姆五岁的马克斯·比弗布鲁克则是精神矍铄，他来弗拉尔角的别墅住时，两人经常串门，还会派司机给对方送点无花果、柑橘酱一类的小礼物。

　　如果说毛姆极少邀请朋友来小住的话，家人总是例外。毛姆喜欢丽莎和她的孩子，喜欢侄女，也喜欢有时形迹可疑的罗宾，尽管罗宾的宏大理想早就注定不可能实现。1941年，罗宾和叔叔一起住在南卡罗来纳，他当时讲了很多自己的未来规划和写作欲望。毛姆表示支持，如果说他对罗宾个性的某些方面感到不安的话，特别是眼高手低和喜欢炫耀。"罗宾一直有个毛病，他对别人本身不感兴趣，只对他给别人造成的印象感兴趣，"他告诉凯特·布鲁斯，"这不是好作家应有的态度。"战争结束后，罗宾一事无成：法学给扔了，务农不成功，除了后来被拍成电影的中篇小说《仆人》*取得了短暂的成功以外，他的作家生涯一直没有起色，不禁令人怀疑吸引罗宾的不是写作本身，而是包括他叔叔在内的极少数作家享有的奢华生活。"[罗宾]和他小时候一样轻浮，心思不定，"罗宾四十岁生日之前不久，毛姆抱怨道，

> 他从来没有长大。他和名声特别坏的人混在一起，毫不顾忌地乱花钱。他尝试过每一种营生……却没有一种做成……太可惜了。他是个好小伙……假如少一点沾沾自喜，少喝一点酒，他或许会有所成就。

毛姆最焦虑的一点是罗宾酗酒，毕竟他曾近距离见证过酒精会如何将一个人的事业毁掉。"我有许多时间都是跟酒鬼一起生活，这是我的不幸，"他在《吉卜林文选》导言中曾写道，"在我看来，酒鬼最好的时候是无聊，最糟的时候则令人恶心。"罗宾喝醉时是既无聊又令人恶心，消磨着叔叔对他的耐心。父亲去世后，罗宾继承了子爵的头衔。成为第二代毛姆勋爵后，他的体重开始飙升，为求男色一笑而不惜重金，满心以为叔叔死后自己就会成为大富翁。但是，他的这个预期并不像他设想中那样板上钉钉。毛姆战前为罗宾安排的信托基金一路升值，但他对侄子不负责任的行为越发警惕，于是

---

* 原注：该剧原文是团圆结局，后来毛姆劝说罗宾改成了一个更悲观、更真实的结局。1963 年的《仆人》电影版之所以取得了长久的成功，要归功于编剧哈罗德·品特、导演约瑟夫·洛塞和主角德尔克·博加德的精彩演出。

决定把一部分许诺给他的钱转给丽莎和她的子女。毛姆认为用不着通知侄子这件事（艾伦告诉罗宾是自作主张）：罗宾剩下的本金还有50000美元之多，毛姆觉得每年的收益足够他生活了。

丽莎每年夏天的来访总是一段令人愉悦的消遣。老人喜欢孩童，对小时候的尼克和卡米拉无比宠爱，对丽莎与第二任丈夫生下的两个儿子（朱利安生于1950年，乔纳森生于1952年）同样欢喜。他和女婿没有任何共同点：翁婿保持着礼数，但毛姆私下里觉得他无聊乏味又木讷，而且默许丽莎找到机会就甩开他。两个大孩子尤其觉得玛莱斯科别墅简直是仙境：他俩知道在外祖父面前一定要特别乖，老人可能会突然失去耐心，发起火来很吓人，但别墅里有大花园，有网球场和游泳池——还有艾伦。艾伦是小家伙的玩伴和知己，总有笑话等着他们，跟他们笑成一团。他会戏仿前一天晚上从港口带回来的年轻水手，逗得孩子们捧腹大笑。毛姆晚年越发乖张，所以大家有事都去找他的忠仆艾伦。艾伦看起来和善又能干，令雇主宽心，令访客放心，将一切打理得井井有条。丽莎和孩子们没有一个人觉察到艾伦厌恶他们，一门心思要害他们。但回过头来看，我们还是能发现若干迹象表明实情和表象并不完全一致。后来，尼克和卡米拉都回忆说艾伦曾多次撺掇他俩干坏事，后果严重的坏事；毛姆的几个朋友也注意到，艾伦厚厚的脸皮下藏着更复杂的心，举止之间有阿谀奉承和骗取钱财的意味。"艾伦，"克里斯托弗·伊舍伍德的男友唐·巴查迪写道，"完全不是他装出来的憨厚样子。"艾伦·普莱斯-琼斯则说塞尔"爱搞阴谋诡计，自私自利，惹是生非"。

艾伦怨恨毛姆家人的原因暧昧不清。艾伦·塞尔本性和善，从他的前一份工作就能看出来*，他确实喜欢伺候人。他对毛姆绝对忠心；

---

* 原注：艾伦在法国仍然参与监狱福利工作，自愿陪伴死囚度过行刑前的最后几个小时。

他从来不是那种敛财骗钱的人；然而，从他来到玛莱斯科别墅的那一刻开始，他就执迷地——这种执迷危险而不可理喻——相信丽莎和约翰·霍普谋划着要骗他，要把正当地属于他的东西夺为己有。毛姆过去对艾伦一直很慷慨，他给艾伦买了一份信托基金（杰拉德之前也有一份），收益足够他过上舒适的生活；他还经常给艾伦送礼物，除了金钱和衣服——有一次送了件貂皮衬里大衣——还有画作，甚至有自己的手稿，这些手稿在伦敦和纽约拍卖会的成交价格可是很高的。*然而，有了这些的塞尔还是不安心。他过去肯定经历过某些事情，才让他如此怨恨丽莎作为毛姆独女的地位。或许我们能从艾伦去世后发现的一段自述中发现端倪："爸爸妈妈对我施加了骇人听闻的精神折磨。"不论妄念源于何处，艾伦多年来对丽莎形成了刻骨的仇恨，连她的丈夫和孩子也捎上了，不断跟毛姆最亲近的几个朋友念叨。"我老是想将来的事，想着想着就害怕，没有威利关照我会怎么样……他家里人对我置之死地而后快，这是当然的，所以我怕……我真是难受极了。"他偶尔会向雇主表达自己的焦虑，当然调子要低一些，但毛姆厌烦了伴侣无休止的抱怨，直接顶了回去。"你死了我怎么办？"艾伦这时会悲声道。"你要进养老院，"毛姆戏弄地说，而当他看到艾伦眼泪汪汪的样子时，毛姆就会呵斥他，"别哭了，你这个白痴。"

塞尔决心要挫败他心目中霍普一家的阴谋，于是尽一切可能鼓动毛姆对付他们。不过，他必须小心行事。毛姆也不傻，在他面前公然批判丽莎只会适得其反。但是，一个理想的机会自己送上了门来，起因是毛姆决定变卖自己的印象派藏品，这真是艾伦兴风作浪的天赐良机。此事逐渐发酵，最终成了毛姆家的头等大事，不仅完

---

* 原注：比如，1960年得克萨斯大学以1200英镑的价格买下中篇小说《情迷佛罗伦萨》的手稿，这在当时是一笔巨款。毛姆将所得款项捐赠给了伦敦图书馆。

全毁掉了毛姆的晚年和父女关系，而且毁掉了艾伦生前乃至身后多年在世人面前的形象。

到了五十年代中期，毛姆收藏的画作收藏价值涨了许多。自"二战"爆发以来，毛姆总共买了三十幅左右的艺术品，其中九幅在丽莎名下，包括雷诺阿的裸女图和一幅毕加索的画：法理上虽然是她的财产，但前提是毛姆去世前不得移出玛莱斯科别墅。丽莎夏天过去的时候，毛姆喜欢跟她聊聊九幅属于她的画和遗嘱的事。他几乎把全部财产都留给了丽莎：从1954年起，她成了玛莱斯科别墅业主公司的控股股东，该公司的成立目的就是规避遗产税；此外，他把别墅里的东西、他的钱和版税也交给丽莎及其子女。"我希望你知道，你以后会特别有钱，"他对女儿说，"你会成为特别有钱的女人。"她说，听到这些话让她有一点尴尬，但"气氛总是很友好，我当然也觉得他很大方"。毛姆向她详尽交代了这一大笔遗产的细节。有一次，他透露了一个丽莎完全不知道的事实，让她大感震惊：她是在毛姆娶她母亲前生下来的。回忆起她出生的情境，毛姆解释道，他在遗嘱中不仅写了她的名字，而且专门注明丽莎是"我的女儿"，以防有人在他身后质疑丽莎的身份。

假如毛姆没有突然决定变卖收藏品，事情可能就平静地过去了。1960年，蓝色海岸发生一系列有组织的艺术品盗窃案，引起了毛姆的警惕。一日，圣让市的市长专程前来拜访，提醒毛姆他的藏品肯定会被盯上，这更加剧了毛姆的不安。他不愿意忍受防盗房间和防盗警报带来的麻烦，于是找到庞德街的苏富比拍卖行，准备在1962年春季高调拍卖家里的画作；他还写了一本介绍画作的配套小册子，名为《纯属自娱》，装帧精美，配有彩色插图。毛姆准备一幅不留，包括书房玻璃窗上的高更作品。为了提高拍卖会的影响力，毛姆说服霍普夫妇将属于丽莎的九幅画也加了进来。"这对你们俩都很有好处，"他说，"因为你们马上就能拿到钱，而不是等到我死后了。"1961

年 8 月，丽莎例行去玛莱斯科别墅时，双方达成了友好共识。她回家后像往常一样给父亲写了一封感谢信，并重申她同意将自己的画和父亲的画一起卖掉。

10 月，毛姆照常来到伦敦，丽莎给多切斯特宾馆客房打电话，要安排跟父亲见面。但是，接电话的不是毛姆，而是艾伦，他听起来神经兮兮的，感觉很奇怪，说有要事相商，必须马上过去找她。刚到位于切尔西的霍普家，艾伦就突兀地告诉丽莎：她父亲被她"咄咄逼人"的信惹火了，拒绝跟她说话，也拒绝跟她见面。她绝对不能试图联系父亲，塞尔说，但他愿意安抚老人，尽可能帮助父女和解。震惊不已的丽莎起初答应照艾伦说的做，但一个星期过去了，她没有收到任何消息，于是又给多切斯特宾馆去电。这一次接电话的还是艾伦，说她父亲就在旁边，怒不可遏，依然拒绝见她，一定要她放弃拍卖所得原定份额的一半以上。艾伦说她非答应不可，因为毛姆的状态很不好，健康迅速恶化，要是她有一丁点顶撞的意思，他也保不齐会有什么后果。丽莎被艾伦的话吓坏了，同时又担心得很，便给父亲写了一封信。"最亲爱的爸爸，你拒绝见我，我真的特别难受，"信的开头写道，

> 我想起我们的关系一直很好，度过了那么快乐的时光，就在六周前，您还对孩子们那么和善，我们在玛莱斯科别墅是那么开心……我明明什么都没有做，您为何突然对我发作呢？请允许我见见您吧，免得嫌隙愈增。

结果她收到了一封律师函，内容是毛姆先生与约翰夫人尚有纠纷未解决，因此不能见面。丽莎一头雾水，困扰不已，就给父亲写了一张便条，求他解释到底发生了什么。她把便条和律师函一起交给塞尔，他再一次反过来要跟她见面，而且再次要求她同意将自己

的拍卖所得份额减半。

塞尔第二次来是在周五。下一周的周一，丽莎接到艾伦的电话，说她父亲想请她去喝茶，令她大吃一惊。不过，塞尔叮嘱她千万不要提画的事情。"就他所知，这件事已经完全被忘掉了。"

换一种情况来想：毛姆会不会压根不知道这件事？当然，丽莎确实没有提拍卖的事。她发现父亲"非常开心和友好"；不同寻常的是，他好像不知道跟丽莎发生过龃龉似的。几天后，他和艾伦就回南法了。

1962 年 4 月 10 日，拍卖会在苏富比拍卖行举行，总成交金额达 592200 英镑（合 1466864 美元）。毛姆留在玛莱斯科别墅，但之前深度参与筹备工作的塞尔来到了伦敦。拍卖会前一天晚上，他来找丽莎，说话的样子令她惊惧不已。他满脸通红，情绪激动，说她父亲决定卖画所得一分钱都不给她，要是她非要这笔钱的话，他就要取消外孙和外孙女的继承权。但丽莎不愧是西莉的女儿：盛怒之下，她告诉塞尔，如果有人企图剥夺她的合法权益，她一定会对簿公堂。艾伦则高喊着她是个"该死的蠢货"，摔门离去。

从那一刻起，毛姆与独女之间公开宣战，这件事为两人都带来了巨大的不幸。毛姆去世后，丽莎才开始怀疑艾伦·塞尔处心积虑地要父女关系破裂；她说，自己后来才意识到"艾伦肯定插手了"。[*]毛姆当时年近九十，垂垂老矣，脑子越来越跟不上，分不清真假黑白。有艾伦这个胖版伊阿古在身边成天说家里人的坏话，难怪毛姆会相信丽莎一家狡诈又贪婪。从塞尔给好朋友的相关信件中，我们惊讶地发现他的敌意竟会如此之深。丽莎，"他那个恶毒的所谓女儿"，

---

[*] 原注：时隔三十多年，尼古拉斯·帕拉维奇尼在一封致《泰晤士报》的公开信中回忆说："外祖父病重时，母亲多次请求跟老人见面，哪怕说说话也好，但总是被艾伦·塞尔阻拦，于是和解便成了泡影，母亲一直为此伤神不已。"（1999 年 1 月 16 日号）

是一个"婊子……吸老人的血……满怀杀意。她到处讲'我爱爸爸，我想跟他在一起'，我就在想，她怎么不赶紧死掉……她只关心从父亲那里捞好处……这些家伙的冷血和残酷真是令人不敢相信"！他告诉毛姆，有人看见丽莎和她丈夫在玛莱斯科别墅里数银器有多少件，列出单子，好像他们才是别墅的主人似的，他还说丽莎只在乎毛姆的钱。艾伦知道，毛姆由于自身经历的原因很容易听信这种宣传——从战前去印度旅行时起，毛姆已经对约翰·霍普的家人不满，但更重要的因素还是历历在目的痛苦婚姻生活和他对西莉的厌恶之情：丽莎是西莉的女儿，他在她身上看到了太多西莉的影子，忘不掉两人的关系。

现在和解的机会似乎很渺茫了。"艾伦挑唆威利针对丽莎，威利厌恶约翰·霍普勋爵，可怜的丽莎很不自在，只是一个小心、谨慎、有雄心的女孩罢了。"安·弗莱明告诉伊夫林·沃。毛姆的侄女戴安娜也觉得双方都有过错。她相信丽莎也已经到了不可理喻的程度。"对于金钱……她有某种特殊的协念——或许就是冷酷吧。"她评价道。而且她劝过丽莎，请丽莎多体谅父亲。可惜现在已经不可能挽回了。丽莎决意打官司，请来了律师，艾伦则期待着开庭的那一天。"我只希望他［毛姆］能把憋了这么多年的隐秘都说出来，"他给罗宾的信里说，"那样会把他们［霍普一家］彻底毁掉……让他们吃不了兜着走。"

艾伦在信里不祥地提到了"隐秘"，指的是公开揭露丽莎真正的父亲：他说的丑闻不是丽莎在父母结婚前出生——她已经知道这一点了——而是毛姆并非她的生父。艾伦充分利用毛姆的年老昏聩，轻而易举地让他相信西莉骗了他，丽莎的父亲不是他，而是西莉当时五六个情人中的某一位。这是通往说服八十九岁的毛姆断绝与丽莎的父女关系、收养五十七岁的弗兰克·艾伦·塞尔的一小步。收养手续完成后，下一步显然就是剥夺丽莎的继承权，指定艾伦为继承人。根据律师的建议，为免父亲身份的认定复杂化，毛姆决定不提西莉有多位情人的事，而只说因为丽莎出生时，西莉仍然是亨利·韦尔康的妻子，既然韦尔康从未宣布与丽莎断绝关系，那么从法理上来说，丽莎就是韦尔康的女儿，不是毛姆的女儿。毛姆对女儿的怒火已经被鼓动到了极点，为了进一步确保丽莎一分钱好处都拿不到，他打算追回之前送给她的全部礼物，理由是她和她的子女多年来显然表现出了"极大的不知感恩"。

　　让这个复杂的案子变得更复杂的一个事实是，由于毛姆定居法国，此案同时牵涉英法两国的法律，原、被告都需要各自请两个律师团。审理旷日持久，令人压抑，费用也高得吓人。此案自然引起了媒体的密切关注，整个事件就此变成了一场怪奇秀，充斥着丑闻、八卦和假正经，还有插科打诨和漫画调侃。法国方面于尼斯法院开庭，过程有录像，1962 年 7 月 3 日闭庭，判决丽莎胜诉，宣布没有证据表明约翰·霍普夫人不是萨默塞特·毛姆之女；按照英国法律，婚前生子在父母结婚后即具有合法地位，而根据法国法律，合法子女的继承权不得剥夺；收养艾伦·塞尔的事也就泡汤了。（法国的判决书称："本庭宣判：萨默塞特·毛姆先生收养塞尔先生，与帕拉维奇尼女士断绝关系的要求不成立。"）在伦敦，一番唇枪舌剑之后，别墅和苏富比拍卖所得的归属权达成了庭外和解：毛姆同意将属于她那九幅画的拍卖所得的一半（229500 英镑）付给丽莎，承担她的高昂诉讼费用，并丽莎保留玛莱斯科别墅的所有权。除此之外，之前本来要留给丽莎及其子女的别墅内物件、钱和版税得由毛姆自行另择继承人。

　　开庭和随之而来的曝光为艾伦带来了巨大的压力。（"我喜欢平和，所以你能想象到这些可怕的法律诉讼对我造成了多大的折磨，"他厚颜无耻地抱怨道，"纠纷本来与我无关，但矛头似乎全都指向了我。"）然而，毛姆的情况要糟得多。他本来已经陷入半痴呆的状态，这一次又被拖进了愤怒与恐惧的风暴，那些地狱般的往事、他与西莉受尽煎熬的婚姻经历再次萦绕在他心头。毛姆的几位朋友对他的心理状况深感不安，诺埃尔·科沃德就是其中一位。"他回想起可怜的西莉，内心被仇恨吞噬，简直成了执念。"诺埃尔在日记里写道。现在，仇恨的执念要化为实体了，在格伦威·韦斯考特并无恶意地建议毛姆写自传之后。毛姆原本是拒绝的，现在却开始考虑了，而且动笔时仍然对丽莎满怀敌意。出版商自然大力鼓动毛姆。他的邻居马克斯·比弗布鲁克察觉到毛姆自传放到《星期日快报》上连载肯定大有赚头，于是也撺掇毛姆。完成后的书稿完全达到了比弗布鲁克的希望，但第一个看到《回顾》打字稿的弗雷尔却被内容吓坏了。回忆录的主旨是作者在痛骂自己的婚姻生活，弗雷尔明显看出来这是毛姆脑筋不清楚的产物，决心保护毛姆，不要把自己的老糊涂暴露出来。秉承道义的弗雷尔拒绝出版《回顾》，并说服道布尔戴出版社也不要出版，但比弗布鲁克没有这种顾虑。在艾伦·塞尔的积极配合下——毛姆写明将《回顾》献给塞尔——比弗布鲁克玩了很高明的一手，不仅说服毛姆披露更多内幕，还组织了一场浩大的宣传攻势。比弗布鲁克报系出价 35000 英镑购得连载权，美国的《Show》杂志出价 25 万美元，艾伦欣然接受，把这些钱揣进了自己的腰包。"我很激动，"他给比弗布鲁克写信说，"未来有保障的感觉真好。"

　　《回顾》显然是毛姆智力衰退的产物，文风是漫谈式的，作者浮光掠影地讲述了自己的童年生活、求学经历、剧作生涯、旅行见闻和情报工作；他阐发哲学宗教观，谈了一点美术；他动情地回忆了自己与苏·琼斯的韵事；但是，这部作品之所以令人感兴趣又震惊，还是因为作者对自己与西莉关系的毫无顾忌、满怀恶意的叙述。西莉对自己的死缠烂打、她用假名在罗马生下丽莎、见他不愿意娶自己就试图自尽、两人共同生活时的可怕争吵，还有她做生意时的不诚实——这一切都以一种平实而单调的奇特语气讲了出来。在全书的结尾，毛姆将自己描述为"一个有很多不完美之处、也有很多痛苦的人"，他也承认"自己给读者留下了不好的印象"，接着写下了那句他常挂在嘴边的话："我写下它的原因是摆脱每每让我夜不能寐的回忆，因为我通过经验明白：摆脱回忆纠缠的一种有效方法就是把回忆用白纸黑字记下来。"

但是，百试不爽的方法这一次并没有奏效。1962 年 9 月至 10 月，《回顾》连载于《星期日快报》，用弗雷尔的话说，这七周时间可谓"天塌地陷"。毛姆被涌来的辱骂淹没了，其中不少是匿名来信。"每个人都完全知道了你恶臭、污秽的生活，"一个典型的例子是这样写的，"你是英国之耻，赶快带着你的男朋友滚出我们的国家吧。"但是，更令毛姆受伤的是许多朋友的反应，特别是那些当年与西莉关系好的人。诺埃尔·科沃德说，《回顾》"卑劣至极"；格雷厄姆·格林在写给《每日电讯报》的信中称其为"老糊涂写的丑闻录"；丽贝卡·韦斯特说毛姆是一个"肮脏的小蛤蟆"；加森·卡宁将该书形容为"肮脏下流，令人尴尬……［而且］只有嚣张的同性恋才写得出来"。10 月，毛姆照常来到伦敦，前往加里克俱乐部。当他走进一楼吧台时，大家突然都不说话了；片刻之后，几名会员大摇大摆地走了出去。毛姆心痛欲绝。人们都排斥他，说他犯下了滔天大罪，违反了英国绅士的行为准则。没有人比他更懂绅士之道了，他崇敬过它，分析过它，有时还会嘲笑它，并在表面上将它作为自己的立身之基。通过写《回顾》这本书，戈尔·维达尔说，"老毛姆给自己的丰碑埋下了地雷；然后将它引爆"。他身边只有艾伦一个人，痛哭不止，饱受负罪感的折磨，悔恨万分。两人于 12 月回到玛莱斯科别墅，毛姆从此再没有回英国。

对于毛姆这样一生成就卓著、对人性富有洞察力和智慧的人来说，很少有人能预料到他晚年会陷入几乎无解的痛苦之中。他开始做噩梦，睡着睡着就能被吓醒。塞尔现在和毛姆睡在一间屋子里，好在老人醒来时安慰他，最多的时候一晚要起来六次；到了白天，绝望的毛姆会枯坐好几个小时，不可抑止地落泪，拒绝被安慰。他痛苦到了极点，在任何事物、任何地方都找不到慰藉。《回顾》快结尾的时候，他毫不讳言地写道，"我既不相信神的存在，也不相信灵魂不灭"。尽管如此，宗教这一主题仍然吸引着他，让他迷惑不解，却既没有提供安慰，也没有带来信念。*

随着九十岁生日的临近，他越来越痛苦不安，出行欲望迫切，仿佛要寻找家无法提供的避风港。"地图都拿出来了，"艾伦沉痛地说道，"他身体确实很不好，但他渴望动一动。这让我很焦虑。"实际上，毛姆现在头脑不清楚，还有失禁的情况，哪怕是最高档的酒店也应付不了这种客人。1963年10月，毛姆下榻慕尼黑四季酒店期间发生了一起严重的事故，让艾伦发誓"除非带上男护工和贴身仆人，否则我再也不折腾了"；次年去威尼斯的旅行也是一样灾难，"我们不得不提前两周回家。这件事终于让我明白，旅行的日子已经结束了"。

然而，回到玛莱斯科别墅也是不得清净，塞尔说毛姆"很少有清醒的时候，清醒了也很痛苦"。毛姆知道自己不久于人世，渴望离开。"好可怜，好可怜的威利，"艾伦给罗宾的信里说，"他连吃药都不愿意。'别让我活了，让我走吧。'他这样求我。"1964年1月25日，毛姆九十岁生日那天有一张照片，他全身裹得严严实实，沿着天台颤颤巍巍地走路，身边是他心爱的腊肠犬乔治，它是弗雷尔夫妇送给他的礼物。《星期日快报》刊载的生日访谈中提到，毛姆说自

---

* 原注：毛姆在《回顾》中讲述了一次奇异的显灵，是他最后几次威尼斯之行中的一次目睹的。当时，他像往常一样去威尼斯美术学院看画，走得累了，就在委罗内塞的《利未家的宴会》前坐下。图中的耶稣坐在长桌的正中主位，侧着头与左边的施洗约翰说话。毛姆正凝神赏画时，突然看见耶稣转过头，正脸对着自己。他后来试着用视觉幻象来解释，但这件事还是令他深受震动。

己依然在哀悼母亲，"直到今天，失去母亲的痛苦依然和她在巴黎离世时一样剧烈"；他还说自己想要死："死的念头让我沉醉。在我眼里，死就是终极的、绝对的解脱。"老朋友们偶尔会来看望他，包括住在不远处的诺埃尔·科沃德。"我去看了威利·毛姆，"他在1965年8月25日的日记中写道，"我很高兴自己过去了，因为病痛中的他很感激我的到来。他前几天都在做噩梦，可怜的人。他很少有思路清楚的时候。当然了，他知道自己脑子不行了。我让他振奋了一点，当然也帮了帮可怜的艾伦。艾伦的日子简直跟地狱一样。"

艾伦的日子确实跟地狱一样。喊了那么多年狼来了，他总算有真正值得抱怨的理由了。毛姆耳朵听不见，视力也下降，无望又无助，一切都要仰赖艾伦。更糟糕的是，老人的情绪变动剧烈，有时哭哭啼啼地求欢，有时又火冒三丈，狠狠地打艾伦，看他的力气完全不像一个虚弱萎缩的老头。"我跟一个疯子关在了一起，"艾伦曾绝望地给罗宾写信说，"他的兽性真是不堪忍受。"他告诉杰瑞·吉普金，"他生活在一个属于他自己的可怕世界中，从他的尖叫声和恐怖的神情来看，那个世界肯定很阴森"。最常来别墅的人是罗宾，这对塞尔是很大的安慰。要是没有人愿意坐下来陪陪毛姆的话，塞尔真的就是房子里的囚徒；仆人们拒绝和老人独处，也不愿意给他做护理、喂食、洗澡、清洁的工作。"我有许多做起来非常不愉快的杂事，"艾伦告诉格伦威·韦斯考特，"可怜的老东西，要是放在以前，他该有多痛恨、多厌恶这些事啊。"仆人们也害怕毛姆：老人的身体一天不如一天，怒气倒是一天比一天凶猛，罗宾说他"像一只凶狠的螃蟹"。毛姆最癫狂的时候，就连他的侄子也要鼓足勇气才能面对。然而，对罗宾来说，在玛莱斯科别墅度过的最后时光是有回报的。老人头脑清醒的时候，罗宾就忙着要他讲述自己的生平和他认识的人，问完就跑回楼上自己的房间逐字逐句地记下来，以备日后之用。他还精心详尽地记下了毛姆的衣着、脾气、样貌，连吃过什么菜都不放过：“紫标黑色双排扣絮棉便服。白色绸衫，第一个扣子解开。黑色瘦款长裤。黑色天鹅绒拖鞋，前头有金丝的姓名首字母缩写……蕾丝桌布。粉红香槟酒……豌豆汤，花色鸡肉冻配绿叶菜沙拉，草莓酱蘸无花果，奶酪。椰枣与坚果。”毛姆上床后，罗宾就去盘问艾伦。用不着多劝，艾伦就会开口，有毛姆多年来跟他讲过的秘密，也有他的亲眼所见。

罗宾最后一次去玛莱斯科别墅是在1965年7月，没过多久，艾伦终于达到了忍耐的极限。“威利完全精神失常了，总是处于恐惧痛苦的状态，”他给艾兰·道布尔戴写信说，“他很少能认出我，一个人在房子里转悠，嘟嘟囔囔，嘟嘟囔囔。他有时能连续讲两三天的话，没日没夜地讲，那股子劲真是吓人。”陷入绝望的艾伦终于决定跟丽莎联系，哀求她来一趟玛莱斯科别墅。11月3日，丽莎来了，她已经有四年多没见到父亲了。塞尔来车站接他，他警告丽莎说，毛姆“完全疯掉了”，可能还有狂躁表现。尽管有心理准备，丽莎还是被看到的景象惊呆了，只见毛姆瘦小干瘪，面庞扭曲，老是咧开嘴对着她低声咆哮，有时还会朝她扑过去，一双手跟爪子似的。他明显认不出女儿了。艾伦说自己真是撑不住了，已经到了崩溃的地步，于是两人同意应该把毛姆送回英国，在那里可以找医生认定其为精神失常。当天晚上开车回博略的途中，艾伦不禁垂泪，丽莎的列车开出车站时，他还在哭个不停。

事态在丽莎走后发展很快。12月初，毛姆在地毯的一角绊倒，头摔破了，不久便患上肺炎。救护车把他送进了尼斯的英美医院，由他的私人医生罗沙诺夫诊疗。毛姆住了一个多星期的院，一直处于半昏迷状态。他的病房位于一楼，通过落地窗能看到花园和远处的地中海。医院大门外聚集了越来越多的记者、摄影师和摄制组。浮夸的罗沙诺夫医生每天都会兴致勃勃地向媒体通报病情，他为自己突然成了名人而感到自豪，每一分钟都很享受。与此同时，病房里的毛姆越发不安，强劲的西北风刮得窗户咣当咣当响，惹得他烦心。一名年轻的英国护士进来陪他，发现患者心情焦虑，头脑糊涂，急切地需要安抚。她把毛姆掖进被子时，他就让她也上床。"与性无关，"她说，"他只是想要安抚。"他想要护士抱着自己，就像小时候妈妈抱着他那样。她还拿来一个软靠垫垫在他背后，似乎让他安稳了些。12月16日清晨，毛姆去世，距离他的九十二岁生日还有不到一个月。值班医生被叫来确认，说了句："他走了。"院方给艾伦打电话，他不到一个小时就从玛莱斯科别墅赶过来了。毛姆的尸体盖在黑布下，迅速送上轿车，运回了别墅。上午，毛姆被宣布逝世于家中，以免进行强制尸检。

遗体停放在家里，邻居们在几天时间里纷纷前来吊唁，媒体也云集而来。12月20日，遗体在马赛火化，现场只有艾伦一人。他捧着带过来的骨灰罐，在火葬场的等候室里坐着，感觉时间过去了好几个钟头那么久，悲痛欲绝又筋疲力尽。最后，一名工作人员端着托盘出来了。那人揭开托盘的盖布，露出几块灰白色的长骨头，这些骨头太大了，没有被火烧尽。他又问能不能把骨头打碎，不然放不进骨灰罐。接着，他从口袋里掏出一把锤子，开始卖力地工作，而塞尔这时早已承受不住，跑到街上吐了起来。两天后，也就是12月22日，毛姆的骨灰下葬于坎特伯雷国王学院毛姆图书馆外，葬礼由校长和坎特伯雷大教堂教长主持，参加者有国王学院的学生和以丽莎夫妇及其四个子女为首的一小批哀悼者。

毛姆遗嘱宣读时，艾伦·塞尔发现自己成了大富豪。丽莎得到了玛莱斯科别墅和最初承诺给她一家的财物；罗宾保住了自己的信托基金，另外还撰写了一系列关于叔叔的回忆录谋利；毛姆去世还不到几周，罗宾就在一份发行量巨大的星期日报纸上披露了叔叔是同性恋的事情，之后也在继续写类似的内容，包括《罗宾与威利谈话录》《萨默塞特和毛姆家族》《逃离阴影》《追寻涅槃》等。安妮特和司机让各自得到了 2000 英镑，爱德华·麦克沃伊绘制的毛姆像赠给了尼斯市政府。除此之外的一切，包括别墅里的物件、全部现金、全部投资、全部版税、全部手稿出售所得均归艾伦终生享有，艾伦去世后，余款将捐给伦敦皇家文学基金会，用于接济贫困作家。然而，尽管做了那么多谋划，艾伦并没有从庞大的遗产中获得多少快乐。他搬进了蒙特卡洛的一所豪华公寓，里面摆满了从玛莱斯科别墅运来的珍品。与毛姆生前一样，艾伦仍然会四处旅行，下榻伦敦多切斯特宾馆、威尼斯格里蒂酒店、纽约广场酒店的豪华套间，为男朋友、衣服和大餐一掷千金。然而，艾伦并不幸福：他很孤独，想念毛姆和两人共度的绚烂生活，而且他的身体很快就垮了。他的体重严重超标，深受关节炎之苦，后来又得了帕金森症。1985 年，艾伦死了，享年八十岁。去世前不久，他向安·弗莱明——她是少数跟他还有联系的毛姆朋友之一——坦白，他特别后悔惹出了那么多乱子。

萨默塞特·毛姆去世后，他的名誉遭受了著名作家们难免要经历的下滑期，特别是他在漫长一生中的大部分时间里都没有离开公众的视线，也没有脱离时代的脉搏。六十年代是迅速变化的时代，很少有人再想去读那些讲述旧秩序、大英帝国、深居丛林的殖民地官员、太太们在压抑的爱德华七世时代钩心斗角的故事了。毛姆对此不会感到惊讶。"一名作家刚去世的时候会有微澜泛起，之后便是多年的无人问津，"他在 1946 年写道，"如果他的作品中包含某些具有长久价值的东西，那么人们会重新对他产生兴趣的。但是，沉寂期或许要持续二三十年。"他不可谓没有先见之明，因为过去二十年间，这位奇人作家的作品迎来了显著的复兴。从幼年起，毛姆就学会了隐藏自己充斥着痛苦的私生活，但他在写作中找到了幸福与释怀。他将创作的过程描述为"最令人着迷的人类活动"，创作是作家找到慰藉的所在，一个"可以在不泄露隐私的情况下诉说秘密"的地方。

他对艺术的热爱与苦心孤诣，使他成为有史以来最受欢迎、最多产的作家之一。现在，我们可以放心地说：今后的一代代人会为他倾倒，他已经奠定了自己的地位——萨默塞特·毛姆，一个伟大的讲故事的人。

致 谢

Acknowledgments

　　本书写作过程中得到了许多个人和机构的帮助,我在此表示极大的感谢。首先,我特别要感谢英国皇家文学基金会,萨默塞特·毛姆文学资产的版权持有者及遗嘱执行方;以及收藏毛姆文学资产的各大受托机构,感谢它们允许我引用毛姆著作和通信中的内容。其次,我要衷心感谢尼尔·杰曼和雷顿·杰曼兄弟,两人收藏了大量与毛姆有关的物品,并热情地允许我任意参观。最后,我还要感谢哈利·弗雷尔,他允许我观看他的母亲与丽莎·毛姆的对话记录。

　　我要诚挚感谢下列对本书创作过程给予支持的个人:凯特·安考特-威尔逊、马克·阿莫瑞、艾伦·安德森、威廉·贝克教授、弗里斯·班伯瑞、尼古拉斯·巴克、乔纳森·贝茨、迈克尔·布洛克、阿德里安·布里奇沃特、凯瑟琳·巴克内尔、迈克尔·伯恩、彼得·波顿、约翰·布莱恩、尚东·德布里埃伯爵夫人、阿莱德·钱宁、安妮·钱宁、柯莱特·克拉克、约翰·克雷、丽莎·科恩、约翰·寇德斯特里姆、萨莉·康涅利、布莱恩·柯南、罗伯特·康考斯特、安东尼·寇提斯、卡洛琳·库斯伯特、蒂莫西·达什-史密斯、多布尼夫人、理查德·德文波特-海因斯、玛丽·道森、文顿·迪恩、小纳尔逊·道布尔戴、查尔斯·达夫、登鲁斯勋爵、苏·富克斯、大卫·弗里曼、让·弗雷尔、格伦德文勋爵、高里伯爵、约翰·哈芬顿、安德鲁·哈维、尼古拉斯·哈斯勒姆、道林·霍金斯、彼得·哈克斯顿、蒂姆·希尔德、贝琳达·霍耶尔、乔纳森·霍普、格林·霍洛维茨、巴利·汉弗瑞斯、布鲁斯·亨特、保罗·亨特、艾伦·朱德、兹比格涅夫·坎托洛辛斯基、P. J. 卡瓦纳、H. K. 凯兰、约翰·肯沃斯-布朗、爱丽丝·里德、安德鲁·莱希特、詹姆斯·麦克唐纳、戴安娜·玛尔-约翰逊、克里斯·马克西、琼·莫雷、帕特里克·奥康纳、尼古拉斯·帕拉维奇尼、朱恩·皮尔森、保罗·波拉克、汤姆·萨刚特、路易斯·萨文教授、唐尼·苏格兰、大卫·沙克勒顿、斯黛拉·绍津、克雷格·V.绍沃特、马尔科姆·辛克莱、汤姆·斯塔西、詹姆斯·思杜尔顿、大卫·忒斯顿·戴维斯、雨果·维克斯、C. M. 文斯、迈克尔·沃特金斯、薇薇安·沃、克里斯托弗·威金森、林迪·伍德黑德、霍华德·乌尔默、大卫·沃辛顿、萨曼莎·温德海姆。

我要特别感谢下列对本书创作过程给予支持的两家图书馆或档案馆：波士顿大学霍华德·戈特利布档案研究中心、得克萨斯大学奥斯汀分校哈利·兰森人文研究中心。另外，我还要感谢以下机构：加州大学班克劳福特图书馆、巴纳多慈善基金会、耶鲁大学拜内克珍本手稿收藏馆、纽约公立图书馆博格收藏室、牛津大学博德莱恩图书馆、大英图书馆、纽约康奈尔大学、特拉华大学图书馆、伊顿公学图书馆、纽约大学法勒斯图书馆、加里克俱乐部、雅各·瑞德美国犹太裔文献中心、牛津大学基布尔学院、肯特郡议会肯特研究中心、坎特伯雷国王学院、华盛顿特区国会图书馆、印第安纳布卢明顿分校莉莉图书馆、伦敦图书馆、图尔萨大学麦克法林图书馆、格林尼治三一音乐学院杰伍德表演艺术图书馆曼德尔与米奇森戏剧作品收

毛姆传

藏馆、加州比弗利山电影艺术与科学学院玛格丽特·赫瑞克图书馆、马里兰大学图书馆、基尤英国国家档案馆公共档案办公室、兰登书屋集团档案馆、剑桥大学圣约翰学院图书馆、斯坦福大学图书馆、苏塞克斯大学图书馆、得克萨斯农工大学、维多利亚与阿尔伯特博物馆戏剧展区、北卡罗来纳威克森林大学图书馆、韦尔康图书馆沃波格研究院、白马厩镇博物馆、北卡罗来纳威克森林大学温斯顿–萨勒姆分校 Z. 史密斯·雷纳兹图书馆。

我非常感谢本书编辑朱莉·卡瓦纳对本项目的善意支持与敏锐眼力；感谢 T. F. 斯达雷教授和 R. F. 福斯特教授给出的极具价值的批评、鼓励和建议。

我已经尽可能查找了本书涉及资料的版权所有者，若有疏漏，在此表示歉意，并将在新版中加以改正。

注 释

Source Notes

本书注释将使用以下缩略语：

班克劳福特 = 加州大学伯克利分校班克劳福特图书馆（Bancroft Library, University of California, Berkeley）

拜内克 = 耶鲁大学拜内克珍本手稿收藏馆（Beinecke Rare Book and Manuscript Library, Yale University）

博格 = 纽约公立图书馆亨利 · W. 与阿尔伯特 · A. 博格英美文学收藏馆（The Henry W. and Albert A. Berg Collection of English and American Literature, The New York Public Library, Astor, Lenox and Tilden Foundations）

博德莱恩 = 牛津大学博德莱恩图书馆（Bodleian Library, Oxford University）

康奈尔 = 纽约康奈尔大学（Cornell University, New York）

特拉华 = 特拉华大学（University of Delaware）

法勒斯 = 纽约大学法勒斯图书馆（Fales Library, New York University）

加里克 = 伦敦加里克俱乐部（Garrick Club, London）

戈特利布 = 波士顿大学霍华德 · 戈特利布档案研究中心（Howard Gotlieb Archival Research Center, University of Boston）

兰森 = 得克萨斯大学奥斯汀分校哈利 · 兰森人文研究中心（Harry Ransom Humanities Research Center, University of Texas at Austin）

杰曼 = 澳大利亚新南威尔士州尼尔·杰曼和雷顿·杰曼兄弟收藏馆（Neil and Reiden Jenman Collection, New South Wales, Australia）

国王学院 = 坎特伯雷国王学院（The King's College, Canterbury）

莉莉 = 印第安纳大学莉莉图书馆（Lily Library, University of Indiana）

赫瑞克 = 电影艺术与科学学院玛格丽特·赫瑞克图书馆（Margaret Herrick Library, Academy of Motion Picture Arts and Sciences, Beverly Hills, California）

马里兰 = 马里兰大学图书馆特殊馆藏区格伦威·韦斯考特档案库（Glenway Wescott Collection, Special Collections, University of Maryland Libraries）

纽图 = 纽约公立图书馆手稿档案收藏区（Manuscripts and Archives Division, The New York Public Library, Astor, Lenox and Tilden Foundations）

普林斯顿 = 普林斯顿大学图书馆珍本及特殊图书部手稿分部（Manuscripts Division, Department of Rare Books and Special Collections, Princeton University Library）

公档办 = 基尤英国国家档案馆公共档案办公室（Public Record Office, The National Archives, Kew）

兰登书屋 = 北安普顿兰登书屋集团档案馆（Random House Group Archive, Northamptonshire）

斯坦福 = 斯坦福大学图书馆特殊藏品及校史部毛姆收藏架（1921—1979 年，编号：M0013）（Department of Special Collections and University Archives, Stanford University Libraries, Maugham [William S.] Collection, 1921-1979[M0013]）

得农工 = 得克萨斯州农工大学（Texas A&M University, Texas）

威克森林 = 威克森林大学 Z. 史密斯·雷纳兹图书馆（Z. Smith Reynolds Library, Wake Forest University）

WSM 或单独出现的"毛姆" = 威廉·萨默塞特·毛姆（William Somerset Maugham）

第一章　黑马厩镇的童年

001. "现代作家的生活"：《星期日快报》（*Sunday Express*），1955 年 4 月 16 日

005. "魅力非凡"：吉尔·布拉斯（Gil Blas），《每周画报》（*Hebdomadaire Illustré*）（巴黎），1882 年 2 月 6 日

005. "因为他不会伤我的心"，《总结》，第 16 页

007. "[女佣] 来到下面一层楼"：《人生的枷锁》，第 5 页

009. "亲爱的爸爸"：杰弗瑞·迈耶斯，《萨默塞特·毛姆传》，第 10 页

009. "水平远超普通业余演员"：弗朗西斯·奥本海默（Francis Oppenheimer），《内心的陌生人》（*Stranger Within*）（Faber 1960），第 132 页

012. "[他] 打开大衣柜"：《人生的枷锁》，第 10 页

027. "仿佛是人类对神的礼赞"：《人生的枷锁》，第 643 页

027. "讽刺本身有趣"：同上，第 78 页

027. "一时间似乎不再是自己了"：同上

028. "既无耐心，肝火又旺"：同上，第 68 页

029. "我当时崇拜他"：《坎特伯雷人》（Cantuarian），1965 年 12 月

029. "这里有一种美妙的、令人沉醉的古雅感觉"：《随性而至》（曼达林，1998），第 192 页

029. "心里产生了一种说不清是痛苦还是喜悦的奇特感受"：《人生的枷锁》，第 74 页

030. "实际上，我对自己的姓氏和名字都不喜欢"：《寻欢作乐》，第 64 页

030. "将自己所属阶层的习俗当成了自然法则"：同上，第 87 页

031. "要我们看，伦敦人都是低俗的家伙"：同上，第 36 页

031. "他用尽灵魂的全部力量去祈祷"：《人生的枷锁》，第 57 页

031. "我以前在国王学院跟他睡过觉"：艾伦·塞尔与罗伯特·卡德尔的访谈（Alan Searle; Robert Calder），1977 年 3 月 16 日，杰曼

032. "自母亲去世以来"：罗宾·毛姆，《罗宾与威利谈话录》，第 56 页

032. "我之所以选择阿申登这个名字"：毛姆致莫莉·阿申登的信（WSM; Mollie Ashenden），1954 年 2 月 9 日，国王学院

033. "我在当时当地就下定决心"：《回顾》，第 13 页

033. "我完全知道要做什么"：同上

034. "霎时间，他眼前闪现出一幕幕大学的生活场景"：《人生的枷锁》，第 99 页

第二章　圣托马斯医院

035. "他不是很喜欢我"：《总结》，第 58 页

037. "这座以害怕地狱"：《人生的枷锁》，第 131 页

038. "他真诚地错把自己的肉欲当作浪漫的恋爱"：同上，第 135 页

039. "舒适、单调、令人激动的海德堡生活带来的愉悦"：《总结》，第 187 页

040. "他们讲起了伦敦街头入夜后的故事"：《人生的枷锁》，第 84 页

041. "再不起来就没空吃饭啦"：《寻欢作乐》，第 109 页

042. "拒人于千里之外"：《人生的枷锁》，第 182 页

044. "我埋怨位置不正常"：《总结》，第 67 页

044. "我试图说服自己"：罗宾·毛姆，《逃离阴影》（Escape from the Shadow），第 232 页

044. "基于动物性吸引力的友谊"：《作家笔记》，第 10 页

044. "我没有融入医院的生活"：《总结》，第 60 页

045. "我写作是因为忍不住"：毛姆致《学院》的信（WSM; Academy），1897 年 9 月 13 日，普林斯顿

045. "[詹姆斯] 遭受的嘘声和倒彩声浪"：《随性而至》，第 163 页

046. "哎呀，写得真是太美了，太好了！"：T. F. G. 琼斯（T. F. G. Jones），《温特沃斯·胡舍的多样生活》（*The Various Lives of Wentworth Huyshe*，Campden & District Historical and Archaeological Society 1998），第 53 页

046. "我永远忘不了"：毛姆致温特沃斯·胡舍的信（WSM; Wentworth Huyshe），1897 年 8 月 30 日，兰森

047. "并不需要空气流通的大房间"：《人生的枷锁》，第 647 页

048. "享受着国王一般的待遇"：毛姆致诺曼·霍恩的信（WSM; Norman Horne），1937 年 8 月 30 日，兰森

048. "我失望极了"：《纯属自娱》，第 6 页

048. "我每天都很忙"：《面纱》，第 viii 页

048. "凡是罗斯金推荐的地方"：《总结》，第 96 页

049. "我那时真是太天真了"：《面纱》，第 viii 页

049. "他们的写作、绘画、作曲才华让我艳羡"：《总结》，第 72 页

049. "对一位二十岁出头的青年来说"：《纯属自娱》，第 6 页

051. "等活儿干的经历"：毛姆子爵，《白日将尽》，第 59 页

051. "那天，我走进手术室观摩一台剖宫产手术"：《作家笔记》，第 31 页

052. "我所见过的最迷人的地方"：《总结》，第 96 页

052. "我觉得一切都好伟大"：同上

053. "卡普里特别能腐化人的性情"：康普顿·麦肯齐，《非凡的女人》（*Extraordinary Women*）（Secker 1929），第 25 页

054. "孤独青年时代的亲密伴侣"：弗雷德里克·T. 巴森，《威廉·萨默塞特·毛姆作品目录》（Unicorn Press 1931），第 9 页

055. "极少有人明白"：《随性而至》，第 192 页

055. "[伦敦西区] 北面有一部分人称'前街'"：《偏僻的角落》，第 40 页

056. "说真的"：《理想丈夫》（*An Ideal Husband*），第二幕第二场

056. "[年纪小的一方说] 唉，我真不想变老"：《作家笔记》，第 16 页

057. "先生们，女人是每天排尿一次"：同上，第 13 页

057. "拐进散发着臭气的小巷"：《兰贝斯的丽莎》，第 vi 页

058. "故事表现出了几分能力"：爱德华·加涅特（Edward Garnett），1896 年 7 月 20 日，

博格

059. "我当时特别崇拜莫泊桑":《兰贝斯的丽莎》，第 vii 页

060. "我只是陈述了我在门诊部轮班":《总结》，第 161 页

060. "首次以写实的笔触": 毛姆致保罗·多汀的信（WSM; Paul Dottin），1926 年 9 月 14 日，兰森

060. "我有写好对话的本能":《总结》，第 109 页

060. "不是他的错":《兰贝斯的丽莎》，第 99 页

061. "他们在那里坐了很久": 同上，第 70 页

061. "这是一出发生于兰贝斯贫民窟的九日奇遇": 雷蒙德·图勒·斯托特,《W. 萨默塞特·毛姆作品目录》，第 17 页

061. "这是一部描绘女工和底层商贩生活的优秀现实主义作品": 安东尼·寇提斯和约翰·怀特黑德编,《W. 萨默塞特·毛姆：文论遗产》，第 22 页

062. "昂温这个人真是难缠": 查尔斯·斯克里伯纳(Charles Scribner),1897 年 6 月 14 日，普林斯顿

062. "全书弥漫着小酒馆的刺鼻气味":《每日邮报》(Daily Mail), 1897 年 9 月 7 日

062. "请读者注意":《雅典娜神殿》(Athenaeum), 1897 年 9 月 11 日

062. "《兰贝斯的丽莎》一书取得了应得的巨大成功":《圣托马斯医院院刊》(St Thomas's Hospital Gazette), 1898 年 6 月

063. "我已经读完了《兰贝斯的丽莎》": 1897 年 7 月 20 日，弗雷德里克·R. 卡尔和劳伦斯·戴维斯 (Frederick R. Karl and Laurence Davies) 编《约瑟夫·康拉德书信集：第一卷（1861—1897）》(The Collected Letters of Joseph Conrad vol. I 1861-1897) (Cambridge University Press 1983), 第 361 页

063. "面对人们对《兰贝斯的丽莎》一书的衷心称赞":《学院》(Academy), 1897 年 9 月 11 日

063. "我从未读过亚瑟·莫里森先生的大作": 毛姆致《学院》杂志的信 (WSM; Academy), 1897 年 9 月 13 日，普林斯顿

064. "《兰贝斯的丽莎》是一本最令人不快的书": 私人收藏

064. "对这个老东西毫无感情":《人生的枷锁》，第 626 页

065. "我觉得,通过圣托马斯医院的五年学习经历": 毛姆致芭芭拉·库尔茨的信 (WSM; Barbara Kurz), 1961 年 4 月，戈特利布

065. "我从医院走得太早了":《旋转木马》(Penguin 1976), 第 126 页

065. "我说准备弃医从文":《兰贝斯的丽莎》，第 viii 页

065. "我已经写完一本关于贫民窟的小说了":《总结》，第 161 页

第三章　本能作家

067. "人生的道路还长着呢"：《人生的枷锁》，第 671 页

068. "来西班牙之前"：《圣洁处女之地》，第 51 页

069. "不像法国人和意大利人那样开放"：同上，第 148 页

070. "西班牙年轻人的血是炽热的"：同上，第 48 页

070. "你多大？"：《西班牙主题变奏》，第 53 页

070. "但是，当我要写西班牙女人的时候"：《圣洁处女之地》，第 84 页

070. "绿色眼眸"：《总结》，第 98 页

071. "日子过得太惬意"：同上

071. "成功的作家就是精明的商人"：乔治·吉辛（George Gissing），《新寒士街》（*New Grub Street*）（Oxford World's Classics 1998），第 38 页

071. "[昂温] 彻底欺骗了我"：毛姆致 J. B. 平克的信（WSM; J. B. Pinker），1909 年 9 月 22 日，兰森

072. "在这条糟糕建议的引诱下"：《总结》，第 163 页

073. "看得出来，毛姆先生笔力越发强劲"：爱德华·加涅特审读报告，博格

073. "[毛姆先生] 写了一部优秀的小说"：《观察家》（*Spectator*），1898 年 8 月 6 日

073. "一张到处是纸张和书本的写字台"：《一个体面的男人》，第 1 页

073. "喜欢烟味"：《旋转木马》，第 164 页

074. "他 [佩恩] 长得很好看"：《回顾》，第 25 页

074. "我天生富有洞察力，擅长写流畅的对白"：《总结》，第 22 页

075. "没拿到钱，我当然觉得失望"：毛姆致莫里斯·克勒斯的信（WSM; Maurice Colles），1899 年 2 月 28 日，莉莉

075. "《史蒂芬·凯里》确实已经完稿"：毛姆致莫里斯·克勒斯的信，1898 年 11 月 10 日，博格

075. "都有一点平淡，有点沉闷"：爱德华·加涅特审读报告，博格

076. "黛西站在舞台上"：《导向》，第 252 页

076. "黛西缓缓走在大街上"：同上，第 276 页

077. "当时还不为大众所熟悉"：《兰贝斯的丽莎》，第 xvi 页

077. "一本平庸的书"：《伦敦书迷》（*London Bookman*），1899 年 7 月

077. "这是 W. S. 毛姆先生目前最优秀的作品"：《雅典娜神殿》，1899 年 6 月 17 日

077. "毛姆先生总算有点意思了"：《学院》（*Academy*），1899 年 7 月 1 日

077. "深褐色的眼睛"：路易斯·马洛（Louis Marlow），《七位朋友》（*Seven Friends*）

注 释

（Richards Press 1953），第 144 页

078. "五英尺七的人和六英尺二的人"：《作家笔记》，第 221 页

078. "我觉得感官需求"：《总结》，第 88 页

078. "从十五岁到五十岁"：毛姆致凯特·布鲁斯的信（WSM; Kate Bruce），1929 年 4 月 3 日，博格

078. "他情绪化得让人害怕，在性的方面"：芭芭拉·贝尔福德（Barbara Belford），《不可抗拒的薇奥莱特·亨特》（*Violet: The Story of the Irrepressible Violet Hunt*）（Simon & Schuster 1990），第 116 页

078. "有点硬"：毛姆致莫里斯·克勒斯的信（WSM; Maurice Colles），1989 年 11 月 10 日，博格

078. "有失体面，不宜发表"：1908 年克勒斯诉毛姆案，英国高等法院王座法庭审理，兰森

078. "我总算删完了"：毛姆致莫里斯·克勒斯的信，1899 年 7 月 31 日，博格

079. "我当时年纪太轻"：《总结》

079. "没有分量的游戏之作"：毛姆在国会图书馆的讲话，1950 年

080. "年轻作家不只是引见给他而已"：奥斯伯特·西特维尔（Osbert Sitwell），《高贵还是客套》（*Noble Essences or Courteous Revelations*）（Macmillan 1950），第 38 页

080. "我所知道的人里面最风趣、最能带给人持久愉悦的谈话者"：《总结》，第 4 页

080. "她们非要戴着手套"：《月亮与六便士》，第 10 页

081. "平静的家庭生活"：南希·米特福德（Nancy Mitford），《水甲虫》（*Water Beetle*）（Hamish Hamilton 1962），第 41 页

081. "他不是那种只跟男人来往的男人"：《随性而至》，第 28 页

081. "我觉得他不是很有激情"：同上，第 26 页

081. "内在的、强烈的浮躁之气"：毛姆致迪恩（WSM; Dean），1950 年 2 月 10 日，马里兰

082. "神是一位绅士"：塞西尔·罗伯茨（Cecil Roberts），《欢乐岁月：1947—1972》（*The Pleasant years 1947-1972*）（Hodder & Stoughton 1974），第 129 页

082. "无聊到难以忍受的"：《随性而至》，第 4 页

082. "我建议你不要说'公交'"：同上，第 39 页

083. "规矩藩篱一概打破"：圣赫利尔夫人（Lady St Helier），《五十年的回忆》（*Memories of Fifty Years*）（Edward Arnold 1909），第 187 页

083. "你喜欢抽雪茄吗"：《随性而至》，第 38 页

084. "[性关系]通常是很惬意的"：雷蒙德·莫蒂默与罗伯特·卡德尔的访谈（Raymond Mortimer; Robert Calder），1972 年 11 月 2 日，杰曼

毛姆传

084. "你和其他男青年不一样"：《回顾》，第 27 页

084. "布尔战争是大英帝国的第一个裂痕"：《吉卜林文选》，第 xx 页

085. "他回想起玛丽的样子"：《英雄》，第 305 页

085. "对詹姆斯来说"：同上，第 340 页

085. "每当她用手指触碰他时"：同上，第 40 页

085. "丑陋和兽性的"：同上，第 208 页

085. "一部诚实的作品"：《兰贝斯的丽莎》，第 xvii 页

086. "吐绿的橡树披上青翠的新衣"：《英雄》，第 33 页

086. "日落时分的西风"：《作家笔记》，第 34 页

087. "伯莎看着他"：同上，第 257 页

088. "女人就像母鸡"：同上，第 88 页

089. "有的时候，他在谈给地里除草的事"：同上，第 45 页

089. "我最喜爱的"：《书与读者》（Books & Bookmen），1922 年 5 月

089. "[杰拉德] 当然毫无羞涩之相"：《克雷杜克夫人》，第 224 页

089. "[如果] 你害怕直面生活"：《读书人》（Bookman），1902 年 12 月

089. "实质性的成功"：《兰贝斯的丽莎》，第 xviii 页

第四章　白猫餐厅

091. "把对话写到纸上"：《总结》，第 109 页

093. "各大日报纷纷厉声痛斥这部剧"：迈克尔·迈耶（Michael Meyer），《易卜生》（Ibsen）（Penguin 1985），第 686 页

094. "你不会懂牢门被打开的感觉的！"：《一个体面的男人》，第 154 页

094. "满嘴都是别人的点子"：《总结》，第 112 页

094. "极其虚荣自大"：毛姆致莫里斯·克勒斯的信（WSM; Maurice Colles），1903 年 11 月 7 日，拜内克

094. "参加威利话剧首演"：凯特·布鲁斯（Kate Bruce）未发表备忘录，私人收藏

094. "我这个弟弟总算搞出点名堂了"：罗宾·毛姆，《萨默塞特与毛姆家族》，第 164 页

094. "斯堪的纳维亚的长夜"：《雅典娜神殿》，1903 年 2 月 28 日

094. "我已经很久没有听到过如此精致而敏感的英文了"：《星期日时报特刊》（Sunday Special），1903 年 3 月 1 日

094. "第二幕构思和文笔俱佳"：《星期六评论》（Saturday Review），1903 年 2 月 28 日

095. "一个知识分子小圈子的赞赏不能让我满足"：《总结》，第 111 页

095. "作者对原本过于愤世嫉俗的结尾"：《伦敦新闻画报》（*Illustrated London News*），1904 年 2 月 27 日

095. "我们没有理由认为"：《星期六评论》，1904 年 3 月 5 日

095. "年轻的作者怪害羞的"：雷蒙德·曼德尔与乔·米奇森，《毛姆戏剧指南》，第 20 页

096. "哈利对我说"：罗宾·毛姆，《罗宾与威利谈话录》，第 56 页

096. "他特别需要别人的理解"：罗宾·毛姆，《萨默塞特与毛姆家族》，第 163 页

096. "大体是个同性恋"：丽贝卡·韦斯特与罗伯特·卡德尔访谈（Rebecca West; Robert Calder），1976 年 9 月 14 日，杰曼

097. "我敢肯定，他不只是因为失败而自杀的"：罗宾·毛姆，《萨默塞特与毛姆家族》，第 165 页

097. "抑郁""极悲伤"：未发表回忆录，私人收藏

097. "极度悲观"：《总结》，第 27 页

097. "肯定遭受过虐待"：未发表回忆录，私人收藏

097. "看话剧、读小说的时候很容易落泪"：未发表回忆录，私人收藏

098. "日子不好过"：毛姆致温特沃斯·胡舍的信（WSM; Wentworth Huyshe），日期不详，兰森

098. "如果你听说有把剧本从法文"：毛姆致莫里斯·克勒斯的信（WSM, Maurice Colles），日期不详，日期不详，戈特利布

098. "我特别希望你能出《兰贝斯的丽莎》的六便士平价版"：毛姆致莫里斯·克勒斯的信，1902 年 7 月 19 日，莉莉

098. "看看这三部短篇小说"：毛姆致莫里斯·克勒斯的信，1904 年 7 月 3 日，博格

098. "这是一份殊荣"：《魔法师》，第 vi 页

099. "当然，这是曲高和寡的问题"：劳伦斯·豪斯曼（Laurence Housman），《出乎意料的年月》（*The Unexpected years*）（Cape 1937），第 202 页

100. "我很喜欢她"：詹姆斯·T. 博尔顿和林顿·瓦塞（James T. Boulton and Linden Vasey）编，《D. H. 劳伦斯书信集第五卷》（*The Letters of D. H. Lawrence vol. V*）（Cambridge University Press 1989），第 98 页

100. "这档子'事'总算结束了"：毛姆致薇奥莱特·亨特的信（WSM; Violet Hunt），日期不详，博格

100. "我真希望这辈子都不用再写小说了"：毛姆致薇奥莱特·亨特的信，日期不详，博格

100. "我认为你写得非常好"：毛姆致薇奥莱特·亨特的信，日期不详，康奈尔

101. "我觉得主要是因为游记的题目"：毛姆致爱德华·马什的信（WSM; Edward

Marsh），1943 年 4 月 1 日，博格

101. "被两端撕扯"：《月亮与六便士》，第 13 页

102. "看似礼貌地低声给她讲荤段子"：《旋转木马》，第 40 页

102. "我写得很造作"：《兰贝斯的丽莎》，第 xix 页

102. "我为了一个基佬要死要活"：《旋转木马》，第 284 页

103. "循规蹈矩的习惯"：同上，第 10 页

103. "假如她漂亮又理智的话"：莱昂 · 埃德尔（Leon Edel），《亨利 · 詹姆斯》（Henry James）（Collins 1987），第 226 页

103. "奇特的一伙"：毛姆给多丽丝 · 亚瑟 · 琼斯的《生活！》（What a Life!）撰写的序言（Jarrolds 1932）

103. "不曾脱落"：毛姆致大卫 · 塞西尔的信（WSM; David Cecil），1957 年 9 月，杰曼

104. "[最起码]我没去地铁当乘务员"：马克斯 · 比尔博姆（Max Beerbohm），《剧院那些事》（Around Theatres）（Hart-Davis 1953），第 4 页

104. "你，小伙子，你不属于这种人"：《星期六评论》，1908 年 4 月 4 日

104. "他不了解状况"：《毛姆戏剧集》（Plays）第一卷，第 vii 页

104. "是一个脾气不太好的壮汉"：《旋转木马》，第 35 页

105. "一个人写下的大部分文字"：毛姆致瓦奥莱特 · 亨特的信（WSM; Violet Hunt），日期不详，康奈尔

105. "因为我当时正与一位性好奢华的年轻人交往"：《总结》，第 164 页

105. "以魅力、外貌、机智而论"：道格拉斯 · 葛德林（Douglas Goldring），《怪人出笼》（Odd Man Out）（Chapman & Hall 1935），第 54 页

106. "小伙子人不错，可惜才智有限，却有点过分爱美"：牛津大学基布尔学院

106. "我考试老是不及格"：哈利 · 菲利普斯致约瑟夫 · 多布林斯基的信（Harry Phillips; Joseph Dobrinsky），1966 年 9 月 16 日，得农工

106. "我们都很喜欢对方"：同上

106. "我不禁在想，强迫一个人去做一项他厌恶的工作是极其残酷的事"：毛姆致杰拉德 · 凯利的信（WSM; Gerald Kelly），日期不详，戈特利布

106. "由于雷吉雅好声色"：《旋转木马》，第 171 页

106. "钱就好比第六种感官"：《总结》，第 112 页

106. "我发现你收了我 15 便士左右的邮费"：毛姆致莫里斯 · 克勒斯的信（WSM; Maurice Colles），1904 年 8 月 28 日，莉莉

107. "你好好看看，海涅曼可是花了大力气"：同上，1904 年 2 月 22 日

107. "[毛姆先生]对文字的掌控力很好"：《泰晤士报文学增刊》（Times Literary

Supplement），1905 年 5 月 26 日

107.“我一边写作，嫉妒心一边啃啮我的心弦”：《兰贝斯的丽莎》，第 xiii 页

107.“以前那样倒也不错”：《魔法师》，第 vi 页

108.“跟哥哥住在一起时”：毛姆致瓦奥莱特·亨特的信（WSM; Violet Hunt），日期不详，博格

108.“他的整张脸只有一种颜色”：《星期日时报》（*Sunday Times*），1954 年 1 月 24 日

109.“只要是我们确实看不上的东西，我们就坚决不去说它的好话”：同上

109.“说来惭愧，我也说不清它们是好是坏”：《魔法师》，第 vii 页

109.“亲爱的杰拉德，听说你再次病倒”：毛姆致杰拉德·凯利的信（WSM; Gerald Kelly），1905 年 7 月 26 日，戈特利布

110.“威利是个好人”：《泰晤士报》，1969 年 3 月 18 日

110.“对通俗美术很有想法”：毛姆致杰拉德·凯利的信，日期不详，戈特利布

110.“写归写，但我不能说自己真是他的秘书”：哈利·菲利普斯致约瑟夫·多布林斯基的信，1966 年 9 月 16 日，得农工

110.“他对我关怀备至”：同上

110.“[威利]对绘画特别感兴趣”：同上，1966 年 11 月 14 日

110.“毛姆喜欢哈哈大笑”：同上，1966 年 9 月 16 日

111.“这封信是三天前动笔的”：毛姆致杰拉德·凯利的信，1905 年 4 月 25 日，戈特利布

112.“我觉得他是一个悲剧性的人物”：克莱夫·贝尔（Clive Bell），《老朋友》（*Old Friends*）（Chatto & Windus 1956），第 164 页

112.“可惜，他立即毫不掩饰地表露出厌恶之情”：《回顾》，第 28 页

112.“冷酷刻薄”：《随性而至》，第 183 页

112.“犹豫一阵后”：《回顾》，第 28 页

112.“臭虫”：阿莱斯特·克劳利（Aleister Crowley），《克劳利自传：孤独的精神第二卷》（*The Spirit of Solitude: An Autohagiography Vol. II*）（Mandrake Press 1929），第 243 页

113.“我马上对他心生厌恶”：《魔法师》，第 viii 页

113.“活像个市政府里的小官”：《随性而至》，第 183 页

114.“威利用法语——口音无可挑剔”：《星期日时报》，1954 年 1 月 24 日

114.“我特别害怕出洋相”：毛姆致亚瑟·圣约翰·爱德考克的信（WSM; Arthur St John Adcock），1908 年 5 月 14 日，莉莉

114.“[毛姆]面色沉静，几近于无精打采”：芙拉沃（Flower）编，《阿诺德·本涅特

日记第一卷：1896—1910》（*The Journals of Arnold Bennett vol. I 1896-1910*），第208 页

115. "我不是很喜欢他"：《随性而至》，第 186 页

115. "我跟她说到你了"：同上

115. "一个可爱的男人"：同上，第 183 页

116. "我从没见过毛姆动情的样子，除了"：贝尔福德（Belford），《瓦奥莱特》（*Violet*），第 116 页

116. "当我意识到自己对他的伤害"：哈利·菲利普斯致约瑟夫·多布林斯基的信，1966 年 9 月 16 日，得农工

116. "我想你，想到悲伤"：毛姆致杰拉德·凯利的信，1905 年 4 月 15 日，戈特利布

117. "西奥多，你这只老鸟也长出新绒毛啦"：《饼与鱼》，第 38 页

118. "我给你找了一位新客户"：阿诺德·本涅特致 J. B. 平克的信（Arnold Benett; J. B. Pinker），1905 年 6 月 11 日，兰森

118. "我们还是各自保留意见吧"：毛姆致莫里斯·克勒斯的信（WSM; Maurice Colles），1905 年 7 月 29 日，拜内克

119. "因为他们还没有重量级的作者"：毛姆致 J. B. 平克的信，1905 年 11 月 12 日，兰森

119. "我们来这里快一周了"：毛姆致杰拉德·凯利的信，1905 年 9 月 19 日，戈特利布

120. "在成为一事无成的废物的过程中，他度过了许多年的快活时光"：E. F. 本森（E. F. Benson），《终版》（*Final Edition*）（Longmans Green 1940），第 106 页

121. "我敢确定，许多人都会觉得你运气好到了家了"：毛姆致杰拉德·凯利的信，1905 年 9 月 19 日，戈特利布

122. "在那里，我终于明白自己在浪费生命"：哈利·菲利普斯致约瑟夫·多布林斯基的信，1906 年 7 月 3 日，兰森

122. "一个人把自己全部的爱"：《作家笔记》，第 42 页

122. "拿到这笔钱的时候"：《总结》，第 164 页

123. "《淑女天地》结没结账"：毛姆致 J. B. 平克的信，1906 年 7 月 3 日，兰森

123. "仿佛对一件不名誉之事的回忆"：《兰贝斯的丽莎》，第 xii 页

123. "不要怕，我会回来的"：《探险家》，第 204 页

124. "我不喜欢它"：毛姆致瓦奥莱特·亨特的信(WSM; Violet Hunt)，1907 年 4 月 10 日，博格

124. "书里的角色太崇高了"：毛姆致杰拉德·凯利的信，1907 年 3 月 25 日，戈特利布

124. "毛姆后来告诉我"：乔治·C. 泰勒（George C. Tyler），《上升的一切》（*Whatever Goes Up*）（Bobbs-Merrill 1934），第 208 页

125. "为毛姆的钱包感到惋惜"：同上，第 209 页

注 释

125."我开始觉得，我大概是写不出能让大牌女演员喜欢的剧了"：《毛姆戏剧集》第一卷，第 viii 页

125."你的信让我欣喜万分"：毛姆致戈丁·布莱特的信（WSM; Golding Bright），1907年 9 月 16 日，兰森

126."我在库克公司发现有艘船下午去马赛"：《毛姆戏剧集》第一卷，第 ix 页

126."[我] 当时特别缺钱"：雷蒙德·图勒·斯托特，《W. 萨默塞特·毛姆作品目录》，第 274 页

第五章　英伦剧匠

127."从世纪初到战争爆发 [1914 年]"：詹姆斯·埃格特（James Agate），《1900—1926 年英国戏剧界简评》（*A Short View of the English Stage 1900-1926*）（Herbert Jenkins 1926），第 68 页

128."我思考过剧院经理对话剧的各种要求"：《毛姆戏剧集》第一卷，第 vii 页

128."[弗雷德里克夫人] 身穿晨衣，披头散发"：同上，第 67 页

128."你知道吗？难点就是两边脸颊要颜色相同"：同上，第 73 页

129."你以为我不知道，这虚伪的妆容之下"：同上，第 89 页

129."我猜你是遇上事了吧"：《旋转木马》，第 234 页

129."激荡人心的剧目"：《泰晤士报》，1907 年 10 月 28 日

130."从头到尾充满欢乐"：《学院》，1907 年 11 月 2 日

130."成功的剧作家"：贝弗利·尼克尔斯（Beverly Nichols），《二十五》（*Twenty-Five*）（Penguin 1935），第 233 页

130."我当时不是很希望有人陪"：毛姆致杰拉德·凯利的信（WSM; Gerald Kelly），日期不详，戈特利布

130."你真是把帕勒汀·福德斯演活了"：毛姆致查尔斯·罗恩的信（WSM; Charles Lowne），1907 年 10 月 28 日，莉莉

131."我抬起头"：《总结》，第 115 页

131."蠢得离谱"：毛姆致凯利的信，1908 年 1 月 26 日，戈特列布

131."《华尔兹之梦》跟爱德华兹的合同都告吹了"：同上，1908 年 2 月 20 日

131."我高兴地发现"：同上，1908 年 3 月 8 日

132."那真是意料之外的巨大成功"：《总结》，第 115 页

132."当时联系我拍摄和访谈的人很多"：同上，第 116 页

132."我快乐得不得了"：《回顾》，第 36 页

132. "今日的高贵女士栽培艺术家"：《毛姆戏剧集》第三卷，第 viii 页

133. "埃德加·华莱士是什么人"：《随性而至》，第 197 页

133. "女士们退回客厅后"：《寻欢作乐》，第 3 页

133. "上一次类似的爆红剧目大概要追溯到萨尔杜的年代"：《星期日时报》，1908 年 5 月 3 日

134. "年度人物"：《星期六评论》，1908 年 6 月 20 日

134. "轻盈如羽毛"：《星期日时报》，1908 年 3 月 29 日

134. "突然间门庭若市"：哈利·菲利普斯致约瑟夫·多布林斯基的信（Harry Phillps; Joseph Dobrinsky），1966 年 9 月 16 日，得农工

136. "同时代最成熟的喜剧演员"：W. 萨默塞特·毛姆，《查尔斯·霍特里的真相》（*The Truth at Last from Charles Hawtrey*）（Thornton Butterworth 1924），第 5 页

136. "我试着给苏安排一个配角"：毛姆致杰拉德·凯利的信，1908 年 2 月 20 日，戈特利布

136. "在我见过的人里，她的微笑是最美丽的"：《回顾》，第 30 页

137. "他举止镇定"：《人性的枷锁》，第 293 页

137. "我经常要装出热情的样子"：《总结》，第 77 页

138. "我曾深爱多年的女人"：格雷厄姆·杨（Graham Young），"萨默塞特·毛姆"，《每日邮报》，1953 年 1 月 27 日

138. "出身于一个平凡的家庭"：德雷克·哈德森（Derek Hudson），《爱画一生：杰拉德·凯利传》（*For Love of Painting: The Life of Sir Gerald Kelly KCVO, PRA*）（Peter Davies 1975），第 51 页

138. "两人在一起过得很幸福"：杰拉德·凯利致理查德·克代尔的信（Gerald Kelly; Richard Cordell），1959 年 8 月 20 日，莉莉

138. "你写过的书里最好的女性角色"：杰拉德·凯利致毛姆的信，日期不详，戈特利布

138. "我打开门，点亮蜡烛后举在手里"：《寻欢作乐》，第 139 页

140. "不可救药地恋爱了"：哈德森，《爱画一生》，第 51 页

140. "为了这幅画，她特意摆出迷人的姿势"：杰拉德·凯利与罗伯特·卡德尔的访谈（Gerald Kelly; Robert Calder），1970 年 2 月 4 日，杰曼

140. "我第一次参加排演的时候"：备忘录《第一次排演》（*First Rehearsal*），1935 年，莉莉

141. "火车事故没了一条腿是不幸"：《毛姆戏剧集》第一卷，第 172 页

"我注意到"：芙拉沃（Flower）编，《阿诺德·本涅特日记第一卷：1896—1910》（*The Journals of Arnold Bennett vol. I 1896-1910*），第 287 页

141. "你认识他吗？我觉得他肯定是个大脑袋"：《总结》，第 117 页

142. "我通常用五天写成第一幕"：毛姆致约瑟夫·多布林斯基的信，1957 年 8 月 1 日，得农工

142. "我痛恨贫穷"：《作家笔记》，第 73 页

142. "金钱在生活中巨大的、深入的……不可抵挡的重要性"：路易斯·马洛（Louis Marlow），《两人一床》（*Two Made Their Bed*）（Gollancz 1929），第 9 页

142. "跟威利共进晚餐之后"：《书与读者》（*Books & Bookman*），1980 年 5 月

143. "只见他站在客厅中央"：《星期六评论》，1908 年 6 月 20 日

143. "身为戏剧天才的萨默塞特·毛姆"：日记，1907 年 5 月 3 日，康奈尔

143. "现在的剧本与你当初经手的那一版几乎没有一个字是一样的"：毛姆致莫里斯·克勒斯的信（WSM; Maurice Colles），1907 年 11 月 29 日，杰曼

143. "我一直觉得出版商不认字才好"：《兰贝斯的丽莎》，第 xii 页

144. "你知道，我这个人特别讲究文雅"：毛姆致杰拉德·凯利的信，1907 年 3 月 25 日，戈特利布

144. "我想跟你商量一下"：毛姆致 J. B. 平克的信（WSM; J. B. Pinker），1906 年 10 月 5 日，兰森

144. "有一种令人心跳加速的恐怖感"：《兰贝斯的丽莎》，第 xix 页

145. "玛格丽特……内心极度排斥"：《魔法师》，第 118 页

145. "我听说毛姆又写了一部讽刺小说"：乔纳森·本宁顿（Jonathan Benington），《罗德里克·奥康纳》（*Roderic O'Conor*）（Irish Academic Press 1992），第 95 页

145. "我做梦也没想到"：约翰·西蒙斯（John Symonds），《阴影国度的王：阿莱斯特·克劳利的生平与魔法》（*The King of the Shadow Realm: Aleister Crowley, His Life and Magic*）（Duckworth 1989），第 129 页

146. "毛姆摘取了我的一些最私密的事件"：克劳利，《孤独的精神》第二卷（*The Spirit of Solitude vol. II*），第 129 页

146. "无数用科学无法解释的东方事物"：《魔法师》，第 35 页

146. "你说神灯的试炼那一段用力过猛"：毛姆致瓦奥莱特·亨特的信（WSM; Violet Hunt），1906 年 12 月 31 日，博格

146. "题目为'婊子养的'"：毛姆致杰拉德·凯利的信，日期不详，戈特利布

147. "真正的恐怖小说"：《观察家》，1908 年 12 月 12 日

147. "这话都是别人不愿意提的"：斯坦利·韦恩特劳布（Stanley Weintraub），《雷吉：雷金纳德·特纳画像》（*Reggie: A Portrait of Reginald Turner*）（George Braziller, NY 1965），第 163 页

147. "我爱上了你的身体"：《魔法师》，第 98 页

毛姆传

147. "任何人都无权谴责另一个人的作为"：毛姆在英国皇家剧院联合基金会的发言，1892 年 5 月 26 日，博格

148. "你真是个可爱的人"：乔纳森·弗雷尔（Jonathan Fryer），《罗比·罗斯：奥斯卡·王尔德的真爱》（*Robbie Ross: Oscar Wilde's True Love*）（Constable 2000），第 200 页

148. "我见过的最搞笑的家伙之一"：《随性而至》，第 173 页

148. "我不想伤害他的感情"：毛姆致大卫·塞西尔的信（WSM; David Cecil），日期不详，杰曼

148. "哎呀，我的书的第二版才难得"：哈利·菲利普斯致约瑟夫·多布林斯基的信（Harry Phillips; Joseph Dobrinsky），1966 年 9 月 16 日，得农工

149. "我觉得雷吉正处于事业的关键期"：大卫·塞西尔，《马克斯》（*Max*）（Constable 1964），第 109 页

149. "我记得屋子里颇为昏暗"：毛姆致大卫·塞西尔的信，日期不详，杰曼

149. "威尔斯给我的印象是"：《随性而至》，第 174 页

150. "我相信，像史蒂文斯夫人这样可爱的老妇人还有不少"：马克斯·比尔博姆致毛姆的信（Max Beerbohm; WSM），1928 年 2 月 5 日，戈特利布

150. "去的人有马克斯、雷吉·特纳"：毛姆致大卫·塞西尔的信，日期不详，杰曼

151. "她说话刻意"：奥斯伯特·西特维尔（Osbert Sitwell），《高贵还是客套》（*Noble Essences or Courteous Revelations*），第 130 页

151. "赶快写一部轻喜剧"：朱莉·斯比迪（Julie Speedie），《神奇的斯芬克斯：艾达·利弗森传》（*Wonderful Sphinx: The Biography of Ada Leverson*）（Virago 1993），第 166 页

151. "亲爱的斯芬克斯，可爱的马蹄铁已收到"：毛姆致艾达·利弗森的信（WSM; Ada Leverson），1909 年 7 月 2 日，拜内克

151. "一项莫大的荣耀"：同上，1908 年 4 月 23 日

151. "她特别盼着 [毛姆] 来"：瓦奥莱特·温德海姆（Violet Wyndham），《斯芬克斯和她的圈子：艾达·利弗森小传（1862—1933）》（*The Sphinx and Her Circle: A Biographical Sketch of Ada Leverson 1862-1933*）（Deutsch 1963），第 77 页

152. "希望有朝一日你能请我见一见波西"：毛姆致艾达·利弗森的信，日期不详，拜内克

152. "仅仅因为作者恰好是自己的朋友"：温德海姆，《斯芬克斯和她的圈子》，第 167 页

152. "亲爱的斯芬克斯，此文恕不能刊载"：同上

153. "当时与我相恋的……年轻女子"：毛姆致约瑟夫·多布林斯基的信（WSM; Joseph Dobrinsky），1957 年 8 月 1 日，得农工

153. "如同自然界的伟力"：伊萨克·F. 马克森与丹尼尔·弗罗曼（Issac F. Marcosson

and Daniel Frohman）著《查尔斯·弗罗曼：生涯与生平》（*Charles Frohman: Manager and Man*）（John Lane, The Bodley Head 1916）导言

153."[查尔斯·弗罗曼]是我认识的人里面最有冒险精神"：《泰晤士报》，1909 年 5 月 10 日

154."我想要告诉你《佩涅罗珀》取得成功是多么让我高兴"：毛姆致查尔斯·弗罗曼的信，1909 年 1 月 28 日，兰森

154."我有几件事情想要了解"：毛姆致戈丁·布莱特的信（WSM; Golding Bright），1908 年 9 月 20 日，兰森

155."听说弗罗曼喜欢新剧"：同上，1908 年 11 月 12 日

155."看到他和多特合作无间"：艾琳·范布伦（Irene Vanbrugh），《讲述我的故事》（*To Tell My Story*）（Hutchinson 1948），第 78 页

155."与一名剧组人员到旁边的饭店匆匆吃完午饭"：《总结》，第 101 页

155."我做过一种尝试"：同上，第 105 页

156."文章里写我既不严肃，又不体面"：《毛姆戏剧集》第二卷，第 vi 页

156."我要斗胆提一个建议"：毛姆给苏特罗的信（WSM; Sutro），1911 年 12 月 25 日，私人收藏

156."毛姆总是让我神经紧张"：范布伦，《讲述我的故事》，第 79 页

156."勇者还没有赢得美人"：毛姆致杰拉德·凯利的信（WSM; Gerald Kelly），1908 年 3 月 3 日，戈特利布

157."苏作为演员说不上杰出"：《回顾》，第 48 页

157."饰演严谨、一丝不苟的女仆"：《星期日时报》，1909 年 1 月 10 日

157."我认为，要想摆脱惠斯勒大叔的影响"：毛姆致杰拉德·凯利的信，1908 年 3 月 8 日，戈特利布

157."你恳求你抓住机会"：同上，1907 年 3 月 25 日

157."目前，我认为奥本和尼克森是你最大的竞争对手"：同上，日期不详

158."我的每一个朋友都跟她上过床"：《回顾》，第 49 页

158."她唯一真心爱过的男人"：哈德森，《爱画一生》，第 51 页

158."她是我最喜欢的人"：《回顾》，第 49 页

159."抵抗俗见需要极大的力量和自信"：《一个体面的男人》，第 156 页

160."我久久不能忘怀他那张写着戒备与怀疑的脸"：马洛，《七个朋友》，第 144 页

160."白肤黑发、英俊潇洒的年轻人"：艾达·利弗森（Ada Leverson），《限度》（*The Limit*）（Grant Richards 1911），第 51 页

160."他举止与常人无异"：同上

160."哈利明白,希望捞到一个角色的勒斯科姆小姐":同上,第 181 页

161."平凡而粗鄙的":同上,第 219 页

162."我很喜欢他":玛丽·勒尔与朱利安·豪尔爵士的访谈(Marie Lehr; Sir Julian Hall),维多利亚与阿尔伯特博物馆

162."天气很好。下午打了高尔夫":私人收藏

163."我再了解不过的":毛姆致杰拉德·凯利的信,日期不详,戈特利布

163."我花了很大力气才克制住炫耀文采的冲动":同上,1909 年 4 月 23 日

163."围绕着伦敦人性体验的莫名其妙的规矩和偏见":杰拉德·凯利致雷纳德·庞德的信(Gerald Kelly; Reginald Pound),1953 年 1 月 26 日,博格

163."对我来说,英国是一个":《总结》,第 95 页

164."一个好心人提要开车带我横穿法国":毛姆致杰拉德·凯利的信,1907 年 3 月 25 日,戈特利布

164."我遇到了一位为我的魅力倾倒的埃及帕夏":同上,1907 年 9 月 9 日

164."奥斯卡和所有那些古代鸡奸者与当下的纽带":路易斯·马洛致卢埃林·博伊斯的信(Louis Marlow; Llewelyn Powys),1939 年 3 月 8 日,私人收藏

164."是啊,是啊,我知道":马洛,《七个朋友》,第 143 页

164."我认为写剧本的难度被大大高估了":《毛姆戏剧集》第二卷,第 vii 页

165."如果他现在只愿意写轻喜剧的话":《星期六评论》,1909 年 1 月 9 日

165."品味的多样性":《国家报》(Nation),1909 年 1 月 16 日

165."它们愤世嫉俗的程度刚好足以令多愁善感的俗人既能乐在其中":戴斯蒙德·麦卡锡,《威廉·萨默塞特·毛姆:英国莫泊桑》(Heinemann 1934),第 4 页

165."评论家们谴责我写低层次的大众剧目":《总结》,第 116 页

165."我曾经是知识界平凡的、受尊敬的一员":同上

166."我又累又乏":毛姆致戈丁·布莱特的信(WSM; Golding Bright),1909 年 10 月 20 日,兰森

166."你知道十个男人里有九个是无赖":《第十个男人》,第 197 页

166."首演当晚的反响很平淡":毛姆致艾达·利弗森的信,1910 年 2 月 27 日,拜内克

167."毛姆提线操纵的时间已经太久":《星期六评论》,1910 年 10 月 22 日

167."在写实和戏剧效果两方面都缺乏诚意":《总结》,第 118 页

167."我是快乐的,我是富裕的,我是忙碌的":《人生的枷锁》,第 2 页

167."全伦敦最机智的单身汉":艾尔莎·麦克斯韦(Elsa Maxwell),《名流马戏团》(The Celebrity Circus)(W. H. Allen 1964),第 20 页

167."如果她不在家":《倾听者报》(Listener),1954 年 1 月 28 日

167. "[他] 一副衣冠楚楚的样子"：塞西尔·罗伯茨（Cecil Roberts），《欢乐岁月》（The Pleasant Years），第 135 页

168. "我家正在彻底重装"：毛姆致查尔斯·弗罗曼的信（WSM; Charles Frohman），日期不详，兰森

168. "怀着专业作家的克制与抽离"：麦卡锡，《萨默塞特·毛姆：英国的莫泊桑》，第 4 页

168. "上层阶级谈论统治大英帝国时仍然如同打理私产"：《总结》，第 2 页

168. "亲爱的阿尔修森夫人"：毛姆致多萝西·阿尔修森夫人的信（WSM; Dorothy Allhusen），日期不详，拜内克

169. "感谢你让我度过了一个愉快的周末"：同上，日期不详，加里克

169. "我想跟你立一个约定"：《回顾》，第 36 页

169. "亲爱的斯芬克斯，请替我感谢你的朋友的好意"：毛姆致艾达·利弗森的信（WSM; Ada Leverson），1910 年 2 月 21 日，拜内克

170. "沉闷的国丧期间"：毛姆致瓦奥莱特·亨特的信（WSM; Violet Hunt），日期不详，博格

170. "是美国近年来最成功的话剧之一"：毛姆致 J. B. 平克的信（WSM; J. B. Pinker），1909 年 2 月 12 日，兰森

170. "我 10 月 22 日乘坐'喀罗尼亚'号出发"：毛姆致查尔斯·弗罗曼的信（WSM; Charles Frohman），1910 年 10 月 9 日，兰森

170. "正如踏上征服美洲航程的克里斯托弗·哥伦布"：毛姆致戈丁·布莱特的信（WSM; Golding Bright），1909 年 10 月 16 日，兰森

第六章　西莉

172. "下一周每天的午餐和晚餐都有人请客"：毛姆致 M. L. 弗莱明的信（WSM; M. L. Fleming），1910 年 11 月 3 日，杰曼

172. "为毛姆先生 [举办] 的社交活动有很多"：《纽约时报》，1914 年 11 月 5 日

172. "燕尾服，条纹裤"：碧丽·伯克（Billie Burke），《鼻子上的羽毛》（With a Feather on My Nose）（Peter Davies 1950），第 91 页

173. "我们不是会员"：同上

173. "我发现你已经为我找好了妻子"：毛姆致 M. L. 弗莱明的信，1912 年 9 月 29 日，杰曼

174. "卓越的小说家即使离群索居，生活也是澎湃的"：《随性而至》，第 168 页

174. "我跟他说不用"：同上，第 166 页

175. "家族外貌特征的相似实属惊人"：罗宾·毛姆，《萨默塞特与毛姆家族》，第 42 页

175. "巴里认为它是我最好的作品"：毛姆致杰拉德·凯利的信（WSM; Gerald Kelly），日期不详，戈特利布

175. "观众确实笑了，却也表达了不满"：同上

175. "人们看到教会人员在舞台上受到嘲讽都觉得震惊"：毛姆致多萝西·阿尔修森的信（WSM; Dorothy Allhusen），日期不详，拜内克

176. "我觉得人们可能只是厌烦我了"：毛姆致杰拉德·凯利的信，日期不详，戈特利布

176. "伯克此行能给我带来两三千英镑的收入"：同上

176. "霍华德对我们一直很友善"：同上

177. "你最优秀的作品之一"：同上

177. "我一辈子从未这样舒适过"：同上

177. "一座占地面积不大、不起眼的房子"：休·沃波尔（Hugh Walpole），《威廉·萨默塞特·毛姆的"名利场"》（William Somerset Maugham's Vanity Fair），1920 年

177. "我今天早晨沿着大道散步"：毛姆致杰拉德·凯利的信，日期不详，戈特利布

177. "曼谷和上海的市容"：《人生的枷锁》，第 537 页

178. "我有点想到缅甸跟你住一阵子"：毛姆致杰拉德·凯利的信，日期不详，戈特利布

178. "我花了几年时间写求快的话剧"：《人生的枷锁》，第 2 页

178. "我感觉那一切都让我窒息"：毛姆致约瑟夫·C. 斯密特的信（WSM; Joseph C. Smythe），日期不详，杰曼

178. "我现在非常幸福"：毛姆致杰拉德·凯利的信，日期不详，戈特利布

178. "我把书稿带在身边"：毛姆致多萝西·阿尔修森的信（WSM; Dorothy Allhusen），日期不详，拜内克

179. "换换脑子，休息一下"：毛姆致杰拉德·凯利的信，日期不详，戈特利布

179. "该书尚未完成，恐怕赶不上秋季出版"：毛姆致威廉·海涅曼的信（WSM; William Heinemann），1912 年 7 月 9 日，兰登书屋

179. "我正在努力写小说"：毛姆致杰拉德·凯利的信，日期不详，戈特利布

179. "彻底砸了……冗长　嗦"：同上

181. "他的无足轻重变成了力量"：《人生的枷锁》，第 603 页

182. "书中情节与现实原型未必完全相同"：《总结》，第 188 页

182. "她又高又瘦"：《人生的枷锁》，第 306 页

182. "在意一个没精打采的小服务员说的话确实荒唐"：同上，第 309 页

183. "［菲利普］苦恼成疾"：同上，第 427 页

183. "他现在从来不亲吻她"：同上，第 549 页

183. "尽管他一直没多少钱"：同上，第 564 页

184. "他转过身，沿着牛津街"：同上，第 625 页

184. "他失去了理智"：同上，第 685 页

184. "他产生结婚的念头"：同上，第 699 页

184. "我既追求自由，又觉得能在婚姻里找到自由"：《总结》，第 190 页

185. "你写的东西太好了"：毛姆致吉尔伯特·克拉克的信（WSM; Gilbert Clark），日期不详，杰曼

185. "威利几乎一字不动地用了我的稿子"：吉尔伯特·克拉克，1914 年 5 月，杰曼

186. "毫无疑问，毛姆把我们交往过程的一段我做得不是很体面的事"：哈利·菲利普斯致约瑟夫·多布林斯基的信(Harry Philips; Joseph Dobrinsky)，1966 年 9 月 16 日，得农工

186. "老弟啊，你等着吧"：毛姆致杰拉德·凯利的信，1905 年 9 月 19 日，戈特利布

186. "他有一项特殊的本领"：《人生的枷锁》，第 259 页

187. "我意识到，自己过去为大众品位做出了太多妥协"：毛姆致威廉·海涅曼的信，1914 年 8 月 6 日，兰登书屋

187. "但这本书是我最珍爱的东西"：同上

187. "假如我有自由选择的机会和足够的聪明才智"：乔治·H. 杜兰（George H. Doran），《巴拉巴编年史：1884—1934》（Chronicles of Barabbas 1884-1934）（Harcourt, Brace 1935），第 148 页

188. "这是一部鸿篇巨制"：《新国务家》（New Statesman），1915 年 9 月 25 日

188. "这是一部……极其重要的小说"：《新共和》（New Republic），1915 年 12 月 25 日

188. "我的出版生涯中最得意、最值得一提的两份契约"：杜兰，《巴拉巴编年史》，第 148 页

189. "天气是一部分"：马克罗森与弗罗曼（Marcosson and Frohman），《查尔斯·弗罗曼》（Charles Frohman），第 407 页

189. "我要你给我写一部新戏"：同上，第 270 页

189. "年迈的姊姊收到这位跟她做伴的人"：《毛姆戏剧集》第二卷，第 xiii 页

189. "枯燥是枯燥，不舒服是不舒服"：毛姆致杰拉德·凯利的信，1913 年 6 月 1 日，戈特利布

189. "那种稀奇、紧张的生活再有趣不过"：《毛姆戏剧集》第二卷，第 xiii 页

189. "我的天，他们过的是怎样的生活啊"：毛姆致玛贝尔·比尔兹利的信（WSM; Mabel Beardsley），1912 年 12 月 29 日，杰曼

190. "我给她地方住"：《毛姆戏剧集》第二卷，第 247 页

190. "你算什么"：同上，第 284 页

190. "看在老天的分上"：同上，第 298 页

191. "观众当然对戏本身一无所知"：毛姆致杰拉德·凯利的信（WSM; Gerald Kelly），1913 年 12 月 3 日，戈特利布

191. "女主角被演成了无邪少女"：同上

191. "可怜的女主角一场上来，一场下去"：同上

192. 《应许之地》属于写得很好"：伯克，《鼻子上的羽毛》，第 98 页

192. "表现的加拿大西部风貌是完全错误的"：《埃德蒙顿日报》（*Edmonton Journal*），1914 年 4 月 10 日

192. "加拿大男人在梦里都不会将妻子呼来喝去"：埃德蒙顿《每日公告报》（*Daily Bulletin*），1914 年 4 月 10 日

192. "毛姆的'皮格马利翁'孔武有力"：《英格兰评论》（*English Review*），1914 年 5 月

193. "如果我真想娶妻生子的话"：《总结》，第 190 页

194. "你果真认为 B 跟其他人上过床"：毛姆致阿尔弗雷德·苏特罗的信（WSM; Alfred Sutro），日期不详，私人收藏

194. "我是来向你求婚的"：《回顾》，第 48 页

195. "周游世界的计划破灭了"：毛姆致杰拉德·凯利的信，1913 年 12 月 3 日，戈特利布

195. "我马上猜到这里的女演员是谁"：《回顾》，第 48 页

195. "我知道她在这些方面多么不小心"：同上

196. "比他好得多的丈夫"：同上

197. "我当时正好空闲"：同上，第 56 页

197. "要是咱们不用去看戏多好"：同上

197. "她准备房子装修好就开暖房聚会"：同上，第 57 页

198. "从那以后，我几乎每天都跟西莉见面"：同上，第 58 页

202. "装修风格奇妙而赏心悦目"：《毛姆戏剧集》第三卷，第 123 页

203. "最好的年纪刚刚过去的名媛"：格伦威·韦斯考特与泰德·摩根的访谈（Glenway Wescott; Ted Morgan），杰曼

203. "伦敦最有魅力的男人"：同上

203. "一切都很愉快"：《回顾》，第 61 页

203. "威利叔叔带韦尔康太太"：未发表回忆录，凯特·布鲁斯（Kate Bruce），私人收藏

204. "拼上了耐力"：麦克斯韦，《名流马戏团》，第 20 页

205. "我不想尘埃落定前跟你讲"：《回顾》，第 61 页

注　释

205. "我有很多话想跟你说"：毛姆致杰拉德·凯利的信，1914 年 5 月 4 日，戈特利布

206. "还是对我疯狂迷恋"：毛姆致 M. L. 弗莱明的信（WSM; M. L. Fleming），日期不详，杰曼

206. "他们有文学以外的共同爱好"：菲斯·康普顿·麦肯齐（Faith Compton Mackenzie），《永远的午后》（*Always Afternoon*）（Collins 1943），第 90 页

206. "从英国各处邮局送来的一捆捆报纸"：菲斯·康普顿·麦肯齐，《胆大包天》（*As Much as I Dare*）（Collins 1938），第 269 页

207. "对可怜的布鲁克斯很不厚道"：康普顿·麦肯齐致格伦威尔·库克的信（Compton Mackenzie; Grenville Cook），1966 年 5 月 1 日，莉莉

207. "他的感知力不错"：本森（Benson），《终版》（*Final Edition*），第 243 页

207. "要是毛姆弄了个老婆来切尔科拉别墅"：康普顿·麦肯齐，《我的生活与时代：四个八度（1907—1915）》（*My Life and Times: Octave Four 1907-1915*）（Chatto & Windus 1965），第 233 页

208. "对我来说，英国在地图中的形状是重要的"：《作家笔记》，第 128 页

209. "她让我觉得自己是个畜生"：《回顾》，第 64 页

209. "这里没有蜡烛"：毛姆致杰拉德·凯利的信，日期不详，戈特利布

210. "值班的医生不超过两人"：《作家笔记》，第 75 页

210. "说话声与痛苦的呻吟声"：同上，第 78 页

210. "Mais non"：《回顾》，第 63 页

211. "我前两天目睹了一场飞机间的战斗"：毛姆致阿尔弗雷德·苏特罗的信（WSM; Alfred Sutro），日期不详，私人收藏

211. "我前两天有幸目睹"：毛姆致威廉·海涅曼的信（WSM; William Heinemann），1914 年 12 月 27 日，兰登书屋

211. "我已经多年没做过这些事了"：《作家笔记》，第 76 页

212. "我有点恼火"：《总结》，第 78 页

212. "战争对他 [毛姆] 才能的发展"：麦卡锡，《威廉·萨默塞特·毛姆：英国的莫泊桑》，第 14 页

212. "我们既没有跑断腿，也没有无聊至死"：毛姆致 M. L. 弗莱明的信（WSM; M. L. Fleming），日期不详，杰曼

213. "观光也成了麻烦事"：毛姆致杰拉德·凯利的信，日期不详，戈特列布

213. "工作艰苦又枯燥"：《作家笔记》，第 82 页

213. "我评论了几句"：麦卡锡，《威廉·萨默塞特·毛姆：英国的莫泊桑》，第 5 页

214. "她对我的信置之不理"：《回顾》，第 64 页

第七章　代号"萨默维尔"

223. "不好意思，我能帮你做点什么吗"：罗宾·毛姆，《罗宾与威利谈话录》，第 18 页

224. "对你还是对生活"：同上，第 20 页

224. "踮着脚尖从房间里走过"：《人生的枷锁》，第 18 页

224. "连树上的鸟儿都能迷住"：亚瑟·马歇尔与罗伯特·卡德尔访谈（Arthur Marshall; Robert Calder），杰曼

225. "富有魅力，兼具善良与狡黠"：休·沃波尔（Hugh Walpole）日记，兰森

225. "是个快活人"：《倾听者报》，1974 年 2 月 7 日

225. "长青不老"：哈罗德·阿克顿（Harold Acton），《一个美学家的回忆》（*Memories of an Aesthete*）（Methuen 1948），第 188 页

225. "很男人"：彼得·昆内尔与罗伯特·卡德尔访谈（Peter Quennell; Robert Calder），杰曼

225. "他散发着浪子的气息"：《情迷佛罗伦萨》，第 17 页

226. "粉嘟嘟的小不倒翁"：萨拉·哈克斯顿致露易丝·沙朗的信（Sara Haxton; Louise Sharon），1896 年 3 月 19 日，班克拉夫特

226. "我的日子单调乏味到了极点"：同上，1901 年 1 月 1 日

227. "谁都不会知道"：《回顾》，第 64 页

227. "这里冷极了"：毛姆致威廉·海涅曼的信（WSM; William Heinemann），1915 年 2 月 10 日，兰登书屋

227. "我要是在这里"：毛姆致杰拉德·凯利的信（WSM; Gerald Kelly），1915 年 2 月 1 日，戈特利布

228. "我的银行经理跟我讲过一句话"：毛姆致威廉·海涅曼的信，1915 年 3 月 7 日，兰登书屋

228. "她好像觉得这是世界上最自然的事情似的"：《回顾》，第 68 页

228. "她哭得很凶"：同上

229. "我很高兴一切正照常运行"：毛姆致阿尔·海蒙的信（WSM; Al Hayman），1915 年 6 月 10 日，法勒斯

229. "炫目的冰凌"：曼德尔和米奇森，《毛姆戏剧指南》，第 8 页

230. "一部富有批判性……极其风趣"：《纽约时报》，1917 年 3 月 13 日

230. "自范布伦以来，没有一位剧作家"：路易斯·克罗嫩贝格（Louis Kronenberger），《欢笑的连线：从琼森到毛姆的英国舞台喜剧》（*The Thread of Laughter: Chapters on English Stage Comedy from Jonson to Maugham*）（Knopf 1952），第 291 页

230. "了不起……无情而好笑"：《新国务家》，1923 年 10 月 6 日

230. "英国剧作家有史以来写出的最优秀作品之一"：埃格特（Agate），《1900—1926年英国戏剧界简评》（*A Short View of the English Stage 1900-1926*），第 107 页

230. "鉴于本剧于美国上演时的某些流言"：曼德尔和米奇森，《毛姆戏剧指南》，第 122 页

230. "她觉得这个人很有趣"：《回顾》，第 65 页

231. "珀尔：亚瑟，你以后别叫我小姑娘了"：《毛姆戏剧集》第三卷，第 63 页

231. "一名二十五岁的俊秀青年"：同上，第 20 页

231. "你别老是问我爱不爱你行不行"：同上，第 63 页

232. "[毛姆先生]与韦尔康太太住在相邻的两间客房"：韦尔康家族档案

232. "我无所事事"：《回顾》，第 69 页

233. "你要是娶她就是傻瓜"：同上，第 74 页

234. "只要咱俩结婚"：罗宾·毛姆，《罗宾与威利谈话录》，第 35 页

234. "你还没有失去独处的权利"：乔治·波多-里奇（Georges de Porto-Riche），《爱情话剧集》第三卷（*Amoureuse: Théâtre d'amour vol. III*）（Albin Michel 1928），第 87 页

234. "坐在下面看戏时"：毛姆致杰拉德·凯利的信，1915 年 11 月 12 日，戈特利布

235. "这件事总算完了，谢天谢地"：同上，1916 年 2 月 26 日

235. "你几周之内肯定会跟她见面"：同上，1916 年 2 月 28 日

235. "对我来说，这一整件事是极大的痛苦和忧虑"：毛姆致 F. H. 毛姆的信（WSM; F. H. Maugham），1916 年 3 月 12 日，兰森

236. "最优秀的高级喜剧"：范布伦（Vanbrugh），《讲述我的故事》，第 112 页

236. "轻如羽毛"：《星期日时报》，1916 年 2 月 13 日

236. "浑然天成的喜剧典范"：《每日邮报》，1916 年 2 月 8 日

236. "库珀：夫人，我觉得男人就不想结婚"：《毛姆戏剧集》第三卷，第 158 页

236. "你知道那种感觉吗"：同上，第 188 页

237. "她辉煌的舞台生涯中最优秀的演出之一"：同上，第 v 页

237. "我从未取得过《卡洛琳》这样巨大的成功"：毛姆致 F. H. 毛姆的信，1916 年 3 月 12 日，兰森

238. "如果干得好，没人会感谢你"：《英国特工阿申登》，第 4 页

238. "他举止优雅"：同上，第 30 页

239. "没有什么比编码解码更无聊的事了"：同上，第 215 页

239. "[密码]分为两个部分"：同上，第 105 页

240. "像市政府办事员"：同上，第 109 页

240. "日内瓦是流言汇聚之所"：毛姆致杰拉德·凯利的信，1915 年 11 月 12 日，戈特利布

240. "在这样的境况中，要无聊是很荒唐的"，《英国特工阿申登》，第 108 页

241. "坑我们"：克里斯托弗·安德鲁（Christopher Andrew），《特务工作：英国情报机关的建成》（*Secret Service: The Making of the British Intelligence Community*）（Heinemann 1985），第 152 页

241. "[阿申登] 下达了一些指令"：《英国特工阿申登》，第 19 页

242. "在这个复杂而庞大的机器中"：同上，第 7 页

242. "干不完的杂事"：爱德华·诺布鲁克（Edward Knoblock），《绕屋而行》（*Round the Room*）（Chapman & Hall 1939），第 208 页

242. "迄今为止，[沃林格的] 瑞士行动"：迈克尔·奥克莱肖（Michael Occleshaw），《对抗命运的盾牌：一战期间的英国军事情报机关》（*Armour Against Fate: British Military Intelligence in the First World War*）（Columbus 1989），第 225 页

243. "我希望恢复因我自己的愚蠢"：《总结》，第 192 页

243. "我是愿意娶西莉的"：《回顾》，第 75 页

243. "美国人很同情德国"：毛姆致杰拉德·凯利的信，1916 年 10 月 15 日，戈特利布

244. "美与浪漫"：《总结》，第 193 页

244. "我相信"，《回顾》，第 76 页

245. "在海上旅程中，不管多远"：同上，第 90 页

245. "没有货船，没有帆船，也没有渔船"：《作家笔记》，第 90 页

245. "这是一片空旷的荒漠"：《颤动的叶子》，第 14 页

246. "亲爱的伯特更真挚"：毛姆致克劳斯·乔纳斯的信（WSM; Klaus Jonas），1956 年 8 月 29 日，兰森

247. "她跟我隔着两个船舱"：威尔蒙·梅纳德（Wilmon Menard），《黑暗之后》（*After Dark*），1975 年 12 月

247. "檀香山的火热棒棒糖"：梅纳德，《萨默塞特·毛姆的两个世界》，第 307 页

248. "极其英俊的旅伴"，同上，第 316 页

248. "我进入了一个新世界"：《总结》，第 195 页

249. "每次回到船舱"：梅纳德，《黑暗之后》，1975 年 12 月

249. "从一条线索、一次意外"：《总结》，第 195 页

249. "作者不能被动地等待经历降下来"：毛姆致迈克尔·沃特金斯的信（WSM; Michael Watkins），1954 年 7 月 4 日，私人收藏

249. "穿着一件无袖汗衫"：《作家笔记》，第 94 页

250. "他的红脸蛋上都是斑"：《颤动的叶子》，第 122 页

250. "见瑞德第一面"：同上，第 128 页

251. "你叫什么名字"：同上，第 144 页

251. "[伍德罗太太] 讲起土民的堕落败坏"：《作家笔记》，第 94 页

251. "在当时的审查部门所允许的范围内"：梅纳德，《萨默塞特·毛姆的两个世界》，第 108 页

252. "我希望她承受人世间的苦痛"：《颤动的叶子》，第 294 页

252. "她镇定了一下"：同上，第 301 页

253. "吃完晚餐，我们来到甲板上"：《作家笔记》，第 96 页

253. "塌鼻子、笑眯眯、黑皮肤的本地人"：同上，第 117 页

254. "多少钱"：同上，第 118 页

254. "人生中第一段完全美好"：格伦威·韦斯考特与罗伯特·卡德尔的访谈（Glenway Wescott; Robert Calder），杰曼

254. "毛姆爱慕哈克斯顿"：乔治·莱兰斯致罗伯特·卡德尔的信（George Rylands; Robert Calder），杰曼

255. "吵闹，吹牛，低俗"：《情迷佛罗伦萨》，第 28 页

255. "要不是他，我在南太平洋旅行时"：《回顾》，第 90 页

255. "讽刺与惊悚交融"：《星期六评论》，1921 年 11 月 5 日

256. "写南太平洋主题的作品有一条禁忌"：詹姆斯·米切纳致克劳斯·乔纳斯的信（James Michener; Klaus Jonas），1905 年 2 月 13 日，兰森

257. "世上最值得怜悯的人"：《月亮与六便士》，第 160 页

257. "我感觉自己先前被置于"：《回顾》，第 97 页

257. "先判了前面一个喝醉酒的人"：《星期六评论》，1961 年 10 月 14 日

259. "不知我要做的这份工作是否有报酬"：毛姆致威廉·怀斯曼的信（WSM; William Wiseman），1917 年 7 月 7 日，杰曼

260. "匆匆一瞥"：毛姆致杰拉德·凯利的信（WSM; Gerald Kelly），1917 年 9 月 25 日，戈特利布

261. "萨默塞特·毛姆先生抵俄执行秘密任务"：怀斯曼机密文件 90-42，E. M. 豪斯文献（E. M. House Collection），耶鲁大学图书馆

262. "看起来很不健康"：《作家笔记》，第 165 页

262. "发言讲到一半"：露易丝·布莱恩特（Louise Bryant），《俄国的红色六月》（*Six Red Months in Russia*）（Heinemann 1918），第 117 页

262. "面对一群又一群出现的反对者"：《每日新闻》（*Daily News*），1917 年 9 月 27 日

263. "我从没见过一个人在公众讲话期间"：格伦威·韦斯考特与罗伯特·卡德尔访谈 (Glenway Wescott; Robert Calder)，杰曼

263. "有萨莎做东兼翻译"：《回顾》，第 82 页

263. "日前收到毛姆发来的重要电报"：卡德尔，《W. 萨默塞特·毛姆和追索自由》，第 282 页

264. "需要行动的时候却空谈不休"：《总结》，第 197 页

265. "白桦树上的白嘴鸦呱呱叫着"：《作家笔记》，第 154 页

265. "我很想了解英国的消息"：毛姆致爱德华·诺布鲁克的信 (WSM; Edward Knoblock)，1917 年 10 月 1 日，博格

266. "我们这些欧罗巴酒店里的人"：伊曼纽尔·维克多·沃斯卡 (Emanuel Victor Voska)，《间谍与反间谍》(*Spy and Counterspy*) (Doubleday, Doran 1940)，第 232 页

266. "我知道你朋友遍天下"：毛姆致爱德华·诺布鲁克的信，1917 年 10 月 1 日，博格

267. "你不会跟人讲自己和英国特工吃过饭吧"：www.ochcom.org

267. "它办了几场招待会"：《亚瑟·兰森自传》(*The Autobiography of Arthur Ransome*) (Cape 1976)，第 190 页

267. "今晚和威利·毛姆在一起"：休·沃波尔日记，兰森

268. "我好色，但色心若得满足，我便是虔诚而纯洁的"：同上

268. "他看俄国就像我们看戏一样"：沃波尔，《威廉·萨默塞特·毛姆的"名利场"》，1920 年

268. "反动帝国主义特务"：罗德利·杰夫瑞斯–琼斯 (Rhodri Jeffreys-Jones)，《美国间谍：从特勤局到中情局》(*American Espionage: From Secret Service to CIA*) (Collier Macmillan 1977)，第 96 页

268. "我必须让俄国士兵知道他们打仗是为了什么"：毛姆致怀斯曼的信，1917 年 11 月 18 日，耶鲁大学图书馆怀斯曼档案

269. "我做不到"：《回顾》，第 85 页

270. "我恐怕 [此物] 只有历史意义了"：贝尔福私人秘书档案 (1917—1924)，公档办，文件编号 800/205

270. "彻底的失败"：《总结》，第 196 页

270. "[我觉得] 由于我的身体可能会垮掉"：《回顾》，第 86 页

第八章　面纱背后

274. "我喜欢私密的房间"：《总结》，第 197 页

274. "结核病人彼此相爱的方式里": 毛姆致爱德华·诺布鲁克的信 (WSM; Edward Knoblock)，1918 年 2 月 24 日，博格

275. "一天里最让人激动的就是邮差到来": 毛姆致阿尔弗雷德·苏特罗的信 (WSM; Alfred Sutro)，日期不详，私人收藏

275. "纯粹是为了逗乐": 毛姆致保罗·多汀的信 (WSM; Paul Dottin)，日期不详，兰森

275. "微不足道": 《新国务家》，1923 年 10 月 6 日

275. "真实地记述了大战期间": 毛姆致保罗·多汀的信，日期不详，兰森

275. "[威利的] 外交部的神秘上司": A. S. 弗雷尔致泰德·摩根的信 (A. S. Frere; Ted Morgan)，1978 年 3 月 11 日，杰曼

276. "除非他满满当当提前半小时将行李放在头顶的架子上": 《英国特工阿申登》，第 67 页

276. "一本崭新的护照就在口袋里"，同上，第 171 页

277. "她 [茱莉娅] 无所适从，用手捂在心脏的位置": 同上，第 143 页

277. "受到的接待周到至极": 同上，第 215 页

277. "哈灵顿先生很烦人": 同上，第 283 页

278. "阿申登自己也在看书的时候": 同上，第 279 页

278. "他是那么好心": 同上，第 283 页

278. "半小时后，我听到下面的街道有枪声": 沃斯卡 (Voska)，《间谍与反间谍》(Spy and Counterspy)，第 232 页

279. "他面朝下躺在一摊血泊之中": 《英国特工阿申登》，第 325 页

279. "经常讲起间谍生涯": 肯尼斯·克拉克致罗伯特·卡德尔的信 (Keneeth Clark; Robert Calder)，1981 年 12 月 29 日，杰曼

279. "毋庸讳言，R 是个大人物": 《英国特工阿申登》，第 52 页

280. "他们渴望达成目的": 同上，第 263 页

281. "现代间谍小说的鼻祖": 《纽约时报书评》(New York Times Book Review)，1981 年 9 月 13 日

281. "我的作品当然受到了阿申登故事的影响": 泰德·摩根，《毛姆》，第 313 页

281. "《英国特工阿申登》是独一无二的": 雷蒙德·钱德勒致毛姆的信 (Raymond Chandler; WSM)，1950 年 1 月 13 日，兰森

282. "是萨默塞特·毛姆的标准二流作品": 《纽约时报》，1928 年 4 月 15 日

282. "我们会发现，他们只是提线木偶": 伦敦《风尚》(Vogue) 杂志，1928 年 7 月 20 日

282. "这一系列故事仅仅是出于娱乐目的": 毛姆致戴斯蒙德·麦卡锡的信 (WSM;

Desmond MacCarthy），日期不详，莉莉

283. "未来之事不可期"：毛姆致 M. L. 弗莱明的信（WSM; M. L. Fleming），日期不详，杰曼

283. "他和毛德在钢琴边上坐了很久"：罗伯特·希金斯（Robert Hickens），《昨日》（*Yesterday*）（Cassell 1947），第 254 页

284. "我觉得，对于毛姆这样一个"：休·沃波尔日记，兰森

285. "你可曾想过"：《月亮与六便士》，第 40 页

285. "我觉得，你不希望我说话吧"：同上，第 145 页

285. "与这些画生活在一起肯定很惬意吧"：同上，第 212 页

286. "我一直很确信"：《星期日时报》，1954 年 1 月 24 日

286. "那种最真挚的感情看起来荒唐可笑的倒霉蛋"：《月亮与六便士》，第 83 页

286. "陈腐粗鄙到难以置信"：同上，第 66 页

286. "焦躁不安的荷兰猪"：同上，第 90 页

287. "与所有正派的女人一样"：同上，第 213 页

287. "作者必须向我们展示他的内心活动"：《雅典娜神殿》，1919 年 5 月 9 日

287. "我正准备向远东进发"：毛姆致杰拉德·凯利的信（WSM; Gerald Kelly），1918 年 10 月 14 日，戈特利布

288. "他没有大发雷霆"：《倾听者报》，1974 年 2 月 7 日

288. "每个人物都可敬"：《毛姆戏剧集》第五卷，第 vi 页

288. "一次成功而得体的演出"：《泰晤士报》，1919 年 3 月 28 日

289. "只要办晚宴"：格伦威·韦斯考特与泰德·摩根的访谈（Glenway Wescott; Ted Morgan），杰曼

289. "我天生品位不佳"：未发表备忘录，凯特·布鲁斯（Kate Bruce），私人收藏

290. "西莉就是不明白"：罗宾·毛姆，《罗宾与威利谈话录》，第 33 页

290. "你逼着我跟你讲衣服啊，讲家具啊"：《回顾》，第 100 页

291. "我根本插不上嘴"：《倾听者报》，1974 年 2 月 7 日

291. "我觉得，假如西莉没有爱上他的话"：格伦威·韦斯考特与泰德·摩根的访谈，杰曼

291. "我们结婚时，我已经四十三岁"：《回顾》，第 100 页

293. "[威利]看起来病恹恹的"：休·沃波尔日记，兰森

293. "我可是嫁过两个荣获杰出服役勋章的男人"：《毛姆戏剧集》第三卷，第 231 页

293. "我要一样东西就是自私自利"：同上，第 288 页

294."男人和女人的区别在于":同上,第 235 页

294."贴近时代,机智而精巧",《泰晤士报》,1919 年 9 月 1 日

294."实现了从平庸到卓越的进化":谢里登·莫雷(Sheridan Morley),《格拉蒂丝·库珀》(*Gladys Cooper*)(Heinemann 1979),第 79 页

295."或多或少无意识地":同上

295."应有尽有":毛姆致罗宾·毛姆的信(WSM; Robin Maugham),1937 年 6 月 10 日,兰森

296."你们将邪恶的发明强加给我们"《在中国屏风上》,第 95 页

296."有几个粗糙的篮子乱糟糟地扔在塔的底下":同上,第 106 页

297."带给他让灵魂充实的体验":毛姆致罗宾·毛姆的信,1937 年 6 月 10 日,兰森

297."是全世界最适合度过余生的地方之一":毛姆致大卫·霍纳的信(WSM; David Horner),1935 年 6 月 15 日,兰森

297."令人恶心的味道":《在中国屏风上》,第 88 页

298."我积累了各个方面的许多素材":毛姆致戈丁·布莱特的信(WSM; Golding Bright),1920 年 1 月 12 日,兰森

298."第 124 页:我认为":毛姆致 H. I. 哈定的信(WSM; H. I. Harding),1921 年 10 月 7 日,私人收藏

298."这是一部奇书":《纽约时报》,1923 年 2 月 4 日

299."他的描述更多是从心理角度":《星期六评论》,1923 年 1 月 13 日

299."我的小说中唯一一部以情节":《面纱》,第 ix 页

300."我觉得你的丈夫已经很大度了":同上,第 67 页

300."我是孩子的爸爸吗":同上,第 137 页

301."狂热,还有点奇怪的歇斯底里":同上,第 25 页

301."有人可能会有疑虑":《泰晤士报文学增刊》,1925 年 5 月 14 日

301."他是个敏感的人":《面纱》,第 26 页

302."我一直觉得聚会上的娱乐活动有点烦":《总结》,第 76 页

302."能一天到晚说个不停":《面纱》,第 26 页

302."家里就没别人愿意来待五分钟以上":同上,第 8 页

303."结了婚的人有时会觉得日子糟透了":毛姆致 M. L. 弗莱明的信(WSM; M. L. Fleming),1920 年 1 月 3 日,杰曼

303."我的生活里充斥着抱怨谴责":《回顾》,第 96 页

304."与你一起旅行会很开心":同上,第 95 页

304."对有天分的青年人总是特别友善":《泰晤士报》,1955 年 8 月 1 日

305. "西莉有无情的一面"：格伦威·韦斯考特与泰德·摩根的访谈（Glenway Wescott; Ted Morgan），杰曼

305. "她明亮的眼睛里会露出锋芒"：理查德·B. 费舍尔，《西莉·毛姆》，第 47 页

305. "她的好客并非发自内心的暖意"：迈克尔·伯恩(Michael Burn)，《奥利奥尔的童年》（*Childhood at Oriol*）（Turtle Point Press 2005），第 242 页

305. "略显枯燥"：《泰晤士报》，1920 年 8 月 10 日

305. "第三幕效果不好"：毛姆致杰拉德·凯利的信（WSM; Gerald Kelly），日期不详，戈特利布

306. "我有点害怕他冷冰冰的样子"：丽莎·毛姆与帕特·华莱士的谈话（Liza Maugham; Pat Wallace），弗雷尔家族档案

306. "我觉得，他心里肯定有一个理想父亲的形象"：同上

306. "他读书的时候从来不结巴"：同上

307. "你要是过来"：同上

307. "我们眼前只有两条路"：《回顾》，第 95 页

第九章　游廊与三角帆船的国度

309. "凡是与艺术沾边的东西"：毛姆致爱德华·诺布鲁克的信（WSM; Edward Knoblock），1925 年 2 月 1 日，博格

309. "写戏就像做衣服"：毛姆致保罗·多汀的信（WSM; Paul Dottin），日期不详，兰森

309. "戏剧正处于一种不安分的状态"：毛姆致爱德华·诺布鲁克的信，1925 年 2 月 1 日，博格

310. "我想象不出有什么东西"：毛姆致弗莱德·巴森的信（WSM; Fred Bason），1923 年 9 月 28 日，莉莉

310. "接下来的场景是语言无法形容的"：凯文·布朗罗（Kevin Brownlow），《游行队伍经过》（*The Parade's Gone By*）（Secker & Warburg 1968），第 277 页

310. "下流胚塞西尔"：毛姆致爱德华·诺布鲁克的信，1921 年 8 月 17 日，博格

311. "回头看这次与电影界打交道的经历"：同上

311. "我确信写剧本并不难"：毛姆致芭芭拉·拜克的信（WSM; Barbara Back），1937 年 11 月 7 日，兰森

311. "电影编剧的手法和舞台剧"：《北美评论》（*North American Review*），1921 年 5 月

311. "我被一名粗暴的副导演"：梅纳德，《黑暗之后》，1975 年 12 月

312. "你说，这才是真实的生活"：《作家笔记》，第 177 页

313. "困扰远超你的想象"：毛姆致伯特·阿兰森的信（WSM; Bert Alanson），1925 年 5 月 17 日，斯坦福

314. "即使一切消亡"：《星期日时报》，1965 年 12 月 19 日

314. "他说出了之前从没有人说过的话"：西里尔·康诺利（Cyril Connolly）编《现代主义代表作 100 种提要》（*100 Key Books of the Modern Movement*）（Alison & Busby 1986），第 73 页

315. "当时的大部分英国家庭"：亚瑟·格里姆贝尔（Arthur Grimble），《群岛的模式》（*Pattern of Islands*）（John Murray 1969），第 1 页

315. "英国主子一定要有英国主子的样子"：乔治·奥威尔（George Orwell）《文集》（*Collected Essays*）（Secker & Warburg 1961），第 19 页

316. "兼有敬畏、嫉妒、不屑与愤怒"：《作家笔记》，第 213 页

316. "住在偏远地方的人"：《木麻黄树》，第 130 页

318. "他们比在丛林里还要孤独"：《用第一人称单数写作的六个故事》，第 10 页

318. "他们厌倦了自己"：《作家笔记》，第 188 页

319. "仿佛一座硕大无朋的玩具屋"：《阿金》，第 176 页

319. "吉娑勒那些和他［伊尹德］嘻嘻哈哈的朋友们其实怀疑"：《木麻黄树》，第 216 页

320. "搞到一个男孩子"：罗纳德·海厄姆（Ronald Hyam），《大英帝国的世纪：1815—1914》（*Britain's Imperial Century 1815-1914*）（Batsford 1976），第 137 页

320. "从英国远道而来的新娘"：约翰.G. 布彻（John G. Butcher），《英国在马来亚：1880—1941》（*The British in Malaya 1880-1941*）（Oxford University Press 1979），第 203 页

320. "门廊的窗帘都卷起来了"：《木麻黄树》，第 165 页

321. "我会想到她两只黑瘦的手臂"：同上，第 195 页

321. "他是盖伊的大儿子"：同上，第 201 页

322. "同样有真切的烦恼"：梅纳德，《萨默塞特·毛姆的两个世界》，第 36 页

322. "夫人们最大的问题就是"：马来亚公务员 R. L. 日耳曼上尉（Captain R. L. German MCS），《英属马来亚手册：1926 年版》（*Handbook to British Malaya 1926*）（Malay States Information Agency 1926），第 46 页

323. "克罗斯比面色更红了"：《木麻黄树》，第 293 页

324. "显然引发了民怨"：维克多·普赛尔（Victor Purcell），《马来亚官员回忆录》（*The Memoirs of a Malayan official*）（Cassell 1965），第 271 页

324. "马来亚普遍存在对萨默塞特·毛姆的强烈偏见"：《海峡平价新闻》（*Straits Budget*），1938 年 6 月 7 日

325. "讲述的都是骇人的出轨秘事"：艾德文·特里布尔（Edwin Tribble）编，《语言的

和声：洛根·皮尔萨·史密斯书信集》（*A Chime of Words: The Letters of Logan Pearsall Smith*）（Ticknor & Fields 1984），第 86 页

325. "我在创作中会尽可能运用这些人物"：梅纳德，《萨默塞特·毛姆的两个世界》，第 31 页

326. "我与他们建立了对我来说刚刚好的亲密关系"：《总结》，第 200 页

326. "[当]他对着一两壶水烟"：《客厅里的绅士》，第 32 页

326. "抱歉，抱歉。我是喝醉了"：梅纳德，《萨默塞特·毛姆的两个世界》，第 35 页

327. "一定要给我写信"：毛姆致爱德华·诺布鲁克的信（WSM; Edward Knoblock），1921 年 8 月 17 日，博格

327. "有一点无聊"：《阿金》，第 185 页

328. "我觉得最好的办法是往岸上冲"：《作家笔记》，第 184 页

329. "一种必需品"：《总结》，第 88 页

329. "我很喜欢拉辛"：《阿金》，第 165 页

329. "走出平常的生活领域"：毛姆致思林的信（WSM; Thring），1922 年 2 月 10 日，戈特利布

330. "我觉得很奇怪"：纽约《风尚》，1953 年 9 月 1 日

331. "我真是要气炸了"：毛姆致 M. L. 弗莱明的信（WSM; M. L. Fleming），1921 年 10 月 10 日，杰曼

331. "你是一个特别好的朋友"：毛姆致伯特·阿兰森的信（WSM; Bert Alanson），1921 年 2 月 26 日，斯坦福

331. "你对我的好一如往昔"：同上，1949 年 2 月 9 日

332. "演员上台和下场之间"：《生活》（*Life*），1921 年 9 月 29 日

332. "皮涅罗以来最优秀的英语喜剧"：《剧院杂志》（*Theater Magazine*），1921 年 11 月

332. "20 世纪极少数值得赞誉的英语高雅喜剧之一"：路易斯·克罗嫩贝格（Louis Kronenberger），《欢笑的连线》（*The Thread of Laughter*）（Knopf 1952），第 294 页

332. "这位卓越剧作家的手法可谓炉火纯青"：詹姆斯·埃格特（James Agate），1900—1926 年英国戏剧界简评》（*A Short View of the English Stage 1900-1926*）（Herbert Jenkins 1926），第 86 页

332. "为了爱情而豁出性命"：《毛姆戏剧集》第四卷，第 78 页

333. "结婚三年以后"：同上，第 57 页

333. "一种源于清醒、尖锐"：《新国务家》，1923 年 10 月 6 日

333. "《圆圈》是毛姆迄今为止最优秀的剧作之一"：同上，1921 年 3 月 19 日

333. "篇篇激发于灵感"：《星期六评论》，1921 年 11 月 5 日

注 释

333. "我的短篇小说在这边取得了巨大成功"：毛姆致伯特·阿兰森的信（WSM; Bert Alanson），1922年1月28日，斯坦福

334. "我在纽约最合得来的人之一"：毛姆致爱德华·诺布鲁克的信（WSM; Edward Knoblock），1924年10月16日，博格

334. "身穿不合身的成衣"：《作家笔记》，第171页

335. "毛姆似乎很喜欢我"：辛克莱·刘易斯致格蕾丝·路易斯的信（Sinclair Lewis; Grace Lewis），1922年2月3日，兰森

335. "躁动不安,情绪激动"：C. R. W. 奈文森（C. R. W. Nevinson），《粉饰与偏见》（*Paint and Prejudice*）（Methuen 1937），第179—80页

336. "我认为你做了一件很明智的事情"：毛姆致杰拉德·凯利的信（WSM; Gerald Kelly），1920年5月5日，戈特利布

336. "威利·毛姆来找我喝茶"：休·沃波尔日记，兰森

337. "亲爱的马什"：毛姆致爱德华·马什（WSM; Edward Marsh），1919年7月5日，博格

338. "凭借台风般的力量"：塞西尔·比顿（Cecil Beaton），《时尚镜》（*The Glass of Fashion*）（Weidenfeld & Nicolson 1954），第204页

339. "她品位考究"：《作家笔记》，第174页

340. "我一直认为，避免家长过分溺爱"：《客厅里的绅士》，第35页

340. "我旅途中长在身边的同伴"：毛姆致雷金纳德·特纳（昵称"雷吉"）的信（WSM; Reginald Turner），1921年12月31日，克雷格·V. 肖沃特收藏（Craig V. Showalter Collection）

341. "你简直想不到我有多么盼望再次出门"：毛姆致伯特·阿兰森的信（WSM; Bert Alanson），1922年7月25日，斯坦福

341. "要是他再写一部这样的作品"：《观察家》，1922年9月9日

342. "我们是全副武装"：毛姆致伯特·阿兰森的信，1922年10月25日，斯坦福

342. "躲在25万把刺刀背后爱护着"：乔治·奥威尔，《缅甸岁月》（*Burmese Days*）（Penguin 1989），第69页

343. "我相信，在我离开以后"：《客厅里的绅士》，第93页

344. "当然，很多内容特别无聊"：同上，第62页

344. "湿毛巾和冰袋都没有让体温降下来"：同上，第127页

346. "我常常对自己感到厌倦"：同上，第9页

346. "亲爱的，艾格伯特估计想喝你的柠檬汁了吧"：同上，第144页

347. "这是毛姆迄今为止可读性"：《纽约先驱论坛报》（*New York Herald Tribune*），1930年4月20日

毛姆传

347. "是最有意思的同伴": 《四海为家之人》, 第 124 页

347. "他无所畏惧": 《回顾》, 第 148 页

347. "他走在最前列": 贝弗利·尼克尔斯, 《人生枷锁的一个案例》, 第 146 页

347. "不知你能否帮我做一笔 5000 美元的投资": 毛姆致伯特·阿兰森的信, 1923 年 5 月 25 日, 斯坦福

第十章　分居

349. "人到中年自有其报偿": 《名利场》(*Vanity Fair*), 1923 年 12 月

350. "简直是富丽堂皇": 《阿诺德·本涅特赠侄书信集》(*Arnold Bennett's Letters to His Nephew*)(Heinemann 1936), 第 141 页

350. "屋子多, 空间大": 毛姆致伯特·阿兰森的信 (WSM; Bert Alanson), 1923 年 10 月 6 日, 斯坦福

350. "为了你好, 也为了他好": 毛姆致爱德华·诺布鲁克 (WSM; Edward Knoblock), 1923 年 1 月 21 日, 博格

351. "你要明白, 找乐子是要付出代价的": 毛姆致 M. L. 弗莱明的信 (WSM; M. L. Fleming), 日期不详, 杰曼

351. "迷人却非常淘气": 诺曼·道格拉斯 (Norman Douglas) 转引自罗宾·毛姆未发表日记, 拜内克

351. "很可能是毛姆唯一能自在相处的人": 丽贝卡·韦斯特致贝弗利·尼克尔斯 (Rebecca West; Beverley Nichols), 1966 年 5 月 4 日, 特拉华

352. "俊朗的小伙子": 贝弗利·尼克尔斯 (Beverley Nichols), 《人生枷锁的一个案例》, 第 144 页

352. "邪魅的年轻人打来暧昧的电话": 伊夫林·沃 (Evelyn Waugh), 《邪恶的肉身》(*Vile Bodies*)(Penguin 1938), 第 110 页

352. "威利的性生活未必纯洁": 格伦威·韦斯考特与泰德·摩根的访谈 (Glenway Wescott; Ted Morgan), 杰曼

353. "杰拉德·哈克斯顿对威利太好了": 乔治·库克尔 (George Cukor), 与杰西·希尔·福特的未发表访谈稿 (Jesse Hill Ford), 赫瑞克

353. "我个人是很喜欢她的": 毛姆致伯特·阿兰森的信 (WSM; Bert Alanson), 1923 年 8 月 27 日, 斯坦福

354. "这可是笔轻松赚的大钱啊": 同上, 1923 年 10 月 25 日

354. "那一次真是厉害": 同上, 1923 年 10 月 6 日

354. "自由去吧": 《客厅里的绅士》, 第 137 页

355. "我太盼望踏进新的狩猎场了"：毛姆致伯特·阿兰森的信，1924 年 1 月 14 日，斯坦福

355. "我尽可能躲得离杰拉德远远的"：巴希尔·迪恩（Basil Dean），《七个时代：巴希尔·迪恩自传：1888—1927》（*Seven Ages: An Autobiography 1888-1927*）（Hutchinson 1970），第 233 页

355. "了不得的信"：布鲁斯·凯尔纳（Bruce Kellner）编，《卡尔·范维克滕书信集》（*The Letters of Carl Van Vechten*）（Yale University Press 1987），第 72 页

355. "我必须承认"：毛姆致爱德华·诺布鲁克的信（WSM; Edward Knoblock），1924 年 10 月 16 日，博格

356. "亲爱的萨默塞特·毛姆，你我同为"：D. H. 劳伦斯致毛姆的信（D. H. Lawrence; WSM），1924 年 10 月 24 日

356. "瞎了眼的"：1924 年 10 月 29 日，詹姆斯·T. 博尔顿和林顿·瓦塞（James T. Boulton and Linden Vasey）编，《D. H. 劳伦斯书信集第五卷》（*The Letters of D. H. Lawrence vol. V*）（Cambridge University Press 1989），第 158 页

357. "他不悦地答道"：弗里达·劳伦斯（Frieda Lawrence），《不是我，而是风》（*Not I, But the Wind*）（Hienemann 1935），第 139 页

357. "这种幽默的败坏酸腐真是少有作品能匹敌"：伦敦《风尚》，1928 年 7 月 20 日

357. "暴躁到不正常的病人"：《W. 萨默塞特·毛姆版现代英美文学导论》（New Home Library 1943）

357. "跟大西洋城似的"：毛姆致爱德华·诺布鲁克（WSM; Edward Knoblock），1925 年 2 月 1 日，博格

358. "旅途接近尾声"：同上

359. "我急的不是赚钱"：毛姆致查尔斯·汤的信（WSM; Charles Towne），1924 年 11 月 23 日，拜内克

359. "他只是把书像茶包一样送出去"：同上，1925 年 9 月 25 日

359. "她们从不曾扪心自问"：《面纱》，第 13 页

360. "在呼啸的狂风中吃羊肉"：凯特·布鲁斯（Kate Bruce）未发表备忘录，私人收藏

361. "我出生那年，父亲都五十岁了"：罗宾·毛姆，《萨默塞特和毛姆家族》，第 172 页

362. "我不可能在国王路的客卧两用房间里工作"：毛姆致戈丁·布莱特的信（WSM; Golding Bright），1925 年 3 月 18 日，兰森

362. "当然，我还不知道"：毛姆致爱德华·诺布鲁克的信，日期不详，博格

363. "你不要指望我们成为"：博尔顿和瓦塞编，《D. H. 劳伦斯书信集》第五卷，第 445 页

363. "她特别在乎……性的事情"：丽莎·毛姆与帕特·华莱士的谈话（Liza Maugham;

Pat Wallace），弗雷尔家族档案

363. "每个毛孔都在冒汗"：《忠诚的妻子》，收录于《毛姆戏剧集》第四卷第 146 页

363. "反抗只会激怒她"：《阿金》，第 323 页

364. "我意识到，她最关心的事"：杰拉德·麦克奈特，《西莉·毛姆的丑闻》，第 122 页

364. "意识不到毛姆对她的反感"：弗兰克·斯温纳顿致罗伯特·卡德尔的信（Frank Swinnerton; Robert Calder），1976 年 9 月 28 日，杰曼

365. "她问我，'宝贝，今天过得开心吗？'"：丽莎·毛姆与帕特·华莱士的谈话，弗雷尔家族档案

365. "我有强烈的不安全感"，同上

365. "西——西——西莉对那个可怜的女人发火也没什么用"：丽贝卡·韦斯特致贝弗利·尼克尔斯的信（Rebecca West; Beverley Nichols），1966 年 5 月 4 日，特拉华

365. "威利没有反驳"：同上

366. "写的字跟女招待似的"：A. S. 弗雷尔与泰德·摩根的访谈（A. S. Frere; Ted Morgan），杰曼

366. "她有一点小小的自尊心"：伯恩，《奥利奥尔的童年》，第 177 页

366. "女——女——女士们，先生们"：尼克尔斯，《人生枷锁的一个案例》，第 82 页

366. "有一阵子，[西莉] 把家当成了商品展厅"：凯瑟琳·纳斯比特（Cathleen Nesbitt），《一点爱和好伙伴》（A Little Love and Good Company）（Faber 1975），第 142 页

367. "西莉的某些活动让我感到紧张"：《回顾》，第 92 页

368. "我们叫他 '全懂先生'"：《四海为家之人》，第 74 页

370. "有高尔夫球场、网球场"：毛姆致伯特·阿兰森的信，1925 年 5 月 17 日，斯坦福

371. "他盯着我的眼睛"：尼克尔斯，《人生枷锁的一个案例》，第 27 页

372. "我去勒图凯待了一周"：毛姆致爱德华·诺布鲁克的信，日期不详，博格

372. "我要出发了"：毛姆致约翰·艾灵汉·布鲁克斯的信（WSM; John Ellingham Brooks），1925 年 10 月 3 日，兰森

373. "萨默塞特·毛姆先生及其秘书"：《马来邮报》（Malay Mail），1926 年 2 月 15 日

373. "他会做饭，会熨衣服"：《阿金》，第 2 页

374. "与想象世界中的人物共度两三周时间"：《总结》，第 214 页

374. "我似乎逐渐形成了相机底片般的敏锐度"：同上，第 200 页

374. "我有一种感觉：一切对中国人"：毛姆致克劳斯·乔纳斯的信（WSM; Klaus Jonas），1951 年 7 月 3 日，兰森

375. "在英国小说里面"：《倾听者报》，1965 年 12 月 23 日

375. "毛姆达到了暴烈而无声"：康诺利，《现代主义代表作 100 种提要》，第 73 页

375. "我对黑鬼可是无所不知"：《木麻黄树》，第 120 页

377. "她会被他强奸的"：《阿金》，第 135 页

379. "我坐一条法国船"：毛姆致伯特·阿兰森的信，1927 年 3 月 15 日，斯坦福

380. "我不禁在想"：毛姆致爱德华·诺鲁克的信，日期不详，博格

380. "我与妻子做了很好的安排"：毛姆致伯特·阿兰森的信，1926 年 5 月 20 日，斯坦福

380. "我也不跟你藏私"：毛姆致查尔斯·汤，1926 年 7 月 2 日，纽图

381. "我今后的小说家生涯似乎都被你束缚住了手脚"：同上，1926 年 4 月 24 日，拜内克

381. "我相信你会成为一名优秀的主编"：同上，1926 年 7 月 2 日，纽图

382. "在我要乘火车去南安普顿"：毛姆致伯特·阿兰森的信，日期不详，斯坦福

第十一章　玛莱斯科别墅

384. "我终于找到了一个比卡普里岛还要满意的地方"：毛姆致杰拉德·凯利的信(WSM; Gerald Kelly)，日期不详，戈特利布

384. "我不曾料到这一大片无人问津的园林"：《纯属私事》，第 3 页

385. "草在里维埃拉是一样奢侈品"：同上，第 3 页

385. "游泳池是得意之作"：毛姆致伯特·阿兰森的信（WSM; Bert Alanson），1927 年 8 月 1 日，斯坦福

385. "库珀小姐的演绎"：《星期日时报》，1927 年 2 月 12 日

386. "我认为萨默塞特·毛姆是当代最优秀的戏剧作家"：格拉蒂丝·库珀（Gladys Cooper），《格拉蒂丝·库珀》（Gladys Cooper）（Hutchinson 1931），第 245 页

386. "大部分作者"：同上

386. "[我们] 顶多只能满足于那些尽可能接近内心想象的画面"：巴里·戴（Barry Day）编，《诺埃尔·科沃德书信集》（The Letters of Nöel Coward）（Methuen 2007），第 227 页

386. "毛姆对戏剧没有真正的热忱"：迪恩，《七个时代》，第 177 页

387. "我厌倦当代妻子的生活了"：《毛姆戏剧集》第四卷，第 157 页

388. "康斯坦丝：你们这些平凡的男人好蠢啊"：同上，第 180 页

388. "在我们这个阶级"：同上，第 160 页

388. "你是我的孩子的母亲"：同上，第 179 页

388. "不要跟他说话"：同上，第 146 页

388. "当大幕最后一次落下时"：毛姆致乔治·库克尔的信（WSM; George Cukor），日期不详，赫瑞克

389. "像孔雀一样虚荣"：毛姆致约翰·W. 拉姆塞（John W. Rumsey）的信，1924 年 11 月 21 日，拜内克

389. "排演开始后不久"：迪恩，《七个时代》，第 304 页

389. "观众争吵的时候"：同上

389. "有失水准"：《星期六评论》，1927 年 4 月 16 日

390. "挺不错的，只是兼用作男士衣帽间"：《回顾》，第 108 页

390. "宴会真是人山人海"：《阿诺德·本涅特赠侄书信集》，第 188 页

390. "整整三夜都在中央公园里待着"：未发表备忘录，版权属于已故塞西尔·比顿爵士的文字遗产

390. "我母亲得了严重的神经症"：丽莎·毛姆与帕特·华莱士的谈话（Liza Maugham; Pat Wallace），弗雷尔家族档案

391. "我一向讨厌杰拉德·哈克斯顿"：同上

391. "我当时都歇斯底里了"：同上

391. "[威利]眼睁睁看着杰拉德"：露丝·戈登（Ruth Gordon），《我的身旁》（My Side）（Harper & Row 1976），第 371 页

392. "我们低调地吃了午饭"：《回顾》，第 108 页

392. "你妈妈跟我离婚的时候让我吃了好多苦头"：丽莎·毛姆与帕特·华莱士的谈话，弗雷尔家族档案

393. "总算全搞定了"：毛姆致芭芭拉·拜克的信（WSM; Barbara Back），1929 年 5 月 16 日，兰森

393. "我娶她就是一个错误"：《回顾》，第 110 页

393. "她将我的生活变成了地狱"：罗宾·毛姆未发表的日记，拜内克

393. "被抛弃的骗子"：毛姆致芭芭拉·拜克的信，1929 年 4 月 22 日，兰森

393. "毁了我一生的婊子"：罗宾·毛姆未发表的日记，拜内克

393. "她的嘴巴[张得]比妓院的大门还要开"：毛姆致凯特·布鲁斯的信（WSM; Kate Bruce），1931 年 1 月 16 日，博格

393. "我从报纸上看到"：毛姆致芭芭拉·拜克的信，1929 年 5 月 16 日，兰森

393. "完全不重要的细节"：毛姆致理查德·克代尔的信（WSM; Richard Cordell），1936 年 6 月 29 日，莉莉

394. "要体面的人，请你听分明"：哈罗德·阿克顿（Harold Acton），《华盛顿邮报》

（*Washington Post*），1980 年 3 月 2 日

394. "我当时和他在罗亚尔咖啡厅吃大餐"：尼克尔斯，《人生枷锁的一个案例》，第 102 页

394. "帮别人在小小的梯子上爬一级"：同上，第 70 页

394. "喝酒之后贝弗利的舌头就像抹了油"：未发表备忘录，版权属于已故塞西尔·比顿爵士的文字遗产

395. "我人生的关键时刻总有贵人相助"：格弗瑞·维恩（Godfrey Winn），《软弱的光荣》（*The Infirm Glory*）（Michael Joseph 1967），第 92 页

395. "威利当初迷死他了"：帕特·卡文迪许·奥尼尔（Pat Cavendish O'Neill），《卧室里的雄狮》（*A Lion in the Bedroom*）（Jonathan Ball 2004），第 295 页

396. "迷人的小伙子"：《纯属私事》，第 94 页

396. "是一团煽情的烂泥"：同上，第 96 页

396. "[如果] 你从头到尾都是揶揄戏谑"：同上，第 100 页

396. "别傻了，只要做了"：安东·道林（Anton Dolin），《最后的话》（*Last Words*）（Century 1985），第 74 页

396. "秀色可餐"：罗伯特·菲尔普斯（Robert Phelps）编，《连续的教益：格伦威·韦斯考特日记 1937—1955》（*Continual Lessons: The Journals of Glenway Wescott 1937-1955*）（Farrar Starus & Giroux 1990），第 91 页

396. "被抓进去"：休·沃波尔致弗吉尼亚·伍尔夫的信（Hugh Walpole; Virginia Woolf），收录于奈格尔·尼克尔森（Nigel Nicolson）编《弗吉尼亚·伍尔夫书信集第四卷》（*Letters of Virginia Woolf vol. IV*）（Hogarth Press 1978），第 250 页

397. "下流里的上流"：格伦威·韦斯考特与泰德·摩根的访谈，杰曼

397. "他跟年长的绅士特别合得来"：雷蒙德·莫蒂默与罗伯特·卡德尔的访谈(Raymond Mortimer; Robert Calder)，杰曼

397. "我目如朗星的小友"：盖伊·利特尔致艾伦·塞尔的信（Guy Little; Alan Searle），1934 年 1 月 16 日，戈特利布

398. "但是，如果你今天"：艾伦·塞尔与罗伯特·卡德尔的访谈，杰曼

398. "你的事情西莉知道得越少越好"：同上

399. "我们对这些问题的看法或许大有不同"：《毛姆戏剧集》第五卷，第 298 页

400. "现在的话剧对白过于简单"：同上，第 x 页

400. "毛姆先生另一出优雅的耸动作品"：《纽约时报》，1928 年 11 月 20 日

400. "我知道这是活该"：毛姆致阿尔弗雷德·苏特罗的信（WSM; Alfred Sutro），日期不详，私人收藏

400. "《圣火》竟然成功了"：毛姆致凯特·布鲁斯的信（WSM; Kate Bruce），1929 年 4

月 3 日，博格

400. "业绩更上层楼"：《格拉蒂丝·库珀》，第 270 页

401. "出于某些原因"：毛姆致伯特·阿兰森的信(WSM; Bert Alanson)，1928 年 9 月 15 日，斯坦福

403. "我准备在这里度过余生"：《纯属私事》，第 3 页

403. "奢华优雅"：泰伦斯·德·维利（Terence de Vere）编，《黄皮书的一页：乔治·艾格顿书信集》（*A Leaf from the Yellow Book: The Correspondence of George Egerton*）（Richards Press 1958）

403. "有美食，有美景，交流愉快"：安·弗莱明（Ann Fleming），《观察家》，1980 年 5 月 17 日

404. "客人来的时候，他会把双臂收回身后"：罗德里克·卡梅隆(Roderick Cameron)，《金色的里维埃拉》（*The Golden Riviera*）（Weidenfeld & Nicolson 1975），第 42 页

405. "几乎每一道摆到面前的菜品"：休和米拉贝尔·塞西尔（Hugh and Mirabel Cecil），《智者之心》（*Clever Hearts*）（Gollancz 1990），第 294 页

406. "他散发着堕落的光环"：尼克尔斯，《人生枷锁的一个案例》，第 19 页

406. "他这个人是再和善不过了"：乔治·库克尔与杰西·希尔·福特未发表的访谈（George Cukor; Jesse Hill Ford），赫瑞克

406. "是个快活人"：雷蒙德·莫蒂默与罗伯特·卡德尔的访谈（Raymond Mortimer; Robert Calder），杰曼

406. "连树上的鸟儿都能迷住"：《倾听者报》，1974 年 2 月 7 日

406. "快乐舒适的氛围主要归功于杰拉德·哈克斯顿"：罗宾·毛姆，《逃离阴影》，第 96 页

407. "本质上，毛姆是一个规矩的人"：卡梅隆，《金色的里维埃拉》，第 45 页

407. "我从没能让自己相信"：《总结》，第 229 页

407. "词句接连不断地涌出"：《回顾》，第 5 页

407. "[既然达尔文]每天从来不工作三个小时以上"：肯尼斯·艾索普（Kenneth Allsop），《每日快报》（*Daily Express*），日期不详

408. "我脑子里的故事总比我写下来的故事要多"：《总结》，第 80 页

408. "我会非常仔细地阅读我写过的全部文字"：毛姆致保罗·哈克拜斯特的信（WSM; Paul Hackbest），1930 年 11 月 15 日，莉莉

408. "最迷人的一种人类活动"：《总结》，第 222 页

408. "那个住在钢笔里的小精灵"：《毛姆戏剧集》第五卷，第 viii 页

409. "我对它就失去了兴趣"：毛姆致克劳斯·乔纳斯的信（WSM; Klaus Jonas），1956 年 5 月 13 日，兰森

注 释

409. "一天里接下来的所有活动":格伦威·韦斯考特(Glenway Wescott),《真实的映像》(*Images of Truth*)(Hamish Hamilton 1963),第 85 页

409. "过去十五年间萦绕在我的脑海":毛姆致保罗·多汀的信(WSM; Paul Dottin),1931 年 1 月 1 日,兰森

410. "我发誓,我写这本书的时候":《每日电讯报》(*Daily Telegraph*),1930 年 9 月 29 日

410. "哎呀,我也不知道":加森·卡宁,《怀念毛姆先生》,第 101 页

410. "在我写完的时候":毛姆致约瑟夫·多布林斯基的信(WSM; Joseph Dobrinsky),1961 年 2 月 16 日,得农工

411. "我即将完成一部长篇小说":毛姆致杰拉德·凯利的信(WSM; Gerald Kelly),1929 年 5 月 30 日,戈特利布

411. "我发现如果有人在你外出时":《寻欢作乐》,第 7 页

412. "[她] 对待特里菲尔德夫人的方式":同上,第 128 页

413. "她跟我讲,书桌是最麻烦的一样东西":同上,第 78 页

413. "露茜这个人物早就在我的脑子里了":同上,第 1 页

414. "一个有着甜美微笑的女孩的金色头发":《客厅里的绅士》,第 46 页

414. "招待画家和作家,却从不看":《寻欢作乐》,第 41 页

414. "对结识的作家们特别友善":同上,第 154 页

415. "阿申登从巴顿·特里福德夫妇举办的茶会告辞说了句":同上,第 160 页

415. "其中明确点出了贤内助":同上,第 123 页

415. "文学界总督":彼得·道布尼(Peter Daubeny),《我的戏剧世界》(*My World of Theatre*)(Cape 1971),第 34 页

416. "他像猫的肉一样酸":托马斯·布拉迪(Thomas Brady),《毛姆先生的八十年》("The Eighty Years of Mr Maugham"),《纽约时报杂志》(*New York Times Magazine*),1954 年 1 月 24 日

416. "我认识休·沃波尔好多年了":约翰·圣约翰(John St John),《威廉·海涅曼:出版百年史》(*William Heinemann: A Century of Publishing 1890-1990*)(Heinemann 1990),第 358 页

416. "[我对] 罗伊有很深的感情":《寻欢作乐》,第 8 页

417. "我跟你讲讲我准备写一本什么样的书":同上,第 98 页

417. "[阿尔罗伊·基尔] 对婚姻的看法":同上,第 18 页

418. "自狄更斯在《荒凉山庄》中以利·亨特为原型":安东尼·韦斯特(Anthony West),《纽约客》(*New Yorker*),1952 年 8 月 23 日

418. "我越读越害怕":休·沃波尔未发表的日记,兰森

418. "我觉得没有一个人物跟你相像啊"：A. S. 弗雷尔与泰德·摩根的访谈（A. S. Frere; Ted Morgan），杰曼

419. "对休·沃波尔的描述极其恶毒"：迈克尔·霍尔罗伊德(Michael Holroyd)，《里顿·斯特拉奇第二卷》（*Lytton Strachey vol. II*）（Heinemann 1968），第 680 页

419. "你那值得称道的毒舌"：E. M. 福斯特致毛姆的信（E. M. Forster; WSM），1930 年 11 月 24 日，戈特利布

419. "我听可怜的休说"：杰西卡·布莱特·杨（Jessica Brett Young），《弗朗西斯·布莱特·杨》（*Francis Brett Young*）（Heinemann 1962），第 172 页

419. "是害死休·沃波尔的火炬花"：特里布尔（Tribble）编，《语言的和声》（*A Chime of Words*），第 86 页

419. "完全公正、准确和善意的"：布莱特·杨，《弗朗西斯·布莱特·杨》，第 172 页

419. "大声求着别人去讽刺自己"：贝弗利·尼克尔斯（Beverley Nichols），《我不会成为的一切》（*All I Could Never Be*）（Cape 1949），第 232 页

419. "我看到了毛姆，乃至任何一个牙尖嘴利的人"：亨利·哈代（Henry Hardy）编，《以赛亚·伯林书信集：飞扬华年(1928—1946)》（*Flourishing: Letters 1928-1946*）（Chatto & Windus 2004），第 193 页

419. "没有一位英国作家"：《纽约时报》，1930 年 10 月 12 日

419. "技法娴熟，信手拈来"：《画报》（*Graphic*），1930 年 10 月 15 日

419. "布局谋篇的典范"：麦卡锡，《威廉·萨默塞特·毛姆：英国的莫泊桑》，第 9 页

419. "完美的小说"：戈尔·维达尔（Gore Vidal），《戈尔·维达尔文选》（*United States*）（Deutsch 1993），第 250 页

420. "品质卓越"：《倾听者报》，1965 年 12 月 23 日

420. "[德里菲尔德] 给人的印象"：《寻欢作乐》，第 89 页

420. "我其实才是倒霉透了"：毛姆致休·沃波尔的信，日期不详，兰森

421. "愁眉不展"：安妮·奥利维尔·贝尔（Anne Olivier Bell）编，《弗吉尼亚·伍尔夫日记第三卷》（*The Diary of Virginia Woolf vol. III*）（Hogarth Press 1980），第 328 页

422. "[《寻欢作乐》面世后] 毛姆的小说家名望一时无两"：弗兰克·斯温纳顿（Frank Swinnerton），《站在前台的人们》（*Figures in the Foreground*）（Hutchinson 1963），第 35 页

第十二章　哈克主人

423. "我入手的都是金边证券"：毛姆致迈斯莫尔·肯达尔的信（WSM; Messmore Kendall），1939 年 1 月 13 日，兰森

424. "他是个有温度、有感情的人"：A. S. 弗雷尔致安东尼·寇提斯的信（A. S. Frere; Anthony Curtis），1973 年 12 月 31 日，私人收藏

424. "拥有不可估量的讲故事天赋"：A. S. 弗雷尔与泰德·摩根的访谈（A. S. Frere; Ted Morgan），杰曼

424. "威利是我这一辈子见过的最有意思的人"：纳尔逊·道布尔戴致埃莉诺·帕尔菲的信（Nelson Doubleday; Eleanor Palffy），1944 年 6 月 29 日，普林斯顿

425. "最后一位伟大的职业作家"：西里尔·康诺利，《前途的敌人》（*Enemies of Promise*）（Penguin 1961），第 93 页

426. "他能感知到大众对什么感兴趣"：麦卡锡，《威廉·萨默塞特·毛姆：英国的莫泊桑》，第 8 页

426. "关于毛姆在布鲁姆斯伯里团体内的名声"：大卫·加涅特致泰德·摩根的信（David Garnett; Ted Morgan），1978 年 1 月 25 日，杰曼

426. "我知道自己的地位"：迪恩，《七个时代》，第 160 页

427. "若有照片的话"：毛姆致弗莱德·巴森的信（Maugham; Fred Bason），1925 年 12 月 30 日，莉莉

427. "我们伦敦东区子弟会努力还债的"：毛姆致弗莱德·巴森信件的附件，1934 年 9 月 28 日，莉莉

427. "不，我不想读你新写的剧本"：同上，1931 年 11 月 13 日

427. "那是一个灿烂的机会"：弗莱德·巴森致格伦威尔·库克的信（Fred Bason; Grenville Cook），日期不详，莉莉

427. "你完全明白这样做是不对的"：毛姆致弗莱德·巴森的信，1925 年 10 月 25 日，莉莉

428. "你大可以将我寄给你的明信片或信件卖掉"：同上，1926 年 5 月 11 日

428. "艰难与挣扎"：《毛姆戏剧集》第六卷，第 vii 页

428. "我没有观看排演"：同上

428. "你没有那种书籍作者与读者之间的亲密关系"：同上

428. "写剧本是年轻人的事"：维့，《软弱的光荣》，第 249 页

428. "以风格轻快却不乏坚定"：《故事中的旅人》，第 27 页

428. "一位束之高阁的绅士的照片"：转述自科勒·莱斯利、格雷厄姆·佩恩、谢里登·莫雷（Cole Lesley, Graham Payn, Sheridan Morley），《诺埃尔·科沃德和他的朋友们》（*Noël Coward and His Friends*）（Weidenfeld & Nicolson 1979），第 209 页

429. "红着眼圈，楚楚可怜"：杰克·霍金斯（Jake Hawkins），《一切为了安宁的生活》（*Anything for a Quiet Life*）（Hamish Hamilton 1973），第 43 页

429. "专业，不多嘴"：《寻欢作乐》，第 31 页

429. "一位大肆谴责当代道德的人"：露易丝·摩根（Louise Morgan），《作家现场纪实》（*Writers at Work*）（Chatto & Windus 1931），第 58 页

429. "我真的喜欢伦敦的味道"：毛姆致大卫·霍纳的信（WSM; David Horner），1937年 8 月 19 日，兰森

430. "人类设计出的最有趣的游戏"：《行者图书馆》，第 1 页

430. "我因为口吃输掉的牌有好几百把"：麦克斯韦，《名流马戏团》，第 19 页

430. "牌友的行为为人性研究者提供了永无止境的观察素材"：《行者图书馆》，第 1 页

430. "我不敢说自己是一流牌手"：毛姆致法伊弗的信（WSM; Pfeiffer），1931 年 9 月26 日，兰森

432. "Qu'importe sa vie"：西比尔·科尔法克斯收藏品（Sibyl Colefax Collection），博德莱恩

432. "轻如蓟花的冠毛"：塞西尔·罗伯茨（Cecil Roberts），《阳光与阴影：1930—1946》（*Sunshine and Shadow 1930-1946*）（Hodder & Stoughton 1972），第 328 页

432. "她就跟个小鹦鹉似的"：杰瑞·罗斯科（Jerry Rosco），《格伦威·韦斯考特私人史》（*Glenway Wescott Personally*）（University of Wisconsin Press 2002），第 97 页

432. "在她家里不可能感到厌倦"：阿克顿（Acton），《一个美学家的回忆》（*Memoirs of an Aesthete*），第 213 页

432. "讲述的方式富有艺术性"：塞西尔·比顿，《比顿日记：躁动的年月 1955—1963》（*The Restless Years: Diaries 1955-63*）（Weidenfeld & Nicolson 1976），第 13 页

432. "大家说话特别踊跃"：巴希尔·巴特莱特的未发表日记，私人收藏

432. "我得保持青春去了"：布莱恩·马斯特斯(Brian Masters)，《沙龙女主人群传》(*Great Hostesses*)（Constable 1982），第 137 页

433. "我还记得自己被他的话深深伤害过"：丽莎·毛姆与帕特·华莱士的谈话（Liza Maugham; Pat Wallace），弗雷尔家庭档案

433. "我当时吓坏了"：同上

434. "毛姆在高傲的斯托诺尔面前有几分媚态"：罗伯特·罗德斯·詹姆斯（Robert Rhodes James）编，《筹码：亨利·钱农爵士日记》（*Chips: The Diaries of Sir Henry Channon*）（Weidenfeld & Nicolson 1967），第 32 页

434. "那是一次奇特的小型聚会"：E. 菲利普斯·奥本海默（E. Phillips Oppenheim），《记忆的池塘》（*The Pool of Memory*）（Hodder & Stoughton 1941），第 85 页

435. "我有一个很喜欢的秘书"：奥拉斯·德·卡尔布恰（Horace de Carbuccia），《再见，我的英国朋友》（*Adieu à mon ami anglais*）（Editions de France），第 5 页

435. "他是一个讲恶棍规矩的恶棍"：《纯属私事》，第 29 页

436. "他呈现于读者面前的不是个体"：《随性而至》，第 178 页

注 释

436. "我亲爱的威廉"：奥黛特·科伊恩（Odette Keun），《我发现了英国》（*I Discover the English*）（John Lane The Bodley Head 1934）

436. "你其实并不是特别善良"：奥黛特·科伊恩致毛姆的信，1934 年 1 月 4 日，戈特利布

437. "献给芭芭拉"：《偏僻的角落》，苏富比玛莱斯科别墅拍卖会目录，1967 年 11 月 20 日

437. "你的信真是令人快活的福音"：毛姆致芭芭拉·拜克的信（WSM; Barbara Back），日期不详，兰森

438. "在我认识的作家里"：毛姆致凯特·布鲁斯的信（WSM; Kate Bruce），日期不详，博格

438. "我觉得他们过得都挺开心"：毛姆致芭芭拉·拜克的信，日期不详，兰森

438. "哎呀，毛姆先生，这里简直是仙境"：S. N. 比尔曼（S. N. Behrman），《苦难与欢笑》（*Tribulations and Laughter*）（Hamish Hamilton 1972），第 302 页

439. "威利曾跟他说"：阿列柯·沃与泰德·摩根的访谈（Alec Waugh; Ted Morgan），杰曼

439. "萨默塞特·毛姆可能误解了"：维克多·罗斯柴尔德（Victor Rothschild），《莱兰斯》（*Rylands*）（Stourton Press 1988）序言

440. "我认为他的品位无可挑剔"：《总结》，第 21 页

440. "午餐刚吃五分钟左右"：亚瑟·马歇尔（Arthur Marshall），《盛大的生活》（*Life's Rich Pageant*）（Hamish Hamilton 1984），第 88 页

440. "特别风趣"：亚瑟·马歇尔，《新国务家》，1977 年 2 月 25 日

440. "他喜欢逗得别人哈哈大笑"：安东尼·寇提斯，《毛姆模式》，第 15 页

440. "许多人看到或者想到毛姆先生就会产生警惕"：丽贝卡·韦斯特（Rebecca West），《纳什杂志》（*Nash's Magazine*），1935 年 10 月

440. "明明是诸事顺遂"：哈里特·科恩（Harriet Cohen），《一束时光》（*A Bundle of Time*）（Faber 1969），第 180 页

441. "威利讨厌别人碰自己"：格伦威·韦斯考特与泰德·摩根的访谈（Glenway Wescott; Ted Morgan），杰曼

441. "眼睛里冒着火"：罗斯科（Rosco），《格伦威·韦斯考特私人史》（*Glenway Wescott Personally*），第 45 页

441. "天生的快活性情"：戴编，《诺埃尔·科沃德书信集》，第 229 页

441. "活力四射"：阿列柯·沃（Alec Waugh），《我的弟弟伊夫林及其他》（*My Brother Evelyn and Other Profiles*）（Cassell 1967），第 280 页

442. "我的生活特别平淡"：毛姆致杰拉德·凯利的信（WSM; Gerald Kelly），1933 年

12 月 14 日，戈特利布

442. "口无遮拦，总是用最粗俗的语言表达自己的想法"：阿克顿，《一个美学家的回忆》，第 188 页

442. "他是个讨人喜欢的家伙"：简·凯利（Jane Kelly），《倾听者报》，1974 年 2 月 7 日

442. "杰拉德·哈克斯顿彻底地、牢不可破地主宰着"：贝弗利·尼克尔斯在福伊尔冷餐会上的讲话，1966 年

442. "不管他做事情有多坏"：亚瑟·马歇尔与罗伯特·卡德尔的访谈（Arthur Marshall; Robert Calder），杰曼

442. "[毛姆]经常有秘书陪同"：卡尔布恰，《再见，我的英国朋友》，第 8 页

443. "你手淫了吗"：亚瑟·马歇尔与罗伯特·卡德尔的访谈，杰曼

443. "港口里翻起白浪时"：赫尔曼致艾伦·塞尔的信（Herman; Alan Searle），日期不详，戈特利布

443. "这骗子的一面"：肯尼斯·麦克米柯与泰德·摩根的访谈（Kenneth MacCormick; Ted Morgan），杰曼

444. "我完——完——完全明白"：罗宾·毛姆，《罗宾与威利谈话录》，第 50 页

444. "再次感谢你这么快就回应我的求救信号"：杰拉德·哈克斯顿致伯特·阿兰森的信（Gerald Haxton; Bert Alanson），1928 年 8 月 6 日，斯坦福

444. "他是个超级大酒鬼"：杰瑞·吉普金与泰德·摩根的访谈（Jerry Zipkin; Ted Morgan），杰曼

444. "你为什么非要喝这么多酒呢"：罗宾·毛姆，《罗宾与威利谈话录》，第 52 页

445. "你不懂那种感觉"：维恩，《软弱的光荣》，第 280 页

446. "杰拉德在威利的生活中只占有边缘性的地位"：罗宾·毛姆，《罗宾与威利谈话录》，第 20 页

446. "现在，杰拉德喜欢酒瓶子多过喜欢我"：亚瑟·马歇尔与罗伯特·卡德尔的访谈，杰曼

446. "一想到我可能会失去你"：《作家笔记》，第 217 页

447. "你去不去，我不知道"：罗宾·毛姆，《逃离阴影》（Escape from the Shadow），第 84 页

447. "[杰拉德]比以前安静了"：毛姆致芭芭拉·拜克的信（WSM; Barbara Back），1930 年 12 月 22 日，兰森

447. "我在这里真的特别开心"：同上，1932 年 4 月 21 日

448. "我不会给不给我写信的小坏蛋写信的"：毛姆致艾伦·塞尔的信（WSM; Alan Searle），日期不详，戈特利布

448. "你身体健壮"：同上

注 释

448. "缓解了他与 H.": 保罗·列维 (Paul Levy) 编，《里顿·斯特拉奇书信集》(*The Letters of Lytton Strachey*) (Viking 2005)，第 639 页

448. "你知道我的要求": 毛姆致艾伦·塞尔的信，1934 年 4 月 2 日，戈特利布

449. "艺术家绝不能允许": 毛姆致塔米·瑞恩的信 (WSM; Tammy Ryan)，1946 年 10 月 26 日，私人收藏

449. "这是我见过你最自然": 毛姆致格拉蒂丝·库珀的信 (WSM; Gladys Cooper)，1931 年 9 月 23 日，杰曼

449. "他到罗德岛上将将过了一周的时候":《用第一人称单数写作的六个故事》，第 140 页

451. "我觉得其中一些的确很值得来往": 同上，第 212 页

451. "说到底，我是个东方人": 同上，第 193 页

451. "虽然他这几句话是在逗我笑": 同上，第 204 页

452. "那是一座四四方方的大房子":《偏僻的角落》，第 111 页

452. "主帆和前帆升了起来": 同上，第 34 页

453. "她只是有点疼而已": 同上，第 162 页

453. "我想要他": 同上，第 202 页

453. "毛姆唯一一部隐秘的同性恋长篇小说": 戈尔·维达尔，《从性上来说》(*Sexually Speaking*) (Cleis 1999)，第 174 页

453. "我的天呐！早知道的话":《偏僻的角落》，第 166 页

453. "埃里克顶得上十个露易丝": 同上，第 198 页

453. "他是一名俊美瘦削的青年": 同上，第 28 页

454. "浓密的灰色睫毛下": 同上，第 7 页

454. "他是一位宜人的旅伴": 同上，第 15 页

454. "我本来以为这是我的私事":《毛姆戏剧集》第六卷，第 v 页

454. "我生活在大陆":《每日快报》，1932 年 11 月 3 日

455. "她只是想要男人":《毛姆戏剧集》第六卷，第 126 页

455. "我早就不是那个": 同上，第 127 页

456. "我们都叫那些统治着各个国家的无能白痴": 同上，第 164 页

456. "我被这出戏的性质":《每日快报》，1932 年 11 月 17 日

456. "出自天才之手":《星期日时报》，1932 年 11 月 6 日

456. "我亲爱的卢卢": 路易斯·威金森致卢埃林·博伊斯的信 (Louis Wilkinson; Llewellyn Powys)，1932 年 11 月 17 日，私人收藏

458. "谢佩：你是贝茜·莱戈拉斯":《毛姆戏剧集》第六卷，第 293 页

458. "谢佩：实话跟你说"：同上，第 300 页

458. "再明白不过的讽刺喜剧"：毛姆致雷蒙德·莫蒂默的信（WSM; Raymond Mortimer），日期不详，普林斯顿

459. "顺应观众的口味"：毛姆致约瑟夫·多布林斯基的信（WSM; Joseph Dobrinsky），1957 年 8 月 1 日，得农工

459. "它的构思很不寻常"：约翰·吉尔古德（John Gielgud），《早年间的舞台》（*Early Stages*）（Macmillan 1939），第 220 页

459. "第一次接触他时"：同上

459. "莎士比亚附体"：《星期日时报》，1933 年 9 月 17 日

459. "当他偶尔为了表现人物的低下出身"：诺埃尔·科沃德致毛姆的信，日期不详，戈特利布

460. "[它] 是我想写的最后一出戏"：毛姆致约瑟夫·多布林斯基的信，1957 年 8 月 1 日，得农工

460. "我简直说不出"：戴（Day）编，《诺埃尔·科沃德书信集》（*The Letters of Noël Coward*），第 227 页

460. "剧院固然光辉灿烂"：卡宁，《怀念毛姆先生》，第 45 页

460. "我永远都搞不懂"：毛姆致艾伦·塞尔的信（WSM; Alan Searle），1944 年 4 月 8 日，戈特利布

460. "我想要写小说和散文"：毛姆致伯特·阿兰森的信（WSM; Bert Alanson），1933 年 1 月 21 日，斯坦福

第十三章　讲故事的人

462. "七百所美国大学"：毛姆致艾伦·塞尔的信（WSM; Alan Searle），日期不详，戈特利布

462. "深受文学圈外"：韦斯考特（Wescott），《真实的映象》（*Images of Truth*），第 65 页

462. "中流文化的圣雄"：罗伯特·马佐科（Robert Mozzocco），《纽约书评》（*New York Review of Books*），1978 年 11 月 23 日

462. "毛姆先生的短篇小说在当代作品中首屈一指"：《观察家》，1933 年 8 月 25 日

462. "他对人性有着非比寻常的认识"：《新国务家》（*New Statesman*），1934 年 8 月 25 日

462. "毛姆式的短篇小说"：查尔斯·德拉津（Charles Drazin）编，《约翰·福尔斯日记》第一卷（*The Journals: John Fowles vol.1 1949-1965*）（Knopf 2003），第 165 页

463. "他的情节冰冷致命"：弗兰克·麦克夏恩（Frank MacShane），《雷蒙德·钱德勒传》

（*The Life of Raymond Chandler*）（Cpae 1976），第 75 页

463. "化腐朽为神奇的激情"：V. S. 普利切特（V. S. Pritchett），《新国务家》，1949 年 10 月 8 日

463. "我就是一个讲故事的人"：《毛姆导言绪论精选》，第 69 页

463. "我常常觉得这件事很无聊"：《作家笔记》，第 219 页

463. "她可不是交际花"：丽贝卡·韦斯特致毛姆的信（Rebecca; WSM），日期不详，戈特利布

463. "为阴沉之人准备的阳光之地"：《纯属私事》，第 156 页

464. "毛姆在里维埃拉一带有自己的交际圈"：乔治·莱兰斯与罗伯特·卡德尔的访谈（George Lylands; Robert Calder），杰曼

464. "他太爱钱了"：《星期日时报》，1965 年 12 月 19 日

465. "这是一个典型的里维埃拉聚会的人员名单"：《毛姆短篇小说合集》第一卷，第 265 页

466. "三个人非常要好，是脂肪让她们走到了一起"：同上，第 227 页

466. "长腿长脚"：同上，第 229 页

466. "一块在海边围起来的草地"：同上，第 231 页

466. "比阿特丽斯面前放了一盘羊角面包"：同上，第 239 页

467. "来巴德加斯坦因疗养"：毛姆致西比尔·科尔法克斯的信（WSM; Sibyl Colefax），1934 年 8 月 28 日，博德莱恩

467. "我们去看了《玫瑰骑士》"：毛姆致艾伦·塞尔的信（WSM; Alan Searle），日期不详，戈特利布

468. "[而且]准备穿到里维埃拉去"：毛姆致艾伦·塞尔的信，1934 年 7 月 29 日，戈特利布

468. "四兄弟里性格最好的一位"：罗宾·毛姆未发表的日记，莉莉

468. "法官兼作家辞世"：《每日电讯报》，1935 年 7 月 27 日

468. "查理离世是意料之中的事"：毛姆致杰拉德·凯利的信（WSM; Gerald Kelly），1936 年 8 月 4 日，戈特利布

469. "变态的客户"：奥娜·厄尔（Honor Earl）未发表的备忘录，私人收藏

469. "生活在一个冷漠"：罗宾·毛姆，《追寻涅槃》，第 41 页

469. "一名衣冠楚楚的迷人男子"：罗宾·毛姆，《逃离阴影》，第 26 页

470. "我不是说两人之间有不轨之事"：格伦威·韦斯考特与泰德·摩根的访谈（Glenway Wescott; Ted Morgan），杰曼

470. "我只是说，如果你钱不够花了"：毛姆致罗宾·毛姆的信，1934 年 6 月 5 日，兰森

471. "不过，我俩当然——纯属偶然——跟他有接触"：罗宾·毛姆，《逃离阴影》，第84页

471. "十七岁那年，我在维也纳"：同上，第86—87页

471. "那次活动很棒"：丽莎·毛姆与帕特·华莱士的谈话（Liza Maugham; Pat Wallace），弗雷尔家庭档案

472. "她和西莉非常非常亲近"：麦克奈特，《西莉·毛姆的丑闻》，第137页

472. "言谈举止几乎像机器一样"：《每日电讯报》，1936年4月22日

472. "税务部门要求我替西莉补缴"：毛姆致芭芭拉·拜克的信（WSM; Barbara Back），1934年3月28日，兰森

472. "愉快，风趣，状态很好"：同上

473. "可恨又可爱"：艾伦·普莱斯-琼斯（Alan Pryce-Jones），《笑声的奖励》（*The Bonus of Laughter*）（Hamish Hamilton 1987），第226页

473. "同性恋者有一个突出之处"：《西班牙主题变奏》，第141页

474. "十字若望不是每个人的菜"：《新国务家》，1935年6月29日

474. "这是毛姆先生最好的一本书"：《观察家》，1935年6月21日

474. "和善，非常体贴，很好相处"：毛姆致芭芭拉·拜克的信，日期不详，兰森

474. "我今天一直在打高尔夫"：毛姆致艾伦·塞尔的信，1935年2月11日，戈特利布

474. "大队人马都来了"：同上，1935年7月18日

474. "情况不容乐观"：毛姆致艾伦·塞尔的信，日期不详，戈特利布

475. "医生告诉我"：同上

475. "条件丰厚的合同"：毛姆致艾伦·塞尔的信，1935年11月18日，戈特利布

475. "身材矮小，衣着整洁"：莱昂·埃德尔（Leon Edel），《星期六评论》，1980年3月15日

476. "毛姆身子向前靠"：阿列柯·沃（Alec Waugh），《最美的酒》（*The Best Wine Last*）（W. H. Allen），第216页

476. "杰拉德一直表现得很谨慎"：毛姆致艾伦·塞尔的信，1935年11月24日，戈特利布

476. "此地固然风景如画"：毛姆致艾伦·塞尔的信，1935年12月16日，戈特利布

477. "西印度群岛令人失望"：毛姆致朱丽叶·达夫的信（WSM; Juliet Duff），1936年2月23日，戈特利布

478. "派了两个杀人犯来伺候我"：同上

478. "断头台放在监狱内的一个小屋里"：《作家笔记》，第232页

478. "在我询问过的所有人里面"：毛姆致朱丽叶·达夫的信，1936年2月23日，戈

特利布

478. "探监期间，我知道了一个很好的故事"：毛姆致艾伦·塞尔的信，1936 年 2 月 6 日，
戈特利布

479. "我最近经常想你"：同上，日期不详

479. "假如你能与我分享快乐"：同上，1935 年 12 月 22 日

479. "花不完的钱和享不完的福"：同上

480. "阴森寒冷"：《插曲》，收录于《毛姆短篇小说合集》第四卷，第 136 页

480. "当然，我的想法是"：毛姆致艾伦·塞尔的信，1935 年 11 月 24 日，戈特利布

481. "应该提醒她"：《回顾》，第 114 页

481. "她很坦诚，我很开心"：《地平线》（Horizon），1959 年 1 月

481. "人们都说我画得不像"：弗洛拉·格劳特（Flora Groult），《玛丽·洛朗森》（Marie
Laurencin）（Mercure de France 1987），第 233 页

482. "我怕自己又要爱上他了"：泰德·博克曼（Ted Berkman），《夫人与法律》（The
Lady and the Law）（Little, Brown 1976），第 215 页

483. "毛姆先生不动感情地解剖情感"：《新国务家》，1937 年 3 月 27 日

484. "有一种恶作剧式的幽默感"：《作家笔记》，第 319 页

484. "非常严肃的传言称"：奈格尔·尼克尔森（Nigel Nicolson）编，《哈罗德·尼克尔森：
日记与信件 1930—1939》（Harold Nicolson: Diaries and Letters 1930-1939）（Collins
1966），第 276 页

484. "我是一个作家"：毛姆致朱丽叶·达夫的信（WSM; Juliet Duff），1936 年 12 月 10 日，
戈特利布

485. "我恐怕不是个好搭档啊"：罗伯特·布斯比（Robert Boothby），《布斯比：一个
叛逆者的回忆录》（Boothby: Recollections of a Rebel）（Hutchinson 1978），第 195 页

485. "我想她要扮演的角色真的很难"：毛姆致查尔斯·汤（WSM; Charles Towne），
1937 年 3 月 18 日，纽图

485. "我明天就要离开戛纳了"：华里丝·辛普森致毛姆（Wallis Simpson; WSM），1937
年 3 月 7 日，戈特利布

485. "许多人都不明白"：维恩，《脆弱的光荣》，第 337 页

485. "杰拉德的恶性疟疾犯了"：毛姆致艾伦·塞尔的信，1936 年 12 月 24 日，戈特利布

486. "[艾伦]特别友善"：毛姆致大卫·霍纳的信（WSM; David Horner），1937 年 1 月
15 日，兰森

486. "塞尔像是小猫咪"：丹尼尔·法尔森（Daniel Farson），《从来不是普通人》（Never
a Normal Man）（HarpersCollins 1996），第 77 页

486. "我实在是无计可施了"：毛姆致芭芭拉·拜克的信，1937 年 3 月 24 日，兰森

487. "我不得不看的剧本里最差的一部"：毛姆致罗宾·毛姆的信，1935 年 2 月 9 日，兰森

488. "这实在是了不起"：毛姆致伯特·阿兰森的信（WSM; Bert Alanson），1938 年 3 月 15 日，斯坦福

488. "你的父亲应该至少还有十年"：毛姆致罗宾·毛姆的信，1938 年 5 月 6 日，莉莉

488. "衣冠楚楚，苗条迷人"：罗宾·毛姆，《追寻涅槃》，第 52 页

489. "我累了，想要换换环境"：毛姆致查尔斯·汤的信，1937 年 10 月 27 日，纽图

489. "昨天，安东尼·布伦特"：毛姆致艾伦·塞尔的信，日期不详，戈特利布

492. "世事洞明、水火不侵的头脑背后那颗受伤的、提防的心"：V. S. 普利切特（V. S. Pritchett），《基督教科学箴言报》（*The Christian Science Monitor*），1938 年 3 月 23 日

492. "在我看来，全英国都找不出比你更精通语法的人"：毛姆致爱德华·马什的信（WSM; Edward Marsh），1937 年 1 月 27 日，博格

492. "第 28 页：不知 massivity"：克里斯托弗·哈萨尔（Christopher Hassall），《爱德华·马什》（*Edward Marsh*）（Longmans 1959），第 692 页

493. "我乐于认为"：毛姆致爱德华·马什的信，1938 年 10 月 8 日，博格

493. "我从没读过一部"：G. B. 斯特恩（G. B. Stern），《他停止对你说话了吗？》（*And Did He Stop to Speak to You?*）（Henry Regnery 1958），第 164 页

493. "是全书最有趣味、最有意义的部分"：《标准》（*Criterion*）XVII，1938 年

493. "精彩不断"：毛姆致艾伦·塞尔的信，日期不详，戈特利布

494. "就故事而言"：毛姆致卡尔·法伊弗的信（WSM; Karl Pfeiffer），1938 年 2 月 26 日，兰森

494. "[我]真是后悔没有早二十年来印度"：毛姆致 E. M. 福斯特的信（WSM; E. M. Forster），1938 年 2 月 24 日，剑桥大学国王学院

495. "有些人说某样东西'夺走了自己的呼吸'"：《作家笔记》，第 261 页

497. "我跟她讲，我的大部分时间"：《阿迦汗回忆录》（*The Memoirs of the Aga Khan*）（Cassell 1954）前言，第 ix 页

497. "与他见面时，我感到很兴奋"：M. M. 卡耶（M. M. Kaye），《神奇的夜晚》（*Enchanted Evening*）（Penguin 1999），第 227 页

497. "要是说我对高度集中的精神生活"：毛姆致卡尔·法伊弗的信，1938 年 2 月 26 日，兰森

498. "我觉得自己坚持了很长的时间"：《作家笔记》，第 252 页

499. "薄伽梵[即马哈希]与萨默塞特·毛姆对坐了半个小时上下，一言不发"：www.beezone.com/ramana/somerset_maugham.html

499. "奥地利局势让我们深感不安"：毛姆致艾伦·塞尔的信，1938年3月15日，戈特利布

500. "杰拉德在城里四处找乐子"：哈罗德·阿克顿，《一个美学家的回忆：续篇》(*More Memoirs of an Aesthete*) (Methuen 1970)，第335页

500. "这真是完美的假期"：尼克尔森 (Nicolson) 编，《哈罗德·尼克尔森：日记与信件 1930—1939》(*Harold Nicolson: Diaries and Letters 1930-1939*)，第351页

501. "我认为战争的危险并不存在"：毛姆致伯特·阿兰森的信 (WSM; Bert Alanson)，1938年5月13日，斯坦福

501. "早在收到你的信之前"：毛姆致赫尔门·欧德的信 (WSM; Herman Ould)，1938年6月26日，兰森

502. "英国小说的未来就在那位年轻人的手里"：奈格尔·尼克尔森 (Nigel Nicolson) 编，《弗吉尼亚·伍尔夫日记：第五卷》(*The Diary of Virginia Woolf vol. V*) (Hogarth Press 1984)，第185页

502. "我们已经躲过了战争"：毛姆致伯特·阿兰森的信，1938年19月23日，斯坦福

第十四章 宣传活动

511. "我认为，将小说当成布道台或宣讲台是滥用的行为"：《毛姆导言绪论精选》，第10页

512. "有着可怕的、令其余的一切化为虚无的现实"：《圣诞假日》，第250页

513. "手法笨拙"：《伦敦信使报》(*London Mercury*)，1939年3月

513. "完全正常的查利"：《波士顿晚间文摘》(*Boston Evening Transcript*)，1939年10月21日

513. "纯粹从文学技法的角度看"：《观察家》，1939年2月17日

514. "别人跟我讲，毛姆绝不会考虑写电影剧本"：大卫·O. 塞尔兹尼克致丹尼尔·T. 欧希亚的信 (David O. Selznick; Daniel T. O'Shea)，1939年3月24日，兰森

514. "我现在在意大利"：毛姆致伯特·阿兰森的信 (WSM; Bert Alanson)，1939年6月12日，斯坦福

515. "远离危险地带的想法"：《纯属私事》，第26页

515. "我希望……在部里得到我在上次战争中做过的某种工作"：毛姆致戴斯蒙德·麦卡锡的信 (WSM; Desmond MacCarthy)，1939年9月5日，莉莉

516. "我好害怕以后除了摆弄手指以外"：毛姆致罗宾·毛姆的信，1939年10月7日，兰森

516. "我和威利……觉得自己年岁渐长"：杰拉德·哈克斯顿致罗宾·毛姆的信 (Gerald

Haxton; Robin Maugham），1939 年 9 月 28 日，兰森

516. "这提振了我的精神"：《纯属私事》，第 60 页

517. "关于我国政府应当了解的事务的私人报告"：同上，第 136 页

517. "就算希特勒征服了法国"：《英国家庭》（*The English Family*）宣传片脚本，未发表，杰曼

517. "要小心那个英国人"：卡尔布恰（Carbuccia），《再见，我的英国朋友》（*Adieu à mon ami anglais*），第 40 页

517. "有几名将军接待了我"：《回顾》，第 146 页

517. "指挥官告诉我，就算遭到围攻"：《纯属私事》，第 88 页

518. "我坚决不写任何不实内容"：同上，第 108 页

518. "我获得的印象是"：同上，第 80 页

518. "我看到的优异表现简直难以言喻"：《战时法国》，第 41 页

519. "那里有许多空房子和废弃的农舍"：同上，第 29 页

519. "被赶出家门两个小时前"：《纯属私事》，第 105 页

519. "愉快民主的氛围"：《战时法国》，第 65 页

519. "我不禁注意到法国船员的仪容不整"：《纯属私事》，第 115 页

520. "抵达伦敦时又冷又累"：同上，第 124 页

520. "我很高兴你的父亲被封为子爵"：毛姆致凯特·布鲁斯的信（WSM; Kate Bruce），1939 年 9 月 30 日，博格

521. "这意味着第二代毛姆子爵"：毛姆致伯特·阿兰森的信（WSM; Bert Alanson），1939 年 4 月 4 日，斯坦福

521. "亲爱的罗宾，我准备留给你 25000 美元的遗产"：毛姆致罗宾·毛姆的信（WSM; Robin Maugham），1939 年 11 月 20 日，博格

521. "我很高兴，你最近酒喝得有点多"：毛姆致罗宾·毛姆的信，1939 年 2 月 11 日，兰森

521. "各个方面的人都跟我讲"：毛姆致罗宾·毛姆的信，1939 年 11 月 20 日，博格

521. "里维埃拉非常安静"：《纯属私事》，第 137 页

521. "每个人都厌烦了"：毛姆致艾兰·道布尔戴的信（WSM; Ellen Doubleday），日期不详，普林斯顿

522. "我们谁都没想到要把开罐器"：《纯属私事》，第 152 页

524. "不要挣扎，张大嘴巴"：同上，第 162 页

524. "许多人当场崩溃"：同上，第 171 页

525. "威利回国了"：凯特·布鲁斯未发表的回忆录，私人收藏

526. "我能否拜访一下你们办的": 毛姆致艾伦·塞尔的信（WSM; Alan Searle），日期不详，戈特利布

526. "艾伦·塞尔啊": 未发表文件，戈特利布

527. "伦敦现在基本没有夜生活":《每日快报》，1940 年 10 月 1 日

527. "威利！谢天谢地": 丽莎·毛姆与帕特·华莱士的谈话（Liza Maugham; Pat Wallace），弗雷尔家族档案

527. "然而，事情完全没有像这样发展": 同上

528. "之前在'萨尔茨盖特'号的铁甲板上":《纯属私事》，第 239 页

528. "威利·毛姆显然听得很烦": 肯尼斯·杨（Kenneth Young）编，《罗伯特·布鲁斯·洛克哈特爵士日记第二卷（1939—1965）》（*The Diaries of Sir Robert Bruce Lockhart vol. II 1939-1965*）（Macmillan 1980），第 79 页

528. "[我]朝她[弗吉尼亚]大喊": 迈克尔·斯万（Michael Swan），《冬青与橄榄》（*Ilex and Olive*）（Home & Van Thal 1949），第 75 页

528. "你知道的，我们接到了": 毛姆致艾伦·塞尔的信，日期不详，戈特利布

529. "W. 萨默塞特·毛姆是作为英国特工来美国的":《纽约时报书评》，1940 年 11 月 24 日

530. "最伟大的'一战'小说是": 爱德华·威克斯(Edward Weeks)，《作家与友人》(*Writers and Friends*)（Little, Brown 1981）

530. "在这场战争中，我们英国人":《纽约时报》，1940 年 10 月 24 日

530. "这场危机正在摧毁": 毛姆致艾伦·塞尔的信，日期不详，戈特利布

531. "毛姆刚抵达美国": 罗伯特·卡德尔，《小心那条英国毒蛇》，第 121 页

531. "样子苍老疲倦，满脸皱纹":《随性而至》，第 181 页

531. "成功营造出了纽约有史以来": 毛姆致大卫·霍纳的信（WSM; David Horner），1944 年 10 月 11 日，兰森

531. "尽管他经常说我年轻真好": 菲尔普斯编，《连续的教益》，第 97 页

532. "我说，与刚认识的新情侣相比": 同上，第 91 页

532. "我感觉他想要跟我交朋友": 丽莎·毛姆与帕特·华莱士的谈话（Liza Maugham; Pat Wallace），弗雷尔家族档案

532. "我受不了了": 格伦威·韦斯考特与泰德·摩根的访谈（Glenway Wescott; Ted Morgan），杰曼

533. "浓密的姜黄色胡须": 法尔森，《从来不是普通人》，第 41 页

533. "如果我们被击败了":《英国家庭》宣传片脚本，未发表，杰曼

534. "用他最有力、最尖锐的声音答道": 格伦威·韦斯考特与泰德·摩根的访谈，杰曼

534. "当地人紧张不安，绝大部分人"：毛姆致 F. H. 毛姆的信，1941 年 1 月 14 日，私人收藏

535. "自然，[该片] 具有宣传价值这一事实"：大卫·O. 塞尔兹尼克致丹尼尔·T. 欧希亚的信（David O. Selznick; Daniel T. O'Shea），1941 年 3 月 14 日，兰森

535. "目前，我只能透过玻璃板看新生儿"：毛姆致艾伦·塞尔的信（WSM; Alan Searle），1941 年 4 月 1 日，戈特利布

535. "剧本身不好"：同上，1941 年 4 月 15 日

536. "胡话小说"：《国家报》，1941 年 5 月 3 日

536. "毛姆最差的小说"：《新共和》，1941 年 5 月 19 日

536. "说梦话"：《新闻周刊》（Newsweek），1941 年 4 月 7 日

536. "一个无法无天的流氓"：《情迷佛罗伦萨》，第 105 页

536. "他有无穷的活力"：同上，第 28 页

536. "你为什么不离开他"：同上，第 29 页

536. "我这辈子做过的最无聊的工作"：毛姆致罗宾·毛姆的信，1942 年 6 月 4 日，兰森

536. "房子离海边只有两英里"：毛姆致艾兰·迪布尔戴的信，1941 年 6 月 3 日，普林斯顿

537. "他当然不是不喝"：丽莎·毛姆与帕特·华莱士的谈话，弗雷尔家族档案

538. "我昨天参加了盛大的晚宴"：杰拉德·哈克斯顿致路易·勒格朗的信（Gerald Haxton; Louis Legrand），1941 年 2 月 24 日，斯坦福

538. "正在迅速消散的职业生涯"：《电影周刊》（Film Weekly），1935 年 3 月 29 日

538. "我在明星身上看到了一些东西"：毛姆致凯特·布鲁斯的信（WSM; Kate Bruce），1941 年 6 月 27 日，博格

538. "加里·格兰特说他其实不是很喜欢塞尚"：毛姆致奥斯伯特·西特维尔的信（WSM; Osbert Sitwell），1941 年 10 月 9 日，兰森

538. "我前两天刚去过一次"：毛姆致 G. B. 斯特恩的信（WSM; G. B. Stern），1941 年 7 月 20 日，兰森

539. "我没见着几个有意思的人"：毛姆致卡尔·法伊弗的信（WSM; Karl Pfeiffer），1941 年 7 月 20 日，兰森

539. "你说的是米基·鲁尼吗"：卡尔·G. 法伊弗，《W. 萨默塞特·毛姆的真实画像》，第 69 页

539. "他现在演的是谁"：威尔蒙·梅纳德，《毛姆在好莱坞》（"Maugham in Hollywood"），刊登于《美国电影》1979 年 4 月

539. "身穿黑色绸衣"：《故事中的旅人》，第 96 页

539. "再次见到威利真是太好了"：凯瑟琳·巴克内尔（Katherine Bucknell）编，《克里

斯托弗·伊舍伍德日记第一卷（1939—1960）》（*Christopher Isherwood Diaries vol. I: 1939-1960*）（Methuen 1996），第 142 页

539. "一个贴满标签的格莱斯顿旅行包"：布莱恩·芬内（Brian Finney），《伊舍伍德》（*Isherwood*）（Faber 1979），第 180 页

539. "一个可爱的怪人"：斯万（Swan），《冬青与橄榄》（*Ilex and Olive*），第 70 页

540. "像魔鬼似的尖叫"：巴克内尔编，《克里斯托弗·伊舍伍德日记：第一卷 1939—1960》，第 142 页

540. "这恐怕不过是一厢情愿"：毛姆致艾伦·塞尔的信，1941 年 7 月 25 日，戈特利布

540. "我从 1932 年就一直在审读剧本和小说"：大卫·O. 塞尔兹尼克藏品，1941 年 4 月 24 日，兰森

541. "我痛恨雇我的那帮人"：毛姆致凯特·布鲁斯的信（WSM; Kate Bruce），1941 年 6 月 27 日，博格

541. "我知道它很烂"：毛姆致爱德华·马什的信（WSM; Edward Marsh），1943 年 3 月 1 日，博格

541. "写，写，写，不停地写"：毛姆致艾伦·塞尔的信，1941 年 10 月 24 日，戈特利布

541. "就目前来看，不少送审作品"：同上，1941 年 11 月 13 日

542. "既然美国已经参战"：毛姆致格伦威·韦斯考特的信（WSM; Glenway Wescott），1941 年 12 月 12 日，马里兰

542. "乡间荒凉、孤寂"：毛姆致卡尔·法伊弗的信（WSM; Karl Pfeiffer），1942 年 1 月 28 日，兰森

542. "[她们] 与我很合得来"：毛姆致罗宾·毛姆的信，1942 年 6 月 4 日，兰森

543. "非常和善，有一点害羞"：毛姆致芭芭拉·拜克的信（WSM; Barbara Back），1933 年 7 月 8 日，兰森

543. "艾兰是全美国最糟糕的主妇"：杰瑞·吉普金与泰德·摩根的访谈（Jerry Zipkin; Ted Morgan），杰曼

543. "在乡间骑马真好"：毛姆致艾伦·塞尔的信，1942 年 4 月 16 日，戈特利布

544. "你跟我讲斯威夫特写过一篇讲笤帚的漂亮文章"：毛姆致爱德华·马什的信，1943 年 3 月 1 日，博格

544. "我当然会想他"：毛姆致艾伦·塞尔的信，1942 年 5 月 19 日，戈特利布

545. "我知道有些人来耶马西"：格伦威·韦斯考特与泰德·摩根的访谈，杰曼

545. "好长，好长，好长的三周"：约翰·基茨（John Keats），《你本可以活下去》（*You Might as Well Live*）（Simon & Schuster 1970），第 237 页

546. "亲爱的埃莉诺，感谢你给我送来的菜谱"：毛姆致埃莉诺·罗斯福的信（WSM; Eleanor Roosevelt），1945 年 3 月 1 日，国会图书馆

546. "你给我拍的侧身照真是好极了"：同上，日期不详

546. "天气太热，什么也干不了"：毛姆致艾伦·塞尔的信，1942 年 6 月 26 日，戈特利布

546. "大厅座无虚席"：毛姆致芭芭拉·拜克的信，1944 年 2 月 6 日，兰森

547. "英国在美国的名声越来越差"：毛姆致艾伦·塞尔的信，1942 年 7 月 22 日，戈特利布

547. "[威利]对女婿不太关心"：菲尔普斯编，《连续的教益》：第 90 页

547. "次日，他坐车回医院"：毛姆致艾伦·塞尔的信，1942 年 7 月 22 日，戈特利布

547. "对我来说，写这本书是一次很愉快的经历"：毛姆致卡尔·法伊弗的信，1943 年 5 月 12 日，兰森

549. "我时不时还是要去巴黎"：《刀锋》，第 143 页

550. "我写出了一部大团圆的小说"：同上，第 340 页

551. "全伦敦没有一个人比他更爱直呼伯爵夫人的教名"：《比我们高贵的人们》，第 15 页

551. "[威利]对他很感兴趣"：A. S. 弗雷尔致安东尼·寇提斯的信（A. S. Frere; Anthony Curtis），1973 年 12 月 31 日，私人收藏

552. "冥想无形让我在绝对中找到了平和"：《刀锋》，第 284 页

552. "拉里一只胳膊伸出来搭在前座椅背上"：同上，第 202 页

553. "令人不胜喜悦"：《新国务家》，1944 年 8 月 26 日

553. "我不会假装说自己没有感到震惊"：毛姆致爱德华·马什的信，1944 年 6 月 1 日，博格

553. "年迈之际还能写出这样一部成功的长篇小说"：毛姆致戴安娜·玛尔-约翰逊的信（WSM; Diana Marr-Johnson），1944 年 10 月 18 日，私人收藏

553. "杰拉德正忙着管三千人"：毛姆致罗宾·毛姆，1943 年 10 月 6 日，兰森

553. "[他]很高兴能真正自己生活，完全独立于我"：毛姆致艾伦·塞尔的信，1943 年 11 月 23 日，戈特利布

553. "[而且]我也松了口气"：毛姆致卡尔·法伊弗的信，1943 年 11 月 24 日，兰森

554. "我认为，他会带给我与杰拉德相伴的十年"：同上，1944 年 1 月 12 日

554. "我上午照常工作"：《作家笔记》，第 319 页

555. "我失望却并不苦恼"：毛姆致爱德华·马什的信，1944 年 6 月 1 日，博格

555. "我有大麻烦了"：毛姆致芭芭拉·拜克的信，1944 年 7 月 9 日，兰森

555. "尽管我早就知道他的生活方式肯定会害死他"：毛姆致艾兰·道布尔戴的信（WSM; Ellen Doubleday），1944 年 7 月 16 日，普林斯顿

556. "呼吸顺畅了一些"：毛姆致芭芭拉·拜克的信，1944 年 7 月 9 日，兰森

556. "不住地咳嗽吐痰的患者"：毛姆致艾兰·道布尔戴的信，1944 年 7 月 16 日，普林斯顿

557. "我每天去看他两次"：毛姆致芭芭拉·拜克的信，1944 年 7 月 9 日，兰森

557. "他越来越虚弱"：毛姆致爱德华·诺布鲁克的信（WSM; Edward Knoblock），1944 年 10 月 2 日，博格

557. "我不得不面对他死于手术的可能性"：毛姆致戴安娜·玛尔—约翰逊的信，1944 年 10 月 18 日，私人收藏

557. "他或许有好转的一线希望"：毛姆致艾伦·塞尔的信，1944 年 11 月 3 日，戈特利布

558. "杰拉德的死是对我的沉重打击"：毛姆致乔治·库克尔的信（WSM; George Cukor），1944 年 11 月 18 日，赫瑞克

558. "请不要给我写慰问信"：毛姆致查尔斯·汤的信（WSM; Charles Towne），1944 年 11 月 28 日，纽图

558. "将我撕成碎片的汹涌悲情"：毛姆致艾伦·塞尔的信，1944 年 12 月 20 日，戈特利布

558. "我不想见你"：罗伯茨，《阳光与阴影：1930—1946》，第 376 页

558. "他和往常一样面无表情"：比尔曼，《苦难与欢笑》，第 288 页

559. "我觉得我会试一试的"：毛姆致大卫·霍纳的信（WSM; David Horner），1944 年 10 月 11 日，兰森

第十五章　布隆基诺男孩

561. "三十年来，他让我快乐"：戴（Day）编，《诺埃尔·科沃德书信集》（The Letters of Noël Coward），第 229 页

561. "一切事物都让我想起他"：毛姆致路易·勒格朗的信（WSM; Louis Legrand），1945 年 5 月 15 日，杰曼

562. "我生命中最好的岁月"：毛姆致罗宾·毛姆，1944 年 6 月 26 日，兰森

562. "我发现威利沉浸于痛苦之中"：罗宾·毛姆，《逃离阴影》，第 140 页

563. "不时有一些有文学品位的人跟我讲"：《纽约客》，1946 年 6 月 8 日

563. "他从来都不喜欢我"：毛姆致艾兰·道布尔戴的信（WSM; Ellen Doubleday），1946 年 8 月 9 日，普林斯顿

564. "当然，这里的每个人都松了一大口气"：毛姆致艾伦·塞尔的信（WSM; Allen Searle），1945 年 5 月 9 日，戈特利布

564. "[威利]对我特别友善"：乔治·库克尔与杰西·希尔·福特的访谈（George

Cukor; Jesse Hill Ford），赫瑞克

565. "我从没买过这种价钱的画"：《纯属自娱》，第 17 页

566. "以示对热情好客的美国人民的感激之情"：《故事中的旅人》，第 132 页

566. "我的秘书已经脱离战争工作了"：毛姆致哈利法克斯伯爵的信（WSM; Earl of Halifax），1945 年 7 月 6 日，赫瑞克

566. "我知道他在美国进行私下的"：公档办，文件编号 371/44582，道内利备忘录（Donnelly Minute），1945 年 9 月 14 日；转引自卡德尔《小心那条英国毒蛇》，第 132 页

566. "艾伦来了，步子很沉"：格伦威·韦斯考特与泰德·摩根的访谈（Glenway Wescott; Ted Morgan），杰曼

566. "[艾伦] 给了我很大宽慰"：毛姆致伯特·阿兰森的信（WSM; Bert Alanson），1946 年 1 月 22 日，斯坦福

567. "它唤起了六十多年不曾磨灭的伤痛"：《故事中的旅人》，第 132 页

567. "感谢你们善良而大度地接纳"：同上

567. "我很感激你和纳尔逊在战争期间"：毛姆致艾兰·道布尔戴的信，1946 年 8 月 9 日，普林斯顿

568. "我以前的仆人们回来了"：毛姆致塔米·瑞恩的信（WSM; Tammy Ryan），1946 年 8 月 13 日，私人收藏

568. "我是你的好朋友"：日期不详，斯坦福

569. "[我住在] 毛姆的巴黎公寓里"：大卫·波斯纳致泰德·摩根的信（David Posner; Ted Morgan），1977 年 3 月 28 日，杰曼

569. "伟岸的……如同山林之神"：格伦威·韦斯考特与泰德·摩根的访谈（Glenway Wescott; Ted Morgan），杰曼

569. "我当时真的是星星眼"：大卫·波斯纳致泰德·摩根的信，1977 年 2 月 22 日，杰曼

569. "威利再也不让他去了"：格伦威·韦斯考特与泰德·摩根的访谈，杰曼

570. "奇怪的是，人们都很冷漠"：毛姆致伯特·阿兰森的信（WSM; Bert Alanson），1947 年 4 月 10 日，斯坦福

570. "这名六十七岁的母亲"：毛姆致纳尔逊·道布尔戴的信（WSM; Nelson Doubleday），1946 年 9 月 12 日，普林斯顿

570. "甚至比萧伯纳还有钱"：《每日先驱报》（Daily Herald），1950 年 10 月 5 日

571. "上个礼拜别人总共向我开口借 36000 英镑"：毛姆致安·弗莱明的信（WSM; Ann Fleming），日期不详，私人收藏

571. "百万富翁们总是愿意把钱捐给大学 [和] 医院"：毛姆致西比尔·科尔法克斯的信（WSM; Sibyl Colefax），1944 年 12 月 15 日，博德莱恩

572. "毛姆先生有没有意识到"：《每日电讯报》，1947 年 4 月 17 日

注 释

572. "政府不上心，民众不关心"：雷蒙德·曼德尔与乔·米奇森（Raymond Mander and Joe Mitchenson），《艺术家与剧院》（*The Artist and the Theatre*）（Heinemann 1955）

572. "我希望你们能帮助我激发英国人民对国家大剧院的兴趣"：毛姆致 J. B. 普里斯特利的信（WSM; J. B. Priestley），1948 年 1 月 12 日，兰森

574. "我觉得你这一次比以往要卡得更严"：毛姆致爱德华·马什的信（WSM; Edward Marsh），1948 年 2 月 9 日，博格

574. "最后一部，真正的最后一部长篇"：毛姆致格伦威·韦斯考特与门罗·惠勒的信（WSM; Glenway Wescott, Monroe Wheeler），1948 年 8 月 22 日，马里兰

574. "大米、油、培根"：毛姆致塔米·瑞恩的信，1946 年 8 月 13 日，私人收藏

575. "对一切都特别满意"：毛姆致艾兰·道布尔戴的信，1947 年 1 月 26 日，普林斯顿

576. "毛姆的及时雨"：菲尔普斯编，《连续的教益》，第 162 页

576. "那个老小孩的 [完美] 保姆"：摩根，《毛姆》，第 494 页

576. "我用我的整个人、整个心去爱着他"：未发表回忆录，赫瑞克

576. "我觉得自己很快乐"：艾伦·塞尔致艾兰·道布尔戴的信（Alan Searle; Ellen Doubleday），1946 年 12 月 27 日，普林斯顿

576. "你来了真好"：摩根，《毛姆》，第 565 页

576. "我的家人都很喜欢艾伦"：尼古拉斯·帕拉维奇尼致本书作者的信，私人收藏

576. "丽莎和孩子来了"：艾伦·塞尔致伯特·阿兰森的信，1947 年 8 月 21 日，斯坦福

577. "他是个浮夸的蠢驴"：毛姆致艾兰·道布尔戴的信，1953 年 9 月 11 日，普林斯顿

577. "为生活带来了很多欢乐"：毛姆致纳尔逊·道布尔戴的信，1948 年 8 月 19 日，普林斯顿

577. "表面上，他喝酒比以前少了"：艾兰·道布尔戴致毛姆的信，1947 年 12 月 15 日，普林斯顿

578. "纳尔逊已经创立了一个庞大的帝国"：毛姆致道格拉斯·M. 布莱克（WSM; Douglas M. Black），1946 年 9 月 15 日，杰曼

578. "要不是他对我有信心"：毛姆致艾兰·道布尔戴的信，1949 年 1 月 14 日，普林斯顿

579. "这篇文章对《地平线》来说"：朱利安·麦克拉伦—罗斯（Julian Maclaren-Ross），《回忆录合集》（*Collected Memoirs*）（Black Spring Press 2004），第 247 页

579. "[女王] 衣着典雅"：毛姆致伯特·阿兰森的信，1954 年 7 月 23 日，斯坦福

580. "但是，你们难道看不出 '荣誉侍从'"：杰拉德·莱兰斯与罗伯特·卡德尔的访谈（Gerald Rylands; Robert Calder），杰曼

580. "我是英国在世的最伟大的作家"：F. J. 雪莱（F. J. Shirley），《坎特伯雷人》

(*Cantuarian*)，1965 年 12 月

580. "我惊讶地发现布景跟我在弗尔拉角的书房完全一个样"：毛姆致安东尼·达恩博罗的信（WSM; Antony Darnborough），日期不详，杰曼

581. "热情的女青年"：毛姆致戴安娜·玛尔—约翰逊的信（WSM; Diana Marr-Johnson），日期不详，私人收藏

581. "三十年没见的人给我写信说"：罗宾·毛姆未发表的日记，拜内克

581. "我不是动物园里让人盯着看的猴子"：毛姆致凯特·布鲁斯的信（WSM; Kate Bruce），日期不详，博格

582. "他 [从泳池里] 出来"：卡宁，《怀念毛姆先生》，第 27 页

582. "威利八点准时抵达"：杨编，《罗伯特·布鲁斯·洛克哈特爵士日记第二卷》（*The Diaries of Sir Robert Bruce Lockhart vol. II*），第 684 页

582. "浑身透着江湖骗子、不成熟的方法和大笔赚钱的味道"：帕特里克·麦克格拉蒂（Patrick McGrady），《追求返老还童的医生们》（*Youth Doctors*）（Arthur Barker 1968），第 97 页

583. "我感觉怪怪的"：卡宁，《怀念毛姆先生》，第 139 页

583. "我们请毛姆和他的小情人塞尔"：阿特米斯·库珀（Artemis Cooper）编，《吴先生与史迪奇夫人：伊夫林·沃与戴安娜·库珀通信集》（*Mr Wu and Mrs Stitch: The Letters of Evelyn Waugh and Diana Cooper*）（Hodder & Stoughton 1991），第 261 页

584. "沦陷区的纳粹省长"：《随性而至》，第 179 页

584. "客人永远都不能确定活动会是什么样"：丽莎·毛姆与帕特·华莱士的对话（Liza Maugham; Pat Wallace），弗雷尔家族档案

584. "他有一套规矩要求客人遵守"：彼得·昆内尔（Peter Quennell），《荒唐追逐》（*The Wanton Chase*）（Collins 1980），第 162 页

584. "再过一年，你就是这个样子了"：彼得·道布尼，《我的戏剧世界》，第 98 页

585. "我所做的只是"：《星期日时报》，1966 年 4 月 3 日

585. "我们在喝助眠酒"：《巴黎评论》（*Paris Review*）第 165 期，第 205 页

585. "他长着一张最邪恶的脸"：夏洛特·莫斯利（Charlotte Mosley）编，《痛苦的匆匆：德博拉·德文夏与帕特里克·利·法默尔通信集》（*In Tearing Haste: Letters between Deborah Devonshire and Patrick Leigh Fermor*）（John Murray 2008），第 20 页

586. "我是一口气从头读到尾的"：毛姆致伊恩·弗莱明的信（WSM; Ian Fleming），日期不详，莉莉

586. "不能，我并非言不由衷"：同上

587. "你还记得 1904 年在巴黎吗"：毛姆致杰拉德·凯利的信（WSM; Gerald Kelly），1948 年 12 月 8 日，戈特利布

注 释

587. "我希望女王陛下高兴"：杰拉德·凯利致伯特·阿兰森的信，1953 年 3 月 3 日，斯坦福

587. "你父亲一直对我的邻居和朋友们安排的各种庆祝活动"：毛姆致罗宾·毛姆的信，1950 年 2 月 3 日，兰森

587. "你以为自己的文笔比得上莎士比亚，或许吧"：罗宾·毛姆，《萨默塞特与毛姆家族》，第 189 页

588. "怎么才两张红桃"：杰拉德·诺埃尔（Gerald Noël），《爱娜：西班牙的英国王后》（Ena: Spain's English Queen）（Constable 1984），第 282 页

589. "弗兰克说：'你好呀，宝贝！'"：卡宁，《怀念毛姆先生》，第 191 页

589. "人太多了，简直要"：格雷厄姆·佩恩与谢里登·莫雷（Graham Payne and Sheridan Morley）编，《诺埃尔·科沃德日记》（The Noël Coward Diaries）（Papermac 1982），第 382 页

590. "科克托先生一开口，仆人就有福了"：詹姆斯·罗德（James Lord），《几名了不起的人》（Some Remarkable Men）（Farrar Straus & Giroux 1996），第 127 页

590. "我有一个夙愿"：毛姆致伯特·阿兰森的信，1949 年 4 月 30 日，斯坦福

590. "他喜欢有东西让他读进去"：阿克顿，《一个美学家的回忆》，第 189 页

590. "我不认为郁特里罗是伟大的画家"：《生活》杂志，1941 年 12 月 1 日

591. "那正是我多年苦寻未果的一幅画"：《纯属自娱》，第 24 页

592. "极其缺乏对视觉艺术的感受力"：尼基·马里亚诺（Nicky Mariano）编，《日落与黄昏：伯纳德·贝伦森日记》（Sunset and Twilight: From the Diaries of Bernard Berenson）（Hamish Hamilton 1964），第 439 页

592. "对每一种艺术形式都有着卓越的洞察力"：肯尼斯·克拉克（Kenneth Clark），《另一半》（The Other Half）（John Murray 1977），第 116 页

593. "我刚见到它的时候被震到了"：《每日快报》，1951 年 11 月 16 日；转引自罗杰·博绍德（Roger Berthoud），《格雷厄姆·萨瑟兰》（Graham Sutherland）（Faber 1982），第 141 页

593. "将漫画发挥到了极致"：艾德蒙·威尔逊（Edmund Wilson），《五十年代》（The Fifties）（Farrar, Straus & Giroux 1986），第 204 页

594. "尽管我不希望格雷厄姆知道这件事"：毛姆致肯尼斯·克拉克的信，1951 年 4 月 16 日，威克森林

第十六章　背叛

595. "欧洲大陆有一个好习惯"：《作家笔记》，第 318 页

595. "我不是很欣赏他"：威廉·普洛默致乔斯林·布鲁克的信（William Plomer; Jocelyn Brooke），1953 年 5 月 14 日，杰曼

595. "我不认为自己是写关于他的文字的合适人选"：安格斯·威尔逊致乔斯林·布鲁克的信（Angus Wilson; Jocelyn Brooke），1953 年 5 月 5 日，杰曼

595. "我可以回绝吗"：威廉·桑瑟姆致乔斯林·布鲁克的信（William Sansom; Jocelyn Brooke），1953 年 5 月 5 日，杰曼

595. "手头有小说赶着写完"：伊丽莎白·柏文致乔斯林·布鲁克的信（Elizabeth Bowen; Jocelyn Brooke），1953 年 3 月 24 日，杰曼

596. "万分抱歉，实难命笔"：诺埃尔·科沃德致乔斯林·布鲁克的信（Noël Coward; Jocelyn Brooke），1953 年 4 月 27 日，杰曼

596. "有可能的话，[我]会给你写两千字"：雷蒙德·莫蒂默致乔斯林·布鲁克的信（Raymond Mortimer; Jocelyn Brooke），1953 年 4 月 27 日，杰曼

596. "全世界千千万万和父辈"：《作者》（Author），1954 年 1 月 25 日，莉莉

597. "要是别人的话，肯定就迷迷糊糊地坐下了"：圣约翰·厄文致理查德·丘奇的信（St. John Ervine; Richard Church）

597. "他什么都会告诉你"：《纽约客》，1949 年 10 月 29 日

597. "如无绝对必要，我实在受不了读别人写我的东西"：毛姆致理查德·克代尔的信（WSM; Richard Cordell），1939 年 1 月 23 日，莉莉

598. "恶狠狠地把信全都撕成了碎片"：菲尔普斯编，《连续的教益》，第 166 页

598. "我之前一直好好留着那些信"：杰瑞·吉普金与泰德·摩根的访谈（Jerry Zipkin; Ted Morgan），杰曼

599. "Your kids of Paravincini"：路易·勒格朗致丽莎·毛姆的信（Louis Legrand; Liza Maugham），1964 年 4 月 15 日，私人收藏

599. "我不得不告诉你"：罗宾·毛姆致艾伦·塞尔的信（Robin Maugham; Alan Searle），1962 年 12 月 28 日，戈特利布

600. "最亲爱的威利，我接到了美国出版商维克多·维布莱特"：罗宾·毛姆致毛姆的信，1962 年 2 月 14 日，戈特利布

600. "我在这里承诺"：同上，1962 年 2 月 20 日

601. "[毛姆先生]在欧洲的名气已经达到了顶点"：艾伦·塞尔致伯特·阿兰森的信（Alan Searle; Bert Alanson），1953 年 1 月 29 日，斯坦福

602. "笑眯眯的……香水味很重"：乔治·罗沙诺夫（Georges Rosanoff），《一名医生的回忆》（Recontez Docteur）（Guy le Prat 1977），第 13 页

602. "[艾伦]本身不是有趣的伴侣"：菲尔普斯编，《连续的教益》，第 162 页

602. "那比潘比"：杰瑞·吉普金与泰德·摩根的访谈，杰曼

602. "脑筋糊涂": 道格拉斯·库珀致理查德·卡德尔的信 (Douglas Cooper; Richard Calder), 1978 年 9 月 10 日, 杰曼

602. "你真是太可爱了": 艾伦·塞尔致简·克拉克的信 (Alan Searle; Jane Clark), 1952 年 4 月 17 日, 威克森林

602. "[你真的] 太可爱了": 艾伦·塞尔致杰瑞·吉普金的信 (Alan Searle; Jerry Zipkin), 1959 年 3 月 10 日, 戈特利布

602. "我很少对朋友怀有对你这样的爱意": 同上, 1950 年 11 月 15 日

603. "他只是喜欢抱怨": 杰瑞·吉普金与泰德·摩根的访谈, 杰曼

603. "谢谢你给我送来这么多好画册": 艾伦·塞尔致杰瑞·吉普金的书, 1954 年 12 月 28 日, 戈特利布

603. "哎呀呀, 你真该来看看这些可爱的男孩子们": 卡米拉·尚东·德布里埃 (Camila Chandon de Briailles), 未发表, 私人收藏

603. "[毛姆先生] 对我很大度": 未发表备忘录, 乔治·库克尔文献 (George Cukor Collection), 赫瑞克

604. "艾伦·塞尔很有骑士风度": 丽莎·毛姆与帕特·华莱士的谈话 (Liza Maugham; Pat Wallace), 弗雷尔家族档案

604. "自己这一辈子从没见人受过艾伦这样的苛待": 格伦威·韦斯考特与泰德·摩根的访谈 (Glenway Wescott; Ted Morgan), 杰曼

604. "M 先生在日本真是人气爆棚": 艾伦·塞尔致克劳斯·乔纳斯的信 (Alan Searle; Klaus Jonas), 1959 年 11 月 25 日, 兰森

604. "他依然觉得自己有重要的东西要学习": 杰弗瑞·迈耶斯, 《萨默塞特·毛姆传》, 第 317 页

605. "他是白人": 迈克尔·布洛赫 (Michael Bloch) 编, 《詹姆斯·李斯-米尔恩日记: 1942—1954》 (James Lees-Milne Diaries, 1942-1954) (John Murray 2006), 第 435 页

605. "我一直在读吉卜林": 毛姆致 G. B. 斯特恩的信 (WSM; G. B. Stern), 1951 年 2 月 6 日, 兰森

605. "我国最伟大的短篇小说作家": 《吉卜林文选》, 第 xxviii 页

606. "实话说, 写作就跟喝酒一样": 毛姆致伯特·阿兰森的信, 1954 年 9 月 5 日, 斯坦福

606. "[我的] 丰富的创造力": 毛姆致克劳斯·乔纳斯的信 (WSM; Klaus Jonas), 1956 年 5 月 14 日, 兰森

606. "写作于我是一种病": 《每日快报》, 1958 年 1 月 20 日

606. "最后一篇《脆弱的自然》": 毛姆致 H. E. 贝茨的信 (WSM; H. E. Bates), 1953 年 9 月 22 日, 私人收藏

606. "我有好仆人、好饭菜、漂亮的宅子"：毛姆致凯特·布鲁斯的信（WSM; Kate Bruce），1951 年 1 月 18 日，博格

607. "我要是假装对西莉的死深切哀悼"：毛姆致芭芭拉·拜克的信（WSM; Barbara Back），1955 年 8 月 10 日，兰森

607. "赡养费不用给了"：罗宾·毛姆，《萨默塞特与毛姆家族》，第 20 页

607. "我就像一名战争期间在港口等船来到的旅客"：《作家笔记》，第 333 页

607. "趴在石头上晒太阳的鬣蜥"：卡德尔，《威利：W. 萨默塞特·毛姆传》，第 43 页

607. "苍白的脸上沟壑密布"：弗朗西斯·帕特里奇（Frances Patridge），《一切皆可失去：1945—1960 年之间的日记》（*Everything to Lose: Diaries 1945-1960*）（Little, Brown 1985），第 131 页

608. "想起了加拉帕戈斯群岛干燥的礁石之间缓缓爬动的蜥蜴"：哈罗德·尼克尔森致罗宾·毛姆的信（Harold Nicolson; Robin Maugham），1958 年 12 月 17 日，莉莉

608. "[威利] 挺有型的"：格伦威·韦斯考特与泰德·摩根的访谈，杰曼

608. "爱德华时代的衰朽遗老"：毛姆致道格拉斯·M. 布莱克的信（WSM; Douglas M. Black），1953 年 1 月 30 日，杰曼

608. "有些事我当年很乐意做"：毛姆致杰拉德·凯利的信（WSM; Gerald Kelly），1959 年 7 月 2 日，戈特利布

608. "可怜的老头塑料娃娃"：雨果·威克斯（Hugo Vickers），《比顿在六十年代：塞西尔·比顿日记，1965—1969 年》（*Beaton in the Sixties: The Cecil Beaton Diaries as He Wrote Them 1965-1969*）（Weidenfeld & Nicolson 2003）前言，第 17 页

608. "你要是觉得我老——老——老了"：比尔曼，《苦难与欢笑》，第 308 页

609. "罗宾一直有个毛病"：毛姆致凯特·布鲁斯的信，1957 年 2 月 2 日，博格

609. "[罗宾] 和他小时候一样轻浮"：毛姆致伯特·阿兰森的信，1955 年 7 月 28 日，斯坦福

609. "我有许多时间都是跟酒鬼一起生活"：《吉卜林文选》，第 xxii 页

610. "艾伦完全不是他装出来的慈厚样子"：詹姆斯·J. 博格和克里斯·弗里曼（James J. Berg, Chris Freeman）编，《伊舍伍德的世纪》（*The Isherwood Century*）（University of Wisconsin Press 2000）

611. "爸爸妈妈对我施加了骇人听闻的精神折磨"：未发表备忘录，乔治·库克尔文献（George Cukor Collection），赫瑞克

611. "我老是想将来的事"：艾伦·塞尔致伯特·阿兰森的信，1950 年 1 月 12 日，斯坦福

611. "你死了我怎么办"：艾伦·塞尔与罗伯特·卡德尔的访谈（Alan Searle; Robert Calder），杰曼

612. "我希望你知道，你以后会特别有钱"：丽莎·毛姆与帕特·华莱士的谈话，弗雷

尔家族档案

612. "这对你们俩都很有好处": 同上

613. "最亲爱的爸爸": 同上

614. "就他所知,这件事已经完全被忘掉了": 同上

614. "艾伦肯定插手了": 同上

614. "他那个恶毒的所谓女儿": 艾伦·塞尔致乔纳斯的信, 1963 年 4 月 17 日, 兰森

615. "婊子……吸老人的血": 艾伦·塞尔致杰瑞·吉普金的信(Alan Searle; Jerry Zipkin), 1963 年 8 月 21 日, 戈特利布

615. "艾伦挑唆威利针对丽莎": 马克·阿莫瑞(Mark Amory)编,《安·弗莱明书信集》(*The Letters of Ann Fleming*)(Collins Harvil 1985), 第 184 页

615. "对金钱……她有某种特殊的执念": 戴安娜·玛尔—约翰逊致艾伦·塞尔的信, 1962 年 4 月 12 日, 戈特利布

615. "我只希望他[毛姆]": 艾伦·塞尔致罗宾·毛姆的信, 1962 年 6 月 1 日, 戈特利布

616. "本庭宣判": 私人收藏

616. "我喜欢平和": 艾伦·塞尔致萨姆·比尔曼的信, 1963 年 7 月 26 日

617. "他回想起可怜的西莉": 佩恩与莫雷(Payne; Morley)编,《诺埃尔·科沃德日记》(*The Diaries of Noël Coward*), 第 508 页

617. "我很激动, 未来有保障的感觉真好": 艾伦·塞尔致比弗布鲁克勋爵(Alan Searle; Lord Beaverbrook), 1961 年 11 月 11 日, 英国国会档案馆, 编号 BBK/C/293

618. "一个有很多不完美之处":《回顾》, 第 144 页

618. "每个人都完全知道了你恶臭、污秽的生活": 匿名信, 1962 年 11 月 14 日, 戈特利布

618. "卑劣至极": 佩恩与莫雷编,《诺埃尔·科沃德日记》, 第 511 页

618. "肮脏下流, 令人尴尬": 卡宁,《怀念毛姆先生》, 第 68 页

618. "老毛姆给自己的丰碑埋下了地雷; 然后将它引爆": 维达尔,《合众国: 戈尔·维达尔文选》(*United States*), 第 237 页

619. "我既不相信神的存在, 也不相信灵魂不灭":《回顾》, 第 128 页

619. "地图都拿出来了": 艾伦·塞尔致简·克拉克的信(Alan Searle; Jane Clark), 1955 年 2 月 11 日, 威克森林

619. "除非带上男护工和贴身仆人": 艾伦·塞尔与泰德·摩根的访谈(Alan Searle; Ted Morgan), 杰曼

619. "很少有清醒的时候": 艾伦·塞尔致杰瑞·吉普金的信, 1963 年 8 月 21 日, 戈特

利布

619. "好可怜，好可怜的威利"：艾伦·塞尔致罗宾·毛姆的信，1963 年 12 月 1 日，戈特利布

620. "直到今天，失去母亲的痛苦"：《星期日快报》，1964 年 1 月 26 日

620. "我跟一个疯子关在了一起"：艾伦·塞尔致罗宾·毛姆，1965 年 4 月 5 日，戈特利布

620. "他生活在一个属于他自己的可怕世界中"：艾伦·塞尔致杰瑞·吉普金的信，1965 年 4 月 5 日，戈特利布

620. "我有许多做起来非常不愉快的杂事"：艾伦·塞尔致格伦威·韦斯考特的信（Alan Searle; Glenway Wescott），1965 年 7 月 2 日，马里兰

620. "像一只凶狠的螃蟹"：罗宾·毛姆，未发表的日记，莉莉

621. "紫标黑色双排扣絮棉便服"：罗宾·毛姆，未发表的日记，莉莉

621. "威利完全精神失常了"：艾伦·塞尔致艾兰·道布尔戴的信（Alan Searle; Ellen Doubleday），1965 年 11 月 27 日，普林斯顿

622. "与性无关"：玛丽·道森与本书作者的访谈（Mary Dawson），2006 年 5 月 18 日

623. "一名作家刚去世的时候会有微澜泛起"：毛姆致卡尔·法伊弗的信（WSM; Karl Pfeiffer），1946 年 5 月 1 日，兰森

623. "最令人着迷的人类活动"：《总结》，第 222 页

623. "可以在不泄露隐私的情况下诉说秘密"：《克雷杜克夫人》，第 221 页

部分参考文献

Select Bibliography

本书涉及的毛姆著作及版本

《兰贝斯的丽莎》(*Liza of Lambeth*)(初版 1897；再版 Vintage 2000)

《一个圣徒发迹的奥秘》(*The Making of a Saint*)(初版 1898；Farrar, Straus & Giroux 1966)

《导向》(*Orientations*)(Fisher Unwin 1899)

《英雄》(*The Hero*)(Hutchinson 1901)

《克雷杜克夫人》(*Mrs Craddock*)(初版 1902；再版 Vintage 2000)

《一个体面的男人》(*A Man of Honour*)(Dramatic Publishing Company 1903)

《旋转木马》(*The Merry-Go-Round*)(初版 1904；再版 Vintage 2000)

《圣洁处女之地》(*The Land of the Blessed Virgin*)(初版 1905；再版 Knopf 1920)

《主教的围裙》（*The Bishop's Apron*）（Chapman & Hall 1906）

《探险家》（*The Explorer*）（初版 1907；再版 Heinemann 1922）

《魔法师》（*The Magician*）（初版 1908；再版 Vintage 2000）

《第十个男人》（*The Tenth Man*）（Heinemann 1913）

《地主老爷》（*Landed Gentry*）（Heinemann 1913），后更名为《格蕾丝》
（*Grace*）

《人生的枷锁》（*Of Human Bondage*）（初版 1915；再版 Vintage 2000）

《饼与鱼》（*Loaves and Fishes*）（Heinemann 1924）

《面纱》（*The Painted Veil*）（初版 1925；再版 Vintage 2001）

《木麻黄树》（*The Casuarina Tree*）（初版 1926；再版 Oxford University
Press 1985）

《信》（*The Letter*）（Heinemann 1927）

《英国特工阿申登》（*Ashenden*）（初版 1928；再版 Vintage 2000）

《客厅里的绅士》（*The Gentleman in the Parlour*）（初版 1930；再版
Vintage 2001）

《寻欢作乐》（*Cake and Ale*）（初版 1930；再版 Vintage 2000）

《用第一人称单数写作的六个故事》（*First Person Singular*）（Heinemann
1931）

《偏僻的角落》（*The Narrow Singular*）（初版 1932；再版 Vintage 2001）

《阿金》（*Ah King*）（初版 1933；再版 Oxford University 1986）

《西班牙主题变奏》（*Don Fernando*）（初版 1935；再版 Vintage 2000）

《四海为家之人》（*Cosmopolitans*）（Doubleday, Doran 1936）

《剧院风云》（*Theatre*）（初版 1935；再版 Vintage 2000）

《总结》（*Summing Up*）（初版 1938；再版 Vintage 2001）

《圣诞假日》（*Christmas Holiday*）（初版 1939；再版 2001）

《战时法国》（*France at War*）（Heinemann 1940）

《书与你》（*Books and You*）（Doubleday, Doran 1940）

《换汤不换药》（*The Mixture as Before*）（Heinemann 1940）

《情迷佛罗伦萨》（*Up at the Villa*）（初版 1941；再版 Vintage 2000）

《纯属私事》（*Strictly Personal*）（Doubleday, Doran 1941）

《黎明之前》（*The Hour Before the Dawn*）（Doubleday, Doran 1942）

《刀锋》（*The Razor's Edge*）（初版 1944；再版 Vintage 2000）

《过去与现在》（*Then and Now*）（初版 1946；再版 Vintage 2001）

《环境的产物》（*Creatures of Circumstance*）（Heinemann 1947）

《卡塔丽娜》（*Catalina*）（初版 1948；再版 Vintage 2001）

《巨匠与杰作》（*Great Novelists and Their Novels*）（John C. Winston
    1948）

《作家笔记》（*A Writer's Notebook*）（初版 1949；再版 Vintage 2001）

《作家的视角》（*The Writer's Point of View*）（Cambridge University Press
    for the National Book League 1951）

《随性而至》（*The Vagrant Mood*）（初版 1952；再版 Vintage 2001）

《观点》（*The Points of View*）（初版 1958；再版 Vintage 2001）

《纯属自娱》（*Purely for My Pleasure*）（Heinemann 1962）

《毛姆短篇小说全集》（*Collected Short Stories of W. Somerset Maugham*）

第一卷 Vintage 2000

第二卷 Vintage 2002

第三卷 Vintage 2002

第四卷 Vintage 2002

《萨默塞特·毛姆戏剧集》（*The Plays of Somerset Maugham*）（Heinemann
    1931-4）

第一卷：《弗雷德里克夫人》(*Lady Frederick*)，《朵特夫人》(*Mrs Dot*)，《杰克·斯特洛》(*Jack Straw*)

第二卷：《佩涅罗珀》(*Penelope*)，《史密斯》(*Smith*)，《应许之地》(*The Land of Promise*)

第三卷：《比我们高贵的人们》(*Our Betters*)，《卡洛琳》(*Caroline*，原名《不可得》[*Unattainable*])，《美丽的家园》(*Home and Beauty*)

第四卷：《圆圈》(*The Circle*)，《忠诚的妻子》(*Constant Wife*)，《养家糊口的人》(*The Bread-Winner*)

第五卷：《恺撒的妻子》(*Caesar's Wife*)，《苏伊士以东》(*East of Suez*)，《圣火》(*The Sacred Fire*)

第六卷：《未知》(*Unknown*)，《服役的酬劳》(*For Services Rendered*)，《谢佩》(*Sheppey*)

《行者图书馆》(*The Traveller's Library*)，毛姆选目讲评 (Doubleday, Doran 1937)

《讲故事的人》(*Tellers of Tales*)，毛姆选目作序 (Doubleday, Doran 1937)

《W. 萨默塞特·毛姆版现代英美文学导论》(*W. Somerset Maugham's Introduction to Modern English and American Literature*) (New Home Library 1943)

《吉卜林文选》(*A Choice of Kipling's Prose*)，毛姆选目作序 (Macmilan 1952)

《毛姆导言绪论精选》(*Selected Prefaces and Introductions of W. Somerset Maugham*) (Heinemann 1963)

《故事中的旅人：毛姆杂篇集》(*A Traveller in Romance: Uncollected Writings 1901-1964*)，约翰·怀特黑德编 (Anthony Blond 1984)

毛姆相关文献

《毛姆作品赏析》（*W. Somerset Maugham: An Appreciation*）（Doubleday, Doran 1939），理查德·阿丁顿（Richard Aldington）著

《威廉·萨默塞特·毛姆作品目录》（*A Bibliography of the Writings of William Somerset Maugham*）（Unicorn Press 1931），弗雷德里克·T. 巴森（Frederick T. Bason）著

《毛姆导读》（*Somerset Maugham: A Guide*）（Barnes & Nobles 1963），L. 布兰德（L. Brander）著

《萨默塞特·毛姆》（*Somerset Maugham*）（Longmans 1952），约翰·布洛菲（John Brophy）著

《W. 萨默塞特·毛姆》（*W. Somerset Maugham*）（International Profiles 1970），伊沃尔·布朗（Ivor Brown）著

《W. 萨默塞特·毛姆和追索自由》（*W. Somerset Maugham and the Quest for Freedom*）（Heinemann 1972），罗伯特·洛林·卡德尔（Robert Lorin Calder）著

《威利：W. 萨默塞特·毛姆传》（*Willie: The Life of Somerset Maugham*）（Heinemann 1989），罗伯特·卡德尔著

《小心那条英国毒蛇："二战"期间英国作家的在美宣传》（*Beware the British Serpent: The Role of Writers in British Propaganda in the United States 1939-1945*）（McGill-Queen's University Press 2004），罗伯特·卡德尔著

《萨默塞特·毛姆与毛姆世家》（*Somerset Maugham and the Maugham Dynasty*）（Sinclair-Stevenson 1997），布莱恩·康南（Bryan Connon）著

《萨默塞特·毛姆：生平介绍与作品批评》（*Somerset Maugham: A Biographical and Critical Study*）（Heinemann 1961），理查德·克代尔

（Richard Cordell）著

《毛姆模式》（*The Pattern of Maugham*）（Quality Book Club 1974），安东尼·寇提斯（Anthony Curtis）著

《萨默塞特》（*Somerset Maugham*）（Weidenfeld & Nicolson 1987），安东尼·寇提斯著

《W. 萨默塞特·毛姆：文论遗产》（*W. Somerset Maugham: the Critical Heritage*）（Routledge & Kegan Paul 1987），安东尼·寇提斯（Anthony Curtis）与约翰·怀特黑德（John Whitehead）编

《萨默塞特·毛姆及其小说作品研究》（*Somerset Maugham et ses romans*）（Perrin 1926），保罗·多汀（Paul Dottin）著

《萨默塞特·毛姆戏剧研究》（*Le Théatre de Somerset Maugham*）（Perrin 1937），保罗·多汀著

《西莉·毛姆》（*Syrie Maugham*）（Duckworth 1978），理查德·B. 费舍尔（Richard B. Fisher）著

《弗尔拉角绅士》（*The Gentleman from Cap Ferrat*）（New Haven, Connecticut Centre for Maugham Studies 1956），克劳斯·W. 乔纳斯（Klaus W. Jonas）著

《萨默塞特·毛姆的世界》（*The World of Somerset Maugham*）（Greenwood Press 1959），克劳斯·W. 乔纳斯著

《毛姆之谜》（*The Maugham Enigma*）（Peter Owen 1954），克劳斯·W. 乔纳斯编

《回忆毛姆先生》（*Remembering Mr. Maugham*）（W. H. Allen 1980），加森·卡宁（Garson Kanin）著

《威廉·萨默塞特·毛姆：英国的莫泊桑》（*William Somerset Maugham: The English Maupassant*）（Heinemann 1934），戴斯蒙德·麦卡锡（Desmond MacCarthy）著

《西莉·毛姆的丑闻》（*The Scandal of Syrie Maugham*）（W. H. Allen 1980），杰拉德·麦克奈特（Gerald McKnight）著

《毛姆戏剧指南》（*Theatrical Companion to Maugham*）（Rockliff 1955），曼德尔和米奇森（Mander and Mitchensen）著

《白日将尽》（*At the End of the Day*）（Heinemann 1954），毛姆子爵（The Rt Hon. Viscount Maugham）著

《萨默塞特与毛姆家族》（*Somerset and All the Maughams*）（Heinemann 1966），罗宾·毛姆（Robin Maugham）著

《逃离阴影》（*Escape from the Shadows*）（Hodder & Stoughton 1972），罗宾·毛姆著

《追寻涅槃》（*The Search for Nirvana*）（W. H. Allen 1975），罗宾·毛姆著

《罗宾与毛姆谈话录》（*Conversations with Willie*）（W. H. Allen 1978），罗宾·毛姆著

《萨默塞特·毛姆的两个世界》（*Two Worlds of Somerset Maugham*）（Sherbourne Press 1965），威尔蒙·梅纳德（Wilmon Menard）著

《萨默塞特·毛姆传》（*Somerset Maugham: A Life*）（Knopf 2004），杰弗瑞·迈耶斯（Jeffrey Meyers）著

《毛姆》（*Maugham*）（Simon & Schuster 1980），泰德·摩根（Ted Morgan）著

《人生枷锁的一个案例》（*A Case of Human Bondage*）（Secker & Warburg 1966），贝弗利·尼克尔斯（Beverley Nichols）著

《W. 萨默塞特·毛姆的真实画像》（*W. Somerset Maugham: A Candid Portrait*）（Norton 1959），卡尔·G. 法伊弗（Karl G. Pfeiffer）著

《萨默塞特·毛姆与他的世界》（*Somerset Maugham and His World*）（Thames & Hudson 1976），弗雷德里克·拉斐尔（Frederic Raphael）著

《W. 萨默塞特·毛姆作品目录：注释版》（*W. Somerset Maugham: An*

Annotated Bibliography of Writings about Him）（Northern Illinois
University Press 1970），查尔斯·桑德斯（Charles Sanders）著
《W. 萨默塞特·毛姆作品目录》（*A Bibliography of the Works of W.
Somerset Maugham*）（University of Alberta Press 1973），雷蒙德·图
勒·斯托特（Raymond Toole Stott）著

插图版权

Illustration Credits

图辑一

罗伯特·毛姆，由 Neil & Reiden Jenman Collection 提供。

伊迪斯·毛姆，由 Neil & Reiden Jenman Collection 提供。

亨利·毛姆牧师，由 Estate of Robin Maugham/Eric Glass Ltd. 提供。

苏菲婶婶，由 Neil & Reiden Jenman Collection 提供。

威利和亨利叔叔，由 Harry Ransom Humanities Research Center, the University of Texas at Austin 提供。

形单影只、孤僻谨慎的男孩，由 Harry Ransom Humanities Research Center, the University of Texas at Austin 提供。

毛姆在坎特伯雷国王学院，由 Harry Ransom Humanities Research Center, the University of Texas at Austin 提供。

"人生的道路还长着呢……"，由 Neil & Reiden Jenman Collection 提供。

F. M. 毛姆，由 Neil & Reiden Jenman Collection 提供。

威利、查理和哈利，由 Anne Channing 提供。

苏·琼斯，私人收藏。

艾瑟尔·厄文，由 Mander & Mitchenson Theatre Collection/Foulsham & Banfield/Rotary Photo 提供。

格拉蒂丝·库珀，© Getty Images。

西莉·韦尔康，由 Courtesy of Wellcome Library/London 提供。

时髦的萨默塞特·毛姆夫妇，© Mirrorpix。

毛姆夫妇和丽莎，私人收藏。

毛姆在"阿基塔尼亚"号上，© Associated Press。

在好莱坞，© Time & Life Pictures/Getty Images。

A. S. 弗雷尔，由 Frere Family Archive/National Portrait Gallery, London 提供。

艾迪·马什，© Time & Life Pictures/Getty Images。

毛姆与艾伦和纳尔逊·道布尔戴，© J. C. C. Glass（Douglass Glass 拍摄）。

图辑二

玛莱斯科别墅，© Time & Life Pictures/Getty Images。

毛姆与达迪·莱兰斯、雷蒙德·莫蒂默、保罗·希斯洛普、杰拉德·哈克斯顿、芭芭拉·拜克和亚瑟·马歇尔，由 Neil & Reiden Jenman Collection 提供。

芭芭拉·拜克，由 Neil & Reiden Jenman Collection 提供。

贝弗利·尼克尔斯，© E. O. Hoppé/Corbis。

格伦威·韦斯考特，由 Estate of George Platt Lynes 提供。

毛姆与 G. B. 斯特恩，© Associated Press。

艾伦·塞尔，私人收藏。

泳池边，由 Raymond Mortimer Collection, Manuscripts Division, Department of Rare Books and Special Collections, Princeton University Library 提供。

毛姆与温斯顿·丘吉尔和 H. G. 威尔斯，由 Comtesse Chandon de Briailles 提供。

床上早餐，© Mirrorpix。

毛姆和哈克斯顿，Carl Van Vechten 拍摄，由 Carl Van Vechten Trust 提供。

罗宾·毛姆，由 Estate of Robin Maugham/Eric Glass Ltd. 提供。

在南卡罗来纳骑马，© Time & Life Pictures/Getty Images。

毛姆与丽莎和伯特·阿兰森，由 Stanford University Special Collection 提供。

里维埃拉的晚餐，由 Comtesse Chandon de Briailles 提供。

桥牌，© Getty Images。

毛姆与罗宾，由 Neil & Reiden Jenman Collection 提供。

毛姆与艾伦·塞尔，由 Estate of Robin Maugham/Eric Glass Ltd. 提供。

本书作者已尽力查找每一张图片的版权所有者。读者若发现有疏漏，欢迎联系出版社指正，以便在新版中改正。

The Secret Lives of Somerset Maugham: A Biography by Selina Hastings
Copyright © Selina Hastings 2009
ALL RIGHTS RESERVED.

北京出版外国图书合同登记号：01-2021-1454

图书在版编目(CIP)数据

毛姆传：全本 / (英) 赛琳娜·黑斯廷斯著；姜昊
骞译 . -- 北京：北京日报出版社，2021.5（2022.4 重印）
ISBN 978-7-5477-3934-1

Ⅰ.①毛… Ⅱ.①赛… ②姜… Ⅲ.①毛姆 (Maugham,
William Somerset 1874-1965) － 传记 Ⅳ.① K835.615.6

中国版本图书馆 CIP 数据核字 (2021) 第 054910 号

策划编辑：雷　韵
责任编辑：卢丹丹
装帧设计：任　潇
内文制作：陈基胜

出版发行：北京日报出版社
地　　址：北京市东城区东单三条8-16号东方广场东配楼四层
邮　　编：100005
电　　话：发行部：（010）65255876
　　　　　总编室：（010）65252135
印　　刷：山东韵杰文化科技有限公司
经　　销：各地新华书店
版　　次：2021年5月第1版
　　　　　2022年4月第3次印刷
开　　本：890毫米×1240毫米　1/32
印　　张：22.5
字　　数：584千字
定　　价：128.00元